〖明文 中國正史 大系〗

原文 註釋 國譯

漢 書(七)

後漢 班固 著

陳 起 煥 譯註

明文堂

鳥獸雲氣圖(조수운기도)

前漢. 木製에 漆繪. 江蘇省 揚州市 博物館 소장.

長袖舞女俑(장수무녀용)

前漢. 陶製, 높이 49cm. 中國歷史博物館 소장.

青銅群俑(청동군용)
前漢. 높이 79-92cm. 묘 부장품. 甘肅省 靈臺縣 文化館 소장.

軒車畫像塼(헌거화상전)
前漢. 가로 41.5cm. 세로 33.6cm. 四川省 博物館 소장.

四神瓦當(사신와당)
前漢. 직경 19cm.
上海市 博物館 소장.

鴨形燻爐(압형훈로)
前漢. 靑銅. 높이 16cm. 가로 19cm.
山西省 博物館 소장.

錯金博山爐(착금박산로)
前漢. 높이 26cm. 河北省 博物館 소장.

〖明文 中國正史 大系〗

原文 註釋 國譯

漢 書(七)

後漢 班固 著

陳 起 煥 譯註

明文堂

차례

원문 주석 국역

한서(七)

76 趙尹韓張兩王傳
〔조,윤,한,장,양왕전〕

76-1. 趙廣漢

原文

趙廣漢字子都, 涿郡蠡吾人也, 故屬河間. 少爲郡吏,州從事, 以廉潔通敏下士爲名. 擧茂材, 平准令. 察廉爲陽翟令. 以治行尤異, 遷京輔都尉, 守京兆尹. 會昭帝崩, 而新豐杜建爲京兆掾, 護作平陵方上. 建素豪俠, 賓客爲姦利, 廣漢聞之, 先風告. 建不改, 於是收案致法. 中貴人豪長者爲請無不至, 終無所聽. 宗族賓客謀欲篡取, 廣漢盡知其計議主名起居, 使吏告曰, "若計如此, 且並滅家." 令數吏將建棄市, 莫敢近者. 京師稱之.

| 註釋 | ○趙廣漢(? - 前 65) - 뒷날 北宋의 건국자인 宋 太祖 趙匡胤(조광윤)은 涿縣(탁현) 사람으로 조광한의 후손이라 자처했다. ○涿郡 蠡吾 - 涿郡(탁군)의 치소는 涿縣, 今 河北省 涿州市. 北京市 서남. 蠡吾(여오)는 현명. 今 河北省 保定市 博野縣. 蠡 좀먹을 여(려). ○敏下士 - 敏은 눈치나 행동이 빠르다. 下士는 겸양으로 남을 대하다. ○茂材 - 인재 천거의 한 영역. 秀才. 後漢 光武帝의 이름을 諱하여 茂材로 개칭. 材는 才. ○平准令 - 물가 단속 관리. 大司農의 속관. 准은 허가할 준(準). ○察廉 - 察廉은 인재 천거의 한 영역. 행실이 공평청렴하다는 뜻. ○陽翟(양책) - 현명. 潁川郡의 치소. 今 河南省 許昌市 관할의 禹州市. ○京輔都尉 - 경조윤의 무관. 경조의 치안 유지. ○平陵方上 - 平陵은 昭帝의 陵園. 方上은 봉분 꼭대기의 사각형 평탄 부분. ○先風告 - 風은 諷也. ○中貴人 - 황제의 寵臣.

〔國譯〕

　　趙廣漢의 字는 子都로 涿郡 蠡吾縣(여오현) 사람으로 그전에는 河間郡에 속했었다. 젊어 郡吏와 州의 從事로 근무하며 청렴했고 겸양으로 남을 대하여 이름이 있었다. 茂材(무재)로 천거되어 平准令이 되었다. 察廉(찰염)으로 천거되어 양책 현령이 되었다. 업무 실적이 아주 뛰어나 京輔都尉로 승진하였다가 京兆尹을 대리하였다. 마침 소제가 붕어했는데 신풍현의 杜建(두건)이란 사람은 京兆掾(경조연)으로 平陵의 方上 공사를 감독했다. 두건은 평소에 협객처럼 놀았는데 그 문객을 시켜 부정을 저지르자 조광한은 이를 알고 우선 간접적으로 알렸다. 그런데도 두건이 그만두지를 않자 압수 조사하여 법대로 처치하였다. 그러자 황제 측근이나 권세가들이 두건을 위해 청탁하지 않는 사람이 없었다. 그의 일족과 빈객들은 두건을 몰래 빼낼 음모까지 꾸몄는데 조광한은 그 음모 주동자의 행적을 알아낸 뒤

관리를 시켜 말했다. "만약 그대로 했다가는 일족을 아주 박멸시킬
것이다."

그리고서는 관리들을 시켜 두건을 거리에서 처형하니 감히 접근
하는 자가 없었다. 장안 사람들은 조광한을 칭송하였다.

是時, 昌邑王徵卽位, 行淫亂, 大將軍霍光與群臣共廢王,
尊立宣帝. 廣漢以與議定策, 賜爵關內侯. 遷潁川太守. 郡
大姓原, 褚宗族橫恣, 賓客犯爲盜賊, 前二千石莫能禽制. 廣
漢旣至數月, 誅原, 褚首惡, 郡中震慄.

| 註釋 | ○昌邑王徵卽位 − 창읍왕 劉賀가 今 山東省의 창읍국에서 장안
에 도착하여 즉위하고 퇴출하는 과정은 63권, 〈武五子傳〉 참고. ○前二千石
莫能禽制 − 二千石은 郡 태수. 禽은 사로잡다(擒也).

〖 國譯 〗

이 무렵, 昌邑王이 장안에 도착하여 즉위하였으나 음란한 행위를
계속하자 대장군 곽광과 여러 신하가 함께 폐위하고 선제를 받들어
옹립하였다. 조광한도 그 논의에 참여하여 관내후의 작위를 받았
다. 이어 潁川(영천) 太守로 승진하였다. 영천군의 大姓인 原氏와 褚
氏(저씨)의 종족이 멋대로 방자한 짓을 하고 그 문객들이 도적질을
해도 전임 태수들은 체포하거나 제재하지 못했었다. 조광한이 부임
하고 몇 달 안에 원씨와 저씨 등 악의 수괴를 잡아 죽이자 온 군내

사람들이 두려워 떨었다.

原文

先是, 潁川豪傑大姓相與爲婚姻, 吏俗朋黨. 廣漢患之,
屬使其中可用者受記, 出有案問, 旣得罪名, 行法罰之, 廣漢
故漏洩其語, 令相怨咎. 又敎吏爲缿筩, 及得投書, 削其主
名, 而托以爲豪桀大姓子弟所言. 其後强宗大族家家結爲仇
讎, 姦黨散落, 風俗大改. 吏民相告訐, 廣漢得以爲耳目, 盜
賊以故不發, 發又輒得. 一切治理, 威名流聞, 及匈奴降者
言匈奴中皆聞廣漢.

本始二年, 漢發五將軍擊匈奴, 徵遣廣漢以太守將兵, 屬
蒲類將軍趙充國. 從軍還, 復用守京兆尹, 滿歲爲眞.

| 註釋 | ○屬使其中~受記 - 屬는 격려하다. 勵也. 受記는 公文을 주다.
공문 내용을 미리 알려주다. 또는 태수의 주의사항이나 업무지침이라는 주
석도 있다. ○出有案問 - 案問은 심문하다. ○缿筩(항통) - 관청에서 비밀
투서를 집어넣는 항아리. 缿 벙어리 통 항. 筩 대나무 통 통. ○爲仇讎 - 원
수가 되다. 仇 원수 구. 讎 원수 수. 짝. ○相告訐 - 訐은 들춰낼 알. ○本始
二年 - 선제 연호. 前 72년. ○趙充國 - 69권, 〈趙充國辛慶忌傳〉에 입전.

〔國譯〕

이전에 영천군의 호걸과 大姓은 서로 혼인하여 한패가 되었고 속

리들은 붕당을 짓고 있었다. 조광한은 이를 걱정하여 그중에서도 쓸
만한 사람을 골라 공문 내용을 미리 알려주거나 심문하여 죄가 드러
나면 법대로 처벌하게 하면서 조광한은 일부러 그 내용을 누설하여
서로 원망하게 만들었다. 그리고 관리를 시켜 비밀 투서함을 만들게
하여 투서가 들어오면 그 주동자 성명을 지운 뒤에 호걸과 대성의
집안 자제가 말한 것처럼 꾸몄다. 이후 강대한 집안끼리 서로 원수
가 되면서 간사한 무리들이 흩어져 풍속이 눈에 띄게 좋아졌다. 관
리와 백성을 서로 비난하게 만들어 조광한은 그들을 자신의 이목으
로 삼으니 이 때문에 도적질이 사라졌고 도적질을 하더라도 바로 잡
을 수 있었다. 이러한 치안 대책이 널리 소문이 나서 투항한 흉노조
차 조광한의 소문을 알고 있었다.

本始 2년에 漢은 5장군을 동원하여 흉노를 정벌하였는데 조광한
은 태수로 군사를 거느리고 출정하여 蒲類將軍 趙充國에게 소속되
었다. 종군에서 돌아와 다시 京兆尹 대리에 임용되었다가 일 년 뒤
에 정식 경조윤이 되었다.

原文

廣漢爲二千石, 以和顔接士, 其尉薦待遇吏, 殷勤甚備.
事推功善, 歸之於下, 曰, "某掾卿所爲, 非二千石所及." 行
之發於至誠. 吏見者皆輸寫心腹, 無所隱匿, 咸願爲用. 僵
仆無所避. 廣漢聰明, 皆知其能之所宜, 盡力與否. 其或負
者, 輒先聞知, 風諭不改, 乃收捕之, 無所逃, 按之罪立具,

即時伏辜.

| 註釋 | ○尉薦待遇吏 － 尉薦은 慰藉(위자). 위로하다. ○某掾卿 － 卿은 다른 사람을 높이는 친숙한 호칭. ○吏見者皆輸寫心腹 － 吏見者는 피동의 뜻. 輸寫는 토로하다. 寫는 瀉. 心腹은 腹心. ○僵仆(강부) － 넘어져 죽다. 僵 쓰러질 강. 빳빳해지다. 仆 엎어질 부. 죽다.

〖 國譯 〗

　조광한은 2천석 지방관으로 온화하게 손님과 賢士를 접대하며 속리들을 위로하거나 대우하면서 은근히 용의주도하였다. 업무를 잘 마치게 되면 그 공적을 아랫사람에게 돌리며 "아무개 관리가 한 일로 이천석 관리도 따라갈 수 없다."고 칭찬하면서 그 언행에 진실을 내 보였다. 이런 칭송을 받은 관리는 모두 자신의 속마음을 털어 놓게 되어 숨기는 것이 없었고 누구나 업무를 맡으려 하며 역경도 피하려 하지 않았다. 조광한은 총명하여 그 능력이 쓰일 곳이나 전력을 다 했는지를 잘 알고 있었다. 그리하여 혹 기대를 저버리면 미리 귀띔을 주었고 그래도 고치지 않으면 바로 체포하여 숨기지 못하도록 조사하여 죄를 모두 입증케 하여 즉시 벌을 받게 하였다.

原文

　廣漢爲人彊力, 天性精於吏職. 見吏民, 或夜不寢至旦. 尤善爲鉤距, 以得事情. 鉤距者, 設欲知馬賈, 則先問狗, 已問羊, 又問牛, 然後及馬, 參伍其賈, 以類相準, 則知馬之貴賤不失實矣. 唯廣漢至精能行之, 他人效者莫能及. 郡中盜賊, 閭里輕俠, 其根株窟穴所在, 及吏受取請求銖兩之姦, 皆知之. 長安少年數人會窮里空舍謀共劫人, 坐語未訖, 廣漢使吏捕治具服. 富人蘇回爲郎, 二人劫之. 有頃, 廣漢將吏到家, 自立庭下, 使長安丞龔奢叩堂戶曉賊, 曰, "京兆尹趙君謝兩卿, 無得殺質, 此宿衛臣也. 釋質, 束手, 得善相遇, 幸逢赦令, 或時解脫." 二人驚愕, 又素聞廣漢名, 卽開戶出, 下堂叩頭, 廣漢跪謝曰, "幸全活郎, 甚厚!" 送獄, 敕吏謹遇, 給酒肉. 至冬當出死, 豫爲調棺, 給斂葬具, 告語之, 皆曰, "死無所恨!"

| 註釋 | ○尤善爲鉤距 - 尤는 더욱. 鉤距(구거)는 갈고리에 걸어 끌어내다. 잘 캐어묻다. 이리저리 돌려가며 물어서 정확한 정황을 알아내기. ○閭里輕俠 - 閭는 마을. 輕俠은 건달. ○根株窟穴所在 - 전문분야나 利權의 소재. 根株는 예를 들어 소매치기? 아니면 빈집털이? 窟穴(굴혈)은 활동 무대. 곧 시장의 모리배? 아니면 관청 주변의 사기범인가? ○叩堂戶曉賊 - 叩는 두드릴 고. 曉賊은 도적이 알게 하다. ○宿衛臣 - 황제를 숙위하는 신하. ○或時解脫 - 혹시 기회가 있으면 벗어날 수 있다. 사형은 겨울철에 집행하기에 조사나 재판이 늦어져 겨울을 넘기면 사형을 피할 수 있었다. ○豫爲調棺, 給斂葬具 - 미리 관을 사 주고, 殮(염)하고 장례할 물품을 준비해 주다. 斂(거둘 렴)은 殮(염할 염)과 通. '調棺殮, 給葬具'로 보면 뜻이 분명함.

〘 國譯 〙

조광한은 힘도 강했고 그 天性이 관리 업무에 정통하였다. 백성이나 관리를 혹 밤에 만날 때면 새벽까지도 잠을 자지 않았다. 더군다나 유도 질문에 능해 실정을 잘 파악하였다. 鉤距(구거)란 예를 들어 말(馬)의 값을 알고 싶다면 먼저 개에 대해서 묻고 얼마 있다가 羊의 가격을 물은 뒤에 이어서 소 값을 이야기 하다가 말의 가격을 물어 서로 값을 참고하며 비교하여 말의 가격이 싼가? 비싼가를 알아 실질을 파악하는 것이다. 조광한은 이런 일에 아주 능했는데 다른 사람이 이를 본받더라도 따라올 수가 없었다.

군내의 도적이나 마을 건달들의 주특기와 노는 곳 또 관리가 한두 푼 이득 챙기는 것까지 모두 알고 있었다. 장안의 젊은이 몇 사람이 외진 마을 빈집에 모여서 사람을 겁탈할 일을 꾸미는데 그들 모의가 끝나기도 전에 조광한은 관리를 시켜 잡아들여 자백케 하였다. 蘇回(소회)라는 부자가 낭관이 되었는데 두 사람이 그를 인질로 잡아 재물을 강탈하려 하였다. 얼마 뒤 조광한이 관리들을 데리고 범인 집에 가서 자신은 마당에 서있고 長安丞인 龔奢(공사)를 시켜 문을 두드려 도적에게 알려주게 시켰다. "京兆尹이신 趙君께서 두 분께 알리라고 하셨는데 인질을 죽여서는 안 되니 그는 宿衛臣입니다. 그리고 인질을 풀어주고 자수하면 좋게 대접해 줄 것이며 다행히 사면령을 받거나 혹시 겨울을 넘겨 살아날 수도 있다고 하였습니다."

두 사람은 경악하였고 평소에 조광한의 이름을 들어 알고 있었기에 바로 문을 열고 내려와 머리를 조아렸는데 조광한도 꿇어 사례하며 말했다. "다행히 낭관을 살려 주었으니 정말 고맙습니다!"

옥에 보낸 뒤에 관리에게 부탁해 잘 대우해 주고 술과 고기도 먹게 하였다. 겨울에 끌려 나가 처형당하게 되자 미리 관을 준비하여 염하고 장례할 물품도 준비하고 범인들에게 알려주니 범인들이 말했다. "죽어도 여한이 없습니다!"

原文

廣漢嘗記召湖都亭長, 湖都亭長西至界上, 界上亭長戲
曰, "至府, 爲我多謝問趙君." 亭長旣至, 廣漢與語, 問事畢,
謂曰, "界上亭長寄聲謝我, 何以不爲致問?" 亭長叩頭服實
有之. 廣漢因曰, "還爲吾謝界上亭長, 勉思職事, 有以自效,
京兆不忘卿厚意." 其發姦擿伏如神, 皆此類也.

| 註釋 | ○記召 – 공문으로 소환하다. ○湖 – 縣名. 今 河南省 三門峽市
관할의 靈寶市 서쪽. ○都亭長 – 縣內 우두머리 정장. ○界上 – 지명. ○謝
問 – 問候. 안부를 전하다. ○發姦擿伏 – 나쁜 짓이나 몰래 한 일을 찾아내거
나 적발하다. 擿은 들춰낼 적.

〔國譯〕

한번은 조광한이 공문을 보내 湖縣의 都亭長을 소환하였는데 호
현의 도정장이 서쪽의 界上에 이르자 界上 정장이 농담으로 말했다.
"경조부에 가거든 趙君(조광한)에게 내 안부 좀 잘 전해 주게나." 호
현 정장이 군부에 도착하여 조광한과 이야기하고 업무를 마치자 조
광한이 물었다. "界上의 亭長이 내게 전하는 말이 있을 터인데 왜
말하지 않는가?" 호현 정장이 머리를 조아리며 사실대로 자백하였
다. 그러자 조광한이 말했다. "돌아가면서 나를 대신하여 열심히 맡
은 일이나 잘하는 것이 나라를 위한 길이며 경조윤은 후의를 잊지

않을 것이라고 계상의 정장에게 전해주게."

이처럼 나쁘거나 숨긴 일을 귀신처럼 적발하는 것이 거의 이와
같았다.

廣漢奏請, 令長安游徼獄吏秩百石, 其後百石吏皆差自
重, 不敢枉法妄繫留人. 京兆政淸, 吏民稱之不容口. 長老傳
以爲自漢興治京兆者莫能及. 左馮翊,右扶風皆治長安中,
犯法者從跡喜過京兆界. 廣漢歎曰, "亂吾治者, 常二輔也!
誠令廣漢得兼治之,直差易耳."

| 註釋 | ○游徼獄吏 － 游徼(유요)는 鄕의 치안 유지 관리. 방범대원, 獄吏
(옥리)는 獄史. ○秩 － 秩祿. 녹봉. 관리의 연봉. 연봉을 12로 나누어 매달 지
급. 연봉의 다소에 따라 관리의 품계를 구별. ○二輔 － 左馮翊과 右扶風. 여
기에 京兆尹을 보태어 三輔라 불렀다. ○誠令 － 가령(假如). 만일. ○直 －
단지. 다만.

〔國譯〕

조광한은 상주하여 장안의 游徼(유요)와 獄吏의 秩 百石을 더 올
려달라고 하였는데 그 후에 百石吏들은 타 지방과 비교하여 自重하
였고 법을 잘못 적용하거나 백성을 잡아가두는 일이 없었다. 京兆의
정사가 청명해지자 관리나 백성들의 칭송이 자자하였다. 장로들은
漢이 건국된 이래 경조를 다스린 그 누구도 따라올 수 없다고 서로

말하였다. 左馮翊(좌풍익)과 右扶風(우부풍)도 모두 장안에서 치소가 있었는데 범법자들의 종적은 경조윤 구역의 경계를 따라 넘나들었다. 이에 조광한이 탄식하며 말했다.

"나의 치안을 어지럽히는 것은 늘 二輔로다! 가령 廣漢이 모두를 다스릴 수 있다면 금방 차이가 날 것이다."

原文

初, 大將軍霍光秉政, 廣漢事光. 及光薨後, 廣漢心知微指, 發長安吏自將, 與俱至光子博陸侯禹第, 直突入其門, 廋索私屠酤, 椎破盧罌, 斧斬其門關而去. 時, 光女爲皇后, 聞之, 對帝涕泣. 帝心善之, 以召問廣漢. 廣漢由是侵犯貴戚大臣. 所居好用世吏子孫新進年少者, 專厲彊壯蠭氣, 見事風生, 無所迴避, 率多果敢之計, 莫爲持難. 廣漢終以此敗.

| 註釋 | ○心知微指 - 微指는 드러나지 않은 뜻. 指는 旨. ○廋索私屠酤 - 廋索은 搜索(수색). 廋 숨길 수. 私屠酤 몰래 파는 고기와 술. 私는 비밀리에, 몰래. 屠 잡을 도. 도축한 고기. 酤 술 살 고, 술을 사고 팔다. ○椎破盧罌(추파노앵) - 몽둥이로 부뚜막의 술독을 깨트리다. 盧는 壚. 술 항아리를 묻은 부뚜막. 罌 병 앵. 목이 좁고 짧은 병. 술 항아리. ○門關(문관) - 대문 빗장. ○侵犯~ - 觸犯(촉범). 체면을 손상케 하다. ○所居好用世吏~ - 所居는 재직 중에. 世吏는 대를 이은 관리. ○蠭氣 - 鋒氣(봉기)와 같음. 곧 銳氣(예기). ○見事風生 - 일을 보면 빨리 처리하다. 見事勇爲.

전에 대장군 霍光(곽광)이 권력을 쥐고 있을 때 조광한은 곽광을
섬겼었다. 곽광이 죽은(前 68년) 뒤에, 광한은 마음속으로 宣帝의 숨
은 뜻을 헤아려 장안의 군사를 직접 거느리고 함께 곽광의 아들인
博陸侯 霍禹(곽우) 저택의 대문으로 바로 돌진해 들어가 몰래 팔고
있는 고기와 술을 수색하고 술 항아리를 몽둥이로 깨트리고 도끼로
대문 빗장을 찍어버리고 나왔다. 그때 곽광의 딸이 황후였었는데 이
소식을 듣고 선제에게 울면서 하소연하였다. 선제는 애석한 일이라
생각하며 조광한을 불러 물었다.

조광한은 이로부터 황친이나 대신들을 건드리기 시작했다. 조광
한은 재직 중에 世吏의 子孫으로 새로 진출하는 젊은이로 하여금 강
력한 銳氣(예기)를 갖도록 격려했으며 일이 닥치면 신속하게 처리하
고 회피하지 않았으며 무엇이든지 과감하게 추진하여 어떤 일도 두
려워하지 않았다. 그러나 조광한은 결국 이 때문에 실패하였다.

初, 廣漢客私酤酒長安市, 丞相史逐去客, 客疑男子蘇賢
言之, 以語廣漢. 廣漢使長安丞按賢, 尉史禹故劾賢爲騎士
屯霸上, 不詣屯所, 乏軍興. 賢父上書訟罪, 告廣漢, 事下有
司復治, 禹坐要斬, 請逮捕廣漢. 有詔卽訊, 辭服, 會赦, 貶
秩一等. 廣漢疑其邑子榮畜敎令, 後以他法論殺畜. 人上書
言之, 事下丞相御史, 案驗甚急. 廣漢使所親信長安人爲丞

相府門卒, 令微司丞相門內不法事. 地節三年七月中, 丞相傅婢有過, 自絞死. 廣漢聞之, 疑丞相夫人妒殺之府舍. 而丞相奉齋酎入廟祠, 廣漢得此, 使中郎趙奉壽風曉丞相, 欲以脅之, 毋令窮正己事. 丞相不聽, 按驗愈急. 廣漢欲告之. 先問太史知星氣者, 言今年當有戮死大臣, 廣漢卽上書告丞相罪. 制曰, "下京兆尹治." 廣漢知事迫切, 遂自將吏卒突入丞相府, 召其夫人跪庭下受辭, 收奴婢十餘人去, 責以殺婢事. 丞相魏相上書自陳, "妻實不殺婢. 廣漢數犯罪法不伏辜, 以詐巧迫脅臣相, 幸臣相寬不奏. 願下明使者治廣漢所驗臣相家事." 事下廷尉治, 實丞相自以過譴笞傅婢, 出至外弟乃死, 不如廣漢言. 司直蕭望之劾奏, "廣漢摧辱大臣, 欲以劫持奉公, 逆節傷化, 不道." 宣帝惡之, 下廣漢廷尉獄. 又坐賊殺不辜, 鞠獄故不以實, 擅斥除騎士乏軍興數罪. 天子可其奏. 吏民守闕號泣者數萬人, 或言, "臣生無益縣官, 願代趙京兆死, 使得牧養小民." 廣漢竟坐要斬.

廣漢雖坐法誅, 爲京兆尹廉明, 威制豪强, 小民得職. 百姓追思, 歌之至今.

| 註釋 | ○市 - 集市. 市場. ○長安丞按賢 - 長安丞은 장안 縣令의 부관. 副縣令. 縣令은 본래 인구 1만 명 이상의 행정단위의 지방관. 秩은 1천석에서 6백석. 보좌관으로 縣丞과 縣尉가 있는데 이들도 모두 중앙에서 임명하였다. ○尉史 - 縣尉의 속관. 도적 체포를 담당. ○霸上(패상) - 지명. 今 陝西省 西安市 동쪽. ○不詣~ - 詣는 이를 예. 도착하다. ○乏軍興 - 乏(버릴

핍)은 손실을 끼치다. 軍興은 징발한 군수물자.　○事下有司復治 − 下는 교부되다. 넘어가다. 有司는 담당 관리. 各有專司의 뜻. 職官. 담당자. 復治는 심사하여 처리하다.　○坐要斬 − 腰斬刑(요참형)에 처하다. 坐는 定罪하다. ○有詔卽訊(유조즉신) − 조서에 의거 즉시 신문하다.　○微司 − 은밀하게 사찰하다. 司는 伺(엿볼 사).　○地節三年 − 선제의 연호. 前 67년.　○傅婢 − 親幸한 비녀.　○奉齋酎(봉재주) 入廟祠 − 공경으로 재계하고 醇酒(순주)를 가지고 천자의 종묘 제사에 참여하다. 酎는 醇酒.　○風曉 − 諷曉(풍효), 은근히 귀띔하다.　○太史 − 궁중의 文獻과 史籍, 天文, 曆法을 관장하는 직책.　○星氣 − 별의 운행과 자연계의 음양현상에 따라 인간의 길흉화복을 점치는 方術.　○魏相(위상) − 74권, 〈魏相丙吉傳〉에 입전.　○司直蕭望之劾奏 − 司直은 승상의 속관. 승상의 사법권 행사를 보좌하는 자리.　○摧辱(최욕) − 기를 꺾어 욕보이다. 摧 꺾을 최.　○鞫獄故不以實 − 鞫은 국문하다. 심문하다. ○斥除 − 배척하다.　○得職 − 자기 자리를 잡다. 各得其常所也.

【國譯】

　전에 조광한의 문객이 장안의 저자에서 몰래 술을 팔았는데, 丞相의 속관이 문객을 축출하자 문객은 蘇賢(소현)의 아들이 고발했다고 생각하여 이를 조광한에게 말했다. 조광한은 長安 縣丞을 시켜 소현을 조사하게 하였는데, 尉史인 禹(우)가 소현은 霸上(패상)에 주둔할 騎士로 패상에서 근무하지 않았으며 군수물자를 망실하였다고 거짓으로 고발하였다. 소현의 부친이 아들은 죄가 없다고 글을 올려 호소하면서 조광한을 고발하여 사안이 담당자에게 넘어가 심문하였는데 尉史 禹(우)를 요참형에 처하면서 조광한을 체포하겠다고 주청하였다. 황제 명령에 의거 즉시 심문하였고 조광한은 죄를 인정하였는데 마침 사면을 받아 녹봉 일등급을 삭감 당하였다. 조광한은 이번 사건을 소현과 같은 마을의 젊은이인 榮畜(영축)이 시킨 일이라 생각하여 나중에 다른 죄목으로 영축을 잡아 처형하였다. 이를 또 다른 사람이 발설하며 고발하자 사안은 승상과 어사대부에게 넘어갔고 조사와 심문은 빨리 진행되었다.

조광한은 평소 가깝게 지내는 장안 사람을 승상 저택의 門卒이 되게 하여 승상 가내의 불법을 은밀히 조사하게 시켰다. 地節 3년, 7월에 승상이 총애했던 시녀가 잘못을 저질러 목매어 자살하였다. 조광한은 이 사실을 알고 승상 부인이 투기하여 시녀를 집안에서 죽였을 것이라고 의심하였다. 조광한은 또 승상이 齋酎(재주)를 받들고 廟祠에 들어간다는 사실을 알고서 中郎 趙奉壽를 시켜 (시녀의 자살 사건을) 은근히 귀띔하면서 자신의 일을 끝까지 캐지말라고 협박하였다. 그러나 승상은 듣지 않고 심문과 조사를 더욱 빨리 진행하였다. 조광한은 시녀 살인을 고발하기 전에 먼저 星氣를 잘 아는 太史에게 물었더니 태사가 금년에 틀림없이 대신이 죽을 것이라고 말하자 조광한은 즉시 상서하여 승상의 죄를 고발하였다. 선제는 "경조윤에게 보내 승상 부인을 조사토록 하라."고 명했다. 조광한은 사정이 급박한 것을 알고 장수와 이졸을 거느리고 승상의 저택에 돌입하여 승상 부인을 불러 마당에 꿇어 앉혀 대질하고 또 노비 10여 명을 잡아가 비녀 살인을 캐물었다.

승상인 魏相(위상)은 상서하여 사실을 말했다.

"臣의 처는 사실 시녀를 죽이지 않았습니다. 조광한은 여러 차례 법을 위반하고서도 죄를 인정하지 않았으며 거짓 술책으로 臣을 협박하여 臣이 관용을 베풀어 상주하지 않기를 바라고 있었습니다. 폐하께서는 현명한 사자를 시켜 조광한이 저의 집안일을 조사한 진상을 밝혀 주시기 바랍니다."

사건은 정위에게 넘겨져 조사되었는데 실상은 시녀가 잘못하자 승상이 매질하면서 나무라자 승상 저택을 나가 자살한 것으로 조광한의 고발과는 같지 않았다. 이에 司直인 蕭望之(소망지)가 조광한을 탄핵 상주하였다.

"조광한은 대신을 꺾어 모욕하였으며 공무를 수행하는 대신을 협박하였으니 이는 예절과 교화를 방해하는 무도한 짓입니다."

이에 선제도 조광한을 미워하여 조광한을 廷尉(정위)의 옥에 가두게 하였다. 정위는 조광한이 무고한 사람을 함부로 죽였고 사안에 관해 부실하게 조사를 하였으며 기사가 군수 물자를 망실했다고 마음대로 죽였다고 定罪하였다. 선제는 그 상주를 인정하였다.

속리와 백성들 수만 명이 궁궐 문을 막고 울며 호소하였는데 어떤 자는 "나는 살아봐야 천자께 아무런 도움이 되지 않아 경조윤, 조광한을 대신하여 죽을 것이니 그가 백성을 다스리게 해 주십시오." 라는 말도 하였다.

조광한은 요참형으로 죽었다. 조광한이 비록 법에 의해 처형되었지만 경조윤으로서 청렴 公明하였으며 강한 위세가들을 힘으로 제압하여 힘없는 백성들이 제 일을 할 수 있었다. 백성들은 지금도 조광한을 생각하며 그를 칭송하고 있다.

76-2. 尹翁歸

原文

尹翁歸 字子兄, 河東平陽人也, 徙杜陵. 翁歸少孤, 與季父居. 爲獄小吏, 曉習文法. 喜擊劍, 人莫能當. 是時, 大將軍霍光秉政, 諸霍在平陽, 奴客持刀兵入市鬪變, 吏不能禁, 及翁歸爲市吏, 莫敢犯者. 公廉不受饋, 百賈畏之.

| 註釋 | ○河東平陽 – 河東은 군명. 치소는 안읍현(今 山西省 運城市 夏縣 서북). 平陽은 縣名, 今 山西省 臨汾市 서남. ○杜陵(두릉) – 今 陝西省 西安市 서남. ○曉習文法 – 文法은 법규, 법제. ○市吏 – 市掾(시연) 등 상업 활동을 감시하는 관리에 대한 통칭. ○饋 – 예물, 사례비 또는 인정으로 건네는 물건.

〔國譯〕

尹翁歸(윤옹귀)의 字는 子兄으로 河東郡 平陽縣 사람으로 나중에 두릉현으로 이사했다. 윤옹귀는 어려서 고아가 되어 작은 아버지와 함께 살았다. 감옥의 小吏가 되어 법제를 배워 익혔다. 검술을 좋아하여 그를 당할 사람이 없었다. 그때 대장군 곽광이 정권을 잡고 있었는데 평양현에 사는 곽씨 일족의 노비나 문객들이 무기를 들고 시장에 난입하여 싸우더라도 관리들이 금하질 못했으나 윤옹귀가 시장의 관리가 된 뒤에는 이를 어기는 자가 없었다. 윤옹귀는 공정하고 청렴하며 예물도 받지 않아 모든 상인들이 두려워하였다.

後去吏居家. 會田延年爲河東太守, 行縣至平陽, 悉召故
吏五六十人, 延年親臨見, 令有文者東, 有武者西. 閱數十
人, 次到翁歸, 獨伏不肯起, 對曰, "翁歸文武兼備, 唯所施
設." 功曹以爲此吏倨敖不遜, 延年曰. "何傷?" 遂召上辭
問, 甚奇其對, 除補卒史, 便從歸府. 案事發姦, 窮竟事情,
延年大重之, 自以能不及翁歸, 徙署督郵. 河東二十八縣,
分爲兩部, 閎孺部汾北, 翁歸部汾南. 所擧應法, 得其罪辜,
屬縣長吏雖中傷, 莫有怨者. 擧廉爲緱氏尉, 歷守郡中, 所
居治理, 遷補都內令, 擧廉爲弘農都尉.

| 註釋 | ○田延年 – 90권, 〈酷吏傳〉에 입전. ○次到翁歸 – 次는 차례.
○唯所施設 – 唯는 ~하기 바라다. 施設은 배정하다. ○功曹 – 군수 또는
현령의 보좌관. ○何傷 – 방해되는 것이 무엇이냐? 목적어 何를 앞에 두어
강조했다. ○除補卒史 – 除는 제수하다. 관리로 채용. 補 보임하다. 관리의
직책 부여. 卒史는 보좌관. 각 군에는 10명의 졸사를 둘 수 있었다. ○便從
歸府 – 使從歸府. 從 피동의 뜻. ○窮竟事情 – 사안의 진신을 끝까지 밝히
다. ○徙署督郵 – 徙는 부서를 옮기다. 署는 대리. 督郵(독우)는 관내 관리들
의 근무 실태 점검 및 감독. ○閎孺(굉유) – 閎(마을 문 굉)이 성. 孺는 이름.
○部汾南 – 部는 분담하다. 거느리다. 汾은 山西省을 흐르는 황하의 지류인
汾河. 山西人은 분하를 '母親河水'라 부르는데 太原市를 거처 運城市에서
黃河에 합류한다. ○所擧應法 – 처리하는 안건은 법대로 처리되다. ○中傷
– 징벌을 받다. ○擧廉爲緱氏尉 – 緱氏(구씨)는 현명. 今 河南省 偃師市 緱
氏鎭. 尉는 縣尉, 큰 현에는 2인, 작은 현에는 1인을 두었다. ○都內令 – 大

司農의 속관. ○弘農都尉 – 弘農은 군명. 치소는 弘農縣(今 河南省 三門峽市 관할의 靈寶市 동북). 都尉는 郡의 군사 담당관.

〖國譯〗

뒤에 관리를 사임하고 집에 있었다. 마침 田延年(전연년)이 河東 太守로 관내를 순시하면서 평양현에 이르러 전에 이속이었던 5, 60 명을 모두 불러 모아 한 사람씩 만나보며 文才가 있는 자는 동쪽에, 武功이 있는 사람은 서쪽으로 가게 하였다. 수십 명을 본 뒤 윤옹귀 차례가 되자 옹귀는 엎드려 일어나려 하지 않으면서 말했다. "저는 문무를 겸비하였으니 편하신 대로 배치하십시오." 그러자 功曹가 이 사람이 좀 오만불손하다고 말하자 전연년이 말했다. "무슨 방해 가 되나?" 그리고 불러 몇 가지를 물어보고서 그 대답이 매우 좋다 고 생각하여 바로 卒史에 임용하여 데리고 郡府로 돌아왔다.

윤옹귀는 사안을 조사하고 비행을 적발하면서 진실을 끝까지 캐 내어 전연년이 매우 중시하면서 자신도 옹귀를 따라가지 못할 것이 라 생각하며 임시 독우로 옮겨 임명하였다. 하동군 28개 현을 양부 로 나누어 閎孺(굉유)는 汾河의 북쪽을 담당하고 윤옹귀는 분하의 남쪽을 관장케 하였다. 윤옹귀가 처리하는 안건은 모두 법에 부응하 였고 위법의 증거를 찾아 밝히니 속현의 여러 관리가 적발을 원망을 하는 자가 없었다. 윤옹귀는 효렴으로 천거되어 緱氏縣(구지현)의 현 위가 되었고 군의 여러 자리를 거치며 법대로 처리하여 都內令에 임 명되었다가 효렴으로 천거되어 弘農郡 都尉가 되었다.

　徵拜東海太守, 過辭廷尉于定國. 定國家在東海, 欲屬托
邑子兩人, 令坐後堂待見. 定國與翁歸語終日, 不敢見其邑
子. 旣去, 定國乃謂邑子曰, "此賢將, 汝不任事也, 又不可
干以私."

| 註釋 | ○東海太守 – 동해군 치소는 郯縣(今 山東省 臨沂市 관할의 郯城
縣). ○過辭廷尉于定國 – 過辭는 찾아뵙고 떠나는 인사를 하다, 廷尉 于定
國(우정국)은 71권, 〈雋疏于薛平彭傳〉에 입전. ○欲屬托邑子~ – 屬托(촉
탁)은 囑託(촉탁). 邑子는 同邑人의 아들. ○見其邑子 – 見(현)은 만나게 시
키다. ○此賢將 – 將은 郡 太守.

〔國譯〕

　황제의 부름을 받아 東海太守를 제수 받고 廷尉 于定國을 찾아가
부임 인사를 하였다. 우정국은 본가가 東海郡에 있어 고향 자제 2명
을 부탁하려고 후당에서 기다리게 하였다. 우정국이 윤옹귀와 종일
이야기를 나누었으나 고향 자제를 불러 만나게 할 수 없었다. 윤옹
귀가 떠난 다음에 고향 자제를 불러 말했다.

　"그분은 현명한 군수이니 너는 일을 감당 못할 것이며 나도 사적
으로 부탁할 수가 없었다."

原文

　翁歸治東海明察, 郡中吏民賢不肖, 及姦邪罪名盡知之,

縣縣各有記籍. 自聽其政, 有急名則少緩之, 吏民小解, 輒披籍. 縣縣收取黠吏豪民, 案致其罪, 高至於死. 收取人必於秋冬課吏大會中, 及出行縣, 不以無事時. 其有所取也, 以一警百, 吏民皆服, 恐懼改行自新. 東海大豪郯許仲孫爲姦猾, 亂吏治, 郡中苦之. 二千石欲捕者, 輒以力勢變詐自解, 終莫能制. 翁歸至, 論棄仲孫市, 一郡怖慄, 莫敢犯禁, 東海大治.

〔國譯〕

　윤옹귀는 東海郡을 엄정하게 다스렸기에 군내 관리나 백성의 잘나고 못났는가를, 간악한 자들의 죄명까지 모두를 알고 있었으며 각 현마다 그런 기록을 갖고 있었다. 윤옹귀는 직접 행정을 담당하면서 급한 사안은 조금씩 늦춰 신중히 처리하였고 관리나 백성이 좀 풀어졌다 생각되면 장부를 펴보면서 단속을 하였다. 縣마다 교활한 관리나 세력가를 잡아들여 사안에 따라 죄를 물어 극악한 자는 사형에 처하였다. 범죄자를 잡아들일 때는 반드시 가을이나 겨울에 관리들을 평가하는 대회 중에 하였으며 각 현의 시찰은 일이 없으면 나가지 않았다. 그래도 잡아들여야 할 때는 한 사람의 징벌로 백 명을 깨우쳤기에 관리나 백성 모두가 순종하고 두려워하면서 스스로 잘못을 고쳤다. 동해군의 큰 세력가인 郯縣(담현)의 許仲孫이란 자는 아주 교활한 자로 관리의 업무를 방해하였으며 郡 백성이 그 때문에 고통을 받았다. 그간 태수가 그를 체포하려 하면 번번이 다른 세력을 이용하거나 거짓으로 빠져나가 끝내 제압하지 못했었다. 윤옹귀가 부임하여 허중손을 기시 형으로 처형하자 온 군내가 두려워하며 법을 어기는 자가 없어 동해군은 잘 다스려졌다.

原文

以高第入守右扶風, 滿歲爲眞. 選用廉平疾姦吏以爲右職, 接待以禮, 好惡與同之, 其負翁歸, 罰亦必行. 治如在東海故跡, 姦邪罪名亦縣縣有名籍. 盜賊發其比伍中, 翁歸輒召其縣長吏, 曉告以姦黠主名, 敎使用類推跡盜賊所過抵, 類常如翁歸言, 無有遺脫. 緩於小弱, 急於豪强. 豪强有論罪, 輸掌畜官, 使斫莝, 責以負程, 不得取代. 不中程, 輒笞督, 極者至以鈇自剄而死. 京師畏其威嚴, 扶風大治, 盜賊課常爲三輔最.

| 註釋 | ○以高第入守右扶風 – 高第는 관리 업무 평가에서 최고의 성적. 守는 직무대리. 右扶風은 좌풍익, 경조윤과 함께 三輔의 하나. ○滿歲爲眞 – 1년을 채워 정식 우부풍이 되다. ○右職 – 중요 직위. ○發其比伍中 – 그 마을에서 적발하였다. 5호를 1比, 5인을 1伍라고 하였다. 여기서는 鄕里. ○盜賊所過抵 – 盜賊이 지나가거나 머물 곳. 抵는 歸所. ○類常如~ – 類는 대개. 대체로. 대략. ○使斫莝(사작좌) – 풀을 베게 하다. 소나 말이 먹는 건

초나 짚단을 자르게 하다. 여물을 썰게 하다. 斫 벨 작. 莝 여물 좌. ○責以員
程 — 사람의 수(員)나 일을 한 날짜(程)를 따지다.

〖國譯〗

윤옹귀는 치적이 우수하여 조정에 들어가 右扶風(우부풍) 직무대
리가 되었고 1년 뒤에 정식이 되었다. 윤옹귀는 청렴하고 공평하였
으며 간리가 주요 직책에 있는 것을 극도로 싫어하였으며, 누구나
예를 갖춰 접대하고 好惡(호오)가 남과 같았으며, 신의를 배반하면
분명하게 처벌하였다. 우부풍을 다스리는데 東海郡의 방법을 취하
여 간사한 자들의 죄명을 각 현마다 장부로 만들게 하였다. 도적들
은 그 향리에서 적발케 하였는데 사건이 나면 윤옹귀는 매번 그 현
의 長吏를 불러 도적의 이름이나 지나는 곳 또는 숨을 곳을 말해 주
었는데 대개의 경우 윤옹귀의 예상에서 벗어나지 않았다. 힘없고 약
한 죄수는 느슨하게, 힘 좀 쓰는 자들에게는 엄격하게 대하였다. 힘
있는 자들이 죄를 지으면 가축을 기르는 畜官에게 보내 풀을 베게
하면서 사람 수에 따라 책임량을 정해주고 다른 사람이 대신하지 못
하게 하였다. 목표량을 채우지 못하면 매번 매질로 감독하였기에 심
한 경우 풀 베는 낫으로 또는 목을 매어 죽기도 하였다. 장안 백성들
이 모두 그의 위엄을 두려워하였고 우부풍은 잘 다스려져 도적을 잡
는 실적에서 늘 三輔 중 으뜸이었다.

原文

翁歸爲政雖任刑, 其在公卿之間淸潔自守, 語不及私, 然溫良嗛退, 不以行能驕人, 甚得名譽於朝廷. 視事數歲, 元康四年病卒. 家無餘財, 天子賢之, 制詔御史, "朕夙興夜寐, 以求賢爲右, 不異親疏近遠, 務在安民而已. 扶風翁歸廉平鄉正, 治民異等, 早夭不遂, 不得終其功業, 朕甚憐之. 其賜翁歸子黃金百斤, 以奉其祭祠."

翁歸三子皆爲郡守. 少子岑歷位九卿, 至後將軍. 而閎孺應至廣陵相, 有治名. 由是世稱田延年爲知人.

| 註釋 | ○任刑 – 형벌을 이용하다. ○淸潔自守 – 淸潔自守. 潔은 깨끗할 결(潔). 헤아릴 혈. ○溫良嗛退 – 溫良謙退. 嗛은 겸손할 겸(謙과 同). ○廣陵相 – 廣陵은 제후국의 이름. 치소는 廣陵縣(今 江蘇省 揚州市 서북). 景帝 中元 5년(前 145)에 侯國의 자치권을 박탈하고, 侯國의 승상을 相으로 격하. 相은 太守와 동급으로 侯國의 관리를 총괄하였다.

〖國譯〗

윤옹귀가 시정에 비록 형벌을 이용하였지만 公卿으로 깨끗하고 분수를 지켰으며, 교제에 사적인 이야기를 하지 않았지만 온량하고 겸손하며 남에게 교만한 짓을 하지 않았기에 조정에서도 명예로운 칭송을 들었다. 몇 년을 더 봉직하고 宣帝 元康 4년(전 62년)에 병사하였다. 집안에는 남은 재산이 없었는데 천자는 유능한 신하라 인정하여 어사대부에게 조서를 내려 말했다.

"짐은 아침 일찍부터 밤늦게까지 현명한 인재를 중히 여겨 친소와 원근에 따라 달리 대하지 않고 安民에 힘을 다 했었노라. 우부풍인 윤옹귀는 청렴하고 공평하며 청정으로 백성을 잘 다스렸으나 일찍 죽어 끝내 큰 공을 이루지 못하였으니 짐이 심히 애석해 하노라. 이에 옹귀의 아들에게 황금 백 근을 하사하여 그 제사를 받들도록 하라."

윤옹귀의 세 아들도 모두 군수가 되었다. 막내아들 尹岑(윤잠)은 九卿을 두루 역임하고 나중에 後將軍이 되었다. 그리고 閔孺(굉유, 전연년에게 등용되었던 사람)도 승진하여 廣陵國의 相이 되어 치적으로 명성을 얻었다. 이로써 세상에서는 전연년이 사람을 볼 줄 알았다고 칭송하였다.

76-3. 韓延壽

原文

韓延壽字長公, 燕人也, 徙杜陵. 少爲郡文學. 父義爲燕郎中. 刺王之謀逆也, 義諫而死, 燕人閔之. 是時, 昭帝富於春秋, 大將軍霍光持政, 徵郡國賢良, 文學, 問以得失. 時魏相以文學對策, 以爲'賞罰所以勸善禁惡, 政之本也. 日者燕王爲無道, 韓義出身彊諫, 爲王所殺. 義無比干之親而蹈比干之節, 宜顯賞其子, 以示天下, 明爲人臣之義.'光納其言, 因擢延壽爲諫大夫, 遷淮陽太守. 治甚有名, 徙潁川.

| 註釋 | ○燕－國名. 국도는 薊縣(계현, 今 北京市 서남). ○文學－郡國에서 교육을 담당하는 관직. ○剌王(날왕) － 연왕 劉旦. 63권, 〈武五子傳〉에 반역 과정을 상술. ○燕人閔之－閔은 憫(불쌍히 여길 민). ○對策－천거된 인재가 황제의 질문에 답변으로 올리는 글. 인재 선발의 한 방법. ○日者－지난 날. 者는 助詞. ○比干－殷 紂王의 숙부. ○淮陽－군명. 치소 陳縣(今 河南省 周口市 淮陽縣). ○穎川(영천) － 군명. 치소는 陽翟縣(양책현).

〖國譯〗

韓延壽(한연수)의 字는 長公으로 燕나라 사람인데 두릉현으로 이사하였다. 젊어 郡의 文學이 되었다. 부친 韓義는 燕의 郎中이었다. 燕 剌王(날왕)이 역모를 꾸밀 때 韓義는 충간을 하다가 죽음을 당했는데 燕의 백성들이 불쌍히 여겼다. 이 무렵 昭帝는 나이가 어려 大將軍 霍光이 정권을 잡고서 각 군국의 현량과 문학을 소집하여 정치의 득실에 대하여 물었다. 그때 魏相(위상, 人名)은 文學으로서 대책을 올려 말했다.

'賞罰은 勸善과 禁惡이 목적이기에 국정의 대본입니다. 그전에 燕王이 무도한 일을 꾸밀 때 韓義는 몸을 던져 강하게 충간하다가 왕에게 살해되었습니다. 韓義는 比干(비간)과 같은 친척도 아니었지만 비간의 절개를 따랐으니 그 아들에게 상을 내려 이를 드러내고 천하에 보여 人臣의 大義를 밝혀야 합니다.'

곽광은 그 건의를 받아들였고 이어 한연수를 발탁하여 諫大夫에 임명하였고 한연수는 회양태수로 승진하였다. 그 치적이 좋아 영천태수로 옮겼다.

潁川多豪强, 難治, 國家常爲選良二千石. 先是, 趙廣漢爲太守, 患其俗多朋黨, 故構會吏民, 令相告訐, 一切以爲聰明, 潁川由是以爲俗, 民多怨仇. 延壽欲更改之, 敎以禮讓, 恐百姓不從. 乃歷召郡中長老爲鄕里所信向者數十人, 設酒具食, 親與相對, 接以禮意, 人人問以謠俗, 民所疾苦, 爲陳和睦親愛, 銷除怨咎之路. 長老皆以爲便, 可施行, 因與議定嫁娶,喪祭儀品, 略依古禮, 不得過法. 延壽於是令文學校官諸生皮弁執俎豆, 爲吏民行喪嫁娶禮. 百姓遵用其敎, 賣偶車馬下里僞物者, 棄之市道. 數年, 徙爲東郡太守, 黃霸代延壽居潁川, 霸因其跡而大治.

| 註釋 | ○構會吏民, 令相告訐 - 構는 맺다. 미워하게 만들다. 訐 들춰낼 알. ○爲鄕里所信向者 - 鄕里에서 신임을 받는 자. 爲는 피동의 뜻. ○謠俗 - 풍속. ○令文學校官諸生皮弁執俎豆 - 校官은 관직명. 郡國의 學官. 皮弁 (피변)은 사슴 가죽으로 만든 옛 스타일의 관. 俎豆(조두)는 俎와 豆. 제물을 올려놓거나 담는 그릇. 禮器. ○偶車馬下里僞物 - 車馬의 모형(偶)과 무덤 (下里)에 넣는 부장품(僞物). 漢初에는 土偶나 陶馬를 부장품으로 묻었지만 나중에는 수레와 牛羊, 생활 도구까지 같이 묻었다. ○東郡 - 치소는 濮陽縣(복양현), 今 河南省 동북부의 濮陽市. ○黃霸(황패) - 宣帝 말기에 승상. 89권, 〈循吏傳〉에 입전.

〔國譯〕

潁川郡(영천군)에는 힘센 토호들이 많아 통치가 힘들어 조정에서는 능력 있는 태수를 선임했었다. 앞서 趙廣漢은 태수로 군내에 붕당이 많은 것을 걱정하여 관리나 백성들이 서로 감정을 가지고 악행고발을 잘하는 것이라 장려했기에 영천군에서는 이런 것에 익숙하여 서로 원한이 많았다. 한연수는 이런 습속을 고치어 예의와 겸양을 가르쳐 백성을 다스리려 했으나 백성이 따르지 않을까 걱정하였다. 이에 군내 향리에서 신임을 받는 원로 백성 수십 명을 일일이 찾아가 부른 뒤에 술과 음식을 준비하고 직접 상대하며 예를 갖춰 접대하면서 여러 사람에게 마을의 풍속과 어려움을 물으며 서로 화목하고 친애하며 원한을 풀어야 할 이유를 설명하였다. 장로들은 모두 좋은 일이라면서 따를 수 있다 하였다. 이어 결혼과 상례와 제사의 의례와 용품을 협의하여 정하였는데 대개가 古禮에 의거하였기에 지나치지 않았다. 이어 한연수는 군의 文學과 校官 등 관리와 유생들을 시켜 옛 관을 쓰고 禮器를 들고 백성들을 위해 상례와 결혼의 례를 시범적으로 보여주었다. 백성들은 그 가르침을 따랐으며 수레와 말, 기타 무덤의 부장품을 파는 상인은 그런 것은 길가에 버렸다. 몇 년이 지나 東郡太守로 임지를 옮겨가자 黃霸(황패)가 영천 태수로 부임하여 그 방법에 따라 군민을 잘 다스렸다.

延壽爲吏, 上禮義, 好古敎化, 所至必聘其賢士, 以禮待用, 廣謀議, 納諫爭, 擧行喪讓財, 表孝弟有行. 修治學官, 春秋鄕射, 陳鐘鼓管弦, 盛升降揖讓, 及都試講武, 設斧鉞旌旗, 習射御之事, 治城郭. 收賦租, 先明佈告其日, 以期會爲

大事, 吏民敬畏趨鄕之. 又置正,五長, 相率以孝弟, 不得舍
姦人. 閭里仟佰有非常, 吏輒聞知, 姦人莫敢入界. 其始若
煩, 後吏無追捕之苦, 民無箠楚之憂, 皆便安之. 接待下吏,
恩施甚厚而約誓明. 或欺負之者, <u>延壽</u>痛自刻責, "豈其負
之, 何以至此?" 吏聞者自傷悔, 其縣尉至自刺死. 及門下掾
自剄, 人救不殊, 因瘖不能言. <u>延壽</u>聞之, 對掾史涕泣, 遣吏
醫治視, 厚復其家.

| 註釋 | ○上禮義 – 上은 尙也. ○諫爭 – 諫諍(간쟁). ○舉行喪讓材 – 喪
事에 재물을 내어 돕다. ○都試講武 – 군사 훈련을 크게 행하다. 漢代에 남
자가 23세가 되면 1년간 郡에서 복무하며 材官(步兵), 騎士, 戰陣 등의 군사
훈련을 받았다. 都는 大也. 講武는 무예를 연습하다. ○正,五長 – 里正과 伍
長. 鄕官의 일종. ○閭里仟佰有非常 – 閭里는 마을. 鄕里. 仟佰은 阡陌(천
맥). 밭 사이 길. 농촌. ○箠楚之憂 – 笞刑(태형)을 받을 걱정. 箠는 곤장. 채
찍 추. 楚는 楚撻(초달). 종아리를 때리는 매. ○豈其負之 – 어째서 나를 실
망케 하는가? 내가 잘못했는가? ○人救不殊 – 不殊는 죽지 않다. 殊는 끊어
지다(絶也). ○瘖 – 벙어리 음. ○厚復其家 – 復은 賦稅나 徭役(요역)을 면
제하다.

〖 國譯 〗

　한연수는 관리로서 예의를 숭상하고 옛날의 교화를 좋아하면서
가는 곳마다 賢士를 초빙하여 예를 갖춰 접대하며 널리 방책을 협의
하고 건의를 받아들였으며 喪事에 재물을 부조하고 효제를 바르게
실천하는 사람을 표창하였다. 學官을 세우고 春秋로 鄕射禮를 시행

하고 鐘鼓와 管弦의 음악을 연주하게 하고 일상에서 迎送과 揖讓의 예를 행하였으며 군사훈련을 크게 실시하면서 병기와 각종 깃발을 진열하고 활쏘기와 수레 몰기를 익히게 했으며 성곽을 보수하였다. 조세를 징수할 때는 먼저 납부 기일을 확실하게 선포하고 기한 내에 납부를 첫째로 장려하여 관리나 백성들이 경외하며 따라오게 하였다. 또 里正과 伍長을 임명하여 서로 효제를 실천토록 이끌고 범인을 집에 들이지 못하게 하였다. 마을이나 이웃 간에 급한 일이 있으면 관리에게 이를 바로 알리도록 하였고 죄인이 영천군내로 들어오지 못하게 하였다. 처음에는 이런 일들이 번거롭다고 하였으나 나중에는 관리는 도적을 추격하는 고생을 하지 않았고 백성들은 태형을 당한 일이 없어 모두가 좋다고 하였다. 한연수는 아래 관리를 대할 때 후하게 은덕을 베풀었고 약속은 분명히 지켰다. 혹 그를 속이는 자가 있으면 한연수는 통렬하게 자책하며 "내가 얼마나 잘못했으면 그가 어찌 이렇게 했겠는가?"라고 하였다. 이를 들은 관리는 스스로 반성하였는데 어떤 현위는 스스로 목을 찔러 자살하였다. 또 문하의 어떤 掾史(연사, 屬吏)는 스스로 목을 매었는데 다른 사람이 구해서 죽지는 않았으나 목을 다쳐 말을 할 수 없었다. 한연수가 그 사실을 알고 찾아가 눈물을 흘렸고 의원을 보내 치료하게 하였고 그 집의 부세나 요역을 면해 주었다.

原文

延壽嘗出, 臨上車, 騎吏一人後至, 敕功曹議罰白. 還至府門, 門卒當車, 願有所言. 延壽止車問之, 卒曰, 《孝經》

曰, ‘資於事父以事君, 而敬同, 故母取其愛, 而君取其敬, 兼之者父也.’ 今旦明府早駕, 久駐未出, 騎吏父來至府門, 不敢入. 騎吏聞之, 趨走出謁, 適會明府登車. 以敬父而見罰, 得毋虧大化乎?” 延壽擧手輿中曰, “微子, 太守不自知過.” 歸舍, 召見門卒. 卒本諸生, 聞延壽賢, 無因自達, 故代卒, 延壽遂待用之. 其納善聽諫, 皆此類也. 在東郡三歲, 令行禁止, 斷獄大減, 爲天下最.

| 註釋 | ○敕功曹議罰白 − 敕은 명령하다. 勅과 同. 功曹는 군수 또는 현령의 보좌관. 議罰白은 벌을 정하여 보고하다. ○今旦明府~ − 旦 아침 단. 明府는 상관에 대한 존칭. 태수. ○得毋虧大化乎? − 得毋~乎는 ~하지 않는가? 大化는 큰 德化. 敎化. 여기서는 孝悌. ○微子 − 당신이 아니라면. 微는 없을 미. 부정의 뜻을 나타내는 가설. ○諸生 − 儒生.

〖 國譯 〗

한연수가 일찍 외출하려고 수레에 탔으나 수레를 몰고 갈 관리 한 사람이 늦게 왔기에 功曹에게 벌을 결정하여 보고하라고 명령했다. 돌아와 태수부의 문에 이르자 門卒이 수레 앞에서 드릴 말씀이 있다고 하였다. 한연수가 멈추고 물으니 문졸이 말했다.

《孝經》에 ‘어버이 섬기듯 주군을 섬겨도 그 공경은 마찬가지이다. 모친에게는 지극한 애정을 다하고 주군에게는 공경을 다하나 그 두 가지를 겸하는 것은 부친이다.’ 라고 하였습니다. 오늘 아침에 태수께서 일찍 행차하려 하셨으나 한참을 기다리며 출발하지 못한 것은 騎士의 부친이 여기 정문에 왔으나 들어갈 수가 없었으며, 기사가 말을 듣고 뛰어나와 부친을 뵈었지만 그때 태수께서는 수레에 타셨습니다. 부친을 공경하다가 벌을 받는다면 효도를 막는 것 아니겠습니까?"

한연수는 손을 들어 알았다는 표시를 하며 수레 안에서 말했다. "그대가 아니었으면 내 잘못을 알지 못했을 것이다."

관사에 들어와 문졸을 불렀다. 문졸은 본래 유생이었는데 한연수가 현명하다는 평판을 들었지만 자신을 알릴 방법이 없어 문졸을 대신하면서 한연수가 등용해 주길 기다리고 있었다. 한연수가 좋은 일이나 권고를 받아들이는 것이 대개 이와 같았다. 東郡에 3년을 근무하였는데 금지명령이나 재판 건수가 크게 줄었고 치적은 천하에 제일이었다.

原文

入守左馮翊, 滿歲稱職爲眞. 歲餘, 不肯出行縣. 丞掾數白, "宜循行郡中, 覽觀民俗, 考長吏治迹." 延壽曰, "縣皆有賢令長, 督郵分明善惡於外, 行縣恐無所益, 重爲煩憂." 丞掾皆以爲方春月, 可一出勸耕桑. 延壽不得已, 行縣至高陵, 民有昆弟相與訟田自言, 延壽大傷之, 曰, "幸得備位, 爲郡表率, 不能宣明敎化, 至令民有骨肉爭訟, 旣傷風化, 重使賢長吏,嗇夫,三老,孝弟受其恥. 咎在馮翊, 當先退." 是日, 移病不聽事, 因入臥傳舍, 閉閤思過. 一縣莫知所爲, 令丞,嗇夫,三老亦皆自繫待罪. 於是訟者宗族傳相責讓, 此兩

76. 趙尹韓張兩王傳 *43*

昆弟深自悔, 皆自髠肉袒謝, 願以田相移, 終死不敢復爭.
延壽大喜, 開閤延見, 內酒肉與相對飲食, 厲勉以意告鄉部,
有以表勸悔過從善之民. 延壽乃起聽事, 勞謝令丞以下, 引
見尉薦. 郡中歙然, 莫不傳相敕厲, 不敢犯. 延壽恩信周遍
二十四縣, 莫復以辭訟自言者. 推其至誠, 吏民不忍欺紿.

| 註釋 | ○宜循行郡中 – 循行은 巡行. ○考長吏治迹 – 考는 평가하다.
長吏는 현령과 縣丞. 治迹은 治績. ○重爲煩憂 – 重은 매우. 거듭. 정도가 심
한 것을 표시. 부사로 쓰였다. ○嗇夫,三老 – 嗇夫(색부)는 향관의 명칭. 소
송을 대리하거나 세금 징수를 돕는다. 三老는 교화를 담당하는 鄉官. 연령
50세 이상 중 덕망 있는 자를 선임. 각 향에 1인을 둠. 여러 鄉의 三老 중 1인
을 현의 三老로 뽑아 현령을 보좌케 하였다. 이 三老와 함께 교화를 권장하
는 鄉官으로 孝弟도 있었다. ○移病 – 칭병하는 문서를 보내다. 移는 관청
문서의 양식. ○皆自髠肉袒謝 – 髠 머리 깎을 곤. 肉袒은 사죄하다. 웃통을
드러내다. ○相移 – 서로에게 넘겨주다. ○有以表勸~ – 有以는 어떤 일이
있어. 또는 이 때문에. ○引見尉薦 – 尉薦은 慰藉(위자)와 같음. ○欺紿(기
태) – 속이다. 紿는 곳일 태(詒과 같음).

〖 國譯 〗

  한연수는 조정에 들어가 左馮翊(좌풍익) 직무대리가 되었다가 1
년간 직무를 잘 수행하여 정식이 되었다. 그 뒤 1년이 지나도록 순
시하러 현에 나가려 하지 않았다. 속관이 여러 번 "관내를 순시하여
민정을 살피시고 현령들의 치적을 심사하셔야 합니다."라고 말했
다. 이에 한연수가 말했다. "縣에는 모두 훌륭한 현령이 있고 督郵

(독우)가 지방을 돌며 잘하나 못하는 가를 분명히 가려줄 것이니 순시해도 아무 소용이 없고 공연히 번잡하기만 할 것이다." 속관들은 정월이 되면 시찰을 나가 농경을 장려할 것이라고 생각하였다. 이에 한연수는 부득이 현을 시찰하면서 高陵縣에 이르렀는데 백성 중 어떤 형제가 토지를 가지고 소송하면서 각자 관가에 나와 호소하였는데 한연수는 크게 충격을 받고 말했다.

"다행히도 자리는 차지했지만 백성의 모범이 되어야 하는데 제대로 교화하지도 못하여 백성으로 하여금 골육 간에 소송을 벌려 교화를 크게 손상하였으며 현명한 현령이나 속관, 嗇夫(색부) 그리고 三老와 孝弟를 부끄럽게 만들었도다. 이 허물은 응당 좌풍익인 내 책임일 것이니 내가 먼저 물러나야 할 일이로다."

그날부터 병가 문서를 보낸 뒤에 업무를 보지 않고 縣의 傳舍에 누워 폐문하고 자신의 과오를 생각하였다. 고릉현에서는 모두가 어찌해야 할 줄 몰라 현령과 현승, 嗇夫(색부)와 三老 역시 모두 자신의 죄를 자청하였다. 이에 소송하는 사람의 종족 어른이 형제를 다 꾸짖자 두 형제는 크게 뉘우치며 모두 머리를 깎고 웃통을 드러내 사죄하면서 서로 땅을 양보하며 죽을 때까지 다시는 싸우지 않겠다고 하였다. 한연수는 크게 기뻐하며 문을 열고 형제를 불러 술과 고기를 준비하여 격려하면서 그 뜻을 고향 마을에 알렸고 이어 과오를 뉘우친 뒤 선행을 쌓은 백성을 표창하였다. 한연수는 일어나 업무를 처리하고 현령 이하 여러 사람의 노고를 치하하며 위로하였다. 온 군이 모두 좋아하고 서로 전하며 격려하니 이후로 감히 어기지 못했다. 한연수는 24개 현에 두루 서신을 보내어 다시는 송사하며 자신을 변명하는 사람이 없도록 하라고 말했다. 그런 지성으로 다스리니 관리나 백성은 차마 서로를 속이지 못했다.

原文

　延壽代蕭望之爲左馮翊, 而望之遷御史大夫. 侍謁者福爲
望之道延壽在東郡時放散官錢千餘萬. 望之與丞相丙吉議,
吉以爲更大赦, 不須考. 會御史當問事東郡, 望之因令並問
之. 延壽聞知, 卽部吏案校望之在馮翊時廩犧官錢放散百餘
萬. 廩犧吏掠治急, 自引與望之爲姦. 延壽劾奏, 移殿門禁
止望之. 望之自奏, "職在總領天下, 聞事不敢不問, 而爲延
壽所拘持." 上由是不直延壽, 各令窮竟所考. 望之卒無事
實, 而望之遣御史案東郡, 具得其事. 延壽在東郡時, 試騎
士, 治飾兵車, 畫龍虎朱爵. 延壽衣黃紈方領, 駕四馬, 傅總,
建幢棨, 植羽葆, 鼓車歌車, 功曹引車, 皆駕四馬, 載棨戟.
五騎爲伍, 分左右部, 軍假司馬, 千人持幢旁轂. 歌者先居射
室, 望見延壽車, 嗷咷楚歌. 延壽坐射室, 騎吏持戟夾陛列
立, 騎士從者帶弓鞬羅後. 令騎士兵車四面營陳, 被甲鞮鍪
居馬上, 抱弩負蘭. 又使騎士戲車弄馬盜驂. 延壽又取官銅
物, 候月蝕鑄作刀劍鉤鐔, 放效尙方事. 及取官錢帛, 私假
徭使吏. 及治飾車甲三百萬以上.

| 註釋 |　○延壽代蕭望之爲左馮翊 – 한연수는 소망지의 후임으로 좌풍익

이 되었다. 〈百官公卿表〉에 의하면 소망지는 좌풍익에서 大鴻臚(대홍려)를 거쳐 어사대부가 되었는데(전 63년) 같은 해에 한연수는 좌풍익이 되었다. 그러니 한연수는 소망지의 후임이 아니었다. ○更大赦 – 更은 연속. ○御史 – 어사대부의 속관. 御史中丞. ○廩犧(늠희) – 종묘 제사용 곡식과 犧牲物(희생물). 廩은 곳집 름(늠) 창고. 곡식. 犧는 희생물, 제물. ○廩犧吏 – 좌풍익의 속관으로 廩犧令, 丞, 尉가 있었다. 掠治(약치)는 고문하다. ○試騎士 – 매년 실시하는 騎士의 능력 시험. 都試. ○朱爵 – 朱雀(주작)과 同. ○傅總(부총) – 수레의 여러 장식. ○建幢棨 – 의장용 깃발과 나무로 만든 의장용 창. 幢 깃발 당. 棨 의장용 창 계. ○植羽葆 – 새 깃털 장식을 꽂다. 植은 세우다. 葆 더부룩할 보. ○鼓車歌車 – 큰 북을 실을 수레와 창을 하는 사람을 태운 수레. ○軍假司馬 – 軍司馬의 직무대리. ○千人持幢旁轂 – 千人은 무관직명. 持幢旁轂(지당방곡)은 깃발을 들고 수레 곁에 서다. 旁은 傍. 轂은 바퀴 곡. 수레. ○射室 – 騎士를 심사하는 방. ○嗷咷(교도) – 큰 소리로 노래하다. 嗷 노래 부를 교. 咷 울 도. 노래하다. ○鞬羅 – 鞬은 동개 건. 화살통. 羅는 줄지어 서다. ○鞮鍪 – 가죽으로 만든 투구. 鞮 가죽신 제. 鍪 투구무. ○盜驂 – 곁말을 빼앗다. 驂은 곁마 참. ○鈎鐔 – 무기 이름. 鈎 날이 굽은 칼. 갈고랑이 구. 鐔 작은 칼. 작은 칼 심. ○尙方 – 황실에서 필요한 물건을 제조하는 관청.

〔國譯〕

한연수는 蕭望之(소망지)의 후임으로 좌풍익이 되고 소망지는 어사대부로 승진하였다. 常侍謁者인 福(복)이란 사람이 소망지에게 한연수가 東郡 태수로 있으면서 官錢(公金) 천여만 전을 마음대로 지출했다고 말해 주었다. 소망지는 승상 丙吉(병길, 邴吉)과 의논하였는데 병길은 연속 대사면령이 있었으니 조사할 필요가 없다고 말하였다. 마침 御史가 東郡에 가서 업무를 조사하게 되자 소망지는 한연수의 지출 건에 대해서 함께 조사하게 하였다. 한연수가 이런 사실을 알고 바로 자신의 부하에게 소망지가 좌풍익으로 근무할 때 종묘 제사 제물의 구입비로 관전 백여만 전을 지출한 것에 대하여 조사하게 시켰다. 廩犧吏(늠희리)를 엄하게 문초하자 자신이 소망지와 함께 범행을 저질렀다고 말했다.

한연수는 이를 상주하면서 殿門에 공문을 보내 소망지의 궁궐 출입을 막았다. 이에 소망지는 직접 상주하여 "직책이 천하의 업무를 총괄하기에 정사를 처리하지 않을 수 없는데 한연수에게 구금당하였다."고 하였다. 선제는 이에 한연수가 잘못했다고 생각하면서 철저하게 조사하라고 분부하였다. 소망지의 지출은 끝내 근거 자료가 없었지만 소망지는 어사를 동군에 보내 조사하게 하여 그 관용전의 낭비 근거를 찾아내었다.

한연수는 동군태수로 재직하며 매년 騎士의 능력을 평가하였는데, 兵車를 장식하고 龍虎와 朱雀(주작)을 그리게 하였다. 한연수는 황색 비단의 方領을 입고 四馬가 끄는 수레를 몰았으며, 수레를 장식하였고, 의장용 깃발과 나무창을 수레에 세웠으며, 鼓車와 歌車 그리고 功曹의 引車를 모두 말 4마리가 끌게 하였으며 의장용 창을 세웠다. 五騎를 한 줄로 세우고 좌우의 2개 부대로 나누어 軍 司馬의 직무대리와 무관인 千人이 깃발을 들고 수레 곁에 서 있게 하였다. 歌者가 먼저 射室에 들어가 있다가 한연수의 수레가 오는 것을 보고서는 楚歌를 크게 부르게 하였다. 한연수가 射室에 들어와 앉으면 말을 탄 관리가 창을 들고 계단 양 옆으로 줄을 지어 서고 기병의 從士는 활과 비단 화살 통을 메고 줄을 지어 서있게 하였다. 騎士의

兵車가 4면에서 진을 만들고서 갑옷을 입고 가죽 투구를 쓰고 말에 올라가서 쇠뇌를 들고 화살 통을 메게 하였다. 이어 기사로 하여금 수레를 빨리 몰거나 말을 달리면서 여러 재주를 연기하며 곁에 맨 말을 뺏어오는 유희를 하였다. (여기까지는 試騎士에 관한 기록이다.)

한연수는 官用의 청동을 갖다가 월식하는 날을 기다려 굽은 칼을 주조하게 하여 尙方의 일을 모방하였다. 또 관부의 돈과 비단을 갖다가 요역하는 인부를 사서 일을 시켰다. 그리고 수레와 병기를 장식하는데 3백만 전 이상을 지출하였다.

原文

於是望之劾奏延壽上僭不道, 又自稱, "前爲延壽所奏, 今復擧延壽罪, 衆庶皆以臣懷不正之心, 侵冤延壽. 願下丞相, 中二千石, 博士議其罪." 事下公卿, 皆以延壽前旣無狀, 後復誣訴典法大臣, 欲以解罪, 狡猾不道. 天子惡之, 延壽竟坐棄市. 吏民數千人送至渭城, 老小扶持車轂, 爭奏酒炙. 延壽不忍距逆, 人人爲飮, 計飮酒石餘, 使掾史分謝送者, "遠苦吏民, 延壽死無所恨." 百姓莫不流涕.

延壽三子皆爲郎吏. 且死, 屬其子勿爲吏, 以己爲戒. 子皆以父言去官不仕. 至孫威, 乃復爲吏至將軍. 威亦多恩信, 能拊衆, 得士死力. 威又坐奢僭誅, 延壽之風類也.

| 註釋 | ○上僭不道 - 분수를 넘어 무도한 짓을 하다. 僭(참)은 본분을 초

월하다. ○中二千石 - 萬石보다는 낮고 二千石보다 높은 품계. 中은 滿의 뜻. 월 180斛(곡), 년 2160斛. 九卿은 모두 中二千石. ○送至渭城 - 渭城까지 따라가다. 渭城은 今 陝西省 咸陽시 동북. ○爭奏酒炙(쟁주주적) - 다투어 술과 구운 고기를 주다. 奏는 進也. 炙 고기 구울 자. 구운 고기 적. ○不忍距逆 - 차마 거절하지 못하다. ○屬其子 - 屬은 囑.

[國譯]

이에 소망지는 한연수가 참람하며 무도하다고 한연수를 탄핵 상주하면서 자신에 대하여 말했다.

"전에 한연수에게 고발을 당하였는데 이번에 한연수의 죄를 고발하면 많은 사람들이 소망지가 부정한 마음을 가지고 한연수에게 보복한다고 생각할 것입니다. 그의 죄상에 대하여 승상과 중이천석, 박사들이 함께 의논해주기 바랍니다."

사안이 公卿의 협의에 부쳐졌는데 한연수는 예법에 어긋나는 죄를 짓고서도 나중에는 나라의 법을 집행하는 대신을 무고하여 죄를 벗어나려 했으니 교활하며 무도하다고 모두가 말했다. 宣帝도 한연수를 미워하였기에 결국 기시 형으로 결재가 났다.

관리와 백성 수천 명이 渭城縣까지 따라갔는데 老少가 수레를 붙들고 다투어 술과 고기를 바쳤다. 한연수는 그것을 거절하지 못하고 주는 대로 다 마시어 마신 술이 한 섬은 되었으며 전에 屬吏들을 시켜 전송하는 사람들에게 사례하게 하면서 "멀리까지 여러분을 고생시켰습니다만 한연수는 죽어도 여한이 없습니다."라고 말했고 백성들은 눈물을 흘리지 않는 사람이 없었다.

한연수의 세 아들은 모두 낭관이었다. 죽으면서 아들들에게 벼슬을 그만두고 자신을 거울로 삼아 조심하라고 유언했다. 아들은 모두 부친의 뜻에 따라 사직하고 벼슬하지 않았다. 손자 韓威(한위)는 벼슬에 나가 장군이 되었다. 한위 역시 은덕을 베풀고 신의를 지켜 많은 사람이 좋아했으며 병사들은 사력을 다 바쳤다. 한위도 사치하며 참람했다고 주살 당했으니 한연수의 풍모를 닮았다고 할 수 있다.

76-4. 張敞

原文

張敞字子高, 本河東平陽人也. 祖父孺爲上谷太守, 徙茂陵. 敞父福事孝武帝, 官至光祿大夫. 敞後隨宣帝徙杜陵. 敞本以鄕有秩補太守卒史, 察廉爲甘泉倉長, 稍遷太僕丞, 杜延年甚奇之. 會昌邑王徵卽位, 動作不由法度, 敞上書諫曰, "孝昭皇帝蚤崩無嗣, 大臣憂懼, 選賢聖承宗廟, 東迎之日, 唯恐屬車之行遲. 今天子以盛年初卽位, 天下莫不拭目傾耳, 觀化聽風. 國輔大臣未襃, 而昌邑小輦先遷, 此過之大者也." 後十餘日王賀廢, 敞以切諫顯名, 擢爲豫州刺史. 以數上事有忠言, 宣帝徵敞爲太中大夫, 與于定國竝平尙書事. 以正違忤大將軍霍光, 而使主兵車出軍省減用度, 復出

爲函谷關都尉. 宣帝初卽位, 廢王賀在昌邑, 上心憚之, 徙
敞爲山陽太守.

| 註釋 | ○張敞(장창) - 아내를 위해 아내의 눈썹을 그려준 애처가. ○河
東平陽 - 河東郡 平陽縣(今 山西省 남부의 臨汾市). ○上谷 - 군명. 치소는 沮
陽縣(今 河北省 張家口市 관할의 懷來縣). ○有秩補太守卒史 - 有秩(유질)은
鄕官의 명칭. 三老 다음의 지위, 징세 보조. 卒史는 지방관아의 屬吏. ○察
廉 - 漢에서는 인재를 고찰한 뒤 그 영역에 따라 천거하였는데, 이를 察擧라
하였다. 察擧는 문제 때부터 실시되어 무제 때 정착되었다. 찰거는 常科와
特科로 大別할 수 있다. 常科에 해당하는 천거 영역으로는 孝廉(효렴), 茂才
(무재), 察廉, 光祿四行 등이 있다. 특과에 해당하는 것으로 賢良方正과 賢良
文學이 있다. 그 외 천거 영역으로 明法, 至孝, 有道 明陰陽災異 등이 있다.
○甘泉倉長 - 甘泉宮의 창고장. 감천궁은 今 陝西省 咸陽市 관할의 淳化縣
에 있었다. 본래 秦의 궁궐을 무제가 확장 중건. ○屬車(속거) - 제왕을 수행
하는 수레. ○昌邑小輦先遷 - 輦은 인력으로 끄는 작은 가마. 小輦은 그 수
레를 끄는 사람. 여기서는 창읍국에서 데려온 小臣. ○平尙書事 - 관직명.
平은 評議에 참여하다는 뜻. 尙書는 문서를 취급하는 관리. 평상서사의 권한
은 점차 증대하여 조정의 요직에 해당. ○違忤(위오) - 거스르다. 違背. ○山
陽太守 - 山陽郡의 치소는 昌邑縣. 今 山東省 菏澤市 관할 鉅野縣. 장창은
地節 3년(전 67년)에 산양태수가 되었다.

〔國譯〕

  張敞(장창)의 字는 子高인데 본래 河東郡 平陽縣 사람이다. 祖父
張孺는 上谷太守를 지냈고 茂陵縣(무릉현)으로 이사하였다. 장창의
부친 張福은 武帝를 섬겨 관직이 光祿大夫에 이르렀다. 장창은 뒤에

宣帝를 따라 杜陵縣으로 이사했다. 장창은 본래 고향의 鄕官인 有秩 (유질)로 나중에 太守의 卒史가 되었는데 察廉(찰염)으로 천거되어 甘泉倉長이 되었다가 점차 승진하여 太僕丞(태복승)이 되었고 杜延 年의 특별한 신임을 받았다. 그때 昌邑王이 추대되어 즉위하였으나 행실이 법도에 어긋나자 장창이 상서하여 충간하였다.

"효소황제께서 일찍 붕어하시고 후사가 없어 대신들이 크게 걱정 하여 현명하신 분을 모셔 종묘제사를 잇게 하려고 동쪽에 가서 모셔 올 때 수레가 빠르지 못하다고 걱정할 정도였습니다. 지금 천자께서 젊은 나이에 막 즉위하셨습니다만 온 천하가 눈을 비비고 귀를 기울 이면서 교화와 선정을 기다리고 있습니다. 나라를 보필한 대신들을 포상하지도 않았는데 창읍국에서 소신들이 앞서 나가니 이는 큰 과 오입니다."

그 10여 일 뒤에 창읍왕 劉賀(유하)는 폐위되었는데 장창은 간절 한 간쟁으로 유명해졌고 豫州刺史에 발탁되었다. 장창은 여러 번 忠 言으로 상서했는데 宣帝는 장창을 太中大夫로 발탁하였고 于定國 과 함께 平尙書事가 되었다. 장창은 대장군 곽광의 뜻을 정식으로 거슬러 군비 지출을 경감시키는 업무를 담당하다가 다시 函谷關(함 곡관) 都尉로 방출되었다. 宣帝는 즉위한 뒤에 폐왕 유하가 창읍에 머무는 것이 마음에 걸려 장창을 山陽太守에 임명하였다.

原文

　久之, 大將軍霍光薨, 宣帝始親政事, 封光兄孫山,雲皆爲 列侯, 以光子禹爲大司馬. 頃之, 山,雲以過歸第, 霍氏諸婿

親屬頗出補吏. 敞聞之, 上封事曰, "臣聞公子季友有功於
魯, 大夫趙衰有功於晉, 大夫田完有功於齊, 皆疇其庸, 延及
子孫, 終後田氏簒齊, 趙氏分晉, 季氏顓魯. 故仲尼作《春
秋》, 跡盛衰, 譏世卿最甚. 乃者大將軍決大計, 安宗廟, 定
天下, 功亦不細矣. 夫周公七年耳, 而大將軍二十歲, 海內
之命, 斷於掌握. 方其隆時, 感動天地, 侵迫陰陽, 月朓日蝕,
晝冥宵光, 地大震裂, 火生地中, 天文失度, 祅祥變怪, 不可
勝記, 皆陰類盛長, 臣下顓制之所生也. 朝臣宜有明言, 曰
陛下褒寵故大將軍以報功德足矣. 間者輔臣顓政, 貴戚太
盛, 君臣之分不明, 請罷霍氏三侯皆就第. 及衛將軍張安世,
宜賜几杖歸林, 時存問召見, 以列侯爲天子師. 明詔以恩不
聽, 群臣以義固爭而後許, 天下必以陛下爲不忘功德, 而朝
臣爲知禮, 霍氏世世無所患苦. 今朝廷不聞直聲, 而令明詔
自親其文, 非策之得者也. 今兩侯以出, 人情不相遠, 以臣
心度之, 大司馬, 及其枝屬必有畏懼之心. 夫心之精微口不
能言也, 言之微眇書不能文也. 故伊尹五就桀, 五就湯, 蕭
相國薦淮陰累歲乃得通, 況乎千里之外, 因書文諭事指哉!
唯陛下省察." 上甚善其計, 然不徵也.

| 註釋 | ○大司馬 – 무제 때 軍의 최고위직인 太尉를 대사마로 개칭하였
다. 나중에는 대장군, 표기장군 등의 관직 앞에 붙는 칭호로 정권을 장악한
외척이나 장군에게 수여하였지만 상설직은 아니었다. ○公子季友 – 춘추시
대 魯 桓公의 막내아들인 姬友. ○趙衰(조최) – 춘추시대 晉의 대부. ○田完

－齊의 大夫. ㅇ皆疇其庸－그 노고에 따른 보상을 받다. 疇는 보답. 酬와 同. 庸은 勞苦. 功勞. ㅇ田氏簒齊－田完의 후손인 田和는 齊 康公을 방출하고 自立하였는데 前 386에 周 安王을 이를 승인해 주었다. 이후의 齊를 보통 田齊라 하여 이전의 姜齊와 구분한다. ㅇ趙氏分晉－晉國이 韓, 趙, 魏로 분리되는데 周 威烈王 23년(前 403)에 魏斯, 趙籍, 韓虔(한건)을 제후로 봉하였다. 이때부터 보통 전국시대라 통칭한다. 晉이 완전 소멸한 것은 前 376년이었다. 韓, 趙, 魏를 三晉이라 한다. ㅇ乃者－지난 날. 往日. ㅇ大將軍二十歲－곽광은 무제 後元 2년(前 87)부터 소제를 거쳐 선제 地節 2년(前 68)까지 20년간 국정을 장악했다. ㅇ月朓－末日에 그믐달이 서쪽에 나타나는 것. 朓는 그믐달 조. ㅇ祅祥變怪－요사한 징조와 괴변. ㅇ張安世－張湯의 아들. 당시 장안세는 궁궐과 장안성을 방어하는 北軍을 지휘하는 衛將軍으로 승상 다음의 자리에 있었다. 59권, 〈張湯傳〉에 附傳. ㅇ非策之得者也－실책이다. ㅇ伊尹(이윤)－殷 湯王의 賢臣. ㅇ故伊尹五就桀, 五就湯－'孟子曰 居下位 不以賢事不肖者 伯夷也, 五就湯 五就桀者 伊尹也, ~'《孟子 告子 下》. ㅇ蕭相國薦淮陰~－蕭相國은 蕭何. 淮陰은 淮陰侯 韓信.

〔 國譯 〕

　얼마 후에 대장군 곽광이 죽자(前 68년), 선제는 정사를 친람하면서 곽광 형(霍去病)의 손자인 霍山과 霍雲을 열후에 봉하고 곽광의 아들 霍禹(곽우)를 大司馬에 임명하였다. 얼마 후 곽산과 곽우는 과오가 있어 집에 머물게 되었고 곽씨 집안의 여러 사위와 친족은 대부분 지방관으로 전출시켰다. 장창이 이를 알고 封書로 상서하여 말했다.

　「臣이 알기로는, 公子季友는 魯에 공을 세웠고 大夫 趙衰(조최)는 晉에서, 大夫 田完은 齊에 공을 세웠고 그 공로에 따른 보답을 받아

자손에게 물려주었는데 끝에 가서 田氏는 齊를 찬탈하였고 趙氏는
晉을 분할하였으며 季氏는 魯에서 전횡하였습니다. 그래서 공자는
《春秋》를 지어 그 성쇠를 고찰하고 세습 권력을 심각하게 비난하였
습니다. 지난 날 대장군 곽광이 大計를 결단하여 宗廟와 천하를 안
정시켰으니 그 공이 결코 작지 않았습니다. 예전 周公은 7년을 섭정
하였으나 대장군은 20년간 천하를 명령하고 국정을 장악했습니다.
그가 한참 융성할 때 천지를 움직이고 음양을 조화를 침해하였기에
그믐달이 서쪽에 보이고 일식이 일어나 낮이 어두워지고 빛이 사라
졌으며 지진에 땅이 갈라지고 화산이 터졌으며 천문이 正道를 잃었
으니 요사한 징조와 괴변을 이루 다 기록할 수가 없었는데, 이는 음
기가 성장했기 때문이며 신하가 정권을 마음대로 했기에 일어난 것
이었습니다. 지금 조신들도 폐하께서 죽은 대장군의 공덕에 대하여
충분히 보답 포상하였다고 말하고 있습니다. 최근에 국정을 주도하
는 신하가 정권을 휘두르며 인척이 지나치게 강성해서 君臣의 구분
이 불명하오니 霍氏 3명의 제후는 모두 봉지로 보내야 합니다. 또
衛將軍 張安世는 几杖(궤장)을 하사하여 집에서 쉬게 해야 하며 가
끔 불러 알현하면서 원로 열후를 천자의 스승처럼 대하면 됩니다.
명철하신 조서로 은혜를 내리는데도 따르지 않는다면 여러 신하들
이 大義로 간쟁하게 한 뒤에 허락하신다면 만백성들은 폐하께서 공
덕을 잊지 않으셨으며 조신들은 예의를 안다고 생각할 것입니다. 또
곽씨 일족은 대대로 걱정하지 않아도 될 것입니다. 지금 조정에서는
직언으로 간쟁한다는 소식이 들리지 않는데 폐하께서 친히 조서의
문장을 짓게 한다면 이는 대신들의 실책이라고 생각합니다. 지금 곽
씨의 제후 2명이 지방으로 나갔는데 사람들 생각은 거의 같은 것이

니 臣의 생각으로는 大司馬(霍禹)나 그 일족은 두려운 마음을 갖고 있을 것입니다. 대개 마음의 세밀한 생각은 말로 다 표현할 수 없고 말의 미묘함은 글로 다 쓸 수 없는 것입니다. 그러하였기에 伊尹(이윤)은 다섯 번이나 桀王(걸왕)에게 공물을 바치러 갔지만 걸왕이 채용하지 않자 다섯 번을 湯王에게 되돌아갔으며, 相國 蕭何는 한신을 여러 해에 걸쳐 천거하여 등용되었는데 하물며 천리 밖에서 상서하여 뜻이 잘 전달이 되겠습니까! 폐하께서 성찰해 주시길 바랄 뿐입니다.」

선제는 그 계책이 매우 좋다고 생각하였지만 장창을 부르지는 않았다.

原文

久之, 勃海, 膠東盜賊並起, 敞上書自請治之, 曰, "臣聞忠孝之道, 退家則盡心於親, 進宦則竭力於君. 夫小國中君猶有奮不顧身之臣, 況於明天子乎! 今陛下游意於太平, 勞精於政事, 亹亹不舍晝夜, 群臣有司宜各竭力致身. 山陽郡戶九萬三千, 口五十萬以上, 訖計盜賊未得者七十七人, 它課諸事亦略如此. 臣敞愚駑, 既無以佐思慮, 久處閒郡, 身逸樂而忘國事, 非忠孝之節也. 伏聞膠東, 勃海左右郡歲數不登, 盜賊並起, 至攻官寺, 篡囚徒, 搜市朝, 劫列侯. 吏失綱紀, 姦軌不禁. 臣敞不敢愛身避死, 唯明詔之所處, 願盡力摧挫其暴虐, 存撫其孤弱. 事卽有業, 所至郡條奏其所由廢及所以興之狀." 書奏, 天子徵敞, 拜膠東相, 賜黃金三十斤. 敞辭之官, 自請治劇郡非賞罰無以勸善懲惡, 吏追捕有功效者, 願得壹切比三輔尤異. 天子許之.

| 註釋 | ○勃海(발해) − 郡名. 치소는 浮陽縣(今 河北省 滄州市). ○膠東(교동) − 侯國, 경제의 아들 康王 劉奇을 봉한 나라. 도읍은 卽墨縣(今 山東省 靑島市 관할의 平度市). ○亹亹(미미) − 애쓰는 모양. 亹 힘쓸 미. ○戶九萬三千, 口五十萬以上 − 참고로 〈地理志〉에 의하면 山陽郡은 172,840호에 801,288명이었다(平帝, 元始 연간, 서기 기원 후). 선제 때에 비해 인구가 크게 늘었음을 알 수 있다. ○訖計(흘계) − 총계. 訖 마칠 흘. 다하다. ○官寺(관사) − 관청. 官署. ○姦軌 − 違法. 불법행위. ○事卽有業 − 치적에 성취한 것이 있다면. 卽은 만약에. ○條奏 − 조목별로 상주하다. ○劇郡 − 다스리기 힘든 郡. 劇은 번잡하고 힘들다. ○勸善懲惡(권선징악) − 懲 혼날 징. 못하게 하다(止). ○願得壹切比三輔尤異 − 壹切은 한시적으로 比는 동등하다. 三輔는 長安과 그 주변 곧 경조윤, 우부풍, 좌풍익의 관할 지역. 尤異(우이)는 우대. 삼보의 관리는 타군지역보다 질록에서 우대하였다.

〖 國譯 〗

얼마 후에, 勃海郡(발해군)과 膠東國(교동국)에 도적떼가 일어났는데 장탕은 상서하여 그 도적떼를 소탕하겠다고 자청하였다.

"臣이 알기로는, 충효의 道는 현직에서 물러났다면 부모에게 정성으로 효도하고, 관직에 나갔다면 주군에게 진력하며 충성해야 합니다. 작은 나라에도 주군을 위해 몸을 돌보지 않는 신하가 있거늘 하물며 훌륭하신 천자에게 그런 신하가 없겠습니까! 지금 폐하께서는 태평시대를 이루고자 정사에만 마음 쓰시고 밤낮으로 쉬지도 못하시며, 여러 신하들은 온 힘을 다해 몸을 바치고 있습니다. 山陽郡의 호구는 9만3천에 인구는 50만 이상이지만 체포하지 못한 도적은 모두 77명이며 다른 업무도 대략 비슷합니다. 신 敞(창)은 어리석고 재주도 없지만 폐하를 적극 보필하려는 마음이나 한가한 군에서 오랫동안 편히 지내다보니 심신은 게을러지고 국사의 어려움을 잊고 있으니 이는 충효를 다해야 할 신하의 도리가 아닙니다. 제가 알기로 교동국과 발해군 주변에 수년간 흉년이 들어 도적이 떼 지어 일어나 궁궐과 관청을 습격하고 죄수를 풀어주며 시장을 뒤지고 제후를 겁탈한다고 들었습니다. 관리의 기강이 풀어지면 불법행위를 제어할 수 없습니다. 신 敞(창)은 몸을 사려 죽음을 피하지 않을 것이오며 폐하께서 지정하는 곳에 가서 포악한 자들을 꺾어 누르고 힘없는 백성들을 어루만져주겠습니다. 업무 성과가 나면 재직한 군에서 제거한 것과 개선된 성과를 조목조목 상주하겠습니다."

상서가 보고되자 선제는 장창을 불러 膠東相을 제수하고 황금 30근을 하사하였다. 장창이 인사하고 임지로 가서는 다스리기 어려운 군을 다스리기에 상벌이 아니면 권선징악이 어려운 만큼 도적을 체포하는데 공을 세운 관리에 대해서는 그 포상을 일시적으로 三輔의 우대와 동등하게 해주겠다고 자청하였다. 선제는 이를 승낙하였다.

原文

敞到膠東, 明設購賞, 開群盜令相捕斬除罪. 吏追捕有功,
上名尙書調補縣令者數十人. 由是盜賊解散, 傳相捕斬. 吏
民歡然, 國中遂平.

| 註釋 | ○明設購賞 - 현상금을 내걸다. ○開群盜 - 開는 분화시키다.
떼어놓다. ○歙然(흡연) - 즐거워하는 모양. 줄일 흡.

〖 國譯 〗

張敞(장창)은 교동국에서 현상금을 내걸고 도적을 이간시키려 서
로 체포하거나 죽이면 도적에 가담한 죄를 면제해 주었다. 도적 체
포에 공을 세운 관리는 이름을 기록하여 현령 보조업무로 전근시킨
자가 수십 명이었다. 이렇게 되자 도적떼는 해체되었고 서로 체포하
거나 죽였다. 관리와 백성들은 좋아했고 나라는 평온해졌다.

原文

居頃之, 王太后數出遊獵, 敞奏書諫曰, "臣聞秦王好淫
聲, 葉陽后爲不聽鄭,衛之樂, 楚嚴好田獵, 樊姬爲不食鳥獸
之肉. 口非惡旨甘, 耳非憎絲竹也, 所以抑心意, 絶耆欲者,
將以率二君而全宗祀也. 禮, 君母出門則乘輜軿, 下堂則從
傅母, 進退則鳴玉珮, 內飾則結綢繆. 此言尊貴所以自斂制,
不從恣之義也. 今太后資質淑美, 慈愛寬仁, 諸侯莫不聞,
而少以田獵縱欲爲名, 於以上聞, 亦未宜也. 唯觀覽於往古,
全行乎來今, 令后姬得有所法則, 下臣有所稱誦, 臣敞幸
甚!"書奏, 太后止不復出.

| 註釋 | ○王太后 - 膠東王 劉音의 모친 王氏. ○秦王 - 秦 昭王. 葉陽后

(섭양후)는 昭王의 왕후. ㅇ鄭,衛之樂 - 先秦 시기 鄭과 衛의 음악. 儒家에 의해 대표적인 淫聲으로 배척되었다. ㅇ楚嚴 - 楚의 莊王. 春秋五霸의 한 사람. 樊姬(번희)는 초 장왕의 왕비. ㅇ絲竹 - 악기. 음악. ㅇ輜軿(치병) - 덮개가 있는 수레. 輜 짐수레 치. 軿 수레 병. 덮개를 씌운 수레. ㅇ傅母(부모) - 귀족 자제를 보살피는 보모. ㅇ結綢繆 - 結 묶다. 매다. 綢繆(주무)는 얽어매다. 묶다. ㅇ全行 - 품행이 完美하다.

〔國譯〕

얼마 지나, 王太后가 자주 사냥을 나가자 장창이 상주하여 충간하였다.

"臣이 알기로, 秦王이 음탕한 음악을 좋아하자 葉陽后(섭양후)는 鄭과 衛의 음악을 듣지 않았으며 楚 莊王이 사냥을 좋아하자 樊姬(번희)는 짐승의 고기를 먹지 않았습니다. 맛있는 음식이 입에 맞지 않은 것도 아니고 악기 소리가 귀에 거슬려서가 아니라 욕심을 억제하여 그 주군으로 종사를 지킬 수 있게 했던 것입니다. 禮法에 주군의 모친이 出門할 경우 덮개가 있는 수레를 타고 집에서는 傅母(부모)를 따르고 오가며 패옥 소리를 내며 속옷을 꼭 묶어 맵니다. 이는 존귀한 분으로서 스스로 자신을 단속하여 멋대로 행동하지 않겠나는 뜻입니다. 지금 태후께서는 바탕이 선하고 고우시며 자애관대하시다고 모르는 제후가 없는데 마음대로 사냥을 한다고 소문이 나서 황제께 알려지면 이 또한 좋지 않을 것입니다. 지난 옛 사적을 살펴보시고 앞으로도 품행이 완미하다면 후손의 왕비들이 본을 받을 것이고 신하들이 칭송할 것이니 그러하다면 臣 敞(창)에게도 매우 다행스러울 것입니다!"

상서가 들어가자 왕태후는 다시 사냥을 나가지 않았다.

原文

是時, 潁川太守霸以治行第一入守京兆尹. 霸視事數月,
不稱, 罷歸潁川. 於是制詔御史, "其以膠東相敞守京兆尹."
自趙廣漢誅後, 比更守尹, 如霸等數人, 皆不稱職. 京師浸
廢, 長安市偸盜尤多, 百賈苦之. 上以問敞, 敞以爲可禁. 敞
旣視事, 求問長安父老, 偸盜酋長數人, 居皆溫厚, 出從童
騎, 閭里以爲長者. 敞皆召見責問, 因貰其罪, 把其宿負, 令
致諸偸以自贖. 偸長曰, "今一旦召詣府, 恐諸偸驚駭, 願一
切受署." 敞皆以爲吏, 遣歸休. 置酒, 小偸悉來賀, 且飮醉,
偸長以赭汚其衣裾. 吏坐里閭閱出者, 汚赭輒收縛之, 一日
捕得數百人. 窮治所犯, 或一人百餘發, 盡行法罰. 由是枹
鼓稀鳴, 市無偸盜, 天子嘉之.

| 註釋 | ∘黃霸(황패) - 89권, 〈循吏傳〉 입전. ∘其以膠東相~ - 其는 희
망을 표시하는 語氣詞. ∘比更守尹 - 比更은 연이어 교체하다. 比는 자주
(頻也). ∘浸廢 - 浸은 점점. ∘偸盜尤多 - 偸 훔칠 투. ∘酋長(추장) - 首
領. 酋 두목 추(帥也). ∘因貰其罪 - 貰는 너그럽게 봐주다. 緩也. ∘把其宿
負 - 把는 잡다. 부여하다. 宿負는 질질 끌며 내지 않은 세금. ∘赭汚其衣裾
- 赭는 붉은 흙 자. 汚 더러울 오. 바르다. 衣裾(의거)는 옷자락. ∘枹鼓稀鳴
(포고희명) - 枹鼓는 비상을 알리는 북을 치다. 枹 북 채 포.

〔國譯〕

　이때, 潁川(영천) 태수 黃霸(황패)는 치적이 일등이라서 조정에 들
어와 경조윤 직무대리가 되었다. 황패는 부임 몇 개월에 업무를 감
당 못하고 해직되어 영천군으로 돌아갔다. 이에 선제가 어사대부에
게 "膠東國(교동국)의 相인 장창을 경조윤 직무대리에 임명하라."고
명했다. 경조윤은 趙廣漢이 주살당한 뒤 연이어 교체되었는데 황패
처럼 여러 사람이 업무를 감당하지 못했다. 京師 업무가 점점 나빠
지며 장안의 저자에는 도둑이 매우 많아 모든 상인들이 고생을 하였
다. 선제가 장창에게 물으니 장창은 단속할 수 있다고 하였다. 장창
은 부임하여 장안의 父老들에게 물었는데 도둑의 우두머리 몇 사람
은 아주 부유하며 외출 때 말을 탄 하인을 데리고 다니며 마을에서
어른 노릇을 하고 있었다. 장창은 그들을 불러 만나서 문책을 하고
그간의 죄를 모두 용서하나 그간 밀린 부세는 좀 도둑들을 잡는 것
으로 自贖(자속)하라고 하였다. 그러자 도둑의 우두머리가 말했다.
"지금 처음 관청에 불려왔기에 여러 도둑들은 두려워 떨고 있을 것
이니 임시 권한을 내려 주십시오."

　장창은 그들을 관리로 임명하고 돌아가 쉬라고 하였다. 그들이
술을 준비해 놓자 좀 도둑들이 모두 와서 축하하였고, 술에 취하자
도둑의 우두머리는 붉은 진흙을 그들 옷에 발라 놓았다. 관리들은
마을 이문에 앉아서 나오는 자들을 검열하여 붉은 흙을 묻힌 자들을
체포하니 하루에 수백 명을 체포하였다. 그들의 범행을 끝까지 조사
하니 어떤 자는 백여 번을 도둑질도 하였는데 모두 법대로 처리하였
다. 이에 비상을 알리는 북을 거의 치지 않게 되었고 시장에 도둑이
없어지자 천자는 좋아하였다.

敞爲人敏疾, 賞罰分明, 見惡輒取, 時時越法縱舍, 有足大
者. 其治京兆, 略循趙廣漢之跡. 方略耳目, 發伏禁姦, 不如
廣漢, 然敞本治《春秋》, 以經術自輔, 其政頗雜儒雅, 往往表
賢顯善, 不醇用誅罰, 以此能自全, 竟免於刑戮.

| 註釋 | ○有足大者 − 大는 칭찬. 법 적용에 융통성이 있었다는 뜻. ○方
略耳目 − 첩자를 활용하다. 耳目은 남의 앞잡이. ○不醇用誅罰 − 醇은 純
也.

〖國譯〗

　　장창은 사람이 민첩하고 상벌이 분명하며 악인을 보면 바로 잡아
들이나 때로는 법규를 어기며 풀어주기도 하였으니 칭찬할만 하였
다. 그는 경조의 치안을 유지하는데 대략 趙廣漢의 방법을 따랐다.
첩자를 활용하거나 범죄자를 적발하는 것이 조광한보다는 못했지
만 장창이 본래《春秋》를 전공하여 경전의 大義로 자신을 보완하였
기에 그의 정사는 유학의 이념이 들어있고 가끔은 賢人이나 善者를
표창하면서 전적으로 형벌에만 의존하지는 않았기에 자신을 보전
할 수 있었고 끝내 처형되지는 않았다.

原文 ▐

京兆典京師, 長安中浩穰, 於三輔尤爲劇. 郡國二千石以
高弟入守, 及爲眞, 久者不過二三年, 近者數月一歲, 輒毀傷

失名, 以罪過罷. 唯廣漢及敞爲久任職. 敞爲京兆, 朝廷每
有大議, 引古今, 處便宜, 公卿皆服, 天子數從之. 然敞無威
儀, 時罷朝會, 過走馬章臺街, 使御吏驅, 自以便面拊馬. 又
爲婦畫眉, 長安中傳張京兆眉憮. 有司以奏敞. 上問之, 對
曰, "臣聞閨房之內, 夫婦之私, 有過於畫眉者." 上愛其能,
弗備責也. 然終不得大位.

| 註釋 | ○浩穰(호양) – 浩는 大也. 穰은 盛也. ○便宜(편의) – 적절한. 適
宜한. ○章臺街 – 章臺宮 옆 번화가. ○自以便面拊馬 – 便面은 부채 모양
의 얼굴 가리개. 障面과 같음. 拊馬(부마)는 말을 몰다. 경조윤이 지나가면
길 가던 사람은 걸음을 멈추고, 앉아있던 사람은 일어나야만 했다. 이를 어
기면 벌을 받았다. ○眉憮(미무) – 眉는 눈썹 미. 憮(어루만질 무)는 嫵(아리
따울 무)의 뜻.

〔國譯〕

　　京兆尹으로 京師를 담당하는데 長安은 중앙으로 인구도 많고 번
화하여 三輔에서도 가장 어려웠다. 郡國의 태수나 相으로 치적이 우
수하여 직무대리로 뽑혀 정식이 되었는데 오래 근무한다 하여도 2
~3년, 짧은 경우 몇 달이었고 1년이면 명성을 잃거나 죄에 걸려 파
면되었다. 오직 조광한과 장창만이 오래 재직하였다. 장창은 경조
윤으로 조정에서 큰 의논이 있을 때마다 고금의 사례를 들어 적절한
결론을 내리면 공경이 모두 탄복하였고 천자도 자주 수용해 주었다.
　　그렇지만 장창은 위엄을 갖추려 하지 않았는데 매번 조회가 끝나
고 章臺街를 지나가면서 수레를 모는 관리는 뛰어오게 하고 자신은

얼굴을 가린 채 말을 몰았다. 또 부인의 눈썹을 그려주기도 하여 장안에서는 '張京兆(장경조)가 그린 눈썹이 예쁘다.'는 말이 유행하였다.

有司가 이런 장창을 상주하였다. 선제가 장창에게 묻자 장창이 대답하였다. "臣이 알기로는, 규방 안의 부부에게는 눈썹 그려주기보다 더 지나친 일이 있다고 하였습니다."

선제는 그 능력을 아꼈기에 책망할 수가 없었다. 그렇지만 끝내 더 높은 자리에는 오르지 못했다.

原文

敞與蕭望之,于定國相善. 始敞與定國俱以諫昌邑王超遷. 定國爲大夫平尙書事, 敞出爲刺史, 時望之爲大行丞. 後望之先至御史大夫, 定國後至丞相, 敞終不過郡守. 爲京兆九歲, 坐與光祿勳楊惲厚善, 後惲坐大逆誅, 公卿奏惲黨友, 不宜處位, 等比皆免, 而敞奏獨寢不下. 敞使賊捕掾絮舜有所案驗. 舜以敞劾奏當免, 不肯爲敞竟事, 私歸其家. 人或諫舜, 舜曰, "吾爲是公盡力多矣, 今五日京兆耳, 安能復案事?" 敞聞舜語, 卽部吏收舜繫獄. 是時, 冬月未盡數日, 案事吏晝夜驗治舜, 竟致其死事. 舜當出死, 敞使主簿持敎告舜曰, "五日京兆竟何如? 冬月已盡, 延命乎?" 乃棄舜市. 會立春, 行冤獄使者出, 舜家載屍, 幷編敞敎, 自言使者. 使者奏敞賊殺不辜. 天子薄其罪, 欲令敞得自便利, 卽先下敞

前坐楊惲不宜處位奏, 免爲庶人. 敞免奏旣下, 詣闕上印綬,
便從闕下亡命.

| 註釋 | ○超遷(초천) − 단계를 무시한 승진. ○大行丞(대행승) − 관직명.
大行令의 보좌관. ○光祿勳 楊惲(양운) − 楊敞의 아들. 司馬遷의 外孫. 66
권, 〈公孫劉田王楊蔡陳鄭傳〉에 입전. ○等比 − 等輩. 黨友. ○賊捕掾(적포
연) 絮舜(서순) − 賊捕掾은 도적 체포 담당관. 絮舜은 인명. ○主簿持敎告舜
曰 − 主簿(주부)는 각 부서에서 문서를 담당하는 관리. 持敎는 관부의 公告
文(敎)을 가지고. ○行冤獄使者 − 억울한 재판이 있었는가를 확인하기 위
해 황제가 파견한 使者. ○編敞敎 − 장창의 공고문(敎)을 고소장에 삽입하
다. ○便利 − 有利. ○便從闕下亡命 − 본래의 邑縣으로 돌아가지 못하다.

〖 國譯 〗

장창과 소망지, 그리고 우정국은 서로 친했다. 처음에 장창과 우
정국은 함께 창읍왕의 순서를 무시한 관리등용을 충간했었다. 우정
국은 광록대부로 平尙書事가 되었고 장창은 자사로 나갔는데 그때
소망지는 大行丞(대행승)이 되었다. 뒤에 소망지가 먼저 어사대부가
되었고 우정국은 나중에 승상에 올랐으나 장창은 끝내 군수에 불과
하였다. 장창은 경조윤을 9년간 역임하였는데 光祿勳 楊惲(양운)과
친한 죄에 연좌되었고 뒤에 양운이 대역죄로 주살되자 공경들은 장
창이 양운과 같은 무리로 관직에 있을 수 없다고 상주하여 줄줄이
모두 면직되었으나 장창만은 상주하여 홀로 억류되지 않았다.

장창의 속관이던 賊捕掾(적포연) 絮舜(서순)은 조사할 업무가 있었
다. 그러나 서순은 장창이 탄핵을 받아 당연히 면직될 것이라 생각

하여 장창을 위해 할 일을 마치지 않고 몰래 집에 귀가하였다. 다른 사람이 서순을 타이르자 서순이 말했다. "나는 그동안 공무로 고생이 많았었다. 이제 경조윤으로 남은 날이 닷새인데 어찌 다른 일을 만들겠는가?"

장창은 서순의 말을 전해 듣고 즉시 속리를 보내 서순을 잡아다가 옥에 가두었다. 이때 겨울철은 불과 며칠이 남지 않았었는데 조사를 담당한 관리가 주야로 서순을 조사하여 결국 사형을 확정지었다. 서순이 끌려 나가 사형을 당하는 날 장창은 主簿(주부)를 시켜 공고문을 가지고 가서 서순에게 보여주었다. "5일 남은 경조윤이 어떠한가? 겨울이 다 끝났는데 연명하겠는가?" 그리고는 서순을 기시형에 처했다.

立春이 되어 冤獄(원옥)을 심사하는 천자의 使者가 오자 서순의 집안에서는 시신을 싣고 와 장창의 공고문을 고소장에 인용하면서 사자에게 호소하였다. 使者는 장창이 무고한 사람을 죽였다고 상주하였다. 선제는 장창의 죄를 경감시키려고 장창으로 하여금 죄를 자복하게 하여 유리한 처분을 내리려 했으나 공경의 의논에서 장창이 지난 번 楊惲(양운)의 사안 때 상주할 수 있었지만 상주하지 않았다 하여 면직시켜 서인이 되게 하였다. 면직처분이 결정되자 장창은 궁궐에 인수를 반환하였지만 고향으로 돌아가지는 않았다.

原文 ▌

數月, 京師吏民解弛, 枹鼓數起, 而冀州部中有大賊. 天子思敞功效, 使使者卽家在所召敞. 敞身被重劾, 及使者至,妻子家室皆泣惶懼, 而敞獨笑曰, "吾身亡命爲民, 郡吏當就捕, 今使者來, 此天子欲用我也." 卽裝隨使者詣公車上書曰, "臣前幸得備位列卿, 待罪京兆, 坐殺賊捕掾絮舜. 舜本臣敞素所厚吏, 數蒙恩貸, 以臣有章劾當免, 受記考事, 便歸臥家, 謂臣'五日京兆', 背恩忘義, 傷化薄俗. 臣竊以舜無狀, 枉法以誅之. 臣敞賊殺無辜, 鞠獄故不直, 雖伏明法, 死無所恨." 天子引見敞, 拜爲冀州刺史. 敞起亡命, 復奉使典州. 旣到部, 而廣川王國群輩不道, 賊連發, 不得. 敞以耳目發起賊主名區處, 誅其渠帥. 廣川王姬昆弟及王同族宗室劉調等通行爲之囊橐, 吏逐捕窮窘, 蹤跡皆入王宮. 敞自將郡國吏, 車數百輛, 圍守王宮, 搜索調等, 果得之殿屋重輦中. 敞傳吏皆捕格斷頭, 縣其頭王宮門外. 因劾奏廣川王. 天子不忍致法, 削其戶. 敞居部歲餘, 冀州盜賊禁止. 守太原太守, 滿歲爲眞, 太原郡清.

| 註釋 | ○解弛 - 해이해지다. 기강이 무너지다. 解는 懈(게으를 해). ○冀州 - 13자사부의 하나. ○惶懼(황구) - 두려워하다. ○公車 - 官署 이름. 衛尉의 속관인 公車令은 궁궐의 司馬門을 지키는데 황제가 부른 사람 또는 황제를 알현하려는 사람은 여기서 대기하면서 황제의 명을 받는다. ○待罪京兆 - 待罪는 직무를 제대로 수행하지 못했다는 謙辭. ○冀州刺史 - 冀州는 今 河北省 남부 일원에 해당. 13刺史部의 하나. 刺史는 매년 8월에 관할 군현을 시찰 지방관원과 호족을 감찰하고 연말에 어사대부의 속관인 御史中丞에게 그 내용을 보고. 秩 6백석, 郡守의 秩 比二千石보다 훨씬 낮음. 州는 무

제 때 처음 설치. 監察하는 지역 구분이지 행정단위가 아니었다. ○廣川王 - 광천국은 景帝의 아들 劉越을 봉한 나라. 당시 왕은 유월의 증손인 劉海 陽. 국도는 信都縣(今 河北省 衡水市 관할의 冀州市). ○區處 - 활동하는 지역 과 거처. ○囊橐(낭탁) - 도적들의 은신처. ○窮窘(궁군) - 窘은 군색할 군, 좁아질 군. ○重轑 - 다락방. 轑 서까래 요. 긁을 료.

〔國譯〕

　몇 달 뒤, 장안의 관리와 백성들이 해이해지고 비상을 알리는 북 이 자주 울렸으며 冀州部에서는 큰 도적떼가 생겼다. 선제는 장창의 업적을 생각하여 사자를 보내 집에 머물고 있는 장창을 불렀다. 장 창이 두 차례 탄핵을 받았기에 사자가 도착하자 처자와 식구들이 울 면서 두려워했지만 장창만은 웃으면서 말했다.

　"나는 관직을 잃고 평민이 되었으니 郡吏가 와서 잡아갈 것이나 이번에 사자가 왔으니 천자께서 나를 등용하려는 것이다."

　장창은 즉시 행장을 수습하고 사자를 따라 公車에 나아가 상서하 였다.

　"臣은 전에 다행히 列卿의 자리를 얻어 경조윤으로 직무를 수행 하지도 못하면서 賊捕掾(적포연)인 絮舜(서순)을 죽이는 죄를 지었습 니다. 서순은 본래 신 敞(창)이 평소에 아끼던 관리로 자주 혜택을 베풀었는데도 臣이 탄핵을 받아 면직되게 되자 조사할 업무가 있는 데도 집에 누워 있으면서 臣을 '닷새 남은 경조윤'이라고 부르며 배 은하고 의리도 버리며 세상을 각박하게 등졌습니다. 臣은 서순의 악 행을 생각하여 무리하게 법을 적용하여 죽여 버렸습니다. 臣 敞(창) 은 무고한 사람을 죽였으며 옥안 심사에서 정직하지 않다고 판결이 났는데 나라의 법도에 따랐기에 저는 죽어도 여한이 없습니다."

선제는 장창을 불러 보고 冀州刺史를 제수하였다. 장창은 평민에서 起身하여 다시 기주의 업무를 담당하게 되었다. 기주부에 부임하니 廣川王(劉海陽)의 무리들이 무도한 짓을 일삼고 도적떼는 연이어 일어났으나 잡지 못하고 있었다. 장창은 첩자를 통해 두목의 이름과 사는 곳을 알아 두목을 처형하였다. 廣川王 총희의 형제와 왕의 동족 집안인 劉調 등은 그들과 내통하며 은신처를 제공해 주었는데 관리들이 막다른 골목까지 추적하자 모두 왕궁 안으로 숨었다. 장창은 군국의 관리들을 직접 거느리고 수레 수백 량을 동원하여 왕궁을 포위한 뒤에 劉調(유조) 등을 수색하였는데 나중에 왕궁 다락방에서 체포하였다. 장창은 관리들을 지휘하여 체포하고 처형한 뒤 그 머리를 왕궁 문밖에 매달아 두었다. 이어 광천왕을 상주하여 탄핵하였다. 선제는 차마 법대로 처리할 수 없어 그 식읍을 삭감하였다.

장창이 1년 여 근무하는 동안 기주 관내에 도적이 사라졌다. 장창은 太原太守 직무대리를 거쳐 1년 뒤에 정식이 되자 태원군이 깨끗해졌다.

原文

頃之, 宣帝崩. 元帝初卽位, 待詔鄭朋薦敞先帝名臣, 宜傳輔皇太子. 上以問前將軍蕭望之, 望之以爲敞能吏, 任治煩亂, 材輕, 非師傳之器. 天子使使者徵敞, 欲以爲左馮翊. 會病卒. 敞所誅殺太原吏, 吏家怨敞, 隨至杜陵刺殺敞中子璜. 敞三子官皆至都尉.

|註釋| ○待詔 – 官職名. 황제의 자문에 응대하는 직책. 그 대기하는 관청에 따라 待詔公車, 待詔黃門, 待詔殿中, 待詔金馬門, 待詔丞相府 등이 있다.

〖國譯〗

　얼마 뒤 선제가 붕어하였다(前 49년). 元帝가 즉위한 뒤에 待詔인 鄭朋(정붕)이 장창은 先帝의 名臣이기에 皇太子의 사부로 보임해야 한다고 추천하였다. 원제가 이를 전장군 蕭望之(소망지)에게 묻자 소망지는 장창은 유능한 관리로 어려운 일을 잘 해결할 수 있지만 사람이 가벼워 師傅(사부)의 그릇은 아니라고 대답하였다. 천자는 사자를 보내 장창을 불러 좌풍익에 임명하고자 했다. 장창은 마침 병으로 죽었다. 장창에게 주살된 태원군의 관리 집안사람은 장창에게 원한을 품고 杜陵縣까지 와서 장창의 둘째 아들 張璜을 찔러 죽였다. 장창의 세 아들의 관직은 都尉에 이르렀다.

原文

　初, 敞爲京兆尹, 而敞弟武拜爲梁相. 是時, 梁王驕貴, 民多豪强, 號爲難治. 敞問武, "欲何以治梁?" 武敬憚兄, 謙不肯言. 敞使吏送至關, 戒吏自問武. 武應曰, "馭黠馬者利其銜策, 梁國大都, 吏民凋敝, 且當以柱後惠文彈治之耳." 秦時獄法吏冠柱後惠文, 武意欲以刑法治梁. 吏還道之, 敞笑曰, "審如掾言, <u>武</u>必辨治<u>梁</u>矣." <u>武</u>旣到官, 其治有跡, 亦能吏也.

<u>敞</u>孫<u>竦</u>, 王莽時至郡守, 封侯, 博學文雅過於<u>敞</u>, 然政事不及也. <u>竦</u>死, <u>敞</u>無後.

| **註釋** | ○梁王 - 梁은 제후국 이름. 文帝의 아들인 孝王 劉武를 봉한 나라. 당시 양왕은 劉武의 玄孫인 劉定國. 梁의 국도는 睢陽縣(수양현, 今 河南省 商丘市 서남). ○柱後惠文彈治 - 柱後惠文은 법을 집행하는 관리가 쓰는 冠 이름. 彈治는 탄압하여 다스리다. ○審如掾言 - 審은 정말. 확실히. 副詞임. 掾은 도울 연. 관리의 직급. 관서의 업무 담당자.

〖 **國譯** 〗

전에 장창이 경조윤으로 근무할 때, 장창 동생 張武는 梁의 相이 되었다. 이때 梁王은 교만하였고 백성에는 강력한 호족이 많아 다스리기 어려웠다. 장창이 장무에게 "梁을 어떻게 다스리겠느냐?"고 물었으나 유무는 형을 어려워하여 겸양하며 말하지 못했다. 장창은 관리를 시켜 동생을 함곡관까지 전송케 했는데 그 관리가 장무에게 물었다. 이에 장무가 대답했다. "거친 말을 길들이려면 재갈과 채찍이 좋은 것처럼 梁國은 大都이나 吏民은 멋대로 노니 법을 엄격하게 집행하여 억눌러 다스릴 것이오."

秦나라 때 獄事를 담당하는 관리는 柱後惠文冠을 썼었는데 장무의 뜻은 刑法으로 梁을 다스리겠다는 뜻이었다. 전송한 관리가 돌아와 말하자 장창이 웃으며 말했다. "정말로 관리의 말대로라면 장무는 梁을 잘 다스릴 것이다."

장무는 임지에 부임했고 그 치적이 좋았으니 역시 유능하였다. 장창의 손자 張餗(장송)은 왕망 때 군수가 되었고 제후에 봉해졌는데 博學하고 文雅하기로는 張敞보다 나았으나 정사는 장창만 못했다. 장송이 죽자, 장창의 후손은 끊어졌다.

76-5. 王尊

原文

王尊字子贛 涿郡高陽人也. 少孤, 歸諸父, 使牧羊澤中. 尊竊學問, 能史書. 年十三, 求爲獄小吏. 數歲, 給事太守府, 問詔書行事, 尊無不對. 太守奇之, 除補書佐, 署守屬監獄. 久之, 尊稱病去, 事師郡文學官, 治《尙書》,《論語》, 略通大義. 復召署守屬治獄, 爲郡決曹史. 數歲, 以令擧幽州刺史從事. 而太守察尊廉, 補遼西鹽官長. 數上書言便言事, 事下丞相,御史.

| 註釋 | ○王尊(왕준) ──作 王遵(왕준). 尊은 높을 존. 술통 준, 따를 준. 유능한 경조윤으로 世人들이 '前有趙(廣漢), 張(敞), 後有三王'이라고 했다. 王章, 王駿과 함께 三王이라 불렸다. 72권, 〈王貢兩龔鮑傳〉참고. ○高陽縣 ─ 今 河北省 保定市 高陽縣. ○諸父 ─ 伯父나 叔父. ○能史書 ─ 屬吏의 문

서를 잘 알다. 속리는 隸書를 사용하여 문서를 지었다. 史書는 속리의 문서. 역사책이란 뜻이 아님. ○給事 – 근무하다. ○行事 – 往事. 지난 일. ○書佐 – 문서를 필사하거나 관리하는 관리. 椽과 史의 하위직. ○守屬 – 屬吏. ○決曹史 – 決曹는 刑法을 주관하는 직책. 史는 보조 직급. ○遼西(요서) – 군명. 치소는 陽樂縣(今 遼寧省 서남부의 錦州市 義縣). ○鹽官長 – 漢은 하동군, 요서군 등 전국 28개 군에 염관장을 두고 소금을 제조했다.

〖國譯〗

　王尊의 字는 子贛(자공)으로 涿郡(탁군) 高陽縣 사람이다. 어려서 고아가 되어 숙부 집에서 자랐는데 숙부는 물가에서 양을 키우게 하였다. 왕준은 몰래 글공부를 하며 屬吏의 문서에 능했다. 13세에 감옥의 小吏가 되었다. 太守府에 근무하였는데 태수가 조서나 지난 일을 물었을 때 모르는 것이 없었다. 태수가 특별하다고 생각하여 書佐에 임명하였다가 감옥의 屬吏가 되었다. 얼마 뒤에 왕준은 병가를 내어 사임하고 郡의 文學官을 사사하며 《尚書》와 《論語》를 공부하여 大義에 통했다. 왕준은 다시 속리가 되어 감옥의 일을 맡아보다가 郡의 決曹 보조관이 되었다. 몇 년 뒤 현령의 천거로 幽州(유주) 자사의 從事가 되었다. 태수는 왕준의 청렴을 살펴 遼西郡의 鹽官長에 임명하였다. 왕준은 자주 업무에 관한 건의를 상서하였고 그의 건의는 승상이나 어사대부에 넘겨졌다.

原文▎

　初元中, 擧直言, 遷虢令, 轉守槐里, 兼行美陽令事. 春正

月, 美陽女子告假子不孝, 曰, "兒常以我爲妻, 妒笞我." 尊
聞之, 遣吏收捕驗問, 辭服. 尊曰, "律無妻母之法, 聖人所
不忍書, 此經所謂造獄者也." 尊於是出坐廷上, 取不孝子懸
磔著樹, 使騎吏五人張弓射殺之, 吏民驚駭.

| 註釋 | ○初元 – 元帝 연호, 전 48 – 44년. ○虢(괵) – 현명. 今 陝西省
寶鷄市 서쪽. ○槐里(괴리) – 현명. 今 陝西省 咸陽市 관할의 興平市. ○美
陽 – 현명. 今 陝西省 咸陽市 관할의 武功縣. ○假子 – 남편 전처 소생의 아
들. ○妒笞我 – '訴笞我'가 되어야 옳음. 訴는 욕할 구. ○造獄 – 특별히 엄
한 형벌. ○懸磔(현책) – 매달아 놓고 형벌에 처하다. 懸(縣)은 매달 현. 磔
은 찢어 죽이는 형벌책.

〔 國譯 〕

　初元 연간에 直言으로 천거되어 虢縣(괵현) 현령이 되었다가 槐里
(괴리) 현령 직무대리로 전근하여 美陽 현령의 업무까지 겸임하였
다. 春 正月에 미양현의 여인이 전처 소생 아들이 불효하며 "아들은
늘 나를 제 처에게 하듯 욕을 하고 때린다."며 고발하였다. 왕준이
이를 알고 관리를 보내 체포하여 조사하니 죄를 자백하였다. 이에
왕준이 말했다. "법률에 처와 어머니에 대한 법이 없는 것은 聖人도
차마 정할 수 없었기 때문이니, 이는 경전에서 말하는 특별히 엄한
형벌에 해당한다."

　왕준은 이에 재판하는 자리에 나가 불효자를 나무에 묶어 매달고
말을 탄 관리 5명이 활을 쏘아 죽이게 하니 관리와 백성들이 크게
두려워하였다.

後上行幸雍, 過虢, 尊供張如法而辦. 以高弟擢爲安定太守. 到官, 出敎告屬縣曰, "令長丞尉奉法守城, 爲民父母, 抑强扶弱, 宣恩廣澤, 甚勞苦矣. 太守以今日至府, 願諸君卿勉力正身以率下. 故行貪鄙, 能變更者與爲治. 明愼所職, 毋以身試法." 又出敎敕掾功曹 "各自底厲, 助太守爲治. 其不中用, 趣自避退, 毋久妨賢. 夫羽翮不修, 則不可以致千里, 闌內不理, 無以整外. 府丞悉署吏行能, 分別白之. 賢爲上, 毋以富. 賈人百萬, 不足與計事. 昔孔子治魯, 七日誅少正卯, 今太守視事已一月矣. 五官掾張輔懷虎狼之心, 貪汚不軌, 一郡之錢盡入輔家, 然適足以葬矣. 今將輔送獄, 直符史詣閣下, 從太守受其事. 丞戒之戒之! 相隨入獄矣!" 輔繫獄數日死, 盡得其狡猾不道, 百萬姦臧. 威震郡中, 盜賊分散, 入傍郡界. 豪强多誅傷伏辜者, 坐殘賊免.

| 註釋 | ○雍(옹) - 현명. 今 陝西省 寶雞市 鳳翔縣. ○供張如法而辦 - 일행을 위한 휘장이나 여러 用具, 음식물 등을 준비하다. ○安定 - 군명. 치소는 高平縣, 今 寧夏回族自治區 남부의 固原市. ○令長丞尉 - 큰 縣에는 현령과 현승, 좌우 2尉를 두었고 작은 현에는 승과 尉가 각각 1인이었다. ○與爲治 - 함께 처리하겠다. 與는 介詞. ○闌內(얼내) - 집 안. 闌 문지방 얼. ○少正卯(소정묘) - 魯國의 대부. 少正이 姓, 또는 관직이라는 주장도 있다. 공자는 소정묘가 5가지 악행을 저질렀다고 주살하였다. ○五官掾(오관연) - 태수의 속리. 고정 직무는 없고 功曹와 비슷하였다. 태수의 자문에 응

함. ○直符史 - 군의 속리. 요즘 군청의 계장 같은 자리.

[國譯]

　뒷날 元帝가 雍縣(옹현)에 행차하며 괵현을 지날 때 왕준은 법규대로 영접 준비를 하였다. 왕준은 업무 실적이 우수하여 安定太守로 발탁되었다. 부임하여 속현에 보내는 공고문을 통해 말했다.

　"현령과 현승, 현위는 각자 법을 지켜 현을 다스리며 백성의 부모가 되어야 하고 강자를 억압하고 약자를 도우며 은의를 널리 펴는데 힘써야 한다. 태수는 금일 부임하였는데 여러분(현령, 현승, 현위)이 바른 가짐으로 아랫사람을 통솔하기 바란다. 탐욕을 부리며 규정을 바꾸려는 자가 있다면 태수가 다스릴 것이다. 맡은 바 업무를 명백 신중히 처리하여 자신이 법에 의거 처벌되지 않도록 하라."

　이어 각 椽(연)이나 功曹(공조)에게 보내는 공고문을 통해서 "각자 힘써 태수의 治郡을 돕도록 하라. 자신이 업무를 감당할 수 없다면 빨리 사퇴하여 유능한 자를 방해하지 말라. 새의 양쪽 날개가 똑같지 않다면 천리를 날아갈 수 없으며 집안이 잘 다스려지지 않고서는 외부를 바로잡을 수 없다. 府內의 조나 서리들은 능력을 발휘하며 업무를 가려 아뢰도록 하라. 유능한 자를 대우할 것이며 돈으로 평가하지 않을 것이다. 상인의 돈 백만 전이라도 일을 함께 할 수는 없다. 옛날에 孔子께서는 大司寇(대사구)에 부임한 지 7일 만에 少正卯(소정묘)를 주살하였는데 지금 태수는 업무를 개시한 지 한 달이 지났다. 五官椽인 張輔(장보)는 호랑이와 같은 탐욕으로 혼탁하게 불법을 저질러 군내의 공금을 모두 착복하였으니 응당 처형해야 한다. 지금 장보를 감옥에 가두고 直符史(직부사)가 관서에 오면 태수와 함께 그 일을 처리할 것이다. 郡丞은 이를 경계하고 경계할지어다! 경계하지 않으면 똑같이 옥에 갇힐 것이로다!"

장보는 옥에 갇힌 지 며칠 만에 죽었는데 그 교활한 불법을 이루 다 말할 수 없었으며 백만 전을 착복했었다. 왕준의 위엄이 군내에 크게 떨치자 도적들도 흩어져 이웃 군으로 숨었다. 세력 있는 호족도 죄에 걸려 많이 처형되거나 다쳤는데 왕준은 도적에게 잔인하였다고 면직되었다.

原文

起家, 復爲護羌將軍轉校尉, 護送軍糧委輸. 而羌人反, 絶轉道, 兵數萬圍尊. 尊以千餘騎奔突羌賊. 功未列上, 坐擅離部署, 會赦, 免歸家.

| 註釋 | ㅇ起家 – 재가 중에 기용되어 관직에 나가다. ㅇ轉校尉 – 전운을 담당하는 校尉. 전운은 육로나 수로로 군량을 수송하는 일.

〔國譯〕

집에 있다가 기용되어 다시 護羌將軍의 轉校尉가 되어 군량 운반을 호송하였다. 羌族(강족)이 배반하여 전운하는 길을 끊으려고 수만 명이 왕준을 포위하였다. 왕준은 1천여 기병을 거느리고 강족의 포위를 뚫었다. 그 공적이 기록되어 보고되기 전에 마음대로 근무지를 이탈한 죄에 걸렸으나 마침 사면을 받자 사직하고 귀가하였다.

涿郡太守徐明薦尊不宜久在閭巷, 上以尊爲郿令, 遷益州
刺史. 先是, 琅邪王陽爲益州刺史, 行部至邛郲九折阪, 歎
曰, "奉先人遺體, 奈何數乘此險!" 後以病去. 及尊爲刺史,
至其阪, 問吏曰, "此非王陽所畏道耶?" 吏對曰, "是." 尊叱
其馭曰, "驅之! 王陽爲孝子, 王尊爲忠臣." 尊居部二歲, 懷
來徼外, 蠻夷歸附其威信. 博士鄭寬中使行風俗, 擧奏尊治
狀, 遷爲東平相.

| 註釋 | ○閭巷 – 마을. 민간. ○郿(미) – 현명. 今 陝西省 郿縣. ○益州
刺史 – 13자사부의 하나. 蜀郡, 廣漢郡, 益州郡 등 서남 지역 9개 군을 감찰.
○琅邪王陽 – 琅邪(낭야)는 군명. 치소는 東武縣(今 山東省 諸城市). 王陽은
王吉. 왕길의 자는 子陽. ○邛郲九折阪 – 邛郲(공래)는 四川省의 산 이름. 九
折阪(구절판)의 阪은 산비탈. ○驅之 – 가자! ○懷來徼外 – 새외의 이민족
을 회유하다. 徼外(요외)는 새외. 邊塞 지역. ○東平 – 郡名. 제후국 이름. 宣
帝 甘露 二年(前 52년)에 皇子 劉宇를 봉한 나라. 大河郡을 동평국으로 개명
하였다. 치소는 無鹽縣(今 山東省 泰安市 관할의 東平縣).

〔國譯〕

涿郡(탁군) 태수인 徐明은 왕준이 민간에서 오래 있을 수 없다고
천거하였는데 元帝는 왕준을 郿縣(미현) 현령에 임명하였는데 나중
에 익주자사로 승진하였다. 그전에 낭야군의 王陽(王吉)이 익주자
사가 되어 관할 지역을 순행하다가 邛郲山(공래산) 九折阪(구절판)에
와서 탁식하였다. "선친이 주신 육신을 잘 지켜야 하거늘 어찌 이

험한 길을 다녀야만 하겠는가!" 그리고 병을 핑계로 관직을 떠났다. 왕준이 자사가 되어 그 산비탈에 와서 수행원에게 물었다. "여기가 王陽이 겁을 먹은 길이 아닌가?" 관리가 그렇다고 말했다. 그러자 왕준은 마부를 독촉하며 말했다.

"가자! 王陽은 효자가 되었지만 왕준은 충신이 되겠다."

왕준은 2년간 재직하면서 새외의 이민족을 회유하였고 蠻夷(만이)들은 그 위엄과 신의 때문에 귀의하였다. 박사 鄭寬中이 사자로 풍속을 시찰하다가 왕준의 업적을 천거하자 왕준은 東平國의 相으로 승진하였다.

原文

是時, 東平王以至親驕奢不奉法度, 傅相連坐. 及尊視事, 奉璽書至庭中, 王未及出受詔, 尊持璽書歸舍, 食已乃還. 致詔後, 竭見王, 太傅在前說〈相鼠〉之詩. 尊曰, "毋持布鼓 過雷門!" 王怒, 起入後宮. 尊亦直趨出就舍. 先是, 王數私 出入, 驅馳國中, 與后姬家交通. 尊到官, 召敕廐長, "大王 當從官屬, 鳴和鸞乃出, 自今有令駕小車, 叩頭爭之, 言相敎 不得." 後尊朝王, 王復延請登堂. 尊謂王曰, "尊來爲相, 人 皆吊尊也, 以尊不容朝廷, 故見使相王耳. 天下皆言王勇, 顧但負貴, 安能勇? 如尊乃勇耳." 王變色視尊, 意欲格殺 之, 卽好謂尊曰, "願觀相君佩刀." 尊舉拔, 顧謂傍侍郎, "前引佩刀視王. 王欲誣相拔刀向王邪?" 王情得, 又雅聞尊高名, 大爲尊屈, 酌酒具食, 相對極歡. 太后徵史奏尊, "爲相倨慢不臣, 王血氣未定, 不能忍. 愚誠恐母子俱死. 今妾不得使王復見尊. 陛下不留意, 妾願先自殺, 不忍見王之失義也." 尊竟坐免爲庶人. 大將軍王鳳奏請尊補軍中司馬, 擢爲司隷校尉.

| 註釋 | ○東平王 – 선제의 아들 劉宇(유우). ○傅相連坐 – 전임 태부와 相이 왕의 불법 행위를 막지 못했다고 문책당하다. ○食已乃還 – 식사를 마치고 돌아왔다. ○〈相鼠〉之詩 – 《詩經 鄘風》의 편명. 무례를 풍자하는 시. 왕준이 璽書(새서)를 안 바치고 관사로 돌아간 것을 질책하는 뜻. ○毋持布鼓過雷門 – 소리도 안 나는 북을 가지고 雷門 앞에 가지 마시오. 毋 말 무. 母가 아님. 毌(꿸 관, 貫의 본자)과 다름. 布鼓는 천으로 만든 북. 소리가 나지 않는다. 雷門은 고대 會稽城의 성문에 있었다는 큰 북. 그 소리가 천둥소리만큼 컸다고 한다. 布鼓雷門으로 줄여 통용된다. 어설픈 지식을 뽐내지 말라는 뜻. 班門弄斧와 같은 의미. ○廐長(구장) – 왕의 수레와 말을 관장하는 관리. 廐는 마구간 구. ○鳴和鸞 – 마차 방울을 울리다. ○相敎不得 – 왕준의 지시 때문에 전처럼 할 수 없다. ○弔尊也 – 弔는 불행한 일을 당한 사람을 위로하다. ○顧但負貴 – 顧但은 단지, 다만. 負는 믿다. 의지하다. 다만 고귀한 신분에 의지하는 것이다. ○尊擧袨 – 袨은 腋(겨드랑이 액). ○王情得 – 왕의 속셈이 간파되다. ○太后徵史 – 太后인 徵史(징사). 징사는 이름. ○大將軍王鳳 – 원제의 황후인 王政君의 친정 오빠. ○軍中司馬 – 軍의 司馬. 司馬는 職名. 大將軍, 將軍, 校尉, 衛尉, 中尉(執金吾)의 속관. ○司隷校尉 – 三輔와 三河 등 7개 군의 치안을 유지하며 관리의 비행을 감찰하는 관직.

이 무렵, 東平王은 元帝의 至親(兄弟)으로 교만방자하며 법도를 지키지도 않아 태부와 相이 연좌되어 벌을 받았다. 왕준이 相의 업무를 시작하며 璽書(새서)를 받들고 왕궁에 들어갔으나 왕이 나와 조서를 받으려 하지 않자 왕준도 새서를 가지고 관사로 왔다가 식사를 마치고 다시 들어갔다. 조서를 바치고 동평왕을 알현하자 太傅(태부)는 왕 앞에서 〈相鼠〉의 시를 이야기하였다. 그러자 왕준은 "형겊 북을 가지고 雷門 앞을 지나가지 마시오!"라고 말했다. 王은 화를 내며 후궁으로 들어갔다. 왕준도 바로 일어나 관사로 돌아왔다. 이보다 앞서 왕은 은밀히 자주 외출하면서 도성을 마구 치달리며 후궁의 집을 왕래하였다. 왕준은 관사로 돌아와 廏長(구장)을 불러 명령하였다. "大王은 반드시 관속을 데리고 방울을 울리면서 외출하여야 하며 오늘 이후 어가나 소거를 몰게 될 경우에 고개를 숙여 相의 지시가 있어 전처럼 할 수 없다고 말씀드리도록 하라."

그 뒤에 왕준이 왕을 만나러 가자 왕은 대청으로 오르게 하며 맞이하였다. 왕준이 왕에게 말했다. "제가 동평상으로 나간다고 하니 많은 사람들이 저를 위로하였는데 소신이 조정에서 등용되지 못하기에 왕의 相이 된 것이라고 하였습니다. 천하에서는 왕께서 용기가 있다고 말하지만 단지 고귀한 신분을 뽐내는 것이지 무슨 용기가 있습니까? 바로 저와 같아야 용감한 것입니다." 왕은 안색을 바꾸며 왕준을 보면서 속으로 왕준을 죽이고 싶었지만 좋은 얼굴로 왕준에게 말했다. "相君의 佩刀(패도) 좀 보여 주겠소?" 왕준은 양팔을 들고 곁에 있는 시랑을 보며 말했다. "앞으로 나와서 나의 패도를 왕께 보여드려라. 왕께서는 相이 칼을 뽑아 왕을 겨누었다고 모함하고 싶으십니까?"

왕의 속셈이 간파되었고 또 왕준의 좋은 명성을 들은 뒤로는 왕준을 각별하게 생각하면서 술과 음식을 준비하고 마주 앉아 함께 크게 즐겼다.

그러나 太后인 徵史(징사)는 상주하여 왕준을 고발하였다.

"왕준은 나라의 相이지만 거만하여 신하처럼 굴지 않고 왕은 혈기가 안정되지 못하여 참지를 못합니다. 우매한 저는 우리 모자가 함께 죽게 될까 걱정입니다. 지금 신첩으로서는 왕이 相을 못 만나게 할 수가 없습니다. 폐하께서 이를 생각해 주시지 않으면 저는 먼저 자살하여 왕이 道義를 잃는 것을 차마 보지 않을 것입니다."

왕준은 끝내 이에 걸려 서인이 되었다. 뒤에 대장군 王鳳이 상주하여 왕준을 司馬에 임명하였으며 이어 司隷校尉(사예교위)로 발탁되었다.

原文

初, 中書謁者令石顯貴幸, 專權爲姦邪. 丞相匡衡, 御史大夫張譚皆阿附畏事顯, 不敢言. 久之, 元帝崩, 成帝初卽位, 顯徙爲中太僕, 不復典權. 衡, 譚乃奏顯舊惡, 請免顯等.

尊於是劾奏, "丞相衡, 御史大夫譚位三公, 典五常九德, 以總方略, 一統類, 廣敎化, 美風俗爲職. 知中書謁者令顯等專權擅勢, 大作威福, 縱恣不制, 無所畏忌, 爲海內患害, 不以時白奏行罰, 而阿諛曲從, 附下罔上, 懷邪迷國, 無大臣

輔政之義也, 皆不道, 在赦令前. 赦後, 衡,譚擧奏顯, 不自陳
不忠之罪, 而反揚著先帝任用傾覆之徒, 妄言百官畏之, 甚
於主上. 卑君尊臣, 非所宜稱, 失大臣體. 又正月行幸曲臺,
臨饗罷衛士, 衡與中二千石大鴻臚賞等會坐殿門下, 衡南
鄕, 賞等西鄕. 衡更爲賞布東鄕席, 起立延賞坐, 私語如食
頃. 衡知行臨, 百官共職, 萬衆會聚, 而設不正之席, 使下坐
上, 相比爲小惠於公門之下, 動不中禮, 亂朝廷爵秩之位.
衡又使官大奴入殿中, 問行起居, 還言, '漏上十四刻行.'
臨到, 衡安坐, 不變色改容. 無恍惕肅敬之心, 驕慢不謹. 皆
不敬."

有詔勿治. 於是衡慚懼, 免冠謝罪, 上丞相,侯印綬. 天子
以新卽位, 重傷大臣, 乃下御史丞問狀. 劾奏尊, "妄詆欺非
謗赦前事, 猥歷奏大臣, 無正法, 飾成小過, 以塗汙宰相, 摧
辱公卿, 輕薄國家, 奉使不敬." 有詔左遷尊爲高陵令, 數月,
以病免.

| 註釋 | ○中書謁者令石顯 - 中書는 문서를 취급하는 환관. 謁者(알자)는
漢의 궁궐, 황후궁, 태자궁, 제후 왕국에 설치한 관직. 빈객 접대와 시중을 담
당. 중서가 보통 알자의 직분을 겸하기에 中書謁者라 칭하고 그 우두머리를
令이라 하였다. 石顯은 93권, 〈佞幸傳〉에 입전. ○匡衡,御史大夫張譚 - 광
형은 81권, 〈匡張孔馬傳〉에 입전. 張譚(장담)의 자는 仲叔. ○中太僕(중태
복) - 황태후의 車馬를 관리하는 직책. 상설직은 아니었다. ○五常九德 -
五常은 仁, 義, 禮, 智, 信. 九德은 賢人이 갖춰야 할 좋은 성품. 사람마다 견

해가 다를 수 있다. ○曲臺 – 미앙궁의 전각 이름. ○大鴻臚賞 – 대홍려는 九卿의 하나. 제후 왕에 대한 접대와 주변 소수 민족에 관한 업무나 의례를 담당. 賞은 浩賞. 浩가 성씨. ○怵惕(출척) – 두려워 마음이 편치 않음. 怵 두려워할 출. 惕 두려울 척. ○御史丞 – 御史中丞. 어사대부의 속관. ○猥歷奏 大臣 – 猥(함부로 외)는 여러 사람.

[國譯]

전에 중서알자령인 石顯(석현)은 총애를 받아 권력을 마음대로 하며 간악한 짓을 일삼았다. 승상인 匡衡(광형)과 어사대부인 張譚(장담)은 모두 석현에게 아부하고 두려워 섬기면서 감히 말하지도 못했다. 얼마 후 元帝가 붕어하고(前 33) 成帝가 즉위하면서 석현은 中太僕(중태복)으로 자리를 옮겨 다시는 권력을 휘두르지 못했다. 이에 광형과 장담은 석현의 지난 잘못을 상주하며 석현을 면직시켜야 한다고 주청하였다.

이에 왕준은 상주하여 이를 탄핵하였다.

"승상 광형과 어사대부 장담은 삼공의 지위에서 五常과 九德을 주관하고 나라의 방략을 총괄하며 관료들을 통솔하고 교화를 널리 펴 풍속을 아름답게 하는 것이 그 직분입니다. 중서알자령을 담당한 석현 등이 권력을 쥐고 마음대로 휘두르며 위세를 부리고 아무런 통제없이 방자하며 아무 거리낌도 없이 천하에 해악을 끼치고 있을 때 적의하게 석현 등을 벌주어야 한다고 상주하지도 않았고 아부하며 굽실거렸으니 이는 아랫사람에게 아부하여 윗사람을 무시한 것이며 사악한 마음을 품어 나라를 혼란에 빠트렸으므로 대신이 정사를 보필하는 대의를 저버린 것으로 무도한 짓이나 이는 대사령 이전의 일이었습니다. 사면령 이후에 광형과 장담이 석현을 탄핵하면서 자신들의 不忠한 죄는 자백하지 않고 도리어 先帝께서 나라를 뒤엎을 무리를 등용하였다고 강조하는 망언으로 백관을 두렵게 하였으니 주상에게 못할 짓을 한 것입니다. 이처럼 주군을 헐뜯고 신하를 높이려는 것은 합당한 일이라 할 수 없으며 大臣의 예절을 상실한 것입니다. 또 (성제 建始 2년, 前 31) 정월에 폐하께서 미앙궁의 曲臺에 행차하시어 임무를 마치고 돌아가는 衛士를 위로하는 잔치를 할 때, 광형과 中二千石인 대홍려 浩賞(호상) 등은 마침 殿門 아래에 앉았는데 광형은 남향으로 앉고 호상 등은 서향으로 앉았습니다. 이때 광형은 호상을 위해 동향의 좌석을 하나 더 마련해 놓고 일어나서 호상을 맞이하여 앉힌 뒤에 한참동안 은밀한 이야기를 나누었습니다. 광형은 천자께서 행차하시는 행사에서 百官과 여러 직분의 많은 사람들이 모인 자리에서 부정한 자리를 만들어 아랫사람을 윗자리로 데려다 앉힌 것은 공공의 자리에서 친한 사람이라고 작은 은혜를 베푸는 행동은 예법에 맞지 않을뿐더러 조정에서 작위와 서열의 질서를 문란케 한 것입니다. 광형은 또 승상부 노비의 우두머리를 궁궐에 들여보내 폐하의 기거에 대하여 미리 알아내서 '물시계로 14각에 행차하실 것입니다.' 라고 보고하게 하여 폐하께서 오실 시각에도 광형은 편히 아무렇지도 않게 앉아 기다렸습니다. 이는 폐하를 두려워하거나 공경하는 마음이 없이 교만하고 조심하지 않은 것입니다. 이 모두가 불경한 짓입니다."

그러나 조서로 조사는 하지 말라고 하였다. 그러나 광형은 부끄럽고 두려워하면서 관을 벗어놓고 사죄하면서 승상과 제후의 인수를 반환하였다. 성제는 즉위한 초에 대신이 다치는 것을 원하지 않아 바로 어사중승에게 사실을 조사하라고 분부하였다.

이에 어사중승은 상주하여 왕준을 탄핵하였다.

"망령되게 거짓으로 대사면 이전의 일을 비방하고 함부로 여러 대신을 고발하였는데, 이는 正法이 아니며 작은 과실을 확대시켜 재상을 모욕하고 공경의 위신을 꺾으려는 짓으로 나라를 경시하는 불경한 짓입니다."

성제는 조서를 내려 왕준을 高陵 현령으로 좌천시켰는데 몇 달 뒤 왕준은 병으로 사임하였다.

原文

會南山群盜傰宗等數百人爲吏民害, 拜故弘農太守傅剛爲校尉, 將跡射士千人逐捕, 歲餘不能禽. 或說大將軍鳳, "賊數百人在轂下, 發軍擊之不能得, 難以視四夷. 獨選賢京兆尹乃可." 於是鳳薦尊, 徵爲諫大夫, 守京輔都尉, 行京兆尹事. 旬月間盜賊淸. 遷光祿大夫, 守京兆尹, 後爲眞, 凡三歲. 坐遇使者無禮. 司隷遣假佐放奉詔書白尊發吏捕人, 放謂尊, "詔書所捕宜密." 尊曰, "治所公正, 京兆善漏洩人事." 放曰, "所捕宜令發吏." 尊又曰, "詔書無京兆文, 不當發吏." 及長安繫者三月間千人以上. 尊出行縣, 男子郭賜自言尊, "許仲家十餘人共殺賜兄賞, 公歸舍." 吏不敢捕. 尊行縣還, 上奏曰, "强不陵弱, 各得其所, 寬大之政行, 和平之氣通." 御史大夫中奏尊暴虐不改, 外爲大言, 倨嫚姍嫌, 威信日廢, 不宜備位九卿. 尊坐免, 吏民多稱惜之.

〖國譯〗

그 무렵 종남산의 群盜인 儵宗(봉종) 등 수백 명이 백성을 해치자 전에 弘農太守이었던 傅剛(부강)을 校尉에 임명하여 추적 사수 천여 명을 거느리고 잡아내게 하였으나 1년이 지나도록 체포하지 못했다. 어떤 사람이 대장군 王鳳에게 말했다.

"수백 명의 도적이 아주 가까이 횡행하지만 군사를 내어서도 잡아내지 못하니 이를 주변의 이민족이 알까 두렵습니다. 오직 똑똑한 경조윤을 뽑아야만 가능할 것입니다."

이에 왕봉은 왕준을 천거하였고 왕봉을 불러 諫大夫에 임명하고 京輔都尉의 직무대리로 京兆尹의 업무를 대행케 하였다. 한 달 정도에 도적은 모두 없어졌다. 왕준은 光祿大夫로 승진하고 京兆尹의 직무대리가 되었다가 뒤에 정식이 되어 3년에 재직하였다. 뒤에 使者

에게 무례했다는 죄에 연루되었다. 사예교위가 보낸 임시 관리 放(방)이 조서를 가지고 와서 왕준에게 관리를 내어 범인을 잡아 달라고 하면서 放(방)이 왕준에게 말했다. "詔書에 의한 체포인 만큼 비밀리에 처리해 주십시오." 이에 왕준이 말했다. "사예교위도 공정하지만 경조윤도 인사를 누설치 않습니다." 放(방)이 "체포하게 빨리 관리를 동원하십시오."라고 했다. 이에 왕준이 말했다. "詔書에 京兆尹에 보내는 글이 없으니 관리를 낼 수 없습니다."

이후 장안에 갇힌 자에 3개월에 1천여 명이었다. 왕준이 관할 현을 순시할 때 郭賜(곽사)란 사람이 왕준에게 상소하였다. "許仲(허중)의 집안사람 10여 명이 저의 형 賞(상)을 죽이고서도 공공연히 자기들 집에 머물고 있습니다." 관리들은 감히 체포하려 하지 않았다. 왕준이 현의 순시를 마치고 돌아와 상주하였다. "강자가 약자를 능멸하지 않아야 제각각 살아갈 수 있으며 행정이 관대해야 화평의 기운이 통할 것입니다."

어사대부가 조정에서 왕준이 포악하게 다스리기를 고치지 않으며 밖으로 큰 소리를 치고 거만하고 비방을 잘하나 그 위엄과 신의는 날마다 잃어가니 九卿의 반열에 있을 수 없다고 탄핵하였다. 왕준은 이에 연좌되어 면직되었는데 많은 관리나 백성이 애석해 하였다.

原文

湖三老公乘興等上書訟尊治京兆功效日著, "往者南山盜賊阻山橫行, 剽劫良民, 殺奉法吏, 道路不通, 城門至以警戒. 步兵校尉使逐捕, 暴師露衆, 曠日煩費, 不能禽制. 二卿坐黜, 群盜浸彊, 吏氣傷沮, 流聞四方, 爲國家憂. 當此之時, 有能捕斬, 不愛金爵重賞. 關內侯寬中使問所徵故司隸校尉王尊捕群盜方略, 拜爲諫大夫, 守京輔都尉, 行京兆尹事. 尊盡節勞心, 夙夜思職, 卑體下士, 厲奔北之吏, 起沮傷之氣, 二旬之間, 大黨震懷, 渠率效首. 賊亂蠲除, 民反農業, 拊循貧弱, 鋤耘豪彊. 長安宿豪大猾東市賈萬, 城西萬章, 翦張禁, 酒趙放, 杜陵楊章等皆通邪結黨, 挾養姦軌, 上干王法, 下亂吏治, 並兼役使, 浸漁小民, 爲百姓豺狼. 更數二千石, 二十年莫能禽討, 尊以正法案誅, 皆伏其辜. 姦邪銷釋, 吏民說服. 尊撥劇整亂, 誅暴禁邪, 皆前所稀有, 名將所不及. 雖拜爲眞, 未有殊絶褒賞加於尊身. 今御史大夫奏尊'傷害陰陽, 爲國家憂, 亦承用詔書之意, 靖言庸違, 像龔滔天'. 原其所以, 出御史丞楊輔, 故爲尊書佐, 素行陰賊, 惡口不信, 好以刀筆陷人於法. 輔常醉過尊大奴利家, 利家捽搏其頰, 兄子閎拔刀欲剄之. 輔以故深怨疾毒, 欲傷害尊. 疑輔內懷怨恨, 外依公事, 建畫爲此議, 傅致奏文, 浸潤加誣, 以復私怨. 昔白起爲秦將, 東破韓, 魏, 南拔郢都, 應侯譖之, 賜死杜郵, 吳起爲魏守西河, 而秦, 韓不敢犯, 讒人間焉, 斥逐奔楚. 秦聽浸潤以誅良將, 魏信讒言以逐賢守, 此皆偏聽不聰, 失人之患也. 臣等竊痛傷尊修身絜己, 砥節首公, 刺譏不憚將相, 誅惡不避豪彊, 誅不制之賊, 解國家之憂, 功著職修, 威

信不廢, 誠國家爪牙之吏, 折衝之臣, 今一旦無辜制於仇人
之手, 傷於詆欺之文, 上不得以功除罪, 下不得蒙棘木之聽,
獨掩怨仇之偏奏, 被共工之大惡, 無所陳怨訴罪. 尊以京師
廢亂, 群盜並興, 選賢徵用, 起家爲卿, 賊亂旣除, 豪猾伏辜,
卽以佞巧廢黜. 一尊之身, 三期之間, 乍賢乍佞, 豈不甚哉!
孔子曰, ‘愛之欲其生, 惡之欲其死, 是惑也.’ ‘浸潤之譖不
行焉, 可謂明矣.’ 願下公卿, 大夫, 博士, 議郎, 定尊素行. 夫
人臣而傷害陰陽, 死誅之罪也. 靖言庸違, 放殛之刑也. 審
如御史章, 尊乃當伏觀闕之誅, 放於無人之域, 不得苟免.
及任擧尊者, 當獲選擧之辜, 不可但已. 卽不如章, 飾文深
詆以訴無罪, 亦宜有誅, 以懲讒賊之口, 絶詐欺之路. 唯明主
參詳, 使白黑分別.”

　書奏, 天子復以尊爲徐州刺史, 遷東郡太守.

| 註釋 | ○湖 - 縣名. 今 河南省 三門峽市 관할의 靈寶市 서쪽. ○公乘興
- 公乘은 작위, 興은 이름. ○二卿坐黜 - 二卿은 폄직되어 지방관으로 나간
2명의 경조윤. ○渠率效首 - 渠率(거솔)은 우두머리. 效首는 목(首級)을 바
치다. ○賊亂蠲除 - 蠲은 제거할 견, 밝을 견. ○鋤耘豪彊 - 鋤耘은 뽑아버
리다. 鋤 호미 서. 耘 김맬 운. 제거하다. ○翦張禁, 酒趙放 - 翦은 箭. 활을
파는 장사꾼. 酒는 술을 파는 상인. ○浸漁小民 - 浸漁는 침탈하다. ○爲百
姓豺狼 - 백성을 괴롭히는 승냥이가 되다. 피동문. 豺 승냥이 시. 狼 이리 낭.
○更數二千石 - 2천석(태수)가 자주 바뀌다. ○銷釋(소석) - 없어지다. ○靖
言庸違, 像龔滔天 - 《書經 堯傳》의 구절. 靖은 治也. 庸은 적용. 행실. 龔은

恭也. 滔는 넘치다. 滔天(도천)은 방자한 마음이 하늘에 닿다. ○刀筆 - 刀筆
吏. ○浸潤加誣 - 浸潤(침윤)은 讒言(참언). 誣 무고할 무. 무고하다. ○郢都
(영도) - 전국시대 楚의 국도. 今 湖北省 荊州市. ○應侯(응후) - 范雎(범저).
본래 魏나라 사람이었지만 秦의 승상에 올랐다. 《史記 范雎蔡澤列傳》에는
范雎(범수)로 기록되었다. ○杜郵(두우) - 秦의 지명. 今 陝西省 咸陽市 부
근. ○絜己(결기) - 깨끗하게 처신하다. 絜 헤아릴 혈. 깨끗할 결(潔과 同).
○砥節首公 - 절개를 지키며 公務를 제일로 하다. 砥 숫돌 지. 갈다. 연마하
다. ○傷於詆欺之文 - 거짓된 상주에 상처를 받다. 詆欺(저기)는 欺瞞(기
만). 詆는 꾸짖을 저, 속일 저. ○蒙棘木之聽 - 公卿이 백성의 소리를 들어주
다. 蒙 입을 몽. 받다. 棘木之聽(극목지청)은 관리가 백성의 소리를 들어주다.
○被共工之大惡 - 크나큰 죄악의 폐해를 당하다. 共工은 堯의 신하로 四凶
의 한 사람. ○三期之間 - 3년간에. 期는 周年. ○乍賢乍佞 - 갑자기 현량
하다가 갑자기 아첨하다. 乍는 잠깐, 갑자기. ○愛之欲其生~ - '愛之欲其
生, 惡之欲其死. 旣欲其生, 又欲其死, 是惑也.' 《論語 顔淵》. ○浸潤之譖不行
焉~ - '浸潤之譖, 膚受之愬, 不行焉, 可謂明也已矣. 浸潤之譖, 膚受之愬, 不
行焉, 可謂遠也已矣.' 를 변형한 말. 《論語 顔淵》. ○放殛之刑 - 放은 放逐
(방축). 殛(죽일 극)은 誅殺하다. ○不可但已 - 但은 空也. 已는 止也. ○參
詳 - 참조하여 상세히 살피다. ○徐州刺史 - 東海郡 등 3군과 楚 등 3國을
감찰. ○東郡 - 치소는 濮陽縣(복양현), 今 河南省 동북부의 濮陽市.

〖 國譯 〗

　湖縣의 三老인 公乘 興(흥) 등이 상서하여 왕준이 경조윤으로서
치적이 뚜렷하다며 변호를 하였다.

　"예전에 종남산의 도적떼가 산을 차지하고 횡행하며 양민의 재산
을 겁탈하고 법을 집행하는 관리를 죽이자 도로가 불통하고 성문을

닫은 채 경계하였습니다. 步兵校尉를 시켜 체포하게 하였으나 많은 군사가 고생을 하고 날마다 엄청난 비용을 들였지만 잡아 제압하지 못했습니다. 2명의 경조윤이 폄직되어 나갔고 군도는 점점 강해져서 관리들의 사기는 침체하였고 소문은 사방으로 퍼져 나라의 근심거리가 되었습니다. 그러한 때에 유능한 자가 도적을 잡아 죽일 수 있다면 상금이나 작위를 아껴서도 안 될 것입니다. 關內侯인 鄭寬中(정관중)이 폐하의 부름을 받았던 전직 사예교위 王尊(왕준)에게 도적을 잡을 수 있는 방략을 물었기에 왕준은 諫大夫에 제수되었고 京輔都尉 직무대리로 京兆尹의 업무를 대리할 수 있었습니다. 왕준은 충절을 다 바쳐 애를 쓰며 아침저녁으로 직무를 생각하면서 몸을 낮춰 아랫사람을 대했으며 패전하고 달아나는 관리들을 격려하고 침체된 사기를 북돋으면서 20여 일만에 도적떼는 겁을 먹었으며 그 우두머리는 목을 바쳤습니다. 도적떼의 난리가 진압되자 백성이 농사를 지으러 돌아왔으며 왕준은 가난한 약자를 보살펴 주고 강폭한 자를 제거하였습니다. 長安의 오랜 세력가로 사기꾼인 東市의 賈萬(고만)과 城西의 萬章(만장), 활을 파는 張禁(장금), 술을 파는 趙放(조방), 두릉현의 楊章(양장) 등은 모두 함께 결탁하여 서로 키워주며 불법을 저질렀으며 위로는 王法을 무시했고 아래로는 관리들을 괴롭히며 役使를 겸하면서 힘없는 백성을 침탈하며 괴롭히는 승냥이가 되었습니다. 경조윤이 자주 교체되어 20여 년간 이를 토벌하는 사람이 없었지만 왕준은 법을 바로 세워 조사하고 주살하자 모두 그 죄를 자백하였습니다. 간악한 무리가 제거되자 관리와 백성들은 기꺼이 따랐습니다. 왕준은 사나운 자를 제거하고 혼란을 수습하였으며 난폭자를 죽이고 사악을 없앴으니 이는 이전에 볼 수 없던 일로 어떤 명장이라도 따라올 수 없는 공적이었습니다. 비록 정식 경조윤이 되었다지만 왕준 그 본인에게는 어떠한 포상도 없었습니다. 지금 어사대부가 왕준에 대하여 '음양을 상하게 하여 나라의 걱정거리를 만들고 또 조서의 뜻을 멋대로 해석하며 말은 잘하나 행실은 어긋나고 겉모습은 공손하나 마음은 오만하다.'고 상주하였습니다. 이런 근본을 따져본다면 어사중승 楊輔(양보)에게 있으니 옛날에 왕준이 자신의 속리였었다고 평소에도 음해를 하고 거친 욕설에 믿을 수 없는 것이 꼭 刀筆吏가 사람을 법 조항의 함정에 빠트리는 것과 같았습니다. 양보는 전에 취해 가지고 왕준의 노비인 利家(이가)의 집에 들어갔는데 이가가 그의 뺨을 때리자 그 형의 아들 楊閎(양굉)이 칼을 빼 가지고 목을 찌르려 하였습니다. 양보는 이 때문에 큰 원한을 품고 왕준을 늘 해치려 하였습니다. 아마 양보가 마음에 원한을 품고 있기에 공적인 일을 핑계로 그런 의논을 하고 상주하였으며 참언에 무고를 보태면서 사사로운 원한을 보복하려 했을 것입니다. 옛날에 白起가 秦將으로 동으로는 韓과 魏를 격파하고, 남쪽으로는 초의 도읍 郢都(영도)를 정벌하자 應侯(范雎 범저)가 참소하여 杜郵(두우)에서 죽게 하였으며, 吳起(오기)가 魏(위)의 西河를 지킬 때 秦과 韓(한)이 감히 넘보질 못했으나 참소하는 말로 이간시키자 오기는 楚로 도망갈 수밖에 없었습니다. 秦나라는 참언에 따랐기에 훌륭한 장수를 죽였고, 魏는 참언을 믿었기에 똑똑한 장군을 내쫓았으니 이는 한쪽의 말만 들어 총명을 잃은 것이니 바로 패배자의 손해입니다. 왕준은 수신하고 깨끗한 몸가짐으로 지조를 지키고 公事를 우선하면서 다른 將相의 비방을 꺼리지 않고 악인을 벌하면서 강호를 피하지 않았으며, 통제하지 못하던 도적을 죽여 나라의 근심을 해결하여 뚜렷한 공을 세우고 직무를 완수했으며 威信(위신)을 추락시키지도 않은 참으로 훌륭한 나라를 지키는 관리이며 적의 공격을 막아낼 수 있는 신하였습니다. 그런데도 臣 등이 원통해 하는 것은 지금 하루 아침에 아무런 잘못도 없이 원수의 손에 제압당하고 거짓으로 가득한 상주문에 상처를 받아 위로는 쌓은 공적으로 과오를 대신하지 못하였으며, 아래로는 관리가 백성의 소리를 들어주지 않고 다만 원한에 찬 일방적인 상주문에 의해 악인에 의해 큰 피해를 당하는데도 원통함을 호소할 데가 없다는 것입니다. 왕준은 京師가 피폐와 혼란 속에 떼도적이 일어날 때 현명해서 선발되었고 유능해서 뽑혔으며 집에 있다가 공경의 반열에 오른 뒤에 난적에 의한 혼란을 쓸어내고 사악한 자를 제거하였으나 간사한 아첨에 의해 폐출 당하였습니다. 왕준의 일신은 3년간에 잠깐 현인이었다가 갑자기 아첨한다 하니 이를 어찌 믿을 수 있겠습니까? 孔子는 '좋아하면 살기를 바라고 미워하면 죽기를 바라는 것이 (곧 좋다 밉다 하는 것이) 미혹이다.' 또 '참언이 통하지 않는다면 현명한 것이다.' 라고 말했습니다. 바라옵건대, 공경과 대부, 박사와 議郞 등이 왕준의 평소 행실을 논해주기 바랍니다. 신하가 음양을 어긋나게 했다면 죽어 마땅한 죄입니다. 말은 그럴 듯하나 행실이 다르다면 내쫓거나 극형에 처해야 합니다. 심사한 것이 어사중승이 상주한 글과 같다면 왕준은 응당 궐문 앞에서 주살 당하거나 아무도 없는 성에 방출되면 구차하게 免官할 수도 없을 것입니다. 그리고 왕준을 추천하거나 보증한 사람도 당연히 잘못 추천한 죄에 대하여 벌을 받아야지 그냥 끝날 수는 없을 것입니다. 만약 상주한 글과 같지 않다면 글을 꾸며서 남을 속여 죄도 없는 사람을 참소하였으니 응당 사형에 처해야만 그 참소하는 입을 조심할 것이며 거짓말을 하는 버릇을 고칠 것입니다. 명철하신 폐하께서 살펴주시어 흑백을 가려주시기 바랍니다."

상서가 올라가자 성제는 왕준을 다시 徐州刺史에 임명했고, 뒤에 왕준은 東郡太守로 승진하였다.

原文

久之, 河水盛溢, 泛浸瓠子金堤, 老弱奔走, 恐水大決爲害. 尊躬率吏民, 投沉白馬, 祀水神河伯. 尊親執圭璧, 使巫策祝, 請以身塡金堤, 因止宿, 廬居堤上. 吏民數千萬人爭叩頭救止尊, 尊終不肯去. 及水盛堤壞, 吏民皆奔走. 唯一主簿泣在尊旁, 立不動. 而水波稍卻回還. 吏民嘉壯尊之勇節, 白馬三老朱英等奏其狀. 下有司考, 皆如言. 於是制詔御史, "東郡河水盛長, 毁壞金堤, 未決三尺, 百姓惶恐奔走. 太守身當水沖, 履咫尺之難, 不避危殆, 以安衆心, 吏民復還就作, 水不爲災, 朕甚嘉之. 秩尊中二千石, 加賜黃金二十斤."

數歲, 卒官, 吏民紀之. 尊子伯亦爲京兆尹, 坐耎弱不勝任免.

│註釋│ ○瓠子金堤 − 瓠子(호자)는 황하의 지류가 본류에 합쳐지는 곳. 今 河南省 濮陽市. 왕준이 다스리는 東郡에 해당.

【 國譯 】

　얼마 후 황하가 범람하여 瓠子(호자)의 金堤(금제)가 무너지자 노약자들은 모두 피해 달아났고 강물이 큰 재해가 되리라 걱정하였다. 왕준은 친히 관리와 백성을 거느리고 白馬를 황하에 제물로 바쳐 水神 河伯에게 제사하였다. 왕준은 흰 笏(홀)과 옥을 받쳐 들고 무당으로 하여금 축원하는 주문을 외우게 했으며 자신의 몸으로 금제를 지키겠다면서 금제 위에 남아 초막을 짓고 머물렀다. 일만 명 가까운 관리와 백성이 다투어 머리를 조아리며 남아 왕준을 구하겠다고 하였지만 왕준은 떠나지 않았다. 물이 넘쳐 제방이 무너지자 백성들은 모두 피했다. 오직 主簿(주부)한 사람만이 울면서 왕준의 곁에서 움직이지 않았다. 그러면서 물길은 차차 빠져 나갔다. 관리와 백성은 왕준의 용감한 지조를 장하다고 생각하였고 白馬縣의 三老인 朱英(주영) 등이 그 상황을 상주하였다. 성제가 유사에게 확인하라 명하였는데 모두 말 그대로였다. 이에 어사에게 명하였다.

　"東郡의 황하 물이 넘쳐 금제를 붕괴시켜 붕괴되지 않은 곳이 겨우 3자(尺)였고 백성들은 놀라 달아났다. 태수는 몸으로 직접 물과 부딪치며 한 발을 내 딛기가 어려웠지만 위험을 피하지 않고 백성들의 마음을 안정시켰고 관리와 백성들이 다시 돌아와 일을 하게 하여 수해를 입지 않았다 하니 짐은 이를 매우 가상히 여기노라. 왕준의 질록을 中二千石으로 올리고 황금 20근을 하사하노라."

　몇 년 뒤 왕준은 재직 중에 죽었고 관리와 백성 모두가 왕준을 기리었다. 왕준의 아들 王伯도 경조윤이 되었으나 나약하여 그 임무를 수행하지 못해 면직되었다.

76-6. 王章

原文

王章字仲卿, 泰山鉅平人也. 少以文學爲官, 稍遷至諫大
夫, 在朝廷名敢直言. 元帝初, 擢爲左曹中郎將, 與御史中
丞陳咸相善, 共毀中書令石顯, 爲顯所陷, 咸減死髡, 章免
官. 成帝立, 徵章爲諫大夫, 遷司隷校尉, 大臣貴戚敬憚之.
王尊免後, 代者不稱職, 章以選爲京兆尹. 時, 帝舅大將軍
王鳳輔政, 章雖爲鳳所擧, 非鳳專權, 不親附鳳. 會日有蝕
之, 章奏封事, 召見, 言鳳不可任用, 宜更選忠賢. 上初納受
章言, 後不忍退鳳. 章由是見疑, 遂爲鳳所陷, 罪至大逆. 語
在〈元后傳〉.

| 註釋 | ○泰山鉅平 - 泰山郡(치소는 博縣, 今 山東省 泰安市). 鉅平(거평)
은 縣名, 今 山東省 泰安市 남쪽. ○左曹中郎將 - 左曹는 가관의 칭호. 황제
에게 올라가는 상서를 주관, 권한이 막강했다. 中郎將은 光祿勳의 속관. ○陳
咸 - 陳萬年의 子. 66권, 〈公孫劉田王楊蔡陳鄭傳〉에 附傳. ○日有蝕之 - 日
蝕. ○〈元后傳〉 - 元帝의 황후 王定君. 다른 황후들은 97권, 〈外戚傳(上,
下)〉에 立傳했으나 왕정군은 98권, 〈元后傳〉에 단독 입전.

〖國譯〗

王章(왕장)의 字는 仲卿(중경)으로 泰山郡 鉅平縣 사람이다. 젊어

文學으로 천거되어 관리가 되었고 점점 승진하여 諫大夫에 이르렀는데 과감한 직언으로 이름이 있었다. 元帝 초에 左曹中郎將에 발탁되었는데, 평소에 어사중승 陳咸(진함)과 친했는데 진함과 함께 중서령 石顯(석현)을 비난했다가 석현의 모함을 받아 진함은 사형에서 감형하여 노역형인 髡刑(곤형)에 처해졌고 왕장은 면관되었다. 성제가 즉위하자 왕장을 불러 諫大夫에 임명하였고 사예교위로 승진하였는데 대신이나 貴戚(귀척)들이 꺼려하였다. 왕준이 면직된 뒤, 그 후임자들이 업무를 감당하지 못하자 왕장이 경조윤에 선임되었다. 그때 성제의 외삼촌인 대장군 王鳳이 정사를 보필하고 있었는데 왕장은 왕봉에 의해 천거되었지만 왕봉이 권력을 마음대로 하는 것을 비난하며 왕봉의 편에 서지 않았다. 마침 일식이 일어나자, 왕장은 封書를 올렸고 성제가 부르자 왕봉을 더 이상 임용해서는 안 되며 충성스럽고 현명한 사람을 골라야 한다고 건의하였다. 성제도 처음에 왕장의 건의를 수용하려 했으나 뒤에는 끝내 왕봉을 퇴직시키지 못했다. 왕장은 이 때문에 의심을 받았고 결국 모함에 빠져 대역죄에 걸렸다. 이는 〈元后傳〉에 실려 있다.

原文

初, 章爲諸生學長安, 獨與妻居. 章疾病, 無被, 臥牛衣中, 與妻決, 涕泣. 其妻呵怒之曰, "仲卿! 京師尊貴在朝廷人誰逾仲卿者? 今疾病困厄, 不自激卬, 乃反涕泣, 何鄙也!"

後章任官, 歷位及爲京兆, 欲上封事, 妻又止之曰, "人當

知足, 獨不念牛衣中涕泣時邪?" 章曰, "非女子所知也." 書
遂上, 果下廷尉獄, 妻子皆收繫. 章小女年可十二, 夜起號
哭曰, "平生獄上呼囚, 數常至九, 今八而止. 我君素剛, 先
死者必君." 明日問之, 章果死. 妻子皆徙合浦.

| 註釋 | ○臥牛衣中 - 牛衣는 겨울에 소에게 덮어주는 멍석으로 만든 덕
석. ○與妻決 - 죽을 것 같아 아내에게 이별의 말을 하다. ○激卬(격앙) -
激昂(격앙). ○獨不念~ - 獨은 설마 ~하는가? ~란 말인가? 副詞로 쓰였
다. ○平生 - 평소. ○我君 - 나의 父親. ○合浦 - 군명. 현명. 今 廣西壯族
自治區 北海市 관할의 合浦縣. 廣東省과 경계. 大陸의 남단. 죄인이나 그 가
족은 서역 또는 지금의 廣東, 廣西省 등 남쪽 지역에 강제로 이사시켰다.

〖 國譯 〗

전에, 왕장은 諸生으로 장안에서 공부를 하면서 아내와 둘이 살
았다. 왕장이 병에 걸렸는데도 이불이 없어 소 덕석을 덮고 누워 있
는데 죽을 것 같아 눈물을 흘리며 울었다. 이에 아내가 화를 내며 질
책했다.

"여보!(仲卿!) 장안 조정의 높은 사람들 중에 당신보다 나은 사람
이 누가 있소? 지금 병들고 곤궁하다가 스스로 떨쳐 일어나지 못하
고 되레 눈물을 흘리다니 어찌 이리 못났소!"

뒷날 왕장은 관리가 되어 여러 관직을 거쳐 경조윤이 되어 封書
로 상주하여 하자 아내가 말리면서 말했다. "사람이 知足할 줄 알아
야 하는데 소 덕석을 덮고 울던 때를 잊었는가요?" 그러나 왕장이
말했다. "여자가 알 바 아니오." 봉서가 상주되었으나 결국 廷尉의

옥에 갇혔고 아내와 자식도 모두 체포되었다. 왕장의 막내딸은 대략 12살 정도였는데 한밤에 일어나 울면서 말했다. "보통 때 감옥에서 죄수를 부르면 늘 아홉까지 세었는데 오늘은 여덟에서 그쳤다. 아버님이 평소에 강직하였으니 틀림없이 먼저 돌아가셨구나."

다음 날 물어보니 왕장이 죽었다고 하였다. 처자는 모두 남쪽 合浦郡으로 移居하였다.

大將軍鳳薨後, 弟成都侯商復爲大將軍輔政, 白上還章妻子故郡. 其家屬皆完具, 採珠致産數百萬. 時, 蕭育爲泰山太守, 皆令贖還故田宅.

章爲京兆二歲, 死不以其罪, 衆庶冤紀之, 號爲三王. 王駿自有傳. 駿卽王陽子也.

| 註釋 | ○三王 － 王尊(왕준), 王章, 王駿(왕준). ○王駿自有傳 － 72권, 〈王貢兩龔鮑傳〉에 附傳. ○王陽 － 王吉.

[國譯]

대장군 王鳳이 죽고 그 동생 成都侯 王商이 마찬가지로 대장군이 되어 정사를 보필하였는데 상주하여 왕장의 처자를 옛 군으로 돌아오게 하였다. 그 가족은 모두 무사하였고 진주를 채취하여 수백만 재산을 갖고 있었다. 그때 蕭育(소육)이란 사람이 태산군 태수였는데 옛 집과 땅을 다 돌려주었다.

왕장은 경조윤을 2년간 지냈지만 그 자신의 잘못으로 죽은 것이 아니었기에 많은 사람들이 애석해 하며 그를 기리어 三王이라 불렀다. 王駿(왕준)은 별도로 입전했는데 왕준은 바로 王吉(字 子陽)의 아들이다.

原文

贊曰, 自孝武置左馮翊,右扶風,京兆尹, 而吏民爲之語曰, "前有趙,張, 後有三王." 然劉向獨序趙廣漢,尹翁歸,韓延壽, 馮商傳王尊, 揚雄亦如之. 廣漢聰明, 下不能欺, 延壽屬善, 所居移風, 然皆訐上不信, 以失身墮功. 翁歸抱公絜己, 爲近世表. 張敞衎衎, 履忠進言, 緣飾儒雅, 刑罰必行, 縱赦有度, 條敎可觀, 然被輕媠之名. 王尊文武自將, 所在必發, 譎詭不經, 好爲大言. 王章剛直守節, 不量輕重, 以陷刑戮, 妻子流遷, 哀哉!

| 註釋 | ○劉向 - 그의 저서 《新書》에서 王尊(왕준)을 언급하지 않았다. 馮商(풍상)은 《史記》 이후의 인물에 대한 列傳을 지었다. ○揚雄(楊雄) - 그의 저서 《法言》에서 이들의 치적을 논했다. 87권, 〈揚雄傳(上, 下)〉에 입전. ○訐上不信 - 訐 들춰 낼 알. 폭로하다. 비방하다. ○衎衎(간간) - 강직하면서도 민첩한 모양. 衎은 바를 간, 기뻐할 간. ○輕媠之名 - 輕媠(경타). 처신이 가볍고 莊重하지 못하다. 媠는 惰. 게으르다. 조심하지 않다. ○譎詭(휼궤) - 譎 속일 휼. 詭 속일 궤.

〖國譯〗

班固의 論贊 : 武帝가 左馮翊, 右扶風, 京兆尹을 설치한 이후로 吏民들은 "앞에는 趙廣漢과 張敞(장창)이 있고 뒤에 3인의 왕씨가 있네.'라고 말했다. 그러나 劉向만은 홀로 趙廣漢, 尹翁歸, 韓延壽를 꼽았고 馮商(풍상)은 王尊을 立傳했고 揚雄(양웅) 역시 그러했다.

趙廣漢은 총명하였기에 아랫사람이 속일 수가 없었고, 韓延壽는 선행을 장려하며 재직 중에 풍속을 순화시키려 애를 썼으나 두 사람 다 윗사람을 비방하여 불신당해 처형되었고 공적도 훼손되었다. 尹翁歸(윤옹귀)는 공무 수행에 행실이 깨끗하여 近世의 표상이 되었다. 張敞(장창)은 기민하면서도 충심으로 진언하였고 유학의 이념으로 포장하였으며 형벌이 분명하여 사면에도 정도를 지켰으며 치적이 뚜렷하였으나 처신이 가볍다는 평가를 받았다. 王尊(왕준)은 文武를 겸비하여 재능을 발휘하였고 譎詭(휼궤)를 쓰지 않았으나 큰소리를 잘 쳤다. 王章(왕장)은 강직하여 지조를 지켰으나 경중을 가리지 못했기에 형벌을 받아 죽었고 처자마저 유배되었으니 슬픈 일뿐이다.

77 蓋諸葛劉鄭孫毌將何傳
〔개,제갈,유,정,손,관장,하전〕

77-1. 蓋寬饒

原文

蓋寬饒字次公, 魏郡人也. 明經爲郡文學, 以孝廉爲郎.
擧方正, 對策高第, 遷諫大夫, 行郎中戶將事. 劾奏衛將軍
張安世子侍中陽都侯彭祖不下殿門, 並連及安世居位無補.
彭祖時實下門, 寬饒坐擧奏大臣非是, 左遷爲衛司馬.

|註釋| ○蓋寬饒(개관요) - 蓋(덮을 개)가 성씨. ○魏郡(위군) - 치소는
鄴縣(今 河北省 邯鄲市 관할의 臨漳縣). ○擧方正, 對策高第 - 方正으로 천거
되었고 천거된 사람을 대상으로 대책을 지어 제출케 하였는데 우수한 성적
을 얻었다. ○郎中戶將 - 광록훈의 속관. 낭중은 황제의 시위를 담당하는데

車郞, 騎郞과 戶郞으로 부서가 나누어지는데 그 부서의 長을 將이라 하였다. ○侍中 - 가관의 칭호. 궁정에 출입하며 황제를 시종하는 측근. ○張安世(? - 前 62) - 漢의 유명한 酷吏(혹리) 張湯의 아들. 武帝 때 尚書令, 宣帝 때 大司馬. 軍政大權을 장악. 청렴한 관리로도 유명. 59권, 〈張湯傳〉에 附傳. ○衛司馬 - 九卿의 하나인 衛尉의 속관. 司馬는 衛尉, 中尉, 대장군, 장군, 校尉의 속관.

〖 國譯 〗

蓋寬饒(개관요)의 字는 次公으로 魏郡(위군) 사람이다. 경학에 밝아 郡의 文學이 되었고 孝廉(효렴)으로 천거되어 낭관이 되었다. 方正으로 천거되었고 대책에서 우수한 성적을 거두어 諫大夫로 승진하여 郞中戶將의 업무를 대행하였다. 衛將軍 張安世의 아들인 侍中 陽都侯인 張彭祖(장팽조)가 전각 문앞에서 수레에서 내리지 않았다고 탄핵을 상주하였는데 장안세가 지위만 차지하고 나라에 도움이 되지 않는다는 말까지 나오게 되었다. 장팽조는 그때 실제로 殿門에서 下車했기에 개관요는 사실이 아닌 일로 대신을 고발한 죄에 걸려 衛司馬로 좌천되었다.

原文

先是時, 衛司馬在部, 見衛尉拜謁, 常爲衛官繇使市買. 寬饒視事, 案舊令, 遂揖官屬以下行衛者. 衛尉私使寬饒出, 寬饒以令詣官府門上謁辭. 尚書責問衛尉, 由是衛官不復私使候, 司馬. 候, 司馬不拜, 出先置衛, 輒上奏辭, 自此正焉.

| 註釋 | ○衛官繇使市買 − 衛尉의 官舍. 繇使市買는 시장에 물건을 사러 심부름가다. 繇는 傜(부릴 요)의 뜻. ○遂揖官屬以下行衛者 − 이 부분은 글자가 빠졌거나 語順이 뒤섞였다는 註가 있다. 글자대로 뜻 파악이 부자연스럽다. ○上謁辭 − (외출 사유를) 적어 올리다. ○候,司馬 − 衛尉에 속한 하위직명. ○出先置衛 − 현장에 守衛할 일이 있으면 현장으로 먼저 나간다는 의미.

〖國譯〗

이 앞에, 衛司馬는 부서에 근무하면서 衛尉(위위)를 만나 배알하고 통상 衛尉의 관사 일로 시장에 물건을 사러 나가곤 하였다. 개관요는 업무를 보면서 이전의 규정에 따라 衛尉의 屬吏로 숙위 중인 사람에게 인사를 하였다. 衛尉가 개인적 업무로 개관요의 외출을 지시하자 개관요는 지시에 따라 官府의 문에 가서 외출 사유를 기록했다. 문서 담당 尙書가 衛尉에게 따졌는데, 이후로 衛尉는 개인적 일을 候나 司馬에게 다시는 시키지 않았다. 候나 司馬는 衛尉에게 절을 올리지 않고 먼저 업무에 임한 뒤에 보고할 일이 있을 때 보고하도록 바로 잡았다.

原文

寬饒初拜爲司馬, 未出殿門, 斷其襜衣, 令短離地, 冠大冠, 帶長劍, 躬案行士卒廬室, 視其飮食居處, 有疾病者身自撫循臨問, 加致醫藥, 遇之甚有恩. 及歲盡交代, 上臨饗罷衛卒, 衛卒數千人皆叩頭自請, 願復留共更一年, 以報寬饒

厚德. 宣帝嘉之, 以寬饒爲太中大夫, 使行風俗, 多所稱擧
貶黜, 奉使稱意. 擢爲司隸校尉, 刺擧無所迴避, 小大輒擧,
所劾奏衆多, 廷尉處其法, 半用半不用, 公卿貴戚及郡國吏
繇使至長安, 皆恐懼莫敢犯禁, 京師爲淸.

| 註釋 | ○斷其襌衣 - 그의 襌衣(단의)를 짧게 올려 입다. 襌은 홑옷 단.
禪이 아님. ○廬室 - 숙소. 廬 오두막 여(려). 임시 거처. ○上臨饗罷衛卒 -
궁궐을 수비하는 衛士는 1년 단위로 교체하였는데 매 정월에 복무가 끝나는
위사를 위로하는 잔치를 벌였고 황제가 임석하였다. ○共更 - 共은 供. 근
무하다. 更은 순차적으로 교체되는 兵役. ○使行風俗 - 使는 순시하다. ○貶
黜(편출) - 貶職이나 罷黜(파출). ○擢爲司隸校尉 - 擢은 뽑을 탁. 司隸校尉
는 초기는 중앙관서의 노예를 감독하는 직책, 나중에는 경사 및 三輔와 三
河, 弘農郡 등 7개의 범법자를 규찰하는 임무를 수행. 질록 2천석. ○半用半
不用 - 用은 用法하여 처치하다. ○繇使 - 服役이나 出張. 繇는 徭. 몸으로
때우는 의무.

〖國譯〗
　개관요는 司馬가 된 뒤에 전각의 문을 나가기 전에 襌衣(단의)를
짧게 올려 땅에 끌리지 않게 입고서 큰 관을 쓰고 장검을 찬 뒤에 직
접 사졸의 숙소를 순시하면서 그들의 거처와 음식을 살폈고 병이 난
자가 있으면 직접 위로하며 물은 뒤에 의약을 대주며 잘 보살펴 주
었다. 연말에 근무가 끝나 교대할 때 宣帝가 복무를 마친 위졸을 위
로하는 잔치에 임석하자 위졸 수천 명이 모두 머리를 숙이며 일 년
을 더 연장 근무하여 개관요의 후한 은덕에 보답하겠다고 자원하였

다. 宣帝는 이를 가상히 여겼고 개관요를 太中大夫에 임명하여 각지의 풍속을 시찰하게 하였는데 (개관요는) 칭찬하거나 폄직 파출해야 한다는 보고를 많이 올려 그 실적이 선제의 뜻에 맞았다. 다시 발탁되어 司隸校尉가 되었는데 불법을 가리지 않고 작든 크든 바로 적발하여 여러 건을 탄핵 상주하였으나 정위는 법으로 처리하면서 절반은 처치하고 절반은 불문에 부쳤다. 공경이나 貴戚(귀척), 그리고 장안에 업무 출장을 오는 郡國吏들은 모두 개관요를 두려워하여 법을 어기는 자가 없어 京師가 깨끗해졌다.

平恩侯許伯入第, 丞相,御史,將軍,中二千石皆賀, 寬饒不行. 許伯請之, 乃往, 從西階上, 東鄕特坐. 許伯自酌曰, "蓋君後至." 寬饒曰, "無多酌我, 我乃酒狂." 丞相魏侯笑曰, "次公醒而狂, 何必酒也?" 坐者畢屬目卑下之. 酒酣樂作, 長信少府檀長卿起舞, 爲沐猴與狗鬪, 坐皆大笑. 寬饒不說, 卬視屋而歎曰, "美哉! 然富貴無常, 忽則易人, 此如傳舍, 所閱多矣. 唯謹愼爲得久, 君侯可不戒哉!" 因起趨出, 劾奏長信少府以列卿而沐猴舞, 失禮不敬. 上欲罪少府, 許伯爲謝, 良久, 上乃解.

| 註釋 | ○平恩侯 許伯 – 許廣漢(? – 前 61), 宣帝의 장인, 딸 許平君을 劉病已(유병이, 뒷날 선제)에게 시집보냈다. 宣帝 地節 3년(前 67)에 평은후에

피봉. ○中二千石 − 九卿의 질록. 漢代의 관리 녹봉은 곡식의 石(120斤)으로 정해졌지만 녹봉을 곡식으로 받지 않고 錢으로 받았다. 중이천석(월 180斛)은 매월 4萬전을 받았다. ○東鄕特坐 − 東向하여 혼자 앉았다. 동향의 자리가 상좌였다. 자신이 특별한 손님이라는 자부심으로 혼자 앉아 있었다는 註가 있다. ○丞相魏侯 − 승상이던 魏相. ○酒酣樂作 − 酣은 술 즐길 감. 술이 거나해지다. ○卬視屋~ − 卬視는 仰視. 屋은 지붕. ○此如傳舍, 所閱多矣 − 傳舍는 관리가 출장 중에 묵는 숙소. 所閱은 거쳐 가는 사람. 閱은 經歷. ○君侯 − 列侯에 봉해진 승상. 여기서는 자신을 비꼬아 말한 魏相, 또는 집 주인인 許伯을 지칭.

〔國譯〕

　　平恩侯인 許伯(許廣漢)의 새 집 집들이에 승상과 어사대부, 장군과 중이천석 고관들이 모두 가서 축하하였으나 개관요는 가지 않았다. 허백이 개관요를 초청하자 잔치에 갔는데 서쪽 계단을 올라가 동쪽을 보고 혼자 앉았다. 허백이 술을 따라 주며 말했다. "蓋君께서 늦으셨습니다." 이에 개관요가 말했다. "많이 따르지 마십시오. 저는 주사가 좀 있습니다." 그러자 승상인 魏侯(魏相)가 웃으며 말했다. "次公(개관요의 字)은 술을 안 마셔도 광기가 있는데 꼭 마셔야만 그렇습니까?" 좌중 사람들이 모두 하대하듯 개관요를 바라보았다. 술이 거나하여 풍악을 연주하자 長信少府인 檀長卿(단장경)이 일어나 춤을 추며 원숭이와 개가 싸우는 흉내를 내었고 모두가 크게 웃었다. 개관요는 기뻐하지 않고 지붕을 바라보며 탄식하였다. "좋은 집이다! 그러나 부귀는 일정하지 않아 갑자기 주인 바뀌니 客館처럼 거쳐 가는 사람이 많다. 오직 근신해야만 오래 누릴 수 있으니 君侯라면 이를 경계해야 할 것이다!" 개관요는 일어서 나왔고, 長信

少府가 列卿이면서 원숭이 춤을 춘 것은 실례이며 불경한 짓이라고 고발하였다. 선제가 장신소부를 벌주려 하자 許伯이 사죄하였고 얼마 뒤에 선제는 장신소부를 용서하였다.

原文

　寬饒爲人剛直高節, 志在奉公. 家貧, 奉錢月數千, 半以給吏民爲耳目言事者. 身爲司隸, 子常步行自戍北邊, 公廉如此. 然深刻喜陷害人, 在位及貴戚人與爲怨, 又好言事刺譏, 奸犯上意. 上以其儒者, 優容之, 然亦不得遷. 同列後進或至九卿, 寬饒自以行淸能高, 有益於國, 而爲凡庸所越, 愈失意不快, 數上疏諫爭. 太子庶子王生高寬饒節, 而非其如此, 予書曰, "明主知君潔白公正, 不畏强禦, 故命君以司察之位, 擅君以奉使之權, 尊官厚祿已施於君矣. 君宜夙夜惟思當世之務, 奉法宣化, 憂勞天下, 雖日有益, 月有功, 猶未足以稱職而報恩也. 自古之治, 三王之術各有制度. 今君不務循職而已, 乃欲以太古久遠之事匡拂天子, 數進不用難聽之語以摩切左右, 非所以揚令名全壽命者也. 方今用事之人皆明習法令, 言足以飾君之辭, 文足以成君之過, 君不惟蘧氏之高蹤, 而慕子胥之末行, 用不訾之軀, 臨不測之險, 竊爲君痛之. 夫君子直而不挺, 曲而不詘. 〈大雅〉云, '旣明且哲, 以保其身.' 狂夫之言, 聖人擇焉. 唯裁省覽."

<u>寬饒</u>不納其言.

| 註釋 | ○吏民爲耳目言事者 - 耳目이 되어 사안을 제보해 주는 관리나 백성. 사예교위는 감찰직이기에 정보원을 두었다. ○爲凡庸所越 - 凡庸한 사람에게 추월당하다. ○太子庶子 - 職名. 태자 시종관. 太子太傅의 속관. ○高寬饒節 - 高는 높이 평가하다. 형용사의 동사적 용법. ○匡拂天子 - 匡拂(광필)은 바로 잡아 보필하다. 拂 도울 필. 떨칠 불. ○蘧氏之高蹤 - 춘추시대 衛나라의 대부 蘧伯玉(거백옥, 이름은 瑗). 孔子는 거백옥을 군자라고 크게 칭찬하였다. '子曰, "直哉史魚! 邦有道, 如矢, 邦無道, 如矢. 君子哉蘧伯玉! 邦有道, 則仕, 邦無道, 則可卷而懷之."《論語 衛靈公》. ○子胥之末行 - 춘추시대 吳國 伍子胥(오자서, 이름은 員)의 극단적인 행동. ○不訾之軀 - 不訾는 헤아릴 수 없는, 아주 귀한. 訾는 貲와 通. ○不挺 - 挺은 强硬하다. 바른 모양. ○旣明且哲~ -《詩經 大雅 烝民》. ○唯裁省覽 - 唯는 희망하다. 裁는 財와 通. 少의 뜻. 조금.

〔國譯〕

개관요는 사람이 강직하고 높은 지조를 가지고 나라만 위하는 뜻을 지녔다. 집이 가난했는데도 매월 받는 녹봉 수천 錢에 그 절반을 耳目이 되어 사안을 제보해주는 사람에게 주었다. 신분이 사예교위였는데도 아들은 북쪽 戍(수)자리에 늘 걸어갈 정도로 공정하고 청렴하였다. 그렇지만 지나치게 엄격하고 남을 처벌하기 좋아하여 현직이나 고귀한 사람들에게 원한을 샀고 또 남의 일을 비꼬기를 좋아하여 윗사람의 뜻을 많이 거슬렀다. 宣帝는 개관요가 유학자이기에 우대하며 포용하였지만 개관요는 승진하지 못했다. 같은 직급이거나 후배들도 가끔 九卿으로 승진하였지만 개관요는 청렴하며 뛰어난 능력으로 나라에 도움이 되었어도 평범한 자에게 추월을 당하게 되자 더욱 실의에 빠지고 불쾌하여 여러 번 상소하여 간쟁하였다. 太子庶子(관직명)인 王生(왕생)은 개관요의 지조를 높게 평가하면서 그래서는 안 된다고 생각으로 글을 보냈다.

"明主께서도 당신이 결백하고 공정하며 권세가를 두려워하지 않는 것을 잘 알고 계셨기에 당신을 사찰하는 직책에 임명하시고 使者의 권한을 행사할 수 있도록 배려하셨으며 당신의 관위와 녹봉에 대해서도 후대하셨습니다. 당신은 오직 밤낮으로 지금의 일만을 생각하여 법을 받들어 교화를 펴며 천하를 걱정한다면 날마다 유익하고 달마다 공적을 쌓으면서 업무를 잘 수행하여도 성은에 보답하기 부족할 것입니다. 옛날의 통치나 三王의 法術에도 각각 제도가 달랐습니다. 지금 당신은 지금의 통치에 맞춰 따라가야 하는데 아주 먼 옛날의 일을 가지고 천자를 바로 잡으려 하며 수용하기 어려운 건의를 자주 올려 측근을 힘들게 하고 있으니 이는 좋은 명성을 얻고 자신을 보존하는 길이라 할 수 없습니다. 지금 권력을 쥐고 있는 사람들은 모두 법에 밝으며 당신의 말을 적당히 꾸며 말할 수 있고 당신의 잘못으로 돌릴 수 있는 글을 지을 수 있는 사람들이나 당신은 蘧伯玉(거백옥)의 고아한 자취를 따르려 하지 않고 伍子胥(오자서)의 막가는 행실을 추모하면서 아주 귀한 육신을 예측할 수 없는 험지에 빠트리려 하니 당신을 위해 심히 애통할 뿐입니다. 본래 군자란 정직하지만 강경하지 않고 부드럽지만 꺾이지 않는 사람입니다. 그래서 《詩經》〈大雅〉에서도 '밝고 현명하게 자신을 지키네!'라고 했습니다. 狂夫의 말이라도 聖人은 받아들인다고 하였습니다. 조금이라도 살펴 읽어주기 바랍니다."

그러나 개관요는 그 충고를 받아들이지 않았다.

原文

是時, 上方用刑法, 信任中尙書宦官, 寬饒奏封事曰, "方今聖道浸廢, 儒術不行, 以刑餘爲周,召, 以法律爲《詩》, 《書》." 又引《韓氏易傳》言, "五帝官天下, 三王家天下, 家以傳子, 官以傳賢, 若四時之運, 功成者去, 不得其人則不居其位." 書奏, 上以寬饒怨謗終不改, 下其書中二千石. 時, 執金吾議, 以爲寬饒指意欲求禪, 大逆不道. 諫大夫鄭昌愍傷寬饒忠直憂國, 以言事不當意而爲文吏所詆挫, 上書頌寬饒曰, "臣聞山有猛獸, 藜藿爲之不採, 國有忠臣, 奸邪爲之不起. 司隷校尉寬饒居不求安, 食不求飽, 進有憂國之心, 退有死節之義, 上無許,史之屬, 下無金,張之托. 職在司察, 直道而行, 多仇少與. 上書陳國事, 有司劾以大辟, 臣幸得從大夫之後, 官以諫爲名, 不敢不言." 上不聽, 遂下寬饒吏. 寬饒引佩刀自剄北闕下, 衆莫不憐之.

| 註釋 | ○以刑餘爲周,召 – 刑餘는 환관. 거세한 사람. 周,召는 周公 旦과 召公 奭(석). ○《韓氏易傳》 – 漢代 韓嬰이 저술한 《역경》의 해설서. ○五帝官天下, 三王家天下 – 官은 공적인 것으로 여기다. 家는 私的인 것으로 생각하다. 官과 家는 모두 동사로 쓰였다. ○執金吾 – 中尉를 무제 때 집금오라 개칭. 장안(궁전은 제외)의 치안 유지. 三輔 지역 순찰, 황제 행차에 호위, 의

장대 역할 담당. ○禮 - 禪과 同. 禪讓(선양). ○詆挫 - 詆 꾸짖을 저. 나무
라다. 挫 꺾을 좌. ○文吏 - 법조문만 따지는 관리. 형리. ○藜藿(여곽) - 藜
藿은 빈천한 사람의 음식. 나물. ○居不求安, 食不求飽 -《論語 學而》. ○許,
史之屬 - 許氏는 宣帝의 외가. 史氏는 선제의 진외가. ○金,張之托 - 金日磾
(김일제)나 張安世의 집안처럼 배경도 없다는 뜻. ○大辟 - 死刑. ○自剄 -
自殺. 剄 목 벨 경.

〖國譯〗

이 무렵, 선제는 정사에 형벌을 중시하고 中尙書의 宦官을 신임
하였는데 개관요는 封書를 올려 말했다.

"지금 聖道는 날로 침체하고 유학은 시행되지 않으며 환관을 周
公이나 召公으로 생각하고 형법을 《詩書》로 생각하고 있습니다."
그리고 《韓氏易傳》을 인용하여 "五帝는 천하를 공적인 것으로 생각
했고 三王은 천하를 사적인 것으로 생각하였습니다. 사적인 것이기
에 아들에게 물려주었고 공적인 것이기에 현인한테 전하였는데 사
계절의 운행과 같이 공을 이루었다면 떠나가야 하며 적임자가 아니
라면 그 자리에 있을 수 없는 것입니다."라고 말했다.

상서가 들어가자 선제는 개관요가 윗사람을 탓하는 버릇을 아직
도 고치지 못했다고 생각하여 상서문을 中二千石들에게 넘겨 의논
케 하였다. 이때 집금오가 논하기를 개관요는 禪讓(선양)을 바라는
뜻으로 대역무도하다고 하였다. 諫大夫인 鄭昌은 개관요가 충직우
국한데도 건의가 본의와 달리 법만 따지는 文吏들에게 비난받는 것
을 안타깝게 생각하면서 상서하여 개관요를 변호하였다.

"臣이 알기로, 산에 맹수가 살아도 산나물을 뜯어먹지 않으며 나

라에 충신이 있으면 간사한 무리가 세력을 얻을 수 없다고 하였습니다. 사예교위인 개관요는 편히 지내고 배불리 먹기를 원하지 않고 우국지심을 다 바치고 죽더라도 절개를 지키려는 사람이며, 위로는 許氏나 史氏 같은 가문도 또 아래로는 金日磾(김일제)나 張安世 같이 의지할 무리도 없는 사람입니다. 직분이 사찰이라서 정직하게 일하기에 원수질 일은 많고 베풀 것은 거의 없습니다. 상서하여 국사를 말한 것에 대하여 담당 관리들이 사형을 논한다고 하는데 臣은 대부의 반열에 있는 사람으로 제 임무가 간쟁하는 일이기에 이를 말하지 않을 수가 없습니다."

선제가 이를 받아들이지 않아 결국 개관요를 옥리에 넘겼다. 개관요는 자기 칼을 풀어 북궐에서 자살하였는데 가엽게 여기지 않는 백성이 없었다.

77-2. 諸葛豐

原文

諸葛豐字少季, 琅邪人也. 以明經爲郡文學, 名特立剛直. 貢禹爲御史大夫, 除豐爲屬, 擧侍御史. 元帝擢爲司隷校尉, 刺擧無所避, 京師爲之語曰, "間何闊, 逢諸葛." 上嘉其節, 加豐秩光祿大夫.

| 註釋 | ○諸葛豊 － 後漢 말 諸葛亮(제갈량)은 이 제갈풍의 후손이다.
○貢禹(공우) － 72권, 〈王貢兩龔鮑傳〉에 입전. ○刺舉(척거) － 몰래 살펴서
잘못을 찾아내어 검거하다. ○間何闊, 逢諸葛 － '이리 넓은 세상에 하필 제
갈풍을 만났다.' '요즘 뜸했던 것은 제갈풍을 만났기 때문이다.' 두 가지로
해석이 가능한데 제갈풍과 상면을 꺼렸다는 뜻. ○加豊秩光祿大夫 － 광록
대부는 질록이 比二千石(月 100斛), 사예교위는 二千石(월 120곡)으로 사예교
위가 본래 질록이 높다. 무엇인가 착오가 있다. 제갈풍이 사예교위 직무대리
였다면 의미가 통한다.

〖 國譯 〗

  諸葛豐의 字는 少季로 琅邪郡(낭야군) 사람이다. 明經으로 郡의
文學이 되었는데 강직하기로 특별히 이름이 났었다. 貢禹(공우)가
어사대부가 되자 제갈풍을 속리로 삼았다가 侍御史(시어사)에 천거
하였다. 元帝가 제갈풍을 발탁하여 司隸校尉(사예교위)에 임명하였
는데 사람을 가리지 않고 죄지은 자를 검거하였기에 경사 사람들이
이를 두고 '이 넓은 세상에 하필 제갈풍을 만났다' 고 하였다. 원제
는 그의 지조를 가상히 여겨 제갈풍의 질록을 광록대부의 질록으로
올려주었다.

原文

  時, 侍中許章以外屬貴幸, 奢淫不奉法度, 賓客犯事, 與章
相連. 豐案劾章, 欲奉其事, 適逢許侍中私出. 豐駐車舉節
詔章曰, "下!" 欲收之. 章迫窘, 馳車去, 豐追之. 許侍中因

得入宮門, 自歸上. 豐亦上奏, 於是收豐節. 司隷去節自豐
始.

| 註釋 | ○自歸上 - 원제에게 호소하였다. ○於是收豐節 - 그러자 제갈
풍의 符節을 회수하다. 무제 때 사예교위를 설치하고 부절을 내린 것은 천자
가 권한을 부여한다는 뜻이었다. 부절을 회수한 것은 남용하지 말라는 경고
의 뜻이었지만 다시 줄 수는 없었다. 이때는 원제 初元 4년(전 45)이었다.

〖 國譯 〗

　이때, 侍中 許章(허장)은 외척으로 총애를 받고 있었는데 사치가
지나치고 법도를 지키지 않았는데 그 빈객이 범죄를 저질렀고 허장
도 연관이 있었다. 제갈풍은 허장을 고발할 문서를 만들어서 상주하
려다가 마침 외출하는 허장을 만났다. 제갈풍은 그 수레를 막고 부
절을 들어 허장에게 "내려라!"고 말하면서 체포하려 했다. 허장은
다급해서 수레를 몰고 달아났고 제갈풍도 추격했다. 허장은 곧바로
궁문 안으로 들어가 원제에게 호소하였다. 제갈풍이 그를 고발하자
원제는 제갈풍의 부절을 회수하였다. 사예교위에게 부절을 내리지
않는 것은 제갈풍에서부터 시작되었다.

原文 ▌

　豐上書謝曰, "臣豐駑怯, 文不足以勸善, 武不足以執邪.
陛下不量臣能否, 拜爲司隷校尉, 未有以自效, 復秩臣爲光
祿大夫, 官尊責重, 非臣所當處也. 又迫年歲衰暮, 常恐卒

塡溝渠, 無以報厚德, 使論議士譏臣無補, 長獲素餐之名.
故常願捐一旦之命, 不待時而斷奸臣之首, 懸於都市, 編書
其罪, 使四方明知爲惡之罰, 然後卻就斧鉞之誅, 誠臣所甘
心也. 夫以布衣之士, 尙猶有刎頸之交, 今以四海之大司馬,
曾無伏節死誼之臣, 率盡苟合取容, 阿黨相爲, 念私門之利,
忘國家之政. 邪穢濁混之氣上感於天, 是以災變數見, 百姓
困乏. 此臣下不忠之效也, 臣誠恥之亡已. 凡人情莫不欲安
存而惡危亡, 然忠臣直士不避患害者, 誠爲君也. 今陛下天
覆地載, 物無不容, 使尙書令堯賜臣豐書曰, '夫司隷者刺擧
不法, 善善惡惡, 非得顯之也. 勉處中和, 順經術意.' 恩深
德厚, 臣豐頓首幸甚. 臣竊不勝憤懣, 願賜淸宴, 唯陛下裁
幸."上不許.

│ 註釋 │ ○卒塡溝渠 – 卒은 갑자기. 塡溝渠(전구거)는 죽어 구덩이에 묻
히다. 자신의 죽음에 대한 謙辭. ○素餐之名 – 하는 일도 없이 밥만 먹다. 성
과도 없이 녹봉만 축내다. ○捐一旦之命 – 하루 남은 목숨을 버리다. 捐은
버릴 연. ○刎頸之交(문경지교) – 목숨을 건 우정. ○憤懣(분만) – 煩悶(번
민). ○淸宴 – 淸閑. 퇴직.

〔 國譯 〕

  이에 제갈풍이 상서하여 사죄하며 말했다.

  "臣 豐(풍)은 둔하고 겁이 많으며 문장은 勸善하기에 부족하고 무
예는 죄인을 체포하기에도 부족합니다. 폐하께서는 臣의 능력을 헤

아리지 않으시고 사예교위를 제수하셨으며 공적도 없는데 신에게 광록대부의 질록을 하사하시니 지위는 높고 책임도 무거워 신이 감당하지 못할 자리였습니다. 거기다가 늙은 나이에 언제 갑자기 죽어 큰 은덕에 보답하지 못하여 논의하는 신하들로 하여금 신이 아무런 도움도 되지 못하고 녹봉이나 축냈다는 평가를 받게 될까 늘 두려웠습니다. 그래서 얼마 남지 않은 목숨이라도 언제든지 바쳐서 간신의 머리를 잘라 큰 거리에 매달고 그 죄를 적어서 악행에 대한 벌을 사방에 확실하게 알린 뒤, 처형을 받게 되기를 臣은 진정으로 원했습니다. 布衣之士에게도 오히려 죽음으로 지켜주는 벗이 있는데 지금 이 넓은 천하에 지조를 지켜 의롭게 죽을 신하는 없고 모두가 구차하게 뜻이나 받들며 서로 아부하는 패거리를 지어서 개인의 이득만을 챙기려 하고 국가의 정사를 망각하고 있습니다. 사악하고 더럽고 혼탁한 기운이 하늘까지 닿았기 때문에 재해와 변고가 자주 나타나고 백성들은 모두 곤궁해졌습니다. 이는 신하가 불충한 결과이기에 신도 진실로 부끄럽기 짝이 없습니다. 무릇 인정이란 것은 안정을 바라고 위험과 멸망을 싫어하지 않는 사람이 없지만 충직한 신하라면 환란이나 위험을 피하지 않고 진정으로 주군에게 충성을 다해야 합니다. 지금 폐하께서는 하늘 아래 그리고 대지 위에 수용하지 못할 것이 없는데 尙書令 堯(요)에게 신이 올린 상서를 내리면서 '사예교위란 불법을 적발하고 선을 칭송하고 악을 미워해야 하지만 이를 마음대로 할 수 있는 것은 아니로다. 中和에 힘쓰면서 經典의 큰 뜻을 따라 처리해야 한다.'고 말씀하셨습니다. 그 깊고 크신 은덕에 臣은 돈수하며 감사드립니다. 신은 제 혼자 번민을 감당하지 못하여 청정 안일한 곳을 내려주시길 앙망하오니 폐하께서 조금 살펴주시길 바랍니다."

그러나 원제는 허락하지 않았다.

原文

　是後, 所言益不用, 豐復上書言, "臣聞伯奇孝而棄於親, 子胥忠而誅於君, 隱公慈而殺於弟, 叔武弟而殺于兄. 夫以四子之行, 屈平之材, 然猶不能自顯而被刑戮, 豈不足以觀哉! 使臣殺身以安國, 蒙誅以顯君, 臣誠願之. 獨恐未有云補, 而爲衆邪所排, 令讒夫得逐, 正直之路雍塞, 忠臣沮心, 智士杜口, 此愚臣之所懼也."

|註釋| ○伯奇 - 伯奇는 周 宣王의 重臣인 尹吉甫의 長子. 부친께 효도를 다 했으나 계모의 참소를 믿은 부친이 황야로 내쫓았다. ○隱公慈~ - 魯 은공은 자신의 어린 동생 桓公을 즉위시키려 먼저 섭정을 하였으나 나중에 동생에게 피살되었다. ○叔武弟 - 叔武는 衛 成公의 동생으로 형을 공경했으나 나중에 형의 의심을 받아 살해당했다. 弟는 悌. ○屈平 - 楚의 屈原. ○獨恐未有云補 - 云은 句中 語助詞. ○令讒夫得逐 - 讒은 참소할 참.

〖 國譯 〗

　이후로 제갈풍의 건의는 더욱 받아들여지지 않았기에 제갈풍은 다시 상서하였다.

　"臣이 알기로, 伯奇(백기)는 효도했지만 부친에게 버림을 받았고 吳子胥(오자서)는 충성을 다했지만 주군에게 주살되었으며, 魯 隱公

은 자애로웠지만 동생에게 피살당했고 衛나라 叔武는 형을 공경했지만 형이 죽여 버렸습니다. 이러한 4인의 행실이라도 또 楚 屈原(굴원)과 같은 재능으로도 자신의 능력을 발휘하지 못하고 죽음을 당했는데 그렇지 못한 사람이라면 어떠하겠습니까? 만약 신으로 하여금 살신하여 安國할 수 있다면 또 제가 죽어 폐하를 높일 수 있다면 이는 신이 진실로 바라는 것입니다. 오직 걱정스러운 것은 폐하를 보필도 못하면서 사악한 무리에게 배척당하고 참소하는 자는 뜻을 이루고 정직한 자는 길이 막히며, 충신은 의욕이 꺾이고, 智士가 입을 닫아 버리는 것을 저는 걱정할 뿐입니다.”

豐以春夏繫治人, 在位多言其短. 上徙豐爲城門校尉, 豐上書告光祿勳周堪, 光祿大夫張猛. 上不直豐, 乃制詔御史, “城門校尉豐, 前與光祿勳堪, 光祿大夫猛在朝之時, 數稱言堪,猛之美. 豐前爲司隸校尉, 不順四時, 修法度, 專作苛暴, 以獲虛威, 朕不忍下吏, 以爲城門校尉. 不內省諸己. 而反怨堪,猛, 以求報擧, 告案無證之辭, 暴揚難驗之罪, 毁譽恣意, 不顧前言, 不信之大者也. 朕憐豐之耆老, 不忍加刑, 其免爲庶人.” 終於家.

| 註釋 | ㅇ以求報擧 – 고발하여 원한을 보상받다. ㅇ暴揚難驗之罪 – 입증하기 어려운 죄를 만들어 고발하다. ㅇ終於家 – 壽終於家.

제갈풍은 봄여름에 죄인을 잡아 다스렸지만 재직하면서 주상에 대한 불만을 자주 말했다. 원제가 제갈풍을 城門校尉로 전근시키자 제갈풍은 上書하여 光祿勳 周堪(주감)과 光祿大夫인 張猛(장맹)을 고발하였다. 원제는 제갈풍을 정직하지 않다고 생각하며 어사대부에게 명령하였다.

"城門校尉인 제갈풍은 전에 광록훈 주감과 광록대부 장맹과 함께 조정에 근무할 때 여러 번 주감과 장맹의 미덕을 칭송했었다. 제갈풍이 전에 사예교위로 재직할 때 계절에 따라 죄인을 다스리거나 법도를 지키지도 않고 제멋대로 가혹하게 다스려 헛 위세를 누렸지만 짐은 차마 정위에게 보낼 수가 없어 성문교위에 임명하였다. 그러나 제갈풍은 자신을 반성하지 않았다. 도리어 주감과 장맹을 원망하여 보상을 얻으려고 근거도 없는 말로 고발하고 입증하기도 어려운 죄를 떠벌리면서 명성을 훼손하여 흡족해 하며 앞에 한 말을 생각하지도 않으니 절대 믿지 못할 사람이로다. 짐은 제갈풍의 늙은 나이를 생각하여 차마 형벌에 처할 수 없어 이에 면직시켜 서인이 되게 하노라."

제갈풍은 집에서 죽었다.

77-3. 劉輔

原文

　劉輔, 河間宗室人也. 擧孝廉, 爲襄賁令. 上書言得失, 召見, 上美其材, 擢爲諫大夫. 會成帝欲立趙婕妤爲皇后, 先下詔封婕妤父臨爲列侯. 輔上書言, "臣聞天之所與, 必先賜以符瑞, 天之所違, 必先降以災變, 此神明之徵應, 自然之占驗也. 昔武王, 周公承順天地, 以饗魚鳥之瑞, 然猶君臣祇懼, 動色相戒, 況於季世, 不蒙繼嗣之福, 屢受威怒之異者虖! 雖夙夜自責, 改過易行, 畏天命, 念祖業, 妙選有德之世, 考卜窈窕之女, 以承宗廟, 順神祇心, 塞天下望. 子孫之詳猶恐晚暮, 今乃觸情縱欲, 傾於卑賤之女, 欲以母天下, 不畏於天, 不愧於人, 惑莫大焉. 里語曰, '腐木不可以爲柱, 卑人不可以爲主.' 天人之所不予, 必有禍而無福, 市道皆共知之, 朝廷莫肯一言, 臣竊傷心. 自念得以同姓拔擢, 尸祿不忠, 汚辱諫爭之官, 不敢不盡死, 唯陛下深察." 書奏, 上使侍御史收縛輔, 繫掖庭秘獄, 群臣莫知其故.

| 註釋 | ○河間宗室 ─ 景帝의 子 河間獻王(劉德, ?─前 130. 53권, 〈景十三王傳〉에 입전)의 후손. 河間國은 지금 河北省 남부 일대, 국도는 樂成縣(今 河北省 滄州市 관할의 獻縣). ○襄賁(양분) ─ 현명. 今 山東省 臨沂市 관할의 蒼山縣. ○趙婕妤 ─ 趙飛燕, 97권, 〈外戚傳 下〉에 입전. 婕妤(첩여)는 비빈의

칭호. 무제 때 처음 설치. 元帝 때 昭儀 설치 이후로는 昭儀 다음 지위. ○饗魚烏之瑞 - 무왕과 주공이 殷나라를 정벌할 때 白魚에 배에 뛰어 올랐고 赤烏가 출현했다. ○季世 - 末世. ○不蒙繼嗣之福 - 후사를 얻는 복을 받지 못하다. 성제는 후사가 없었다. ○妙選有德之世 - 妙選은 정선하다. 有德之世는 유덕한 후사. ○窈窕(요조) - 얌전하고 정숙한 모양. ○塞天下望 - 塞은 滿. ○欲以母天下 - 母는 어미로 삼다. 황후로 삼다. 母가 동사로 쓰였다. ○市道皆共知之 - 市人과 行道者. 보통 사람. ○尸祿(시록) - 하는 일 없이 녹봉을 받다. ○掖庭(액정) - 비빈의 간택이나 관련 일을 담당하는 少府의 부서. 환관이 掖庭令(액정령).

〔國譯〕

劉輔(유보)는 河間王의 宗室 사람이다. 孝廉으로 천거되어 襄賁(양분) 현령이 되었다. 상서하여 시정의 득실을 논하자 부름을 받아 성제를 알현하였는데 성제는 그의 외모를 칭찬하며 발탁하여 諫大夫로 임명하였다. 그때 成帝는 趙婕妤(조첩여)를 황후에 봉하려고 조서를 내려 조첩여의 부친 趙臨(조림)을 列侯에 봉했다. 이에 유보가 상서하였다.

"臣이 알기로는, 하늘이 천명을 주려면 필히 먼저 상서로운 징조를 내리지만 하늘의 뜻에 어긋나면 필히 재해와 이변을 먼저 내린다고 하였으니, 이는 神明의 응징이며 자연의 징험입니다. 예전에 武王과 周公은 천지의 뜻을 받들었기에 白魚와 赤烏(적오)의 길조를 받았어도 군신이 두려워하며 행동과 표정을 서로 조심하였는데 하물며 말세에 후사도 얻지 못하고 여러 차례 하늘의 분노와 같은 재해를 당했다면 어떠하겠습니까? 아침저녁으로 자책하며 과오와 행실을 고치고 천명을 두려워하며 조상의 공적을 기리고 유덕한 후사를 택하고 요조숙녀를 골라 종묘를 잇고 天神의 뜻에 순응하며 천하의 여망에 부응하여야 할 것입니다. 자손을 두는 경사가 너무 늦은 것을 걱정해야 하는데 지금 욕정이 닿는 대로 비천한 여인에게 넘어가서 황후로 봉하려는 것은 하늘도 두렵지 않고 백성도 부끄러워하지 않는 것으로 그 미혹이 이보다 더할 수 없을 것입니다. 속언에 썩은 나무는 기둥으로 쓸 수 없고 비천한 사람을 주인으로 삼을 수 없다고 하였습니다. 하늘과 백성이 주지 않는다면 필히 화만 있고 복이 없다는 것을 길 가는 사람도 다 아는데 조정에서 말 한마디도 없는 것이 臣에게는 마음 아픕니다. 폐하께서는 스스로 同姓을 발탁하시되 녹봉이나 받고 충성하지도 않으며 간쟁하는 신하를 모욕하려는 자를 다 죽여 버리지 않을 수 없는 것이니 폐하께서는 깊이 살펴주시기 바랍니다."

상서가 올라가자 성제는 시어사를 시켜 유보를 체포하여 掖庭(액정)의 비밀 옥에 가두게 하였는데 신하들은 그 이유를 알지 못했다.

原文

於是中朝左將軍辛慶忌, 右將軍廉褒, 光祿勳師丹, 太中大夫谷永俱上書曰, "臣聞明王垂寬容之聽, 崇諫爭之官, 廣開忠直之路, 不罪狂狷之言, 然後百僚在位, 竭忠盡謀, 不懼後患, 朝廷無諂諛之士, 元首無失道之愆. 竊見諫大夫劉輔, 前以縣令求見, 擢爲諫大夫, 此其言必有卓詭切至, 當聖心者, 故得拔至於此. 旬日之間, 收下秘獄, 臣等愚, 以爲輔幸

得托公族之親, 在諫臣之列, 新從下土來, 未知朝廷體, 獨觸
忌諱, 不足深過. 小罪宜隱忍而已, 如有大惡, 宜暴治理官,
與衆共之. 昔趙簡子殺其大夫鳴犢, 孔子臨河而還. 今天心
未豫, 災異屢降, 水旱迭臻, 方當隆寬廣問, 褒直盡下之時
也. 而行慘急之誅於諫爭之臣, 震驚群下, 失忠直心. 假令
輔不坐直言, 所坐不著, 天下不可戶曉. 同姓近臣本以言顯,
其於治親養忠之義誠不宜幽囚於掖庭獄. 公卿以下見陛下
進用輔亟, 而折傷之暴, 人有懼心, 精銳銷耎, 莫敢盡節正
言, 非所以昭有虞之聽, 廣德美之風也. 臣等竊深傷之, 唯
陛下留神省察."

上乃徙繫輔共工獄, 減死罪一等, 論爲鬼薪. 終於家.

| 註釋 | ○中朝 – 또는 內朝. 무제 때 황권을 강화하기 위한 방법으로 황
제가 親任하는 신하로 정책 결정에 참여할 수 있는 신하를 中朝(內朝)라 하
였다. 여기에는 大司馬, 左右將軍, 後將軍, 博士, 侍中, 常侍, 散騎, 諸吏가 속
한다. 우리나라의 경우 청와대 비서실과 수석비서관이라 생각하면 된다. 정
책 실행 부서로 丞相 이하 질 6백석까지를 外朝라 구분하였다. ○辛慶忌 –
69권, 〈趙充國辛慶忌傳〉, 師丹은 86권, 〈何武王嘉師丹傳〉, 谷永은 85권, 〈谷
永杜鄴傳〉에 각각 입전. ○狂狷(광견) – 正道나 中庸에서 벗어난 언행. 狂은
뜻이 너무 커서 상식을 벗어난 것. 狷은 성급할 견. 뜻을 굽히지 않음. 포용
력이 없음. ○元首 – 天子. ○失道之愆 – 愆은 허물 건. 죄. ○卓詭(탁궤) –
언행이 뛰어나 다른 사람과 다름. 詭는 속일 궤. 어긋나다. 다른 사람과 다르
다. ○新從下土來 – 下土는 지방. ○理官 – 治獄之官. ○趙簡子殺其大夫
鳴犢 – 趙簡子(趙鞅)는 춘추 말기 晉의 正卿. 鳴犢(명독)은 인명. ○孔子臨

河而還 - 조간자가 공자를 초빙했으나 공자는 황하까지 갔다가 돌아왔다. 참고 《春秋左傳》 昭公 29년 참고. ㅇ迭臻(질진) - 교대로 일어나다. 臻 이를 진. ㅇ不著 - 드러내지 않다. ㅇ銷臾(소연) - 약하게 하다. 마음이 내키지 않다. 銷 녹일 소. 臾 가냘플 연. ㅇ有虞之聽 - 有虞는 부족마을 이름. 그 우두머리가 바로 堯이었다. 堯에게 할 말이 있는 사람은 누구든지 와서 북을 쳤다. ㅇ共工獄 - 황제와 관련된 죄인을 가두고 재판하는 少府의 감옥. 少府는 왕망 때 共工으로 개칭하였다. ㅇ論爲鬼薪 - 論은 定罪하다. 鬼薪(귀신)은 종묘에서 쓸 나무를 장만하는 형벌이었으나 나중에는 일반 노동형을 지칭.

〔 國譯 〕

이에 中朝의 좌장군 辛慶忌(신경기), 우장군 廉褒(염포), 광록훈 師丹(사단), 태중대부 谷永(곡영)이 함께 상서하였다.

"臣이 알기로, 明王은 관용의 덕을 베풀고 간쟁하는 관리를 우대하며 충직한 언로를 넓히기에 狂狷(광견)한 말이라도 죄를 삼지 않기에 모든 신하가 제 자리에서 충성과 지혜를 다 바치며 후환을 두려워하지 않기에 조정에 아첨하는 무리가 없고 황제는 정도를 잃는 허물을 짓지 않는다고 하였습니다. 우리가 볼 때, 諫大夫인 劉輔(유보)는 현령을 지내다 폐하를 알현하여 간대부에 발탁이 되었는데 그때 그 말이 틀림없이 특이하거나 절실하여 聖心에 맞았기에 발탁되었고 근무하였습니다. 며칠 전에 그를 비밀 감옥에 가두었다 하는데, 臣 등의 어리석은 생각으로는 유보가 황족으로 등용되어 諫臣의 반열에 선 것은 아주 다행한 일이나 그가 지방에서 막 올라와 조정의 업무체계를 잘 몰라 폐하의 忌諱(기휘)를 건드렸을 것이지만 큰 과오는 아니라고 생각하였습니다. 작은 허물은 그냥 덮어주면 되고 만약 큰 잘못이라면 옥을 관장하는 관리가 조사하고 공개하여 모두가 알도록 해야 합니다.

예전에 趙簡子가 大夫 鳴犢(명독)을 죽이자 공자는 황하까지 갔다가 돌아왔습니다. 지금 天心도 편치 않아서 재이가 자주 발생하고 해마다 수해와 旱害(한해)를 당하는데 지금이야말로 관용을 크게 베풀고 의견을 널리 구하며 직언을 올리는 자를 포상할 때입니다. 그런데도 간쟁하는 신하를 서둘러 죽이려 한다면 여러 신하가 놀라 겁을 먹고 충직한 마음을 잃게 할 뿐입니다. 가령 직언을 올린 죄가 아닌데도 그 죄를 공표하지 않으면 천하 사람들이 알지 못할 것입니다. 同姓의 근신은 본래 말로 드러나는 것이니 친족을 다스리고 충성의 뜻을 장려하려 한다면 진실로 액정의 감옥에 가두어서는 안 될 것입니다. 공경 이하 모두가 폐하께서 유보를 서둘러 등용하고 또 사납게 내치는 것을 본다면 모두가 두려운 마음을 갖고서 精銳한 충성심이 사라져 아무도 지조를 가지고 바른 말을 할 사람이 없을 것이니, 이는 백성의 소리를 듣지 않는 것이며 미덕의 풍조를 권장하는 길이 아닙니다. 臣 등은 이를 크게 걱정하오니 폐하께서는 유념하시고 살펴주시기 바랍니다."

성제는 이에 유보를 共工(少府)의 감옥에 가두게 하였고 사형에서 한 등급을 감형하여 노동형을 받게 하였다. 유보는 집에서 죽었다.

77-4. 鄭崇

原文

鄭崇字子游, 本高密大族, 世與王家相嫁娶. 祖父以訾徙平陵. 父賓明法令, 爲御史, 事貢公, 名公直. 崇少爲郡文學史, 至丞相大車屬. 弟立與高武侯傅喜同門學, 相友善. 喜爲大司馬, 薦崇, 哀帝擢爲尙書僕射. 數求見諫爭, 上初納用之. 每見曳革履, 上笑曰, "我識鄭尙書履聲."

| 註釋 | ○高密 － 현명. 今 山東省 高密市. ○祖父以訾徙平陵 －〈宣帝紀〉에 의하면 재산 백만 전 이상의 백성을 平陵(昭帝의 능)으로 이주시켰다고 하였다. 지방의 부호는 장안 주변으로 이사시키는 정책은 高祖 때 婁敬이 건의한 '强幹弱枝' 정책의 일환이었다. 訾는 貲(資). ○貢公 － 貢禹(공우). ○大車屬 － 수행원. ○傅喜(부희) － 82권,〈王商史丹傅喜傳〉에 입전. ○尙書僕射(상서복야) － 尙書令의 副職. ○諫爭 － 諫諍.

〔國譯〕

鄭崇(정숭)의 자는 子游로 본래 高密縣의 大族으로 대대로 王家와 혼인을 하였다. 조부 때 재산이 많아 平陵縣으로 이사하였다. 부친 鄭賓(정빈)은 법률에 밝아 어사가 되어 貢禹(공우)를 섬겼는데 공정 정직하다는 명성이 있었다. 정숭은 젊어 郡의 文學史가 되었다가 丞相의 수행원이 되었다. 동생 鄭立은 高武侯 傅喜(부희)와 같은 스승에서 배웠고 서로 친했다. 喜爲는 大司馬가 되어 정숭을 천거하였고

哀帝는 尙書僕射(상서복야)에 발탁하였다. 정숭은 자주 알현하고 간쟁하였고, 애제도 처음에는 건의를 받아들였다. 매번 알현할 때마다 가죽신을 끌고 들어왔기에 애제가 웃으며 말했다. "나는 鄭 상서의 신발 끄는 소리를 알고 있소."

原文

久之, 上欲封祖母傅太后從弟商, 崇諫曰, "孝成皇帝封親舅五侯, 天爲赤黃晝昏, 日中有黑氣. 今祖母從昆弟二人已侯. 孔鄕侯, 皇后父, 高武侯以三公封, 尙有因緣. 今無故欲復封商, 壞亂制度, 逆天人之心, 非傅氏之福也. 臣聞師曰, '逆陽者厥極弱, 逆陰者厥極凶短折, 犯人者有亂亡之患, 犯神者有疾夭之禍.' 故周公著戒曰, '惟王不知艱難, 唯耽樂是從, 時亦罔有克壽.' 故衰世之君夭折蚤沒, 此皆犯陰之害也. 臣願以身命當國咎."

崇因持詔書案起. 傅太后大怒曰, "何有爲天子乃反爲一臣所顓制邪!" 上遂下詔曰, "朕幼而孤, 皇太太后躬自養育, 免於襁褓, 敎道以禮, 至於成人, 惠澤茂焉. '欲報之德, 昊天罔極.' 前追號皇太太后父爲崇祖侯, 惟念德報未殊, 朕甚愍焉. 侍中光祿大夫商, 皇太太后父同産子, 小自保大司馬, 恩義最親. 其封商爲汝昌侯, 爲崇祖侯後, 更號崇祖侯爲汝昌哀侯."

| 註釋 | ㅇ孔鄕侯 - 傅晏(부안). ㅇ逆陽者厥極弱 - 陽을 거스른 자의 끝은 虛弱이다. 《書經 周書 洪範》에 凶短折, 疾, 憂, 貧, 惡, 弱의 六窮(6가지 궁색함)을 열거하였다. 이 구절은 6窮에 대한 풀이라 할 수 있다. ㅇ凶短折 - 아이가 젖니를 갈기 전에 죽는 것이 凶, 관례를 치루기 전에 죽으면 短, 결혼 전에 죽으면 折(절)이라 한다. ㅇ惟王不知艱難 외 2句 -《書經 周書 無逸》의 뜻을 종합적으로 풀이하였다. ㅇ夭折蚤沒(요절조몰) - 요절하거나 早死하다. 夭折(요절)은 젊은 나이에 죽다. 蚤는 早. 沒은 歿(죽을 몰). ㅇ詔書案 - 詔書案은 완성된 詔書. 案은 文案. ㅇ皇太太后 - 애제의 祖母 傅太后. ㅇ欲報之德, 昊天罔極 -《詩經 小雅 蓼莪(요아)》. ㅇ朕甚恧焉 - 恧은 부끄러울 뉵(육). 慙愧(참괴). ㅇ同産子 - 형제. ㅇ小自保大 - 保大는 養大. 成人이 될 때까지 양육하다.

〖 國譯 〗

　　얼마 지나서 애제는 조모 傅太后의 사촌 동생인 傅商(부상)을 제후로 봉하려 했다. 이에 정승이 간했다.

　　"孝成皇帝께서 친 외삼촌 다섯 분을 제후에 봉하자 하늘이 적황색이 되면서 낮에도 어둑했고 해에는 검은 기운이 끼였었습니다. 지금 祖母의 사촌 형제 두 분이 이미 제후가 되었습니다. 孔鄕侯는 황후의 부친이고 高武侯는 三公의 지위에 올랐으니 아직도 그 인연이 있습니다. 지금 아무런 사유도 없이 다시 傅商(부상)을 봉하시려 하시는데 이는 제도를 무너뜨리고 천심과 인심을 거스른 것으로 傅氏에게도 결코 복이 아닐 것입니다. 신이 스승한테 듣기로 '陽을 거스르면 궁극에 가서 몸이 허약하고, 陰을 거스르면 궁극에 가서 일찍 죽게 되며 인륜을 침해하는 자는 난리를 만나 멸망하는 환란을 겪고 神意를 침해하는 자는 지병으로 요절하는 화를 당한다.' 고 하였습니다. 그래서 周公은 이를 경계하여 '왕이 농사의 어려움이나 백성의 고통을 모르고 환락을 탐하는 것이 방종이며 그렇게 되면 장수할 수도 없다'고 하였습니다. 그리하여 망하는 시대의 주군은 요절하거나 일찍 죽는데, 이는 모두 음의 기운을 침해했기 때문입니다. 臣은 이 몸을 바쳐 나라의 허물을 대신 받고자 합니다."

정숭은 이어 이미 완성된 조서를 들고서 나갔다. 이에 傅太后가 대노하며 말했다. "어찌 천자가 하려는 일을 대신이 마음대로 제약할 수 있는가!" 애제는 결국 조서를 내려 말했다.

"朕이 어리고 孤單할 때 皇太太后께서는 친히 짐을 양육하여 강보에서 일어설 수 있었으며 禮로써 나를 이끌어 주셨기에 성인이 되었으니 그 혜택은 매우 크도다. 詩에서도 '이 은혜 갚고자 하나 하늘은 무정하시네.'라 하였도다. 전에 황태태후의 부친을 崇祖侯로 追號했지만 은덕을 갚고자 하여도 다하지 못했기에 짐은 심히 부끄러웠도다. 侍中 光祿大夫인 傅商은 황태태후 부친의 형제이시니 어려서부터 성인이 될 때까지 은혜가 가장 친밀했었도다. 이에 부상을 汝昌侯에 봉하여 崇祖侯의 뒤를 잇게 하고 崇祖侯을 汝昌 哀侯로 號를 바꾸겠노라."

原文

崇又以董賢貴寵過度諫, 由是重得罪. 數以職事見責, 發疾頸癰, 欲乞骸骨, 不敢. 尚書令趙昌佞諂, 素害崇, 知其見疏, 因奏崇與宗族通, 疑有奸, 請治. 上責崇曰, "君門如市人, 何以欲禁切主上?" <u>崇</u>對曰, "臣門如市, 臣心如水, 願得考覆." 上怒, 下崇獄, 窮治, 死獄中.

| 註釋 | ○董賢(동현) – 哀帝는 동성애를 즐겼었다. 동현은 미남자로 애제의 총애 속에 黃門郎에서 大司馬까지 승진하였다. '斷袖之好(단수지호)'는 동성연애를 지칭하는 成語인데 哀帝와 董賢이 그 故事의 주인공이다. 93권, 〈佞幸傳〉에 입전. ○發疾頸癰(발질경옹) – 목에 악성 종기가 나다. 頸 목 경. 癰 악성 종기 옹. ○禁切 – 控制하다.

〖 國譯 〗

　정숭은 또 董賢(동현)이 고위직에 오르고 지나치게 총애하는 것에 대하여 충간을 하였는데 이 때문에 중죄를 받기도 했다. 업무에 관해 자주 견책을 당하고 목에 악성 종기가 나서 퇴직하고자 했으나 감히 말할 수가 없었다. 尙書令인 趙昌은 아첨을 잘 하였는데 평소에 정숭을 미워하다가 애제가 정숭을 싫어하는 것을 보고서 정숭이 일족과 왕래하면서 흉계를 꾸미는 것 같으니 조사해야 한다고 요청하였다. 애제가 정숭을 책망하며 말했다. "君의 대문이 시장처럼 사람이 붐빈다는데 짐에게 무엇을 하지 못하게 견제할 것인가?"

　이에 정숭이 말했다. "臣의 대문이 시장처럼 붐비지만 신의 마음은 물과 같이 투명하며 제 진심을 아뢸 수 있기를 바랍니다."

　애제는 화를 내며 정숭을 옥에 가두었고 심하게 문초하니 정숭은 옥에서 죽었다.

77-5. 孫寶

原文

孫寶字子嚴, 潁川鄢陵人也, 以明經爲郡吏. 御史大夫張忠辟寶爲屬, 欲令授子經, 更爲除舍, 設儲偫. 寶自劾去, 忠固還之, 心內不平. 後署寶主簿, 寶徙入舍, 祭灶請比鄰. 忠陰察, 怪之, 使所親問寶, "前大夫爲君設除大舍, 子自劾去者, 欲爲高節也. 今兩府高士俗不爲主簿, 子旣爲之, 徙舍甚說, 何前後不相副也?" 寶曰, "高士不爲主簿, 而大夫君以寶爲可, 一府莫言非, 士安得獨自高? 前日君男欲學文, 而移寶自近. 禮有來學, 義無往敎, 道不可詘, 身詘何傷? 且不遭者可無不爲, 況主簿乎!" 忠聞之, 甚慚, 上書薦寶經明質直, 宜備近臣. 爲議郎, 遷諫大夫.

| 註釋 | ○潁川鄢陵－潁川(영천)은 郡名. 鄢陵(언릉)은 현명. 今 河南省 許昌市 관할의 鄢陵縣. ○張忠辟寶~－辟은 부를 벽. 徵辟(징벽). 초빙하다. ○更爲除舍, 設儲偫－除舍는 집을 소제하다. 儲는 준비하다. 偫는 갖출 치. 儲偫는 일상 용품. ○主簿(주부)－三公이나 군수가 임명하는 문서 담당 하급 관리. ○禮有來學, 義無往敎－《禮記 曲禮 上》. 來學은 제자가 찾아와 배우다. 往敎는 가서 가르치다. ○且不遭者可無不爲－不遭者는 지기를 만나지 못한 자. 無不爲는 못할 일이 없다.

〔國譯〕

孫寶(손보)의 字는 子嚴으로 潁川郡 鄢陵縣 사람인데 경학에 밝아 郡吏가 되었다. 어사대부인 張忠(장충)이 손보를 불러 속리로 삼아 아들에게 경전을 가르치게 하려고 관사를 청소하고 여러 가재도구를 갖추었다. 손보가 능력이 부족하다며 스스로 그만 두자 장충은 간청하면서도 마음속으로 불만이었다. 뒷날 손보를 主簿(주부)에 임명하자 손보는 관사로 이사하고 부엌에 제사하며 이웃도 초청하였다. 장충이 가만히 보고서는 이상히 여기며 가까운 사람을 시켜 손보에게 묻게 하였다. "전에 어사대부가 당신을 위하여 관사를 청소하고 맞이하였으나 스스로 떠난 것은 높은 지조 때문이라 생각했었소. 이번에 승상부나 어사부의 문사들도 맡지 않으려는 主簿를 당신이 담당하면서 이사하고 매우 좋아하는데 전후가 어찌 이리 같지 않습니까?"

이에 손보가 말했다. "高士가 주부를 맡지 않으려 하지만, 어사대부께서 내가 할 수 있으리라 생각했고 어사부 내에서도 잘못되었다고 하는 사람이 없는데, 문사가 어찌 스스로 高士인 척 하겠습니까? 전일에는 어사대부 아들이 학문을 하려는데 내가 가서 가르쳐야 했습니다. 禮法에 제자가 찾아와 배웠지 예의로는 찾아가서 가르치지 않는 것이니, 도리를 굽히지 않는다면 몸을 굽힌들 어떠하겠습니까? 그리고 知己를 만나지 못했다면 하지 못할 일이 없거늘 주부 일이야 어떠하겠습니까?"

장충은 이를 듣고 심히 부끄러웠으며 상서하여 경학에 밝고 바탕이 정직하여 근신으로 둘 수 있다며 손보를 추천하였다. 손보는 議郎이 되었다가 諫大夫로 승진하였다.

鴻嘉中, 廣漢群盜起, 選爲益州刺史. 廣漢太守扈商者,
大司馬車騎將軍王音姊子, 軟弱不任職. 寶到部, 親入山谷,
諭告群盜, 非本造意. 渠率皆得悔過自出, 遣歸田里. 自劾
矯制, 奏商爲亂首,《春秋》之義, 誅首惡而已. 商亦奏寶所
縱或有渠率當坐者. 商徵下獄, 寶坐失死罪免. 益州吏民多
陳寶功效, 言爲車騎將軍所排. 上復拜寶爲冀州刺史, 遷丞
相司直.

| 註釋 | ○鴻嘉(홍가) – 성제의 연호(前 20 – 17년). ○廣漢 – 군명. 치소
는 梓潼縣(今 四川省 綿陽市 관할의 梓潼縣). ○造意 – 모반이나 반란. ○渠
率(거수) – 渠는 우두머리 거, 도랑 거. 率는 우두머리 수(帥와 동). 거느릴
솔. ○自劾矯制 – 矯制는 황제 명령이라 핑계 대다. ○奏商爲亂首 – 扈商
이 이러한 변란의 원인 제공자라고 상주하다. 정치를 잘못해서 농민이 도적
떼가 되었다는 뜻. ○丞相司直 – 승상의 사법권 행사를 보좌하는 직책.

〔國譯〕

鴻嘉(홍가) 연간에 廣漢郡에 도적떼가 일어나자 손보는 益州刺史
에 선임되었다. 廣漢太守인 扈商(호상)은 대사마 차기장군 王音 누
이의 아들인데 연약하여 직무를 감당하지 못했다. 손보는 익주 자사
부에 부임하여 산속에 직접 들어가 도적떼를 설득하니 본래 모반할
생각이 없다고 하였다. 우두머리들이 모두 잘못을 뉘우치고 산에서
나와 고향으로 돌아갔다. 손보는 자신이 황제 명을 사칭했다며 자신
의 죄를 말하면서 호상이 이러한 변란의 우두머리이며《春秋》의 의

리에 의거 首惡을 주살해야 한다고 상주하였다. 호상도 손보가 도적을 풀어준 우두머리와 연관이 있다고 고발하였다. 호상은 불려 들어가 하옥되었고 손보도 사형할 자를 풀어 준 죄에 연루되었다. 益州의 많은 吏民이 손보의 공적을 칭송하며 車騎將軍에게 배척되었다고 말했다. 성제는 손보를 다시 冀州(기주)자사에 임명했다가 승상 사직으로 승진시켰다.

原文

時, 帝舅紅陽侯立使客因南郡太守李尙占墾草田數百頃, 頗有民所假少府陂澤, 略皆開發, 上書願以入縣官. 有詔郡平田予直, 錢有貴一萬萬以上. 寶聞之, 遣丞相史按驗, 發其奸, 劾奏立,尙懷姦罔上, 狡猾不道. 尙下獄死. 立雖不坐, 後兄大司馬衛將軍商薨, 次當代商, 上度立而用其弟曲陽侯根爲大司馬票騎將軍. 會益州蠻夷犯法, 巴,蜀頗不安, 上以寶著名西州, 拜爲廣漢太守, 秩中二千石, 賜黃金三十斤. 蠻夷安輯, 吏民稱之.

| 註釋 | ○紅陽侯立 - 성제의 외삼촌 王立. 陽平侯 王鳳(왕봉)의 형제. 다음의 ·王商, 王根 역시 형제이다. ○南郡 - 치소는 江陵縣(今 湖北省 荊州市 荊州區). ○草田數百頃 - 草田은 묵은 경작지, 荒田. 頃은 면적 단위. 1畝(무)는 666㎡. 약 200평. 100畝는 1頃, 약 2만평. ○民所假少府陂澤 - 백성이 임차하여 경작하는 少府의 陂澤(파택, 저습지). ○入縣官 - 관청에 납부

하다. ○平田予直 - 그 전지를 평가하여 값을 치르다. 平은 評. 直은 値也.
○貴一萬萬以上 - 1억 전 이상 비쌌다. 실거래 가격보다 높이 평가해주었다
는 뜻. ○上度立 - 성제는 왕립에게 잘못이 있다 하여~. 度는 過也 ○秩中
二千石 - 태수의 秩은 二千石인데 한 등급 위인 中二千石을 주어 우대하였
다. ○蠻夷安輯 - 蠻夷는 羌族(강족). 安輯(안읍)은 安定되다.

〔國譯〕

그때, 성제의 외삼촌인 紅陽侯 王立은 그 문객을 시켜 南郡太守
李尙을 끼고 草田 수백 頃(경)을 점유개간하게 하였는데 거기에는
농민이 少府로부터 임대하여 개간한 저습지가 많이 포함되어 있었
고, 이를 개간하여 국고 소유로 하겠다고 상서하라고 시켰다. 나라
에서는 南郡에 조서를 내려 그 개간된 경작지를 평가하여 그 값을
지불하라고 하였는데 그 가격이 1억 전 이상 비쌌다. 손보는 이 사
실을 알고서 丞相史를 보내 조사하고 간계를 적발해내면서 王立과
李尙이 간계를 꾸며 폐하를 속인 교활하고 무도한 자라고 탄핵 상주
케 하였다. 이상은 옥에 갇혔다가 죽었다. 왕립은 처벌을 받지는 않
았으나 뒷날 형인 大司馬衛將軍 王商이 죽었을 때 순서에 의거 왕상
의 후임이 될 수 있었지만 성제는 王立에게 잘못이 있다 하여 그 동
생인 曲陽侯 王根을 大司馬 票騎將軍에 임명하였다.

그 무렵 益州의 蠻夷(만이)들이 범법하면서 巴와 蜀郡이 자못 불
안하자 성제는 손보가 서쪽 지역에서 유명하다 하여 손보를 廣漢太
守로 임명하면서 질록을 中二千石으로 하고 황금 30근을 하사하였
다. 손보가 부임하자 만이들은 안정되었고 吏民은 손보를 칭송하였
다.

徵爲京兆尹. 故吏侯文以剛直不苟合, 常稱疾不肯仕, 寶以恩禮請文, 欲爲布衣友, 日設酒食, 妻子相對. 文求受署爲掾, 進見如賓禮. 數月, 以立秋日署文東部督郵. 入見, 敕曰, "今日鷹隼始擊, 當順天氣取奸惡, 以成嚴霜之誅, 掾部渠有其人乎?" 文印曰, "無其人不敢空受職." 寶曰, "誰也?" 文曰, "霸陵杜穉季." 寶曰, "其次?" 文曰, "豺狼橫道, 不宜復問狐狸." 寶默然. 穉季者大俠, 與衛尉淳于長, 大鴻臚蕭育等皆厚善. 寶前失車騎將軍, 與紅陽侯有隙, 自恐見危, 時淳于長方貴幸, 友寶, 寶亦欲附之, 始視事而長以穉季托寶, 故寶窮, 無以復應文. 文怪寶氣索, 知其有故, 因曰, "明府素著威名, 今下敢取穉季, 當且闔閣, 勿有所問. 如此竟歲, 吏民未敢誣明府也. 卽度穉季而譴它事, 衆口讙譁, 終身自墮." 寶曰, "受敎." 穉季耳目長, 聞知之, 杜門不通水火, 穿舍後牆爲小戶, 但持鋤自治園, 因文所厚自陳如此. 文曰, "我與穉季幸同土壤, 素無睚眥, 顧受將命, 分當相直. 誠能自改, 嚴將不治前事, 卽不更心, 但更門戶, 適趣禍耳."

穉季遂不敢犯法, 寶亦竟歲無所譴. 明年, 穉季病死. 寶爲京兆尹三歲, 京師稱之. 會淳于長敗, 寶與蕭育等皆坐免官. 文復去吏, 死於家. 穉季子杜蒼, 字君敖, 名出穉季右, 在遊俠中.

| 註釋 | ○布衣友 – 지위를 떠난 교우. ○鷹隼始擊 – 鷹隼은 매. 여기서는 侯文을 지칭. ○豺狼橫道, 不宜復問狐狸 – 大를 취하지 않고 小를 취할 수 없다는 뜻. 豺狼(시랑)은 승냥이와 이리. 狐狸(호리)는 여우나 삵. 豺狼橫道는 간악한 자가 要路에 있어 권력을 부린다는 뜻. ○淳于長(순우장) – 93권, 〈佞幸傳〉에 입전. ○蕭育(소육) – 蕭望之의 아들. 78권, 〈蕭望之傳〉에 附傳. ○當且閤閣 – 閤閣(합각)은 上官의 官署의 문을 닫다. 상관에 폐를 끼치다. 閤은 문을 닫다. ○讙譁(환화) – 떠들어대다. 讙 시끄러울 환. 譁 시끄러울 화. ○耳目長 – 이래저래 보고 듣는 방법이 많다. ○杜門不通水火 – 문을 닫고 이웃과 왕래하지 않다. ○素無睚眥 – 성난 눈으로 보다. 睚 눈초리 애. 眥은 눈 흘길 자. ○顧受將命 – 顧는 다만(只). 將命은 경조윤의 명령. ○分當相直 – 자신의 임무를 바르게 처리하다.

【 國譯 】

　손보는 京兆尹이 되었다. 관리였던 侯文(후문)은 강직하여 다른 사람의 비위를 맞추지 않고 늘 병을 핑계로 출사하지 않았는데 손보는 예를 갖춰 후문을 초청하여 벗으로 사귀고자 날마다 술과 음식을 준비하여 아내와 함께 대접하였다. 후문도 부서의 책임자가 되고자 했고 손님의 예를 다해 손보를 만났다. 몇 달이 지나 立秋에 후문을 동부의 독우에 임명하였다. 후문이 들어와 뵙자 손보가 다짐하듯 말했다.

　"오늘 무서운 매가 날기 시작하니 응당 天氣에 순응하며 간악한 자를 잡아 추상같은 벌을 내릴 것이리니 부서 업무를 책임지고 처리할 사람이 있습니까?"

　후문이 올려보며 말했다. "적임자가 없다면 직책을 그냥 받지 못합니다." "누구입니까?" "霸陵 사람 杜穉季(두치계)입니다." "그 다음은?" "호랑이가 길에 나다니면 여우에 대해서는 묻지 않는 것입니다."

손보는 할 말이 없었다. 두치계는 대 협객으로 衛尉인 淳于長, 大鴻臚인 蕭育(소육) 등과 가까웠다. 손보는 전에 車騎將軍 王音의 지지도 잃었고 紅陽侯 王立과도 틈이 나 스스로 위기에 처했다고 생각하였는데 그때 순우장은 성제의 총애를 받으면서 손보를 잘 대해주자 손보 또한 그 편이 되고자 하였다. 처음에 경조윤이 되었을 때 순우장이 손보에게 두치계를 부탁했기에 손보는 그냥 말없이 대답하지 않았고 이를 후문에게도 말하지 않았다. 후문은 손보가 말이 없는 것을 보고 그에게 무슨 일이 있는 줄을 알고 이어 말했다.

"경조윤께서는 평소에 명망이 있는 분이신데 이번에 제가 두치계를 아래에 두어 상관에게 폐해가 있다면 폐문하고 집에 있겠습니다. 이렇게 일 년을 마치면 관리나 백성들은 경조윤을 비방하지는 않을 것입니다. 만약 두치계가 잘못하여 다른 문책이라도 받는다면 많은 사람들이 떠들어댈 것이며 경조윤은 평생 동안 욕을 들을 것입니다."

손보는 "뜻대로 따르겠소."라고 말했다. 두치계는 보고 듣는 방법이 많아서 이를 들어 알고서 두문불출하며 이웃과 왕래도 하지 않으며 집 뒷담을 뚫어 작은 문을 만들어 놓고 괭이를 들고 농사를 지으면서 후문이 대우하는 것처럼 대할 뿐이었다.

나중에 후문이 (손보에게) 말했다. "나와 두치계는 같은 고향에 살면서 서로 다툴 일도 없었으며 다만 경조윤의 명을 받아 맡은 일을 바르게 처리했습니다. 정말 스스로 행실을 고쳤다면 굳이 이전의 일을 문책할 필요가 없으며 만약 마음을 바꾸지 않고 명분만 바꾸었다면 금방 형벌을 받을 것입니다."

두치계는 다시는 법을 어길 수 없었으며 손보 역시 일 년이 지나
도록 견책하지 않았다. 다음 해에 두치계는 병사하였다. 손보는 경
조윤으로 3년을 근무했고 백성들의 칭송을 들었다. 나중에 순우장
이 처형되자 손보와 소육 등은 모두 연관이 있어 면직되었다. 후문
은 다시 관직을 사임하고 집에서 죽었다. 두치계의 아들 杜蒼(두창)
은 字가 君敖(군오)인데 그 명성은 유협의 세계에서 부친보다 나았
다.

原文

哀帝卽位, 徵寶爲諫大夫, 遷司隸. 初, 傅太后與中山孝
王母馮太后俱事元帝, 有隙, 傅太后使有司考馮太后, 令自
殺, 衆庶冤之. 寶奏請覆治, 傅太后大怒, 曰, "帝置司隸, 主
使察我. 馮氏反事明白, 故欲擿觖以揚我惡. 我當坐之." 上
乃順指下寶獄. 尙書僕射唐林爭之, 上以林朋黨比周, 左遷
敦煌魚澤障候. 大司馬傅喜, 光祿大夫龔勝固爭, 上爲言太
后, 出寶復官.

| 註釋 | ○諫大夫 - 光祿勳의 속관. 無 定員. 政事에 관한 의논을 관장.
秩 比八百石. ○司隸 - 司隸校尉. 애제 때 司隸로 개칭. 秩 二千石. ○傅太
后 - 哀帝(劉欣) 조모. 곧 元帝의 傅昭儀(부소의). ○中山孝王母馮太后 - 元
帝의 아들인 中山孝王(劉興)의 생모인 孝元馮昭儀(? - 前 6). 馮奉世의 딸.
○考 - 考訊審問. 拷問(고문)하다. 考는 拷(칠 고). ○覆治(복치) - 다시 조사

하다. ○擿觖(적결) - 들춰내다. 擿 들출 적. 觖 들춰낼 결. ○順指 - 뜻에
따르다. ○朋黨比周 - 比周는 서로 친하다. ○敦煌魚澤障候 - 敦煌(돈황)
은 군명. 魚澤障은 縣名. 今 甘肅省 서북부 酒泉市 관할의 安西縣. 候는 관
직명. 변경을 수비하는 하급 관리. ○龔勝(공승) - 72권, 〈王貢兩龔鮑傳〉에
입전.

哀帝가 즉위하고 손보를 불러 諫大夫로 삼았다가 司隷(사예)로 옮
겼다. 그전에 傅太后와 中山孝王의 모친 馮太后는 함께 元帝를 섬겼
지만 사이가 안 좋았는데 부태후가 관리를 시켜 풍태후를 고문하자
풍태후가 자살하였는데 많은 사람들이 이를 원통하게 여겼다. 손보
가 이 사건을 다시 조사해야 한다고 주청하자 부태후가 대노하며 말
했다.

"황제가 사예를 두어 나를 조사하는가? 풍씨가 배반한 일이 명백
한데 내 잘못을 들춰내려 한다면 내가 걸려들겠지." 애제는 부태후
의 뜻에 따라 손보를 하옥시켰다. 상서복야인 唐林(당림)이 이를 간
쟁하자 애제는 당림도 같은 붕당으로 친하다며 당림을 돈황군 어택
장현의 척후로 좌천시켰다. 대사마 傅喜(부희)와 광록대부 龔勝(공
승)이 강하게 간쟁하자 애제는 부태후에게 말한 뒤에 손보를 출옥케
하여 복관시켰다.

原文

頃之, 鄭崇下獄, 寶上書曰, "臣聞疏不圖親, 外不慮內.

臣幸得銜命奉使, 職在刺擧, 不敢避貴幸之勢, 以塞視聽之
明. 按尙書令昌奏僕射崇, 下獄復治, 榜掠將死, 卒無一辭,
道路稱寃. 疑昌與崇內有纖介, 浸潤相陷, 自禁門內樞機近
臣, 蒙受冤譖, 虧損國家, 爲謗不小. 臣請治昌, 以解衆心."
書奏, 天子不說, 以寶名臣不忍誅, 乃制詔丞相,大司空,"司
隷寶奏故尙書僕射崇寃, 請獄治尙書令昌. 案崇近臣, 罪惡
暴著, 而寶懷邪, 附下罔上, 以春月作詆欺, 遂其奸心, 蓋國
之賊也. 傳不云乎?'惡利口之覆國家.'其免寶爲庶人."

| 註釋 | ○刺擧(자거) - 죄를 조사하여 고발하다. ○尙書令昌 - 상서령
趙昌. ○榜掠將死 - 榜掠(방략)은 매질하며 고문하다. ○纖介(섬개) - 아주
사소한 미움. 纖芥. 纖 작을 섬. ○附下罔上 - 동료나 아랫사람을 편들며 윗
사람을 속이려 하다. ○詆欺(저기) - 속이다. 詆 속일 저, 꾸짖을 저. ○惡利
口之覆國家 - 子曰, "惡紫之奪朱也, 惡鄭聲之亂雅樂也, 惡利口之覆邦家者."
《論語 陽貨》.

〔國譯〕

　얼마 후, 鄭崇(정숭)이 하옥되자 손보가 상서하였다.

　"臣이 알기로, 소원한 사람은 친한 사람을 도모할 수 없고 外人은
內事를 생각할 수 없다고 하였습니다. 臣은 다행히도 명을 받은 사
자로 직분상 조사하고 고발하면서 높거나 총애를 받는 자를 가리지
않고 명확하게 보고 들은 대로 처리해야 합니다. 尙書令 趙昌이 僕
射(복야)인 정숭을 고발하여 하옥시켜 다시 조사하면서 죽을 정도로
매질을 하였으나 끝내 아무런 자백도 없었으니 이를 길 가는 사람들

도 원통하게 여기고 있습니다. 아마 조창과 정숭 사이에 아주 작은 혐오감이 있어 서로를 모함하였는데 만약 궁궐 내의 중요한 업무를 담당하는 근신으로 서로 원망하며 참소한다면 나라에 큰 손해를 끼치며 그 비방의 폐해도 적지 않을 것입니다. 臣은 조창을 다시 조사하여 백성들의 의혹을 풀어주어야 한다고 주청합니다."

상서가 들어가자 애제는 싫어하였고 손보가 名臣이라 죽일 수가 없어 승상과 대사공에게 명령하였다. "司隷(사예)인 손보가 상주하여 상서복야인 정숭이 원통하게 죽었다며 상서령 조창을 다시 조사해야 한다고 하였도다. 조사한 바에 의하면 정숭은 근신으로 그 죄악이 확실한데도 손보는 사악한 생각으로 아랫사람을 편들어 짐을 속이려 하였으며 봄에도 거짓말을 하여 그 간사한 마음을 드러내었으니 이는 나라를 해치는 일일 것이다. '그럴싸한 말로 나라를 뒤엎으려는 것을 미워한다.'고 경전에도 말하지 않았는가? 이에 손보를 면관하여 서인이 되게 하노라."

哀帝崩, 王莽白王太后徵寶以爲光祿大夫, 與王舜等俱迎中山王. 平帝立, 寶爲大司農. 會越巂郡上黃龍游江中, 太師孔光, 大司徒馬宮等咸稱莽功德比周公, 宜告祠宗廟. 寶曰, "周公上聖, 召公大賢, 尙猶有不相說, 著於經典, 兩不相損. 今風雨未時, 百姓不足, 每有一事, 群臣同聲, 得無非其美者." 時, 大臣皆失色, 侍中奉車都尉甄邯卽時承制罷議者. 會寶遣吏迎母, 母道病, 留弟家, 獨遣妻子. 司直陳崇以奏寶, 事下三公卽訊. 寶對曰, "年七十悖眊, 恩衰共養, 營妻子, 如章." 寶坐免, 終於家. 建武中, 錄舊德臣, 以寶孫伉爲諸長.

| 註釋 | ○哀帝崩 - 재위 前 7 - 前 1年. ○平帝(劉衎 유간) - 父는 元帝의 아들인 中山孝王 劉興. 母親은 衛姬. 哀帝의 사촌 동생. 9살에 즉위. ○越雟郡(월수군) - 치소는 邛都縣(今 四川省 서남부의 西昌市). ○太師孔光 - 太師는 樂官의 長. 孔光은 공자의 후손. 공광과 馬宮 모두 81권, 〈匡張孔馬傳〉에 입전. ○尙猶有不相說, 著於經典 - 소공이 주공의 섭정을 좋아하지 않았고 주공은 《書經 周書 君奭》을 지었다. ○司直陳崇 - 大司徒(丞相)의 司直. 왕망의 편에 서서 賢良을 많이 고발하였다. ○悖眊(패모) - 늙어 우매하다. 悖 어그러질 패. 眊 눈 흐릴 모. ○建武 - 後漢 光武帝의 연호. ○諸長 - 琅邪郡(낭야군) 諸縣의 縣長. 1만 호 이하의 현은 縣令 아닌 縣長을 두었다.

〖 國譯 〗

哀帝가 붕어하자 王莽(왕망)은 王太后에게 아뢰어 손보를 불러 光祿大夫에 임명하고 王舜 등과 함께 中山王을 영입하였다. 中山王이 平帝로 즉위하자 손보는 大司農이 되었다. 그때 越雟郡(월수군)에서는 黃龍이 강물에 헤엄쳤다는 보고가 올라왔는데 太師인 孔光과 大司徒(대사도, 승상)인 馬宮 등은 모두 王莽의 공덕이 周公에 비할 수 있다고 칭송하면서 종묘에 고하며 제사해야 한다고 말했다. 이에 손보가 말했다.

"周公은 上聖이고, 召公은 大賢으로 소공이 주공의 섭정을 좋아하지 않자 주공이 경전에 기록하였지만 둘 다 훌륭한 이름을 남겼습니다. 지금 風雨가 고르지 않아 백성들이 궁핍하며, 조정에 일이 있을 때마다 군신들은 모두 따라가기만 하고 칭송하지 않는 말을 들을 수가 없습니다."

그러자 대신들의 안색이 바뀌었고 侍中 奉車都尉인 甄邯(견한)은 즉시 왕망의 뜻을 받아 논의를 중지시켰다. 그때 손보는 관리를 보내 모친을 데려오게 하였는데 길에서 모친이 병이 나서 모친을 동생 집에 남겨두고 처자만 데리고 왔다.

司直 陳崇이 이를 가지고 손보를 고발하자 사안을 三公에게 넘겨 심문하게 하였다. 심문에 손보가 말했다. "나의 나이 70에 늙고 우매하며 노인을 공양하는 일을 게을리하고 妻子만 위했다고 하니 상주한 글과 같습니다." 손보는 면관되었고 나중에 집에서 죽었다. 後漢 建武 연간에 옛 덕망 있는 신하를 찾아 벼슬을 주었는데 손보의 손자인 孫伉(손항)은 諸縣의 縣長이 되었다.

77-6. 毌將隆

原文

毌將隆字君房, 東海蘭陵人也. 大司馬車騎將軍王音內領尙書, 外典兵馬, 踵故選置從事中郞與參謀議, 奏請隆爲從

事中郞, 遷諫大夫. 成帝末, 隆奏封事言, "古老選諸侯入爲
公卿, 以襃功德, 宜徵定陶王使在國邸, 以塡萬方." 其後上
竟立定陶王爲太子, 隆遷冀州牧,潁川太守. 哀帝卽位, 以高
第入爲京兆尹, 遷執金吾.

| 註釋 | ○冊將隆(관장륭) − 冊將은 복성. 冊은 꿸 관. 貫과 同字. 母(어미
모), 毋(말 무)와 다른 글자이다. 애제 건평 3년(前 4)에 京兆尹을 역임. ○東
海蘭陵 − 東海는 군명. 蘭陵(난릉)은 縣名. 今 山東省 臨沂市 관할의 蒼山縣.
○踵故 − 관습에 따르다. 踵 발꿈치 종. ○定陶王 − 이름은 劉欣(유흔). 나중
에 哀帝. ○冀州牧 − 冀州(기주)는 13 자사부의 하나. 성제 때 자사를 牧으
로 개칭하였다. ○執金吾 − 무제 때 中尉를 집금오라 개칭. 장안(궁전은 제
외)의 치안 유지. 三輔 지역 순찰, 황제 행차에 호위, 의장대 역할 담당.

〖 國譯 〗

冊將隆(관장륭)의 字는 君房으로 동해군 蘭陵縣(난릉현) 사람이다.
大司馬 車騎將軍인 王音은 안으로는 尙書를 겸하며, 밖으로는 兵馬
權을 장악하고서 관례에 따라 從事中郞을 선임하여 함께 參謀로 논
의하였는데 관장륭을 주청하여 從事中郞에 임명하였고 나중에 諫
大夫로 승진시켰다. 成帝 말에 관장륭은 封書를 올려 말했다.

"예전에는 諸侯 중에서 선임하여 公卿으로 삼고 그 공덕을 기렸
는데 定陶王을 불러 조정에 근무하게 하여 萬方을 鎭撫하여야 합니
다."

그 뒤에 성제는 마침내 定陶王을 太子로 봉했고 관장륭은 冀州의
牧과 潁川太守를 역임하였다. 哀帝가 즉위한 뒤에 치적이 가장 우수

하여 京兆尹이 되었다가 執金吾(집금오)로 승진하였다.

　時, 侍中董賢方貴, 上使中黃門發武庫兵, 前後十輩, 送董
賢及上乳母王阿舍. 隆奏曰, "武庫兵器, 天下公用, 國家武
備, 繕治造作, 皆度大司農錢. 大司農錢自乘輿不以給共養,
共養勞賜, 壹出少府. 蓋不以本臧給末用, 不以民力共浮費,
別公私, 示正路也. 古者諸侯方伯得顓征伐, 乃賜斧鉞, 漢
家邊吏, 職在距寇, 亦賜武庫兵, 皆任其事然後蒙之.《春
秋》之誼, 家不臧甲, 所以抑臣威, 損私力也. 今賢等便僻弄
臣, 私恩微妾, 而以天下公用給其私門, 挈國威器共其家備.
民力分於弄臣, 武兵設於微妾, 建立非宜, 以廣驕僭, 非所以
示四方也. 孔子曰, '奚取於三家之堂!' 臣請收還武庫." 上
不說.

| 註釋 | ○董賢(동현) - 成帝의 同姓愛 파트너. ○中黃門 - 환관의 관직.
黃門 안에서 일하는 사람. ○前後十輩 - 전후 10여 차례. 輩는 무리, 무더
기, 차례. ○乳母王阿舍 - 한 대에 皇子의 保母, 乳母, 阿母가 있었다. 乳母
王阿는 乳母이며 阿母인 王氏. ○壹出少府 - 壹은 一切. 少府는 황실 전용
금고이며 황실 생활용품을 공급하는 부서. 九卿의 하나. ○蓋不以本臧給末
用 - 蓋는 대개, 어쩌면. 本臧(본장)은 국고. 末用은 충분하지 않다. ○共浮
費 - 共은 供. 공급하다. 浮費는 불필요한 지출. ○方伯 - 지방관. 지방 세력

의 우두머리. ○便僻弄臣 - 便僻(편벽)은 총애하는 小臣. 弄臣은 심심풀이로 잡담이나 하며 데리고 노는 신하. ○奚取於三家之堂 - 三家者以雍徹. 子曰, "相維辟公, 天子穆穆, 奚取於三家之堂?"《論語 八佾》.

〔國譯〕

당시에 侍中인 董賢(동현)은 한창 총애를 받았는데 성제는 中黃門(宦官)을 시켜 武庫의 兵器를 전후 10여 차례에 걸쳐 동현과 성제의 유모 王阿(왕아)의 집에 내 보냈다. 이에 관장륭이 상주하여 말했다.

"武庫의 병기는 천하의 공용이며 국가의 武備라서 수선과 정비나 제조가 모두 大司農의 금전으로 이루어집니다. 대사농의 금전으로 수레를 공급하지 못한다면 공급하는 물건은 모두가 少府에서 나와야 합니다. 만약 국고로 공급할 수 없는 것은 백성의 힘으로 불필요한 경비를 지출할 수도 없기에 공사를 구분하여 바른길을 내보여야 합니다. 예전에 諸侯나 方伯이 정벌을 할 수 있는 斧鉞(부월, 도끼)을 하사하였는데, 漢나라의 변방 지방관은 외적을 막아야 하는 임무가 있기에 부고의 병기를 하사하여 그 상황에 사용한 뒤에 돌려받았습니다.《春秋》의 의리로도 집에는 갑옷을 보관할 수 없는 것은 신하의 세력을 꺾고 개인의 힘을 축소하려는 뜻이었습니다. 지금 동현과 같이 아양이나 떨고 데리고 노는 신하와 사사로운 정을 주는 미천한 여인인데도 천하가 공용할 물건을 그 개인에게 주는 것은 나라를 지킬 장비를 가지고 개인을 지켜 주는 것입니다. 백성의 재력을 弄臣(농신)에게 나누어 주고 무고의 병기를 미천한 여인에게 주는 것은 옳지 않은 일이며, 교만과 참월한 짓을 키워주는 것이며, 이는 사방에 알릴 수도 없는 일입니다. 공자께서도 어찌하여 세 대부의 집에서 이를 쓰는가? 라고 하였습니다. 臣은 무고의 병기를 회수해야 한다고 주청합니다.”

성제는 좋아하지 않았다.

頃之, 傅太后使謁者買諸官婢, 賤取之, 復取執金吾官婢八人. 隆奏言賈賤, 請更平直. 上於是制詔丞相, 御史大夫, “交讓之禮興, 則虞, 芮之訟息. 隆位九卿, 旣無以匡朝廷之不逮, 而反奏請與永信宮爭貴賤之賈, 程奏顯言, 衆莫不聞. 擧錯不由誼理, 爭求之名自此始, 無以示百僚, 傷化失俗.” 以隆前有安國之言, 左遷爲沛郡都尉, 遷南郡太守.

| 註釋 | ㅇ頃之 - 얼마 후. 頃은 기울 경. 잠시. 요사이. ㅇ賈賤 - 값이 싸다. 賈는 價. ㅇ平直 - 값을 제대로 쳐주다. ㅇ虞, 芮之訟息 - 文王 때 虞(우)와 芮(예)의 사람들이 토지 소유 문제로 소송을 하자 문왕이 이를 평결하였다. 息은 그치다. 그만두다. 없어지다. ㅇ永信宮 - 태후의 거처. 여기서는 傅太后. ㅇ程奏顯言 - 程奏(정주)는 공개적으로 상주하다. 顯言은 공공연하게 말하다. ㅇ擧錯不由誼理 - 擧錯(거조)는 행동거지. 誼理은 의리. ㅇ安國之言 - 정도왕을 장안에 머물게 해야 한다는 건의. ㅇ沛郡都尉 - 沛郡(패군)의 치소는 相縣〔今 安徽省 북부 淮北市 관할 濉溪縣(수계현)〕. 領縣은 37개. 都尉는 郡의 군사지휘관. 太守보다 하위직. ㅇ南郡 - 치소는 江陵縣(今 湖北省 荊州市 荊州區).

얼마 後 傅太后는 謁者(알자)를 시켜 官婢들을 싼 값에 사들이면
서 執金吾의 官婢 8명을 더 가져갔다. 이에 관장룡은 값이 싸다며
다시 가격을 정해달라고 주청하였다. 이에 애제는 승상과 어사대부
에게 조서를 내렸다.

"서로 양보하는 예의가 있다면 虞(우)와 芮(예)의 분쟁도 없어진
다. 관장룡은 九卿의 반열에서 조정에서 여러 일을 바로 잡아야 하
거늘 오히려 부태후에게 관비 가격의 귀천을 가지고 주청하면서 공
개적으로 상주하니 모르는 사람이 없게 되었다. 그 행위가 의리에
바탕을 두지 않고 이런 일로 이름이나 얻으려 하니 여러 신하들에게
모범이 되지도 않고 풍속을 해칠 따름이다."

관장룡이 전에 나라를 안정시켜야 한다는 건의도 있었기에 沛郡
(패군) 도위로 좌천되었다가 南郡 태수로 옮겨갔다.

王莽少時, 慕與隆交, 隆不甚附. 哀帝崩, 莽秉政, 使大司
徒孔光奏隆前爲冀州牧治中山馮太后獄冤陷無辜, 不宜處
位在中土. 本中謁者令史立, 侍御史丁玄自典考之, 但與隆
連名奏事. 史立時爲中太僕, 丁玄泰山太守, 及尙書令趙昌
譖鄭崇者爲河內太守, 皆免官, 徙合浦.

| 註釋 | ○中土 - 京師. ○中謁者令 - 中書謁者令의 개명. ○侍御史 -

어사대부의 속관. 관리 감찰. 지방에 출장하여 관련 업무도 처리. ㅇ中太僕 - 황후의 수레나 거마를 관리하는 직책. ㅇ河內太守 - 河內는 군명. 치소는 懷縣(今 河南省 焦作市 武陟縣). ㅇ合浦 - 군명, 현명. 今 廣西壯族自治區 北 海市 관할의 合浦縣. 廣東省과 경계.

[國譯]

　왕망이 젊었을 때 관장룡을 흠모하여 사귀고자 하였으나 관장룡 은 깊이 사귀지 않았다. 哀帝가 붕어하고 왕망이 정권을 장악하자 大司徒인 孔光을 시켜 관장룡이 전에 冀州의 牧(刺史)으로 근무할 때 中山國 馮太后의 옥안을 처리하면서 죄도 없는데 자결하게 만들 었기에 경사에 근무해서는 안 된다고 상주하였다. 이는 본래 中謁者 令인 史立과 侍御史인 丁玄이 모든 일을 담당했었고 관장룡은 다만 連名하여 상주했었다. 그때 史立은 中太僕이었고, 丁玄은 泰山太守 였으며, 또 尙書令 趙昌이 시켜서 鄭崇을 참소하게 한 자가 河內태 수였는데 모두 免官시켜 남쪽 合浦郡으로 이주케 하였다.

77-7. 何並

原文

何並字子廉, 祖父以吏二千石自平興徙平陵. 並爲郡吏,至大司空掾, 事何武. 武高其志節, 舉能治劇, 爲長陵令, 道不拾遺.

| 註釋 | ○平輿 - 현명. 今 河南省 駐馬店市 관할의 平輿縣. ○大司空掾 - 大司空의 속관. 掾(도울 연)은 한 부서 내의 과장이나 계장 같은 직급. ○何武 - 대사공 역임. 86권, 〈何武王嘉師丹傳〉에 입전. ○道不拾遺 - 길에 떨어진 물건을 주워 갖지 않다. 가장 이상적인 교화가 이루어졌음을 상징하는 말. 법이 엄격하여 모두 법을 잘 따른다는 뜻. ○長陵 - 고조의 능묘. 縣名. 今 陝西省 咸陽市 동북.

〔國譯〕

　何並(하병)의 字는 子廉(자렴)으로 祖父는 2천석 관리였는데 平輿縣에서 平陵縣으로 이주하였다. 하병은 郡吏가 되었다가 大司空掾(대사공연)이 되어 대사공인 何武를 섬겼는데 하무는 하병의 지조를 높이 평가하며 유능한 자가 어려운 일을 해결할 수 있다고 생각하여 長陵 현령을 시켰는데 사람들은 길에 떨어진 물건을 줍지 않았다.

原文

　初, 邛成太后外家王氏貴, 而侍中王林卿通輕俠, 傾京師. 後坐法免, 賓客愈盛, 歸長陵上塚, 因留飮連日. 並恐其犯法, 自造門上謁, 謂林卿曰, "塚間單外, 君宜以時歸." 林卿曰, "諾." 先是, 林卿殺婢婿埋塚舍, 並具知之, 以非己時, 又見其新免, 故不發舉, 欲無令留界中而已, 即且遣吏奉謁傳送. 林卿素驕, 慚於賓客, 並度其爲變, 儲兵馬以待之. 林卿旣去, 北度涇橋, 令騎奴還至寺門, 拔刀剝其建鼓. 並自從吏兵追林卿. 行數十里, 林卿迫窘, 及令奴冠其冠被其襜褕自代, 乘車從童騎, 身變服從間徑馳去. 會日暮追及, 收縛冠奴, 奴曰, "我非侍中, 奴耳." 並自知已失林卿, 乃曰, "王君困, 自稱奴, 得脫死邪?" 叱吏斷頭持還, 縣所剝鼓置都亭下, 署曰, '故侍中王林卿坐殺人埋塚舍, 使奴剝寺門鼓.' 吏民驚駭. 林卿因亡命, 衆庶讙嘩, 以爲實死. 成帝太后以邛成太后愛林卿故, 聞之涕泣, 爲言哀帝. 哀帝問狀而善之, 遷並隴西太守.

| 註釋 | ○邛成太后(공성태후) – 宣帝의 王황후. 그 친정아버지가 邛成侯이었기에 成帝의 母 王皇后(王政君)와 구분하기 위해 공성태후라 호칭. ○通輕俠 – 협객으로 통하다. 輕生重義하는 俠士(협사). ○塚間單外 – 봉분과 묘당 사이의 墳壇(분선, 제사 준비하는 곳). 單은 墠(제사 터 선)의 뜻. ○非己時 – 자기 재임 시기의 사건이 아니다. ○寺門(사문) – 현령 근무처의 정문. 寺는 司의 뜻. ○建鼓 – 나무를 세우고 매달아 놓은 북. ○襜褕(첨유) – 옷 위에 걸치는 짧은 홑 옷. 襜 적삼 첨. 褕 홑옷 유. ○童騎 – 童奴가 탄 말. 말을 탄 어린 노비. ○都亭 – 현청 앞 정자. ○隴西 – 군명. 치소는 狄道(今 甘肅省 定西市 臨洮縣).

〖國譯〗

그전에, 邛成太后의 친정인 王氏들이 고귀해지면서 侍中인 王林卿은 輕俠(협객)으로 자처하면서 경사에 유명하였다. 뒷날 법에 저

촉되어 면직되었지만 빈객은 더욱 많아졌는데 長陵의 묘원에서 며칠을 머물면서 술을 마셨다. 何並(하병)은 그가 범법 행위를 할 것이라 걱정하여 그 정문에 가서 만나 왕임경에게 말했다.

"능원에 오래 머물 수 없으니 때맞춰 돌아가는 것이 좋을 것입니다." 왕임경은 "알았습니다."라고 대답했다. 이전에 왕임경은 노비의 남편을 죽여 능원을 관리소 옆에 묻었는데 하병은 이를 다 알고 있었지만 자신이 재임할 때 사건이 아니고 또 이미 새로 사면령도 내렸었기에 거론하지 않았고 자신의 관내에서 나가도록 하면서 관리를 보내 모셔 전송토록 하였다. 왕임경은 평소에 교만한데다가 빈객들 앞에서 체면이 깎였는데 하병은 그가 사고를 칠 것 같아 兵馬를 준비하여 대비하고 있었다. 왕림경은 떠나면서 북쪽으로 가 涇水(경수)의 다리를 건너가서는 말을 탄 노비에게 돌아가서 장릉 현청 앞에 세워든 북을 칼로 찢어버리라고 하였다. 이를 알게 된 하병은 군사를 거느리고 왕임경을 추격하였다. 수십 리를 추격하자 다급해진 왕임경은 노비에게 자신의 관을 씌우고 자신의 옷을 입혀 분장한 다음에 자신의 수레에 어린 하인이 말을 타고 따라가게 한 뒤에 자신은 변복하고 다른 길로 달아났다. 마침 날이 저물 무렵에 수레를 따라 잡고 관을 쓴 노비를 체포하자 노비가 말했다. "저는 시중이 아니고 노비입니다."

하병은 이미 왕임경을 놓쳤다는 것을 알면서 말했다. "왕임경이 다급해지자 노비라고 사칭하지만 그렇다고 살 것 같은가?" 그리고 서는 관리를 재촉하여 노비를 죽여 그 목을 잘라 가지고 와서 현청 앞 정자의 찢어진 북 아래 매달아 놓고 글을 써 붙였다.

'죽은 侍中 王林卿은 살인하여 능원 관리소에 묻었으며 노비를

시켜 현청 문의 북을 찢게 하였다.'

이에 吏民은 크게 놀랐다. 왕임경은 어디론가 도망쳤고 많은 사람들은 떠들며 이야기하면서 실제로 그가 죽은 줄로 알았다. 成帝의 太后는 邛成太后가 왕임경을 아껴주었다는 것을 알고 있었기에 이를 듣고 눈물을 흘렸고 哀帝에게 부탁을 하였다. 애제는 사실을 알고 잘했다고 칭찬하면서 하병을 농서태수로 승진시켰다.

原文

徙潁川太守, 代陵陽嚴詡. 詡本以孝行爲官, 謂掾史爲師友, 有過輒閉閤自責, 終不大言. 郡中亂, 王莽遣使徵詡. 官屬數百人爲設祖道, 詡據地哭. 掾史曰, "明府吉徵, 不宜若此." 詡曰, "吾哀潁川士, 身豈有憂哉! 我以柔弱徵, 必選剛猛代. 代到, 將有僵仆者, 故相吊耳." 詡至, 拜爲美俗使者. 是時, 潁川鐘元爲尙書令, 領廷尉, 用事有權. 弟威爲郡掾, 臧千金. 並爲太守, 過辭鐘廷尉, 廷尉免冠爲弟請一等之罪, 願蚤就髡鉗. 並曰, "罪在弟身與君律, 不在於太守." 元懼, 馳遣人呼弟. 陽翟輕俠趙季,李款多畜賓客, 以氣力漁食閭里, 至姦人婦女, 持吏長短, 從橫郡中, 聞並且至, 皆亡去. 並下車求勇猛曉文法吏且十人, 使文吏治三人獄, 武吏往捕之, 各有所部. 敕曰, "三人非負太守, 乃負王法, 不得不治. 鐘威所犯多在敕前, 驅使入函谷關, 勿令汚民間, 不入關, 乃收之. 趙,李桀惡, 雖遠去, 當得其頭, 以謝百姓." 鐘威負其

兄, 止雒陽, 吏格殺之. 亦得趙,李它郡, 持頭還, 並皆懸頭及
其具獄於市. 郡中淸靜, 表善好士, 見紀潁川, 名次黃霸. 性
淸廉, 妻子不至官舍. 數年, 卒. 疾病, 召丞掾作先令書, 曰,
"告子恢, 吾生素餐日久, 死雖當得法賻, 勿受. 葬爲小槨,
但容下棺." 恢如父言. 王莽擢恢爲關都尉. 建武中以並孫
爲郎.

| 註釋 | ○陵陽嚴詡－陵陽은 현명. 今 安徽省 石台縣. 嚴詡(엄후)는 인
명. ○祖道－먼 길 가는 사람을 위해 노제를 지내고 餞別(전별)하다. ○僵
仆(강부)－쓰러지다. 넘어가다. 僵 쓰러질 강. 仆 엎드릴 부. 죽다. ○臧千金
－臧은 부정한 뇌물이나 공금의 착복. 贓(뇌물 장)과 同. ○髡鉗(곤겸)－머
리를 깎고 노역을 하다. 髡 머리 깎을 곤. 鉗 칼 겸. 죄인의 목에 채우는 쇠로
만든 테. ○陽翟(양책)－현명. 潁川郡의 치소. 今 河南省 許昌市 관할의 禹
州市. ○漁食閭里－漁食은 침탈하다. 掠取(약취)하다. ○三人非負太守－
三人은 鐘威, 趙季와 李款(이관). ○黃霸(황패)－영천태수 역임. 치적이 일
등이라서 조정에 들어와 경조윤 직무대리가 되었다. 황패는 부임 몇 개월에
업무를 감당 못하고 해직되어 영천군으로 돌아갔다. 89권,〈循吏傳〉에 입전.
○作先令書－令書(유서)를 먼저 쓰다. ○法賻(법부)－관리가 죽은 뒤에 나
라에서 내려 주는 장례용품. ○關都尉－함곡관이나 陽關, 玉門關 등의 책
임자. 통행인을 감시하고 關稅를 징수하였다.

〔國譯〕
　하병은 潁川(영천) 태수로 전근하여 陵陽縣 출신의 嚴詡(엄후)와
교대하였다. 엄후는 본래 효행으로 관리가 되었고 掾史를 師友로

생각하였는데 잘못이 있으면 폐문하고 자책하며 끝내 말을 하지 않았다. 영천 군내가 소란해지자 왕망은 사자를 보내 엄후를 중앙으로 차출하였다. 관속 수백 명이 路祭를 지내고 전송하자 엄후는 땅에 엎드려 통곡하였다. 그러자 부하 관리가 말했다. "태수께서는 좋은 일로 승진하시는데 이러시면 안 됩니다." 이에 엄후가 말했다. "나는 영천의 士人을 위해 슬퍼하는 것이지 어찌 내 일신을 걱정하겠는가! 내가 유약하여 중앙에 불려가니 틀림없이 엄격하고 용맹한 후임이 올 것이요. 후임이 오면 틀림없이 죽게 될 자가 있을 것이라서 지금 슬퍼하는 것이다."

엄후는 중앙에 들어가 美俗使者가 되었다. 이때 영천군 출신 鍾元(종원)은 尙書令으로 廷尉(정위)의 직책을 겸임하며 권력을 쥐고 있었다. 종원의 아우인 鍾威(종위)는 郡掾(군연)으로 千金을 부정 축재했었다. 하병이 태수가 되어 정위인 鍾元에게 인사차 들리자 정위는 관을 벗고 사죄하며 동생의 죄 1등급만 감하여 노역 형에 처해달라고 부탁하였다.

이에 하병이 말했다. "罪는 동생이 지었고 그 처리는 정위의 법률에 따르는 것이지 태수에게 있지 않습니다." 이에 종원은 겁이 나서 사람을 시켜 동생을 불러오게 하였다.

양책현의 협객인 趙季와 李款(이관)은 많은 빈객을 거느리고 있으면서 향리에서 힘으로 뜯어먹고 남의 부녀자를 겁탈하며 관리들의 약점을 잡아 군내에서 횡행하였으나 하병이 부임한다는 말을 듣고 모두 도망쳤다. 하병은 부임하자마자 용맹하면서도 법을 잘 아는 관리 10여 명을 차출하여 文吏 3인은 옥안을 처리하게 하고 무리들은 죄인을 체포하게 하였는데 담당 구역을 두었다. 하병이 담당자들을 훈계하였다.

"이 세 사람은 태수에게 죄를 지은 것이 아니라 나라의 법을 어겼으니 법으로 다스리지 않을 수 없다. 종위는 사면령 이전에 많은 불법을 자행하였는데 함곡관을 도주하였다 하니 백성들에게 피해를 주지 말고 함곡관을 지나기 전에 바로 체포하여야 한다. 흉악한 조계와 이관이 비록 멀리 도망했다지만 반드시 그 머리를 잘라다가 백성에게 사죄해야 한다."

종위는 형의 권세를 믿고 낙양에 머물다가 관리와 싸워 맞아죽었다. 또 조계와 이관은 타 군에서 잡아 그 목을 잘라다가 매달고 그 죄상을 거리에 알렸다. 郡內가 청정해지자 착한 士人을 표창하며 영천군의 기강을 확립시키니 그 명성이 黃霸(황패) 다음이었다.

하병은 심성이 청렴하여 처자라도 관사에 가질 못했다. 몇 년 뒤에 죽었다. 하병은 병이 들자 속리를 불러 유언을 작성하였다.

"아들 恢(회)에게 말하나니, 나는 평생 素餐으로 살았으니 내가 죽으면 나라에서 주는 부조금을 받을 수 있지만 받지 말라. 棺(관)만 들어갈 수 있는 작은 槨(곽)을 쓰도록 하라." 하회는 부친의 유언을 따랐다. 왕망은 하회를 발탁하여 關都尉에 임명하였다. 建武 연간에 하병의 손자는 낭관이 되었다.

原文

贊曰 : 蓋寬饒爲司臣, 正色立于朝, 雖《詩》所謂 '國之司直' 無以加也. 若采王生之言以終其身, 斯近古之賢臣矣. 諸葛,劉,鄭雖云狂瞽, 有異志焉. 孔子曰, '吾未見剛者.' 以數子之名迹, 然毌將汚於冀州, 孫寶橈於定陵, 况俗人乎!
何並之節亞尹翁歸云.

|註釋| ○司臣 - 司正을 담당하는 신하. 司隸校尉. ○國之司直 - 국가
의 정의를 지탱할 신하. '彼己之子 邦之司直'《詩經 鄭風 羔裘》. ○狂瞽(광
고) - 狂妄. 방자오만하다. ○異志 - 奇志. ○吾未見剛者 - 강직한 사람을
보기 힘들다.《論語 公冶長》. ○毌將汚於冀州 - 관장륭이 冀州의 牧으로 근
무하면서 史立 등과 함께 馮太后의 일을 잘못 처리한 일. ○孫寶橈於定陵 -
孫寶가 경조윤으로 재직하면서 定陵侯(淳于長)의 청탁을 받아들여 杜穉季
(두치계)의 죄를 다스리지 않은 일. 橈 꺾일 요(뇨). 曲也. 바르게 처리하지
못하다. ○亞尹翁歸云 - 尹翁歸이 다음이라 할 수 있다. 亞는 버금 아. 두 번
째. 尹翁歸는 76권,〈趙尹韓張兩王傳〉에 입전.

〖國譯〗

班固의 論贊 : 蓋寬饒(개관요)는 사정 담당 신하로 正色하고 조정
에 섰으니 비록《詩經》에 말한 '나라의 司直' 이라도 이보다 더 낫지
는 않았을 것이다. 王生이 말을 받아들였다면 천수를 누렸을 것이나
이 사람은 近古의 賢臣이었다. 諸葛豊(제갈풍), 劉輔(유보), 鄭崇(정숭)
이 비록 방자하였다지만 특별한 지조가 있었다. 孔子께서도 '나는
강직한 사람을 보지 못했다.' 라고 하였다. 이 몇 사람이 행적을 보
았을 때 毌將隆(관장륭)은 冀州의 牧으로 처신이 바르지 못했고 孫寶
(손보)는 순우장의 청탁을 받아 뜻을 굽혔으니 하물며 보통 사람을
말할 필요가 있겠는가! 何並(하병)의 지조는 尹翁歸의 다음이라 할
수 있다.

78 蕭望之傳
〔소망지전〕

78-1. 蕭望之

原文

　蕭望之字長倩, 東海蘭陵人也, 徙杜陵. 家世以田爲業,
至望之, 好學, 治《齊詩》, 事同縣后倉且十年. 以令詣太常
受業, 復事同學博士白奇, 又從夏侯勝問《論語》,《禮服》. 京
師諸儒稱述焉.

│註釋│　○蕭望之(소망지, ?－前 46)－元帝의 사부. 經學者로 五經과《齊
詩》,《論語》에 박통.　○蘭陵(난릉)－현명. 今 山東省 臨沂市 관할의 蒼山縣.
○《齊詩》－漢初 齊人 轅固生이 전한《詩經》.　○同縣后倉－后蒼은 88권,〈儒
林傳〉에 입전, 東海郡 출신이나 同縣은 아니었다.　○太常－九卿의 하나. 종

묘 제사와 박사의 考試 등을 주관. ○同學博士 — 同學하여 뒷날 박사가 되
다. ○《禮服》 —《禮記 服制》.

[國譯]

　蕭望之(소망지)의 字는 長倩(장천)으로, 동해군 난릉현 사람으로
나중에 두릉현으로 이사하였다. 대대로 농사를 본업으로 삼았는데
소망지 대에 이르러 호학하고《齊詩》를 전공하며 同縣의 后倉(후창)
을 10년 가까이 스승으로 모셨다. 소망지는 조정의 명을 받아 太常
에 나아가 학업을 계속했는데 同學 박사인 白奇와 함께 夏侯勝(하후
승)을 스승으로 섬기며《論語》와《禮記 服制》 등을 연구하였다. 京
師의 여러 유생들이 소망지의 학문을 칭송하였다.

原文

　是時, 大將軍霍光秉政, 長史丙吉薦儒生王仲翁與望之等
數人, 皆召見. 先是, 左將軍上官桀與蓋主謀殺光, 光既誅
桀等, 後出入自備. 吏民當見者, 露索去刀兵, 兩吏挾持. 望
之獨不肯聽, 自引出閣曰, "不願見." 吏牽持匈匈. 光聞之,
告吏勿持. 望之既至前, 說光曰, "將軍以功德輔幼主, 將以
流大化, 致於洽平, 是以天下之士延頸企踵, 爭願自效, 以輔
高明. 今士見者皆先露索挾持, 恐非周公相成王躬吐握之
禮, 致白屋之意." 於是光獨不除用望之, 而仲翁等皆補大將
軍史. 三歲間, 仲翁至光祿大夫, 給事中, 望之以射策甲科爲

郎, 署小苑東門候. 仲翁出入從倉頭廬兒, 下車趨門, 傳呼
甚寵, 顧謂望之曰, "不肯錄錄, 反抱關爲?" 望之曰, "各從
其志."

後數年, 坐弟犯法, 不得宿衛, 免歸爲郡吏. 御史大夫魏
相除望之爲屬, 察廉爲大行治禮丞.

| 註釋 | ○長史 - 승상, 태위, 대장군, 어사대부 등의 보좌관 겸 참모. 질
록 1천석. ○丙吉 - 승상을 역임. 74권, 〈魏相丙吉傳〉에 입전. ○上官桀(상
관걸) - 上官은 복성. 68권, 〈霍光金日磾傳〉 참고. ○蓋主 - 武帝의 딸, 昭帝
의 누나인 蓋長公主. 곽광을 제거할 모사가 실패하자 자살하였다. ○延頸企
踵 - 목을 늘이고 발꿈치를 들다. 간절하게 바라다. 頸 목 경. 企 발돋움할
기. 踵 발꿈치 종. ○吐握之禮 - 周公이 섭정하면서 一沐에 3번이나 머리를
움켜쥐고 왔으며 一飯에 3번이나 입에 든 밥을 토하면서 천하의 인재를 맞
이했다. ○致白屋之意 - 白屋은 미천한 자의 집. 미천한 자를 직접 찾아가
만나다. ○射策(사책) - 인재 선발의 한 방법. 평가 대상자들이 이미 준비된
문제를 뽑아(射) 그에 대한 대책을 지어 올리면(策) 그 우열에 따라 등급을
정해 선발하는 방법. ○小苑東門候 - 작은 궁원의 동쪽 출입문 문지기. ○倉
頭廬兒 - 倉頭와 廬兒(여아). 모두 궁궐의 사역인. ○不肯錄錄 - 錄錄은 남
들 하는 대로 따라가다. 평범한 모양. 碌碌. 抱關은 守門. ○察廉 - 인재 천
거의 한 방법. ○大行治禮丞 - 大行丞.

〔國譯〕

　이때, 대장군 霍光(곽광)이 정권을 잡고 있었는데 長史인 丙吉은
유생인 王仲翁(왕중옹)과 소망지 등 여러 사람을 추천하였고 곽광은
이들을 불러 만났다. 이에 앞서 좌장군 上官桀(상관걸)과 蓋長公主가

곽광을 살해하려 했으나 곽광은 상관걸 등을 죽였고 이후 출입에 경비를 강화하였다. 곽광을 알현할 吏民은 옷을 벗겨 무기 등을 검색한 뒤에 두 관리가 양쪽을 끼고 들어갔다. 소망지는 그에 따르지 않고 스스로 밖으로 나가면서 "나는 알현하지 않겠다."고 말했다. 관리들이 소망지를 거칠게 붙잡았다. 곽광이 이를 듣고서 붙잡지 말라고 하였다. 소망지는 앞으로 나아가 곽광에게 말했다.

"장군께서는 功德이 있어 어린 황제를 보필하면서 크게 교화를 이루어 태평한 시대를 이룩하려 하시기에 천하의 선비들이 간절하게 바라며 나라에 충성을 바쳐 고명하신 분을 보필하고자 합니다. 지금 문사를 알현하면서 옷을 벗기고 양팔을 붙잡고 들어가는데 이는 周公이 成王을 보필하면서 목욕을 중지하고 식사를 중단하며 인재를 맞이했고 미천한 자의 집을 찾아 갔던 뜻은 아닐 것입니다."

이에 곽광은 모두를 등용하며 소망지를 제외하였는데 왕중옹 등은 大將軍의 속관이 되었다. 3년 동안에 왕중옹은 光祿大夫에 給事中에 승진하였으나 소망지는 射策(사책)에서 甲科로 뽑혔어도 낭관이 되어 小苑의 東門候에 임명되었다. 왕중옹이 출입할 때는 倉頭나 廬兒(여아) 등이 시중을 들었는데 왕중옹이 하거하자 문에 달려가 문지기를 불러대며 받들었는데 왕중옹이 소망지를 돌아보며 말했다. "대장군에게 고분고분하지 않았기에 문지기나 하지 않는가?" 그러자 소망지가 말했다. "각자 뜻대로 사는 것이네."

몇 년 후 동생의 犯法에 연루되어 宿衛도 할 수 없어 사임하고 돌아와 郡吏가 되었다. 어사대부 魏相(위상)이 소망지를 속관에 제수했다가 察廉(찰염)으로 천거하여 大行治禮丞이 되었다.

時, 大將軍光薨, 子禹復爲大司馬, 兄子山領尙書, 親屬皆
宿衛內侍. 地節三年夏, 京師雨雹, 望之因是上疏, 願賜淸
閒之宴, 口陳災異之意. 宣帝自在民間聞望之名, 曰, "此東
海蕭生邪? 下少府宋畸問狀, 無有所諱." 望之對, 以爲,
"《春秋》昭公三年大雨雹, 是時季氏專權, 卒逐昭公. 鄕使魯
君察於天變, 宜無此害. 今陛下以聖德居位, 思政求賢, 堯,
舜之用心也. 然而善祥未臻, 陰陽不和, 是大臣任政, 一姓
擅勢之所致也. 附枝大者賊本心, 私家盛者公室危. 唯明主
躬萬機, 選同姓, 擧賢材, 以爲腹心, 與參政謀, 令公卿大臣
朝見奏事, 明陳其職, 以考功能. 如是, 則庶事理, 公道立,
奸邪塞, 私權廢矣." 對奏, 天子拜望之爲謁者. 時, 上初卽
位, 思進賢良, 多上書言便宜, 輒下望之問狀, 高者請丞相御
史, 次者中二千石試事, 滿歲以狀聞, 下者報聞, 或罷歸田
里, 所白處奏皆可. 累遷諫大夫, 丞相司直, 歲中三遷, 官至
二千石. 其後霍氏竟謀反誅, 望之浸益任用.

| 註釋 | ○兄子山領尙書 – 곽광의 이복형은 유명한 장군 霍去病이었다.
霍山은 곽거병의 아들이 아니고 손자이다. 필사의 오류. ○地節三年 – 선제
의 연호. 前 67년. ○淸閒之宴 – 한가한 시간에 알현하다. ○雨雹 – 우박이
내리다. 雨는 동사로 비나 눈이 내리다. 雹는 우박 박. ○季氏專權 – (魯) 季
孫氏가 국정을 마음대로 하다. ○賊本心 – 賊은 해치다. 本心은 본줄기. 樹
幹. ○謁者 – 漢의 궁궐, 황후궁, 태자궁, 제후 왕국에 설치한 관직. 빈객 접

대와 시중을 담당. 중서가 보통 알자의 직분을 겸하기에 中書謁者라 칭하고 그 우두머리를 슈이라 하였다. ○所白處奏皆可 - 아뢸 것을 상주하면 모두 可하다고 하였다. 可는 적합하다. ○浸 - 잠길 침. 점점.

[國譯]

이때 대장군 곽광이 죽고 그 아들 霍禹(곽우)는 대사마가 되었으며 곽광 형(霍去病)의 손자 霍山은 領尙書가 되어 친속이 모두 宿衛나 內侍이었다. 地節 3년 여름에, 장안에 우박이 쏟아지자 소망지는 이에 대하여 상소하면서 한가한 시간을 내 주신다면 재해와 이변의 뜻을 설명하고 싶다고 하였다. 宣帝는 민간에 살 때부터 소망지의 이름을 알고 있었기에 "이가 東海郡의 蕭生인가? 少府의 宋畸(송기)를 보내 물으니 꺼리지 말고 말하도록 하라."라고 지시하였다. 이에 소망지가 대책을 올려 말했다.

"《春秋》에 魯 昭公 3년(전 539)에 크게 우박이 내렸는데 그때는 季孫氏가 專權을 행사하다가 결국 소공을 축출하였습니다. 만약 魯의 主君이 天變을 살폈더라면 그런 해악은 없었을 것입니다. 지금 폐하께서는 성덕으로 제위에 오르시어 정사를 걱정하시고 求賢하시며 堯舜(요순)처럼 마음을 다하고 계십니다. 그러나 길조는 이르지 않고 음양이 불화하는 것은 대신이 정사를 맡아 한 집안에서 권세를 마음대로 행사하기 때문입니다. 곁가지가 큰 것은 본 줄기에 해로우며 私家의 융성은 公室에 위해가 됩니다. 明主께서 만기를 친람하시고 同姓의 황족을 선임하시고 賢材를 천거 받아 심복으로 키우면서 정사 계획에 참여케 하며 공경대신이 조회에서 정사를 상주하게 하고 직무를 진술케 하여 그 능력을 평가하시기 바랍니다. 이렇게 한

다면 모든 일이 잘 다스려지고 公道가 확립되면서 간사한 자는 나타
나지 못하고 개인의 권력 집중은 사라질 것입니다."

　대책이 상주되자 선제는 소망지를 謁者(알자)에 임명하였다. 선제
는 즉위 초부터 현량한 인재를 등용하려 했기에 시정을 논하는 글이
많이 상주되었는데 그때마다 소망지에게 물었는데 건의 내용이 좋은
자는 승상과 어사대부가 등용하게 하였고 그 다음은 中二千石이 업
무를 시험해 보게 하여 1년 뒤에 그 실적을 보고하게 하여 부진하다
면 파면하여 돌려보내게 하였으며 소망지가 상주하는 것에 대해서
는 모두 수용하였다. 소망지는 점차 승진하여 諫大夫와 丞相司直이
되었는데 1년에 3번이나 승진하여 2천석 고관이 되었다. 그 뒤 곽씨
일족은 결국 모반으로 주살되었고 소망지는 더욱 신임을 받았다.

原文

　是時, 選博士,諫大夫通政事者補郡國守,相, 以望之爲平
原太守. 望之雅意在本朝, 遠爲郡守, 內不自得, 乃上疏曰,
"陛下哀愍百姓, 恐德化之不究, 悉出諫官以補郡吏, 所謂憂
其末而忘其本者也. 朝無爭臣則不知過, 國無達士則不聞
善. 願陛下選明經術, 溫故知新, 通於幾微謀慮之士以爲內
臣, 與參政事. 諸侯聞之, 則知國家納諫憂政, 亡有闕遺. 若
此不怠, 成,康之道其庶幾乎! 外郡不治, 豈足憂哉?" 書聞,
徵入守少府. 宣帝察望之經明持重, 論議有餘, 材任宰相,
欲詳試其政事, 復以爲左馮翊. 望之從少府出爲左遷, 恐有

不合意, 即移病. 上聞之, 使侍中,成都侯金安上諭意曰, "所
用皆更治民以考功. 君前爲平原太守日淺, 故復試之於三
輔, 非有所聞也." 望之即視事.

| 註釋 | ○平原太守 - 평원군 치소는 平原縣(今 山東省 德州市 관할의 平原
縣). ○雅意在本朝 - 雅意는 평소의 생각. 本朝는 조정. 중앙부서 근무를 원
했다. ○德化之不究 - 不究는 두루 널리 펴지 못하다. ○朝無爭臣 - 爭臣
은 諍臣. 諍은 간할 쟁. ○成康之道 - 주대 成王과 康王의 태평성대. 중국
역사상 가장 태평했다고 史家들이 칭송했다. ○成都侯金安上 - 金安上은
金日磾(김일제)의 아들. 68권, 〈霍光金日磾傳〉에 附傳. ○所用皆更治民以考
功 - 등용할 자는 治民을 경험하게 하여 능력을 평가하다. 更은 經歷. ○非
有所聞也 - 들은 그대로가 아니다. 좌천이 아니라는 뜻.

〔國譯〕

이 무렵, 박사나 諫大夫 중에서 정사에 능통한 자를 골라 군국의
태수나 相으로 보임하면서 소망지를 平原太守에 임명하였다. 소망
지는 평소에 조정의 근무를 원하고 있었기에 멀리 군수로 나가게 되
자 내심 불만을 가지고 바로 상소하여 말했다.

"폐하께서는 백성을 불쌍히 여기시며 덕화가 두루 미치지 못할까
걱정하시어 諫官까지 차출하여 군국에 보임하시는데 이는 끝가지
를 생각하시느라 본줄기를 잊은 것입니다. 조정에 간쟁할 신하가 없
으면 과오를 알지 못하고, 나라에 유능한 신하가 없으면 훌륭한 치
적을 들을 수가 없습니다. 바라옵건대, 폐하께서는 경학에 밝은 신
하를 골라 溫故知新하시며 幾微(기미)에 통하면서도 멀리 내다볼 수

있는 자를 內臣으로 임명하여 정사에 참여케 해야 합니다. 제후들이
이를 들게 되면 나라가 간쟁을 받아들이고 정사를 걱정한다는 것을
알아 누락시키는 일이 없을 것입니다. 이와 같이 계속한다면 成康시
대의 태평한 치적을 기대할 수 있을 것입니다! 外郡이 잘 다스려지
지 않는다 하여도 무얼 걱정하시겠습니까?"

상서가 올라가자 소망지를 불러 少府의 직무대리에 임명하였다.
선제가 소망지를 살펴보니 경학에도 밝고 행실에 무게가 있으며 의
논에 才力이 넘쳐나 재상에 재목임을 알고 그의 정사 능력을 시험해
보려고 소망지를 左馮翊(좌풍익)에 임명하였다. 소망지는 少府를 떠
난 것을 좌천이라 생각하며 선제의 뜻에 들지 못한 것을 걱정하며
병가를 제출하였다. 선제가 이를 알고 侍中인 成都侯 金安上을 보내
의도를 일러주게 하였다.

"크게 등용할 사람이라면 治民의 능력도 살펴야 합니다. 당신이
평원태수로 근무한 것이 일천하기에 다시 三輔에 임명하여 시험해
보는 것이지 소문대로 좌천은 아니요."

소망지는 즉시 업무를 수행하였다.

原文

是歲, 西羌反, 漢遣後將軍征之. 京兆尹張敞上書言, "國
兵在外, 軍以夏發, 隴西以北, 安定以西, 吏民並給轉輸, 田
事頗廢, 素無餘積, 雖羌虜以破, 來春民食必乏. 窮辟之處,
買亡所得, 縣官穀度不足以振之. 願令諸有罪, 非盜受財殺

人及犯法不得赦者, 皆得以差入穀此八郡贖罪. 務益致穀以
豫備百姓之急." 事下有司, 望之與少府李强議, 以爲, "民
函陰陽之氣, 有好義欲利之心, 在敎化之所助. 堯在上, 不
能去民欲利之心, 而能令其欲利不勝其好義也. 雖桀在上,
不能去民好義之心, 而能令其好義不勝其欲利也. 故堯,桀
之分, 在於義利而已, 道民不可不愼也. 今欲令民量粟以贖
罪, 如此則富者得生, 貧者獨死, 是貧富異刑而法不一也.
人情, 貧窮, 父兄囚執, 聞出財得以生活, 爲人子弟者將不顧
死亡之患, 敗亂之行, 以赴財利, 求救親戚. 一人得生, 十人
以喪, 如此, 伯夷之行壞, 公綽之名滅. 政教壹傾, 雖有周,召
之佐, 恐不能復. 古者臧於民, 不足則取, 有餘則予.《詩》曰
'爰及矜人, 哀此鰥寡', 上惠下也. 又曰'雨我公田, 遂及我
私', 下急上也. 今有西邊之役, 民失作業, 雖戶賦口斂以贍
其困乏, 古之通義, 百姓莫以爲非. 以死救生, 恐未可也. 陛
下布德施教, 敎化旣成, 堯,舜亡以加也. 今議開利路以傷旣
成之化, 臣竊痛之."

| 註釋 | ○西羌 – 西쪽의 羌族(강족). 뒷날 5胡의 하나. 宣帝 神爵 원년(前
61). ○後將軍 – 趙充國. 69권,〈趙充國辛慶忌傳〉에 입전. ○安定 – 군명.
치소는 高平縣, 今 寧夏回族自治區 남부의 固原市. ○窮辟 – 窮僻(궁벽).
○縣官穀度不足以振之 – 縣官은 조정, 국가. 天子. 度는 헤아릴 탁. 振은 賑
(구휼할 진). ○皆得以差入穀此八郡贖罪 – 以差는 依次. 순차적으로 入穀은
納穀. 此八郡는 隴西, 安定 외에 天水, 金城, 武威, 張掖, 酒泉, 敦煌郡. ○民

函陰陽之氣 － 函은 涵養(함양). ㅇ道民 － 導民. ㅇ伯夷 － 商末周初의 高士.
ㅇ公綽 － 孟公綽. 춘추시대 魯國의 대부. 淸心寡慾이라 孔子도 그를 존경했
다. 子路問成人. 子曰, "若臧武仲之知, 公綽之不欲, ～亦可以爲成人矣." 《論
語 憲問》. ㅇ爰及矜人, ～ 《詩經 小雅 鴻雁》. ㅇ雨我公田, ～ 《詩經 小
雅 大田》. ㅇ以死救生 － 자식이 위험한 짓이라도 해서(以死) 갇혀 있는 부형
을 살게 하는 것(救生).

[國譯]

그 해에 西羌(서강)족이 반기를 들자 漢에서는 후장군 趙充國을
보내 강족을 정벌하였다. 京兆尹인 張敞(장창)이 상서하여 말했다.

"군사가 외부에 파병되었는데 여름에 파병되었기에 농서군 이북
과 안정군 서쪽에서는 吏民이 모두 군량 운송에 동원되었습니다만
평소에 비축된 곡식이 없기 때문에 비록 강족이 격파되더라도 내년
봄에 백성들이 먹을 양식이 없습니다. 궁벽한 곳에서는 나라에서 구
매하려고 하여도 살 것이 없으며 나라 곡식을 예상해 보아도 구휼하
기에 부족합니다. 이에 모든 죄수 중에서 재물을 훔친 자나 살인 및
사면을 받을 수 없는 자를 제외한 나머지 죄수를 곡식을 납부하는
조건으로 그 8개 군에서 순차적으로 사면해야 합니다. 그리하여 백
성들의 위급에 대비할 수 있는 곡식을 확보해야 합니다."

이 사안을 담당자들에게 의논하게 하였는데 소망지와 少府인 李
强이 건의하였다.

"백성도 음양의 기운을 갖고 있고 義를 따르고 利를 쫓는 마음이
있기에 교화를 베풀 수 있습니다. 堯가 다스린다 하여도 백성들의
이욕을 제거할 수 없으나 다만 이욕이 선한 도의를 이기지 못하게

할 수 있습니다. 비록 폭군 桀王(걸왕)이 통치해도 백성들의 도의심을 없앨 수 없지만 그 도의가 이욕을 제압하지 못하는 것입니다. 때문에 堯와 걸왕의 구분은 義와 利뿐이기에 백성에 대한 教導를 신중히 하지 않을 수 없습니다. 이제 백성의 식량으로 속죄하게 한다면 부자는 살아나고 빈자는 외로이 죽어야 하니, 이는 빈부에 따라 형벌을 달리하는 것이고 법이 같지 않다는 뜻입니다. 인정상, 또 가난할지라도 아버지나 형이 갇혀 있는데 재물을 바쳐 나올 수 있다면 사람의 자식으로서 죽을 위험을 감수하고 또 패륜적 행위도 가리지 않고 재물을 구해 부친이나 형제를 빼내려 할 것입니다. 이는 1인을 살리려고 10명을 다치게 하는 것이니 이런 식이라면 伯夷(백이)의 염치는 없어지고 孟公綽(맹공작)의 無慾은 사라질 것입니다. 政教가 한 번 기울면 비록 周公이나 召公의 보필이 있어도 회복이 어려울 것입니다. 예로부터 백성이 가지고 있는 재물은 나라에서 부족하면 백성으로부터 거둬들이고 여유가 있으면 돌려주는 것입니다. 《詩經》에서도 '이 불쌍한 사람을 구원하고 이 홀아비와 과부를 불쌍히 여겼네.' 라 한 것은 위에서 아래에 베푼 것이고, 또 '나의 公田에도 비가 내리고 이어 나의 私田에도 비가 오네.' 라고 한 것은 아래에서 위를 도운 것입니다. 지금 서쪽의 戰役에 농사를 짓지 못한 백성들을 위해 戶口에 따라 부세를 징수하여 그 부족분을 채워주는 것은 예나 지금이나 마찬가지이며 백성들이 나쁘다고 하지도 않습니다. 한 쪽을 죽여 다른 자를 살리는 것은 옳지 않습니다. 폐하께서는 덕을 베풀고 백성을 교화하여 성공한다면 堯舜일지라도 더 나을 것이 없습니다. 이번 논의는 이로운 길을 찾는다고 이미 이루어진 교화를 해치는 것이라서 臣은 매우 애통할 뿐입니다."

於是天子復下其議兩府, 丞相, 御史以難問張敞. 敞曰,
"少府左馮翊所言, 常人之所守耳. 昔先帝征四夷, 兵行三十
餘年, 百姓猶不加賦, 而軍用給. 今羌虜一隅小夷, 跳梁於
山谷間, 漢但令皋人出財減皋以誅之, 其名賢於煩擾良民橫
興賦斂也. 又諸盜及殺人犯不道者, 百姓所疾苦也, 皆不得
贖. 首匿, 見知縱, 所不當得爲之屬, 議者或頗言其法可蠲除,
今因此令贖, 其便明甚, 何化之所亂? 〈甫刑〉之罰, 小過赦,
薄罪贖, 有金選之品, 所從來久矣, 何賊之所生? 敞備皁衣
二十餘年, 嘗聞罪人贖矣, 未聞盜賊起也. 竊憐涼州被寇,
方秋饒時, 民尙有饑乏, 病死於道路, 況至來春將大困乎!
不早慮所以振救之策, 而引常經以難, 恐後爲重責. 常人可
與守經, 未可與權也. 敞幸得備列卿, 以輔兩府爲職, 不敢
不盡愚."

| 註釋 | ○兩府 - 승상부와 어사대부의 관부. ○跳梁 - 뛰어다니다. 나
쁜 놈들이 발호하다. ○皋人(죄인) - 皋는 罪의 古字. ○首匿(수익) - 장물
을 숨기다. 범인을 숨겨주다. 은닉죄. ○其法可蠲除 - (죄는 가벼운데 형벌
이 무거워) 폐지할 수도 있는 법. 蠲除(견제)는 제거하다. 폐지. ○〈甫刑〉之
罰 -〈甫刑〉은〈呂刑〉.《書經》의 편명. 周 穆王 때의 司寇인 呂侯가 속죄할
수 있도록 법을 제정하였고 나중에 甫侯가 개정하였기에〈甫刑〉이라고 하였
다. ○有金選之品 - 금전으로 속죄할 수 있는 죄의 등급이 있다. ○皁衣(조
의) - 검은색 옷. 秦代 하급 관리들의 관복 색. 하급 관리. 皁 검은 비단 조,

하인 조. 皀는 俗字. ○涼州被寇 – 涼州(양주)는 13 자사부의 하나로 위에 언급한 8개 군 지역을 관할. 被寇(피구)는 적의 공격을 받다.

이에 선제는 이를 다시 兩府의 논의에 부쳤는데 승상인 魏相(위상)과 어사대부인 丙吉은 장창을 문책하였다. 이에 장창이 말했다.

"少府와 左馮翊이 한 말은 보통 사람의 말입니다. 예전에 先帝(武帝)께서 四夷를 30여 년 원정하셨지만 백성에게 세금을 더 걷지 않고도 군비를 충당하셨습니다. 지금 강족은 한 모퉁이 소수 이민족으로 산악지대에서 횡행하고 있는데 우리는 죄인에게 재물을 바치게 하여 죄인의 숫자를 줄이려는 것으로 명분상으로도 양민을 괴롭히며 세금을 늘리는 것보다 더 낫습니다. 그리고 도적이나 살인범 같은 무도하여 백성을 괴롭히는 자들이 속죄하는 것도 아닙니다. 숨겨주었거나 알면서 풀어주었다거나 부당하게 얻어다 하여 그 법이 가혹하여 없애야 한다고 말하는 그런 법에 걸린 사람들을 이번에 속죄하게 하면 그 효과가 확실한 것인데, 어찌 교화를 혼란하게 한다고 합니까? 〈甫刑〉의 벌이란 작은 과오를 용서하고 경미한 죄를 속죄하는 것이며 금전으로 속죄하는 등급도 있는 유래가 오래된 것인데, 어찌 이 속죄 때문에 도적떼가 일어나겠습니까? 여기 張敝도 하급 관리 20여 년에 죄인을 속죄시켰다 하여 도적떼가 일어났다는 말을 듣지 못했습니다. 전에 涼州가 병화를 당했을 때 가을 추수철이었는데도 백성들이 굶주려 도로엔 병사한 사람들이 많아 가슴 아팠었는데 하물며 내년 봄에는 얼마나 궁핍하겠습니까! 그 구제할 대책을 미리 마련하지 않아 늘 하던 대로 곤란만 겪는다면 뒷날 책임은 더 무거울 것입니다. 보통 사람은 늘 하던 대로 할 수 있지만 비상시를 대처하지 못합니다. 장창은 列卿의 반열에서 兩府을 보필해야한 직책이기에 제 어리석은 걱정을 하지 않을 수가 없습니다."

原文

　望之,彊復對曰, "先帝聖德, 賢良在位, 作憲垂法, 爲無窮之規, 永惟邊竟之不贍, 故〈金布令甲〉曰 '邊郡數被兵, 離饑寒, 夭絶天年, 父子相失, 令天下共給其費', 固爲軍旅卒暴之事也. 聞天漢四年, 常使死罪人入五十萬錢減死罪一等, 豪彊吏民請奪假貸, 至爲盜賊以贖罪. 其後奸邪橫暴, 群盜並起, 至攻城邑, 殺郡守, 充滿山谷, 吏不能禁, 明詔遣繡衣使者以興兵擊之, 誅者過半, 然後衰止. 愚以爲此使死罪贖之敗也, 故曰不便." 時, 丞相魏相, 御史大夫丙吉亦以爲羌虜且破, 轉輸略足相給, 遂不施敝議. 望之爲左馮翊三年, 京師稱之, 遷大鴻臚.

| 註釋 | ○〈金布令甲〉 – 金布는 律令의 명칭. 倉庫法이라 할 수 있다. 나라 府庫의 금전, 포백에 관한 규정이 있어 金布라 하였다. 令甲은 甲乙의 차례. ○離饑寒 – 離는 당하다. 遭也. ○卒暴之事也 – 卒은 猝(갑자기 졸). ○天漢四年 – 武帝 연호. 前 97년. ○假貸(가특) – 借貸. ○繡衣使者 – 비단 옷을 입은 특명사자란 뜻. 도적 토벌에 무능한 자사나 태수를 처단할 권한도 갖고 있었다. 繡衣는 존귀한 자를 의미. 直指使者라고도 불렀는데 직지는 회

피할 수 없다는 뜻.

[國譯]

蕭望之와 李彊이 다시 대답하였다.

"先帝께서는 성덕을 갖추셨고 현량한 분들이 자리에 있어 법을 제정하고 준수케 하며 영원한 규정을 만들어 오래도록 변경에 부담이 가지 않는 방법을 생각하셨으니 그리하여 〈金布令甲〉에서는 '邊郡에 외적의 잦은 침입으로 기아와 추위를 겪으며 백성들이 일찍 죽고 아비와 자식이 서로 헤어지며 천하 백성들로 하여금 그 비용을 부담케 한다.'라고 하였으며, 전쟁은 갑자기 당하는 일이라 하였습니다. 우리가 알기로, 天漢 4년에 전처럼 死罪人이 50만전을 납부하면 사형에서 한 등급을 감형하였는데 豪人이나 관리와 백성들은 나라에 작위를 팔거나 저당 잡히며 빌리거나 아니면 도둑질을 하여 속죄하였습니다. 그 이후로 간악한 자들이 횡포를 부리고 群盜가 한꺼번에 일어나 성읍을 공격하여 군수를 살해하기에 이르렀고 산속에 도적떼가 가득한데도 관리들이 진압하지 못하여 조서로 繡衣使者(수의사자)를 파견하여 군사를 동원해서 절반쯤 죽인 이후에야 금지시킬 수 있었습니다. 이 때문에 사형 죄를 속죄할 수 있게 한 것이 실패했으며 해롭다고 한 것입니다."

이때 승상은 魏相(위상)이었고 어사대부는 丙吉이었는데 강족은 곧 격파할 수 있으며 군량 조달은 충분하다 생각하여 장창의 건의를 채용하지 않았다. 소망지는 좌풍익으로 3년을 근무하였는데 경사에서 칭송을 받았으며 大鴻臚(대홍려)로 승진하였다.

先是, 烏孫昆彌翁歸靡因長羅侯常惠上書, 願以漢外孫元貴靡爲嗣, 得復尙少主, 結婚內附, 畔去匈奴. 詔下公卿議, 望之以爲, 烏孫絶域, 信其美言, 萬里結婚, 非長策也. 天子不聽. 神爵二年, 遣長羅侯惠使送公主配元貴靡. 未出塞, 翁歸靡死, 其兄子狂王背約自立. 惠從塞下上書, 願留少主敦煌郡. 惠至烏孫, 責以負約, 因立元貴靡, 還迎少主. 詔下公卿議, 望之復以爲, "不可. 烏孫持兩端, 亡堅約, 其效可見. 前少主在烏孫四十餘年, 恩愛不親密, 邊境未以安, 此已事之驗也. 今少主以元貴靡不得立而還, 信無負於四夷, 此中國之大福也. 少主不止, 繇役將興, 其原起此." 天子從其議, 徵少主還. 後烏孫雖分國兩立, 以元貴靡爲大昆彌, 漢遂不復與結婚.

| 註釋 | ○烏孫 − 서역의 국명, 종족명. 昆彌(곤미)는 오손왕의 칭호. ○常惠 − 蘇武를 따라 서역에 파견. 흉노에 10여 년 억류되었다가 소무를 따라 귀국했다. 70권, 〈傳常鄭甘陳段傳〉에 입전. 이는 宣帝 元康 2년(前 64)의 일이었다. ○漢外孫元貴靡 − 옹귀미와 漢의 楚公主 사이의 아들. 그래서 漢의 외손이라 했다. ○尙少主 − 尙은 공주를 맞이하다. 少主는 漢 宗室의 공주. ○繇役將興 − 繇役(요역)은 徭役.

〔國譯〕

이에 앞서 烏孫(오손)의 昆彌(곤미)인 翁歸靡(옹귀미)가 長羅侯 常

惠(상혜) 편에 상서하여 漢의 외손인 元貴靡(원귀미)를 후사로 하고 다시 종실의 딸을 맞이하여 결혼하고 來附하여 흉노에 대항하겠다는 뜻을 전해왔다. 조서로 이 문제를 공경들이 논의하였는데 소망지는, 오손은 극히 먼 곳으로 그럴듯한 말을 믿고 만 리 밖에 결혼을 허용하는 것은 좋은 방책이 아니라고 하였다. 그러나 선제는 그 말에 따르지 않았다.

神爵 2년(前 60)에 장라후 상혜가 공주를 데리고 가서 원귀미와 결혼시키도록 파견하였다. 상혜가 국경을 나서기 전에 옹귀미가 죽었고 그 형의 아들 狂王(광왕)이 약속을 깨고 자립하였다. 상혜는 변경에서 종실 공주를 敦煌郡에 머물겠다고 상서하였다. 상혜는 자신이 오손에 가서 약속을 깬 것을 문책하여 원귀미를 즉위시키고 돌아와 공주를 데리고 오손에 가겠다고 하였다. 조서에 의거, 이를 공경이 논의하였는데 소망지가 다시 주장하였다.

"불가합니다. 오손은 양단을 취하며 맹약도 지키지 않으니 그 결과를 예상할 수 있습니다. 전에 종실 공주가 오손에 40여 년을 살았지만 은애가 친밀하지도 않았으며 변경이 안정되지도 않았으니, 이는 이미 경험한 일입니다. 이제 종실 공주는 원귀미가 즉위하지 못했으니 환국하더라도 우리가 四夷에게 약속을 어긴 것이 아니며, 이는 오히려 우리의 큰 복입니다. 종실의 공주 보내기를 중지하지 않으면 요역이 계속 발행할 것이며 그 원인은 바로 이 때문에 생기게 됩니다."

선제는 그 의논에 따라 종실 공주는 돌아오게 하였다. 그 뒤에 오손은 두 나라로 갈라졌고 원귀미를 대곤미라 하였으나 漢에서는 다시 결혼시키지 않았다.

三年, 代丙吉爲御史大夫. 五鳳中匈奴大亂, 議者多曰匈
奴爲害日久, 可因其壞亂擧兵滅之. 詔遣中朝大司馬車騎將
軍韓增,諸吏富平侯張延壽,光祿勳楊惲,太僕戴長樂問望之
計策, 望之對曰, "《春秋》晋 士匃帥師侵齊, 聞齊侯卒, 引師
而還, 君子大其不伐喪, 以爲恩足以服孝子, 誼足以動諸侯.
前單于慕化鄕善稱弟, 遣使請求和親, 海內欣然, 夷狄莫不
聞. 未終奉約, 不幸爲賊臣所殺, 今而伐之, 是乘亂而幸災
也, 彼必奔走遠遁. 不以義動兵, 恐勞而無功. 宜遣使者弔
問, 輔其微弱, 救其災患, 四夷聞之, 咸貴中國之仁義. 如遂
蒙恩得復其位, 必稱臣服從, 此德之盛也." 上從其議, 後竟
遣兵護輔呼韓邪單于定其國.

| 註釋 | ○五鳳中 – 선제의 연호. 前 57 – 54년. ○張延壽 – 張湯의 손
자. 59권, 〈張湯傳〉에 附傳. ○士匃(사개) – 인명. 晋 大夫 范宣子. 匃는 빌
개. ○聞齊侯卒 – 죽은 齊侯는 齊 靈公. 孝子는 齊 莊公. ○大其不伐喪 – 大
는 칭송하다. 不伐喪은 상중에 있는 나라를 공격하지 않다. ○護輔呼韓邪單
于定其國 – 이는 宣帝 甘露 3년(前 51년)의 일이었다. 〈匈奴傳〉 참고.

〖國譯〗

神爵 3년에, 소망지는 丙吉의 후임으로 어사대부가 되었다. 五鳳
연간에, 흉노에 大亂이 일어났는데 많은 議者들이 흉노가 우리에게
오랫동안 해악을 끼쳤으니 그들 혼란을 틈타 군사를 동원하면 멸망

시킬 수 있다고 하였다. 조서에 의거 中朝의 大司馬 車騎將軍인 韓增(한증)과 諸吏인 富平侯 張延壽, 光祿勳인 楊惲(양운), 太僕인 戴長樂(대장락)이 소망지에게 계책을 묻자 소망지가 대답하였다.

《春秋》에 晉의 대부 士匄(사개)가 군사를 거느리고 齊를 공격하였는데 齊侯가 죽었다는 소식을 듣자 군사를 인솔해 돌아왔는데 군자들은 喪中에 토벌하지 않은 것을 칭송하며 그 은의가 충분히 그 아들을 감동시켰고 그 의리가 다른 제후들에게 감동을 주었다고 생각하였습니다. 이전에 흉노가 중화의 문명을 흠모하며 아우를 칭하고 사신을 보내 화친을 구하자 천하가 기뻐하였고 이를 모르는 다른 이적은 없었습니다. 그가 끝까지 약속을 지키지 못하고 불행하게도 賊臣에게 피살되었지만 지금 그들을 토벌하는 것은 환란을 틈타 재해를 주는 것이기에 그들은 멀리 도주할 것입니다. 그리고 의리에 바탕을 두고 군사를 내지 않는다면 고생만 하고 효과도 없을 것입니다. 그러니 사자를 보내 조문을 하고 그 미약한 자를 도와주며 그 재난을 구원한다면 四夷가 이를 알아 모두가 중국은 인의를 귀히 여긴다고 생각할 것입니다. 만약 은혜를 입어 그 자리를 다시 차지한다면 필히 稱臣하며 복종할 것이니, 이는 우리가 큰 덕을 베푸는 것입니다."

선제는 그 의논을 받아들였고 나중에는 군사를 보내 呼韓邪單于(호한야선우)를 도와주어 흉노를 안정시켰다.

原文

是時, 大司農中丞耿壽昌奏設常平倉, 上善之, 望之非壽

昌. 丞相丙吉年老, 上重焉, 望之又奏言, "百姓或乏困, 盜
賊未止, 二千石多材下不任職. 三公非其人, 則三光爲之不
明, 今首歲日月少光, 咎在臣等." 上以望之意輕丞相, 乃下
侍中建章衛尉金安上, 光祿勳楊惲, 御史中丞王忠, 並詰問望
之. 望之免冠置對, 天子由是不說.

| 註釋 | ○大司農中丞耿壽昌(경수창) – 大司農의 속관인 中丞. 대사농은
국가 재정 총괄. 耿은 빛날 경. ○常平倉 – 변방 군에 지은 곡물 저장 창고.
곡물이 쌀 때 사들여 물가의 안정을 꾀하며 유사시 轉運 비용을 줄일 수 있
다. 선제 때 처음 설치. ○三光 – 日, 月, 星. ○首歲 – 年初. ○建章衛尉 –
建章宮의 衛尉. 不常置.

〔國譯〕

　이 무렵, 大司農中丞인 耿壽昌(경수창)이 常平倉 설치를 상주하자
선제는 좋다고 하였으나 소망지는 경수창을 비난하였다. 그때 승상
인 丙吉은 연로하였지만 선제는 여전히 존중하였는데 소망지가 상
주하기를 "백성들은 늘 궁핍하고 도적은 그치지 않는데 지방 태수
중에는 재능이 부족해 임무를 감당하지 못하는 자가 많고 三公은 다
적임자를 찾지 못하였기에 일월과 별이 밝지 못한데 특히 연초에도
일월의 빛이 약했으니 그 허물은 臣 등에 있습니다."라고 하였다.
선제는 소망지가 승상을 경시한다고 생각하여 바로 侍中 建章衛尉
인 金安上과 光祿勳 楊惲(양운), 御史中丞 王忠으로 하여금 함께 소
망지를 힐책하게 시켰다. 소망지는 관을 벗어놓고 자신을 변명하였
는데 선제는 이를 좋아하지 않았다.

後丞相司直繁延壽奏, "侍中謁者良使承制詔望之, 望之再拜已. 良與望之言, 望之不起, 因故下手, 而謂御史曰 '良禮不備'. 故事丞相病, 明日御史大夫輒問病, 朝奏事會庭中, 差居丞相後, 丞相謝, 大夫少進, 揖. 今丞相數病, 望之不問病, 會庭中, 與丞相鈞禮. 時議事不合意, 望之曰, '侯年寧能父我邪!' 知御史有令不得擅使, 望之多使守史自給車馬, 之杜陵護視家事. 少史冠法冠, 爲妻先引, 又使賣買, 私所附益凡十萬三千. 案望之大臣, 通經術, 居九卿之右, 本朝所仰, 至不奉法自修, 踞慢不遜攘, 受所監臧二百五十以上, 請逮捕繫治." 上於是策望之曰, "有司奏君責使者禮, 遇丞相亡禮, 廉聲不聞, 敖慢不遜, 亡以扶政, 帥先百僚. 君不深思, 陷於茲穢, 朕不忍致君於理, 使光祿勳憚策詔, 左遷君爲太子太傅, 授印. 其上故印使者, 便道之官. 君其秉道明孝, 正直是與, 帥意亡愆, 靡有後言."

| 註釋 | ◦因故下手 – 下手는 바닥을 짚다. ◦故事丞相病 – 故事는 옛날의 典章制度. ◦鈞禮(균례) – 대등한 예의. 전후의 차례를 지키지 않다. 鈞은 均. ◦侯年寧能父我邪 – 侯는 君侯, 곧 승상. 年은 승상의 연령. 寧은 차라리 ~하는가? 父는 아버지가 되다. 명사를 동사로 활용한 말. 나의 아버지라 할 수 있는가? 곧 공경하고 싶지 않다는 뜻을 내포하고 있다. ◦知御史有令不得擅使 – 知御史는 어사부에 일하는 사람. 어사부에는 6백석 이상의 관원만 45인이 있었다는 註가 있다. 知는 일을 맡아서 처리하다. 不得擅使는 마음대

로 부릴 수 없다. ○自給車馬 - 소망지 자신의 거마를 내 주다. 사적인 일을
시킨 것임. ○少史 - 어사부의 젊은 관원. ○私所附益凡十萬三千 - (물건
을 사느라고) 개인 돈을 보탠 것이 총 1만 3천이었다. ○踞慢不遜攘 - 踞慢
(거만)은 傲慢(오만)하다. 遜攘은 謙遜(겸손)과 謙讓(겸양). 攘은 讓. ○受所
監臧二百五十以上 - 漢代의 관리는 아래 관리의 饋贈(궤증, 선물) 250전 이
상을 받으면 범죄에 해당되었다. ○朕不忍致君於理 - 理는 理官. 형옥을 담
당하는 부서. ○便道之官 - 바로 신임 부서에 가다. ○正直是與 - 正直與
是. ○帥意亡愆 - 帥意(솔의)는 솔선하다. 愆은 허물 건. 죄. ○靡有後言 -
다른 변명은 하지 마시오.

〔國譯〕

뒤에 丞相司直인 繁延壽(번연수)가 상주하였다.

"侍中謁者인 良(량)은 制詔를 받들고 소망지를 만나 뵈었는데 소
망지는 再拜를 하였습니다. 良(량)과 소망지는 이야기를 마쳤으나
소망지는 일어나지 않고 그대로 바닥을 짚고 있으면서 어사에게
'良(량)이 예를 갖추지 않았다.' 고 말했습니다. 옛 전례에 승상이 병
이 나면 다음 날 어사대부가 바로 문병을 하고 조정에서 있었던 일
을 아뢴 뒤에 승상 앞에서 뒤로 조금 물러서면 승상은 사례하고 대
부가 한 발 앞으로 나가 읍을 하는 것이었습니다. 이번에 승상께서
자주 병석에 누웠지만 소망지는 문병을 하지 않았으며, 조정에서 만
나도 승상과 대등한 예를 취했습니다. 때때로 논의한 일이 의견일치
를 보지 못하면 소망지는 '승상의 연령이 많아도 나의 아버지라 할
수 있는가!' 라고 하였습니다. 어사부의 관원이라도 마음대로 부릴
수 없는데 소망지는 근무하는 관원에게 소망지의 수레를 타고 두릉
의 (소망지의) 집에 가서 가사를 처리하게 하였습니다. 젊은 관원은

法冠을 쓴 채로 (소망지의) 처를 위해 선도하였으며 (시장에서) 물건을 사게 하여 개인 돈을 보탠 것이 모두 10만 3천전이나 되었습니다. 소망지로 말하자면, 대신으로서 경학에 박통하며 九卿의 윗자리에 있으면서 조정의 추앙을 받고 있으나 그 자신은 법을 지키지 않았으며 거만하고 겸손 겸양하지도 않으며, 상관으로서 250만 이상을 받기도 하였기에 체포하여 조사하기를 청합니다."

선제는 이에 소망지를 책망하며 말했다.

"담당자가 어사대부는 사자가 예를 갖추지 않았다고 책망했다지만 정작 본인은 승상을 만나 예를 갖추지 않았으며 청렴하다는 칭송은 듣지 못하고 오만불손하며 정사를 주도하나 백관보다 솔선하지도 않는다고 상주하였소. 君이 깊이 생각하지 않아 오명을 덮어쓰고 있으나 짐은 차마 옥관에게 보낼 수가 없어 광록훈 楊惲(양운)을 시켜 조서를 내려 君을 太子太傅로 좌천하며 인수를 보낼 것이로다. 먼저 받은 어사대부 인수를 반환하고 바로 태자태부의 인수를 받고 부임하시오. 君은 이에 秉道明孝하며 정직하고 솔선하여 허물을 짓지 말 것이며 별도의 변명은 하지 마시오."

原文

望之既左遷, 而黃霸代爲御史大夫. 數月間, 丙吉薨, 霸爲丞相. 霸薨, 于定國復代焉. 望之遂見廢, 不得相. 爲太傅, 以《論語》,《禮服》授皇太子.

| 註釋 | ○望之既左遷 - 이는 五鳳 2년(前 56)이었다. ○太傅 - 小傅와

함께 太子 二傅라 약칭. 모두 질록 2천석의 관리. 태부가 소부보다는 상관. 태자의 監護, 輔翼(보익), 敎導의 직분을 수행하며 태자궁의 여러 속관을 장악.

〖國譯〗

　蕭望之(소망지)가 좌천된 뒤에 黃霸(황패)가 후임으로 어사대부가 되었다. 몇 달 뒤에 丙吉이 죽자 황패가 승상이 되었다. 황패가 죽자 于定國(우정국)이 다시 대신하였다. 소망지는 이미 쫓겨났기에 승상이 될 수 없었다. 소망지는 태부로서《論語》와《禮記 服制》를 황태자에게 전수하였다.

原文

　初, 匈奴呼韓邪單于來朝, 詔公卿議其儀, 丞相霸, 御史大夫定國議曰, "聖王之制, 施德行禮, 先京師而後諸夏, 先諸夏而後夷狄.《詩》云, '率禮不越, 遂視旣發, 相土烈烈, 海外有截.' 陛下聖德充塞天地, 光被四表, 匈奴單于鄕風慕化, 奉珍朝賀, 自古未之有也. 其禮儀宜如諸侯王, 位次在下." 望之以爲, "單于非正朔所加, 故稱敵國, 宜待以不臣之禮, 位在諸侯王上. 外夷稽首稱藩, 中國讓而不臣, 此則羈縻之誼, 謙亨之福也.《書》曰 '戎狄荒服', 言其來服, 荒忽亡常. 如使匈奴後嗣卒有鳥竄鼠伏, 闕如朝享, 不爲畔臣. 信讓行乎蠻貉, 福祚流於亡窮, 萬世之長策也." 天子采之,

下詔曰, "蓋聞五帝, 三王敎化所不施, 不及以政. 今匈奴單
于稱北藩, 朝正朔, 朕之不逮, 德不能弘覆. 其以客禮待之,
令單于位在諸侯王上, 贊謁稱臣而不名."

| 註釋 | ○呼韓邪單于來朝 – 甘露 3년(前 51). 94권, 〈匈奴傳〉참고. 흉노
는 남북으로 갈려 前 58년부터 前 54년 사이에 5명의 선우가 자리를 놓고 싸
우며 즉위와 폐위가 이어졌다. 呼韓邪(호한야) 선우는 前 54년에 郅支(질지)
선우와 싸워 패배한 뒤에 다음 해 선제에게 도움을 청했고, 前 51년에 장안
에 와서 宣帝를 알현했다. ○諸夏 – 분봉한 각 제후국. ○率禮不越~ –《詩
經 商頌 長發》. 率은 따르다. 遂는 두루두루. 發은 시행되다. 相土는 殷의 시
조 契(설)의 손자. 烈烈은 당당한 武威가 있는 모양. 截은 整齊된 모양. ○充
塞天地 – 充塞(충색)은 충만하다. ○光被四表 – 四表는 四海의 밖. ○單于
非正朔所加 – 통합의 대상이 아니다. 正朔은 천명을 받은 자의 역법. 改正朔
은 革古用新의 뜻. ○故稱敵國 – 敵國은 대등한 나라. ○羈縻之誼(기미지
의) – 羈縻는 말의 굴레(羈 재갈 기)와 소의 고삐(縻 고삐 미). 가축을 통제하
는 수단. 주변 소수민족을 견제, 회유하려는 정책. 誼는 義. ○謙亨之福 – 겸
양으로 형통할 수 있는 여유. ○《書》曰 – 逸書. 여기서는《書經》을 의미하지
않음. ○戎狄荒服(융적황복) – 戎狄(융적)은 흉노 등 북방 민족. 荒服(황복)
은 五服의 하나. 황무지. 중국의 통치력이 미치지 않는 지역. ○闕如朝享 –
조공하지 않다. 朝享은 朝貢. 享은 獻也. ○不爲畔臣 – 우리가 禮로 접대했
는데 나중에 다시 오지 않아도 배반한 신하라 할 수 없다. ○蠻貊(만맥) – 중
국 주변 이민족에 대한 총칭. 貊 오랑캐 맥. 담비 학. ○贊謁(찬알) – 예물을
가지고 와서 알현하다.

『國譯』

　그전에, 흉노의 呼韓邪單于(호한야선우)가 내조하려 할 때 공경에게 명령하여 그들에 대한 의례를 논의케 하였는데 승상 황패와 어사대부 우정국은 의논하기를 "聖王의 제도에 施德하고 行禮하되 경사에 먼저 베풀고 제후의 나라는 뒤에, 그리고 제후국에 먼저 베풀고 이적은 나중에 베푼다고 하였습니다. 《詩經》에서도 '예를 따라 도를 넘지 아니하고, 두루 법도가 실천되었네. 相土도 위엄 있으니 나라밖에도 절도가 있네.' 라고 하였습니다. 폐하의 성덕이 천지에 충만하고 그 빛이 사해의 밖에까지 미쳤기에 흉노의 선우가 교화를 흠모하여 그들 보배를 가지고 조공하고 하례하는 일은 전에 없던 일입니다. 따라서 그 의례는 제후의 왕과 같이하되 자리는 제후왕 다음이어야 합니다."

　이에 소망지가 말했다. "선우의 땅은 漢의 正朔이 행해지지 않기에 대등한 나라라 할 수 있으니 신하가 아닌 의례로 접대하고 자리는 제후왕보다 상위이어야 합니다. 이민족이 고개를 숙이며 藩臣(번신)을 자처할 때 중국도 양보하며 신하처럼 대하지 않는 것은 그들을 회유하는 뜻이며 우리가 겸양하여 누릴 수 있는 여유를 가지는 것입니다. 옛 책에도 '戎狄(융적)은 荒服(황복)에 산다.' 고 하였으니, 그러한 그들이 찾아와서 복종하는 것은 수시로 변하기에 일정하지 않습니다. 흉노의 후손이 갑자기 새나 쥐처럼 어디로 숨어버리고 조공을 아니한다고 배반한 신하라 할 수는 없습니다. 우리가 만이들에게 신의를 지키고 예의로 접대하는 것은 우리의 은택을 구석진 곳까지 베푸는 것은 萬世에 이어갈 방책입니다."

　선제는 소망지의 의견을 채택하여 명령하였다.

"짐이 알기로, 흉노의 땅은 五帝와 三王의 교화가 시행되지 않았
고 천자의 정치가 미치지 않는 곳이다. 지금 흉노의 선우가 북쪽의
번신이라며 조공한다지만 짐이 그를 다스리지 못하고 덕을 거기까
지 베풀 수가 없노라. 이에 흉노를 客禮로 대우할 것이며 선우의 자
리는 諸侯王보다 위이며 예물을 갖고 와 알현하고 稱臣하더라도 이
름을 부르지는 않겠다."

原文

　　及宣帝寢疾, 選大臣可屬者, 引外屬侍中樂陵侯史高,太
子太傅望之,少傅周堪至禁中, 拜高爲大司馬車騎將軍, 望
之爲前將軍光祿勳, 堪爲光祿大夫, 皆受遺詔輔政, 領尙書
事. 宣帝崩, 太子襲尊號, 是爲孝元帝. 望之,堪本以師傅見
尊重, 上卽位, 數宴見, 言治亂, 陳王事. 望之選白宗室明經
達學散騎,諫大夫劉更生給事中, 與侍中金敞並拾遺左右.
四人同心謀議, 勸道上以古制, 多所欲匡正, 上甚鄕納之.

|註釋| ○寢疾(침질) − 臥病하다. ○可屬者 − 屬은 囑. ○外屬 − 外戚.
○史高(? − 前 43) − 선제의 부친(史皇孫)의 외삼촌인 史恭의 아들. 곧 宣帝의
祖母인 史良娣의 친정 조카이다. ○領尙書事 − 尙書를 겸임하다. 尙書는 무
제 때 처음 설치된 황제에게 올라가는 문서를 담당하는 관리. 領尙書事는 황
제의 최측근 심복이라 할 수 있다. 領은 상위 직급자가 하위 업무를 겸임하
는 것. 그 업무를 감독하는 뜻이지 그 직책을 직접 수행하는 것은 아니다.
○宴見 − 한가한 시간에 알현하다. ○陳王事 − 王道의 정치에 대하여 陳述

하다. ○散騎 – 加官의 칭호. 황제의 시종. 中常侍와 同. ○劉更生 – 나중에 劉向으로 개명. 36권, 〈楚元王傳〉에 附傳. ○給事中 – 大夫, 博士, 議郎 등이 받을 수 있는 加官의 칭호, 황제의 고문역. ○拾遺(습유) – 황제가 챙기지 못한 것을 보완한다는 뜻. 관직 이름. ○四人 – 소망지, 주감, 유경생, 김창. ○勸道 – 道는 導의 뜻.

〖國譯〗

선제가 병이 들자 유촉을 받을 대신을 선임하여 외척으로 樂陵侯 史高와 태자태부인 소망지, 태자소부인 周堪(주감)이 궁중에 들어갔는데 史高를 大司馬車騎將軍에, 소망지를 前將軍光祿勳에, 주감을 光祿大夫를 제수하여 함께 유조를 받아 정사를 보필하여 尙書를 겸임토록 하였다. 宣帝가 붕어하자 태자가 尊號를 세습하니, 이가 孝元皇帝이다. 소망지와 주감은 본래 태자의 사부로 존경을 받았는데 원제가 즉위한 이후 자주 알현하면서 치란을 논하고 王道에 관하여 이야기를 나누었다. 소망지는 종실 중에서 明經達學한 사람으로 散騎諫大夫 劉更生을 給事中에 선임하도록 건의하였고 侍中 金敞(김창)을 좌우습유에 임명케 하였다. 이에 4인이 同心으로 정사를 의논하며 원제에게 古制에 의한 정치를 권유하며 많은 일을 바로잡으려했고 원제도 그런 건의를 잘 받아들였다.

原文

初, 宣帝不甚從儒術, 任用法律, 而中書宦官用事. 中書令弘恭,石顯久典樞機, 明習文法, 亦與車騎將軍高爲表裏,論議常獨持故事, 不從望之等. 恭,顯又時傾仄見詘. 望之以爲中書政本, 宜以賢明之選, 自武帝游宴後庭, 故用宦者, 非國舊制, 又違古不近刑人之義, 白欲更置士人, 由是大與高, 恭,顯忤. 上初卽位, 謙讓重改作, 議久不定出, 劉更生爲宗正.

| 註釋 | ○中書宦官 – 中書謁者令(간칭, 中書令) 소속의 환관. 선제 때부터 권한이 강대해져서 원제 때는 국가기밀문서를 취급하며 정사의 의논에도 참여하였다. 황제의 신임을 받으며 국가 권력의 정점이었다. ○弘恭(홍공) – 宣帝의 신임을 받아 중서령이 되었다. 원제 즉위 후 실권을 장악했고 소망지를 무고했다. ○故事 – 전례. ○自武帝游宴後庭 – 무제는 황권을 강화하고 승상의 권한을 약화시키려는 뜻에서 尙書를 두어 황제의 명을 전달하고 상주문서를 통제하게 하였다. 무제가 궁중에서 연회를 자주 개최하면서 궁중 출입이 자유로운 환관에게 상서업무를 담당케 하면서 이를 中尙書令(간칭 중서령)이라 불렀다. 환관이 중서령을 독점하는데 따른 반대 의견도 많아 성제 때 士人으로 교체하였다. ○不近刑人 – 형벌을 받은 자는 군주의 측근에 있을 수 없다는 뜻. 弘恭도 궁형을 받은 사람이었다. ○宗正 – 九卿의 하나. 황족에 관한 업무 담당.

〖 國譯 〗

그전에 선제는 유학에 의한 정치를 따르지 않고 법률 관리를 등용하고 中書宦官을 신임하였다. 中書令인 弘恭과 환관 石顯은 오랫동안 기밀업무를 담당했고 법률에 밝았으며, 거기장군인 史高와 함께 한 패거리가 되어 정사 의논에서 언제나 전례를 내세우면서 소망지 등의 주장을 따르지 않았다. 홍공과 석현은 정도가 아닌 주장으로 꺾이기도 하였다. 소망지는 中書가 정사의 중요한 업무인데도 무제가 後庭에서 자주 연회를 하면서 환관을 등용하기 시작하였으나 이는 본래의 제도가 아니며, 또 예부터 형을 받은 사람은 천자의 측근에 있을 수 없다는 생각에서 중서직을 士人으로 대체하려고 했기에 史高, 홍공, 석현 등과 사이가 나빠졌다. 원제 즉위 초에는 겸양하며 신중하게 제도를 고치려 하였으나 오랜 의논에도 결정이 나지 않았고, 劉更生(劉向)을 正宗에 임명하였다.

原文

望之,堪數薦名儒茂才以備諫官. 會稽鄭朋陰欲附望之, 上疏言車騎將軍高遣客爲奸利郡國, 及言許,史子弟罪過. 章視周堪, 堪白令朋待詔金馬門. 朋奏記望之曰, "將軍體周, 召之德, 秉公綽之質, 有卞莊之威. 至乎耳順之年, 履折衝之位, 號至將軍, 誠士之高致也. 窟穴黎庶莫不懽喜, 咸曰將軍其人也. 今將軍規橅云若管,晏而休, 遂行日仄, 至周,召乃留乎? 若管,晏而休, 則下走將歸延陵之皐, 修農圃之疇, 畜雞種黍, 竢見二子, 沒齒而已矣. 如將軍昭然度行, 積思塞邪枉之險蹊, 宣中庸之常政, 興周,召之遺業, 親日仄之兼聽, 則下走其庶幾願竭區區, 底厲鋒鍔, 奉萬分之一." 望之見納朋, 接待以意. 朋數稱述望之, 短車騎將軍, 言許, 史過失.

| 註釋 | ○待詔金馬門 – 황제에게 상주하려는 자, 또는 부름을 받았거나 관리에 임용 예정자는 公車에서 조서가 내려오기를 기다렸다(待詔公車). 그 중 우수한 자는 궁궐 북문인 금마문에서 대기하면서 불려 들어가 자문에 응대하였다. 이런 직책을 待詔金馬門이라 하였다. ○卞莊(변장) – 춘추시대 魯의 大夫. 勇士로 유명. ○耳順之年 – 나이 60세. 子曰, "吾十有五而志于學, ~, 六十而耳順, ~, "《論語 爲政》. ○窟穴黎庶莫不懽喜 – 窟穴(굴혈)은 은거하다. 黎庶(여서)는 평민, 백성. 懽喜(환희)는 歡喜. ○將軍其人也 – 其人은 직책에 맞는 적임자. ○規橅(규모) – 본받다. 規模. 規는 법 규. 橅 법 모. 模와 同. ○管,晏 – 춘추시대 제국의 재상인 管仲과 晏子(안자). ○日仄(일측) – 해가 기울다. ○延陵之皐 – 연릉의 소택지. 延陵은 吳의 公子 季札(계찰)의 食邑. 今 江蘇省 常州市. 皐는 물가 고. 水澤地. ○竢見二子 –《論語 微子》. 子路가 만난 隱者. 竢는 俟. 기다릴 사. ○沒齒而已矣 – 沒齒는 죽다. ○度行 – 보통보다 뛰어난 행실. ○險蹊 – 험로. 蹊 지름길 혜. 小路. ○庶幾 – 희망하다. 區區는 보잘것없는 능력. 변변치 못하다. ○底厲鋒鍔(저려봉악) – 底厲는 砥礪(지려). 연마하다. 숫돌에 갈다. 鋒鍔(봉악)은 칼날.

〖 國譯 〗

소망지와 주감은 名儒나 재능 있는 유생을 자주 추천하여 諫官에 선임되게 하였다. 회계군의 鄭朋(정붕)은 은밀히 소망지 편에 붙으려고 거기장군 史高의 빈객들이 군국에서 불법을 자행했다고 상서하면서 외척 許氏와 史氏 자제의 罪過를 상주하였다. 주감은 상주한 글을 읽고서 건의하여 정붕을 待詔金馬門에 임명케 하였다. 정붕은 소망지에게 글을 올려 말했다.

"장군(소망지)께서는 周公과 召公의 덕과 孟公綽(맹공작)의 자질을 갖추셨으며, 卞莊(변장)의 위엄도 있으십니다. 60에 가까우신 나이에 折衝(절충)의 지위를 겸으시고 장군의 칭호를 받으셨으니 사실상 士人으로 크게 성취하셨습니다. 은거하는 사인으로 장군을 좋아하지 않는 사람이 없으며 모두 장군이 바로 그 적임자라고 말하고 있습니다. 지금 장군은 管仲(관중)과 晏子(안자)를 본받으려 하나 주춤하고 계시며 해가 기울도록 애쓰며 周公과 召公의 치세를 이루고자 하나 멈칫거리지 않습니까? 관중과 안자의 치적을 그만둔다면 延陵 季子처럼 은거하며 논밭을 갈고 닭을 기르며 기장 농사를 짓고 은자를 만나보고 그냥 늙어 죽으면 그뿐입니다. 장군과 같이 뚜렷하게 밝고 뛰어난 행실로 사악한 험로를 막고 中庸(중용)의 정상적 정치를 널리 펼쳐 주공과 소공의 유업을 이룩하고자 몸소 날마다 해가 기울도록 애쓰시며 널리 여러 의견을 구하시고, 그러하시기에 저는 저의 보잘것없는 능력을 다 바치며 열심히 연마하고 노력하여 그 만분의 일이라도 받들고자 합니다.”

소망지는 정붕을 만나보고 진심으로 상대해 주었다. 정붕은 자주 소망지를 만나면서 거기장군 史高와 許氏와 史氏들의 과오를 말했다.

原文

後朋行傾邪, 望之絶不與通. 朋與大司農史李宮俱待詔, 堪獨白宮爲黃門郞. 朋, 楚士, 怨恨, 更求入許,史, 推所言 許,史事曰, “皆周堪,劉更生敎我, 我關東人, 何以知此?” 於 是侍中許章白見朋. 朋出揚言曰, “我見, 言前將軍小過五,大罪一. 中書令在旁, 知我言狀." 望之聞之, 以問弘恭,石顯. 顯,恭恐望之自訟, 下於它吏, 卽挾朋及待詔華龍. 龍者, 宣帝時與張子蟜等待詔, 以行汚穢不進, 欲入堪等, 堪等不納, 故與朋相結. 恭,顯令二人告望之等謀欲罷車騎將軍疏退許,史狀, 候望之出休日, 令朋,龍上之. 事下弘恭問狀, 望之對曰, "外戚在位多奢淫, 欲以匡正國家, 非爲邪也." 恭,顯奏, "望之,堪,更生朋黨相稱擧, 數譖訴大臣, 毀離親戚, 欲以專擅權勢, 爲臣不忠, 誣上不道, 請謁者召致廷尉." 時上初卽位, 不省'謁者召致廷尉'爲下獄也. 可其奏. 後上召堪,更生, 曰繫獄. 上大驚曰, "非但廷尉問邪?" 以責恭,顯, 皆叩頭謝. 上曰, "令出視事." 恭,顯因使高言, "上新卽位, 未以德化聞於天下, 而先驗師傅, 旣下九卿大夫獄, 宜因決免." 於是制詔丞相御史, "前將軍望之傅朕八年, 亡它罪過, 今事久遠, 識忘難明. 其赦望之罪, 收前將軍光祿勳印綬, 及堪,更生皆免爲庶人." 而朋爲黃門郎.

| 註釋 | ○黃門郎 – 黃門侍郎. 궁궐 내의 여러 잡무를 담당. ○旣下九卿大夫獄 – 九卿은 宗正인 劉更生을 의미. 大夫는 光祿大夫인 周堪(주감)의 지칭.

〔國譯〕

그 뒤에 정붕의 행실이 나빠 소망지는 단절하고 만나주지 않았다. 정붕은 大司農史인 李宮과 함께 待詔가 되었는데 주감은 혼자

이궁을 천거하여 黃門郎이 되게 하였다. 정붕은 楚 출신으로 원한을 가지고 許氏와 史氏 편에 끼려고 찾아가 허씨, 사씨의 일을 말한 것에 대하여 변명하였다. "모든 것은 주감과 유경생이 저에게 시킨 것입니다. 저는 관동 사람인데, 이를 어찌 알겠습니까?" 이에 侍中 許章이 아뢰어서 원제는 정붕을 불러 만났다. 이에 정붕은 장담하며 말했다. "제가 볼 때, 前將軍(소망지)에게 작은 과오가 다섯이며 큰 죄가 하나라고 말할 수 있습니다. 中書令이 곁에 있다면 제 말의 실정을 알 것입니다." 소망지가 이를 알고 弘恭과 石顯에게 물었다. 석현과 홍공은 소망지가 자신을 변명할 것이라 걱정하며 다른 관리에게 넘겨 즉시 정붕과 待詔인 華龍(화룡)을 체포케 하였다. 화룡이란 자는 宣帝 때 張子蟜 등과 같이 待詔이었는데 그 행실이 지저분하여 진급하지 못하고 주감의 편에 끼려 하였으나 주감이 받아 주지 않자 정붕 등과 서로 결합하였다. 홍공과 석현은 정붕과 화룡을 시켜 소망지 등이 모의하여 車騎將軍(史高)을 파직케 하고 허씨와 사씨 일족을 내치려 모의하였다고 고발장을 작성하여 소망지의 休沐日(휴목일)에 맞춰 상주하게 시켰다. 사안이 홍공에게 배당되어 조사하게 되자 소망지가 대답하였다.

"外戚으로 관직에 있는 자로 지나치게 사치하니 그것을 바로 잡으려 했다면 잘못이 아니다."라고 말했다. 나중에 홍공과 석현이 상주하였다.

"소망지와 주감, 유경생은 붕당을 만들어 서로 칭송하고 천거하였으며 자주 대신을 참소하고 친척을 헐뜯어 이간시키려 했으며 권세를 잡아 마음대로 하려 하였으니 신하로서 불충이며 윗사람을 무고하는 죄를 지었으니 알자를 불러서 정위에게 보내야 합니다."

그때 원제는 즉위한지 오래지 않아 '알자를 불러서 정위에게 보낸다.'는 말이 하옥시킨다는 뜻이란 것을 알지 못했다. 上奏는 可하다고 하였다.

뒷날 원제가 주감과 유경생을 부르자 감옥에 갇혀 있다고 하였다. 원제가 크게 놀라 물었다. "정위가 물어보는 것이 아니었는가?" 그러면서 홍공과 석현을 책망하자 두 사람은 머리를 조아리며 사죄하였다.

원제는 "그들을 옥에서 꺼내 업무를 보게 하라."라고 명했다. 홍공과 석현은 史高를 시켜 말했다. "폐하께서 즉위하신지 오래지 않아 그 德化가 천하에 알려지지 않았는데 먼저 사부만을 사면할 것이 아니라 이미 하옥된 九卿이나 大夫까지 포함하여 면죄해야 합니다."

이에 승상과 어사대부에게 조서를 내렸다.

"前將軍 소망지는 8년 동안 짐의 사부였고 다른 잘못이 없으며 이번 일은 오래 전의 일이라서 기억이 없고 확실하지가 않다. 이에 소망지의 죄를 사면하나 前將軍 光祿勳의 인수를 거두고 아울러 주감과 유경생도 면관하여 서인이 되게 하라."

그리고 정붕은 黃門郞이 되었다.

原文

後數月, 制詔御史, "國之將興, 尊師而重傅. 故前將軍望之傅朕八年, 道以經術, 厥功茂焉. 其賜望之爵關內侯, 食邑六百戶, 給事中, 朝朔望, 坐次將軍" 天子方倚欲以爲丞相, 會望之子散騎中郞伋上書訟望之前事, 事下有司, 復奏, "望之前所坐明白, 無譖訴者, 而教子上書, 稱引亡辜之 《詩》, 失大臣體, 不敬, 請逮捕." 弘恭,石顯等知望之素高 節, 不詘辱, 建白, "望之前爲將軍輔政, 欲排退許, 史, 專權 擅朝. 幸得不坐, 復賜爵邑, 與聞政事, 不悔過服罪, 深懷怨 望, 教子上書, 歸非於上, 自以托師傅, 懷終不坐. 非頗詘望 之於牢獄, 塞其怏怏心, 則聖朝亡以施恩厚." 上曰, "蕭太 傅素剛, 安肯就吏?" 顯等曰, "人命至重, 望之所坐, 語言薄 罪, 必亡所憂." 上乃可其奏.

| 註釋 | ○國之將興~ - 《荀子 大略》의 글. 스승을 우대해야 법도가 확립 된다는 뜻. ○道以經術 - 경학으로 指導하다. 道는 導也. ○厥功茂焉 - 그 공덕이 훌륭하다. 茂는 美. ○朝朔望 - 朔日(초하루)와 望日(15일)에 입조하 다. ○建白 - (황제에게) 건의하며 보고하다. ○歸非於上 - 잘못을 황제에 게 돌리다. ○怏怏心 - 怏怏(앙앙)은 불복하는 모양. 怏은 원망할 앙.

〖 國譯 〗

그 몇 달 뒤에 원제가 어사대부에게 명했다.

"나라가 흥성하려면 사부를 존중해야 한다. 이전의 前將軍 소망 지는 8년간 짐의 사부로서 경학으로 나를 가르쳤으니 그 공덕이 훌 륭하였도다. 이에 소망지에게 關內侯의 작위에 식읍 6백 호와 給事 中의 직위를 하사하고 초하루와 보름날에 입조하게 하되 자리는 장 군 다음으로 하라."

원제는 장차 승상으로 등용할 계산까지 하였는데 그때 소망지의 아들인 散騎中郎 蕭伋(소급)이 상서하여 소망지의 이전 일을 진정하였는데 사안이 담당에게 넘어갔고 담당자가 결과를 상주하였다.

"소망지가 전에 지은 죄는 명백하고 이를 억울하다 호소하는 자도 없었는데 아들을 시켜 상서하면서 죄가 없다는 뜻의 시를 인용한 것은 대신의 체통을 상실한 것이며 불경한 짓이니 체포하여 조사하기를 주청합니다."

弘恭과 石顯 등은 소망지가 평소에 높은 지조가 있어 굴욕을 견디지 못할 것을 알고 있어 건의하며 "소망지는 이전에 장군으로 정사를 보필하면서 허씨와 사씨들을 밀어내고 조정에서 전권을 장악하려 했었습니다. 다행히도 이를 문제 삼지 않고 작위와 식읍을 회복시키고 정사에 참여시키려 하는데도 과오를 뉘우치거나 죄를 인정하지 않고 원망하는 마음을 품고서 아들을 시켜 상서하여 폐하의 탓으로 돌리려 하면서 자신이 사부였기에 끝까지 잘못이 없다고 생각하고 있습니다. 소망지를 옥에 가두지 않으면 그 불만을 막을 수가 없으며 폐하께서 후한 은덕을 베풀 수 없습니다."라고 보고하였다.

이에 원제가 물었다. "蕭 太傅는 평소에 강직한데, 어찌 옥리에게 가겠는가?" 이에 석현 등이 말했다. "人命은 아주 소중한 것이니 소망지의 죄는 가볍다고 말해주면 걱정하실 것 없습니다." 원제는 그 상주를 可하다고 하였다.

原文

顯等封以付謁者, 敕令召望之手付, 因令太常急發執金吾車騎馳圍其第. 使者至, 召望之. 望之欲自殺, 其夫人止之,

以爲非天子意. 望之以問門下生朱雲. 雲者好節士, 勸望之
自裁. 於是望之仰天歎曰, "吾嘗備位將相, 年逾六十矣, 老
入牢獄, 苟求生活, 不亦鄙乎!" 字謂雲曰, "游, 趣和藥來,
無久留我死!" 竟飮鴆自殺. 天子聞之驚, 拊手曰, "曩固疑
其不就牢獄, 果然殺吾賢傅!" 是時, 太官方上畫食, 上乃卻
食, 爲之涕泣, 哀慟左右. 於是召顯等責問以議不詳. 皆免
冠謝, 良久然後已.

| 註釋 | ○太常 - 종묘 제사 주관. 九卿之一. 태상은 陵縣을 감독했고, 소
망지는 杜陵(宣帝의 능)縣에 거주하고 있었기에 태상이 집금오의 군사를 동
원하였다. ○自裁 - 自殺. ○游, 趣和藥來 - 游는 朱雲의 字. 趣는 빨리. 재
족할 족. 和藥은 약을 조제하다. ○曩 - 지난번 낭. 저번에. ○太官 - 황제
의 식사 담당관. 少府의 속관. ○以議不詳 - 不詳은 신중하지 못하다.

〖 國譯 〗

　석현 등이 봉서를 謁者(알자)에게 주며 소망지에게 직접 건네라고
지시하였으며 太常을 시켜 집금오의 거기를 보내 소망지의 집을 포
위하게 시켰다. 사자가 와서 소망지를 호출하였다. 소망지는 자살
하려고 했으나 그 부인이 저지하면서 천자의 본뜻이 아닐 것이라고
말했다. 소망지가 문하생인 朱雲에게 물었다. 주운은 절의를 숭상
하는 士人이라서 소망지에게 자살을 권유했다. 이에 소망지는 하늘
을 보며 탄식하였다. "내 일찍이 將相을 지냈고 나이 60이 넘었는데
늙어 옥에 들어가 구차하게 살아있다면 그 얼마나 비루하겠는가?"
그리고 주운의 字를 불렀다.

"游(유)야! 빨리 약을 만들어라 죽지 않고 머뭇거릴 사이가 없다!"

소망지는 끝내 鴆毒(짐독)으로 자살하였다.

원제는 그 소식을 듣고 손을 비비며 말했다.

"지난번에 옥에 들어가지 않을 것이라고 걱정했었는데, 정말로 내 현명한 사부를 죽게 했도다!"

그때, 태관이 점심을 올리자 원제는 식사를 물리고 소망지를 생각하여 눈물을 흘리며 한동안 哀慟(애통)해 하였다. 그리고 석현 등을 불러 논의가 신중하지 못했다고 문책하였다. 모두가 관을 벗어놓고 사죄하였고 얼마 지나고서는 그만이었다.

原文

望之有罪死, 有司請絶其爵邑. 有詔加恩, 長子伋嗣爲關內侯. 天子追念望之, 不忘每歲時遣使者祠祭望之塚, 終元帝世. 望之八子, 至大官者育,咸,由.

|註釋| ○祠祭望之塚 - 祠祭는 祭祀. 塚은 무덤 총.

〔國譯〕

소망지는 죄가 있어 죽었다며 담당자가 그 작위와 식읍을 끊어야 한다고 하였다. 그러나 조서로 은택을 하사하여 장자인 蕭伋(소급)이 관내후의 작위를 계승하였다. 원제는 소망지를 추념하며 잊지 못하고 해마다 제때에 사자를 보내 소망지의 무덤에 제사하게 했는데 원제가 붕어한 뒤에 그만 두었다. 소망지의 8명 아들 중 높은 지위에 오른 자는 蕭育과 蕭咸(소함), 그리고 蕭由이었다.

78-2. 蕭育, 蕭咸, 蕭由

原文

　育字次君, 少以父任爲太子庶子. 元帝卽位, 爲郞, 病免, 後爲御史. 大將軍王鳳以育名父子, 著材能, 除爲功曹, 遷謁者, 使匈奴副校尉. 後爲茂陵令, 會課, 育第六. 而漆令郭舜殿, 見責問, 育爲之請, 扶風怒曰, "君課第六, 裁自脫, 何暇欲爲左右言?" 及罷出, 傳召茂陵令詣後曹, 當以職事對. 育徑出曹, 書佐隨牽育, 育案佩刀曰, "蕭育杜陵男子, 何詣曹也!" 遂趨出, 欲去官. 明旦, 詔召入, 拜爲司隷校尉. 育過扶風府門, 官屬掾史數百人拜謁車下. 後坐失大將軍指免官. 復爲中郞將使匈奴. 歷冀州,靑州兩部刺史, 長水校尉, 泰山太守. 入守大鴻臚. 以鄠名賊梁子政阻山爲害, 久不伏辜, 育爲右扶風數月, 盡誅子政等. 坐與定陵侯淳于長厚善免官.

　│註釋│ ○太子庶子 － 태자의 시종관, 太子太傅의 속관. ○名父子 － 名

父之子. ㅇ功曹 - 군수 또는 현령의 보좌관. ㅇ茂陵 - 武帝의 능. 漢의 황릉 중 최대 규모. 縣名. 今 陝西省 咸陽市 興平縣. ㅇ會課 - 課는 지방관에 대한 업무실적 考課. ㅇ漆令郭舜殿 - 漆(칠)은 현명. 今 陝西省 咸陽市 관할의 彬縣(빈현). 殿은 업무 평가 최하위. ㅇ裁自脫 - 겨우(裁는 才) 꼴찌를 면했다. 脫은 免也. ㅇ左右言 - 左右는 같은 지위의 다른 사람. ㅇ傳召茂陵令詣後曹 - 傳召는 傳車로 소환하다. 茂陵令은 蕭育. 後曹는 郡府의 형옥을 담당하는 부서인 賊曹와 決曹. 曹는 업무 부서. ㅇ書佐 - 문서의 필사나 수선을 담당하는 하급 관리. ㅇ男子 - 大丈夫. ㅇ中郎將 - 九卿의 하나인 郎中令(光祿勳) 소속의 무관직. 五官中郎將, 左中郎將, 右中郎將이 있음. 秩 이천석. 將軍의 次下. ㅇ長水校尉 - 무제 때 설치한 北方 八校尉 중 하나. 長水는 지명. 胡騎로 이루어진 부대의 지휘관. 秩 二千石. ㅇ以鄠名賊 - 鄠(호)는 현명. 今 陝西省 西安市 戶縣. 名賊은 스스로 이름을 밝힌 강력한 도적.

〔國譯〕

蕭育(소육)의 字는 次君으로 젊어 부친의 보증으로 太子庶子가 되었다. 元帝가 즉위한 뒤 낭관이 되었다가 병으로 사임했다가 뒤에 御史가 되었다. 대장군 王鳳은 소육을 저명인사의 아들이고 재능이 뛰어나다고 인정하여 功曹에 임명하였고 승진하여 謁者(알자)가 되었다가 흉노에 사신으로 가는 교위의 부관이 되었다. 뒤에 茂陵縣令이 되었는데 그때 업무 고과에 소육은 6등급에 속했다. 漆縣(칠현) 현령인 郭舜(곽순)은 업무 평가에서 최하가 되어 문책을 당했는데 소육이 그곳으로 전근을 자청하자 우부풍이 화를 내며 말했다.

"귀관은 고과가 6등급이라 겨우 질책을 면했는데 무슨 겨를이 있어 동료에 대한 말을 하는가?" 그리고서는 나가라 하면서 傳車로 무릉현령을 郡의 後曹(후조)에 가라고 명령하자 소육은 직무를 이유로 대답하였다. 소육이 후조에서 곧장 나가자 庶佐(서좌)가 나와서 잡으려 하자 소육이 차고 있는 칼을 뽑으며 말했다. "소육은 두릉현의 대장부인데 어찌 후조에서 잡으려 하는가!" 소육은 그대로 나와 관직을 떠나려 했다. 그러나 다음 날 아침, 詔命을 받고 불려 들어가 司隸校尉가 되었다. 소육이 우부풍 정문에 이르자 우부풍에 속한 掾史 수백 명이 수레 앞에서 배알하였다. 뒤에 대장군의 지시를 어겨 면관되었다. 다시 중랑장으로 흉노에 사신으로 갔다. 冀州와 青州 兩部의 刺史와 長水 校尉, 泰山郡 太守를 역임하였다. 조정에 들어와 大鴻臚 직무대리가 되었다. 鄠縣(호현)의 유명한 도적인 梁子政(양자정)이 산을 점거하고 해악을 끼쳤으나 오래 잡지 못하였는데 소육이 右扶風이 되어 몇 달 만에 양자정 등을 모두 잡아 죽였다. 定陵侯 淳于長과 평소 친했다 하여 면관되었다.

原文

哀帝時, 南郡江中多盜賊, 拜育爲南郡太守. 上以育耆舊名臣, 乃以三公使車載育入殿中受策, 曰, "南郡盜賊群輩爲害, 朕甚憂之. 以太守威信素著, 故委南郡太守, 之官, 其於爲民除害, 安元元而已, 亡拘於小文." 加賜黃金二十斤. 育至南郡, 盜賊靜. 病去官, 起家復爲光祿大夫執金吾, 以壽終於官.

| 註釋 | ○南郡 – 江陵縣(今 湖北省 荊州市 荊州區). ○耆舊名臣 – 나이가

많고 명망이 높은 신하. ㅇ三公使車 - 三公이 타는 安車. ㅇ其於~, 安元元
而已 - 其는 바라다. 元元은 백성. ㅇ小文 - 법조문 같은 소소한 제약. ㅇ起
家復爲光祿大夫執金吾 - 起家는 집에 있다가 발령을 받다. 光祿大夫를 거쳐
執金吾가 되다.(建平 3년, 前 4년)

[國譯]

  哀帝 때, 南郡의 長江에 도적이 많았는데 소육을 南郡太守에 임
명하였다. 애제는 소육이 나이가 많고 명망이 높다 하여 三公이 타
는 공거를 보내 소육을 싣고 궁에 들어와 책명을 받게 하면서 말했
다.

  "南郡에 도적 피해가 심각하여 짐이 걱정하고 있다. 그래서 남군
태수에 임명하니 부임하여 백성을 위해 해악을 제거하고 백성을 안
정시키기 바라며 소소한 제약에 구애받지 말지어다."

  그리고 황금 20근을 하사하였다. 소육이 남군에 부임하자 도적들
은 조용해졌다. 병으로 사임하고 집에 있다가 다시 광록대부와 집금
오를 역임하고 관직에서 천수를 다했다.

[原文]

  育爲人嚴猛尙威, 居官數免, 稀遷. 少與陳咸, 朱博爲友,
著聞當世. 往者有王陽,貢公, 故長安語曰 '蕭,朱結綬, 王,
貢彈冠', 言其相薦達也. 始育與陳咸 俱以公卿子顯名, 咸
最先進, 年十八, 爲左曹, 二十餘, 御史中丞. 時, 朱博尙爲
杜陵亭長, 爲咸,育所攀援, 入王氏. 後遂並歷刺史,郡守相,

及爲九卿, 而博先至將軍上卿, 歷位多於咸,育, 遂至丞相.
育與博後有隙, 不能終, 故世以交爲難.

| 註釋 | ○陳咸 – 陳萬年의 아들. 66권, 〈公孫劉田王楊蔡陳鄭傳〉에 부전.
○朱博 – 83권, 〈薛宣朱博傳〉에 입전. ○結綬 – 印綬(인수)를 매다. 관리가
되다. 彈冠은 관의 먼지를 털다. 관을 쓰다. 관리될 준비를 하다. 72권, 〈王貢
兩龔鮑傳〉 중 王吉의 '王陽在位, 貢公彈冠' 참고. 成語 '彈冠相慶'의 어원.
○攀援(반원) – 잡아주고 당겨주다. 관직에 추천하고 밀어주다. 攀 매달릴
반. 援 당길 원.

〖 國譯 〗

소육은 사람됨이 엄격하고 위신을 중시 여겼는데 재임 중 자주
사임하여 별로 승진하지 못했다. 젊어서부터 陳咸(진함), 朱博(주박)
과 친우가 되어 당세에도 유명했었다. 예전에 王陽(王吉)과 貢公(貢
禹)이 있었기에 장안 사람들은 '소육과 주박은 인수를 매고 왕양과
공공은 관을 털어 쓴다.' 고 말했는데, 이는 서로 추천하여 출세했다
는 뜻이었다.

처음에 소육과 진함은 두 사람 다 공경의 아들로 이름이 났는데
진함이 먼저 관직에 나아가 18세에 左曹(좌조)가 되었고 20여 세에
어사중승이 되었다. 이때 주박은 아직도 杜陵 亭長이었는데 진함과
소육이 끌어 당겨 王氏의 측근이 되었다. 뒤에는 나란히 刺史와 郡
守나 相을 역임하여 마침내 九卿에 올랐으며 주박이 먼저 장군으로
上卿에 올랐고 진함 소육보다는 많은 직위를 거쳐 마침내 승상이 되
었다. 소육과 주박은 나중에 서로 틈이 벌어졌기에 세상에서 한 세

대(30년)를 교제하기는 어렵다고 하였다.

原文

咸字仲君, 爲丞相史, 擧茂材, 好時令, 遷淮陽,泗水內史,
張掖,弘農,河東太守. 所居有跡, 數增秩賜金. 後免官, 復爲
越騎校尉,護軍都尉,中郎將, 使匈奴, 至大司農, 終官.

| 註釋 | ○咸字仲君 – 張禹의 사위. 장우는 81권, 〈匡張孔馬傳〉에 입전.
○好時(호치) – 縣名. 今 陝西省 咸陽市 관할의 乾縣. ○淮陽,泗水內史 – 淮
陽과 泗水는 모두 제후 국명. 內史는 제후국의 민정 담당 관리. ○張掖(장
액) – 군명. 今 甘肅省 張掖市.

〖國譯〗

蕭咸(소함)의 字는 仲君으로 丞相史가 되었다가 무재로 천거되어
好時(호치) 현령을 역임하고 淮陽國, 泗水國의 內史가 되었으며, 張
掖(장액), 弘農, 河東郡의 태수를 지냈다. 재임하며 치적을 남겨 여러
번 질록을 더 받고 하사금도 받았다. 뒤에 사임했다가 다시 越騎校
尉, 護軍都尉, 中郎將이 되었고 흉노에 사신으로 다녀와 大司農으로
관직을 마쳤다.

原文

由字子驕, 爲丞相西曹衛將軍掾, 遷謁者, 使匈奴副校尉.

後舉賢良, 爲定陶令, 遷太原都尉, 安定太守. 治郡有聲, 多稱薦者. 初, 哀帝爲定陶王時, 由爲定陶令, 失王指, 頃之, 制書免由爲庶人. 哀帝崩, 爲復土校尉, 京輔左輔都尉, 遷江夏太守. 平江賊成重等有功, 增秩爲陳留太守, 元始中, 作明堂辟雍, 大朝諸侯, 徵由爲大鴻臚, 會病, 不及賓贊, 還歸故官, 病免. 復爲中散大夫, 終官. 家至吏二千石者六七人.

| 註釋 | ○爲丞相西曹衛將軍掾 − 丞相府의 西曹. 衛將軍掾(위장군연)의 관직 미상. ○定陶 − 현명. 今 山東省 菏澤市 관할의 定陶縣. ○安定 − 군명. 치소는 高平縣(今 寧夏自治區 固原市). ○定陶王 − 이름은 劉欣(유흔). 나중에 哀帝. ○復土校尉 − 皇陵 축조 시 봉분을 쌓아 올리는 작업을 지휘하는 교위. ○江夏 − 군명. 치소는 西陵縣(今 湖北省 武漢市 관할의 新洲縣). ○陳留 − 군, 현명. 今 河南省 開封市 동남. ○明堂辟雍 − 政敎의 주요 행사를 거행하는 明堂과 국립대학이라 할 수 있는 辟雍(벽옹). ○不及賓贊 − 의식을 거행할 때 손님 안내를 담당하지 못하다. ○中散大夫 − 政事 議論을 담당하는 관직.

〔國譯〕

蕭由(소유)의 字는 子驕(자교)로, 丞相府의 西曹로 衛將軍掾(위장군연)이었다가 謁者가 되었고 匈奴에 가는 사신의 副校尉가 되었다. 뒤에 賢良으로 천거되어 定陶 현령이었다가 太原郡 都尉와 安定郡 太守를 역임하였다. 군의 태수로 치적이 우수했고 칭송이 많았다. 처음에 哀帝가 定陶王으로 있을 때 소유는 정도 현령으로 왕의 뜻을 거슬렀기에 얼마 뒤에 애제의 명으로 면직되어 서인이 되었다. 애제

가 붕어하자 그 봉분을 축조하는 復土校尉가 되었고 경조윤과 左馮
翊(좌풍익)의 도위를 거쳐 江夏太守가 되었다. 長江의 도적인 成重
등을 토벌하는데 공을 세워 질록을 더 받았고 陳留太守가 되었다가
平帝 元始 연간에 明堂과 辟雍(벽옹)을 짓고 諸侯들을 모두 불러 크
게 조회할 때 소유는 부름을 받아 大鴻臚가 되었으나 마침 병이 나
서 빈객 안내를 담당할 수가 없어 다시 본래 관직으로 복귀했고 병
으로 사직하였다. 다시 中散大夫가 되었다가 관직을 마감하였다.
그 가문에 2천석 관리가 된 사람이 6, 7명이나 되었다.

贊曰, 蕭望之歷位將相, 籍師傅之恩, 可謂親暱亡間. 及
至謀洩隙開, 讒邪構之, 卒爲便嬖宦豎所圖, 哀哉! 不然, 望
之堂堂, 折而不撓, 身爲儒宗, 有輔佐之能, 近古社稷臣也.

| 註釋 | ○籍師傅之恩 – 籍은 藉. 깔개 자. ○親暱(친일) – 친밀하다. 暱
친할 닐(일). 亡間(무간)은 無間. ○宦豎(환수) – 환관. 豎 더벅머리 수, 천
할 수. ○折而不撓 – 撓는 꺾일 뇨(요). '折而不撓 勇也.'《管子 水地》.

〔國譯〕

班固의 論贊：蕭望之(소망지)는 將相의 지위를 역임하고 사부의
은택을 빙자했다지만 실제로 친밀하여 간극이 없었다고 말할 수 있
다. 나중에는 소망지의 의도가 알려지고 틈이 벌어지면서 참언이 먹
혀들었고 결국엔 아부하는 환관의 뜻대로 되었으니 슬픈 일이다. 그

렇지 않았으면 소망지의 당당함은 꺾일지언정 굽히지는 않을 것이고 그 자신은 유가의 대종이 되었을 것이고 보좌하는 능력을 발휘하여 近古의 社稷之臣이 되었을 것이다.

79 馮奉世傳
〔풍봉세전〕

79-1. 馮奉世

原文

馮奉世字子明, 上黨潞人也, 徙杜陵. 其先馮亭, 爲韓上黨守. 秦攻上黨, 絶太行道, 韓不能守, 馮亭乃入上黨城守於趙. 趙封馮亭爲華陽君, 與趙將括距秦, 戰死於長平. 宗族由是分散, 或留潞, 或在趙. 在趙者爲官帥將, 官帥將子爲代相. 及秦滅六國, 而馮亭之後馮毋擇, 馮去疾, 馮劫皆爲秦將相焉.

│註釋│ ○馮奉世(풍봉세. ?－前 39)－馮은 성 풍. 탈 빙. ○上黨潞人－

上黨은 군명. 치소는 長子縣(今 山西省 長治市 관할의 長子縣). 潞(고을 이름 노, 로) - 今 山西省 潞城市 동북. ㅇ韓上黨守 - 韓은 전국시대 제후국. ㅇ太行道 - 太行(태항, 行 音 杭 háng)은 산 이름. 今 山西省과 河北省의 경계. 道는 通道. ㅇ上黨城守於趙 - 上黨을 가지고 趙에 투항하였다는 뜻. ㅇ與趙將括 距秦 - 趙將 趙括(조괄)은 趙의 명장 趙奢(조사)의 아들. 병법서에 밝으나 실전 경험이 없어 '紙上談兵' 했던 장수. 距는 拒. ㅇ戰死於長平 - 전 250년. 조괄은 대패했고 秦은 趙軍 40만을 생매장했다. 長平은 今 山西省 高平市 부근. ㅇ官帥將 - 官至師長의 뜻. ㅇ爲代相 - 代는 전국 말기의 國名. 前 228년 秦이 趙王을 생포하자 조의 公子가 代에서 王으로 즉위. ㅇ秦滅六國 - 秦은 前 221년 齊을 멸하고, 六國 통일.

[國譯]

馮奉世(풍봉세)의 字는 子明이고, 上黨郡 潞縣(노현) 사람인데 杜陵縣으로 이주했다. 그 선조 馮亭(풍정)은 韓의 上黨守이었다. 秦이 上黨을 공격하며 太行山(태항산)의 通道를 끊어 韓은 상당을 지킬 수 없게 되자 풍정은 상당성을 들어 趙에 투항했고 趙에서는 풍정을 華陽君으로 삼아 趙의 장군 趙括(조괄)과 함께 秦에 대항하였으나 長平戰에서 전사했다. 그 宗族은 이때 분산되었는데 일부는 潞縣(노현)에 남거나 혹은 趙에서 살았다. 趙에 거주한 자는 장수의 우두머리가 되었고 그 어떤 아들은 代國의 相이 되었다. 秦이 6국을 멸하자 풍정의 후손인 馮毋擇(풍무택), 馮去疾(풍거질), 馮劫(풍겁)은 모두 秦의 장군이나 승상이 되었다.

漢興, 文帝時馮唐顯名, 卽代相子也. 至武帝末, 奉世以良家子選爲郎. 昭帝時, 以功次補武安長. 失官, 年三十餘矣, 乃學《春秋》涉大義, 讀兵法明習, 前將軍韓增奏以爲軍司空令. 本始中, 從軍擊匈奴. 軍罷, 復爲郎.

| 註釋 | ○馮唐 − 50권, 〈張馮汲鄭傳〉에 입전.《史記 張釋之馮唐列傳》참고. ○良家子 − 七科讁(讁은 謫)에 들지 않은 사람. 良民. 칠과적이란 변방의 正卒이나 戍卒이 부족할 때 강제로 동원할 수 있는 사람. 죄 지은 관리, 일반 죄인, 팔려가서 데릴사위가 된 사람, 상인, 등등 7부류의 사람. ○功次 − 여러 공적을 합산한 순서. 武安은 魏郡의 현명. 今 河北省 邯鄲市 관할 武安市. ○軍司空令 − 軍內의 職名. ○本始 − 선제 연호. 前 73 − 70년.

〖國譯〗

漢이 건국되고 文帝 때 馮唐(풍당)이 이름이 났었는데, 곧 代國 승상의 아들이었다. 武帝 말기에 풍봉세는 양가의 자제로 낭관이 되었다. 昭帝 때 여러 공에 의거 武安 현령이 되었다. 풍봉세는 관직을 잃고 나이 30세가 넘어《春秋》를 공부하여 微言大義를 파악했고 병법을 배워 두루 통했는데 前將軍 韓增이 상주하여 군대의 司空令이 되었다. 선제 本始 연간에 종군하여 흉노를 토벌했다. 군대가 해산된 뒤에 다시 낭관이 되었다.

先是時, 漢數出使西域, 多辱命不稱, 或貪污, 爲外國所苦. 是時, 烏孫大有擊匈奴之功, 而西域諸國新輯, 漢方善遇, 欲以安之, 選可使外國者. 前將軍增舉奉世以衛候使持節送大宛諸國客. 至伊脩城, 都尉宋將言莎車與旁國共攻殺漢所置莎車王萬年, 並殺漢使者奚充國. 時, 匈奴又發兵攻車師城, 不能下而去. 莎車遣使揚言北道諸國已屬匈奴矣, 於是攻劫南道, 與歃盟畔漢, 從鄯善以西皆絶不通. 都護鄭吉, 校尉司馬意皆在北道諸國間. 奉世與其副嚴昌計, 以爲不亟擊之則莎車日强, 其勢難制, 必危西域. 遂以節諭告諸國王, 因發其兵, 南北道合萬五千人進擊莎車, 攻拔其城. 莎車王自殺, 傳其首詣長安. 諸國悉平, 威振西域. 奉世乃罷兵以聞. 宣帝召見韓增, 曰, "賀將軍所舉得其人." 奉世遂西至大宛. 大宛聞其斬莎車王, 敬之異於它使. 得其名馬象龍而還. 上甚說, 下議封奉世. 丞相,將軍皆曰, "《春秋》之義, 大夫出疆, 有可以安國家, 則顓之可也. 奉世功傚尤著, 宜加爵土之賞." 少府蕭望之獨以奉世奉使有指, 而擅矯制違命, 發諸國兵, 雖有功效, 不可以爲後法. 卽封奉世, 開後奉使者利, 以奉世爲比, 爭逐發兵, 要功萬里之外, 爲國家生事於夷狄. 漸不可長, 奉世不宜受封. 上善望之議, 以奉世爲光祿大夫,水衡都尉.

| 註釋 | ○辱命不稱 - 辱命은 왕명을 욕되게 하다. 不稱은 임무를 감당하지 못하다. ○爲外國所苦 - 이민족에게 잡혀 고생하다. 爲~所~의 피동문. ○新輯 - 새로이 안정되다. ○大宛(대원) - 서역의 나라 이름. 지금 중앙아시아의 키르키즈스탄(吉爾吉斯斯坦) 지역. ○伊脩城(이수성) - 서역 鄯善國(선선국, 타림 분지 동쪽)의 伊循城(이순성, 今 新疆省 巴音郭楞蒙古自治州 若羌縣). ○莎車(사차) - 서역의 나라 이름. 今 新疆維吾爾自治區 서남부 喀什(Kāshí)市 관할의 莎車縣 일대. ○車師城(거사성) - 서역 車師國(姑師國)의 도성. 今 新疆維吾爾自治區 중동부, 곧 吐魯番 地區의 鄯善縣. ○歃盟畔漢 - 피를 마시며 맹서하여 漢을 배반하다. 歃 마실 삽. 畔은 叛. ○都護 - 西域都護. 서역지역의 군사 업무를 총괄. 鄭吉은 70권, 〈傅常鄭甘陳段傳〉입전. ○以奉世爲比 - 比는 유사한. 類也. ○漸不可長 - 漸은 단서. 시작. ○水衡都尉 - 上林苑 관리, 鑄錢 업무 담당.

〔國譯〕

이보다 앞서 漢은 서역에 사신을 자주 보냈으나 임무를 제대로 수행하지도 못하고 욕심을 부려 외국에 잡혀 고생하는 자들이 많이 있었다. 이때 烏孫(오손)이 강대하여 흉노를 격파하였고 서역의 여러 나라가 새로이 안정되자 漢에서는 그들을 잘 대우하여 서역을 안정시키려고 외국에 사신으로 나갈 자를 선발하였다. 전장군 韓增이 풍봉세를 천거하자 풍봉세는 衛候로 持節을 받아 大宛(대원)의 여러 나라에 파견되었다. 풍봉세가 伊脩城(伊循城)에 이르렀는데 都尉인 宋將이 莎車國(사차국)과 그 주변 나라들이 함께 漢이 옹립한 莎車王 萬年을 공격하여 죽였으며, 또 漢의 使者인 奚充國(해충국)도 죽였다고 말했다. 그때 흉노는 군사를 내어 車師城을 공격하였으나 이기지 못하고 퇴각하였다. 사차국에서는 사자를 보내 北道의 여러 나라들은 이미 흉노에 복속하였으며 흉노는 南道 지역을 공략하려고 피로 맹서하였으며 漢을 배반한 鄯善國 서쪽은 모두 불통한다고 과장해서 알려왔다. 당시 서역도호인 鄭吉과 校尉인 司馬意는 모두 北道 지역에 있었다. 풍봉세는 그의 부사인 嚴昌(엄창)과 상의하면서 빨리 이 지역을 토벌하지 않으면 莎車國이 날로 강대하여 그 세력을 제압하지 못할 것이며 서역을 위태롭게 할 것이라고 생각하였다. 풍봉세는 符節로 여러 나라 왕에게 각각 군사를 동원하게 하여 남북도의 병력 1만 5천 명을 거느리고 사차국을 공격하여 성을 함락시켰다. 사차국왕은 자살하였는데 풍봉세는 그 수급을 장안으로 보냈다. 서역 여러 나라는 평온하였고 漢의 위세는 서역에 떨쳤다. 풍봉세는 동원한 군사를 해산한 뒤에 이를 보고하였다. 宣帝는 韓增을 불러 만나서 말했다. "장군이 적임자를 추천한 것을 축하하오."

풍봉세는 서쪽으로 나아가 大宛(대원)에 도착하였다. 대원국에서는 사차왕이 죽은 사실을 알고 다른 나라와 달리 공손하였다. 풍봉세는 대원국의 명마 象龍(상룡)을 가지고 돌아왔다. 선제는 매우 기뻐하며 풍봉세를 제후로 봉하는 것을 논의하게 하였다. 승상과 장군들이 모두 말했다.

"《春秋》의 大義에 大夫는 국경을 나가면 나라의 안전을 위해 독단할 수 있다고 하였습니다. 풍봉세의 공적이 뚜렷하니 작위와 식읍을 상으로 주어야 합니다."

그러나 少府 蕭望之(소망지)만은 풍봉세가 사신의 임무를 띠고 나가서 독단으로 황제의 명을 사칭하고 각국의 군사를 출동시켜 비록 공을 세웠지만, 이를 이후에도 모범으로 삼을 수는 없다고 하였다. 즉 풍봉세를 제후로 봉하게 되면 이후에 사신으로 나가는 자들이 이득을 얻으려고 풍봉세를 본떠 서로 군사를 동원하며 만 리 외국에서 공을 세우려 할 것이니 이민족들과의 관계에서 문제가 될 수 있어 그런 단서를 만들어 줄 수 없기에 풍봉세를 제후로 봉할 수 없다고 하였다.

선제는 소망지의 주장을 받아들였고 풍봉세를 光祿大夫에 水衡都尉를 제수하였다.

原文

元帝卽位, 爲執金吾. 上郡屬國歸義降胡萬餘人反去. 初, 昭帝末, 西河屬國胡伊酋若王亦將衆數千人畔, 奉世輒持節將兵追擊. 右將軍典屬國常惠薨, 奉世代爲右將軍典屬國, 加諸吏之號. 數歲, 爲光祿勳.

| 註釋 | ㅇ上郡 – 郡名. 治所는 膚施縣(今 陝西省 최북단 楡林市 동남). ㅇ屬國 – 漢에 투항한 이민족으로 漢의 郡縣 안에서 자신들의 풍습을 지키면서 집단으로 거주하는 지역. 屬國都尉가 감독. 上郡의 속국은 龜玆縣(今 陝西省 楡林市 북쪽)에 있었다. ㅇ昭帝末 – 宣帝末의 오기. 소제 때는 풍봉세가 이름이 알려지기 전이었고, 西河 속국은 宣帝 五鳳 3년에 설치되었다. 常惠가 제후에 봉해진 것은 선제 本始 4년이었고 죽은 것은 元帝 때였기에 昭帝와는 관련이 없다. ㅇ西河 – 군명. 치소는 今 內蒙古 鄂爾多斯市 東勝區. ㅇ典屬國 – 속국에 관한 업무 담당자. ㅇ諸吏 – 加官의 칭호. 법에 의거, 관리를 탄핵할 수 있었다.

元帝가 卽位하자 풍봉세는 執金吾가 되었다. 上郡의 屬國에서 漢
에 귀의했던 흉노 1만여 명이 되돌아갔다. 그전 선제 말에 西河郡
屬國의 흉노족 伊酋若王(이추약왕)이 무리 수천 명을 거느리고 배반
하자 풍봉세는 부절을 받고 군사를 거느리고 추격하였다. 右將軍인
典屬國 常惠가 죽자 풍봉세는 후임으로 右將軍典屬國이 되었고 諸
吏의 加官을 받았다. 몇 년 뒤에 光祿勳이 되었다.

〖原文〗

永光二年秋, 隴西羌彡姐旁種反, 詔召丞相韋玄成, 御史
大夫鄭弘, 大司馬車騎將軍王接, 左將軍許嘉, 右將軍奉世入
議. 是時, 歲比不登, 京師穀石二百餘, 邊郡四百, 關東五百.
四方饑饉, 朝廷方以爲憂, 而遭羌變. 玄成等漠然莫有對者.
奉世曰, “羌虜近在境內背畔, 不以時誅, 亡以威制遠蠻. 臣
願帥師討之.” 上問用兵之數, 對曰, “臣聞善用兵者, 役不
再興, 糧不三載, 故師不久暴而天誅亟決. 往者數不料敵,
而師至於折傷, 再三發軷, 則曠日煩費, 威武虧矣. 今反虜
無慮三萬人, 法當倍用六萬人. 然羌戎弓矛之兵耳, 器不犀
利, 可用四萬人, 一月足以決.” 丞相, 御史, 兩將軍皆以爲民
方收斂時, 未可多發, 萬人屯守之, 且足. 奉世曰, “不可. 天
下被饑饉, 士馬羸耗, 守戰之備久廢不簡, 夷狄皆有輕邊吏
之心, 而羌首難. 今以萬人分屯數外, 虜見兵少, 必不畏懼,

戰則挫兵病師, 守則百姓不救. 如此, 怯弱之形見, 羌人乘
利, 諸種並和, 相扇而起, 臣恐中國之役不得止於四萬, 非
財幣所能解也. 故少發師而曠日, 與一舉而疾決, 利害相萬
也." 固爭之, 不能得. 有詔益二千人.

| 註釋 | ○永光二年 - 元帝의 2번째 연호. 前 42년. ○隴西羌乡姐旁種 -
隴西(농서)는 군명. 羌은 강족. 乡姐(삼저)는 강족의 성씨. 乡은 터럭 삼. 旁種
은 傍系 종족. ○韋玄成 - 韋賢의 아들. 73권, 〈韋賢傳〉에 附傳. ○鄭弘 -
66권, 〈公孫劉田王楊蔡陳鄭傳〉에 입전. 승상, 어사대부, 거기장군, 좌장군,
우장군을 五府라고 한다. ○不登 - 흉년이 들다. ○饑饉 - 饑 주릴 기. 饉
흉년 들 근. ○漠然 - 아무 말 없이. ○故師不久暴而天誅亟決 - 暴은 露出.
야영하다. 天誅는 천자의 정벌. 亟는 빠를 극. 자주 기. ○再三發輈(재삼발
용) - 두 번 세 번 군량을 수송하다. 輈는 용 수레 용. 밀 부. ○無慮 - 대개.
대략. ○法當倍~ - 兵法대로라면 응당 두 배~. ○器不犀利 - 犀利(서리)
는 무기가 견고하고 예리하다. ○久廢不簡 - 오래면 지치고 훈련도 되지 않
아. 簡은 調練하다. ○曠日 - 공연히 시일만 끌다.

〖 國譯 〗

　(元帝) 永光 2년 가을, 농서군의 강족 乡姐(삼저)의 방계 일족이
배반하자 조서로 승상 韋玄成, 어사대부 鄭弘, 대사마 거기장군 王
接(왕접), 좌장군 許嘉(허가), 우장군 풍봉세를 소집하여 협의하였다.
이때 해마다 흉년이 들어 장안의 곡가가 1石에 2백여 전, 변방에서
는 4백, 관동지역에서는 5백전이나 되었다. 이렇듯 사방이 기근이
들어 조정에서도 걱정을 할 때였는데 강족의 변란이 일어났다. 위현

성 등은 할 말이 없어 아무도 대답을 못했다. 이에 풍봉세가 말했다.

"강족이 근래에 우리 경내에서 자주 배반을 하는데 제때에 토벌하지 않으면 위신을 잃어 먼 곳 만이를 제압할 수 없습니다. 臣이 군사를 거느리고 토벌하겠습니다."

원제가 동원할 병력을 묻자 풍봉세가 대답하였다.

"臣이 알기로는, 용병을 잘하는 것이란 2년 이상 지속하지 않고 3년 이상 군량을 수송하지 않는다고 하였는데, 이는 전투를 장기간 지속할 수 없고 천자의 징벌은 빨리 결판내야 하기 때문입니다. 예전에는 여러 번, 적을 잘 파악하지 못하여 군사가 패전하고 2번 3번 구원병을 보내며 오랜 기간에 비용만 낭비하고 군사적 위신을 잃었습니다. 지금 배반한 오랑캐는 대략 3만 명 정도이니 병법대로라면 그 2배인 6만 명이 있어야 합니다. 그러나 강족의 활이나 창 같은 무기가 견고하거나 예리하지 않으니 4만 명을 동원하여 1개월이면 해결할 수 있습니다."

승상과 어사, 다른 두 장군은 모두 백성들이 지금 추수를 할 때라서 많은 병력을 낼 수 없으니 1만 명으로 수비하면 될 것이라고 하였다. 이에 풍봉세가 말했다.

"그렇치 않습니다. 천하가 기근이라 병사나 말도 여위었으며 수비 위주는 오래되면 지치고 훈련도 되지 않기에 오랑캐들도 변방의 군사를 깔보게 되며, 지금 강족은 맨 먼저 반기를 들었습니다. 지금 1만 명의 군사로 나누어 주둔하는 군사 외에 다른 군사가 없다는 것을 알면 두려워하지도 않을 것이며 싸워 패하거나 약해지면 수비한다 하여도 백성들이 도와주지 않을 것입니다. 이렇게 되면 나약한 모습만 보여주게 되는데 강족이 유리한 상황을 이용하여 다른 종족까지 호응케 하거나 반기를 부채질하여 봉기한다면 우리의 군사 동원은 4만 명으로 끝나지 않고 비용 지출만으로는 해결될 수 없을 것입니다. 그래서 소수를 동원하여 오래 끌 것이 아니라 일거에 신속하게 끝내는 것이 1만 배는 이로울 것입니다.”

풍봉세는 강력히 논쟁했지만 관철하지 못했다. 다만 조서에 의거 2천 명을 추가하였다.

原文

於是遣奉世將萬二千人騎, 以將屯爲名. 典屬國任立, 護軍都尉韓昌爲偏裨, 到隴西, 分屯三處. 典屬國爲右軍, 屯白石, 護軍都尉爲前軍, 屯臨洮, 奉世爲中軍, 屯首陽西極上. 前軍到降同阪, 先遣校尉在前與羌爭地利, 又別遣校尉救民於廣陽谷. 羌虜盛多, 皆爲所破, 殺兩校尉. 奉世具上地形部衆多少之計, 願益三萬六千人乃足以決事. 書奏, 天子大爲發兵六萬餘人, 拜太常弋陽侯任千秋爲奮武將軍以助焉. 奉世上言, “願得其衆, 不須煩大將.” 因陳轉輸之費.

│註釋│ ○以將屯爲名 - 領兵하고 屯田을 명분으로 삼다. 偏裨(편비)는 偏將. 副將. ○白石 - 隴西郡의 현명. 今 甘肅省 臨夏市. ○臨洮(임조) - 현명. 今 甘肅省 定西市 관할의 岷縣(민현). ○首陽西極 - 首陽은 縣名. 今 甘肅省 定西市 관할 渭源縣. 西極은 산 이름. ○降同阪, 廣陽谷 - 모두 지명.

이에 풍봉세에게 1만 2천 기병을 거느리게 하여 둔전을 명분으로 파견하였다. 전속국 任立(임립)과 호군도위 韓昌(한창)을 부장으로 거느리고 농서군에 도착하여 3개소에 나누어 주둔하였다. 典屬國의 군사를 右軍으로 하여 白石縣에 주둔케 하고, 護軍都尉를 前軍으로 臨洮縣(임조현)에, 풍봉세는 中軍으로 수양현 서극산에 주둔하였다. 전군은 降同阪(강동판)에 도착하여 먼저 교위를 보내 전면에서 강족과 유리한 곳을 차지하기 위하여 싸웠고 또 다른 교위를 보내 백성들을 廣陽谷에서 구출하였다. 강족의 적군은 강성하여 한군을 모두 격파하고 교위 2명을 죽였다. 풍봉세는 지형과 적군의 다소를 계산하여 보고하면서 3만 6천 명의 구원병을 보내주면 충분히 해결할 수 있다고 청원하였다. 상주한 것이 보고되자 원제는 크게 6만여 대군을 동원하고 太常인 弋陽侯(익양후) 任千秋를 奮武將軍으로 삼아 풍봉세를 돕도록 하였다. 이에 풍봉세는 "그 군사를 臣이 지휘할 수 있다면 다른 장수가 필요하지 않습니다."라고 상주하였다. 아울러 군량 운반에 따른 비용을 개진하였다.

上於是以璽書勞奉世, 且讓之, 曰, "皇帝問將兵右將軍, 甚苦暴露. 羌虜侵邊境, 殺吏民, 甚逆天道, 故遣將軍帥士大夫行天誅. 以將軍材質之美, 奮精兵, 誅不軌, 百下百全之道也. 今乃有衄敵之名, 大爲中國羞. 以昔不閑習之故邪?

以恩厚未洽, 信約不明也? 朕甚怪之. 上書言羌虜依深山,
多徑道, 不得不多分部遮要害, 須得後發營士, 足以決事, 部
署已定, 勢不可復置大將, 聞之. 前爲將軍兵少, 不足自守,
故發近所騎, 日夜詣, 非爲擊也. 今發三輔,河東,弘農越騎,
跡射,佽飛,彀者,羽林孤兒及呼速累,嗕種, 方急遣. 且兵, 凶
器也, 必有成敗者, 患策不豫定, 料敵不審也, 故復遣奮武將
軍. 兵法曰大將軍出必有偏裨, 所以揚威武, 參計策, 將軍
又何疑焉? 夫愛吏士, 得衆心, 舉而無悔, 禽敵必全, 將軍之
職也. 若乃轉輸之費, 則有司存, 將軍勿憂. 須奮武將軍兵
到, 合擊羌虜."

| 註釋 | ○璽書(새서) - 詔書. ○且讓之 - 讓은 책망하다. '不須煩大將'
의 말에 대한 책망. ○問將兵右將軍 - 問은 안부를 묻다. ○將兵右將軍 -
군사를 거느리고 야전에 임한 右將軍. 右將軍은 前, 後將軍과 함께 上卿에
속하는 무관직. 大將軍이나 驃騎, 車騎, 衛將軍의 次下 직급. 평상시에 구체
적 직무는 없지만 황제을 호위하고 가관의 직함을 받아 정사 논의에 참여할
수 있다. ○百下百全 - 萬無一失. ○乃有畔敵之名 - 乃는 결국. 有畔敵之
名은 적을 피하려는 명분. 畔은 피하다. ○不閑習之故邪 - 閑習은 익숙하다.
○日夜詣 - 밤낮으로 행군해 가다. 詣 이를 예. 도착하다. ○非爲擊也 - 공
격하기 위한 병력이 아니다. ○越騎,跡射,佽飛,彀者,羽林孤兒及呼速累,嗕種
- 越騎는 귀부한 越人의 기병. 跡射는 추적하여 사살하는 射手. 佽飛(차비)
는 주살을 쏘는 사수. 본래 上林苑의 전문 사냥꾼. 彀者(구자)는 쇠뇌를 쏘는
弓手. 羽林孤兒는 황제 근위대. 呼速累(호속루) 흉노의 호속루선우가 거느리
던 군사로 漢에 투항한 군사. ○嗕種(욕종) - 투항한 羌族으로 구성된 군사.

○方急遣 – 급히 파견하다.

〔國譯〕

원제는 이에 조서를 내려 풍봉세를 위로하면서 한편으로는 책망하였다.

"황제는 군사를 거느리고 있는 우장군에게 야외에서 고생이 얼마나 심한 지 묻는다. 강족이 우리의 변경을 침략하여 관리와 백성을 죽이고 天道를 심히 거역하기에 장군을 보내 사졸을 거느리고 천자를 대신하여 응징케 하였었다. 장군의 뛰어난 재능으로 정병을 거느리고 무법자를 징벌하는 것은 만에 하나의 실수도 있어서는 안 될 것이다. 지금도 여전히 배반한 적을 걱정하는 것은 중국의 큰 수치이다. 이전에는 지형에 익숙하지 못했는가? 아니면 짐의 후한 은택이 부족하거나 약속이 분명치 않았는가? 짐은 참으로 알 수가 없다. 上書한 바에 의하면 강족이 심산에 숨었고 샛길이 많아 부득불 요해처를 다 차단할 수도 없어 뒤에 동원하는 군사를 기다렸다가 해결할 수 있으며 부서는 이미 정해졌기에 다른 대장을 필요치 않다고 들었노라. 앞서 장군이 거느린 병력이 많지 않아 자체 수비에도 부족하다 하여 이번에 보내는 병력이 밤낮으로 서둘러 가겠지만 공격을 위한 병력은 아니로다. 이번에 三輔와 河東郡, 弘農郡에서 동원한 越人의 기병, 추적 사살하는 射手, 주살을 쏘는 사수〔佽飛(차비)〕, 쇠뇌를 쏘는 弓手〔轂者(구자)〕, 황제 근위대(羽林孤兒), 흉노의 呼速累(호속루) 선우가 거느렸던 군사, 투항한 강족의 嗕種(욕종)을 급히 파견하노라. 그리고 전쟁은 흉사이며 成敗가 필히 나겠지만 실책은 예정되어 있는 것이 아니며 신중히 적을 살피지 않을 수 없기에 이에 奮武

將軍을 더 파견하노라. 병법에도 大將軍이 출정하는데 반드시 副將
이 있어야만 무위를 떨칠 수 있고 계책을 마련할 수 있다 하였으니
장군은 무엇을 걱정하는가? 사졸을 아껴주며 군졸의 신뢰를 얻고
후회 없는 전투를 치루어 적을 완전히 격파하는 것이 장군의 직분일
것이다. 또 군량 운반에 따른 비용은 담당 관리가 있으니 장군을 걱
정하지 말라. 모름지기 분무장군의 도착을 기다려 함께 강족의 반란
을 격파하라."

原文

十月, 兵畢至隴西. 十一月, 並進. 羌虜大破, 斬首數千
級, 餘皆走出塞. 兵未決間, 漢復發募士萬人, 拜定襄太守
韓安國爲建威將軍. 未進, 聞羌破, 還. 上曰, "羌虜破散創
艾, 亡逃出塞, 其罷吏士, 頗留屯田, 備要害處."

| 註釋 | ○定襄(정양) - 군명. 치소는 成樂縣(今 內蒙古自治區 呼和浩特市
관할의 和林格爾縣). 韓安國은 武帝 때 韓安國(長孺, 52권, 〈竇田灌韓傳〉에 입
전)이 아님. ○創艾(창애) - 겁에 질려 무서워하다. 따끔하게 혼내주다.

〔國譯〕

元帝 永光 2년 10월에 병력이 모두 농서군에 도착했다. 11월에
총 진격하였다. 羌族의 적들을 대파하고 수천 명을 죽였으며 나머지
는 변새를 넘어 도주하였다. 전투가 끝나기 전에 漢에서는 다시 군
사 1만 명을 모집하여 定襄太守 韓安國을 建威將軍으로 제수하였

다. 출발하기 전에 강족이 격파되었다는 소식이 알려지자 해산하였다. 원제가 명령했다. "강족이 격파되고 겁에 질려 변새를 넘어 도망하였다니 부대 군졸을 해산하되 적절한 둔전병을 남겨두어 요해처를 지키기 바라노라."

原文

明年二月, 奉世還京師, 更爲左將軍光祿勳如故. 其後錄功拜爵, 下詔曰, "羌虜桀黠, 賊害吏民, 攻隴西府寺, 燔燒置亭, 絶道橋, 甚逆天道. 左將軍光祿勳奉世前將兵征討, 斬捕首虜八千餘級, 鹵馬,牛,羊以萬數. 賜奉世爵關內侯, 食邑五百戶, 黃金六十斤." 禪將,校尉三十餘人, 皆拜. 後歲餘, 奉世病卒. 居爪牙官前後十年, 爲折衝宿將, 功名次趙充國.

| 註釋 | ○桀黠(걸힐) - 교활하다. 간교하다. 桀은 사나울 걸. 黠은 교활할 힐. ○府寺(부사) - 태수부 관청. 寺는 관청 사. 寺가 內侍의 뜻이나 모신다는 뜻으로 쓰이면 音 시. ○爪牙官 - 나라를 지키는 무장. 武將. 호위무사. ○趙充國 - 특히 羌族 토벌에 공이 컸다. 69권, 〈趙充國辛慶忌傳〉에 입전.

〖國譯〗

다음 해 2월, 풍봉세는 장안으로 돌아왔고 다시 전처럼 좌장군 광록훈이 되었다. 그 뒤 공적을 심사하여 작위를 제수하면서 조서를 내려 말했다.

"강족 도적이 간교하여 관리와 백성을 해치고 농서 군청을 공격하고 각지의 驛站(역참)을 불태우고 길의 다리를 끊는 등 천도를 심히 거역하였다. 좌장군 광록훈인 奉世는 군사를 거느리고 토벌에 앞장서 적의 수급 8천여를 참수하였고 말과 소와 양 수만 마리를 노획하였다. 봉세에게 관내후의 작위와 식읍 5백 호 황금 60근을 하사한다."

풍봉세의 神將이나 校尉 30여 명도 모두 관직을 받았다. 일 년 뒤에 풍봉세는 병으로 죽었다. 풍봉세는 전후 10년간 무장으로 근무하며 전투 경험이 많은 장수로 공적이나 명성은 趙充國의 다음이었다.

原文

奮武將軍任千秋者, 其父宮, 昭帝時以丞相徵事捕斬反者左將軍上官桀, 封侯, 宣帝時爲太常, 薨. 千秋嗣後, 復爲太常. 成帝時, 樂昌侯王商代奉世爲左將軍, 而千秋爲右將軍, 後亦爲左將軍. 子孫傳國, 至王莽乃絶云.

| 註釋 | ○丞相徵事 – 관직명. 승상의 속관.

〖國譯〗

奮武將軍인 任千秋(임천추)란 사람의 부친은 任宮(임궁)인데 임궁은 昭帝 때 丞相徵事(승상징사)로 반역을 한 좌장군 上官桀(상관걸)을 잡아 죽여 제후에 봉해졌고 宣帝 때 太常이 되었다가 죽었다. 임천추는 후사가 되어 (나중에) 다시 太常이 되었다. 成帝 때 樂昌侯 王商이 풍봉세의 후임으로 좌장군이 되었고, 임천추는 우장군이었다가 뒤에 마찬가지로 좌장군이 되었다. 자손에게 傳國했다가 王莽(왕망 때) 단절 되었다고 한다.

奉世死後二年, 西域都護甘延壽以誅郅支單于封爲列侯. 時, 丞相匡衡亦用延壽矯制生事, 據蕭望之前議, 以爲不當封, 而議者咸美其功, 上從衆而侯之. 於是杜欽上疏, 追訟奉世前功曰, "前莎車王殺漢使者, 約諸國背畔. 左將軍奉世以衛侯便宜發兵誅莎車王, 策定城郭, 功施邊境. 議者以奉世奉使有指, 《春秋》之義亡遂事, 漢家之法有矯制, 故不得侯. 今匈奴郅支單于殺漢使者, 亡保康居, 都護延壽發城郭兵屯田吏士四萬餘人以誅斬之, 封爲列侯. 臣愚以爲比罪則郅支薄, 量敵則莎車衆, 用師則奉世寡, 計勝則奉世爲功於邊境安, 慮敗則延壽爲禍於國家深. 其違命而擅生事同, 延壽割地封, 而奉世獨不錄. 臣聞功同賞異則勞臣疑, 罪鈞刑殊則百姓惑, 疑生無常, 惑生不知所從, 亡常則節趨不立, 不知所從則百姓無所措手足. 奉世圖難忘死, 信命殊俗, 威功白著, 爲世使表, 獨抑厭而不揚, 非聖主所以塞疑厲節之意也. 願下有司議." 上以先帝時事, 不復錄.

| 註釋 | ○甘延壽(감연수) - 서역에 漢의 위세를 떨쳤다. 70권, 〈傅常鄭甘陳段傳〉에 입전. ○郅支單于(질지선우) - 五鳳 연간에 권력 다툼을 벌렸던 흉노의 선우. 漢에서 쫓겨 서쪽으로 도주하여 서역에 대한 漢의 지배를 위협했었다. ○匡衡(광형) - 81권, 〈匡張孔馬傳〉에 입전. ○杜欽(두흠) - 杜周의 손자. 60권, 〈杜周傳〉에 附傳. ○便宜發兵 - 便宜는 법규나 관례의 제약을 받지 않고 상황에 따라 결단하거나 처리하다. ○策定城郭 - 城郭은 서역에서 성곽을 쌓고 정착하여 사는 나라. 흉노는 이동생활을 하는 유목민이기에 성곽이 없었다. ○康居 - 서역의 국명. 질지선우가 이 나라의 실권을 장악한 뒤 다른 서역 국가를 위협했다. ○奉世獨不錄 - 不錄은 不記功. ○勞臣 - 功臣. ○節趣不立 - 節趣는 節制와 趣向. ○圖難忘死 - 圖難은 國難을 제거하다. ○白著 - 顯明. 밝게 드러나다.

〖國譯〗

풍봉세 死後 2년에, 서역도호인 甘延壽(감연수)가 郅支(질지)單于를 죽인 공으로 列侯에 봉해졌다. 그때 승상 匡衡(광형)도 감연수가 황제 명을 사칭하여 공을 세웠다면서 예전 소망지의 주장을 근거로 제후에 봉할 수 없다고 주장하였지만 의논하는 여러 사람이 모두 감연수의 공적을 칭찬하자 元帝는 중의에 따라 제후로 봉했다. 이에 杜欽(두흠)이 상소하여 풍봉세의 예전 공적을 변호하였다.

"전에 莎車王(사차왕)이 漢의 사자를 죽이고 서역 제국과 배반을 약조했습니다. 左將軍인 奉世는 衛候(위후)로 상황에 따라 군사를 동원하여 사차왕을 주살하고 성곽 국가를 안정시켰으니 변경에서 공적을 세웠습니다. 그때 논의했던 사람들은 奉世가 사자로서 사명을 받았지만 《春秋》의 대의에 따르면 문제가 되지 않았으나 漢家의 法에 矯制(교제)하였다 하여 열후가 되지 못했습니다. 이제 흉노의 질지선우는 漢의 사자를 죽였고 제멋대로 康居國을 차지하였기에 서역도호인 延壽는 성곽 국가의 둔병 장졸 4만여 명을 동원하여 질지선우를 죽여 열후에 봉해졌습니다. 臣이 어리석지만 두 사람을 비교해보면 죄악은 질지선우가 적다하지만 적을 헤아려보면 풍봉세가 상대한 사차국의 군사가 많고 동원한 군대를 보면 풍봉세가 적으며, 승리에 따른 공적을 따진다면 奉世는 변방을 안정케 했으며, 실패했을 경우 延壽가 나라에 끼치게 될 폐해가 컷을 것입니다. 사자로서의 본명을 어기고 문제를 만들었다는 점은 마찬가지인데 延壽는 식읍을 받고 제후가 되었지만 奉世의 공적은 인정되지 않았습니다. 臣이 알기로, 공적은 같으나 상이 다르다면 공신은 의혹을 품게 되며, 죄는 같은데 형벌이 다르다면 백성이 당혹하게 되는데 의혹을 품으면 일정하지 않고 당혹하게 되면 어찌할 바를 모르게 되며, 일정하지 않으면 절제하지 못하고 백성이 어찌할 바를 모른다면 백성은 손발을 둘 데가 없게 됩니다. 奉世는 국난 타개에 죽음을 생각하지 않았고 신의와 사명감이 보통 사람과 달랐으며 혁혁한 공이 뚜렷이 빛나 이 시대 使臣의 표상이 될 수 있었으나 奉世는 눌려 드러나지 못하였으니, 이는 聖主께서 의혹을 풀어 없애고 절의를 장려하는 뜻이라 할 수 없으니 有司가 의논토록 분부해 주시기 바랍니다."

그러나 元帝는 先帝 때의 일이라 하여 다시 인정하지 않았다.

79-2. 馮野王, 馮逡, 馮立, 馮參

原文

奉世有子男九人, 女四人. 長女媛以選充後宮, 爲元帝昭
儀, 産中山孝王. 元帝崩, 媛爲中山太后, 隨王就國. 奉世長
子譚, 太常擧孝廉爲郎, 功次補天水司馬. 奉世擊西羌, 譚
爲校尉, 隨父從軍有功, 未拜病死. 譚弟野王,逡,立,參至大
官.

| 註釋 | ○昭儀 – 妃嬪의 칭호. 황후 다음 지위. 外官의 경우 승상에 해당
하는 지위. 孝元馮昭儀는 漢 마지막 황제인 平帝의 祖母. 97권, 〈外戚傳 下〉
에 입전. ○中山孝王 – 劉興, 中山은 제후국명. 국도는 盧奴縣(今 河北省 직
할지인 定州市. 保定市와 石家庄市 중간). ○功次補天水司馬 – 功次는 근속 연
수에 따른 승진. ○天水司馬 – 天水는 군명. 치소는 平襄縣(今 甘肅省 天水
市). 司馬는 태수의 속관으로 무관직.

〔國譯〕

풍봉세는 아들이 9명, 딸이 4명이었는데 長女 馮媛(풍원)은 후궁
으로 선임되어 元帝의 昭儀가 되어 中山孝王을 낳았다. 元帝가 붕어
하자 풍원은 中山太后로 왕을 따라 중산국으로 갔다. 풍봉세의 장자
馮譚(풍담)은 太常이 효렴으로 천거하여 낭관이 되었다가 근무 연한
에 의거 天水司馬에 임명되었다. 풍봉세가 서쪽 강족을 토벌할 때
풍담은 교위가 되어 부친을 따라 종군하며 공을 세웠으나 관직을 제

수받기 전에 병으로 죽었다. 풍담의 동생인 馮野王, 馮逡(풍준), 馮立, 馮參은 고관이 되었다.

野王字君卿, 受業博士, 通《詩》. 少以父任爲太子中庶子. 年十八, 上書願試守長安令. 宣帝奇其志, 問丞相魏相, 相以爲不可許. 後以功次補當陽長, 遷爲櫟陽令, 徙夏陽令. 元帝時, 遷隴西太守, 以治行高, 入爲左馮翊. 歲餘, 而池陽令並素行貪汚, 輕野王外戚年少, 治行不改. 野王部督郵掾祋祤趙都案驗, 得其主守盜十金罪, 收捕. 並不首吏, 都格殺. 並家上書陳冤, 事下廷尉. 都詣吏自殺以明野王, 京師稱其威信, 遷爲大鴻臚.

| 註釋 | ○太子中庶子 - 太子의 시종관. ○當陽 - 현명. 今 湖北省 중부의 荊門市 관할의 當陽市. 1만 호 이상 되는 현에는 縣令을 보냈고, 질록은 6백석~1천석. 인구 1만 호가 안 되면 縣長이라 하였고, 질록은 3백석에서 5백석이었다. ○櫟陽(역양) - 현명. 今 陝西省 渭南市 관할의 富平縣. ○夏陽 - 현명. 今 陝西省 渭南市 관할 韓城市. ○池陽 - 현명. 今 陝西省 咸陽市 관할의 涇陽縣. ○祋祤(대우) - 현명. 今 陝西省 중부 銅川市 관할의 耀縣. ○不首吏 - 관리에게 죄를 인정하지 않다. 체포에 항거하다. 首는 伏罪.

〖國譯〗

馮野王(풍야왕)의 字는 君卿으로 박사에게 배워《詩經》에 능통하였다. 젊어 부친의 보증으로 太子中庶子가 되었다. 나이 18세에 상서하여 장안현령 직무대리를 해보고 싶다고 청원하였다. 宣帝가 그 뜻을 장하다 여겨 승상인 魏相에게 물었는데 위상은 허락할 수 없다고 하였다. 뒷날 연공에 의해 當陽縣長이 되었고 櫟陽(역양) 縣令, 夏陽 현령을 역임하였다. 元帝 때, 隴西太守로 승진하여 치적이 좋아서 조정에 들어와 左馮翊(좌풍익)이 되었다. 1년 뒤에 池陽 현령 並(병)은 평소에 탐욕이 많은데다가 풍야왕이 외척으로 나이도 젊다고 무시하며 행실을 고치지 않았다. 풍야왕은 督郵掾(독우연)인 祋祤縣(대우현) 사람 趙都(조도)에게 조사를 시켜 공금 10金을 도적질한 것을 밝혀내고 체포케 하였다. 並(병)이 체포를 거부하자 趙都가 때려 죽였다. 並(병)의 집안에서 상서하여 원통하다고 진정하자 사안이 정위에게 넘겨졌다. 정위의 관리가 오자 조도는 자살하여 풍야왕의 무죄를 밝혔고 장안 사람들은 풍야왕의 위신을 칭송하였는데 풍야왕은 大鴻臚(대홍려)로 승진하였다.

原文

數年, 御史大夫李延壽病卒, 在位多擧野王. 上使尙書選第中二千石, 而野王行能第一. 上曰, "吾用野王爲三公, 後世必謂我私後宮親屬, 以野王爲比." 乃下詔曰, "剛强堅固, 確然亡欲, 大鴻臚野王是也. 心辨善辭, 可使四方, 少府五鹿充宗是也. 廉潔節儉, 太子少傅張譚是也. 其以少傅爲御史大夫." 上緐(由)下第而用譚, 越次避嫌不用野王, 以昭儀兄故也. 野王乃歎曰, "人皆以女寵貴, 我兄弟獨以賤!" 野王雖不爲三公, 甚見器重, 有名當世.

| 註釋 | ○選第中二千石 - 選第는 高下의 순서를 정하다. ○以野王爲比 - 比는 例를 들 것이다. ○五鹿充宗 - 五鹿은 복성. ○甚見器重 - 재능이 뛰어나다고 인정받다.

〔國譯〕

몇 년 지나, 어사대부 李延壽가 병으로 죽자, 조정에 많은 사람들이 풍야왕을 천거하였다. 원제는 尙書를 시켜 中二千石 고관 중에서 임용할만한 순서를 만들어보라고 하였는데 풍야왕의 업무능력이 첫째였다. 이에 원제가 말했다.

"내가 야왕을 三公에 등용하면 후세에 틀림없이 내가 후궁의 친속을 봐 주었다고 말하면서 야왕을 예로 들 것이다." 그리고 조서를 내려 말했다.

"강직하고 견고하며 욕심이 없기로는 大鴻臚인 野王(야왕)이 적임자이다. 지혜롭고 언사가 뛰어나 사방에 일을 처리할 사람은 少府의 五鹿充宗(오록충종)이 낫다. 청렴하고 질박하기로는 太子少傅인 張譚(장담)이 제일 낫다. 태자소부를 어사대부로 삼겠노라."

원제가 낮은 순위인데도 장담을 등용하고 우월한 차례지만 혐의를 피해 풍야왕을 등용하지 않은 것은 풍야왕이 昭儀의 오빠이기 때문이었다. 이에 풍야왕이 탄식하였다.

"사람들은 모두 딸 때문에 총애 받고 높이 오르지만 나만은 형제라고 차별을 받았다!"

풍야왕은 비록 三公에 오르지는 못했지만 才器가 뛰어나다고 널리 인정받으며 당세에 유명했었다.

原文

成帝立, 有司奏野王王舅, 不宜備九卿, 以秩出爲上郡太守, 加賜黃金百斤. 朔方刺史蕭育奏封事, 薦言, "野王行能高妙, 內足與圖身, 外足以慮化. 竊惜野王懷國之寶, 而不得陪朝廷與朝者並. 野王前以王舅出, 以賢復入, 明國家樂進賢也." 上自爲太子時聞知野王. 會其病免, 復以故二千石使行河堤, 因拜爲琅邪太守. 是時, 成帝長舅陽平侯王鳳爲大司馬大將軍, 輔政八九年矣, 時數有災異, 京兆尹王章譏鳳專權不可任用, 薦野王代鳳. 上初納其言, 而後誅章, 語在〈元后傳〉. 於是野王懼不自安, 遂病, 滿三月賜告, 與妻子歸杜陵就醫藥. 大將軍鳳風御史中丞劾奏野王賜告養病而私自便, 持虎符出界歸家, 奉詔不敬. 杜欽時在大將軍莫府, 欽素高野王父子行能, 奏記於鳳, 爲野王言曰, "竊見令曰, 吏二千石告, 過長安謁, 不分別予賜. 今有司以爲予告得歸, 賜告不得, 是一律兩科, 失省刑之意. 夫三最予告, 令也, 病滿三月賜告, 詔恩也. 令告則得, 詔恩不得, 失輕重之差. 又二千石病賜告得歸有故事, 不得去郡亡著令. 傳曰, '賞疑從予, 所以廣恩勸功也, 罰疑從去, 所以愼刑, 闕難知

也.' 今釋令與故事而假不敬之法, 甚違闕疑從去之意. 卽
以二千石守千里之地, 任兵馬之重, 不宜去郡, 將以制刑爲
後法者, 則野王之罪, 在未制令前也. 刑賞大信, 不可不愼."
鳳不聽, 竟免野王. 郡國二千石病賜告不得歸家, 自此始.

初, 野王嗣父爵爲關內侯, 免歸. 數年, 年老, 終於家. 子
座嗣爵, 至孫坐中山太后事絶.

| 註釋 | ○有司 − 직분이나 성명을 명시하지 않은 官吏. 設官하고 담당
職務를 구분하기에 事有專司의 뜻. 담당자. 담당 관청이나 담당 부서의 뜻으
로도 쓰인다. ○以秩出爲~ − 大鴻臚의 질록은 중이천석이고, 태수는 2천석
이기에 중이천석의 질록을 그대로 받는다는 뜻. 漢制에 大郡의 경우 질록을
추가할 수 있었다. ○朔方刺史蕭育(소육) − 蕭望之의 아들인 蕭育은 삭방자
사를 역임하지 않았다. 78권, 〈蕭望之傳〉 참고. ○王章 − 76권, 〈趙尹韓張兩
王傳〉에 입전. ○賜告 − 황제가 하사하는 휴가. 告는 관리의 휴가. ○風 −
諷. 넌지시 암시해주다. ○虎符 − 兵符. ○莫府 − 幕府. ○過長安謁 − 長安
을 떠나갈 휴가를 신청하다. 謁은 휴가를 신청하다. ○予賜 − 予는 관리의
법정 휴가. 賜는 賜告로 황제가 특별히 하사한 휴가. ○失省刑之意 − 형벌
이 가벼운 쪽을 택한다는 뜻을 상실한 것이다. ○夫三最予告, 令也 − 三最
는 근무평가에서 3년 연속 최고 등급을 받은 것. 予告는 정기 휴가. 2천석 이
상의 관리는 유급휴가였다. ○亡著令 − 법령에 없다. 亡은 無. ○傳曰 − 법
령에 대한 해석. 여기서는 특정한 책을 뜻하지 않는다. ○賞疑從予 − 시상
을 하느냐, 아니 하느냐 의심될 때는 주는 쪽을 따른다.

〔國譯〕

成帝가 즉위하고서 담당자가 풍야왕은 (中山王) 王의 외숙으로
九卿에 근무하는 것은 옳지 않다고 상주하여 그 질록으로 上郡太守
로 전출하면서 황금 1백 근을 하사하였다. 朔方刺史인 蕭育(소육)이
봉서를 올려 상서하여 풍야왕을 추천하였다.

"野王은 업무 능력이 뛰어나며 안으로는 자신을 도모할 수 있고,
밖으로는 사물의 변화를 알고 있는 사람입니다. 아쉬운 것은 야왕은
나라를 위하는 보배인데도 조정에서 같이 일할 수 없는 것입니다.
야왕이 왕의 외숙이라고 외임으로 나갔지만 賢能하기에 다시 조정
으로 불러 나라에서 賢才를 등용한다는 뜻을 분명히 해야 합니다."

성제는 태자 때부터 풍야왕을 알고 있었다. 마침 풍야왕이 병이
나서 면직했는데 다시 예전 2천석 관리로 황하의 제방을 순시하였
고 이어 琅邪(낭야)의 태수가 되었다. 이때 성제의 큰 외숙인 陽平侯
王鳳은 大司馬 大將軍으로 나라 정사를 8, 9년이나 주관하고 있었
으며 재해가 자주 발생하였는데 京兆尹인 王章은 왕봉을 풍자하고
계속 전권을 행사할 수 없다면서 왕봉의 후임으로 풍야왕을 천거하
였다.

성제도 처음에는 그 말을 받아들이려다가 뒤에 왕장을 주살하였
는데, 이는 〈元后傳〉에 실려 있다. 이에 풍야왕은 두려워 그냥 있을
수 없어 병가를 내었고 3개월을 다 채우자 황제가 하사하는 휴가를
받아 처자와 함께 杜陵縣으로 돌아가 치료하였다.

대장군 王鳳은 어사중승을 넌지시 시켜 풍야왕이 賜告를 받아 요
양하고 제 편한대로 지내면서 虎符를 가지고 장안을 벗어나 고향에
서 지내는 것은 조서를 받은 신하의 불경죄라고 고발하였다.

杜欽(두흠)은 그때 대장군의 막부에 재직했는데 평소에 풍야왕 부자의 능력을 숭앙하였기에 왕봉에게 글을 올려 풍야왕을 변호하였다.

　"제가 금일에 생각하건대 2천석 관리의 휴가에 휴가를 신청해 장안을 떠나가는 것에는 정기 휴가와 하사 받은 휴가의 구별이 없습니다. 지금 담당자가 정기 휴가에는 고향에 갈 수 있고 하사받은 휴가에는 고향에 가지 못한다고 생각하는 것은 법률에 대한 2가지 경우인데, 이는 형벌에서 감형하는 뜻을 생각 안한 것과 같습니다. 3년 최고 등급이라 받는 정기 휴가는 법령에 따른 것이고, 3개월 병가를 다 쓰고 휴가를 하사받는 것은 황제 명에 따른 은택입니다. 법적 휴가는 고향에 갈 수 있고, 은택으로 받은 휴가는 갈 수 없다는 것은 경중의 차이를 생각 안한 것입니다. 또 2천석 관리가 질병으로 하사받은 휴가에 고향에 가는 것은 전례가 있으며 임지인 郡을 떠날 수 없다는 것은 법에 없습니다. 傳에서는 '상을 줄 것인가, 아니 줄 것인가에서 주는 쪽을 따르는 것은 은택을 널리 베풀며 공적을 세우도록 권장하는 뜻이며, 벌을 내리느냐, 아니 내리느냐에 아니 주는 쪽을 따르는 것은 형벌에 신중을 기하는 것이기에 결정하기 어려운 것을 없을 것이다.' 라고 하였습니다. 지금 법령을 따지지 않고 전례에 따라 불경죄를 적용하려는 것은 의문이 될 때는 벌하지 않는다는 뜻에 크게 어긋나는 것입니다. 곧 이천석 관리가 둘레 천리의 땅을 다스리는 것은 병마를 지휘할 중책이 있기에 그 군을 떠날 수 없는 것이며, 형벌을 먼저 정해 놓고 뒤에 법을 찾아 적용하려 한다면 풍야왕의 죄는 법을 만들기 이전에 해당합니다. 형벌이나 포상은 신의를 중시하기에 신중하지 않을 수 없습니다."

그러나 왕봉은 동의하지 않았고 결국 풍야왕을 면직시켰다. 군국의 2천석 관리가 병으로 휴가를 하사받아도 고향에 갈 수 없는 것은 이때부터 시작되었다.

그전에 풍야왕은 부친의 관내후 작위를 이어받았으나 면직하고 귀가하였다. 몇 년 뒤 노환으로 집에서 죽었다. 아들 馮座(풍좌)가 작위를 이었고 손자에 이르러 중산태후 사건에 연루되어 단절되었다.

逡字子産, 通《易》, 太常察孝廉爲郎, 補謁者. 建昭中, 選爲復土校尉. 光祿勳于永擧茂材, 爲美陽令. 功次遷長樂屯衛司馬, 淸河都尉, 淸西太守. 治行廉平, 年四十餘卒. 爲都尉時, 言河堤方略, 在〈溝洫志〉.

| 註釋 | ○建昭 - 원제의 연호. 前 38 - 34년. ○光祿勳于永 - 于定國의 아들. ○美陽 - 현명. 今 陝西省 咸陽市 관할의 武功縣. ○長樂屯衛司馬 - 長樂宮의 屯衛司馬. ○淸河 - 군명. 치소는 淸陽縣(今 河北省 邢台市 淸河縣, 山東省 접경 지역). ○〈溝洫志(구혁지)〉 -《漢書》39권. 溝洫은 하천.《史記》의 〈河渠書〉와 같은 내용.

〔 國譯 〕

馮逡(풍준)의 字는 子産으로《易經》에 박통하였으며 太常이 孝廉으로 천거하여 낭관이 되었고 謁者에 보임되었다. 원제 建昭 연간에 復土校尉에 선임되었고, 光祿勳 于永이 茂材로 천거하여 美陽 현령이 되었다. 연공으로 長樂宮 屯衛司馬가 되었다가 淸河郡 都尉를 지내고 隴西 太守가 되었다. 통치가 청렴 공평하였는데 나이 40여 세에 죽었다. 도위로 근무할 때 황하 제방에 대한 방략을 말한 것이 〈溝洫志(구혁지)〉에 실려 있다.

立字聖卿, 通《春秋》. 以父任爲郞, 稍遷諸曹. 竟寧中, 以王舅出爲五原屬國都尉. 數年, 遷五原太守, 徙西河,上郡. 立居職公廉, 治行略與野王相似, 而多知有恩貸, 好爲條敎. 吏民嘉美野王, 立相代爲太守, 歌之曰, "大馮君, 小馮君, 兄弟繼踵相因循, 聰明賢知惠吏民, 政如魯,衛德化鈞, 周公,康叔猶二君." 後遷爲東海太守, 下濕病痺. 天子聞之, 徙立爲太原太守. 更歷五郡, 所居有跡. 年老卒官.

| 註釋 | ○竟寧 − 원제의 연호. 前 33년. ○五原 − 군명. 치소는 九元縣(今 內蒙古自治區의 최대 도시인 包頭市. 黃河 북안). ○上郡 − 郡名. 治所는 膚施縣(今 陝西省 최북단 楡林市 동남). ○大馮君 − 성제 때 馮野王은 대홍려의 질록으로 上郡太守를 역임했었다. ○政如魯,衛 − 子曰, "魯衛之政, 兄弟也." 《論語 子路》. ○下濕病痺 − 지대가 낮고 습하여 중풍에 걸리다. 痺 지릴 비. 痲痺(마비, 痲痺)되다. ○太原太守 − 太原은 군명. 치소는 晉陽縣(今 山西省 省都인 太原市).

馮立(풍립)의 字는 聖卿으로《春秋》에 밝았다. 부친의 보증으로 낭관이 되었다가 점차 여러 관직을 거쳤다. 원제 竟寧 연간에 中山王의 외숙이라 하여 五原郡 屬國의 都尉로 나갔다. 몇 년 뒤, 五原太守로 승진했고 西河郡과 上郡태수를 지냈다. 풍립은 재임 중 공평 청렴하였고 그 治行이 형인 풍야왕과 비슷했으며 똑똑하고 은혜를 많이 베풀었으며 백성들 교화에 힘썼다. 吏民들은 풍야왕과 풍립 형제가 서로 뒤를 이어 태수가 된 것을 칭송하여 노래를 지어 불렀다.

"大馮君과 小馮君, 兄弟가 뒤를 이어 서로 따라 하나니 총명하고 현명하고 백성에 은혜 베풀고 정사는 魯와 衛처럼 덕화를 베푸니 두 태수가 周公과 康叔같네."

뒤에 東海太守로 전근하였는데 지대가 낮고 습하여 중풍에 걸렸다. 天子가 이 소식을 듣고 풍립을 太原太守로 이동했다. 5개 군 태수를 거쳤고 모두 훌륭한 치적을 쌓고 연로하여 관직을 갖고 죽었다.

원문 〔原文〕

參字叔平, 學通《尙書》. 少爲黃門郎給事中, 宿衛十餘年, 參爲人矜嚴, 好修容儀, 進退恂恂, 甚可觀也. 參, 昭儀少弟, 行又敕備, 以嚴見憚, 終不得親近侍帷幄. 竟寧中, 以王舅出補渭陵食官令. 以數病徙爲寢中郎, 有詔勿事. 陽朔中, 中山王來朝, 參擢爲上河農都尉. 病免官, 復爲渭陵寢中郎.

永始中, 超遷代郡太守. 以邊郡道遠, 徙爲安定太守. 數歲,
病免, 復爲諫大夫, 使領護左馮翊都水. 綏和中, 立定陶王
爲皇太子, 以中山王見廢, 故封王舅參爲宜鄉侯, 以慰王意.
參之國, 上書願至中山見王, 太后. 行未到而王薨. 王病時,
上奏願貶參爵以關內侯食邑留長安. 上憐之, 下詔曰, "中山
孝王短命早薨, 願以舅宜鄉侯參爲關內侯, 歸家, 朕甚愍之.
其還參京師, 以列侯奉朝請." 五侯皆敬憚之. 丞相翟方進
亦甚重焉, 數謂參, "物禁太甚. 君侯以王舅見廢, 不得在公
卿位, 今五侯至尊貴也, 與之並列, 宜少詘節卑體, 視有所
宗. 而君侯盛修容貌以威嚴加之, 此非所以下五侯而自益者
也." 參性好禮儀, 終不改其恆操.

| 註釋 | ○進退恂恂 - 恂恂(순순)은 공경하고 근신하는 모양. ○親近侍
帷幄 - 帷幄(유악)은 황제. 황제 거처에는 필히 휘장을 설치했다. ○竟寧(경
녕) - 원제의 마지막 연호. 前 33년. ○渭陵食官令 - 渭陵은 元帝의 황릉. 食
官令은 관직명. 太常의 속관. ○寢中郞 - 관직명. 寢郞이라고도 부름. 太常
의 속관. 陽朔 - 成帝의 연호(前 24 - 21년). ○中山王來朝 - 中山孝王 劉
興. 풍참은 중산효왕의 막내 외삼촌. 上河農都尉 - 둔전하며 개간을 주관
하는 도위를 農都尉라 했다. 上河는 위치 미상. ○永始 - 성제 연호. 前 16
- 13년. ○超遷代郡太守 - 超遷은 관리 등급을 뛰어넘어 승진하다. 代郡의
치소는 代縣(今 河北省 張家口市 관할의 蔚縣울현). ○安定 - 군명. 치소는 高
平縣, 今 寧夏回族自治區 남부의 固原市. ○領護左馮翊都水 - 領은 겸임하
다. 護는 통합 관할하다. 都水는 수리 사업 책임자. ○綏和(수화) - 성제의
마지막 연호. 前 8 - 7년. ○定陶王爲皇太子 - 定陶王 劉欣, 뒷날 哀帝. 定陶

王 劉康은 元帝의 次子로 모친은 傅昭儀(부소의)이었다. 유강이 일찍 죽자 아들 劉欣(유흔 母親 丁氏)은 정도왕이 되었다가 成帝가 아들이 없이 죽자 뒤를 이어 제위에 올랐다(哀帝). ㅇ以中山王見廢 - 성제의 후계자에서 밀려난 것임. 그러나 中山孝王의 아들이 哀帝 다음에 平帝로 즉위. ㅇ以列侯奉朝請 - 朝는 제후가 봄에 입조하는 것. 請은 제후가 가을에 천자를 알현하는 것. ㅇ五侯皆敬憚之 - 성제의 외삼촌 王譚, 王商, 王立, 王根, 王逢는 성제 河平 2년(前 27)에 같은 날 제후에 봉해졌다. 敬憚은 어려워하며 꺼리다. ㅇ翟方進(적방진) - 84권, 〈翟方進傳〉에 입전. ㅇ物禁太甚 - 모든 일에 너무 지나치게 어려워하다. ㅇ宜少詘節卑體 - 少는 조금 약하게. 詘節卑體는 뜻을 굽히고 몸을 낮추다. ㅇ視有所宗 - 宗은 尊. ㅇ恒操(항조) - 늘 변함없는 지조. 恒 항상 항. 뻗칠 긍.

〔國譯〕

馮參(풍참)의 字는 叔平으로 《尙書》를 전공하였다. 젊어 黃門郞給事中이 되었고 宿衛로 10여 년 근무하였는데 풍참은 사람됨이 엄격하고, 엄숙 단정한 용모에 처신이 공손하면서도 온화하고 매우 의젓하였다. 풍참은 馮昭儀의 막냇동생이나 행실에 더욱 조심하며 엄격하고 어렵게 대하여 끝내 황제를 가까이 할 수도 없었다. 원제 竟寧(경녕) 연간에 왕의 외숙으로 渭陵의 食官令에 보임되었다. 풍참은 자주 병을 앓아 寢中郞으로 옮겼는데 조서로 업무를 수행하지 않게 하였다. 성제 陽朔 연간에 中山王이 입조하였는데 풍참을 발탁하여 上河의 農都尉에 임명하였다. 병으로 사직했다가 元帝 渭陵의 寢中郞이 되었다. 永始 연간에 등급을 뛰어 넘어 代郡太守가 되었다. 代郡이 변방이고 길이 멀어 安定太守로 옮겼다. 몇 년 뒤에 병으로 사직했다가 다시 諫大夫가 되었으며 左馮翊(좌풍익) 都水 감독을 겸임하였다. 綏和(수화) 연간에 定陶王이 皇太子가 되면서 中山王은 폐태자가 되었기에 中山王의 외숙인 풍참을 宜鄕侯에 봉해 중산왕의 마음을 위로해 주었다. 풍참이 封國에 부임하면서 상서하여 中山國에 가서 중산왕과 태후를 만나고자 하였다. 중산국에 가기 전에 왕이 죽었다. 중산왕은 병중에 풍참의 작위를 깎더라도 관내후로 식읍을 받고 장안에 머물 수 있게 해달라고 상주했었다. 성제는 가엾게 여기면서 조서를 내렸다.

"中山孝王이 短命하여 일찍 죽었으나 외숙 의향후 馮參(풍참)을 關內侯로 봉해 귀가할 수 있게 해 달라고 하였는데, 짐은 이를 심히 안타까워하노라. 풍참을 장안에 돌아오도록 하고 열후로 봄과 가을에 입조토록 하라."

왕씨의 五侯도 모두 풍참을 공경하며 어려워하였다. 또 승상 翟方進(적방진)도 풍참을 매우 어려워하였는데 여러 번 풍참에게 말했다.

"모든 일이 너무 엄격하십니다. 君侯께서는 태자에서 폐위 당한 왕의 외숙이라 公卿의 지위에 오를 수도 없지만 지금 五侯는 아주 존귀한 자리에 있으며 그들과 같은 반열에 있으니 의당 조금 절조를 굽히고 몸을 낮추면서 그들에 대한 존중심을 보여 주셔야 합니다. 군후께서 엄숙 단정하신 용모에 위엄까지 보태어지니, 이는 五侯를 낮추면서 자신을 돋보이게 하는 방법이 아닐 것입니다."

풍참의 천성이 예의를 잘 지켰기에 끝내 그 변함없는 지조를 바꾸지는 않았다.

頃之, 哀帝卽位, 帝祖母傳太后用事, 追怨參姊中山太后,
陷以祝詛大逆之罪, 語在〈外戚傳〉. 參以同産當相坐, 謁者
承制召參詣廷尉, 參自殺. 且死, 仰天歎曰, "參父子兄弟皆
備大位, 身至封侯, 今被惡名而死, 姊弟不敢自惜, 傷無以
見先人於地下!" 死者十七人, 衆莫不憐之. 宗族徙歸故郡.

| 註釋 | ○傳太后(부태후) – 哀帝(劉欣)의 조모. 곧 元帝의 傳昭儀(부소
의). ○參以同産當相坐 – 同産은 同母 소생의 친형제.

〖 國譯 〗

얼마 후, 애제가 즉위하자 애제의 조모인 傳太后가 권력을 쥐었
는데 풍참의 누나인 中山太后를 미워하여 저주하는 대역죄를 지었
다고 모함하였는데, 이는 〈外戚傳〉에 있다. 풍참은 친형제로 이들
죄에 연루되어 알자가 制書를 갖고 와서 풍참을 소환하여 정위에게
가라고 하자 풍참은 자살하였다. 죽기 직전에 풍참은 하늘을 보며
탄식하였다.

"나의 父子兄弟가 모두 대관을 역임했고 신분이 封侯인데, 지금
악명을 쓰고 죽어야 하니 누이와 동생이 슬퍼할 수도 없지만 마음이
아파 지하에서 선친을 어찌 뵙겠는가!"

따라 죽은 사람이 17명이었는데 많은 사람이 마음 아파하지 않는
이가 없었다. 그 일족들은 옛 고향으로 옮겨갔다.

贊曰, 《詩》稱 '抑抑威儀, 惟德之隅.' 宜鄕侯參鞠躬履方,
擇地而行, 可謂淑人君子, 然卒死於非罪, 不能自免, 哀哉!
讒邪交亂, 貞良被害, 自古而然. 故伯奇放流, 孟子宮刑, 申
生雉經, 屈原赴湘, 〈小弁〉之詩作, 《離騷》之辭興. 經曰,
'心之憂矣, 涕旣隕之.' 馮參姊弟, 亦云悲矣!

| 註釋 | ○《詩》稱 - 《詩經 大雅 抑》. ○抑抑威儀 - 抑抑은 근신하는 모
양. ○鞠躬履方 - 鞠躬은 공경하며 근신하는 모양. 履方은 도를 실천하다.
○淑人君子 - 선량한 군자. ○伯奇放流 - 伯奇는 周 宣王의 重臣인 尹吉甫
의 長子. 계모에게 참소를 당해 내쫓겼다. ○孟子宮刑 - 孟子는 西周의 현
인. 참소를 당해 宮刑을 받았다. ○申生雉經 - 申生은 춘추시대 晉 獻公의
아들. 雉經(치경)은 목매어 자살하다. 雉는 꿩 치. 노끈. 소 고삐. 經은 목을
베다. 自縊(자액). ○屈原赴湘 - 屈原은 楚의 三閭大夫. 유배당한 뒤에 湘水
에 몸을 던졌다. 《離騷(이소)》는 굴원의 작품. 離는 당하다. 騷는 근심 걱정.
○〈小弁〉之詩 - 《詩經 小雅》의 편명. 참소를 멀리하라는 뜻의 시. ○心之憂
矣, 涕旣隕之 - 〈小弁〉의 일부.

[國譯]

班固의 論贊: 《詩經》에서도 '근신하며 위엄을 지키니 그 德性도
방정하네.' 라고 읊었다. 宜鄕侯 馮參(풍참)은 공경 근신하며 도를 실
천하고 다닐 곳을 골라 다녔으니 선량한 군자라고 말할 수 있으나
갑자기 죄도 아닌 죄에 걸려 벗어나지 못하고 죽었으니 슬픈 일이로
다! 참언과 거짓이 뒤섞이면 곧고 바른 사람이 해를 당하는 것은 예

로부터 그러하였다. 그래서 伯奇(백기)는 쫓겨났고 孟子(맹자)는 宮刑을 받았으며, 申生은 소 고삐로 목을 매었고 屈原(굴원)은 湘水(상수)에 몸을 던졌으며, 〈小弁〉의 詩가 지어졌고 《離騷(이소)》의 辭를 지었다. 《詩經》에서도 '마음의 시름이 눈물 되어 떨어지네.' 라고 노래했다. 풍참 누이와 동생 또한 슬프지 않았겠는가!

80 宣元六王傳
〔선,원,육왕전〕

80-1. 淮陽憲王 劉欽

原文

　孝宣皇帝五男. 許皇后生孝元帝, 張婕妤生淮陽憲王欽,
衛婕妤生楚孝王囂, 公孫婕妤生東平思王宇, 戎婕妤生中山
哀王竟.

│註釋│ ○許皇后 − 許廣漢의 딸(許平君)은 劉病已(유병이, 宣帝)와 결혼
하였고 다음 해에 아들 劉奭(元帝)을 출산하였다. 곽광의 부인 顯(현)이 자
기 딸을 선제의 황후가 되게 하려고 의원을 매수하여 둘째 아이를 출산한 허
황후를 독살하였다. 68권, 〈霍光金日磾傳〉참고. ○婕妤(첩여) − 女官名. 上
卿에 해당하는 女官. ○劉囂(유효) − 囂 시끄러울 효.

孝宣皇帝는 五男을 두었다. 許皇后가 孝元帝를 낳았고, 張婕妤(장첩여)는 淮陽憲王 劉欽(유흠)을 낳았으며, 衛婕妤(위첩여)는 楚孝王 劉囂(유효)를, 公孫婕妤(공손첩여)는 東平思王 劉宇(유우)를, 戎婕妤(융첩여)는 中山哀王 劉竟(유경)을 낳았다.

淮陽憲王欽, 元康三年立, 母張婕妤有寵於宣帝. 霍皇后廢後, 上欲立張婕妤爲后. 久之, 懲艾霍氏欲害皇太子, 乃更選後宮無子而謹愼者, 乃立長陵王婕妤爲后, 令母養太子. 后無寵, 希御見, 唯張婕妤最幸. 而憲王壯大, 好經書, 法律, 聰達有材, 帝甚愛之. 太子寬仁, 喜儒術, 上數嗟歎憲王曰, "眞我子也!" 常有意欲立張婕妤與憲王, 然用太子起於微細, 上少依倚許氏, 及卽位而許后以殺死, 太子蚤失母, 故弗忍也. 久之, 上以故丞相韋賢子玄成陽狂讓侯兄, 經明行高, 稱於朝廷, 乃召拜玄成爲淮陽中尉, 欲感諭憲王, 輔以推讓之臣, 由是太子遂安. 宣帝崩, 元帝卽位, 乃遣憲王之國.

| 註釋 | ○淮陽 – 제후 국명, 국도는 陳縣(今 河南省 周口市 淮陽縣). 郡名. ○元康三年 – 선제의 연호. 전 63년. ○霍皇后 – 霍光의 딸. ○懲艾(징애) – 혼을 내다. 징계하다. ○長陵王婕妤 – 長陵은 고조의 능. 今 咸陽市 동북.

縣名. ○然用太子起於微細 - 用은 以. 起於微細는 미천한 生活을 겪었다. ○許后以殺死 - 97권, 〈外戚傳 上〉에 상세한 記錄. 68권, 〈霍光金日磾傳〉 참고. ○蚤失母 - 蚤는 早. ○韋賢子玄成陽狂讓 - 위현성은 작위를 兄이 받게 하려고 거짓 미친 척하였다. 73권, 〈韋賢傳〉 참고. 陽은 佯(거짓 양).

〖 國譯 〗

淮陽憲王 劉欽(유흠)은 선제 元康 3년에 책립되었는데 모친 張婕好(장첩여)는 宣帝의 총애를 받았다. 霍(곽) 황후가 폐위된 뒤에 선제는 장첩여를 왕후로 세우려 하였다. 얼마 뒤 곽씨 일족이 황태자를 해치려던 일을 징계한 뒤에는 후궁으로서 아들이 없고 신중한 후궁을 골랐는데, 곧 長陵縣의 王婕好(왕첩여)를 황후로 책봉하여 모친처럼 태자를 양육케 하였다. 왕황후는 총애받지 못했고 가끔 보면서 오직 장첩여만을 가장 총애하였다. 憲王은 장성하면서 경서와 법률을 좋아했고 총명하며 재주가 있어 선제가 매우 사랑하였다. 태자도 관대하고 인자하며 유학을 좋아하였는데 선제는 여러 번 헌왕을 보며 "정말 내 아들이로다!"라고 감탄하였다. 선제는 늘 장첩여와 헌왕을 책립할 생각이 있었으나 태자가 미천한 생활을 겪었고 선제 자신도 젊어 허씨에게 의지했으며 즉위 뒤에 허황후가 살해당해 태자가 어미를 일찍 여위었기에 차마 폐할 수가 없었다. 얼마 뒤에 선제는 승상 韋賢(위현)의 아들로 형에게 작위를 양보하려고 거짓으로 미친척하였으며 경학에 밝고 행실이 고상하여 조정에서도 칭송을 많이 받고 있는 韋玄成(위현성)을 불러 淮陽 中尉에 임명한 뒤에 위현성이 헌왕을 가르쳐 양보를 할 수 있는 藩臣(번신)이 되도록 보필하게 하였는데 이로써 태자의 지위는 안정되었다. 선제가 붕어하고

원제가 즉위한 뒤에 헌왕은 자기 본국으로 갔다.

原文

時, 張婕好已卒, 憲王有外祖母, 舅張博兄弟三人歲至淮
陽見親, 輒受王賜. 後王上書, 請徙外家張氏於國. 博上書,
願留守墳墓, 獨不徙. 王恨之. 後博至淮陽, 王賜之少. 博
言, "負責數百萬, 願王爲償." 王不許. 博辭去, 令弟光恐云
王遇大人益解, 博欲上書爲大人乞骸骨去. 王乃遣人持黃金
五十斤送博. 博喜, 還書謝, 爲諂語盛稱譽王, 因言, "當今
朝廷無賢臣, 災變數見, 足爲寒心. 萬姓咸歸望於大王, 大
王奈何恬然不求入朝見, 輔助主上乎?" 使弟光數說王宜聽
博計, 令於京師說用事貴人爲王求朝. 王不納其言.

| 註釋 | ○負責數百萬 – 負責은 負債(부채). ○王遇大人益解 – 王은 獻
王. 大人은 장씨 형제들의 모친. 헌왕의 외조모. 益解의 解는 懈(게으를 해).
○爲大人乞骸骨去 – 乞骸骨去는 회양국을 떠나 본가로 돌아가다. ○還書謝
– 還書는 回書. ○奈何恬然 – 奈何(내하)는 어찌하여. 恬然(염연)은 느긋하
다. 恬 편안할 염.

[國譯]

이때, 장첩여는 이미 죽었고, 憲王에게 外祖母가 있었는데 외숙
인 張博(장박) 형제 3인은 해마다 회양국에 가서 모친을 만나 뵈었고

헌왕은 그때마다 재물을 하사하였다. 뒷날 헌왕은 외가인 張氏를 회양국으로 데려오겠다고 상서하였다. 그러나 장박은 고향에 남아 분묘를 지키겠다고 상서하고 이사하지 않았다. 헌왕은 이를 서운하게 여겼다. 뒤에 장박이 회양국에 왔으나 헌왕은 그에게 재물을 조금 하사하였다. 장박은 "부채가 수백만이니 왕께서 해결해 주십시오."라고 말했으나 왕은 허락하지 않았다.

장박은 돌아가서 동생 張光에게 헌왕이 외조모에 대한 대우가 나날이 나빠진다면서 장박이 모친을 집으로 데려가려 한다고 상서하게 시켰다. 그러자 헌왕은 사람을 시켜 장박에게 황금 50근을 보냈다. 장박은 좋아하면서 답신을 보내 사례하고 아첨하는 말로 헌왕을 크게 칭송하면서 말했다.

"지금 조정에는 賢臣이 없어 재해가 자주 일어나니 정말 걱정이 됩니다. 만백성은 대왕에게 기대하고 있는데, 대왕께서는 어찌하여 느긋하게도 입조하여 황제를 알현하거나 황제를 보필하려고 하지 않으십니까?"

그리고는 동생 장광을 시켜 장박의 계책에 따르는 것이 좋을 것이라고 자주 말하게 하면서 자신이 京師에서 권력을 행사하는 귀인들에게 왕이 입조할 수 있도록 설득하겠다고 하였다. 그러나 헌왕은 그 말에 따르지 않았다.

原文

後光欲至長安, 辭王, 復言 "願盡力與博共爲王求朝. 王卽日至長安, 可因平陽侯." 光得王欲求朝語, 馳使人語博.

博知王意動, 復遺王書曰, "博幸得肺附, 數進愚策, 未見省察. 北遊燕,趙, 欲循行郡國求幽隱之士, 聞齊有駒先生者, 善爲《司馬兵法》, 大將之材也, 博得謁見, 承間進問五帝,三王究竟要道, 卓爾非世俗之所知. 今邊境不安, 天下騷動, 微此人其莫能安也. 又聞北海之瀕有賢人焉, 累世不可逮, 然難致也. 得此二人而薦之, 功亦不細矣. 博願馳西以此赴助漢急, 無財幣以通顯之. 趙王使謁者持牛,酒,黃金三十斤勞博, 博不受, 復使人願尚女, 聘金二百斤, 博未許. 會得光書云大王已遺光西, 與博並力求朝. 博自以棄捐, 不意大王還意反義, 結以朱顏, 願殺身報德. 朝事何足言! 大王誠賜咳唾, 使得盡死, 湯,禹所以成大功也. 駒先生蓄積道術, 書無不有, 願知大王所好,請得輒上."

王得書喜說, 報博書曰, "子高乃幸左顧存恤, 發心惻隱, 顯至誠, 納以嘉謀, 語以至事, 雖亦不敏, 敢不諭意! 今遺有司爲子高償責二百萬."

| 註釋 | ○平陽侯 - 陽平侯 王鳳의 착오. 平陽侯 曹參의 후손은 이미 단절되었다. ○肺附 - 肺腑, 親屬. ○循行 - 순시하다. 循은 巡也. ○微此人其莫能安也 - 微는 없을 미. 其는 아마도. 추측을 표시. ○瀕 - 물가. 바닷가. ○累世不可逮 - 逮는 及也. 그 才智를 못 따라간다는 뜻. ○朱顏 - 기쁜 얼굴. 친숙하고 신임하는 모습. ○誠賜咳唾 - 咳唾(해타)는 윗사람의 말. 咳 기침 해. 唾 침 타. 어른이 말할 때 기침이나 침이 나온다. ○子高 - 張博의 字. ○左顧存恤 - 左顧(좌고)는 돌아보다. 存恤(존휼)은 불쌍히 여겨 도와주다.

그 뒤에, 장광이 장안에 가려고 헌왕에게 인사를 하면서 "장박과 함께 대왕이 입조하시도록 힘을 써보겠습니다. 대왕께서 가까운 시일 내 장안에 오신다면 陽平侯(王鳳)의 힘일 것입니다."

장광은 헌왕이 입조하고 싶은 뜻이 있다는 것을 알고 사람을 급히 장박에게 보내 알렸다. 장박은 왕의 뜻이 바뀐 것을 알고 다시 글을 올렸다.

"博(박)은 다행히 대왕의 친척으로 여러 번 제 생각을 건의했지만 알아주지 않으셨습니다. 북쪽으로 燕과 趙의 땅을 돌아보며 각 군국에 숨어있는 은사를 만나고자 하였는데 齊 땅에 駟(사)先生이란 자가 있어《司馬兵法》에 박통하며 大將의 재목이라 하여 찾아가 만나보고 五帝와 三王의 道의 요점을 물었더니 아주 탁월하여 세속인이 아는 것과 달랐습니다. 지금 변경이 불안하고 천하가 소란한데 이 사람이 아니라면 안정시킬 사람이 없을 것입니다. 또 북해 바닷가에 어떤 현인이 있다고 들었는데 예전부터 그 재능을 따라갈 만한 사람이 없으며 불러오기도 어렵다고 합니다. 이 두 사람을 얻어 천거한다면 그 공 또한 적지 않을 것입니다. 博(박)이 지금이라도 서쪽으로 달려가 漢의 위기를 도와달라고 말하려는데 돈이 없어 그들과 통교하지 못하고 있습니다. 趙王이 謁者를 시켜 소고기와 술, 그리고 황금 30근을 보내 나를 위로한다고 하였지만 저는 받지 않았으며 다시 사람을 시켜 공주를 시집보내겠다면서 맞이하는 비용으로 황금 2백 근을 보내려 했지만 제가 허락하지 않고 있습니다. 마침 동생 장광이 보낸 서신에 대왕께서 장광을 장안에 보내셨다 하니 저도 함께 대왕이 入朝하도록 힘써 보겠습니다. 저는 거의 포기하고 있었는데 뜻밖에도 대왕께서 생각을 바꾸시고 저를 신임해 주시니 살신하여 報德하겠습니다. 그러면 입조하는 일이 어찌 어렵겠습니까! 대왕께서 진심으로 말씀해 주시니 제가 죽도록 일할 수 있다면 (대왕께서는) 湯王이나 禹王처럼 큰 공을 이룰 것입니다. 駟(사) 선생께서는 도술을 언마하고 있지만 서신이 없을 수 없으니 대왕께서 원하시는 바를 알아 곧 글을 올리도록 청하겠습니다."

헌왕은 서신을 받고 매우 좋아하며 장박에게 서신을 보냈다.

"子高가 다행히 살펴주고 도와주며 측은지심과 성심으로 훌륭한 방책을 건의하고 긴요한 일을 말해주니 비록 불민하지만 어찌 그 뜻을 모르겠는가! 이제 관리에게 외숙의 빚을 갚도록 2백만을 보내오."

原文

是時, 博女婿京房以明《易》陰陽得幸於上, 數召見言事. 自謂爲石顯, 五鹿充宗所排, 謀不得用, 數爲博道之. 博常欲誆耀淮陽王, 即具記房諸所說災異及召見密語, 持予淮陽王以爲信驗, 詐言, "已見中書令石君求朝, 許以金五百斤. 賢聖制事, 蓋慮功而不計費. 昔禹治鴻水, 百姓罷勞, 成功旣立, 萬世賴之. 今聞陛下春秋未滿四十, 發齒墮落, 太子幼弱, 佞人用事, 陰陽不調, 百姓疾疫饑饉死者且半, 鴻水之害殆不過此. 大王緒欲救世, 將比功德, 何可以忽? 博已與大儒知道者爲大王爲便宜奏, 陳安危, 指災異, 大王朝見, 先口陳其意而後奏之, 上必大說. 事成功立, 大王卽有周,邵之名, 邪臣散亡, 公卿變節, 功德亡比, 而梁,趙之寵必歸大王, 外家亦將富貴, 何復望大王之金錢?" 王喜說, 報博書曰, "乃者詔下, 止諸侯朝者, 寡人憯然不知所出. 子高素有顏,冉之資, 臧武之智, 子貢之辯, 卞莊子之勇, 兼此四者, 世之所鮮. 旣開端緒, 願卒成之. 求朝, 義事也, 奈何行金錢乎!" 博報曰, "已許石君, 須以成事." 王以金五百斤予博.

| 註釋 | ○京房(경방, 前 77 - 37) - 字 君明. 75권, 〈睢兩夏侯京翼李傳〉에 입전. 88권, 〈儒林傳〉에는 그의 학문을 소개. ○誑耀(광요) - 속이고 현혹케 하다. 誑 속일 광. 耀 빛날 요. ○鴻水 - 洪水. ○緖欲救世, 將比功德 - 緖는 開始. 처음에. 比功德은 옛 제왕의 공덕에 비교하다. 그런 공덕을 이루려 하다. ○乃者 - 요즈음. 최근에. ○憯然不知所出 - 憯然(참연)은 마음이 아프다. 크게 걱정하며. 不知所出은 어찌할 바를 모르다. ○顏,冉之資~ - 顏,冉은 顏回와 冉有(염유, 冉耕)는 모두 공자의 학문적 수제자. ○臧武(장무) - 춘추시대 魯의 賢人. 子貢(자공)은 공자의 수제자. 卞莊子(변장자)는 춘추시대 魯의 勇者.

〔國譯〕

이때 張博의 사위인 京房(경방)은 《易經》의 음양에 밝아 원제의 신임을 받았고 자주 알현하며 정사를 건의하였다. 경방은 石顯(석현)과 五鹿充宗에게 배척당해 정책이 채택되지 않는다고 장박에게 말했었다. 장박은 늘 회양왕을 속이려 거짓말을 하면서 경방이 말한 災異에 대한 이야기나 원제와 나눈 사적인 대화를 적어 회양 헌왕에게 가지고 가서 믿게 만들면서 거짓말을 하였다.

"이미 中書令 石君(석현)을 만나 입조하게 하면서 金 5백 근을 주겠다고 하였습니다. 성현께서 사업을 일을 할 때는 그 성과를 고려할 뿐 비용을 계산하지 않습니다. 옛날 禹(우) 홍수를 다스릴 때 백성들은 피폐했지만 치수사업이 끝난 뒤 萬世에 이르도록 그 덕을 보고 있습니다. 지금 제가 알기로, 폐하께서는 춘추가 40이 안 되었는데도 치아가 모두 빠졌으며 태자는 幼弱(유약)하고 아첨배가 권력을 흔들고 음양이 조화를 이루지 못하여 백성들은 질병에 시달리고 굶어죽는 자가 절반이며 홍수의 폐해도 이에 못지않습니다. 대왕께서 이제 세상을 구제하려 하시며 비슷한 공덕을 이루려 하신다면 어느 것 하나인들 소홀히 하시겠습니까? 저 博(박)은 이미 도술을 아는 대학자(京房)와 함께 대왕을 위하여 상황에 따라 상주하여 나라의 안위를 말했고 災異의 원인을 지적하였으니 대왕께서는 입조하여 알현하시면서 먼저 입조의 뜻을 말하고 나중에 이를 이야기 하신다면 폐하께서도 틀림없이 기뻐하실 것입니다. 이번 일이 성공한다면 대왕께서는 周公이나 邵公의 명성을 얻으실 것이며, 사악한 신하들은 도망갈 것이며, 공경들은 지조를 바꿀 것이니 그 공덕은 비할 데 없이 클 것이며, 梁 孝王에 대한 景帝의 총애나 趙王 如意에 대한 고조의 총애가 대왕에게 내릴 것이며, 외가 또한 부귀할 것이니 어찌 대왕에게 다시 금전을 의지하겠습니까?"

헌왕은 기뻐하며 張博에게 서신을 보내다.

"최근에 조서를 내리시어 제후의 입조를 금지하였기에 과인은 마음이 참담하고 어찌할 바를 몰랐노라. 子高는 평소에 顔回와 冉有(염유)의 자질에 臧武(장무)의 지혜, 子貢(자공)의 달변과 卞莊子(변장

자)의 용기 등 4가지를 다 겸비하였으니 세상의 보기 드문 경우로
다. 이미 일을 시작하였으니 빨리 성취하길 바라노라. 入朝는 대의
에 관한 일이거늘 어찌 금전을 써야 하는가!"

이에 장박이 대답하였다. "이미 石顯에게 약속하였으니 그렇게
해야만 성사될 것입니다."

그러자 헌왕은 金 5백 근을 장박에게 보냈다.

原文

會房出爲郡守, 離左右, 顯具有此事告之. 房漏洩省中語,
博兄弟註誤諸侯王, 誹謗政治, 狡猾不道, 皆下獄. 有司奏
請逮捕欽, 上不忍致法, 遣諫大夫王駿賜欽璽書曰, "皇帝問
淮陽王. 有司奏王, 王舅張博數遺王書, 非毀政治, 謗訕天
子, 襃擧諸侯, 稱引周,湯, 以諂惑王, 所言尤惡, 悖逆無道.
王不擧奏而多與金錢, 報以好言, 罪至不赦, 朕惻焉不忍聞,
爲王傷之. 推原厥本, 不祥自博, 惟王之心, 匪同於凶. 已詔
有司勿治王事, 遣諫大夫駿申諭朕意. 《詩》不云乎? '靖恭
爾位, 正直是與.' 王其勉之!"

| 註釋 | ○會房出爲郡守 — 京房(경방)은 관리 근무성적평정의 새로운 방
법 실시를 주장했다. 이를 실제로 적용해보려고 경방을 魏郡太守에 임명
하였다. ○省中語 — 省은 宮禁. 궁중. ○註誤 — 잘못을 남기다. 오도하다.
○王駿(왕준) — 王吉의 아들. 72권, 〈王貢兩龔鮑傳〉에 附傳. ○謗訕(방산) —

헐뜯다. 비방하다. ○周,湯 – 앞에 나온 대로 '禹, 湯'이 되어야 함. ○不祥
自博 – 不祥은 張博에서 비롯되었다. ○靖恭爾位, 正直是與 –《詩經 小雅
小明》. 靖恭은 조심하여 받들다. 位는 직위. 與는 가까이 하다. 함께 하다.

〔國譯〕

그때 京房은 군수로 나가게 되자 황제의 곁에서 떠났는데 石顯은
그간의 일을 조사하여 고발하였다. 경방은 조정에서 나눈 대화를 외
부에 발설하였으며 장박의 형제는 제후왕을 오도하면서 정치를 비
방하였으니 교활 무도하다며 모두 하옥시켰다. 담당자가 회양왕 劉
欽(유흠)을 체포하겠다고 주청하였으나 원제는 차마 법대로 할 수
없어 諫大夫인 王駿(왕준)을 시켜 헌왕에게 내리는 국서를 보내 말
했다.

"황제가 淮陽王에게 묻노라. 有司가 왕에 대해 상주하였는데 왕
의 外叔인 장박이 여러 번 왕에게 서신을 보내 정치를 비방하고 천
자를 헐뜯었으며 제후들을 들먹이며 우왕과 탕왕을 칭하면서 왕에
게 아첨하며 현혹하였다 하니 그 죄악이 아주 사악하며 패역무도하
였다. 그런데 왕은 이를 고발하지 않고 오히려 많은 금전을 주었고
좋은 말로 보답하였으니 왕의 죄 또한 용서할 수 없다고 하니 짐은
참담하여 다 들을 수가 없었으며 왕 때문에 마음이 아팠노라. 그 근
본을 따져본다면 상서롭지 못한 일은 장박이 시작하였고 왕의 마음
이야 흉악하지 않았을 것이다. 이미 담당자에게 왕에 대한 일은 조
사하지 말라고 명했지만 간대부 왕준을 보내 짐의 뜻을 전하노라.
《詩經》에도 '그 자리를 잘 받들어야 하니 바르고 곧게 함께 하네!'
라고 하지 않았는가? 왕은 더욱 정진하기 바라노라!"

駿諭指曰, "禮爲諸侯制相朝聘之義, 蓋以考禮壹德, 尊事天子也. 且王不學《詩》乎?《詩》云, '俾侯於魯, 爲周室輔.' 今王舅博數遺王書, 所言悖逆. 王幸受詔策, 通經術, 知諸侯名譽不當出竟. 天子普覆, 德佈於朝, 而恬有博言, 多予金錢, 與相報應, 不忠莫大焉. 故事, 諸侯王獲罪京師, 罪惡輕重, 縱不伏誅, 必蒙遷削貶黜之罪, 未有但已者也. 今聖主赦王之罪, 又憐王失計忘本, 爲博所惑, 加賜璽書, 使諫大夫申諭至意, 殷勤之恩, 豈有量哉! 博等所犯惡大, 群下之所共攻, 王法之所不赦也. 自今以來, 王毋復以博等累心, 務與衆棄之.《春秋》之義, 大能變改.《易》曰 '借用白茅, 無咎.' 言臣子之道, 改過自新, 潔己以承上, 然後免於咎也. 王其留意愼戒, 惟思所以悔過易行, 塞重責, 稱厚恩者. 如此, 則長有富貴, 社稷安矣."

| 註釋 | ○諭指曰 − 璽書의 뜻에 대하여 일러 말하다. 보충 설명하다. 指는 旨也. ○朝聘(조빙) − 제후가 직접 또는 사자를 보내 정해진 일자에 입조하여 천자를 알현하다. ○以考禮壹德 − 考는 고찰하다. 壹德은 두 마음이 없는 것.《詩》云 −《詩經 魯頌 閟宮(비궁)》. ○悖逆(패역) − 謀反. ○天子普覆 − 普覆(보복)은 널리 전체를 다스리다. ○報應 − 왕래하다. ○故事 − 옛 법도. ○至意 − 아주 정성된 마음. ○大能變改 − 改變할 용기나 뜻을 칭송하다. 大는 동사로 쓰였음. 大는 찬미하다. ○《易》曰 −《易經 大過》卦의 初六의 爻辭(효사). ○借用白茅 − 借用은 藉用. 白茅는 흰 띠풀. 깨끗한 자

리. ○塞重責 - 塞은 補完하다. 稱厚恩者의 稱은 副應하다.

王駿이 이에 더 말하였다.

"禮에서 제후의 朝聘(조빙)에 대한 법제를 마련한 것은 禮儀의 한 마음을 중시한 것이며 공경으로 천자를 섬기는 것입니다. 그리고 왕 께서도 시를 배우지 않으셨습니까?《詩經》에서도 '魯의 제후로 삼 으니 周 왕실을 보필하네.' 라고 하였습니다. 이번에 왕의 외숙 張博 은 왕께 서신을 여러 번 올려 悖逆(패역)을 말했습니다. 왕께서는 이 미 詔策을 받으셨고 경학에 박통하시며 제후의 명망과 명예로 出境 할 수 없다는 것도 알고 있었습니다. 천자께서는 천하를 감싸고 조 정에 두루 덕을 베푸시는데 아무 생각 없이 장박의 말을 들어 많은 금전을 내주고 왕래하며 함께 하였으니 이보다 더한 불충은 없을 것 입니다. 옛 법도로는 諸侯王이 조정에 대하여 죄를 지었다면 죄악의 경중에 따라 주살하지 않는다면 틀림없이 옮기거나 삭감 또는 축출 되는 형벌만은 아니었습니다. 지금 성명하신 폐하께서는 왕의 죄를 사면하실 뿐만 아니라 왕의 잘못과 근본을 잊고 장박에게 현혹된 것 을 안타깝게 생각하시어 국서를 내리시고 간대부인 저로 하여금 폐 하의 크신 뜻을 깨우쳐 주게 하셨으니 그 은근하신 은택을 어찌 다 헤아릴 수 있겠습니까! 장박 등이 저지른 큰 악행은 여러 신하들이 함께 성토하며 王法으로도 사면 받을 수 없습니다. 오늘 이후로 왕 께서는 장박의 사건에 연루하여 더 이상 마음 쓰지 말고 모든 것을 잊어야 할 것입니다. 《春秋》의 대의로도 스스로 변화를 칭송하였습 니다. 《易經》에서도 '깨끗한 띠풀을 깔고 제사하니 허물이 없다.' 라고 하였으니, 이는 신하의 도리를 말한 것으로 잘못을 고쳐 스스로 새로워진 것이며 자신을 깨끗하게 하여 위를 받든 연후에 죄를 사면하는 것입니다. 왕께서는 유념하여 삼가고 조심하시기 바라며 오직 과오를 반성하고 행실을 바꾸어 왕의 중책을 수행하며 폐하의 두터운 은혜에 부응하는 왕이 되기 바랍니다. 그러하다면 오래도록 부귀를 누리며 사직도 안전할 것입니다."

原文

於是淮陽王欽免冠稽首謝曰,"奉藩無狀, 過惡暴列, 陛下不忍致法, 加大恩, 遣使者申諭道術守藩之義. 伏念博罪惡尤深, 當伏重誅. 臣欽願悉心自新, 奉承詔策. 頓首死罪."
京房及博兄弟三人皆棄市, 妻子徙邊.

| 註釋 | ○免冠稽首 – 免冠하고 稽首하다. 稽首(계수)는 머리를 조아리다. ○無狀 – 無 善行. ○過惡暴列 – 大惡이 뚜렷하다. 暴列은 뚜렷하게 드러나다. ○伏念 – 伏惟. 삼가 생각하건대.

〖國譯〗

이에 회양왕 劉欽(유흠)은 관을 벗고 머리를 조아리며 말하였다.

"藩臣(번신)으로 선행이 없고 악행이 뚜렷한데도 폐하께서 차마 법으로 다스리지 못하여 대은을 베푸시고 사자를 보내시어 번신의 의무를 깨우치고 말씀해 주셨습니다. 삼가 생각건대, 장박의 죄악은 너무 중대하여 무거운 죽음이 마땅합니다. 臣 欽(흠)은 마음을 다해 스스로 새로워질 것이며 폐하의 명을 받들고 따를 것입니다. 고개 숙여 사죄를 빕니다."

경방과 장박의 형제 3인은 모두 기시형을 받았고 妻子는 변방에 이주시켰다.

原文

至成帝卽位, 以淮陽王屬爲叔父, 敬寵之, 異於它國. 王上書自陳舅張博時事, 頗爲石顯等所侵, 因爲博家屬徙者求還. 丞相,御史復劾欽, "前與博相遺私書, 指意非諸侯王所宜, 蒙恩勿治, 事在赦前. 不悔過而復稱引, 自以爲直, 失藩臣禮, 不敬." 上加恩, 許王還徙者.

三十六年薨. 子文王玄嗣, 二十六年薨. 子縯嗣, 王莽時絶.

| 註釋 | ○屬爲叔父 – 숙부로 인정하다. 屬은 살붙이. ○縯 – 당길 인.

〖國譯〗

成帝는 즉위하고서 淮陽王을 친족의 叔父로 대우하면서 다른 나라와 달리 더 경애하고 신임하였다. 회양 헌왕은 상서하여 외숙 張博(장박)의 지난 일을 설명하면서 모두가 석현 등의 불법행위 때문이기에 변방에 있는 장박의 가솔을 돌아오게 해 달라고 청원하였다. 승상과 어사대부는 다시 헌왕 欽(흠)을 탄핵하였다.

"앞서 장박과 私書를 주고받았고 그것이 제후 왕이 할 바가 아니었으나 은혜를 입어 처벌을 받지 않았으며 사면 대상 이전의 사건이었습니다. 잘못을 뉘우치지 않고 다시 끌어내어 스스로 잘못이 없다 생각하니, 이는 藩臣(번신)의 禮를 행하지 않은 불경입니다."

그러나 성제는 은택을 베풀어 왕이 이주 시킨 자를 돌아오도록 허가하였다.

헌왕은 책봉 36년에 죽었다. 아들 文王 劉玄이 계승하여 26년에 죽었다. 그 아들 劉續(유인)이 뒤를 이었으나 왕망 때 단절되었다.

80-2. 楚孝王 劉囂

原文

楚孝王囂, 甘露二年立爲定陶王, 三年徙楚, 成帝河平中入朝, 時被疾, 天子閔之, 下詔曰, "蓋聞'天地之性人爲貴, 人之行莫大於孝'. 楚王囂素行孝順仁慈, 之國以來二十餘年, 孅介之過未嘗聞, 朕甚嘉之. 今乃遭命, 離於惡疾, 夫子所痛, 曰, '蔑之, 命矣夫! 斯人也而有斯疾也!'朕甚閔焉. 夫行純茂而不顯異, 則有國者將何勸哉?《書》不云乎?'用德章厥善.'今王朝正月, 詔與子男一人俱, 其以廣戚縣戶四千三百封其子勳爲廣戚侯." 明年, 囂薨. 子懷王文嗣, 一年薨, 無子, 絶. 明年, 成帝復立文弟平陸侯衍, 是爲思王. 二十一年薨, 子紆嗣, 王莽時絶.

| 註釋 | ○楚孝王囂 − 楚의 국도는 彭城縣(今 江蘇省 徐州市). 劉囂(유효). 囂 시끄러울 효. 많을 오(音 áo). 많이 통용되는 音에 따른다. ○甘露 − 선제 연호, 前 53 − 50년. ○定陶王 − 치소는 定陶縣(今 山東省 菏澤市 관할의 定陶縣). ○河平 − 성제 연호. 前 28 − 25년. ○天子閔之 − 閔은 憫. 불쌍히 여기다. ○孅介之過(섬개지과) − 孅介는 아주 미세한 것. 孅 가늘 섬. 介는 芥(티끌, 먼지). ○蔑之, 命矣夫! 斯人也~ − 伯牛有疾, 子問之, 自牖執其手, 曰, "亡之, 命矣夫! 斯人也而有斯疾也! ~"《論語 雍也》. 蔑(업신여길 멸)은 없다. 살기가 어렵다. ○純茂(순무) − 善美. ○將何勖哉 − 무엇에 힘써야 하겠는가? 勖 힘쓸 욱. ○《書》不云乎? '用德章厥善.' −《書經 商書 盤庚(반경)》用은 以. 章은 彰. ○廣戚縣 − 현명. 今 江蘇省 徐州市 沛縣.

〖國譯〗

　楚 孝王 劉囂(유효)는 선제 甘露 2년에 定陶王에 책립되었다가 3년에 楚王으로 옮겼고 成帝 河平 연간에 입조하였는데, 그때 병에 걸려 성제가 그를 안타까워하면서 조서를 내려 말했다. "대개 '천지의 본성에서 사람이 귀하고 사람의 행실 중에 효도보다 큰 것이 없다'고 하였다. 楚王 囂(효)는 평소에 효순하고 인자하며, 봉국에 부임한지 20여 년에 아주 작은 허물이 있다는 말도 듣지 못해 짐이 매우 가상히 여겼었다. 이제 운명처럼 이런 나쁜 병에 걸렸으니 공자께서 애통하며 '살 수가 없겠으니 운명이로다! 이 사람이 이런 병에 걸리다니!'라고 한 말을 짐도 정말 애통해 하도다. 행실이 아름다워도 그 선행이 드러나지 않는다면 나라를 다스리는 자가 왜 근면해야

하겠는가?《書經》에도 '덕으로써 그 善을 밝게 드러낸다.' 라고 하지 않았는가? 지금 왕이 정월에 입조하면서 그 아들 하나와 함께 왔으니 廣戚縣(광척현) 4,300호로 그 아들 勳(훈)을 廣戚侯로 봉하노라."

그 다음 해 유효가 죽었다. 아들 懷王(회왕) 劉文이 뒤를 이었으나 1년만에 죽었다. 아들이 없어 단절되었다. 다음 해 성제가 다시 유문의 동생 平陸侯 劉衍(유연)을 책봉하니, 이가 思王이다. 재위 21년에 죽었다. 아들 劉紆(유우)가 계승했다가 왕망 때 단절되었다.

原文

初, 成帝時又立紆弟景爲定陶王. 廣戚侯勳薨, 諡曰煬侯, 子顯嗣. 平帝崩, 無子, 王莽立顯子嬰爲孺子, 奉平帝後. 莽篡位, 以嬰爲定安公. 漢旣誅莽, 更始時嬰在長安. 平陵方望等頗知天文, 以爲更始必敗, 嬰本統當立者也, 共起兵將嬰至臨涇, 立爲天子. 更始遣丞相李松擊破殺嬰云.

| 註釋 | ○王莽立顯子嬰爲孺子 – 嬰은 劉嬰. 嬰은 갓난 아이 영. 孺子(유자)는 천자나 제후의 계승자. 역사에서는 '孺子 嬰(영)' 으로 통칭. 孺子 嬰(서기 5 – 25년, 재위 6 – 8년). 宣帝의 玄孫. 楚 孝王 劉囂(유효)의 曾孫, 廣戚侯 劉顯(유현)의 아들. 재위 중 왕망은 攝位(섭위)하며 섭황제라 자칭. ○莽篡位 – 왕망의 찬위는 서기 8년, 서기 9년을 始建國 원년이라 하였다. ○漢旣誅莽 – 왕망은 地皇 4년(서기 23)에 죽었다. ○更始 – 更始는 劉玄의 연호. 보통 更始帝(재위, 23 – 25년)라 칭한다. 劉玄(? – 25년)의 漢을 역사에서

는 '玄漢'이라 통칭. 劉玄은 景帝의 後代, 後漢 光武帝 劉秀의 族兄. ○臨涇
(임경) ─ 安定郡(치소는 高平縣, 今 寧夏自治區 固原市)의 縣名(今 甘肅省 慶陽市
관할의 鎭原縣).

[國譯]

　그전에, 成帝 재위 시에 다시 劉紆(유우)의 동생 劉景을 定陶王에
책립하였다. 廣戚侯 劉勳이 죽었는데, 시호는 煬侯(양후)이고 아들
劉顯(유현)이 계승하였다. 平帝가 붕어했으나 아들이 없어 왕망이
유현의 아들 劉嬰을 孺子(유자)로 정하여 平帝의 뒤를 받들게 하였
다. 왕망이 簒位(찬위)하고서는 유자 嬰(영)을 定安公이라 하였다.
漢이 왕망을 징벌한 更始 연간에 유자 영은 長安에 살아있었다. 平
陵縣의 方望 등은 천문을 제법 볼 줄 알아 更始가 필히 패할 것이라
하였는데 유자 영은 정통이기에 응당 옹립해야 했었고, 같이 기병하
여 유자 영과 함께 臨涇(임경) 현에 이르러 天子로 세우려 했었다. 更
始帝가 승상 李松(이송)을 보내 유자 영을 죽였다고 한다.

80-3. 東平思王 劉宇

原文

東平思王宇, 甘露二年立. 元帝卽位, 就國. 壯大, 通姦犯

法, 上以至親貰弗罪, 傅相連坐. 久之, 事太后, 內不相得, 太后上書言之, 求守杜陵園. 上於是遣太中大夫張子蟜奉璽書敕諭之, 曰, "皇帝問東平王. 蓋聞親親之恩莫重於孝, 尊尊之義莫大於忠, 故諸侯在位不驕以致孝道, 制節謹度以冀天子, 然後富貴不離於身, 而社稷可保. 今聞王自修有闕, 本朝不和, 流言紛紛, 謗自內興, 朕甚憯焉, 爲王懼之.《詩》不云乎?'毋念爾祖, 述修厥德, 永言配命, 自求多福.'朕惟王之春秋方剛, 忽於道德, 意有所移, 忠言未納, 故臨遣太中大夫子蟜諭王朕意. 孔子曰, '過而不改, 是謂過矣.'王其深惟執思之, 無違朕意."

| 註釋 | ○東平 – 大河郡을 東平國으로 개칭. 선제 때 설치. 국도는 無鹽縣(今 山東省 泰安市 관할의 東平縣). ○貰弗罪 – 貰는 관대히 처분하다. ○傅相連坐 – 왕의 태부와 동평국 相을 연좌 처벌하다. ○求守杜陵園 – 杜陵園은 선제의 능원. 자식이 없는 宮人은 황제 사후에 능원을 지키며 생활하였다. ○以冀天子 – 冀(날개 익)은 보좌하다. ○本朝不和 – 동평국의 궁내가 不和하다. ○朕甚憯焉 – 憯 슬퍼할 참. 가슴아파하다. 痛也. ○《詩》不云乎 –《詩經 大雅 文王》. ○過而不改 ~ –《論語 衛靈公》.

〖國譯〗

　東平國 思王 劉宇(유우)는 선제 甘露 2년에 책립되었다. 원제가 즉위하자 봉국에 취임하였다. 성인이 되자 불량자들과 어울려 불법을 저질렀지만 원제가 至親이라서 관대하여 벌하지 않았다. 얼마 뒤 태후(宣帝의 公孫婕妤)를 모시며 가내가 불화하자 태후는 杜陵園을 지

키며 살겠다고 상서하였다. 원제는 이에 太中大夫 張子蟜를 시켜 璽書(새서)를 가지고 가서 왕을 敕諭(칙유)하게 하였다.

"皇帝가 東平王에게 묻노라. 대체로 親親의 恩情은 孝보다 더한 것이 없고 尊尊의 의리로는 忠보다 더한 것이 없다 하였기에 제후는 재위 중 교만하지 않아 효도를 다하고 절제하며 법도를 지켜 천자를 보필하나니 그러해야만 자신이 부귀를 누릴 수 있고 사직을 지킬 수 있는 것이다. 지금 왕은 자기 수양이 모자라고 동평 궁내가 불화하며 流言이 분분하고 안에서 서로 비방한다는 말을 듣고 짐은 심히 마음 아프며 왕을 걱정하고 있도다.《詩經》에서도 '그대 조상을 생각 말고 그 덕행을 닦아야 하나니, 오래도록 천명을 따르면 스스로 다복을 얻으리라.' 라고 말하지 않았는가? 짐은 왕의 나이가 한창 때라서 도덕을 경시하고 마음이 흔들리며 忠言도 들리지 않을 것이라 생각하여 태중대부인 張子蟜(장자교)를 보내어 왕에게 짐의 뜻을 일러주라 하였노라. 孔子께서도 '잘못하고도 고치지 않는 것이 과오' 라고 하였도다. 왕은 심사숙고하여 짐의 뜻을 거스르지 말기를 바라노라."

原文

又特以璽書賜王太后, 曰, "皇帝使諸吏宦者令承問東平王太后. 朕有聞, 王太后少加意焉. 夫福善之門莫美於和睦, 患咎之首莫大於內離. 今東平王出襁褓之中而托於南面之位, 以年齒方剛, 涉學日寡, 驚忽臣下, 不自它於太后, 以是

之間, 能無失禮義者, 其唯聖人乎! 傳曰, '父爲子隱, 直在
其中矣.' 王太后明察此意, 不可不詳. 閨門之內, 母子之間,
同氣異息, 骨肉之恩, 豈可忽哉! 豈可忽哉! 昔周公戒伯禽
曰, '故舊無大故, 則不可棄也, 毋求備於一人.' 夫以故舊
之恩, 猶忍小惡, 而況此乎! 已遣使者諭王, 王旣悔過服罪,
太后寬忍以貰之, 後宜不敢. 王太后強餐, 止思念, 愼疾自
愛."

| 註釋 | ㅇ諸吏宦者令 – 諸吏는 加官의 칭호. 宦子令은 諸吏를 받을 수
있는 관직이 아니나 여기서는 특별한 임무를 부여했기에 일시적 특례이다.
宦者令은 少府의 속관. ㅇ朕有聞, ~ – 모자간 不和를 딱 지적하지 않는 완
곡한 표현. ㅇ患咎之首 – 患咎(환구)는 재앙. 재난. ㅇ驁忽臣下 – 驁忽(오
홀)은 輕慢(경만). 驁는 傲(거만할 오). ㅇ傳曰, '父爲子隱 ~ – 孔子曰, "吾黨
之直者異於是, 父爲子隱, 子爲父隱. 直在其中矣."《論語 子路》. ㅇ伯禽(백
금) – 周公의 아들. 周公은 魯에 봉해졌지만 周室을 떠날 수 없어 아들 伯禽
이 魯를 개국하였다. ㅇ故舊無大故 ~ – 大故는 大罪. "~ 故舊無大故, 則不
棄也. 無備於一人, 則不可棄也, 毋求備於一人."《論語 微子》.

[國譯]

그리고 특별히 璽書(새서)를 王太后에게 내려 말했다.

"皇帝는 諸吏 宦者令을 시켜 東平王 太后에게 전하노라. 짐이 들
은 바가 있어 王太后에게 잠깐 말하노라. 福善의 門은 화목보다 더
좋은 것이 없고 재앙의 시작은 집안 불화보다 더 큰 것이 없다고 하
였다. 지금 東平王은 강보에 쌓여서 왕위에 올랐고 나이도 한창 젊

으며 학문도 일천하기에 신하에게 오만하면서 태후에게도 다르게 대하지 못한다니 이런 사이에서 예의를 잃지 않는다면 그것은 아마 성인이라 할 수 있도다! 경전에서도 '아비가 자식을 숨겨주는 것이 정직이다.' 라고 하였다. 王太后는 이런 뜻을 잘 살펴 깊이 생각하지 않을 수 없을 것이로다. 閨門之內와 母子之間, 그리고 同氣 간의 정과 골육간의 은애를 어느 하나인들 소홀히 할 수 있겠는가! 소홀할 수 있겠는가! 옛날 周公도 아들 伯禽(백금)을 훈계하며 '예로부터 큰 잘못이 없다면 버릴 수 없고 한 사람만 책망할 수 없다' 고 하였도다. 예로부터 맺은 은정이기에 작은 잘못도 참아야 하거늘 이를 못 참겠는가! 이미 다른 사자를 보내어 동평왕을 훈계하였나니 왕이 잘못을 깨달아 뉘우친다면 태후도 너그러이 참고 관대하다면 이후로는 다시 그러지 아니할 것이로다. 王太后는 억지로라도 식사하면서 잡념을 뿌리치고 건강 조심하고 自愛하기 바라노라.”

宇慚懼, 因使者頓首謝死罪, 願洒心自改. 詔書又敕傅相曰, “夫人之性皆有五常, 及其少長, 耳目牽於耆欲, 故五常銷而邪心作, 情亂其性, 利勝其義, 而不失厥家者, 未之有也. 今王富於春秋, 氣力勇武, 獲師傅之教淺, 加以少所聞見, 自今以來, 非《五經》之正術, 敢以遊獵非禮道王者, 輒以名聞.”

| **註釋** | ◦五常－仁, 義, 禮, 智, 信. ◦自今以來－금일 이후로는. ◦非禮道王者－非禮로 王을 導하는 자. 道는 導.

〖**國譯**〗

劉宇는 부끄럽고 송구하여 사자 앞에 고개를 숙이고 죽을 죄를 사죄하고 마음을 바꿔 스스로 고치겠다고 하였다. 동평국의 태부와 相에게도 조서를 내려 말했다.

"대개 누구에게나 人性에는 五常이 있는데 사람이 어려서부터 자라면서 이목이 좋아하는 것에 끌리면 五常이 약해지고 邪心이 생겨나며 性情에 의해 본성이 혼란해지는데 그런 것들이 本義를 이기게 되면 그 본 바탕을 잃지 않는 사람이 없다. 지금 왕은 한창 젊고 勇武에 기력이 왕성한데 사부의 가르침을 받은 날이 짧은데다가 견문이 적으니 오늘 이후로는 《五經》의 正術이 아니거나 놀이나 사냥 같이 禮가 아닌 것으로 왕을 교도하는 자라면 바로 이름을 보고하라."

原文

宇立二十年, 元帝崩. 宇謂中謁者信等曰, "漢大臣議天子少弱, 未能治天下, 以爲我知文法, 建欲使我輔佐天子. 我見尙書晨夜極苦, 使我爲之, 不能也. 今暑熱, 縣官年少, 持服恐無處所, 我危得之!" 比至下, 宇凡三哭, 飮酒食肉, 妻妾不離側. 又姬朐臑故親幸, 後疏遠, 數歎息呼天. 宇聞, 斥胸膿爲家人子, 掃除永巷, 數笞擊之. 胸膿私疏宇過失, 數令家告之. 宇覺知, 絞殺胸膿. 有司奏請逮捕, 有詔削樊,亢父二縣. 後三歲, 天子詔有司曰, "蓋聞仁以親親, 古之道也. 前東平王有闕, 有司請廢, 朕不忍. 又請削, 朕不敢專. 惟王之至親, 未嘗忘於心. 今聞王改行自新, 尊修經術, 親近仁人, 非法之求, 不以奸吏, 朕甚嘉焉. 傳不云乎? 朝過夕改, 君子與之. 其復前所削縣如故."

| 註釋 | ○縣官 – 天子. ○持服恐無處所 – 상례를 치르다. 守喪하다. 無處所는 의례대로 다 하지 못하다. ○我危得之 – 나는 천자가 되더라도 싫을 것이다. ○比至下 – 하관할 때까지. ○胸膿(구노) – 인명. ○家人子 – 관직명이 없는 궁인. ○永巷 – 궁중에 잘못을 저지른 궁인을 가두는 옥. 永巷令(무제 때 掖庭令으로 개칭), 永巷丞을 두어 관리하였다. ○樊(번) – 현명. 今 山東省 兗州市(연주시). ○亢父(항보) – 현명. 今 山東省 齊寧市. ○東平王有闕 – 闕은 과오. ○不以奸吏 – 奸은 취하다.

〖 國譯 〗

劉宇가 책립되고 20년에 원제가 붕어했다. 유우는 中謁者인 信(신) 등에게 말했다. "조정의 대신들이 천자가 어려 천하를 다스릴 수가 없고 내가 法文을 알고 내가 천자를 보좌하는 것에 대하여 건의하였다. 나는 尚書가 새벽부터 밤늦게까지 아주 고생하는 것을 보았는데 나에게 하라고 한다면 못할 것이다. 지금 한창 덥고 천자는 나이도 어린데 상례를 거행하며 예법대로 다 하지 못할 것이니 내가 만약 천자라도 싫을 것이다!"

원제의 하관 때까지 유우는 모두 세 번만 곡을 했고 음주하고 肉食을 하며 처첩을 늘 데리고 놀았다. 그리고 胊腡(구노)라는 희첩을 예전에 총애하다가 나중에 소원해졌는데 구노는 하늘을 우러러 자주 탄식했었다. 유우가 이를 알고 구노를 貶斥(폄척)하여 지위가 없는 궁인으로 만들고 永巷을 소제하게 하고 자주 매질을 하였다. 구노가 몰래 유우의 잘못을 말하고 본가에서 고발하게 하였다. 유우가 이를 알고 구노를 목 졸라 죽였다. 有司가 유우를 체포하겠다고 주청하자 성제는 樊縣(번현)과 亢父縣(항보현)을 삭감케 하였다.

그 3년 뒤 성제가 다시 담당 관리에게 명령하였다.

"대개, 친족을 가까이하는 仁은 예부터 내려온 도리이다. 전에 東平王의 잘못이 있어 유사가 폐위하자 하였으나 짐은 차마 그럴 수 없었다. 다시 영지의 삭감을 청하자 짐이 혼자 고집할 수 없었다. 짐은 왕에게는 가까운 친족이라 마음에 잊을 수 없었다. 이제 듣자하니 동평왕이 행실을 고쳐 스스로 혁신하며 경학을 숭상하고 배우며 仁人을 친근히 하고 정당히 얻을 수 있는 것이 아니라면 관리를 동원하여 차지하지 않는다고 하니 짐은 매우 가상히 여기노라. '아침의 잘못을 저녁에 고친다면 군자가 함께 지낸다.'고 경전에도 말하지 않았는가? 이전에 삭감했던 縣을 전처럼 돌려주도록 하라."

原文

後年來朝, 上疏求諸子及《太史公書》, 上以問大將軍王鳳, 對曰, "臣聞諸侯朝聘, 考文章, 正法度, 非禮不言. 今東平王幸得來朝, 不思制節謹度, 以防危失, 而求諸書, 非朝聘之義也. 諸子書或反經術, 非聖人, 或明鬼神, 信物怪.《太史公書》有戰國縱橫權謌之謀, 漢興之初謀臣奇策, 天官災異, 地形厄塞, 皆不宜在諸侯王. 不可予. 不許之辭宜曰,《五經》聖人所制, 萬事靡不畢載. 王審樂道, 傅相皆儒者, 旦夕講誦, 足以正身虞意. 夫小辯破義, 小道不通, 致遠恐泥, 皆不足以留意. 諸益於經術者, 不愛於王."對奏, 天子如鳳言, 遂不與.

| 註釋 | ○疏(소) − 황제에게 올리는 건의서. ○《太史公書》−《史記》. 後漢 말부터《史記》라고 통칭. ○以防危失 − 危失은 危亡. ○信物怪 − 物怪는 鬼怪, 鬼魅. 鬼物. 物은 彪(도깨비 매). ○權謌之謀 − 權謌(권휼)은 권모나 속임수. ○王審樂道 − 審은 확실하다. ○小道不通 − 子夏曰, "雖小道, 必有可觀者焉, 致遠恐泥, 是以君子不爲也."《論語 子張》. 小道는 小技藝. 어느 정도 취하거나 통할 수는 있으나 원대한 목표에는 도달할 수 없다는 뜻. ○致遠恐泥(치원공니) − 원대한 것을 성취하는 데는 막힘이 있다. 泥(진흙 니)는 막히다. 불통하다. ○不愛於王 − 왕에게 주는 것이 아까워서가 아니다. 愛는 愛惜해 하다.

〔國譯〕

다음 해에 입조하여 諸子書와《太史公書》를 구한다는 상소를 올렸는데, 성제는 이를 대장군 王鳳에게 물었더니 왕봉이 대답하였다.

"臣이 알기로는, 제후는 朝聘(조빙)하며 문장을 생각하고 법도를 바로 가지며 禮가 아닌 것은 말하지 않습니다. 지금 동평왕이 오랜만에 入朝하면서 절제와 신중함과 위기를 조심해야 하는 것을 생각하지 않고 여러 책을 얻어가려는 것은 조빙하는 바른길은 아닙니다. 諸子書 중 어떤 것은 경전의 뜻에 어긋나고 성인을 비난하거나 귀신을 명시하거나 괴이한 사물을 사실인 것처럼 말합니다. 《太史公書》는 전국시대의 縱橫의 술책이나 권모술수, 그리고 漢 건국 초기 모신들이 기이한 술책 또는 하늘의 재해나 지형의 장애에 대한 것이라서 모두가 제후국에는 부적한 내용이기에 주어서는 안 됩니다. 불허한다고 말씀하실 때 꼭 다음을 말씀해 주십시오. 즉 《五經》은 聖人이 지으신 것이며 기록하지 않으면 안 될 것을 저술하였다. 왕은 이런 좋은 正道를 잘 배워야 하며 太傅나 相도 모두 유학자이니 아침 저녁으로 읽고 외우면 몸과 마음을 바로할 수 있는 것이다. 그리고 얄팍한 변설로 대의를 깨거나 잔재주로는 대도에 통할 수 없으며 원대한 뜻을 실천할 수 없기에 모두가 마음에 새겨두기에는 부족한 것이다. 經學에 이로운데도 왕에게 주기를 아까워하는 것은 아니다.' 라고 강조하십시오."

上奏에 대하여 성제는 왕봉의 말과 같게 대답하며 끝내 주지 않았다.

原文

立三十三年薨, 子煬王雲嗣. 哀帝時, 無鹽危山土自起覆草, 如馳道狀, 又瓠山石轉立. 雲及后謁自之石所祭, 治石像瓠山立石, 束倍草, 並祠之. 建平三年, 息夫躬,孫寵等共因幸臣董賢告之. 是時, 哀帝被疾, 多所惡, 事下有司, 逮王,后謁下獄驗治, 言使巫傅恭,婢合歡等祠祭詛祝上, 爲雲求爲天子. 雲又與知災異者高尙等指星宿, 言上疾必不愈, 雲當得天下. 石立, 宣帝起之表也. 有司請誅王, 有詔廢徙房陵. 雲自殺, 謁棄市. 立十七年, 國除.

ㅣ註釋ㅣ ○無鹽危山 – 무염현의 危山. 危山은 산 이름. ○瓠山(호산) – 산 이름. ○治石像瓠山立石 – 호산의 立石과 같은 석상을 (궁 안에) 만들어 놓다. ○束倍草 – 모사 풀로 묶어 놓다. 倍草는 菩草(모사 풀). 제사 지낼 때 쓰는 풀. ○建平三年 – 애제의 연호. 前 4년. ○息夫躬(식부궁) – 息夫는 복성. 45권, 〈蒯伍江息夫傳〉에 입전. 식부궁과 손총은 동평왕이 애제를 저주했다고 상소했다. ○多所惡 – 미워하거나 금기하는 것이 많다. ○石立, 宣帝起之表也 – 昭帝 元鳳 3년 정월, 泰山의 萊蕪山에 큰 돌이 저절로 일어섰는데, 이는 뒷날 선제가 평민에서 제위에 오르는 것을 예언했다는 뜻으로 해석되었다. 75권, 〈睢兩夏侯京翼李傳〉의 睢孟傳(혜맹전) 참고. ○房陵 – 현명. 今 湖北省 房縣. 방릉현은 宋代까지도 황족의 유배지로 유명했다.

〖國譯〗
　東平 思王 劉宇는 책립 33년 만에 죽었고 아들 煬王(양왕) 劉雲(유운)이 계승하였다. 哀帝 재위 중에 無鹽縣(무염현) 危山(위산)의 흙이 저절로 솟아 풀을 덮었는데 마치 도로와 같은 모양이었다. 또 瓠山(호산)의 돌이 굴러 일어섰다. 유운과 왕후 謁(알)은 돌이 일어선 곳에 가서 제사를 지내고 호산의 입석과 같은 모양을 궁 안에 만들어 놓고 거기에 모사 풀을 묶은 뒤 제사를 지냈다.
　애제 建平 3년에, 息夫躬(식부궁)과 孫寵(손총) 등이 幸臣인 董賢

(동현)과 함께 유운을 고발하였다. 이때 哀帝는 병을 앓고 있어 꺼리는 것이 많았는데 사안은 유사에게 넘어갔고 동평왕 유운과 왕후 謁(알)이 하옥되어 조사를 받았는데 무당인 傅恭(부공)과 비녀 合歡(합환) 등을 시켜 제사하고 천자를 저주했으며 유운이 천자가 되도록 빌었다고 말했다. 유운은 또 재이에 대하여 잘 아는 高尙(고상) 등과 함께 별을 가리키면서 애제의 병은 절대로 낫지 않을 것이며 유운은 천하를 얻을 것이라는 이야기도 하였다. 땅에서 돌이 솟아난 것은 宣帝가 起身한 표상이었다. 유사가 동평왕을 주살할 것을 주청했으나 애제는 동평왕을 폐위하고 房陵縣(방릉현)으로 이주시키라 하였다. 유운은 자살하였고 왕후 謁(알)은 기시형에 처해졌다. 재위 17년에 나라가 없어졌다.

原文

元始元年, 王莽欲反哀帝政, 白太皇太后, 立雲太子開明爲東平王, 又立思王孫成都爲中山王. 開明立三年, 薨, 無子. 復立開明兄嚴鄕侯信子匡爲東平王, 奉開明後. 王莽居攝, 東郡太守翟義與嚴鄕侯信謀擧兵誅莽, 立信爲天子. 兵敗, 皆爲莽所滅.

| 註釋 | ○元始元年 - 平帝의 연호. 서기 1 - 5년. ○王莽欲反哀帝政 - 反은 뒤집다. 혁신하다. ○居攝 - 섭위에 오르다. 孺子 嬰은 겨우 2살이었기에 황태자라 부르고 왕망은 거섭이란 연호를 쓰며 攝皇帝라 칭했다. 攝 거둘

섭. 대신하다. 겸하다. ○翟義(적의) – 적방진의 아들, 84권, 〈翟方進傳〉에
附傳.

[國譯]

平帝 元始 원년, 왕망은 애제의 정치를 혁신한다며 太皇太后(王
定君)에게 아뢴 뒤, 劉雲의 太子이었던 劉開明을 東平王에 봉했고,
또 東平思王의 손자인 劉成都를 中山王에 봉했다. 開明이 재위 3년
에 죽었는데 아들이 없었다. 다시 開明 형인 嚴鄕侯 劉信의 아들 劉
匡을 東平王에 봉해 開明의 제사를 받들게 하였다. 왕망이 居攝(거
섭)할 때, 東郡 太守인 翟義(적의)와 엄향후 유신이 왕망을 주살하겠
다고 거병하며 유신을 천자로 옹립하였다. 그러나 兵敗하며 모두 왕
망에게 죽었다.

80-4. 中山哀王 劉竟

原文

中山哀王竟, 初元二年立爲淸河王. 三年, 徙中山, 以幼
少未之國. 建昭四年, 薨邸, 葬杜陵, 無子, 絶. 太后歸居外
家戎氏.

○中山哀王竟 – 宣帝와 戎婕妤(융첩여)의 소생. 中山國都는 盧奴縣(今 河北省 定州市). ○初元二年 – 元帝의 연호. 前 47년. ○建昭四年 – 원제의 연호. 前 35년.

【國譯】

中山哀王 劉竟(유경)은 初元 2년 淸河王에 책립되었다. 초원 3년에 中山王으로 옮겼으나 나이가 어려 封國에 가지 못했다. 建昭 4년, 저택에서 죽어 杜陵(두릉, 선제의 능)에 묻혔고 아들이 없어 단절되었다. 태후 戎氏(융씨)는 외가(친정)로 갔다.

80-5. 定陶共王 劉康, 中山孝王 劉興

原文

孝元皇帝三男. 王皇后生孝成帝, 傅昭儀生定陶共王康, 馮昭儀生中山孝王興.

定陶共王康, 永光三年立爲濟陽王. 六年, 徙爲山陽王. 八年, 徙定陶. 王少而愛, 長多材藝, 習知音聲, 上奇器之. 母昭儀又幸, 幾代皇后太子. 語在〈元后傳〉及〈史丹傳〉.

| 註釋 | ○王皇后生孝成帝 – 王皇后는 王政君. 왕망의 고모. 98권,〈元后

傳)에 단독 입전. ○永光三年 – 원제의 연호. 前 41년. ○濟陽王 – 제양국.
국도는 濟陽縣(今 河南省 직할 蘭考縣. 開封市 동쪽, 山東省과 접경). ○山陽王
– 山陽은 군명, 국명. 國都는 昌邑縣(今 山東省 菏澤市 관할의 鉅野縣). ○王
少而愛 – 왕은 어렸을 적에 황제가 기뻐하며 사랑했다. ○〈史丹傳〉 – 82권,
〈王商史丹傳喜傳〉.

[國譯]

　孝元皇帝는 三男을 두었다. 王皇后가 孝成帝를 낳고, 傅昭儀(부소
의)가 定陶共王 劉康을, 馮昭儀가 中山孝王 劉興을 출산했다.

　定陶 共王인 劉康은 원제 永光 3년에 濟陽王으로 책립되었다. 책
립되고 6년에 山陽王으로 옮겼다. 재위 8년에 다시 定陶王이 되었
다. 왕은 어려 원제의 사랑을 받았고 장성하며 재능이 뛰어났고 음
악을 잘 알아 원제가 기이하게 생각하며 중히 여겼다. 모친 부소의
도 총애를 받아 거의 황후와 태자를 대신할 뻔하였다. 이는 〈元后傳〉
과 〈史丹傳〉에 실려 있다.

原文

　成帝卽位, 緣先帝意, 厚遇異於它王. 十九年薨, 子欣嗣.
十五年, 成帝無子, 徵入爲皇太子. 上以太子奉大宗後, 不
得顧私親, 乃立楚思王子景爲定陶王, 奉共王後. 成帝崩,
太子卽位, 是爲孝哀帝. 卽位二年, 追尊共王爲共皇帝, 置
寢廟京師, 序昭穆, 儀如孝元帝. 徙定陶王景爲信都王云.

| 註釋 | ○成帝卽位 - 재위는 前 32 - 前 7년. ○太子奉大宗後 - 太子(劉欣)은 大宗(황실)의 후손을 모시다. ○置寢廟京師 - 寢廟(침묘)는 宗廟. 정묘의 正殿을 廟, 後殿을 寢이라 하였다. ○序昭穆 - 昭穆의 차례를 정하다. 昭穆은 종묘에서 神主에 배열 순서를 소목이라 한다. 始祖를 중앙에 모시고 그 다음 父子를 좌우에 배치하는데 좌측의 신주를 昭, 우측의 신주를 穆이라 한다. ○信都王 - 信都는 今 河北省 冀州市. 애제는 자신이 信都王이었기에 후임 신도왕을 두지 않았다.

〖 國譯 〗

成帝는 즉하고서 先帝(元帝)의 뜻에 따라 다른 왕들을 특별히 후하게 대우하였다. (定陶共王 劉康은) 책립 19년에 죽었는데 아들 劉欣(유흔)이 계승하였다. 유흔이 책립 15년에 성제가 아들이 없기에 불려 들어가 황태자가 되었다. 성제는 태자가 대종의 후손을 모셔야 하기에 (태자의) 私親(정도공왕)을 모실 수 없다고 생각하여, 곧 楚思王의 아들인 劉景을 定陶王으로 옮겨 共王의 제사를 받들게 하였다. 成帝가 붕어하자 태자가 즉위하니, 이가 孝哀帝이다. 애제 즉위 2년에 정도공왕을 추존하여 共皇帝라 하고 京師에 종묘를 만들고 소목의 순서를 정하며 祭儀를 原帝와 같이 하였다. 정도공왕을 신도왕으로 옮겼다.

原文

中山孝王興, 建昭二年立爲信都王. 十四年, 徙中山. 成帝之議立太子也, 御史大夫孔光以爲《尙書》有殷及王, 兄終

弟及, 中山王元帝之子, 宜爲後. 成帝以中山王不材, 又兄
弟, 不得相入廟. 外家王氏與趙昭儀皆欲用哀帝爲太子, 故
遂立焉. 上乃封孝王舅馮參爲宜鄕侯, 而益封孝王萬戶, 以
慰其意. 三十年, 薨, 子衎嗣. 七年, 哀帝崩, 無子, 徵中山王
衎入卽位, 是爲平帝. 太皇太后以帝爲成帝後, 故立東平思
王孫桃鄕頃侯子成都爲中山王, 奉孝王後. 王莽時絶.

| 註釋 | ○建昭二年 - 원제의 연호. 前 37년. ○中山 - 제후국명. 국도는
盧奴縣(今 河北省 定州市). ○孔光 - 공자의 후손. 81권, 〈匡張孔馬傳〉에 입
전. ○兄終弟及 - 及은 형의 뒤를 계승하다. ○不得相入廟 - 함께 종묘에
들어갈 수 없다. ○馮參爲宜鄕侯 - 馮參은 풍봉세의 아들. 79권, 〈馮奉世傳〉
에 입전. ○以慰其意 - 尉는 慰와 通. 위로하다.

〔國譯〕

中山孝王 劉興은 元帝 建昭 2년에 信都王으로 책립되었다. 책립
14년에 중산왕으로 옮겼다. 成帝가 태자 책립을 논의할 때 어사대
부 孔光은《尙書》에 殷에서는 왕위의 형제 계승이 있었으며, 형이
죽으면 동생이 계승할 수 있고 中山王은 元帝의 아들이니 응당 계승
할 太弟가 되어야 한다고 말했다. 그러나 成帝는 中山王이 똑똑하지
않고 또 형제가 함께 종묘에 들어갈 수 없다고 생각하였다. 外家인
王氏와 趙昭儀가 모두 哀帝를 데려다가 태자로 삼기를 원했기에 마
침내 태자로 정했다. 성제는 이에 中山孝王의 외숙인 馮參(풍참)을
宜鄕侯에 봉하고 효왕에게 1만 호의 식읍을 늘려 주어 그 마음을 위
로해 주었다. (中山孝王은) 책립 30년에 죽었는데 아들 劉衎(유간)이

계승하였다. 유간이 계승한지 7년에 애제가 붕어했고 아들이 없자
中山王 劉衎이 後嗣로 즉위하니, 이가 平帝이다. 太皇太后는 평제를
成帝의 후사로 생각하였기에 東平思王의 손자인 桃鄕 頃侯의 아들
劉成都를 中山王으로 책립하여 中山孝王을 제사토록 하였다. 王莽
재위 때 단절되었다.

原文

贊曰, 孝元之後, 遍有天下, 然而世絶於孫, 豈非天哉! 淮
陽憲王於時諸侯爲聰察矣, 張博誘之, 幾陷無道. 《詩》云
'貪人敗類', 古今一也.

| 註釋 | ○幾陷無道 - 幾는 거의. 陷 빠지다. 無道는 반역행위. ○《詩》云
-《詩經 大雅 桑柔》. 貪人敗類의 類는 善人.

[國譯]

班固의 論贊 : 원제의 후손이 천하를 소유했지만 손자에서 끊겼으
니 어찌 하늘 뜻이 아니겠는가! 淮陽 憲王은 그때 諸侯王으로 명철
했었지만 張博(장박)에게 유혹되어 거의 반역에 이를 뻔하였다. 《詩
經》의 '탐욕 많은 자가 선한 사람을 망쳤네.' 라는 말은 고금이 마찬
가지이다.

81 匡張孔馬傳
〔광,장,공,마전〕

81-1. 匡衡

原文

匡衡, 字稚圭, 東海承人也. 父世農夫, 至衡好學, 家貧, 庸作以供資用, 尤精力過絶人. 諸儒爲之語曰, '無說《詩》, 匡鼎來, 匡語《詩》, 解人頤.'

|註釋| ○匡衡(광형) - '穿壁引光(천벽인광)' 故事의 主人公. ○東海承人 - 東海는 郡名. 치소는 郯縣(담현, 今 山東省 臨沂市 관할의 郯城縣). 承(승)은 縣名, 今 山東省 棗莊市(조장시). ○庸作以供資用 - 광형은 부잣집에 품팔이를 하고서도 품삯을 안 받으려 하자 주인이 물었더니 광형은 품삯 대신 그 집에 있는 '책을 읽고 싶다.'고 대답했다.《西京雜記》. ○無說《詩》, 匡鼎

來 - 無는 發語辭로 無義. 無는 말머리를 돌리는 말로 쓰일 경우도 있다. 鼎
(솥 정)은 막(方也), ~하자마자. 한창. 鼎이 匡衡의 字라는 註釋도 있다.
○解人頤 - 사람을 기쁘게 한다. 解는 웃다. 開顔而笑. 頤 턱 이.

〖國譯〗

　匡衡(광형)의 字는 稚圭(치규)로, 東海郡 承縣 사람이다. 부친은 대
대로 농부였으나 광형에 이르러 호학했지만 집이 가난하여 품팔이
를 하며 學資를 대었고 또 힘이 남들보다 굉장히 세었다. 여러 유생
들은 광형을 보고 '詩를 말하면 광형이 오고, 광형이 시를 외우면 모
두가 좋아했다.' 라고 말했다.

原文

　衡射策甲科, 以不應令除爲太常掌故, 調補平原文學. 學
者多上書薦衡經明, 當世少雙, 令爲文學就官京師, 後進皆
欲從衡平原, 衡不宜在遠方. 事下太子太傅蕭望之, 少府梁
丘賀問, 衡對《詩》諸大義, 其對深美. 望之奏衡經學精習,
說有師道, 可觀覽. 宣帝不甚用儒, 遣衡歸官. 而皇太子見
衡對, 私善之.

| 註釋 | ○射策 - 인재 선발의 방법. 문제를 뽑아 주제에 대한 대책을 논
하는 시험 방법. 뽑은 주제의 난이도에 따라 甲科, 乙科를 구분. ○不應令 -
뽑은 主題에 맞지 않다. ○太常掌故 - 관직명. 太常은 종묘 제사를 주관. 九
卿之一. 掌故는 예악이나 제도에 관한 업무를 담당. ○調補平原文學 - 調補

는 뽑혀 임명된다. 平原은 군명. 치소는 平原縣(今 山東省 德州市 관할의 平原縣). 文學은 관직명. 郡의 교육을 담당. ○蕭望之 - 78권, 〈蕭望之傳〉에 立傳. ○少府梁丘賀 - 少府는 九卿의 하나. 梁丘賀는 88권, 〈儒林傳〉에 입전.

[國譯]

　광형은 射策에서 甲科에 응했으나 주제에 맞지 않는다 하여 太常掌故를 제수 받았다가 平原郡 文學으로 전근되었다. 많은 학자들이 상서하여 광형은 당세에 둘도 없을 정도로 경학에 밝으니 문학으로 경사에서 벼슬해야 한다고 천거하자, 후학들은 광형을 따라 평원군으로 옮겨가려고 하였으나, 광형은 먼 지방에 가기가 싫었다. 광형은 太子太傅인 蕭望之를 섬겼으며 少府인 梁丘賀의 질문에 대하여 광형은 《詩》의 여러 大義로 답변하였는데 그 답변이 아주 훌륭했다. 소망지는 광형이 經學에 정통하며 논설에 師道의 지향이 확실하며 실력이 뛰어났다고 상주하였다. 그러나 宣帝는 유학자 등용을 좋아하지 않아 광형을 발령지로 가게 했다. 황태자는 광형을 만나보고 잘 대우해 주었다.

原文

　會宣帝崩, 元帝初卽位, 樂陵侯史高以外屬爲大司馬車騎將軍, 領尙書事, 前將軍蕭望之爲副. 望之名儒, 有師傅舊恩, 天子任之, 多所貢薦. 高充位而已, 與望之有隙. 長安令楊興說高曰, "將軍以親戚輔政, 貴重於天下無二, 然衆庶論議令問休譽不專在將軍者何也? 彼誠有所聞也. 以將軍之

莫府, 海內莫不印望, 而所擧不過私門賓客, 乳母子弟, 人
情忽不自知, 然一夫竊議, 語流天下. 夫富貴在身而列士不
譽, 是有狐白之裘而反衣之也. 古人病其若此, 故卑體勞心,
以求賢爲務. 傳曰, 以賢難得之故因曰事不待賢, 以食難得
之故而曰飽不待食, 或之甚者也. 平原文學匡衡材智有餘,
經學絶倫, 但以無階朝廷, 故隨牒在遠方. 將軍誠召置莫府,
學士歙然歸仁, 與參事議, 觀其所有, 貢之朝廷, 必爲國器,
以此顯示衆庶, 名流於世.”

高然其言, 辟衡爲議曹史, 薦衡於上, 上以爲郎中, 遷博
士, 給事中.

| 註釋 | ○外屬 - 외척. 史高(? - 前 43)는 선제의 부친(史皇孫)의 외삼촌
인 史恭의 아들이니, 곧 宣帝의 祖母인 史良娣의 친정 조카이다. 黃龍 원년
(前 49)에 大司馬車騎將軍領尙書事가 되었다가 前 43년에 노령으로 은퇴, 그
해에 죽었다.   ○大司馬 - 官名으로 軍政의 최고 책임자. 大司馬는 승상, 어
사태부와 함께 三公으로 질록은 같으며 각자 府를 운영하는 三分權의 체제
였다. 車騎將軍은 驃騎將軍, 衛將軍과 함께 최고위 무관직. 거기장군은 수도
방어와 궁궐 수비의 실무 지휘관이라 할 수 있다. ○領尙書事 - 尙書를 겸
임하다.   ○前將軍 - 後將軍, 좌, 우장군과 함께 大將軍의 다음 자리. 前將軍
은 유사시에는 군사를 지휘하나 평시에는 구체적 직무가 없어 他 官職을 겸
임. 황제를 宿衛하고 政事의 논의에 참여.   ○充位 - 자리를 차지하다. 임무
를 다하지 못한다.   ○衆庶 - 衆人. 同義를 가진 낱말을 겹쳐 사용한 것.   ○令
問休譽 - 좋은 명성이나 아름다운 칭송. 令과 休는 善의 뜻, 問은 聞, 곧 名
聲.   ○彼誠有所聞也 - 彼는 좋은 평가를 받지 못하는 것. 所聞은 여론.   ○莫

府 - 幕府. ○人情忽不自知 - 大司馬로서 세상 물정을 홀로 모른다는 뜻.
○竊議 - 公論이 아닌 사적인 論議. ○海內莫不卬望 - 卬望은 仰望. 기대하
다. 천거를 기대하다. ○列土不譽 - 列士不擧의 誤字라는 註에 따름. ○狐
白之裘(호백지구) - 여우 겨드랑이의 흰 털로 만든 갖옷(가죽 옷). 최고의 貴
物. ○或之甚者也 - 크게 잘못되었다. 기대하기 어렵다. 或은 惑의 뜻. ○隨
牒(수첩) - 전근시키는 공문서. ○歙然(흡연) - 翕然(흡연). 일치하는 모양.
○觀其所有 - 所有는 才能. ○議曹史 - 議曹는 승상부 소속 부서의 하나.
각 부서의 기획담당 파트. 議曹의 책임자는 議曹椽(의조연)이고 副책임자가
議曹史이다. ○給事中 - '給事禁中'의 뜻. 황제의 자문에 응대. 三公, 장군,
列卿, 박사, 대부가 이 加官을 받을 수 있다.

[國譯]

마침 宣帝가 붕어하고 元帝가 즉위하였는데 樂陵侯인 史高는 외
척으로 大司馬 車騎將軍領尙書事가 되었고 전장군 蕭望之(소망지)
는 그 副官이었다. 소망지는 名儒였으며 원제의 師傅로 舊恩이 있어
원제의 큰 신임을 받으면서 많은 인재를 천거하였다. 史高는 자리만
차지하였고 소망지와 사이가 안 좋았다. 長安令인 楊興(양흥)이 史
高에게 말했다.

"장군은 친척으로 정사를 보필하며 천하에 둘도 없이 높은 자리
에 있지만 衆人으로부터 훌륭한 명성이나 칭송을 전혀 받지 못하는
이유가 무엇이겠습니까? 그것은 전적으로 여론 때문입니다. 지금
장군의 幕府에 기대하지 않는 사람이 없지만 장군이 천거하는 사람
은 장군의 문객이나 유모의 자제 뿐이며 세상물정도 모르기에 한 사
람의 개인적인 의논이 널리 퍼지기 때문입니다. 부귀를 누리며 士人
의 칭송을 받지 못하는 것은 마치 狐白(호백)의 갖옷을 뒤집어 입은

것과 같습니다. 옛사람들은 이러한 평가를 걱정하였기에 자신을 낮추고 걱정하면서 현인을 얻으려 애를 썼습니다. 그래서 경전에서도 '賢人을 얻기 어렵기에 현인의 보필을 기대하기 어렵고, 관록을 얻기 어렵기 때문에 배부름을 기대하지 않는다'고 말했는데, 이는 그만큼 어렵다는 뜻입니다. 平原郡의 文學인 匡衡(광형)은 재능이 많고 經學이 아주 뛰어났는데도 조정에 알아주는 사람이 없어 발령장에 의해 먼 지방으로 가야 했습니다. 장군께서 만약 불러 막부에서 일을 하게 한다면 學士들이 기꺼이 仁者에게 귀의하며 정사에 참여할 수 있고 그 재능을 발휘하여 조정에 이바지 할 것이며 나라의 큰 그릇이 될 것이니 이런 모습을 대중에게 보여준다면 훌륭한 평가가 널리 퍼질 것입니다."

史高는 그 건의를 받아들여 광형을 차출하여 議曹史에 임명하였고, 광형을 원제에게 천거하여 博士에 給事中으로 승진시켰다.

原文

是時, 有日蝕, 地震之變, 上問以政治得失, 衡上疏曰,

「臣聞五帝不同樂(禮), 三王各異敎, 民俗殊務, 所遇之時異也. 陛下躬聖德, 開太平之路, 閔愚吏民觸法抵禁, 比年大赦, 使百姓得改行自新, 天下幸甚. 臣竊見大赦之後, 奸邪不爲衰止, 今日大赦, 明日犯法, 相隨入獄, 此殆導之未得其務也. 蓋保民者, '陳之以德義', '示之以好惡', 觀其失而制其宜, 故動之而和, 綏之而安. 今天下俗貪財賤義, 好聲

色, 上侈靡, 廉恥之節薄, 淫辟之意縱, 綱紀失序, 疏者逾內,
親戚之恩薄, 婚姻之黨隆, 苟合僥倖, 以身設利. 不改其原,
雖歲赦之, 刑猶難使錯而不用也.」

| 註釋 | ○不同樂 − '不同禮' 로 된 판본도 있다. ○比年 − 比는 자주(頻
也). ○保民者 − 保民은 養民. ○陳之以德義 ~ − '陳之以德義而民興行 示
之以好惡而民知禁.' 《孝經》의 인용. ○綏之而安 − 按撫하여 안정시키다.
○上侈靡 − 上은 尙. 侈靡(치미)는 지나친 사치. ○淫辟 − 淫僻. ○疏者逾內
− 疏者는 처첩의 가문. 逾內(유내)는 同姓을 멀리하다. 內는 同姓, 親族. ○以
身設利 − 以身沒利가 맞는 문장. 沒은 탐내다. 빠지다.

〖 國譯 〗
    그 무렵에 일식과 지진의 변고가 있었는데 원제가 정치의 득실에
대하여 하문하자 광형이 상소하여 말했다.
    「臣이 알기로, 五帝는 예악을 달리했고 三王은 교화의 방법을 달
리 했으며, 민속이 서로 같지 않았던 것은 시대가 달랐기 때문이었
습니다. 폐하께서는 聖德을 실천하시고 태평시대를 이룩하시면서
우매한 吏民들이 법금을 어기는 것을 걱정하여 해마다 대사면을 베
풀면서 백성이 행실을 고쳐 새 사람이 되기를 바라시니, 이는 백성
에게 큰 복이 될 것입니다. 그러나 臣이 볼 때 대사면 이후에도 간악
한 무리가 줄지 않고 오늘 대사면을 받고 다음 날 범법하며 꼬리를
물고 옥에 들어오니, 이는 교화의 성과가 없는 것입니다. 대개 백성
을 보살핀다는 뜻은 '백성에게 德義를 베풀고', '선악을 가르치며',
실수에 따라 적정한 방법으로 제재를 가해서 행실을 조화롭게 하여

백성을 편하게 안정시키는 것입니다. 지금 천하의 습속은 재물을 탐하고 의리를 버리며, 聲色을 좋아하고 사치를 숭상하며, 염치의 절의를 모르고 멋대로 음탕한 짓을 하여 기강이 무너졌으며, 妻族이 친족을 멀리하고 친척의 은의도 없어지고 외척이 융성하며, 요행수를 바라고 이익만을 좇고 있습니다. 그 근원을 막지 않는다면 해마다 사면하더라도 이를 막을 수 없고 또 쓸모없을 것입니다.」

原文

「臣愚以爲宜壹曠然大變其俗. 孔子曰, "能以禮讓爲國乎, 何有?" 朝廷者, 天下之楨幹也. 公卿大夫相與循禮恭讓, 則民不爭, 好仁樂施, 則下不暴, 上義高節, 則民興行, 寬柔和惠, 則衆相愛. 四者, 明王之所以不嚴而成化也. 何者? 朝有變色之言, 則下有爭鬪之患, 上有自專之士, 則下有不讓之人, 上有克勝之佐, 則下有傷害之心, 上有好利之臣, 則下有盜竊之民, 此其本也. 今俗吏之治, 皆不本禮讓. 而上克暴, 或忮害好陷人於罪, 貪財而慕勢, 故犯法者衆, 奸邪不止, 雖嚴刑峻法, 猶不爲變. 此非其天性, 有由然也.」

|註釋| ○曠然 − 아주 넓은 모양. 曠 밝을 광. 넓게 탁 트인 모양. ○孔子曰 − 子曰, "能以禮讓爲國乎? 何有? 不能以禮讓爲國, 如禮何?"《論語 里仁》. ○楨幹(정간) − 근본, 기초. 인재. 담을 칠 때 담의 양쪽에 세우는 나무(楨 담치는 나무 정)과 담의 기둥이 될 나무(幹). ○忮害(기해) − 해치다. 잔인

하다. 忮 해칠 기, 탐낼 기.

〖 國譯 〗

　臣은 어리석지만 한 번 크게 풍속을 바꿔야 한다고 생각합니다. 공자는 "禮讓으로 치국한다면 무엇이 어렵겠는가?" 하고 말했습니다. 조정이란 천하를 지탱하는 큰 기둥입니다. 공경대부가 서로 예를 따르고 공경하며 양보한다면 백성들은 다투지 않으며, 仁과 베풀기를 좋아한다면 백성은 사납지 않을 것이며, 의리와 지조를 숭상한다면 행실이 바를 것이며, 너그럽고 온화하다면 백성들은 서로 사랑할 것입니다. 이러한 네 가지는 明王이 엄하지 않으면서도 교화가 성공할 수 있는 까닭입니다. 왜 그렇겠습니까? 조정에서 얼굴을 붉히며 말한다면 아래에서는 싸움을 걱정해야 하며, 조정에서 멋대로 하는 사람이 있다면 아래에서는 양보하지 않을 것이며, 조정에서 이기기를 좋아한다면 아래에서는 상처를 줄 마음이 생기게 되며, 위에서 이익만 따르는 신하가 있다면 아래에서는 도둑질하는 백성이 나오는 것은 당연합니다. 지금 俗吏의 통치는 하나같이 禮讓을 바탕으로 하지 않습니다. 위에서 각박하고 사납거나 잔인하게 백성을 죄에 빠트리며 재물을 탐하고 권세만을 흠모하기에 범법자는 많아지고 간악한 범죄가 그치지 않아 엄형준법으로 다스리더라도 풍속이 바뀌지 않는 것입니다. 이는 천성이 그래서가 아니라 이치가 그러하기 때문입니다.」

「臣竊考〈國風〉之詩, 〈周南〉, 〈召南〉, 被賢聖之化深, 故篤於行而廉於色. 鄭伯好勇, 而國人暴虎, 秦穆貴信, 而士多從死, 陳夫人好巫, 而民淫祀, 晉侯好儉, 而民畜聚, 太王躬仁, 邠國貴恕. 由此觀之, 治天下者審所上而已. 今之僞薄忮害, 不讓極矣. 臣聞敎化之流, 非家至而人說之也. 賢者在位, 能者布職, 朝廷崇禮, 百僚敬讓, 道德之行, 由內及外, 自近者始, 然後民知所法, 遷善日進而不自知. 是以百姓安, 陰陽和, 神靈應, 而嘉祥見.《詩》曰, ‘商邑翼翼, 四方之極, 壽考且寧, 以保我後生.’ 此成湯所以建至治, 保子孫, 化異俗而懷鬼方也. 今長安天子之都, 親承聖化, 然其習俗無以異於遠方, 郡國來者無所法則, 或見侈靡而放效之. 此敎化之原本, 風俗之樞機, 宜先正者也.」

| 註釋 | ○〈國風〉, 〈周南〉, 〈召南〉－《詩經》에는 〈周南〉과 〈召南〉을 비롯한 15개 國風이 있다. ○鄭伯好勇－春秋時代 鄭 莊公. 暴虎는 맨손으로 호랑이를 잡다.《詩經 鄭風 大叔于田》참고. ○秦穆貴信－춘추시대 秦의 穆公.《詩經 秦風 黃鳥》참고. ○陳夫人好巫－陳 胡公의 부인. 無子하여 귀신에게 제사를 열심히 지냈다고 한다.《詩經 陳風 陳譜》참고. ○晉侯－晉의 昭公. ○太王－文王의 조부. 古公亶父. ○能者布職－能者가 직위에 있다. ○《詩》曰－《詩經 商頌 殷武》. ○商邑翼翼－商邑은 殷의 國都. 翼翼(익익)은 번성한 모양. ○四方之極－極은 中心. ○壽考且寧－壽考는 長壽하다. ○懷鬼方也－鬼方은 遠方. ○而放效之－放은 依也. 본뜨다. 모방하다.

「臣이 〈國風〉의 詩나 〈周南〉과 〈召南〉의 시를 생각해 보면, 聖賢
에 의한 교화가 아주 위대하며 그 행실이 돈독하고 낯빛도 온화했음
을 알 수 있습니다. 鄭伯은 용기 있는 사람을 좋아했기에 그 나라 사
람은 맨손으로 호랑이를 잡았으며, 秦의 穆公이 신의를 귀하게 여기
자 의리를 지켜 죽는 사람이 많았으며, 陳의 胡公夫人이 巫俗을 믿
고 따르자 백성들은 빌기를 좋아하였으며, 晉의 昭公이 검소하였기
에 백성들은 저축이 많았고, 周 太王이 몸소 仁을 실천하였기에 邠
(빈)에서는 용서를 소중히 여겼습니다. 이를 본다면, 천하를 다스리
는 자는 위에서 좋아하는 것을 신중히 해야 합니다. 지금은 거짓이
많고 각박하며 잔인하고 양보할 줄도 전혀 모릅니다. 臣이 알기로,
교화의 실천이란 집집마다 찾아가서 또는 모든 사람을 설득하는 것
이 아닙니다. 賢者가 在位하고 能者가 재직하면서 조정에서 예를 숭
상하고 모든 관료가 공경 양보하면서 도덕의 실천이 안에서 밖으로,
측근에서 시작한 연후에 백성들이 이를 알아 본받으면 자신도 모르
게 날마다 善에 가까워지는 것입니다. 이렇게 되면 백성은 안정되고
음양이 조화를 이루며 신령이 감응하여 상서로운 길상이 나타나게
됩니다. 그리하여 《詩經》에서도, '商邑의 번성하니 사방의 중심이
로다. 장수하고 또 편안하니 내 후손까지 지켜준다.' 고 노래하였습
니다. 이는 湯王이 이룩한 훌륭한 치적으로 자손을 지킬 수 있어 먼
지방에서도 그리워하는 것입니다. 지금 長安은 천자의 국도이며 폐
하의 교화가 직접 미치는 곳인데도 그 습속은 먼 지방보다 나은 것
이 없어 군국에서 온 자들이 본받을 것이 없으며 어떤 자는 사치를
보고 본받기만 합니다. 이 때문에 교화의 원 줄기와 풍속의 핵심을

응당 먼저 바로 잡아야 합니다.」

原文

「臣聞天人之際, 精祲有以相盪, 善惡有以相推, 事作乎下者象動乎上, 陰陽之理各應其感, 陰變則靜者動, 陽蔽則明者晻, 水旱之災隨類而至. 今關東連年饑饉, 百姓乏困, 或至相食, 此皆生於賦斂多, 民所共者大, 而吏安集之不稱之效也. 陛下祇畏天戒, 哀閔元元, 大自減損, 省甘泉, 建章宮衛, 罷珠崖, 偃武行文, 將欲度唐, 虞之隆, 絶殷, 周之衰也. 諸見罷珠崖詔書者, 莫不欣欣, 人自以將見太平也. 宜遂減宮室之度, 省靡麗之飾, 考制度, 修外內, 近忠正, 遠巧佞, 放鄭, 衛, 進〈雅〉,〈頌〉, 擧異材, 開直言, 任溫良之人, 退刻薄之吏, 顯潔白之士, 昭無慾之路. 覽《六藝》之意, 察上世之務, 明自然之道, 博和睦之化, 以崇至仁, 匡失俗, 易民視, 令海內昭然咸見本朝之所貴, 道德弘於京師, 淑問揚乎疆外, 然後大化可成, 禮讓可興也.」

| 註釋 | ○精祲有以相盪 − 精祲은 精氣. 祲 햇무리 침. 妖氣. 서로 영향을 미치다. 相盪은 함께 움직이다. 盪 씻을 탕. 움직이다. 흔들거리다. 부딪치다. ○明者晻 − 晻은 어둘 암(엄). (暗과 같음). 이는 日蝕을 의미. 앞의 靜者動은 지진을 의미. ○祇畏天戒 − 祇畏(지외)는 경외하다. ○哀閔元元 − 閔은 憫. 元元은 백성. ○罷珠崖 − 武帝 때 설치한 주애군을 원제 初元 3년(前 46)

에 폐지했다. 군명. 武帝 때(前 110) 처음 설치. 元帝 初元 3년(前 46)에 폐지했다. 珠崖郡은 치소는 瞫都縣(심도현). 今 海南省 海口市 남쪽. ○偃武行文 ─ 武事를 버리고 文治를 강화하다. 偃 쓰러질 언. 그만두다. ○欣欣(흔흔) ─ 기뻐하다. ○《六藝》─ 六經. ○淑問 ─ 淑은 善. 問은 名.

〔國譯〕

「臣이 알기로, 하늘과 인간의 관계에서 좋고 나쁜 기운이 서로 움직이고 선악이 서로 영향을 끼치거나 또는 아래에서 작동해야 할 기운이 위로 올라간다거나 음양의 이치가 서로 감응하여 음기가 변하면 靜者가 움직이고(地震), 양기가 막히면 밝아야 하는 것이 어두워지면서(日蝕) 수해나 旱害(한해)가 상황에 따라 나타나게 됩니다. 지금 關東 지방에 해마다 기근이 들고 백성이 곤핍하여 서로 잡아먹을 지경에 이른 것은 모두가 거둬들이는 賦稅에 백성이 바치는 것이 많으며 관리는 편하게 거둬들이기는 악습 때문입니다. 폐하께서는 天戒를 경외하며 백성을 불쌍히 여기시어 스스로 지출을 크게 줄이시고 甘泉宮과 建章宮의 위병을 감원했으며 珠崖郡(주애군)을 혁파하시고, 무치가 아닌 문치를 강화하시면서 堯舜의 융성을 이루시고 殷과 周의 말기현상을 단절하려 하십니다. 주애군의 관청을 혁파하신다는 조서를 읽은 사람은 누구나 기뻐하며 장차 태평성대가 올 것이라 기대하였습니다. 의당 궁실의 비용을 절감하고 화려한 장식을 없애며, 법제를 고치고 궁내외를 혁신하며, 忠正한 자를 가까이 두고 아첨배를 멀리하시며, 鄭이나 衛나라의 음악을 내치고 〈雅〉와 〈頌〉의 아악을 들으시며, 특이한 능력자를 등용하고 직언의 언로를 열어주며, 溫良한 인재를 선발하고 각박한 관리를 멀리하며, 청렴한 士

人을 높이 발탁하면서 탐욕이 없는 정치를 명확하게 강조해야 합니다. 六經의 대의를 열람하시고 선대의 정무를 살펴보시며 자연의 道를 밝히시고 和睦한 교화를 넓히시며 나쁜 습속을 바로 잡고 백성의 시야를 바꿔나가서 海內 백성으로 하여금 本朝에서 소중히 여기는 것을 확실히 알게 하면서 경사의 도덕심을 크게 넓히고 착한 명분을 강역 밖까지 선양한다면 그런 뒤에 큰 교화가 이루어지고 禮讓의 도덕이 일어날 것입니다.」

上說其言, 遷衡爲光祿大夫, 太子少傅.

時, 上好儒術文辭, 頗改宣帝之政, 言事者多進見, 人人自以爲得上意. 又傅昭儀及子定陶王愛幸, 寵於皇后, 太子. 衡復上疏曰,

| 註釋 | ○光祿大夫, 太子少傅 – 光祿大夫는 郎中令의 속관, 황제의 고문에 응대하는 고급 참모. 秩 比二千石. 太子少傅는 태자태부와 함께 태자의 교육과 訓導와 補翼을 담당. ○傅昭儀 – 孝元皇帝는 三男을 두었다. 王皇后(王政君)가 孝成帝를 낳고, 傅昭儀(부소의)가 定陶共王 劉康(유강)을, 馮昭儀가 中山孝王 劉興을 출산했다. 유강이 일찍 죽자 아들 劉欣(유흔, 母親 丁氏)은 정도왕이 되었다가 成帝가 아들이 없이 죽자 뒤를 이어 제위에 올랐다(哀帝). ○寵於皇后 – 寵은 초월하다(踰也). 더 많이 사랑하다.

　　원제는 광형의 상소를 좋아하면서 광형을 승진시켜 光祿大夫에 太子少傅로 삼았다. 이 무렵 원제는 유학과 문사를 좋아하며 선제 때의 정치를 개혁하려고 정사를 논하는 자들을 많이 등용하였기에 사람마다 황제의 신임을 받는다고 생각하였다. 또 傅昭儀와 아들 定陶王을 황후나 太子보다 더 총애하였다. 이에 광형이 또 상소하였다.

原文

　　「臣聞治亂安危之機, 在乎審所用心. 蓋受命之王務在創業垂統傳之無窮, 繼體之君心存於承宣先王之德而褒大其功. 昔者成王之嗣位, 思述文,武之道以養其心, 休烈盛美皆歸之二后而不敢專其名, 是以上天歆享, 鬼神祐焉. 其《詩》曰, ‘念我皇祖, 陟降廷止.’ 言成王常思祖考之業, 而鬼神祐助其治也.」

| 註釋 |　○垂統 – 법통을 이어가다.　○繼體之君 – 법통을 계승한 군주.　○休烈盛美 – 休는 美也. 烈은 王業.　○二后 – 文王과 武王.　○歆享(흠향) – 神明이 제사의 禮를 받음. 歆饗(흠향).　○《詩》曰 –《詩經 周頌 閔予小子》.　○陟降廷止 – 陟降(척강)은 오르내리다. 止는 助詞. 뜻이 없음.

〖國譯〗

　　「臣이 알기로, 治亂과 安危의 요체는 마음 쓸 바를 정확하게 아는데 있습니다. 대개 천명을 받은 王者는 창업하고 법통을 세워 후세에 오래도록 지속하는데 전심전력하고, 뒤를 이은 군주는 선왕의 미덕을 계승하며 공적을 선양하는데 주력하게 됩니다. 옛날 周 성왕이 왕위를 계승하고서는 문왕과 무왕의 왕도를 이어 마음에 새기면서 자랑스러운 업적과 성덕을 모두 선대왕에게 돌리면서 명예를 자신 마음대로 하지 않았기에 上天이 歆享하고 귀신도 도왔습니다. 그리하여 《詩》에서도, '나의 祖考를 생각하나니 뜰에 오르내리시는 것 같도다.'라고 하였으니, 이처럼 成王이 늘 조상의 업적을 기렸기에 신령도 통치를 도왔던 것입니다.」

「陛下聖德天覆, 子愛海內, 然陰陽未和, 奸邪未禁者, 殆論議者未丕揚先帝之盛功, 爭言制度不可用也, 務變更之, 所更或不可行, 而復復之, 是以群下更相是非, 吏民無所信. 臣竊恨國家釋樂成之業, 而虛爲此紛紛也. 願陛下詳覽統業之事, 留神於遵制揚功, 以定群下之心. 〈大雅〉曰, '無念爾祖, 聿修厥德.' 孔子著之《孝經》首章, 蓋至德之本也. 傳曰, '審好惡, 理情性, 而王道畢矣.' 能盡其性, 然後能盡人物之性, 能盡人物之性, 可以贊天地之化. 治性之道, 必審己之所有餘, 而强其所不足. 蓋聰明疏通者戒於大察, 寡聞少見者戒於雍蔽, 勇猛剛强者戒於大暴, 仁愛溫良者戒於無斷, 湛靜安舒者戒於後時, 廣心浩大者戒於遺忘. 必審己之

所當戒, 而齊之以義, 然後中和之化應, 而巧僞之徒不敢比
周而望進. 唯陛下戒所以崇聖德.」

| **註釋** | ○子愛海內 - 子愛는 慈愛. 子는 사랑할 자. ○未丕揚 - 丕는 클
비(大也). ○而復復之 - 다시 회복하다. ○更相是非 - 是非는 褒貶(포폄)이
나 評論. ○釋樂成之業 - 釋은 폐지하다. 樂成之業은 백성에게 편리한 제
도. ○〈大雅〉曰 - 〈大雅 文王〉. 無는 發語詞. 뜻 없음. ○聿修(율수) - 선인
의 덕을 잇고 빛내다. 聿은 붓 율. 닦다. 따르다. ○王道畢矣 - 畢은 마치다.
다 갖추다. ○贊天地之化 - 贊은 밝히다(明也). 이끌다. 참여하다. ○强其
所不足 - 强은 힘쓰다(勉也). ○戒於雍蔽 - 雍蔽는 壅蔽(옹폐). 막고 가리
다. ○湛靜 - 沈靜(침정). ○齊之以義 - 齊는 整治하다. ○比周 - 연결하
다. 무리를 짓다.

〖 **國譯** 〗

「폐하의 聖德은 하늘과 같고, 海內를 사랑하지만 음양이 조화하
지 못하고, 간악한 일이 끊이지 않는 것은 아마도 위정자들이 선제
의 크신 공덕을 크게 선양하지 못하며 爭言이나 제도가 쓸모 없으
며, 바꾸기만 하면 바꾼 것도 쓸모가 없고 또 원래대로 복귀하지도
못해 아래에서는 다시 시비만 벌어져 백성이 믿을 바가 없기 때문일
것입니다. 臣은 나라가 백성에게 편리한 제도를 폐지하고 거짓된 것
때문에 분분히 다투는 것이 한스러울 뿐입니다. 폐하께서는 국정을
직접 챙기시며 옛 제도와 조상의 업적을 알리는데 마음을 쓰시어 백
성들의 마음을 안정시켜 주셔야 합니다. 〈大雅〉에서도 '너의 조상
을 생각하고 그 덕을 닦고 빛내라.'고 하였습니다. 孔子가 저술한
《孝經》의 첫 머리는 큰 덕의 근본을 말했습니다. 다른 경전에서도

'好惡(호오)를 잘 헤아리고 性情을 억제하면 왕도를 이룰 수 있다' 고 하였습니다. 자신의 본성을 다 헤아릴 수 있어야만 다른 사람이나 사물의 본성을 알 수 있고 다시 그런 뒤에야 천지의 교화를 밝게 할 수 있습니다. 본성을 다스리는 길은 바로 자신에게 여유가 있는 부분을 살펴 부족한 것을 힘써 보충하는 것입니다. 총명하고 능통한 자는 크고 넓은 것을 잘 살펴야 하고 寡聞(과문)하고 식견이 적은 자는 막히는 것을 조심하고, 용맹하고 강한 자는 지나침을 경계하며, 仁愛하고 溫良한 자는 결단을 내리지 못하는 것을 조심하고, 침착하며 느긋한 자는 때를 놓치지 않아야 하고, 생각이 크고 넓은 자는 챙기지 못하는 일이 없어야 합니다. 자신이 조심할 것이 무엇인가를 잘 살펴서 大義에 따라 제대로 다스린 연후에 中和의 변화에 따르면서 간교한 자들이 서로 연결하여 앞으로 나서지 못하게 해야 합니다. 폐하께서는 오직 성덕을 숭상하는 일에만 힘써야 합니다.」

原文

「臣又聞室家之道修, 則天下之理得, 故《詩》始〈國風〉, 《禮》本〈冠〉,〈婚〉. 始乎〈國風〉, 原情性而明人倫也, 本乎〈冠〉,〈婚〉, 正基兆而防未然也. 福之興莫不本乎室家, 之道衰莫不始乎閨內. 故聖王必愼妃后之際, 別適長之位. 禮之於內也, 卑不逾尊, 新不先故, 所以統人情而理陰氣也. 其尊適而卑庶也, 適子冠乎阼, 禮之用醴, 衆子不得與列, 所以貴正體而明嫌疑也. 非虛加其禮文而已, 乃中心與之殊異, 故禮探其情而見之外也. 聖人動靜游燕, 所親物得其序, 得其序, 則海內自修, 百姓從化. 如當親者疏, 當尊者卑, 則佞巧之奸因時而動, 以亂國家. 故聖人愼防其端, 禁於未然, 不以私恩害公義. 陛下聖德純備, 莫不修正, 則天下無爲而治. 《詩》云, ‘於以四方, 克定厥家.’ 傳曰, ‘正家而天卜定矣.’」

| 註釋 | ㅇ《詩》始〈國風〉-《詩經》은 〈國風 關雎(관저)〉로 시작. ㅇ《禮》本〈冠〉,〈婚〉-《禮記》는 〈士冠禮〉와 〈士婚禮〉로 시작. 本은 始也. ㅇ原情性 -原은 따르다(順也). ㅇ之道衰莫不始乎閫內 - 道之~의 착오. 閫內(곤내)는 가정. 閫 문지방 곤(門限). 왕후의 거처. ㅇ別適長之位 - 別은 동사로 쓰였음. 특별하게 여기다. 適은 嫡. 正室. ㅇ明嫌疑也 - 嫌疑(혐의)는 혼동하다. 혼란하다. ㅇ動靜游燕 - 動靜은 日常. 游燕은 遊樂, 휴식. ㅇ《詩》云 - 《詩經 周頌 桓》. ㅇ傳曰 -《易經 家人》괘의 彖辭(단사).

〔國譯〕

「臣이 또 알기로는, 가정의 법도가 바로서야 천하를 다스릴 道를 체득할 수 있기에 《詩經》은 〈國風〉으로 시작하고, 《禮記》는 〈士冠禮〉와 〈士婚禮〉로 시작합니다. 〈國風〉으로 시작하여 情性을 따라 人倫을 밝히었으며, 〈士冠禮〉와 〈士婚禮〉로 시작하면서 근본을 바로 잡고 未然을 예방하였습니다. 복을 받고자하면 가정에 바탕을 두지 않을 수 없으며 治道의 쇠락은 모두 집안에서 시작됩니다. 그래서 聖王은 꼭 왕후와의 관계에 신중하였고 적장자의 지위는 특별하였습니다. 가정 내의 예법에서 낮은 자는 尊者를 넘어설 수 없고, 新

人이 오래된 사람을 앞설 수 없는 것은 인정에 따르면서 음기를 다스리는 것이었습니다. 嫡子를 높이고 서자를 낮추는 것이나 적자가 주인의 자리에 나아가고 의례에서 醴酒(예주)를 쓰며, 衆子가 嫡長子와 같은 줄에 설 수 없는 것이 禮의 正體를 높이고 혼동을 명확히 하는 것입니다. 이는 쓸데없이 보태진 禮文이 아니며 다른 것과 구분할 수 있는 중심이기에 예법에서 그 실정에 따라 밖으로 펴 보인 것입니다. 聖人은 일상이나 휴식, 좋아하는 것이라도 차례가 있어야 하고 순서가 바른 뒤에 해내가 다스려지고 백성들이 따르게 됩니다. 응당 가까이 할 자를 멀리하고 높일 자를 낮춘다면 아첨하는 무리의 간계가 때를 보아 움직여 나라가 혼란해집니다. 그래서 성인은 그러한 시초를 만들지 않으려 신중하면서 미연에 막아야 하기에 私恩으로 公義를 해치지 않았습니다. 폐하께서는 성덕을 다 갖추셨기에 바르게 지켜 나가신다면 천하는 작위하지 않아도 다스려질 것입니다. 그래서 《詩經》에서는 '사방을 다스리되 집안을 안정시킨다.'고 하였으며, 경전에서도 '집안을 바로 하여 천하를 평정하다.'라고 하였습니다.'」

原文

衡爲少傅數年, 數上疏陳便宜, 及朝廷有政議, 傅經以對, 言多法義. 上以爲任公卿, 由是爲光祿勳, 御史大夫. 建昭三年, 代韋玄成爲丞相, 封樂安侯, 食邑六百戶.

│ 註釋 │ ○傅經以對 - 傅는 의거하다. ○法義 - 정통 의리. ○建昭三年

- 원제의 연호. 前 36년. ○韋玄成 - 韋玄의 아들. 73권, 〈韋玄傳〉에 附傳.

[國譯]

匡衡(광형)은 태자소부로 몇 년간 재직하면서 時務를 자주 건의하였고 조정에서 정사를 의논할 때 경전의 뜻에 의거 답변하였고 정통 의리에 합당한 발언이 많았다. 원제는 광형이 공경의 직무를 잘 수행한다고 생각하여 光祿勳에 이어 어사대부에 임용하였다. 建昭 3년에 韋玄成의 후임으로 승상이 되어 樂安侯에 봉해졌고 식읍은 6백 호였다.

原文

元帝崩, 成帝卽位, 衡上疏戒妃匹, 勸經學威儀之則, 曰,

「陛下秉至孝, 哀傷思慕不絶於心, 未有游虞弋射之宴, 誠隆於愼終追遠, 無窮已也. 竊願陛下雖聖性得之, 猶復加聖心焉. 《詩》云 ‘煢煢在疚’, 言成王喪畢思慕, 意氣未能平也, 蓋所以就文·武之業, 崇大化之本也.」

│註釋│ ○妃匹 - 配匹, 配偶(배우). ○秉至孝 - 秉은 마음으로 지키다. 至孝는 大孝. ○游虞弋射之宴 - 游虞는 놀이. 虞는 娛와 동. 弋射(익사)는 활쏘기. 사냥. ○愼終追遠 - 愼終은 효도를 다해 임종을 맞이함. 追遠은 근본을 잊지 못하는 것. 曾子曰, "愼終追遠, 民德歸厚矣." 《論語 學而》. ○《詩》云 - 《詩經 周頌 閔予小子》의 ‘嬛嬛在疚’ 의 뜻. 嬛嬛(현현)은 의지할 데 없는 모양. ○煢煢在疚 - 煢煢(경경)은 외로운 모양. 煢은 외로울 경. 疚는 오래

될 구. 오래된 병으로 고생하다.

〖 國譯 〗

元帝가 붕어하고 成帝가 즉위하자 광형은 상소하여 비빈에 관하여 상소하며 경학에 바탕을 둔 위엄을 본받으라고 건의하였다.

「폐하께서는 대효를 실천하시며 슬퍼하고 思慕하는 마음을 놓지 못하여 놀이나 사냥의 즐거움을 취하지 않으시니 참으로 愼終追遠하는 마음이 끝이 없으십니다. 폐하께서는 비록 聖性을 갖고 계시지만 더욱 성심으로 애쓰시기를 삼가 바라옵니다. 《詩經》에서도 '외로워서 병이 되었네.' 라고 하여 成王이 상례를 마치고서도 그리움에 편하지 못한 마음을 노래하였으니, 이는 문왕과 무왕의 업적을 따라 하며 큰 정치의 근본을 숭상한 것입니다.」

原文

「臣又聞之師曰, "妃匹之際, 生民之始, 萬福之原." 婚姻之禮正, 然後品物遂而天命全. 孔子論《詩》以〈關雎〉爲始, 言太上者民之父母, 后夫人之行不侔乎天地, 則無以奉神靈之統而理萬物之宜. 故《詩》曰, '窈窕淑女, 君子好仇.' 言能致其貞淑, 不貳其操, 情慾之感無介乎容儀, 宴私之意不形乎動靜, 夫然後可以配至尊而爲宗廟主. 此綱紀之首, 王敎之端也. 自上世已來, 三代興廢, 未有不由此者也. 願陛下詳覽得失盛衰之效以定大基, 采有德, 戒聲色, 近嚴敬, 遠技能.」

| 註釋 | ○品物遂而天命全 – 品物은 만물. 遂는 성취하다. ○太上者 –
존위에 있는 자. 王. ○不侔乎天地 – 侔는 같다(等也). 짝하다. ○君子好仇
– 好仇의 仇는 짝(匹也). ○無介乎 – 介는 끼이다. 관련하다. 情慾이 容儀에
나타나다. ○遠技能 – 技能은 奇技淫巧.

〖 國譯 〗

「臣이 또 사부로부터 배웠는데, "배필은 生民의 시작이며 만복의
근원"이라고 하여 혼인의 예의가 바른 뒤에 만물이 이루어지고 천
명이 온전하다고 하였습니다. 공자가 刪詩(산시)하여 〈關雎(관저)〉
로 시작한 것은 가장 위에 있는 자는 백성의 부모이며 后夫人의 행
실이 천지에 짝하지 않으면 인간을 거느리는 신령이나 만물의 생성
을 받들 수 없기 때문입니다. 그래서 《詩》에서 '窈窕(요조) 숙녀는
군자의 좋은 짝이로다.'라고 한 것은 정숙하면서도 그 지조를 바꾸
지 않으며 정욕의 감정이 容儀에 끼어들지 않고 편안히 즐기려는 뜻
이 행동에 나타나지 않는 것이니, 그런 연후에 지존한 분이며 종묘
의 주인의 배필이 될 수 있는 것입니다. 이는 기강의 시작이면서 王
者 교화의 단초입니다. 먼 상고 이후로 三代의 흥폐는 이로부터 시
작되지 않는 것이 없었습니다. 바라옵건대, 폐하께서는 득실과 盛衰
의 공적을 상세히 살피시어 큰 기틀을 바로 하시고 유덕한 분을 맞
이하시며 聲色을 조심하시고 謹嚴恭敬하는 사람을 가까이 두시고
잔재주를 부리는 자를 멀리하십시오.」

「竊見聖德純茂, 專精《詩》,《書》, 好樂無厭. 臣衡材駑, 無以輔相善義, 宣揚德音. 臣聞《六經》者, 聖人所以統天地之心, 著善惡之歸, 明吉凶之分, 通人道之正, 使不悖於其本性者也. 故審《六藝》之指, 則天人之理可得而和, 草木昆蟲可得而育, 此永永不易之道也. 及《論語》,《孝經》, 聖人言行之要, 宜究其意.」

| 註釋 | ○純茂(순무) - 善美. ○德音 - 좋은 평판. ○使不悖~ - 悖(패)는 어긋나다(乖也, 違也). ○宜究其意 - 究는 끝까지 추구하다(盡也).

〖 國譯 〗

「臣이 볼 때 폐하의 聖德은 훌륭하시고 《詩》와 《書》에도 정통하시며 음악을 아주 좋아하십니다. 臣 衡(형)은 재주가 없어 폐하의 善意를 보필하거나 德音을 선양하지도 못하고 있습니다. 臣이 알기로, 《六經》이란 성인께서 천지의 心術을 통솔하고 善惡의 귀착을 밝히며 길흉의 갈림을 명확히 하여 인도의 正路를 알아서 인간의 본성에 어긋나지 않게 하려는 뜻이었습니다. 그러하기에 《六藝》의 큰 뜻은 하늘과 인간의 이치를 알아 조화를 이루고 草木이나 昆蟲으로 길들여 기를 만한 것을 알게 하려는 뜻이니, 이는 영원이 바뀔 수 없는 도리입니다. 《論語》와 《孝經》의 뜻은 성인 언행의 요점이기에 특히 그 뜻을 잘 알아야 합니다.」

原文

「臣又聞聖王之自爲動靜周旋, 奉天承親, 臨朝享臣, 物有節文, 以章人倫. 蓋欽翼祗栗, 事天之容也, 溫恭敬遜, 承親之禮也, 正躬嚴恪, 臨衆之儀也, 嘉惠和說, 饗下之顏也. 舉錯動作, 物遵其儀, 故形爲仁義, 動爲法則. 孔子曰, ‘德義可尊, 容止可觀, 進退可度, 以臨其民, 是以其民畏而愛之, 則而象之.’〈大雅〉云, ‘敬愼威儀, 惟民之則.’ 諸侯正月朝覲天子, 天子惟道德, 昭穆穆以視之, 又觀以禮樂, 饗醴乃歸. 故萬國莫不獲賜祉福, 蒙化而成俗. 今正月初幸路寢, 臨朝賀, 置酒以饗萬方, 傳曰 ‘君子愼始’. 願陛下留神動靜之節, 使群下得望盛德休光, 以立基楨, 天下幸甚!」

| 註釋 | ◦動靜周旋－動靜은 행동. 周旋(주선)은 몸가짐, 행동거지. ◦欽翼祗栗－欽翼(흠익)은 공경하며 근신하다. 祗栗(지율)은 삼가며 두려워하다. ◦承親之禮－‘承親之體’가 되어야 文意가 잘 통한다. ◦擧錯動作－擧錯는 행동거지. ◦〈大雅〉云－《詩經 大雅 抑》. ◦朝覲(조근)－신하가 천자를 알현하다. 朝見(조현)과 同. ◦天子惟道德－惟는 思惟하다. ◦昭穆穆以視之－昭는 보여주다. 드러내다(顯揚). 穆穆(목목)은 표정이나 언어가 부끄러운 모양. 視는 보여주다. 내보이다(示也). ◦祉福－福祉. 祉는 하늘이 내리는 복 지. 福은 타고난 복. 남에게서 받는 혜택. ◦路寢(노침)－천자나 제후의 正廳. ◦以立基楨－基는 址(터 지). 楨는 담장의 양쪽 끝에 세우는 기둥.

〖國譯〗

「또 臣이 들은 바, 聖王의 행동이나 몸가짐은 하늘을 받들고 부모 뜻을 계승하며 조정에서 신하의 보필을 받아 사물의 문채를 조절하며 인륜을 밝히는 것입니다. 대개 공경하고 조심하며 삼가고 두려워하는 것은 하늘을 섬기는 모습이며, 온화하고 공경, 겸손은 부모를 모시는 예의이며, 당당한 몸가짐과 엄격함은 대중 앞에 나서는 儀表이며, 기꺼이 베풀고 온화하게 즐기는 것은 아래 사람에게 잔치를 베푸는 얼굴 표정입니다. 聖王의 擧錯와 動作은 사물의 의표를 따르는 것이기에 몸가짐은 仁義이며 행동은 법칙이 됩니다. 공자는 '德義를 우러러 볼 수 있고 容止는 본받을 수 있으며, 進退는 헤아릴 수 있게 하여 백성 앞에 나서는 것이니 이 때문에 백성은 경외하면서도 친애하며 본받아 닮는다.' 라고 하였습니다. 〈大雅〉에서도 '공경근신하며 근엄한 의표를 백성이 본받네.' 라고 하였습니다. 제후가 정월에 천자를 朝覲(조근)할 때 천자는 도덕를 생각하며 온화한 모습을 만나주며 또 예악을 보여주고 좋은 술을 대접하여 돌려보냅니다. 그리하여 모든 제후국이 복지를 받지 않는 나라가 없으며 교화를 받아 풍속이 되는 것입니다. 이번 정월에 처음으로 正廳에 행차하시어 조하를 받으시고 술을 내려 만방의 제후에게 베푸셨는데 경전에서도 '군자는 그 시작을 신중히 한다.' 라고 하였습니다. 바라옵건대, 폐하께서는 절도 있는 행실에 마음을 쓰시어 모든 신하들에게 성덕의 아름다운 광채를 보여주고 주춧돌과 기둥이 되어 주신다면 백성에게 큰 복이 될 것입니다!」

上敬納其言. 頃之, 衡復奏正南北郊, 罷諸淫祀, 語在〈郊祀志〉.

初, 元帝時, 中書令石顯用事, 自前相韋玄成及衡皆畏顯, 不敢失其意. 至成帝初卽位, 衡乃與御史大夫甄譚共奏顯, 追條其舊惡, 並及黨與. 於是司隷校尉王尊劾奏, "衡, 譚居大臣位, 知顯等專權勢, 作威福, 爲海內患害, 不以時白奏行罰, 而阿諛曲從, 附下罔上, 無大臣輔政之義. 旣奏顯等, 不自陳不忠之罪, 而反揚著先帝任用傾覆之徒, 罪至不道." 有詔勿劾. 衡慚懼, 上疏謝罪. 因稱病乞骸骨, 上丞相樂安侯印綬.

上報曰, "君以道德修明, 位在三公, 先帝委政, 遂及朕躬. 君遵修法度, 勤勞公家, 朕嘉與君同心合意, 庶幾有成. 今司隷校尉尊妄詆欺, 加非於君, 朕甚閔焉. 方下有司問狀, 君何疑而上書歸侯乞骸骨, 是章朕之未燭也. 傳不云乎? '禮義不愆, 何恤人之言!' 君其察焉. 專精神, 近醫藥, 强食自愛."

因賜上尊酒, 養牛. 衡起視事. 上以新卽位, 褒優大臣, 然群下多是王尊者. 衡嘿嘿不自安, 每有水旱, 風雨不時, 連乞骸骨讓位. 上輒以詔書慰撫, 不許.

| 註釋 | ○中書令 – 中書謁者令의 간칭. 환관이 담당. 石顯은 93권, 〈佞

幸傳)에 立傳. ㅇ甄譚(견담) − 76권, 〈趙尹韓張兩王傳〉에는 '張譚' 으로 기록. ㅇ王尊 − 76권, 〈趙尹韓張兩王傳〉에 입전. ㅇ司隸校尉 − 京師의 백관을 규찰하고 三輔와 三河, 弘農郡 등 7개 郡의 범법자를 색출하고 다스리는 무관직. 질록 2천석. 1200명의 군사 지휘. ㅇ勤勞公家 − 국가를 위해 힘써 일하다. ㅇ禮義不愆 ~ − 傳은 《左傳》이 아님. 逸詩라는 註가 있다. 愆은 허물 건. 恤은 근심하다(憂也). ㅇ上尊酒 − 규정에 쌀 1斗로 술 1두를 얻으면 上尊(상준, 술통 준)이라 하였다. 養牛는 御廄(어구)에서 기른 소. 生牛가 아닌 牛肉. ㅇ嘿嘿不自安 − 嘿嘿은 말이 없는 모양. 嘿 고요할 묵. 안절부절못하다〔忐忑(탐특)〕.

[國譯]

성제는 상소를 기꺼이 받아들였다. 얼마 후, 광형은 다시 남북의 郊祭를 바로 지내고 여러 淫祀를 혁파해야 한다는 상소를 올렸는데 이는 〈郊祀志〉에 있다.

그전 원제 때, 중서령인 石顯(석현)이 정사를 장악하고 있었는데 이전 승상인 韋玄成 때부터 광형까지 석현을 두려워하여 그 뜻을 거스를 수가 없었다. 成帝가 즉위하면서 광형과 御史大夫인 甄譚(견담)은 함께 석현의 舊惡을 조목조목 열거하면서 일당을 탄핵하였다. 그러자 사예교위인 王尊(왕준)이 광형을 탄핵 상주하였다.

"광형과 견담은 대신의 지위에 있으면서 석현 등이 마음대로 권력을 휘두르고 위세를 부리며 천하에 해악을 끼치고 있는데도 제때에 벌해야 한다고 아뢰지 못하고 아부하고 굴종하며 아랫사람에 붙어 皇上을 기만하였으니 대신으로서 輔政의 책임을 다하지 못했습니다. 이제야 석현 등을 탄핵하면서 자신이 불충한 죄를 진술하지 않고 先帝께서 나라를 뒤엎을 무리를 등용했다고 떠드는 것은 不道

의 대죄에 해당합니다."

　성제는 조서로 광형을 조사하지 말라고 하였다. 광형은 부끄럽고 두려워 사죄의 상소를 올렸다. 그러면서 병을 핑계로 면직을 신청하며 승상과 낙안후의 인수를 반납하였다.

　이에 성제가 알려왔다. "君은 도덕을 닦고 명철하여 삼공의 지위에 올라 先帝께서 정사를 맡긴 이후 朕(짐)에 이르렀도다. 君은 법도를 준수하며 나라를 위해 애를 썼으니 짐은 기꺼이 君과 同心으로 합의하여 성공을 거두고 있도다. 이번에 사예교위 王尊(왕준)이 함부로 헐뜯으며 승상을 비난하는 것을 짐은 심히 안타깝게 여기노라. 방금 有司에게 왕준을 조사하도록 하였지만 승상은 왜 걱정하며 제후의 인수를 반납하며 면직하겠다고 상서하는가? 이는 짐의 不明을 드러내는 일이로다. 경전에서도 '예의 지키며 허물도 없는데 어찌 남의 말을 걱정하는가!'라고 말하지 않았는가? 승상은 살펴주기 바라노라. 정신을 가다듬고 醫藥을 복용하며 억지로라도 식사하면서 건강을 챙겨주기 바라노라."

　이어 가장 좋은 술과 소고기를 하사하였다. 이에 광형은 출근하여 집무했다. 성제는 즉위 이후에 大臣을 크게 포상했으나 대신 중에는 왕준과 같은 사람이 많았다. 광형은 말은 안했지만 스스로 편치 못했기에 매번 수해나 한해가 있거나 풍우가 철에 맞지 않으면 연이어 면직, 양위하려고 했다. 황상은 그때마다 조서를 내려 위로하며 허락하지 않았다.

久之, 衡子昌爲越騎校尉, 醉殺人, 繋詔獄. 越騎官屬與
昌弟且謀簒昌. 事發覺, 衡免冠徒跣待罪, 天子使謁者詔衡
冠履. 而有司奏衡專地盜土, 衡竟坐免.

| 註釋 | ∘越騎校尉 - 북군 8校尉의 한 사람. 越人으로 구성된 기병을 지
휘. ∘繋詔獄 - 황제 명에 의해 죄인을 가두는 옥. ∘謀簒 - 법을 어기며 강
제로 탈취하는 것을 簒(빼앗을 찬)이라 한다. ∘徒跣(도선) - 맨발. 徒 무리
도. 맨손이나 맨발. 跣 맨발 선. ∘有司 - 各有專司의 뜻. 職官. 담당자.

〖國譯〗

얼마 후, 광형의 아들 匡昌(광창)이 越騎校尉로 취해 살인하여 詔
獄(조옥)에 갇혔다. 월기의 관속과 광창의 동생들이 광창을 탈취할
모의를 하였다. 일이 탄로 나자 광형은 관을 벗고 맨발로 대죄하였
는데 성제는 謁者(알자)를 시켜 광형에게 관을 쓰고 신발을 신으라
고 하였다. 그 뒤 有司가 광형이 공전을 마음대로 착복했다고 고발
하였고 광형은 결국 법에 걸려 면직되었다.

初, 衡封僮之樂安鄉, 鄉本田提封三千一百頃, 南以閩佰
爲界. 初元元年, 郡圖誤以閩佰爲平陵佰. 積十餘歲, 衡封
臨淮郡, 遂封眞平陵佰以爲界, 多四百頃. 至建始元年, 郡
乃定國界, 上計簿, 更定圖, 言丞相府. 衡謂所親吏趙殷曰,

"主簿陸賜故居奏曹, 習事, 曉知國界, 署集曹掾." 明年治計時, 衡問殷國界事, "曹欲奈何?" 殷曰, "賜以爲擧計, 令郡實之. 恐郡不肯從實, 可令家丞上書." 衡曰, "顧當得不耳, 何至上書?" 亦不告曹使擧也, 聽曹爲之. 後賜與屬明擧計曰, "案故圖, 樂安鄉南以平陵佰爲界, 不從故而以閩佰爲界, 解何?" 郡卽復以四百頃付樂安國. 衡遣從史之僮, 收取所還田租谷千餘石入衡家. 司隸校尉駿, 少府忠行廷尉事劾奏.

"衡監臨盜所主守直十金以上.《春秋》之義, 諸侯不得專地, 所以一統尊法制也. 衡位三公, 輔國政, 領計簿, 知郡實, 正國界, 計簿已定而背法制, 專地盜土以自益, 及賜, 明阿承衡意, 猥擧郡計, 亂減縣界, 附下罔上, 擅以地附益大臣, 皆不道." 於是上可其奏, 勿治, 丞相免爲庶人, 終於家. 子咸亦明經, 歷位九卿. 家世多爲博士者.

| 註釋 | ○僮之樂安鄉 – 僮은 현명. 今 安徽省 동북부 宿州市 관할의 泗縣. 樂安鄉은 읍명. ○提封 – 모두. 도합(都合, 通共). ○閩佰(민백) – 농지의 경계 이름. 다음의 平陵佰도 같음. 佰은 田地의 동서 경계.(陌 두렁 맥). 밭두둑. 경작지의 농로. ○初元元年 – 원제의 첫 번째 연호. 前 48년. ○臨淮郡 – 치소는 徐縣(今 江蘇省 宿遷市 관할의 泗洪縣). ○建始元年 – 成帝의 첫 번째 연호. 前 32년. ○主簿(주부) – 중앙의 관서나 지방 군현에서 문서를 취급하는 관리. ○奏曹(주조) – 승상부의 한 부서. ○署集曹掾 – 署는 임명하다. 集曹는 부서 이름. 掾(연)은 한 부서의 책임자(係長 같은 지위). ○可令家

丞上書 - 家丞은 식읍이 1천 호 이상인 제후의 업무를 처리하는 관리. ○顧
當得不耳 - 顧는 단지, 다만, ~만(僅僅). ○司隷校尉駿 - 王駿, 王吉의 아
들. 72권, 〈王貢兩龔鮑傳〉에 附傳. ○行廷尉 - 정위를 대행하다. 行은 관리
가 공석이라서 타 관직을 맡은 사람이 겸임하는 것. ○監臨 - 감독하다. ○盜
所主~ - 盜는 탐욕으로 차지하다. 直는 値. ○十金以上 - 漢代의 金과 穀
食, 관리의 녹봉에 대한 가격이나 가치는 이해하기가 쉽지 않다. 주석에 의
하면 곡식 1石은 1百錢인데 광형이 추가로 운송해온 곡식이 1천석이니, 이
는 10만전에 해당한다. 당시에 十金이 2만전이었다고 한다. 말하자면 광형
은 50금을 부당하게 착복했는데 탄핵하면서 十金이라 한 것은 처벌받을 수
있는 하한선이 10金이었기 때문이다. 10금이 2만전이라면 一金은 2천전, 곧
1금은 곡식 20石이었다. ○猥擧郡計 - 猥는 함부로. 부정하게(曲也). ○不
道 - 죄명. '無道'와 同. 謀反, 不敬, 欺罔(기망), 誹謗(비방), 妖言, 臟物(장
물), 기밀누설 등 아주 폭넓게 적용되어 황권을 보위하는데 유용하였다. 중
대한 '不道罪'는 死刑 내지 滅三族의 重刑에 처해졌다. ○丞相免爲庶人 -
광형이 면직된 것은 建始 3년(전 30)이었다.

〔國譯〕

처음에, 광형은 僮縣(동현)의 樂安鄕에 봉해졌는데 낙안향의 경작
지는 총 3,100경이었고 남쪽은 閩佰(민백)이 경계였다. 初元 원년에,
郡의 토지 대장은 민백을 平陵佰(평릉백)으로 잘못 그렸다. 10여 년
이 지나 광형이 臨淮郡에 식읍을 받으면서 실제로 평릉백을 경계선
으로 정해졌는데 실제보다는 4백 頃(경)이 많았다. 建始 원년에, 임
회군에서는 광형 제후국의 경계를 정했고 계산 문서를 올리며 다시
토지대장을 만들어 승상부에 보고하였다. 광형이 평소 알고 지내던
趙殷(조은)에게 말했다. "주부인 陸賜(육사)는 전에 奏曹(주조)에 근

무했기에 업무에 익숙하고 제후국의 경계에 대하여 잘 알고 있으니 集曹掾(집조연)에 임명하겠다."

다음 해 통계를 처리할 때, 광형이 조은에게 자신의 봉국의 경계에 대하여 물었다. "집조에서는 어떻게 할 것인가?" 이에 조은이 말했다. "陸賜(육사)가 통계를 내면서 군에서 올린 사실대로 할 것입니다. 혹시 군에서 사실대로 보고하지 않는다면 가승을 보내 상서하게 하면 될 것입니다." 이에 광형이 말했다. "얻을 수 없으면 그만이지 상서까지 해야 하는가?" 그리고서는 集曹에 통계를 잡으라고 말하지도 않았으며 집조에서 보고하는 그대로 따랐다. 뒤에 육사와 관속 明(명)이 통계를 다 잡고서 말했다. "전 도판에 의거 樂安鄕 남쪽의 평릉백으로 경계를 정했는데 이전 도판 그대로 하지 않고 閩佰(민백)으로 경계를 정했으니 어떻게 처리해야 합니까?"

나중에 郡에서는 바로 경계선을 바로 잡아 4백경의 토지를 樂安國 소유로 복구해 주었다. 광형은 從史를 僮縣(동현)에 보내 늘어난 토지에서 거둬들인 田租(전조) 1천여 석을 광형의 집으로 운반해왔다. 이에 사예교위 王駿(왕준)과 少府인 忠(충)이 정위업무를 대행하면서 광형을 탄핵 상주하였다.

"승상 광형은 담당업무를 감독하면서 十金 이상을 착복하였습니다.《春秋》의 대의에 의한다면 諸侯는 자신의 토지를 마음대로 처리할 수 없는데 이는 모두가 같이 법을 지켜야 하기 때문입니다. 광형은 삼공의 지위에서 국정을 보좌하고 計簿를 수령하면서 郡의 실정을 잘 알고 식읍의 경계를 바로 해야 하는데 이미 정해진 통계를 고쳐 법제를 위반하였으며 식읍의 토지를 부당하게 늘려 사익을 취했으며 속관이 陸賜(육사)와 明(명)은 승상의 뜻에 아첨하면서 군의 업무에 부당하게 관여하여 縣의 경계를 바꾸고 아래에 아부하고 윗사람을 속였으며 멋대로 토지를 대신에게 늘려주었으니 모두 不道 죄에 해당합니다."

이에 성제는 그 상주를 옳다고 인정하였고 광형을 심문하지 말라고 하며, 승상을 면직시켜 庶人이 되게 하였고 광형은 집에서 죽었다. 아들 匡咸(광함)도 경학에 밝았는데 九卿을 역임하였다. 그 가문에 대대로 박사가 된 자가 많았다.

81-2. 張禹

原文

　張禹, 字子文, 河內軹人也. 至禹父徙家蓮勺. 禹爲兒, 數隨家至市, 喜觀於卜相者前. 久之, 頗曉其別蓍布卦意, 時從旁言. 卜者愛之, 又奇其面貌, 謂禹父, "是兒多知, 可令學經." 及禹壯, 至長安學, 從沛郡施讎受《易》, 琅邪王陽,膠東庸生問《論語》, 旣皆明習, 有徒衆, 擧爲郡文學. 甘露中, 諸儒薦禹, 有詔太子太傅蕭望之問. 禹對《易》及《論語》大義, 望之善焉, 奏禹經學精習, 有師法, 可試事. 奏寢, 罷歸故官. 久之, 試爲博士. 初元中, 立皇太子, 而博士鄭寬中以

《尙書》授太子, 薦言禹善說《論語》. 詔令禹授太子《論語》,
由是遷光祿大夫. 數歲, 出爲東平內史.

| 註釋 | ○張禹(? – 前 5) – 王商의 후임으로 승상 역임(前 25 – 20). ○河
內軹 – 河內郡 軹縣(지현, 今 河南省 북부 省직할 濟源市 동남). ○蓮勺(연작)
– 현명. 今 陝西省 渭南市 북쪽. ○別著布卦意 – 別은 나눠놓다. 著(시초 시)
는 점치는데 사용하는 풀 줄기. ○沛郡施讎 – 沛郡(패군)은 지금의 安徽省
서북부. 치소는 相縣〔今, 安徽省 淮北市 관할의 濉溪縣(수계현)〕, 施讎(시수)는
인명. 88권, 〈儒林傳〉에 입전. ○琅邪王陽 – 琅邪郡(치소는 琅邪縣, 今 山東省
靑島市 관할의 膠南市). 王陽은 王吉, 72권, 〈王貢兩龔鮑傳〉에 입전. ○膠東
庸生 – 膠東國(국도 卽墨縣, 今 山東省 靑島市 관할의 平度市). 庸生은 인명.
○甘露 – 선제 연호. 前 53 – 50년. ○奏寢 – 상주에 대한 조서가 내려오지
않다. ○東平內史 – 東平國(국도는 今 山東省 泰安市 東平縣). 內史는 侯國의
治民 담당관.

〖 國譯 〗

　張禹(장우)의 字는 子文으로, 河內郡 軹縣(지현) 사람으로 장우의
부친 때에 蓮勺縣(연작현)으로 이사하였다. 장우가 어린아이였을 때,
식구를 따라 자주 저잣거리에 나갔는데 점쟁이 구경을 좋아했다. 얼
마 뒤 그 시초를 나눠 만든 괘와 뜻을 많이 알게 되어 점쟁이를 따라
곁에서 이야기를 하였다. 점쟁이가 장우를 귀여워하며, 또 관상이
특이하다 생각하여 장우의 부친에게 "아이가 재주가 많으니 경전을
배우게 하십시오."라고 말했다. 장우는 성년이 되어 장안에 가서 학
문을 하였는데 沛郡(패군)의 施讎(시수)로부터《易經》을, 琅邪郡(낭야
군)의 王陽과 膠東國의 庸生(용생)에게서《論語》를 배웠는데 두루 다

익히자 제자가 많았고, 천거를 받아 郡의 文學이 되었다. 선제 甘露
연간에 여러 유생들이 장우를 천거하자 태자태부인 蕭望之를 시켜
학식을 점검케 하였다. 장우가 《易經》과 《論語》의 大義로 대답하자
소망지는 칭찬하면서 장우가 경학에 밝고 스승의 학통을 이었기에
시험 삼아 관직에 임용할 수 있다고 상주하였다. 그러나 조서가 내
려오지 않아 이전 관직으로 돌아갔다. 얼마 뒤에 임시로 박사가 되
었다. 元帝 初元 연간에 황태자를 책립했는데 박사 鄭寬中은 《尙書》
를 태자에게 가르치면서 장우가 《論語》를 잘 안다고 천거하였다. 詔
令으로 장우가 태자에게 《論語》를 가르치게 하였는데 이 때문에 光
祿大夫로 승진하였다. 몇 년 뒤에 東平國 內史로 나갔다.

原文

元帝崩, 成帝卽位, 徵禹,寬中, 皆以師賜爵關內侯, 寬中
食邑八百戶, 禹六百戶. 拜爲諸吏光祿大夫, 秩中二千石,
給事中, 領尙書事. 是時, 帝舅陽平侯王鳳爲大將軍, 輔政
專權. 而上富於春秋, 謙讓, 方鄉經學, 敬重師傅. 而禹與鳳
並領尙書, 內不相安, 數病, 上書乞骸骨, 欲退避鳳. 上報曰,
"朕以幼年執政, 萬機懼失其中, 君以道德爲師, 故委國政.
君何疑而數乞骸骨, 忽忘雅素, 欲避流言? 朕無聞焉. 君其
固心致思, 總秉諸事, 推以孳孳, 無違朕意." 加賜黃金百斤,
養牛,上尊酒, 太官致餐, 侍醫視疾, 使者臨問. 禹惶恐, 復起
視事, 河平四年代王商爲丞相, 封安昌侯.

| **註釋** | ○諸吏光祿大夫 – 諸吏는 加官의 칭호. 光祿大夫는 낭중령의 속관. 秩 比二千石. 大夫 중에서 최고 직위, 황제의 고급 참모, 시중 또는 급사중의 가관을 겸하였다. ○忽忘雅素 – 雅素는 옛 정. 사부의 옛 정. ○孳孳 (자자) – 한마음으로. 專心. 孜孜(자자)와 同. ○太官 – 황제의 식사 담당관. ○河平 4년 – 成帝 연호. 前 25년.

〖 **國譯** 〗

元帝가 붕어하고 成帝가 즉위하자, 장우와 정관중을 불러 사부의 예로 관내후의 작위를 하사하였는데 정관중은 식읍이 8백 호, 장우는 6백 호였다. 장우는 諸吏光祿大夫로 秩祿이 中二千石이고 給事中에 領尙書事를 겸했다. 그때는 성제의 외삼촌인 陽平侯 王鳳이 대장군으로 정사를 보필하며 권력을 마음대로 행사하였다. 거기에 성제는 나이가 젊어 겸양하며 경학에 뜻을 두고 사부를 공경하고 존중하였다. 장우는 왕봉과 함께 領尙書事를 담당하면서 마음속으로 불안하여 자주 병을 핑계로 면직을 상서하여 왕봉을 피하고자 하였다. 이에 황상이 답서를 보내 말했다.

"짐은 어린 나이에 집정하여 정사를 잘못 처리할까 걱정인데 君은 道德으로 사부가 되었고 때문에 정사를 위임했도다. 君은 무엇을 꺼려 자주 면직을 바라면서 갑자기 사부의 옛 은정을 버리고 流言을 피하려고 하는가? 짐은 君의 잘못을 들은 바 없도다. 君은 굳은 마음으로 여러 정사를 총괄하며 성심으로 추진하여 짐의 뜻을 어기지 말라."

성제는 황금 1백근과 牛肉, 上尊酒를 하사하고 또 太官을 보내 식사를 올리게 하였으며 侍醫를 보내 진찰케 하고 사자를 직접 보내기도 하였다. 장우는 황공하여 다시 나아가 집무하였고 河平 4년에 王商의 후임으로 승상에 올랐고 安昌侯에 봉해졌다.

原文

爲相六歲, 鴻嘉元年以老病乞骸骨, 上加優再三, 乃聽許. 賜安車駟馬, 黃金百斤, 罷就第, 以列侯朝朔望, 位特進, 見禮如丞相, 置從事史五人, 益封四百戶. 天子數加賞賜, 前後數千萬.

| 註釋 | ○鴻嘉(홍가)元年 - 成帝의 연호. 前 20년. ○安車駟馬 - 말 4마리가 끄는 앉아서 타는 수레. ○位特進 - 特進은 대신을 우대하는 호칭. '以功德特進見'의 의미. 열후 중 특별히 우대할 자에게 수여. 조정에서 三公 다음 반열에 선다.

[國譯]

승상이 되어 6년인 鴻嘉 원년에 노환으로 면직을 청했고, 성제는 우대하며 두 번 세 번 만류하다가 결국 허락하였다. 성제는 安車駟馬와 황금 1백 근을 하사하였으며 사임하고 저택에 머물러도 열후로 매월 초하루와 보름에 입조할 수 있었고 자리는 特進이었으며 승상의 예로 알현케 하였고 從事史 5인을 배치하였으며 식읍 4백 호를 추가하였다. 천자가 여러 번 재물을 하사하였으니 전후 수천 만 전이었다.

禹爲人謹厚, 內殖貨財, 家以田爲業. 及富貴, 多買田至
四百頃, 皆涇,渭溉灌, 極膏腴上賈. 它財物稱是. 禹性習知
音聲, 內奢淫, 身居大第, 後堂理絲竹筦弦.

| 註釋 | ○涇,渭 - 陝西省의 경내를 흐르는 황하의 지류. 溉灌은 溉(물댈
개). 灌(물댈 관). ○絲竹筦弦 - 모든 악기의 총칭. 筦은 피리 관. 管과 同.

〔國譯〕

　장우는 사람됨이 근신 후덕하였는데 가내에서도 재물을 늘렸고
농사를 전업으로 하였다. 부귀해진 뒤에도 농지를 많이 사들여 4백
여 경이나 되었는데 모두 涇水와 渭水로 관개하여 아주 비옥한 최고
값의 농지였다. 그 밖의 재물도 이와 같았다. 장우는 음악을 잘 알았
고 가내 사치가 심하였으며 대 저택에 살면서 후당에 絲竹과 管絃을
두고 즐기었다.

原文

　禹成就弟子尤著者, 淮陽彭宣至大司空, 沛郡戴崇至少府
九卿. 宣爲人恭儉有法度, 而崇愷弟多智, 二人異行, 禹心
親愛崇, 敬宣而疏之. 崇每候禹, 常責師宜置酒設樂與弟子
相娛. 禹將崇入後堂飲食, 婦女相對, 優人管弦鏗鏘極樂,
昏夜乃罷. 而宣之來也, 禹見之於便坐, 講論經義, 日晏賜

食, 不過一肉卮酒相對. <u>宣</u>未嘗得至後堂. 及兩人皆聞知, 各自得也.

| 註釋 | ○淮陽彭宣 – 淮陽은 郡國名. 치소는 陳縣(今 河南省 周口市 淮陽縣). 彭宣(팽선, ? – 서기 4). 哀帝 때 御史大夫(前 2) 역임. 71권, 〈雋疏于薛平彭傳〉에 입전. ○愷弟多智 – 愷弟(개제)는 화락하고 너그럽다. ○便坐 – 별실. 사랑채. ○一肉卮酒相對 – 고기 한 접시와 술 한 잔으로 상대하다. 卮는 술잔 치.

[國譯]

張禹(장우)의 성공한 제자 중 특히 유명한 사람으로 淮陽郡의 彭宣(팽선)은 大司空(어사대부)에 올랐으며, 沛郡의 戴崇(대숭)은 少府로 九卿에 올랐다. 팽선은 사람됨이 공경 검소하며 법도가 있었고 대숭은 온화하면서도 지혜가 많았는데 두 사람에게 다르게 대접하였다. 장우는 마음속으로 대숭을 친애하였고 팽선을 어려워하며 멀리하였다.

대숭이 장우를 문안 오면 주방에 재촉하여 술을 준비하게 하고 음악을 연주하면서 제자와 함께 즐겼다. 장우는 대숭을 데리고 후당에 들어가 먹고 마시며 부인도 만나고 광대와 풍악을 연주하며 크게 즐기며 밤이 깊어야 끝내곤 하였다. 그러나 팽선이 찾아오면 장우는 별실에서 만나 경전을 강론하다가 날이 저물면 식사로 고기 한 접시와 술 한 잔을 대접하였다. 팽선은 안채에 들어가 보지도 못했다. 두 사람은 이를 다 들어서 알고 있으면서 아무렇지도 않게 생각하였다.

禹年老, 自治塚塋, 起祠室, 好平陵肥牛亭部處地, 又近延陵, 奏請求之, 上以賜禹, 詔令平陵徙亭它所. 曲陽侯根聞而爭之, "此地當平陵寢廟衣冠所出遊道, 禹爲師傅, 不遵謙讓, 至求衣冠所游之道, 又徙壞舊亭, 重非所宜. 孔子稱'賜愛其羊, 我愛其禮', 宜更賜禹它地." 根雖爲舅, 上敬重之不如禹, 根言雖切, 猶不見從, 卒以肥牛亭地賜禹. 根由是害禹寵, 數毀惡之. 天子愈益敬厚禹. 禹每病, 輒以起居聞, 車駕自臨問之. 上親拜禹床下, 禹頓首謝恩, 因歸誠, 言, "老臣有四男一女, 愛女其於男, 遠嫁爲張掖太守蕭咸妻, 不勝父子私情, 思與相近." 上卽時徙咸爲弘農太守. 又禹小子未有官, 上臨候禹, 禹數視其小子, 上卽禹床下拜爲黃門郎, 給事中.

| 註釋 | ○塚塋(총영) - 무덤. ○平陵肥牛亭部處地 - 平陵은 昭帝의 능, 현명. 今 咸陽市 서북. 肥牛亭은 정자 이름. ○延陵(연릉) - 成帝의 능. ○賜愛其羊 ~ - 子貢欲去告朔之餼羊. 子曰, "賜也! 爾愛其羊, 我愛其禮."《論語 八佾》. 賜는 공자 제자 子貢의 이름. ○張掖太守蕭咸 - 張掖(장액)은 군명. 지금의 甘肅省 張掖市에 해당. 蕭咸(소함)은 蕭望之의 아들. 78권, 〈蕭望之傳〉에 附傳. ○弘農太守 - 弘農郡 치소는 홍농현, 今 河南省 靈寶市 북쪽. ○黃門郎 - 황제의 시종.

장우는 연로하여 자신의 무덤을 만들고 사당을 지으려고 平陵 肥牛亭 근처의 땅을 좋다고 생각하면서 아니면 延陵(연릉) 근처를 주청하여 얻고자 하였는데, 성제는 평릉의 정자를 다른 곳으로 옮기라 하고 그 땅을 장우에게 하사하였다. 曲陽侯인 王根은 이를 알고 간쟁하며 말했다.

"그 땅은 평릉 침묘의 衣冠을 꺼내오는 길인데 장우가 師傅지만 겸양하지 않고 昭帝의 의관이 지나갈 길을 요구하고 또 예부터 있는 정자를 헐어 옮기는 것은 둘 다 마땅한 일이 아닙니다. 공자도 '賜는 羊을 아끼지만 나는 그 禮를 지키려 한다.'고 하였으니, 장우에게 다른 곳의 땅을 주어야 합니다."

왕근이 비록 (성제의) 외삼촌이지만 성제가 장우만큼 존중하지 않았기에 왕근의 말이 맞는 말이었지만 따르지 않고 끝내 비우정의 땅을 장우에게 하사하였다. 왕근은 이 때문에 장우에 대한 총애를 해치려고 자주 장우를 헐뜯었다. 그래도 천자는 더욱 장우를 공경하였다. 장우가 병이 나면 매번 어떠한가를 알아보고 수레를 타고 와서 친히 병문안을 하였다. 성제가 직접 장우의 병상에 다가와 문안하면 장우는 머리를 조아리고 사은하며 정성을 표하며 말했다. "老臣의 四男一女에 딸을 아들만큼이나 아끼지만 멀리 張掖(장액) 太守인 蕭咸(소함)의 처로 시집을 보냈는데 부녀의 私情이 어쩔 수 없어 가까이 두고 싶습니다." 이에 성제는 즉시 소함을 弘農 太守로 발령했다. 또 장우의 막내아들은 아직 관직이 없었는데 성제가 장우를 문병할 때 장우가 그 막내아들을 뵙게 하자 성제는 장우가 보는데서 바로 黃門郎에 給事中으로 임명하였다.

禹雖家居, 以特進爲天子師, 國家每有大政, 必與定議.
永始,元延之間, 日蝕, 地震尤數, 吏民多上書言災異之應,
譏切王氏專政所致. 上懼變異數見, 意頗然之, 而未有以明
見, 乃車駕至禹第, 辟左右, 親問禹以天變, 因用吏民所言
王氏事示禹. 禹自見年老, 子孫弱, 又與曲陽侯不平, 恐爲
所怨. 禹則謂上曰, "春秋二百四十二年間, 日蝕三十餘, 地
震五, 或爲諸侯自殺, 或夷狄侵中國, 災變之異深遠難見, 故
聖人罕言命, 不語怪神. 性與天道, 自子贛之屬不得聞, 何
況淺見鄙儒之所言! 陛下宜修政事以善應之, 與下同其福
喜, 此經義意也. 新學小生, 亂道誤人, 宜無信用, 以經術斷
之." 上雅信愛禹, 由此不疑王氏. 後曲陽侯根及諸王子弟
聞知禹言, 皆喜說, 遂親就禹. 禹見時有變異, 若上體不安,
常擇日潔齋露蓍, 正衣冠立筮, 得吉卦則獻其占, 如有不吉,
禹爲感動有憂色.

| 註釋 | ○永始,元延之間 – 성제의 연호. 永始는 前 16 – 13년. 元延은 前
12 – 9년. ○故聖人罕言命, 不語怪神 – 聖人은 공자. 子罕言利與命與仁.《論
語 子罕》. 子不語怪力亂神.《論語 述而》. ○子贛之屬不得聞 – 子貢曰, "夫子
之文章, 可得而聞也, 夫子之言性與天道, 不可得而聞也." ○與下同其福喜 –
福喜는 福善. 좋은 福. ○露蓍(노시) – 점치는 막대 풀을 늘어놓고 밤을 지낸
다음에 점을 치다.

　장우가 비록 집에 머물더라도 特進이며 천자의 사부이기에 나라
에 큰 정사가 있을 때마다 필히 논의에 참여하였다. 永始, 元延 사이
에 일식과 지진이 자주 일어났는데 많은 백성들이 災異에 대한 대응
을 말하면서 왕씨들이 정사를 마음대로 휘두르기 때문이라고 빗대
어 말했다. 성제도 변이가 자주 일어나는 것을 걱정하며 그 때문이
라 생각하면서도 확신이 없어 수레를 타고 장우의 저택에 와서 측근
도 물리치고 장우에게 천재지변에 대하여 백성들이 왕씨 때문이라
는 상서를 보여주며 직접 물었다.

　장우는 자신은 이미 늙었고 자손은 어린데다가 曲陽侯 王根과도
사이가 안 좋아 미움을 받을까 두려웠다. 이에 장우는 바로 성제에
게 말했다.

　"春秋시대 242년간에 일식이 30여 차례 지진이 5회 있었고, 제후
가 자살하거나 이적이 중국을 침범하기도 했는데 천재지변의 원인
은 심원하며 알기 어렵기에 성인께서도 천명에 대해 또 괴이한 일이
나 신령에 대해서도 거의 말하지 않았습니다. 본성이나 天道에 대해
서는 子貢같은 제자도 듣지 못했거늘 어찌 천박한 식견을 가진 비루
한 유생이 말할 수 있겠습니까! 폐하께서는 정사를 펴 나가시면서
선으로 대응하시는 것이 백성과 함께 그 복을 누리시는 것이며 그것
이 바로 경전의 뜻일 것입니다. 겨우 학문을 시작한 젊은 유생들이
멋대로 사람을 오도하는 것을 믿을 수 없으니, 이는 經學으로 단절
해야 합니다."

　성제는 평소에 장우를 신임하였기에 이로부터 王氏 일족을 의심
하지 않았다. 그 뒤에 曲陽侯 王根과 여러 왕씨들은 장우의 말을 전

해 듣고 모두 좋아하며 마침내 직접 장우를 찾아오기도 하였다. 그
러나 장우는 가끔 재이가 일어나거나 황상의 옥체가 편안하지 않으
면 늘 택일하여 재계하고서 점치는 시초를 하룻밤 늘어놓아 점을 치
거나 또는 의관을 바로하고 점을 쳐서 좋은 괘를 얻으면 그 점괘를
아뢰었지만 불길하면 느낀 바가 있어 걱정하며 불안해하였다.

原文

成帝崩, 禹及事哀帝, 建平二年薨, 諡曰節侯. 禹四子, 長
子宏嗣侯. 官至太常, 列於九卿. 三弟皆爲校尉,散騎, 諸曹.

| 註釋 | ○建平二年 – 애제의 연호. 前 5년.

〖國譯〗

成帝가 붕어하자 장우는 애제를 이어 섬기다가 建平 2년에 죽었
고, 시호는 節侯이었다. 장우는 아들이 넷이었는데 장자인 張宏(장
굉)이 제후를 이었다. 관직은 太常으로 九卿의 반열에 올랐다. 장굉
의 세 동생도 모두 校尉나 散騎로 여러 부서에 근무했다.

原文

初, 禹爲師, 以上難數對己問經, 爲《論語章句》獻之. 始,
魯扶卿及夏侯勝,王陽,蕭望之,韋玄成皆說《論語》, 篇第或

異. 禹先事王陽, 後從庸生, 采獲所安, 最後出而尊貴. 諸儒
爲之語曰, "欲爲《論》, 念張文." 由是學者多從張氏, 餘家寢
微.

| 註釋 | ○念張文 － 張禹(字는 子文)의 책을 읽다.

〔國譯〕

　그전에, 張禹가 사부였을 때, 皇上이 경전의 뜻에 대하여 자주 묻
기를 어려워하자 장우는 《論語章句》를 저술해 바쳤다. 애초에 魯扶
卿과 夏侯勝, 王陽(王吉), 蕭望之, 韋玄成 등이 모두 《論語》를 강론
했지만, 편제가 서로 틀렸었다. 장우는 먼저 王吉에게 사사했고 뒤
에 庸生을 따라 배우면서 합리적인 것을 수집했고 가장 늦게 출세하
여 존귀한 지위에 올랐다. 따라서 유생들은 이를 두고 "《論語》를 강
론하려면, 장우의 책을 읽어라."라고 하였다. 이로부터 학자들이 장
우를 추종하는 자가 많아 다른 학설은 점차 쇠퇴하였다.

81-3. 孔光

原文

　孔光, 字子夏, 孔子十四世之孫也. 孔子生伯魚鯉, 鯉生

子思伋, 伋生子上帛, 帛生子家求, 求生子眞箕, 箕生子高穿. 穿生順, 順爲魏相. 順生鮒, 鮒爲陳涉博士, 死陳下. 鮒弟子襄爲孝惠博士, 長沙太博. 襄生忠, 忠生武及安國, 武生延年. 延年生霸, 字次儒. 霸生光焉. 安國, 延年皆以治《尙書》爲武帝博士. 安國至臨淮太守. 霸亦治《尙書》, 事太傅夏侯勝, 昭帝末年爲博士, 宣帝時爲太中大夫, 以選授皇太子經, 遷詹事, 高密相. 是時, 諸侯王相在郡守上.

| 註釋 | ○孔光(공광, 前 65 – 서기 5) – 어사대부, 승상 역임. ○伯魚鯉 – 伯魚는 字. 이름은 鯉. 잉어 리(이). ○陳涉 – 陳勝. 31권, 〈陳勝項籍傳〉에 입전. ○安國 – 孔安國. 88권, 〈儒林傳〉에 입전. ○以選授皇太子經 – 選은 우수하다. 뛰어나다. ○遷詹事 – 詹事(첨사)는 황후나 태사에 관련되는 업무 담당. ○高密相 – 高密은 국명. 국도는 高密縣〔今, 山東省 동부 濰坊市(유방시) 관할의 高密市(縣級市)〕.

〔國譯〕

孔光의 字는 子夏로, 孔子의 14세손이다. 孔子는 伯魚 孔鯉(공리)를 낳고, 孔鯉는 子思 孔伋(공급)을 낳았으며 공급은 子上 孔帛(공백)을 낳고 공백은 子家 孔求(공구)를 낳았으며, 공구는 子眞 孔箕(공기)를 낳고 공기는 子高 孔穿(공천)을 낳았다. 공천은 孔順(공순)을 낳고, 공순은 魏나라의 승상이었다. 孔順은 孔鮒(공부)를 나았는데, 공부는 陳涉의 博士가 되었다가 陳이 멸망할 때 죽었다. 공부 동생의 아들인 孔襄(공양)은 孝惠帝 때 博士와 長沙太博를 역임했다. 공양은 孔忠을 낳고, 공충은 孔武와 孔安國을 나았으며, 공무는 孔延年

(공연년)을 낳았다. 공연년은 孔霸(공패)를 낳았는데 字는 次儒였다. 공패는 孔光焉을 낳았다. 孔安國과 孔延年은 모두《尙書》를 전공하여 武帝 때 博士가 되었다. 孔安國은 臨淮太守를 역임했다. 공패도 《尙書》를 전공하고서 太傅 夏侯勝에게 배우고서 昭帝 말년에 박사가 되었다가 宣帝 때 太中大夫가 되었고 학문이 우수하여 태자에게 경학을 교수하였으며 詹事(첨사)와 高密國의 相이 되었다. 이때 제후왕의 相은 군수보다 높았다.

原文

元帝卽位, 徵霸, 以師賜爵關內侯, 食邑八百戶, 號褒成君, 給事中, 加賜黃金二百斤, 第一區, 徙名數於長安. 霸爲人謙退, 不好權勢, 常稱爵位泰過, 何德以堪之! 上欲致霸相位, 自御史大夫貢禹卒, 及薛廣德免, 輒欲拜霸. 霸讓位, 自陳至三, 上深知其至誠, 乃弗用. 以是敬之, 賞賜甚厚. 及霸薨, 上素服臨吊者再, 至賜東園秘器, 錢, 帛, 策贈以列侯禮, 諡曰烈君.

| 註釋 | ○第一區 - 대저택. 一所. ○徙名數於長安 - 名數는 호적. ○泰過 - 太過. ○貢禹(공우) - 72권,〈王貢兩龔鮑傳〉에 입전. ○薛廣德 - 71권, 〈雋疏于薛平彭傳〉에 입전. ○東園秘器 - 목관. 東園은 왕공과 귀족의 묘에 사용할 기물을 제작하는 관청. 棺槨(관곽)등 장례 비품을 東園秘器라고 총칭하였다.

元帝가 즉위하자 孔霸(공패)를 불러 사부이기에 關內侯의 작위와 식읍 8백 호를 하사하고 襃成君(포성군)의 칭호를 내렸으며 給事中에 임명하였고, 황금 2백 근과 저택 1채를 추가로 하사하고 호적을 장안으로 옮기게 하였다. 공패는 사람됨이 겸손하고 권세를 좋아하지 않아 늘 작위는 너무 과분하다고 말했으니 德이 이보다 더 훌륭할 수 있겠는가!

원제는 공패를 승상에 임명하려 했는데, 어사대부 貢禹(공우)가 죽고 薛廣德(설광덕)이 사직하자 바로 공패를 임명하려 하였다. 공패가 자리를 양보하며 3번이나 사양하자 원제도 그 정성을 알고 임용하지 않았다. 그러나 더욱 공경하며 매우 후한 하사품을 내렸다.

공패가 죽자 원제는 素服으로 두 번이나 조문하였으며 東園秘器와 금전과 비단을 하사하고, 策命을 내려 열후의 禮를 갖추게 하였고 시호를 烈君이라 하였다.

霸四子, 長子福嗣關內侯. 次子捷, 捷弟喜皆列校尉, 諸曹. 光, 最少子也, 經學尤明, 年未二十, 擧爲議郎. 光祿勳匡衡擧光方正, 爲諫大夫. 坐議有不合, 左遷虹長, 自免歸敎授. 成帝初卽位, 擧爲博士, 數使錄冤獄, 行風俗, 振贍流民, 奉使稱旨, 由是知名. 是時, 博士選三科, 高爲尙書, 次爲刺史, 其不通政事, 以久次補諸侯太傅. 光以高第爲尙書,觀故事品式, 數歲明習漢制及法令. 上甚信任之, 轉爲僕射, 尙書令. 有詔光周密謹愼, 未嘗有過, 加諸吏官, 以子男放 爲侍郎, 給事黃門. 數年, 遷諸吏光祿大夫, 秩中二千石, 給 事中, 賜黃金百斤, 領尙書事. 後爲光祿勳, 復領尙書, 諸吏 給事中如故, 凡典樞機十餘年, 守法度, 修故事. 上有所問, 據經法以心所安而對, 不希指苟合, 如或不從, 不敢强諫爭, 以是久而安. 時有所言, 輒削草稿, 以爲章主之過, 以奸忠 直, 人臣大罪也. 有所薦擧, 唯恐其人之聞知. 沐日歸休, 兄 弟妻子燕語, 終不及朝省政事. 或問光, "溫室省中樹皆何木 也?" 光嘿不應, 更答以他語, 其不洩如是. 光, 帝師傅子, 少 以經行自著, 進官蚤成. 不結黨友, 養遊說, 有求於人. 卽性 自守, 亦其勢然也. 徙光祿勳爲御史大夫.

| 註釋 | ○議郎 – 낭관이지만 入侍하지는 않고 고문에 응대하며 정사 논 의에 참여하는 황제의 近臣. 질 6백석. 賢良은 인재 등용 방법 중 特科에 속 했고 孝廉과 茂材는 常科였다. 현량은 재덕이 고루 출중하다는 뜻. 일단 추 천을 받으면 對策에 응하고 거기서 高第에 속하면 바로 관리에 임용되었다. 漢代 選官에서는 賢良을 가장 우대, 중시했다. ○方正 – 인재 천거의 한 영 역. 품행이 단정한 인재. ○諫大夫 – 諫議大夫로 된 판본도 있음. 간의대부 는 질 6백석이고, 간대부는 秩 比8百石이었다. ○坐議有不合 – 不合은 황제 의 뜻과 같지 않다. ○虹(홍) – 虹縣[홍현, 今 安徽省 蚌埠市(방부시) 관할의 五 河縣]은 沛郡의 작은 현. 작은 현은 縣令이 아니고 縣長이라 하였다. ○以久 次 – 오랜 기간, 혹은 짧게. ○僕射(복야) – 侍中, 謁者, 博士, 郎官의 우두머 리. 謁者僕射, 侍中僕射 등으로 호칭. ○尙書令 – 황제에게 올라가는 보고

문서를 관장. ○諸吏 - 加官의 칭호. ○不希指苟合 - 希指는 황제의 뜻에 영합하다. 苟合도 함부로 다른 사람의 뜻에 따르다. ○以奸忠直 - 奸은 干也. 얻으려 하다. 구하다. ○沐日歸休 - 휴목일에 집에 가서 쉬다. 休沐日. 漢律에 관리는 5일에 하루씩 휴무했다. ○養遊說 - 養은 따르게 하다. 가르치다. ○亦其勢然也 - 형세가 그러하였다. 名父의 아들이었고 학문과 벼슬길의 치적이 있어 굳이 結黨할 필요가 없었다는 뜻.

〔國譯〕

孔霸는 아들이 네 명이었는데, 長子인 孔福이 關內侯가 되었다. 次子인 孔捷(공첩)과 그 동생 孔喜는 교위로 각 부서를 역임하였다. 孔光은 막내아들로 경학에 아주 뛰어나서 나이 20세 이전에 議郎에 천거되었다. 光祿勳 匡衡(광형)이 공광을 賢良方正으로 천거하여 諫大夫에 임명되었다. 그러나 의논이 황제의 뜻과 달라 虹縣(홍현) 縣長으로 좌천되었다가 면책되어 돌아와 교수가 되었다. 成帝가 처음 卽位하면서 공광을 등용하여 박사에 임명하였고 여러 번 冤獄(원옥)을 재심케 하였고 풍속을 살피고 유민을 구휼케 하였으며 使者로 황제의 뜻에 맞게 처리하여 이름이 알려졌다.

이때는 박사를 3등급으로 선임하였는데 우수자는 尙書에, 다음 등급은 刺史에 임명하고, 政事에 불통한 자는 오래 또는 단기간에 諸侯의 太傅로 임명하였다. 공광은 높은 등급이어서 尙書에 임명되었는데 전례와 법식에 달통하여 오랫동안 漢의 제도와 법령을 담당하였다. 성제도 공광을 매우 신임하여 僕射(복야)로 전근시켰다가 尙書令에 임용하였다. 조서로 공광이 周密하고 謹愼하며 과오가 없다하여 諸吏의 관직을 추가하였고 아들 孔放을 侍郎, 給事黃門에 임명하였다. 몇 년 뒤 諸吏, 光祿大夫로 승진하여 질록이 中二千石이었으며 給事中으로 황금 百斤을 하사 받고 領尚書事가 되었다. 그 뒤에 光祿勳이 되어 다시 領尚書하면서 諸吏, 給事中은 이전과 같았는데 모두 10여 년간 중요 요직을 담당하면서 法度를 지키고 전례를 잘 따랐다. 皇上의 질문이 있으면 경전의 뜻에 의거 합리적으로 답변하면서 황제의 뜻에 영합하거나 억지로 맞추려 하지 않았으며, 간혹 따를 수 없더라도 강하게 간쟁하지 않았기에 오랫동안 자리를 지킬 수 있었다. 때로 할 말이 있더라도 그때마다 초고를 없애면서 주상의 과실을 언급하여 충직하다는 명성을 얻으려 한다면 신하의 대죄라고 생각하였다. 혹 천거할 사람이 있더라도 그 사람이 알게 될까 걱정하였다. 정기 휴일에 쉴 때에 형제 처자가 둘러 앉아 이야기를 하더라도 끝내 조정의 정사를 이야기 하지 않았다. 어떤 사람이 孔光에게 "미앙궁 溫室殿 전각이 무슨 나무인가?"라고 물어도 공광은 말없이 대꾸하지 않다가 다른 말로 대답을 대신하였으니, 조정의 일을 누설하지 않는 거와 같았다. 공광은 황제 스승의 아들로서 젊어서는 경학과 바른 행실로 이름을 얻어 관리로서 일찍 성공하였다. 무리를 짓지도 않았으며 遊說(유세)로 따르게 하였고 다른 사람의 행실을 통해 배웠다. 본성을 그대로 지켜 나갔고 형세가 그대로였다. 공광은 광록대부로 전근했다가 어사대부가 되었다.

原文

綏和中, 上卽位二十五年, 無繼嗣, 至親有同産弟中山孝王及同産弟子定陶王在. 定陶王好學多材, 子帝子行. 而王

祖母傳太后陰爲王求漢嗣, 私事趙皇后, 昭儀及帝舅大司馬
驃騎將軍王根, 故皆勸上. 上於是召丞相翟方進, 御史大夫
光, 右將軍廉褒, 後將軍朱博, 皆引入禁中, 議中山, 定陶王
誰宜爲嗣者. 方進, 根以爲, "定陶王帝弟之子, 《禮》曰, '昆
弟之子猶子也', '爲其後者爲之子也', 定陶王宜爲嗣." 褒,
博皆如方進, 根議. 光獨以爲禮立嗣以親, 中山王先帝之子,
帝親弟也, 以《尙書·盤庚》殷之及王爲比, 中山王宜爲嗣.
上以《禮》兄弟不相入廟, 又皇后, 昭儀欲立定陶王, 故遂立
爲太子. 光以議不中意, 左遷廷尉.

| 註釋 | ○綏和 – 성제의 연호. 前 8 – 7년. 綏 편안할 수. ○中山 – 제후
국명. 국도는 盧奴縣(今 河北省 직할지인 定州市. 保定市와 石家庄市 중간). ○子
帝子行 – 子는 조카. '양자로 삼다'의 뜻이 있다. 行은 輩. ○傅太后 – 孝元
傅昭儀, 趙皇后는 孝成趙皇后(趙飛燕), 昭儀는 孝元馮昭儀. 모두 97권, 〈外
戚傳(下)〉에 입전. ○以爲禮立嗣以親 – 여기서 禮는 동사로 쓰였다. ○殷
之及王爲比 – 殷의 盤庚은 陽甲의 동생으로 왕위에 올랐다. 及은 형이 아우
에게 傳位하다(兄終弟及也).

〔國譯〕

綏和(수화) 연간(前 8년)에 성제 즉위 25년이었으나 후사가 없었고
가까운 친족으로는 형제인 中山孝王과 형제의 아들(조카)인 定陶王
(劉欣)이 있었다. 定陶王은 好學多材하고 조카로 성제의 아들 항렬
이었다. 정도왕의 祖母인 傅太后가 은밀히 정도왕이 漢의 후사가 되
길 바라면서 趙皇后의 뜻을 받들었고 昭儀 및 성제의 외삼촌인 大司

馬驃騎將軍 王根 등이 모두 성제에게 권하고 있었다. 성제는 이에 승상 翟方進(적방진), 어사대부 孔光, 우장군 廉褒(염포), 후장군 朱博 (주박)을 불러 모두 궁궐에 들어가 중산왕과 정도왕 중에서 누가 후 사가 되어야 하는가를 논의하였다. 적방진과 왕근이 말했다.

"定陶王은 황제 동생의 아들이니《禮》에도 '형제의 아들은 아들 과 같다.' 라 하였고, '후사가 되는 자가 그 아들이 된다.' 고 하였으 니 定陶王이 후사가 되어야 합니다."라고 말했으며, 염포와 주박도 적방진이나 왕근과 같은 생각이었다. 공광은 홀로 친족으로 후사를 세우는 예로 본다면 中山王은 先帝(元帝)의 아들이면서 성제의 친 동생이니,《尙書 盤庚》에 殷에서는 형제간에 전위한 전례가 있으니 中山王이 후사가 되어야 한다고 말했다.

성제는《禮》에 兄弟가 함께 종묘에 들어갈 수 없다고 생각했으며 또 趙皇后(조비연)와 趙昭儀도 정도왕 책립을 바라고 있어 결국 태자 로 책립하였다. 공광은 논의에서 황제의 뜻과 달랐기에 정위로 좌천 되었다.

原文

光久典尙書, 練法令, 號稱詳平. 時定陵侯淳于長坐大逆 誅, 長小妻迺始等六人皆以長事未發覺時棄去, 或更嫁. 及 長事發, 丞相方進, 大司空武議, 以爲, "令, 犯法者各以法 時律令論之, 明有所訖也, 長犯大逆時, 迺始等見爲長妻, 已 有當坐之罪, 與身犯法無異. 後乃棄去, 於法無以解. 請論."

光議以爲, "大逆無道, 父母妻子同産無少長皆棄市, 欲懲後犯法者也. 夫婦之道, 有義則合, 無義則離. 長未自知當坐大逆之法, 而棄去迺始等, 或更嫁, 義已絶, 而欲以爲長妻論殺之, 名不正, 不當坐." 有詔 "光議是."

| 註釋 | ○練法令 - 練은 익숙하다. 熟悉(숙실). 熟知. ○號稱詳平 - 號稱은 유명하다. ○定陵侯淳于長 - 淳于(순우)는 복성. 성제가 총애하는 趙飛燕을 황후로 책립하는데 힘써 그 공으로 정릉후가 되었다. 綏和 원년(前 8년)에 대역죄로 처형. 93권, 〈佞幸傳〉에 입전. ○小妻迺始(내시) - 迺 이에 내. ○見爲長妻 - 見은 現. ○於法無以解 - 解는 免也.

〔國譯〕

공광은 오랫동안 尙書 업무를 담당하였고 법령을 잘 알아 상세하고도 공평하기로 유명했다. 그때 정릉후 淳于長(순우장)이 대역죄로 주살되었는데 순우장의 첩인 迺始(내시) 등 6인은 순우장의 사건이 발각되기 전에 내쫓거나 개가하였다. 순우장의 사건이 발각되자 승상 적방진, 대사공 하무 등이 의논하면서 말했다.

"법령에 범법자는 범법할 당시의 법에 의하여 처리한다고 그 종료 시점을 명시하였는데 순우장이 대역을 도모할 때 迺始(내시) 등은 순우장의 아내이었으니 직접 죄를 범한 것과 다름없습니다. 뒤에 버렸다지만 법에 면죄할 조항이 없습니다. 이를 논의해야 합니다."

이에 공광이 말했다. "大逆無道의 죄는 父母妻子와 同母 소생의 아이나 어른 모두를 기시형에 처하는데, 이는 후세의 범법자를 징계하려는 뜻입니다. 부부의 도리는 부부의 의리가 있다면 같이 지내지만 없다면 헤어집니다. 순우장 자신도 대역의 죄를 짓고 있는 것을 모르는 상황에서 廼始(내시) 등을 버리거나 개가하게 했으니 부부의 義가 이미 단절된 것으로 순우장의 처로서 죄를 논해 처형하는 것은 명분도 옳지 않고 연좌할 수도 없습니다.”

이에 “공광의 논의가 합당하다.”는 조서가 있었다.

是歲, 右將軍襃, 後將軍博坐定陵,紅陽侯皆免爲庶人. 以光爲左將軍, 居右將軍官職, 執金吾王咸爲右將軍, 居後將軍官職. 罷後將軍官. 數月, 丞相方進薨, 召左將軍光, 當拜, 已刻侯印書贊, 上暴崩, 卽其夜於大行前拜受丞相, 博山侯印綬.

| 註釋 | ○紅陽侯 - 王立. 元帝 王皇后의 弟. ○大行 - 죽은 지 얼마 안된 황제.

〔國譯〕

이 해에 우장군 廉襃(염포), 후장군 朱博이 정릉후 순우장과 紅陽侯 王立에 연좌되어 모두 면직하여 서인이 되었다. 공광을 左將軍에 임명하여 우장군의 관직을 담당하고, 執金吾인 王咸을 右將軍에 임명하여 후장군 官職을 담당하게 하였다. 후장군 관직은 혁파하였다. 몇 달 뒤에, 승상 적방진이 죽자 좌장군인 공광을 제수하려고 제후의 職印을 주조하고 발령 문서를 올렸는데 성제가 갑자기 붕어하자 즉시 그날 밤에 황제 시신 앞에 나가 승상에 제수되고 博山侯의 印綬(인수)를 받았다.

哀帝初卽位, 躬行儉約, 省減諸用, 政事由己出, 朝廷翕然, 望至治焉. 褒賞大臣, 益封光千戶. 時, 成帝母太皇太后自居長樂宮, 而帝祖母定陶傅太后在國邸, 有詔問丞相, 大司空, "定陶共王太后宜當何居?" 光素聞傅太后爲人剛暴, 長於權謀, 自帝在襁褓而養長教道至於成人, 帝之立又有力. 光心恐傅太后與政事, 不欲令與帝旦夕相近, 卽議以爲定陶太后宜改築宮. 大司空何武曰, "可居北宮." 上從武言. 北宮有紫房復道通未央宮, 傅太后果從復道朝夕至帝所, 求欲稱尊號, 貴寵其親屬, 使上不得直道行. 頃之, 太后從弟子傅遷在左右尤傾邪, 上免官遣歸故郡. 傅太后怒, 上不得已復留遷. 光與大司空師丹奏言, "詔書'侍中,駙馬都尉遷巧佞無義, 漏洩不忠, 國之賊也, 免歸故郡.' 復有詔止. 天下疑惑, 無所取信, 虧損聖德, 誠不小懲. 陛下以變異連見, 避正殿, 見群臣, 思求其故, 至今未有所改. 臣請歸遷故郡, 以銷奸黨, 應天戒."

卒不得遣, 復爲侍中. 脅於傅太后, 皆此類也.

| 註釋 | ○翕然(흡연) - 화합하다. 안정되다.   ○成帝母太皇太后 - 원제의 王皇后, 王政君. ○在國邸 - 정도국의 왕저.   ○北宮 - 고조 때 처음 설치한 궁궐. 미앙궁 북쪽에 있었다. ○紫房復道 - 復道는 複道.   ○師丹 - 86권, 〈何武王嘉師丹傳〉에 입전.

[國譯]

哀帝가 처음 즉위하고서는 몸소 검약을 실천하고 여러 비용을 절감하며 정사를 직접 처리하여 조정이 안정되고 모범적인 통치를 기대했었다. 대신을 포상하면서 공광에게 식읍 1천 호를 늘려 주었다. 그때 성제의 모친인 太皇太后는 長樂宮에 거처하고 있었고 애제의 조모 定陶 傅太后(元帝 傅昭儀)는 정도국 왕저에 살고 있었는데 승상과 大司空에게 조서를 내려 定陶 共王의 太后가 어디에 거처해야 하는가를 물었다. 공광은 평소에 傅太后의 사람됨이 剛暴하고 권모술수에 능하며 애제가 강보에 싸였을 때부터 성인될 때까지 양육하고 가르쳤으며 애제 즉위에 힘을 썼다는 것을 알고 있었다. 이에 공광은 마음으로 부태후가 정사에 관여할 것을 걱정하여 황제와 조석으로 가까이 하지 못하게 하려고 곧바로 정도태후를 위해 궁궐을 개축해야 한다고 말했다. 그러나 대사공 何武는 "北宮에 거처할 수 있습니다."라고 말했고, 애제는 하무의 말에 따랐다. 北宮에서는 紫房復道가 있어 미앙궁과 왕래할 수 있었는데 예상대로 부태후는 복도를 통해 조석으로 황제의 처소에 왕래했으며 새로운 존호와 傅氏(부씨) 친족을 높이 등용할 것을 요구하여 皇上이 바른 정치를 할 수 없게 하였다. 얼마 후 부태후 사촌 동생의 아들인 傅遷(부천)이 측근으로서 아주 바르지 못하자 애제는 면관하고 고향으로 돌아가게 하였다.

이에 부태후가 화를 내자 애제는 부득이 부천을 다시 근무하게 하였다.

이에 공광과 大司空 師丹이 상주하였다. "詔書에 '侍中인 駙馬都尉 遷(천)은 간사하고 불의하며 기밀을 누설하고 불충한 나라의 賊臣이기에 면직하여 옛 郡으로 돌아가라.' 라고 하였으나 다시 머물게 하였습니다. 천하는 의혹을 갖고 믿지 못하고 있으니, 이는 성덕을 훼손한 결코 작은 죄가 아닙니다. 폐하께서는 재해가 연이어 나타나자 正殿을 피하시고 여러 신하를 만나보시며 그 연고를 생각하신다 하셨으나 지금껏 나아진 것이 없습니다. 臣은 부천을 옛 고향으로 돌려보내고 奸黨(간당)을 없애 하늘의 경계에 응하시길 청원합니다."

그러나 끝내 돌려보내지 않았고 다시 시중이 되었다. 부태후에게 당하는 압력이 대개 이런 식이었다.

原文

又傅太后欲與成帝母俱稱尊號, 群下多順詣, 言母以子貴, 宜立尊號以厚孝道. 唯師丹與光持不可. 上重違大臣正議, 又內迫傅太后, 猗違者連歲. 丹以罪免, 而朱博代爲大司空. 光自先帝時議繼嗣有持異之隙矣, 又重忤傅太后指, 由是傅氏在位者與朱博爲表裏, 共毁譖光. 後數月遂策免光曰, "丞相者, 朕之股肱, 所與共承宗廟, 統理海內, 輔朕之不逮以治天下也. 朕旣不明, 災異重仍, 日月無光, 山崩河決, 五星失行, 是章朕之不德而股肱之不良也. 君前爲御史大夫, 輔翼先帝, 出入八年, 卒無忠言嘉謀, 今相朕, 出入三年, 憂國之風復無聞焉. 陰陽錯謬, 歲比不登, 天下空虛, 百姓饑饉, 父子分散, 流離道路, 以十萬數. 而百官群職曠廢, 奸軌放縱, 盜賊並起, 或攻官寺, 殺長吏. 數以問君, 君無怵惕憂懼之意, 對毋能爲. 是以群卿大夫咸惰哉莫以爲意, 咎由君焉. 君秉社稷之重, 總百僚之任, 上無以匡朕之闕, 下不能綏安百姓. 《書》不云乎? '毋曠庶官, 天工人其代之.' 於虖! 君其上丞相, 博山侯印綬, 罷歸."

| 註釋 | ○重違大臣正議 – 重은 어려워하다(難也). ○猗違者連歲 – 猗違(의위)는 결단하지 못하다. 결판내지 못하다. 依違. ○股肱(고굉) – 다리와 팔. 手足. ○曠廢 – 버리고 돌보지 아니하다. 曠은 空也. ○怵惕憂懼之意 – 怵惕(출척)은 두려워 편치 않은 모양. ○《書》不云乎 – 《書經 虞書 皐陶謨》. ○毋曠庶官 – 직무를 감당하지 못할 자가 직위에 있는 것을 曠官(광관)이라 한다. ○於虖(어호) – 嗚呼(오호).

〔國譯〕

그리고 傅太后는 成帝 母親과 같은 칭호를 원하자 많은 신하들이 그 뜻에 순응하여 모친은 자식에 의해 고귀하니 존호를 올려 효도를 다해야 한다고 생각하였다. 그러나 오직 師丹(사단)과 孔光은 불가하다고 주장하였다. 애제는 대신의 정론을 아니 따를 수도 없고 또 안으로는 부태후의 압력을 받기에 결정을 못하고 2년을 미루었다. 사단이 죄를 지어 면직되자 朱博(주박)이 후임으로 大司空이 되었다. 공광은 先帝(成帝) 때 후사를 정하는 논의에서 틈이 났었고, 또 부태후의 뜻을 거듭 거스르자 조정에 있는 부씨와 주박이 한 패가 되어 함께 고광을 헐뜯었다. 그 몇 달 뒤에 애제는 策書를 내려 공광을 면직시켰다.

"丞相은 朕의 股肱(고굉)으로 짐과 함께 종묘를 받들고 천하를 다스리고 짐이 챙기지 못하는 것을 도와 천하를 다스려야 한다. 짐이 명철하지 못하여 여러 재이가 거듭되고 해와 달이 빛을 잃고 산이 무너지고 둑이 터졌으며 五星이 바로 운행하지 못하니, 이는 짐의 부덕과 승상이 유능하지 못하기 때문이다. 君은 전에 어사대부로 先帝를 8년 동안이나 보필하였으나 끝내 忠言과 좋은 치적을 쌓지 못했고 짐을 보필하기 3년에 나라를 걱정하는 모습을 보지 못했도다. 음양이 어긋나고 해마다 흉년이 들고 천하고 텅 비었고 백성은 굶주리고 부자가 헤어지고 길에서 떠도는 자를 10만 단위로 세어야 한다. 그리고 백관이 자기 직분을 다하지 못하고 간악한 자가 멋대로 날 뛰고 도적이 떼를 지어 관청을 습격하거나 관리를 죽이고 있다. 여러 번 승상을 문책했어도 승상은 두렵거나 걱정하는 뜻도 없이 할 수 있는 것이 없다고 대답했다. 이로써 여러 경대부가 모두 게을러 무엇을 하려는 의욕도 없으니, 이는 승상에서 비롯된 것이다. 君은 사직을 지켜야 할 중책과 모든 신료를 총괄할 임무를 갖고 위로는 짐의 잘못을 바로 잡지 못하고 아래로는 백성을 편안케 하지도 못했다. 《書經》에도 말하지 않았는가? '맞지 않는 자를 쓰지 말라. 하늘이 할 일을 사람이 대신할 것이다.' 아! 君은 승상과 博山侯의 인수를 반환하고서 직무를 그만두고 귀향하라."

光退閭里, 杜門自守. 而朱博代爲丞相, 數月, 坐承傅太
后指妄奏事自殺. 平當代爲丞相, 數月薨. 王嘉復爲丞相,
數諫爭忤指. 旬歲間閱三相, 議者皆以爲不及光. 上由是思
之.

| 註釋 | ○平當 − 71권, 〈雋疏于薛平彭傳〉에 입전. ○王嘉 − 56권, 〈何
武王嘉師丹傳〉에 입전. ○旬歲間閱三相 − 旬歲는 만 1년滿歲. 실제는 3명의
승상이 3년 동안에 교체되었다. 閱은 겪다(歷也). 가려 뽑다.

〖國譯〗

孔光은 퇴임하고 마을에서 문을 닫고 自守하였다. 朱博(주박)이
후임으로 승상이 되었으나 몇 달 만에 傅太后의 뜻을 받아 망령되게
상주한 죄에 걸려 자살하였다. 平當(평당)이 후임 승상이 되었으나
몇 달 만에 죽었다. 王嘉(왕가)가 다시 승상이 되었으나 자주 간쟁하
여 뜻을 거슬렀다. 만 1년 동안에 3명의 승상을 겪었으나 사람들은
모두 공광을 따를 수 없다고 하였다. 애제는 이에 공광을 생각하였
다.

原文 |

會元壽元年正月朔日有蝕之, 後十餘日傅太后崩. 是月,
徵光詣公車, 問日蝕事. 光對曰, "臣聞日者, 衆陽之宗, 人

君之表, 至尊之象. 君德衰微, 陰道盛强, 侵蔽陽明, 則日蝕
應之.《書》曰'羞用五事','建用皇極'. 如貌,言,視,聽,思失,
大中之道不立, 則咎徵薦臻, 六極屢降. 皇之不極, 是爲大
中不立, 其傳曰'時則有日月亂行', 謂朓,側匿, 甚則薄蝕是
也. 又曰'六沴之作', 歲之朝曰三朝, 其應至重. 乃正月辛
丑朔日有蝕之, 變見三朝之會. 上天聰明, 苟無其事, 變不
虛生.《書》曰'惟先假王正厥事', 言異變之來, 起事有不正
也. 臣聞師曰, 天右與王者, 故災異數見, 以譴告之, 欲其改
更. 若不畏懼, 有以塞除, 而輕忽簡誣, 則凶罰加焉, 其至可
必.《詩》曰, '敬之敬之, 天惟顯思, 命不易哉!'又曰, '畏天
之威, 於時保之.' 皆謂不懼者凶, 懼之則吉也. 陛下聖德聰
明, 兢兢業業, 承順天戒, 敬畏變異, 勤心虛己, 延見群臣,
思求其故, 然後敕躬自約, 總正萬事. 放遠讒說之黨, 援納
斷斷之介, 退去貪殘之徒, 進用賢良之吏, 平刑罰, 薄賦斂,
恩澤加於百姓, 誠爲政之大本, 應變之至務也. 天下幸甚.
《書》曰'天旣付命正厥德', 言正德以順天也. 又曰'天棐諶
辭', 言有誠道, 天輔之也. 明承順天道在於崇德博施, 加精
至誠, 孳孳而已. 俗之祈禳小數, 終無益於應天塞異, 銷禍
興福, 較然甚明, 無可疑惑."

| 註釋 |　○元壽元年 - 애제의 연호. 前 2년.　○公車(공거) - 官署 명칭.
衛尉의 속관인 公車司馬令(간칭 公車令)의 근무처. 공거령은 궁궐 外門(司馬

門)의 경비를 담당한다. 지방에서 황제에게 上奏하거나 인재로 뽑혀 부름을 받아 장안에 도착한 자는 모두 公車에 가서 신고하고 대기해야 한다. 거기서 관직을 받거나 불려 들어가 알현하거나 상주문을 올릴 수 있다. 상서할 사람이나 부름을 받은 사람이 궁궐에 와서 대기하는 곳. ○《書》曰 -《書經 周書 洪範》. ○羞用五事 - 敬用五事. 羞는 드리다. 다섯 가지 일을 삼가 실행하다. ○建用皇極 - 법도를 확립하는 것. ○大中之道 - 中正의 大道. ○咎徵 薦臻 - 咎徵(구징)은 天災가 일어날 징조. 薦臻(천진)은 연이어 일어나다. 臻 이를 진. 모이다. ○六極厭降 - 6가지 흉한 일이 계속 일어나다. 〈洪範〉에서는 凶短折, 疾, 憂, 貧, 惡, 弱의 6가지. ○朓(조) - 그믐달이 서쪽하늘에 보이는 것, 또는 아주 빨리 가는 모양. ○側匿(측익) - 초하루에 달이 동방에 나타나는 것, 또는 느리게 가는 모양. ○甚則薄蝕是也 - 부분 일식을 의미. ○六沴之作 - 6가지 기운이 합하지 못하고 서로 해지다. 沴 해질 려(여). 惡 氣. ○三朝 - 새해(연), 새달(월), 새날(일)의 아침. ○惟先假王正厥事 - 먼저 왕이 바르다면 모든 일이 바르게 될 것이다.《書經 商書 高宗肜日(고종융일)》. ○天右與王者 - 右는 佑(도울 우). ○輕忽簡誣 - 輕忽(경홀)은 소홀히 하다. 簡誣(간무)는 업신여기다. ○敬之敬之 ~ -《詩經 周頌 敬之》. ○畏天 之威 ~ -《詩經 周頌 我將》. ○兢兢業業 - 조심하고 삼가는 모양. ○援納斷斷之介 - 斷斷은 변하지 않는 모양(專一한 모양). 介는 介士. 介士는 기개가 있는 사람. ○天旣付命正厥德 -《書經 商書 高宗肜日》. ○天棐諶辭 - 天棐 (천비)는 하늘의 도움. 棐(비)는 돕다. 뒤틀린 활을 바로잡는 틀. 諶辭(심사) 는 沈辭. 至誠之辭.《書經 周書 大誥》에 나오는 말. ○孳孳 - 부지런히 힘쓰는 모양. 孳 부지런할 자. ○祈禳(기양) - 복을 비는 일과 재앙을 없애는 일.

[國譯]

마침 元壽 원년 정월 초하루에 일식이 있었고 그 10여 일 뒤에 傅 太后가 죽었다. 그달에 애제는 孔光을 公車에 불러 일식에 대하여 물었다. 이에 공광이 대답하였다.

「臣이 알기로, 태양이란 모든 陽의 으뜸으로 人君의 표상이며 至
尊의 상징입니다. 주군의 德이 쇠약하고 陰道가 강성하면 陽의 밝기
가 점차 가려지는데 이것이 일식으로 나타난 것입니다. 《書經》에
'五事를 삼가 시행하기'와 '법도를 확립하기'라고 하였습니다. 貌
(외모), 言(언사), 視(시각), 聽(청언), 思失(사색) 이 5가지 中正의 大道
가 확립되지 않으면 天災가 일어날 징조가 연이어 나타나며 6가지
흉사가 계속 일어납니다. 법도가 맞지 않는다면 이것이 바로 中正의
不立이니 경전에서도 '그럴 때에는 日月이 제멋대로 운행한다.'하
였는데, 이를 朓(조)와 側匿(측익)이라 하고 심한 경우에 엷게 일식이
일어나기도 합니다. 또 '여섯 가지 기운이 화합하지 못하고 해를 끼
친다.'고 하였으며, 새해의 아침을 三朝라고 하는데 징조가 매우 심
중한 것입니다. 이번 정월 辛丑 초하루의 일식은 三朝가 합쳐진 날
에 일어난 재앙이었습니다. 上天은 聰明하니 정말로 그럴만한 일이
없는데도 변고가 그냥 일어난 것은 아닙니다.

《書經》의 '먼저 왕이 바르다면 모든 일이 바르게 될 것이다.'라
는 말처럼 이변이 나타나는 것은 바르지 못한 일이 있기 때문입니
다. 臣이 사부에게 들은 바로는, 하늘은 王者를 돕기 때문에 재이가
자주 나타나는 것은 견책으로 알려 주는 것이니 잘못을 고쳐야 한다
고 하였습니다. 만약 이런 경고를 두려워하지 않고 없애야 할 것이
있는데도 이를 소홀히 하고 무시한다면 흉한 징벌이 보태져서 틀림
없이 일어날 것입니다. 《詩經》에서는 '공경하고 공경할지니, 하늘
의 뜻은 확실하여 천명은 바뀌지 않으리라!'하였고, 또 '하늘의 위
엄이 무서우니 언제나 모실지어라.'라고 말한 것은 하늘을 두려워

하지 않는 자는 凶할 것이며, 두려워하는 자는 吉하다는 뜻입니다. 폐하께서는 聖德에 총명하시며 조심하고 삼가시며, 하늘의 경계에 순응하시며 재해와 변고를 경외하시며, 부지런한 마음에 자신을 낮추시며, 군신을 만나 그 연고를 생각하시어 자신을 신칙하시고 조심하시며 만사를 모두 바로 잡으려 애쓰십니다. 아첨하는 무리를 멀리 내치시고 변하지 않는 기개가 있는 인재를 끌어 모으시며, 탐욕하고 잔인한 무리를 내쫓고 현량한 관리를 등용하시며, 형벌을 공평히 하시고 부세를 적게 거두시며, 백성에게 은택을 베푸시면서 위정의 대본을 지켜나가는 것이 변고에 대응하는 요체가 될 것입니다. 이는 천하를 위한 복이 될 것입니다.

《書經》에 '天이 이미 명하여 그 덕을 바로 잡게 하였다.'고 한 것은 바른 덕행으로 하늘에 순응하는 것을 말한 것입니다. 또 '하늘이 지극한 말로 도우신다.'는 말은 정성이 들어있는 말에 대하여 하늘이 돕는다는 뜻입니다. 천도를 따르는 길은 崇德과 널리 베푸는 일에 있다는 것을 분명한 만큼 지극한 정성을 더 보태어 부지런히 힘쓰는 일 뿐입니다. 세속에서 복을 빌고 재앙을 물리치려는 작은 일이 하늘 뜻에 부응하여 재이를 막는 데는 아무 도움도 안 된다고 하지만 화를 멀리하고 복을 받으려는 그 뜻은 확연이 나타날 것이니 이를 의심할 수 없을 것입니다.」

原文

書奏, 上說, 賜光束帛, 拜爲光祿大夫, 秩中二千石, 給事中, 位次丞相. 詔光擧可尙書令者封上, 光謝曰, "臣以朽材,前比歷位典天職, 卒無尺寸之效, 幸免罪誅, 全保首領, 今復拔擢, 備內朝臣, 與聞政事. 臣光智謀淺短, 犬馬齒載, 誠恐一旦顚仆, 無以報稱. 竊見國家故事, 尙書以久次轉遷, 非有蹠絶之能, 不相逾越. 尙書僕射敞, 公正勤職, 通敏於事, 可尙書令. 謹封上." 敞以擧故, 爲東平太守. 敞姓成公, 東海人也.

| 註釋 | ○位次丞相 - 승상을 역임하고서 다시 하위 질록에 임용된 것은 매우 드문 예이다. ○犬馬齒載 - 犬馬는 신하의 비칭. 載은 늙은이 질. ○無以報稱 - 報稱은 보답하다. ○蹠絶之能 - 월등하게 뛰어난 능력. 蹠 뛰어날 탁(高遠). 달릴 초. ○尙書僕射(상서복야) - 상서령의 副職. 황제에게 올라가는 모든 상주문을 검열. 정사 논의에 참여, 간쟁하고 백관을 감찰하는 권한도 있음. 秩 6백석. ○東平 - 군, 국명. 제후국 이름. 宣帝 甘露 二年(前52년)에 皇子 劉宇를 봉한 나라. 치소는 無鹽縣(今 山東省 泰安市 관할의 東平縣). ○成公 - 複姓.

〖國譯〗

　　상서가 올라가자 애제는 좋아하면서 공광에게 비단을 하사하고 광록대부에 임명하였는데 秩祿은 中 二千石에 給事中으로, 지위는 승상 다음이었다. 애제가 공광에게 상서령의 적임자를 밀봉하여 천거하라고 명하자 공광은 사은하며 말했다.

　　"臣은 무능한데도 이전에 여러 높은 관직을 맡아 아무런 업적도 이루지 못하면서 다행히 죽을죄를 면하여 목숨을 보존하다가 이번에 다시 발탁되어 朝臣이 되어 정사에 참여하게 되었습니다. 臣 光

은 지모도 보잘 것 없고 치아도 빠진 늙은 신하로 어느 날 갑자기 쓰러져 성은에 보답하지도 못할까 걱정을 하고 있습니다. 나라의 전례를 보건대, 尙書의 직책은 여러 차례 변천을 거듭하였는데 월등히 뛰어난 능력자가 아니면 감당하기 어려운 자리입니다. 尙書僕射인 敝(창)은 公正勤職하며 업무처리가 기민하여 尙書令이 될 만하여 삼가 상서합니다."

이렇게 천거를 받은 敝(창)은 나중에 東平太守가 되었다. 敝(창)의 성은 成公(성공)으로 東海郡 사람이었다.

原文 ▌

光爲大夫月餘, 丞相嘉下獄死, 御史大夫賈延免. 光復爲御史大夫, 二月爲丞相, 復故國博山侯. 上乃知光前免非其罪, 以過近臣毁短光者, 復免傅嘉, 曰, "前爲侍中, 毁譖仁賢, 誣訴大臣, 令俊艾者久失其位. 嘉傾覆巧僞, 挾奸以罔上, 崇黨以蔽朝, 傷善以肆意. 《詩》不云乎? '讒人罔極, 交亂四國.' 其免嘉爲庶人, 歸故郡."

| 註釋 | ○丞相嘉 – 王嘉. 86권,〈何武王嘉師丹傳〉에 입전. ○俊艾(준애) – 才德이 출중한 사람. 俊乂와 同. 艾(쑥 애)는 乂. ○《詩》不云乎 –《詩經 小雅 靑蠅(청승)》.

〖國譯〗

공광이 광록대부가 된 한 달 뒤에, 승상 王嘉(왕가)가 하옥되어 죽었고, 어사대부 賈延(가연)은 면직되었다. 공광은 다시 어사대부가 되었다가 2달 만에 승상에 올라 옛 侯國과 博山侯를 회복하였다. 애제는 공광이 앞서 면직된 것은 본인의 죄가 아닌 것을 알고 근신으로 공광을 헐뜯었던 자를 문책하여 다시 傅嘉(부가)를 면관시키며 말했다.

"前에 侍中으로서 仁賢을 毀譖(훼참)하고 大臣을 誣訴(무소)하여 俊艾者(준예자)로 하여금 오랫동안 직위를 잃게 하였다. 嘉(가)는 교묘한 거짓으로 선인을 쫓아내었고 간교로 윗사람을 속였으며 당파를 만들어 조정을 흔들고 멋대로 선인을 헐뜯었다. 《詩經》에서도 '남 헐뜯기가 끝이 없어 온 나라를 교란케 하네.' 라고 말하지 않았는가? 부가를 면관하여 서인으로 삼아 옛 군으로 돌려보낸다."

原文

明年, 定三公官, 光更爲大司徒. 會哀帝崩, 太皇太后以新都侯王莽爲大司馬, 徵立中山王, 是爲平帝. 帝年幼, 太后稱制, 委政於莽. 初, 哀帝罷黜王氏, 故太后與莽怨丁,傅,董賢之黨. 莽以光爲舊相名儒, 天下所信, 太后敬之, 備禮事光. 所欲搏擊, 輒爲草, 以太后指風光令上之, 匡皆莫不誅傷. 莽權日盛, 光憂懼不知所出, 上書乞骸骨. 莽白太后, "帝幼少, 宜置師傅." 徙光爲帝太傅, 位四輔, 給事中, 領宿衛供養, 行內署門戶, 省服御食物. 明年, 徙爲太師, 而莽爲太傅. 光常稱疾, 不敢與莽並. 有詔朝朔望, 領城門兵. 莽又風群臣奏莽功德, 稱宰衡, 位在諸侯王上, 百官統焉. 光愈恐, 固稱疾辭位. 太后詔曰, "太師光, 聖人之後, 先師之子, 德行純淑, 道不通明, 居四輔職, 輔道於帝. 今年耆有疾, 俊艾大臣, 惟國之重, 其猶不可以闕焉. 《書》曰 '無遺耆老', 國之將興, 尊師而重傅. 其令太師毋朝, 十日一賜餐. 賜太師靈壽杖, 黃門令爲太師省中坐置几, 太師入省中用杖, 賜餐十七物, 然後歸老於第, 官屬按職如故."

| 註釋 | ○明年 - 哀帝 元壽 2년(前 1). ○定三公官 - 大司徒(승상, 행정권), 大司馬(무관 최고직, 군사권). 大司空(어사대부, 감찰권)이 각자 관속을 거느리는 개헌. 宰相權의 三分. ○新都侯 王莽(왕망, 前 45 - 서기 23년) - 新都는 南陽郡 新野縣 都鄉(도향). 성제, 永始 元年(前 16), 封 新都侯. 平帝, 安漢公(서기 1년). 元始 4년(서기 4) 宰衡(재형)이라 자칭. 九錫을 받음. 서기 5년 평제 독살. 孺子 嬰(영)을 皇太子로 정하고 왕망이 황제 지위를 대신함[居攝(거섭)], 初始元年(서기 8) 孺子 嬰의 선양을 받아 稱帝, 改國號 '新', 長安을 常安이라 개칭. ○平帝 - 劉衎(유간), 元帝의 아들인 中山孝王 劉興의 아들, 哀帝의 4촌 동생. 9세에 즉위. ○稱制 - 황제권을 행사하다. 制는 詔書의 일종. ○董賢(동현, 前 23 - 前 1) - 哀帝의 同性愛 파트너. 관직이 大司馬에 이르렀다. ○厓眥莫不誅傷 - 厓眥는 睚眦(애자). 눈을 흘겨보다. 사소한 감정. 미세한 원망. 睚 눈초리 애. 眥 흘길 자. 눈초리 제. ○四輔 - 太師, 太傅, 太保, 少傅의 합칭. ○行內 - 禁中. 황궁. ○宰衡 - 상의 伊尹은 阿衡이라 불렀고 周公은 太宰(태재)라 호칭했는데, 자신은 周公과 伊尹의 업적을 겸한 사람이라는 뜻. ○《書》曰 - 《書經 周書 召誥》. 耆老(구로)는 元老大臣. 耆 노인 얼굴에 기미 낄 구. ○靈壽杖(영수장) - 영수로 만든 지팡이. 靈壽는 대나무처럼 마디가 있는 나무. ○十七物 - 17종의 음식.

다음 해 三公의 부서를 개정하였는데, 孔光은 다시 大司徒가 되었다. 이때 哀帝가 죽었는데, 太皇太后는 新都侯 王莽(왕망)을 大司馬에 임명하고 中山王을 데려다가 옹립하니, 이가 平帝이다. 평제는 나이가 어려 太后(元帝의 황후, 王政君)가 황제권을 행사하면서 정사를 왕망에게 위임하였다. 그전에 애제 때 왕씨들은 내쫓겼는데 태후와 왕망은 丁氏(애제 황후의 일족)와 傅氏(애제의 조모)와 董賢(동현)의 무리에 원한을 갖고 있었다.

왕망은 공광이 승상을 역임한 名儒로 천하의 신임을 받고 있으며 태후도 공경하기에 예를 갖춰 공광을 모셨다. 왕망은 내칠 사람이 있으면 그때마다 초고를 만들어 태후의 뜻이라며 공광에게 넌지시 권해 보고하게 만들었는데, 왕망이 눈을 흘겨본 사람으로 죽거나 다치지 않은 사람이 없었다. 왕망의 권세는 날로 강해졌는데 공광은 두려워 어찌할 바를 모르고 상서하여 사직코자 하였다. 왕망은 태후에게 "황제가 어리므로 사부를 모셔야 한다."고 아뢰었다. 그리고 공광을 평제의 太傅(태부)로 모시고 四輔(사보)를 임명하며 給事中으로 宿衛와 공양을 담당케 하고 궁궐의 門戶를 순찰하고 服御와 음식을 감독케 하였다. 다음 해 공광을 太師(태사)로 올리고 왕망이 태부가 되었다. 공광은 자주 칭병하며 왕망과 맞서려 하지 않았다. 명에 의거 초하루나 보름에 입조하면 성문의 군사를 지휘했다. 왕망은 여러 신하들에게 넌지시 자신의 공덕을 상주하게 하여 宰衡(재형)이라 호칭하게 하며 제후나 王보다 윗자리에서 백관을 통솔하였다. 공광은 더욱 두려워 억지로 칭병하여 사임하였다. 태후가 조서를 내려 말했다.

"太師 孔光은 聖人의 후손이며 先帝 사부의 아들로 덕행이 깨끗하고 학문에 두루 박통하며 四輔의 직임을 맡아 황제를 輔導하였도다. 금년에 노환 중에도 원로대신으로 나라의 중임을 수행하였으니 결코 없어서는 안 될 분이었다. 《書經》에서도 '원로가 없을 수 없다.' 하였으니, 나라가 흥성하려면 사부를 존중해야 한다. 태사께서는 입조하지 않아도 되며 열흘에 한 번씩 식사를 하사하기 바란다. 태사에게 靈壽杖(영수장)을 하사하고 黃門令은 태사를 위하여 조정 좌석에 案几(안궤)를 준비할 것이며, 태사는 입조하여도 지팡이를 짚을 수 있으며 17가지 음식을 하사하고 이후에 저택에 돌아가 쉬더라도 관위와 직분은 전과 같이 할 것이다."

原文

　光凡爲御史大夫, 丞相各再, 一爲大司徒, 太傅, 太師, 歷三世, 居公輔位前後十七年. 自爲尙書, 止不敎授, 後爲卿, 時會門下大生講問疑難, 擧大義云. 其弟子多成就爲博士, 大夫者, 見師居大位, 幾得其助力, 光終無所薦擧, 至或怨之. 其公如此.

| 註釋 |　○歷三世 - 성제, 애제, 평제의 三代.　○大生 - 高徒. 首弟子.
○幾得其助力 - 조력을 기대하다. 幾는 冀(바랄 기).

〔國譯〕

　공광은 어사대부와 승상을 각각 두 번, 大司徒를 한 번 그리고 太

傅와 太師를 역임하며 三世에 걸쳐 전후 17년 간에 황제를 보위하
였다. 스스로 尙書를 수행하면서도 敎授를 중지하지 않았고 뒤에 卿
의 반열에서도 수시로 문하 수제자들의 의문과 경전의 대의를 강론
하였다. 그의 많은 제자들이 성공하여 박사나 대부가 되었는데 사부
가 고위직에 있기에 도움을 기대했지만 공광은 끝내 천거하지 않았
기에 간혹 원망을 들었다. 그 公正함이 이와 같았다.

原文

光年七十, 元始五年薨. 莽白太后, 使九卿策贈以太師,
博山侯印綬, 賜乘輿, 秘器, 金錢, 雜帛. 少府供張, 諫大夫
持節與謁者二人使護喪事, 博士護行禮. 太后亦遣中謁者持
節視喪. 公卿百官會弔送葬. 載以乘輿轀輬及副各一乘, 羽
林孤兒諸生合四百人挽送. 車萬餘輛, 道路皆擧音以過喪.
將作穿復土, 可甲卒五百人, 起墳如大將軍王鳳制度. 諡曰
簡烈侯.

初, 光以丞相封, 後益封, 凡食邑萬一千戶. 疾甚, 上書讓
還七千戶, 及還所賜一第.

| 註釋 | ○秘器 – 무덤의 부장품. ○供張 – 帳幕(장막)을 제공하다. ○轀
輬車(온량거) – 본래는 臥車. 나중에는 상여로 쓰였다. ○羽林孤兒 – 羽林은
중앙금위군 부대의 하나. 무제 때 처음 설치하였다. 光祿勳에 예속. 지휘관
은 中郞將(比二千石). 전사자의 공아를 우림군에서 양육하였는데, 이를 우림

고아라 하였고 5개 병종으로 나누어 훈련시켜 성인이 되면 전쟁에 동원하였다. 또한 대신의 장례시 의장대 역할도 하였다. ○擧音以過喪 — 운구가 지나갈 때 백성이 모두 곡을 하고, 상여가 지나가면 곡을 그쳤다는 뜻. ○將作穿復土 — 將作은 將作監. 국가, 황실에 필요한 건축물을 짓는 관리. 穿은 땅을 파다. 復土는 흙을 덮다.

〔國譯〕

공광은 나이 70세인 元始 五年(서기 5)에 죽었다. 왕망은 태후에게 아뢰어 九卿으로 하여금 太師와 博山侯의 印綬(인수)를 올리게 하라고 명령하고 乘輿(승여, 가마)와 秘器, 금전, 여러 가지 비단을 주여케 하였다. 少府에서는 장막을 제공하고 諫大夫가 지절을 갖고 가서 謁者 2인과 함께 喪事를 도왔고 박사들이 장례 의식을 주관케 하였다. 太后 또한 지절을 가진 中謁者를 보내 상례를 돕게 하였다. 公卿 百官이 모두 장지까지 가서 弔喪하였다. 乘輿와 轀輬車(온량거) 및 副車 각 1승에 영구를 싣고 羽林孤兒와 諸生 등 4백여 명이 운구를 호송하였다. 수레가 1만여 량이었고 길에서 모든 백성이 哭을 하였다. 將作監이 무덤의 축조와 복토를 하고 대략 甲卒 5백 명이 大將軍 王鳳의 무덤과 같은 규모로 봉분을 만들었다. 시호는 簡烈侯라 하였다.

그전에 공광이 승상에 봉해진 이후 식읍이 계속 늘어 모두 11,000호가 되었었다. 공광의 병이 심해지면서 상서하여 식읍 7천호와 하사받은 저택 1채를 나라에 반환하였다.

子放嗣. 莽卽位後, 以光兄子永爲大司馬, 封侯. 昆弟子
至卿大夫四五人. 始光父霸以初元元年爲關內侯食邑. 霸
上書求奉孔子祭祀, 元帝下詔曰, "其令師襃成君關內侯霸
以所食邑八百戶祀孔子焉." 故霸還長子福名數於魯, 奉夫
子祀. 霸薨, 子福嗣. 福薨, 子房嗣. 房薨, 子莽嗣. 元始元
年, 封周公, 孔子後爲列侯, 食邑各二千戶. 莽更封爲襃成
侯, 後避王莽, 更名均.

| 註釋 | ○襃成君 – 元帝가 즉위한 뒤 자신의 사부였던 孔霸 (공패)에게
내린 칭호. ○名數於魯 – 호적을 魯縣으로 옮기다.

〔國譯〕

孔光의 아들 孔放(공방)이 뒤를 이었다. 왕망이 簒位(찬위)한 뒤 孔
光 형의 아들인 孔永은 大司馬로 제후가 되었다. 형제의 아들로 경
대부에 오른 자가 4, 5명이었다. 그전에 공광의 아버지 孔霸(공패)가
元帝 初元 원년에 關內侯로 식읍을 받았다. 공패가 상서하여 공자의
제사를 지내겠다고 하자 원제가 조서를 내려 말했다.

"사부 襃成君(포성군) 관내후 공패의 식읍 8백 호로 공자의 제사
를 받들게 하라."

그래서 공패는 장자 孔福의 호적을 魯縣으로 옮겨 夫子의 제사를
받들게 하였다. 공패가 죽자 아들 공복이 뒤를 이었다. 공복이 죽고
아들 孔房이 이었다. 공방이 죽고 아들 孔莽이 후사가 되었다. 元始

원년에 周公과 孔子의 후손을 列侯에 봉하며 식읍 각 2천 호를 내렸다. 공망은 다시 포성후에 봉해졌다. 뒤에 왕망의 이름을 피해 孔均으로 이름을 바꿨다.

81-4. 馬宮

原文

馬宮, 字游卿, 東海戚人也. 治《春秋》嚴氏, 以射策甲科爲郎, 遷楚長史, 免官. 後爲丞相史司直. 師丹薦宮行能高潔, 遷廷尉平, 靑州刺史, 汝南, 九江太守, 所在見稱. 徵爲詹事, 光祿勳, 右將軍, 代孔光爲大司徒, 封扶德侯. 光爲太師薨, 宮復代光爲太師, 兼司徒官.

| 註釋 | ○東海戚 − 東海郡, 戚縣(척현). 今 山東省 濟寧市 관할의 微山縣. 미산현은 微山湖의 풍광으로 '魯南明珠'라는 애칭이 있다. ○治《春秋》嚴氏 − 〈儒林傳〉에 의하면, 《春秋》를 전공한 학자로 馬宮을 교수한 사람은 顔安樂이다. 嚴氏를 顔氏로 고쳐 옮겼다. ○楚長史 − 楚國의 長史. ○丞相史 − 승상부의 속관 질 4백석. ○廷尉平 − 廷尉의 속관, 질 6백석. ○汝南, 九江太守 − 汝南은 군명. 治所는 上蔡縣(今 河南省 駐馬店市 관할의 上蔡縣). 九江은 군명. 치소는 壽春縣. 今 安徽省 六安市 壽縣.

馬宮의 字는 游卿으로, 東海郡 戚縣 사람이다.《春秋》를 顔氏(嚴氏)로부터 배웠고 射策에서 甲科로 뽑혀 낭관이 되었다가 楚國의 長史로 근무하다가 사임하였다. 그 뒤에 丞相 司直의 속관이 되었다. 師丹이 마궁을 유능하고 청렴하다고 천거하여 廷尉平이 되었다가 靑州刺史와 汝南郡과 九江郡의 太守가 되었고 임지에서 칭송을 들었다. 나중에 징소되어 詹事(첨사), 光祿勳, 右將軍 등을 역임하고 공광의 후임으로 大司徒가 되어 扶德侯가 되었다. 공광이 太師로 죽자 마궁은 다시 공광의 후임으로 太師가 되어 司徒官을 겸했다.

原文

初, 宮哀帝時與丞相, 御史雜議帝祖母傅太后諡, 及元始中, 王莽發傅太后陵徙歸定陶, 以民葬之, 追誅前議者. 宮爲莽所厚, 獨不及, 內慚懼, 上書謝罪乞骸骨. 莽以太皇太后詔賜宮策曰,

「太師,大司徒,扶德侯上書言, "前以光祿勳議故定陶共王母諡, 曰 '婦人以夫爵尊爲號, 諡宜曰孝元傅皇后, 稱渭陵東園.' 臣知妾不得體君, 卑不得敵尊, 而希指雷同, 詭經辟說, 以惑誤上. 爲臣不忠, 當伏斧鉞之誅, 幸蒙灑心自新, 又令得保首領. 伏自惟念, 入稱四輔, 出備三公, 爵爲列侯, 誠無顔復望闕廷, 無心復居官府, 無宜復食國邑. 願上太師,大司徒,扶德侯印綬, 避賢者路." 下君章有司, 皆以爲四輔之

職爲國維綱, 三公之任鼎足承君, 不有鮮明固守, 無以居位.
如君言至誠可聽, 惟君之惡在灑心前, 不敢文過, 朕甚多之,
不奪君之爵邑, 以著'自古皆有死'之義. 其上太師, 大司徒
印綬使者, 以侯就第.」

王莽簒位, 以宮爲太子師, 卒官. 本姓馬矢, 宮仕學, 稱馬
氏云.

|註釋| ○雜議 - 함께 논의하다. 雜은 共也. ○不得體 - 體는 법으로 삼
다. 效法也. ○希指 - 남의 뜻에 영합하여 비위를 맞춤. ○詭經辟說(궤경벽
설) - 경전의 뜻을 잘못 말하다. ○朕甚多之 - 多之는 매우 어렵게 생각하
다. ○'自古皆有死'之義 - '無信不立'의 뜻. 子貢問政. 子曰, "足食, 足兵,
民信之矣." ~ "去食. 自古皆有死, 民無信不立."《論語 顏淵》.

〔國譯〕

전에 馬宮이 哀帝 재위 시에 승상과 어사대부와 함께 애제 조모
인 傅太后의 諡號(시호)를 논의했었는데 平帝 元始 연간에 왕망이
傅太后의 능을 파내어 定陶로 가져가 평민으로 장례하고 전에 의논
에 참여했던 사람들을 처형하였다. 마궁은 왕망과 친했기에 처벌을
받지 않았으나 마음속으로 부끄러웠기에 상서하여 사죄하며 면직
을 청했다. 왕망은 太皇太后의 조서를 마궁에게 보내어 말했다.

「太師이며 大司徒인 扶德侯가 上書하여 "前에 光祿勳으로 옛 定
陶 共王 母親의 시호를 논의하면서 '婦人은 남편의 작위에 의거 호
칭하니, 시호를 孝元傅皇后라 하고 능을 渭陵東園이라 하는 것이 마
땅하다.'고 말했습니다. 臣이 알기로, 妾은 主君을 본받을 수 없고

비천한 자는 존귀한 자와 맞설 수 없는데도 남의 뜻에 영합하고 뇌동하였으며 경전의 뜻을 달리 해석하여 윗사람을 현혹케 하였습니다. 이는 신하로서 불충이기에 당연히 처형을 받아야 하나 다행히 잘못을 반성하고 스스로 혁신할 혜택을 받아 목숨을 부지할 수 있었습니다. 엎드려 스스로 생각하건내, 四輔의 한 사람이고 三公의 자리에 올랐으며 열후의 작위를 갖고서 정사에 참여할 면목이 없고 다시 관서에 나갈 수도 없으며 식읍의 혜택을 누릴 수도 없습니다. 이에 太師와 大司徒, 그리고 扶德侯의 인수를 바치고 현자를 위해 길을 내주고자 합니다."라고 말하였도다. 君의 글을 有司에게 넘겼던 바 모두가 四輔의 職은 국가의 큰 大綱이며, 三公의 임무는 鼎足(정족)으로 주군을 받드는 자리이기에 분명히 굳건히 수행하는 것이지 자리만 차지할 수 없는 것이라고 말하였다. 君의 뜻이 至誠임을 알 수 있으나 君의 잘못은 새로운 결심하기 이전이라 글로 사과할 수 없기에 짐은 매우 어렵게 생각하여 君의 작위와 식읍을 박탈하지는 않더라도 '自古로 모두가 죽으나 無信이면 不立이라'는 뜻을 분명히 하고자 하노라. 太師와 大司徒의 印綬를 使者를 시켜 반납하고 제후로 집에 돌아가도록 하라.」

왕망이 찬위하고서는 마궁을 太子師로 삼았고 마궁은 관직에 있으면서 죽었다. 馬宮의 本姓은 馬矢(마시)이었는데 마궁이 관직에 있으면서 馬氏라 칭했다고 한다.

原文

贊曰, 自孝武興學, 公孫弘以儒相, 其後蔡義,韋賢,玄成,匡衡, 張禹, 翟方進, 孔光, 平當, 馬宮及當子晏咸以儒宗居宰相位, 服儒衣冠, 傳先王語, 其醞藉可也, 然皆持祿保位, 被阿諛之譏. 彼以古人之跡見繩, 烏能勝其任乎!

| 註釋 | ○醞藉(온자) – 寬厚하고 덕을 함양하다. ○古人之跡見繩 – 古人之跡은 正道로 事君하는 것. 見繩은 그어놓은 먹줄. 곧은 먹줄. ○烏能勝其任乎 – 烏는 어찌, 어떻게.

〔國譯〕

班固의 論贊 : 武帝께서 학궁을 세운 이후로 公孫弘은 儒者로 승상이 되었고, 그 후로 蔡義, 韋賢, 韋玄成, 匡衡, 張禹, 翟方進, 孔光, 平當, 馬宮과 平當의 아들 平晏까지 모두가 大儒로 재상의 자리에 올랐는데, 유학자의 의관을 착용하고 先王의 가르침을 전했고 관대하고 덕을 함양한 것은 인정할 수 있으나 모두가 녹봉과 자리를 지키려 아부했다는 비난을 받을만 했다. 고인이 正道로 事君한 자취는 먹줄처럼 곧거늘, 저들이 어찌 그 소임을 다할 수 있었겠는가!

82 王商史丹傅喜傳
〔왕상,사단,부희전〕

82-1. 王商

原文

王商字子威, 涿郡蠡吾人也, 徙杜陵. 商公武, 武兄無故, 皆以宣帝舅封. 無故爲平昌侯, 武爲樂昌侯. 語在〈外戚傳〉.

| 註釋 | ○王商(? – 前 25) – 宣帝 母親 王翁須(왕옹수)의 친정 오빠인 王武의 아들. 선제의 외사촌 형제. 元帝 王皇后(成帝 母后)의 친정 동생으로, 속칭 五侯의 한 사람인 成都侯 王商(? – 前 12. 字 子夏)과는 동명이인.   ○涿郡蠡吾 – 涿郡(탁군)의 치소는 涿縣(今 河北省 保定市 관할 涿州市. 北京市 접경). 蠡吾(여오)는 현명. 今 河北省 保定市 관할 蠡縣.

王商의 字는 子威로, 涿郡(탁군) 蠡吾縣(여오현) 사람으로 杜陵縣
으로 이사하였다. 왕상의 부친 王武와 그의 형 王無故는 모두 宣帝
의 외삼촌으로 王無故는 平昌侯, 王武는 樂昌侯에 책봉되었다. 이는
〈外戚傳〉에 있다.

原文

商少爲太子中庶子, 以肅敬敦厚稱. 父薨, 商嗣爲侯, 推
財以分異母諸弟, 身無所受, 居喪哀戚. 於是大臣薦商行可
以厲群臣, 義足以厚風俗, 宜備近臣. 繇是擢爲諸曹, 侍中,
中郎將. 元帝時, 至右將軍, 光祿大夫. 是時, 定陶共王愛幸,
幾代太子. 商爲外戚重臣輔政, 擁佑太子, 頗有力焉.

┃註釋┃ ○諸曹 – 가관의 명칭. 이 가관을 받으면 尙書의 일을 담당할 수
있다. 侍中도 가관의 명칭. 황제의 近侍. 加官은 황제가 총애하는 신하에게
본 관직 외에 추가로 다른 업무를 담당할 수 있는 권한을 수여한 직함이다.
○中郎將 – 광록훈의 속관 낭관의 우두머리. 궁궐 수비와 황제 호위, 때로는
황제의 사자로 지방에 출장. ○右將軍 – 右將軍은 前, 後將軍과 함께 上卿
에 속하는 무관직. 大將軍이나 驃騎, 車騎, 衛將軍의 次下 직급.

〔國譯〕

王商은 젊어 太子中庶子가 되었는데 사람이 엄숙 공손하고 후덕
하다는 칭송을 들었다. 부친이 죽자 왕상이 후사로 제후가 되었는데

재산을 이복의 여러 형제들에게 나눠 주고 자신은 물려받은 것 없이 상례를 잘 마쳤다. 이에 대신들이 왕상을 행실이 다른 신하의 모범이 되고 형제 우애가 풍속을 온후하게 하니 황제의 근신이 되어야 한다고 천거하였다. 이렇게 발탁되어 諸曹와 侍中의 가관을 받고 中郞將이 되었다. 元帝 때에 右將軍과 光祿大夫에 승진하였다. 이때 (元帝 때) 定陶 共王(劉康, 傅昭儀 소생)이 총애를 받고 거의 태자가 될 뻔하였다. 왕상은 외척의 중신으로 정치를 보필하면서 太子(成帝)를 옹위하는데 공이 많았다.

原文

元帝崩, 成帝卽位, 甚敬重商, 徙爲左將軍. 而帝元舅大司馬大將軍王鳳顓權, 行多驕僭. 商論議不能平鳳, 鳳知之, 亦疏商. 建始三年秋, 京師民無故相驚, 言大水至, 百姓奔走相蹂躪, 老弱號呼, 長安中大亂. 天子親御前殿, 召公卿議. 大將軍鳳以爲太后與上及後宮可御船, 令吏民上長安城以避水. 群臣皆從鳳議. 左將軍商獨曰, "自古無道之國, 水猶不冒城郭. 今政治和平, 世無兵革, 上下相安, 何因當有大水一日暴至? 此必訛言也, 不宜令上城, 重驚百姓."

上乃止. 有頃, 長安中稍定, 問之, 果訛言. 上於是美壯商之固守, 數稱其議. 而鳳大慚, 自恨失言.

| 註釋 | ○元舅 - 큰 외삼촌. ○大司馬 - 軍政, 馬政의 최고 책임자. 승

상과 같은 반열. 대장군은 비상설직. 전쟁이 있을 때 군사 지휘권 행사. 대장
군은 보통 대사마의 관직을 받음. 질 1만석. 황제의 절대적인 신임을 받는다
는 점에서 승상보다 실질적 권한이 강대. ㅇ建始三年 − 성제의 첫 번째 연
호(前 32 − 29). ㅇ訛言(와언) − 거짓말. 유언비어.

〔國譯〕

元帝가 붕어하고 成帝가 즉위하였는데, (성제는) 王商을 매우 존
중하며 좌장군으로 승진시켰다. 성제의 큰 외삼촌인 大司馬, 大將軍
인 王鳳은 권력을 독점하면서 교만하고 참월한 일이 많았다. 왕상은
논쟁으로는 왕봉을 이길 수 없었는데 왕봉도 이를 알고 왕상을 멀리
하였다. 建始 3년, 가을 京師의 백성들이 공연히 놀라 큰 홍수가 닥
친다며 백성들이 서로 밟히며 달아나고 노약자가 울부짖는 등 장안
성이 크게 혼란하였다. 성제는 前殿에 친히 나와 공경의 회의를 소
집하였다. 대장군 왕봉은 태후와 황제 후궁들이 배를 타고, 또 백성
들은 장안성 위로 올려 보내 홍수를 피해야 한다고 건의하였다. 여
러 신하들도 대체로 왕봉의 의논에 따랐다. 그러나 좌장군 왕상만이
홀로 반대하였다.

"자고로 무도한 나라에서도 홍수가 성곽을 덮치지 않았습니다.
지금 정치가 화평하고 전쟁도 없으며 상하가 모두 평안한데, 왜 큰
홍수가 어느 날 갑자기 닥치겠습니까? 이는 틀림없는 헛소문이니
백성들을 성 위로 올라가라 하여 크게 놀라게 해서는 안 됩니다."

성제는 이에 그냥 머물렀다. 얼마 뒤 장안 성중은 점차 안정되었
고 조사를 해보니 과연 訛言(와언)이었다. 성제는 왕상의 굳은 신념
을 장하다 생각하며 그 주장을 여러 번 칭송하였다. 왕봉은 크게 부

끄러웠고 실언을 후회하였다.

明年, 商代匡衡爲丞相, 益封千戶, 天子甚尊任之. 爲人多質有威重, 長八尺餘, 身體鴻大, 容貌甚過絶人. 河平四年, 單于來朝, 引見白虎殿. 丞相商坐未央廷中, 單于前, 拜謁商. 商起, 離席與言, 單于仰視商貌, 大畏之, 遷延卻退. 天子聞而歎曰, "此眞漢相矣!"

| 註釋 | ○匡衡(광형) − 81권, 〈匡張孔馬傳〉에 입전. ○身體鴻大(홍대) − 鴻大는 宏大(굉대). 漢代 1척은 약 23cm이었으니 八尺餘는 184cm 이상이라고 추정할 수 있다. ○白虎殿 − 미앙궁의 전각. ○遷延卻退 − 遷延(천연)은 뒤로 물러나다. 卻退(각퇴)는 却退.

〖 國譯 〗

다음 해에, 왕상은 匡衡(광형)의 후임으로 승상이 되어 식읍 1천호를 추가하였고 성제의 두터운 신임을 받았다. 왕상은 사람됨이 아주 질박하면서도 위엄이 있었고, 키는 8척이 넘고 신체가 매우 장대하며 용모도 다른 사람과 크게 달랐다. 河平 4년(前 25)에 흉노의 單于(선우)가 來朝하여 白虎殿에서 알현하였다. 승상 왕상은 미앙궁에 있었는데 선우가 다가와 배알하였다. 왕상이 자리에서 일어나 말을 건네자 선우가 왕상의 얼굴을 올려다보면서 크게 놀라면서 자신도 모르게 뒤로 주춤 물러났다. 성제가 이를 전해 듣고 감탄하였다.

"정말 漢의 승상이로다!"

初, 大將軍鳳連昏楊肜爲琅邪太守, 其郡有災害十四, 已上. 商部屬按問, 鳳以曉商曰, "災異天事, 非人力所爲. 肜素善吏, 宜以爲後." 商不聽, 竟奏免肜, 奏果寢不下, 鳳重以是怨商, 陰求其短, 使人上書言商閨門內事. 天子以爲暗昧之過, 不足以傷大臣, 鳳固爭, 下其事司隷.

| 註釋 | ○連昏 - 婚家의 친척. 혼인으로 인한 관계. ○琅邪 - 군명. 치소는 東武縣(今 山東省 諸城市). ○寢不下 - 寢은 기각되다. ○司隷 - 司隷校尉. 三輔(삼보)와 三河, 弘農郡 등 7군의 범죄자와 京師 백관의 부정을 감찰하는 관직.

〖國譯〗

전에, 大將軍 왕봉의 사돈네 친족인 楊肜(양융)이 琅邪(낭야) 太守이었는데, 그 군의 10분의 4가 재해를 입었다고 이미 보고가 되었다. 승상부의 속관들이 태수를 문책하려 하자 왕봉이 왕상에게 부탁하였다. "災異는 하늘의 일이라 인력으로 어쩔 수 없습니다. 양융은 평소에 유능했으니 문책하지 마십시오." 왕상은 수락하지 않고 결국 양융의 문책을 상주하였으나 상주한 것은 기각되어 결재가 나지 않았는데, 왕봉은 이 때문에 왕상에게 더욱 원한을 품고 왕상의 단점을 은밀히 캐어 다른 사람을 시켜 왕상 집안의 일을 고발하였다.

천자는 그런 음모로 대신을 다치게 할 수 없다 생각하였으나 왕봉은
이를 물고 늘어졌고 결국 그 사건은 司隷校尉에게 넘겨졌다.

先是, 皇太后嘗詔問<u>商</u>女, 欲以備後宮. 時女病, <u>商</u>意亦
難之, 以病對, 不入. 及<u>商</u>以閨門事見考, 自知爲<u>鳳</u>所中, 惶
怖, 更欲內女爲援, 乃因新幸<u>李婕妤</u>家白見其女.

| 註釋 | ○李婕妤 - 婕妤(첩여)는 황제 비빈의 명칭. 倢伃(첩여)라고도 함.
황후 이외의 비빈 14등급 중 2등급. 外朝의 上卿에 해당, 작위로는 列侯에 해
당하는 女官.

〖國譯〗

이전에, 皇太后가 조서로 왕상의 딸에 대해 물으면서 후궁으로
간택하려 했었다. 그때 마침 딸이 병에 걸려 왕상도 매우 난처해하
며 병이 났다고 아뢰고 보내지 못했다. 왕상은 이미 집안 일로 조사
를 받았기에 왕봉의 모함인 줄 알고 두려워서 딸을 입궁시켜 도움을
받으리라 생각하며 성제가 새로이 총애하는 李婕妤(이첩여)에게 딸
을 데리고 갔다.

會日有蝕之, 太中大夫<u>蜀郡張匡</u>, 其人佞巧, 上書願對近

臣陳曰蝕咎. 下朝者左將軍丹等問匡, 對曰,

"竊見丞相商作威作福, 從外制中, 取必於上, 性殘賊不仁, 遣票輕吏微求人罪, 欲以立威, 天下患苦之. 前頻陽耿定上書言商與父傅通, 及女弟淫亂, 奴殺其私夫, 疑商教使. 章下有司, 商私怨懟. 商子俊欲上書告商, 俊妻左將軍丹女, 持其書以示丹, 丹惡其父子乘迕, 爲女求去. 商不盡忠納善以輔至德, 知聖主崇孝, 遠別不親, 後庭之事皆受命皇太后. 太后前聞商有女, 欲以備後宮, 商言有固疾, 後有耿定事, 更詭道因李貴人家內女, 執左道以亂政, 誣罔悖大臣節, 故應是而日蝕. 《周書》曰, '以左道事君者誅.'《易》曰, '日中見昧, 則折其右肱.' 往者丞相周勃再建大功, 及孝文時纖介怨恨, 而日爲之蝕, 於是退勃使就國, 卒無恍惕憂. 今商無尺寸之功, 而有三世之寵, 身位三公, 宗族爲列侯, 吏二千石, 侍中諸曹, 給事禁門內, 連昏諸侯王, 權寵至盛. 審有內亂殺人怨懟之端, 宜究竟考問. 臣聞秦丞相呂不韋見王無子, 意欲有秦國, 即求好女以爲妻, 陰知其有身而獻之王, 產始皇帝. 及楚相春申君亦見王無子, 心利楚國, 即獻有身妻而產懷王. 自漢興幾遭呂, 霍之患, 今商有不仁之性, 乃因怨以內女, 其奸謀未可測度. 前孝景世七國反, 將軍周亞夫以爲即得雒陽劇孟, 關東非漢之有. 今商宗族權勢, 合赀巨萬計, 私奴以千數, 非特劇孟匹夫之徒也. 且失道之至, 親戚畔之, 閨門內亂, 父子相訐, 而欲使之宜明聖化, 調和海內, 豈不謬

哉! 商視事五年, 官職陵夷而大惡著於百姓, 甚虧損盛德, 有鼎折足之凶. 臣愚以爲聖主富於春秋, 卽位以來, 未有懲奸之威, 加以繼嗣未立, 大異並見, 尤宜誅討不忠, 以遏未然. 行之一人, 則海內震動, 百奸之路塞矣."

| 註釋 | ○太中大夫 − 郎中令(光祿勳)의 속관으로 정치에 관한 의논을 담당. ○從外制中 − 외조에서 내조를 통제하려 하다. 승상은 外朝의 수장이다. 이에 대하여 황제 측근의 참모는 內朝(中朝)이다. 지금 대통령의 비서실은 漢의 中朝라 할 수 있다. ○取必於上 − 주군의 뜻을 간파하여 자신의 목적을 달성하려 하다. ○票輕吏 − 경박한 관리. 票輕은 輕浮. ○頻陽耿定 − 頻陽(빈양)은 현명. 今 陝西省 渭南市 관할의 富平縣. 耿定(경정)은 인명. ○與父傅通 − 傅는 시중들 부. 婢女. ○怨懟(원대) − 怨恨. 懟는 원망할 대. ○遠別不親 − 女色을 멀리하다. ○左道 − 邪道. ○'以左道~' − 逸書의 구절. ○《易》曰 − 《易經 豐卦》의 爻辭. ○周勃再建大功 − 周勃(주발)은 40권, 〈張陳王周傳〉에 입전, 再建은 2차례 세우다. ○卒無怵惕憂 − 卒은 결국. 怵惕(출척)은 두려워 마음이 편치 않은 모양. ○三世 − 宣帝, 元帝, 成帝. ○春申君 −《史記 春申君列傳》참고. ○周亞夫(? − 前 143) − 周勃의 아들. 40권, 〈張陳王周傳〉에 附傳. 七國之亂에 漢軍을 지휘하여 3개월 만에 진압. 나중에 景帝의 미움을 받아 옥사했다. ○雒陽劇孟 − 낙양에 사는 劇孟. 극맹은 당시 유명한 협객. 주아부는 극맹을 만나서 "吳楚가 반기를 들면서 劇孟을 찾지 않았으니 나는 그들이 큰일을 성공하지 못할 줄 알았다"고 말했었다. ○父子相訐 − 訐은 들춰낼 알. 폭로하다. ○鼎折足之凶 − 鼎은 三足의 큰 솥. 그 다리가 하나 부러졌다면 그 안의 좋은 음식은 땅에 쏟아진다.《周易 鼎卦》의 爻辭(효사)인 '鼎折足 覆公餗(복공속)'을 인용한 말. 三公이 제 역할을 다 하지 못하면 나라가 통째로 무너진다는 의미.

마침 그때 일식이 있었는데, 太中大夫인 蜀郡 출신의 張匡(장광)
은 간교한 사람으로 상서하여 일식의 원인을 근신의 허물이라고 말
했다. 성제는 朝臣 좌장군 史丹(사단) 등에게 상서한 글을 내려주고
장광에게 묻게 하자, 장광이 대답했다.

"제가 볼 때 丞相 王商은 위세와 재물을 챙기며 外朝에서 中朝를
견제하면서 主君의 마음에 들려고 애를 쓰는데 천성이 잔악하고 不
仁하며 경박한 관리를 보내 남의 잘못이나 조사하여 권위를 세우려
하기 때문에 천하 사람들이 괴로워하고 있습니다. 전에 頻陽(빈양)
현의 耿定(경정)이 상서하여 왕상이 그 아버지의 婢女와 사통하였고
또 여동생과도 음란한 짓을 하면서 노비로 하여금 그 姦夫를 죽인
것도 왕상이 시킨 것으로 의심된다고 하였습니다. 경정이 상소한 글
이 有司에게 넘어가자 왕상은 은밀히 원한을 품었습니다. 왕상의 아
들 王俊이 상서하여 부친을 고발하려 했는데 왕준의 처(왕상의 며느
리)는 左將軍 史丹의 딸인데 상서할 글을 갖다가 사단에게 보이자
사단은 그 父子가 패륜한 것을 보고 딸을 데려오려 하였습니다. 왕
상은 충성을 바치지도, 또 선행으로 황제를 보필하지도 않았으며,
聖主께서 효도를 숭상하고 여색을 가까이 하지 않으며 후궁의 일은
모두 황태후에게 일임한 줄을 알고 있었습니다. 그런데 太后께서 그
전에 왕상에게 딸이 있는 줄을 알고 후궁으로 선발하려 하자 왕상은
딸이 병에 걸렸다고 하였는데 경정의 상서가 들어가자 속임수를 써
서 李貴人(李婕妤)집으로 딸을 보냈으니, 이는 邪道로 국정을 어지
럽히고 거짓말로 대신의 절조를 망치려 한 것이기에 이번에 일식이
일어난 것입니다. 《周書》에서도 '左道로 事君하는 자는 죽여야 한

다.'고 하였으며,《易經》에서도 '한낮에 어두워지면 그 오른팔을 자른다.'고 하였습니다."

"옛날에 승상 周勃(주발)은 2차례 큰 공을 세우고도 文帝 때 작은 원한을 품고 있었는데 일식이 발생하자 주발을 승상에서 물러나게 하고 封國으로 돌아가게 하자 두려운 걱정이 없었습니다. 지금 왕상은 작은 공도 없이 三世에 걸쳐 신임을 받으며 삼공의 지위에 올랐고 일족들은 열후와 이천석 관리와 궁궐 내에 侍中, 諸曹, 給事中이 되었고 제후 왕들과 연혼을 하면서 그 권세와 총애가 극에 달했습니다. 가족의 내분이나 살인과 원한의 단서가 확실하니 끝까지 심문해야 할 것입니다."

"臣이 알기로, 秦의 승상 呂不韋(여불위)는 秦王이 無子한 것을 보고 秦國을 차지하려고 예쁜 여인을 아내로 고르고서 몰래 임신을 시켜가지고 왕에게 헌납하여 始皇帝를 낳게 하였습니다. 楚의 재상 春申君 또한 왕에게 아들이 없는 것을 보고 마음속으로 楚國을 차지하려고 임신한 여인을 바쳐 懷王을 낳게 하였습니다. 漢이 건국된 뒤에도 呂氏와 霍氏(곽씨)의 환란을 겪었는데 지금은 왕상이 不仁한 마음을 갖고서 원한으로 딸을 바치려 하는데 그 간악한 음모를 헤아릴 수가 없습니다. 전에 景帝 때 7국의 반란이 일어났는데 그때 周亞夫 장군이 낙양에서 劇孟(극맹)이 반군편에 협조했다면 關東은 漢의 소유가 아닐 것이라고 생각하였습니다."

"지금 왕상 일족의 권세와 巨萬에 달하는 재산과 천 단위의 私奴 등은 극맹과 같은 필부와는 비교가 되지 않습니다. 또 지독한 패륜과 친척의 배반, 閨門(규문)의 내란, 부자 간의 알력이 있는데 그런 승상으로 聖君의 教化를 행하고 海內를 조화시키겠다고 하니, 어찌 성공할 수 있겠습니까! 왕상이 승상으로 일한 5년 동안 관리 기강이 무너지고 大惡으로 백성들은 고통을 받았고 聖德이 크게 훼손되었으며 큰 솥(鼎)의 다리가 부러지는 것 같은 흉사가 있었습니다. 신은 어리석지만 聖主의 춘추가 젊으시고 즉위 이래로 간악한 자를 징벌하지도 않으셨으며 후사가 정해지지도 않은 상황에서 큰 이변이 연속 나타나는 만큼 불충한 자를 전부 죽여 더 큰 변고를 미연에 막아야 한다고 생각합니다. 이렇게 한 사람을 징벌하면 천하가 두려워 떨며 모든 악행이 근원은 차단될 것입니다."

原文

　於是左將軍丹等奏, "商位三公, 爵列侯, 親受詔策爲天下師, 不遵法度以翼國家, 而回辟下媚以進其私, 執左道以亂政, 爲臣不忠, 罔上不道, 〈甫刑〉之辟, 皆爲上戮, 罪名明白. 臣請詔謁者召商詣若盧詔獄." 上素重商, 知匡言多險, 制曰 "勿治." 鳳固爭之, 於是制詔御史, "蓋丞相以德輔翼國家, 典領百寮, 協和萬國, 爲職任莫重焉. 今樂昌侯商爲丞相, 出入五年, 未聞忠言嘉謀, 而有不忠執左道之辜, 陷於大辟. 前商女弟內行不修, 奴賊殺人, 疑商敎使, 爲商重臣, 故抑而不窮. 今或言商不以自悔而反怨懟, 朕甚傷之. 惟商與先帝有外親, 未忍致於理, 其赦商罪. 使者收丞相印綬."

│ **註釋** │ ○回辟 － 도리에 어긋나고 편벽되다. 邪僻(사벽)과 같은 뜻. ○〈甫

刑〉之辟 - 〈甫刑〉의 법. 〈甫刑〉은 《書經》 편명. 〈呂刑〉이라고도 함. 周 穆王의 재상이었던 甫侯가 정한 형벌. 요즈음의 형사소송법과 같다고 할 수 있다. 辟은 법률. ○若盧 - 若盧令(약노령)이 다스리는 詔獄. 약노령은 少府의 속관으로, 兵器를 관리하며 황제의 명에 의해 將相과 같은 大臣을 獄事를 담당. ○未忍致於理 - 차마 廷尉에게 보낼 수 없다. 理는 大理. 廷尉. 형벌을 주관.

〔國譯〕

이에 左將軍 史丹 등이 상주하였다.

"王商은 삼공의 지위와 열후의 작위를 갖고 친히 詔策을 받아 천하의 師傅(승상)가 되었지만 법도를 준수하여 국가에 도움이 되지 않았으며, 도리에 어긋나고 편벽되게 아첨하며, 사익을 챙기고 사악한 도리로 국정을 어지럽히고 신하로서 불충하였으며, 皇上을 기만하는 무도한 죄를 지었고, 〈甫刑〉의 법률을 위반하였기에 사형 이상의 벌을 받아야 할 정도로 죄상이 명백합니다. 臣 등은 알자에게 명하여 왕상을 若盧(약로)의 詔獄(조옥)에 가둘 것을 주청합니다."

그러나 성제는 평소에 왕상을 존중하였고 張匡(장광)의 말이 너무 험악하다 생각하여 조서로 '치죄하지 말라.'고 하였다. 그러자 王鳳이 다시 강하게 간쟁하자 어사대부에게 조서를 내려 말했다.

"승상은 덕행으로 국사를 보필하고 백관을 통솔하며 모든 제후국과 협조해야 하는 막중한 직무를 수행하여야 한다. 이번에 樂昌侯 王商은 승상으로 5년간 재임하면서 忠言을 하고 좋은 정책을 펴지 못했고, 불충하고 邪道로 보필하는 큰 죄를 범했다. 前에 왕상의 여동생은 여인의 행실을 지키지 않았으며 노비의 살인도 왕상이 시킨 것으로 의심되는데, 왕상이 중신이었기에 이를 문책하지 않았었다. 지금 혹자는 왕상이 悔改하지 않고 오히려 남을 원망하고 있다 하니 짐은 심히 마음이 아프다. 그래도 왕상이 先帝의 外親이었기에 정위에게 보낼 수 없어 왕상의 죄를 사면하겠다. 사자를 보내 승상의 인수를 회수하도록 하라."

原文 ▌

商免相三日, 發病歐血薨, 諡曰戾侯. 而商子弟親屬爲駙馬都尉, 侍中, 中常侍, 諸曹大夫郎吏者, 皆出補吏, 莫得留給事宿衛者. 有司奏商罪過未決, 請除國邑. 有詔長子安嗣爵爲樂昌侯, 至長樂衛尉, 光祿勳.

商死後, 連年日蝕, 地震, 直臣京兆尹王章上封事召見, 訟商忠直無罪, 言鳳顓權蔽主. 鳳竟以法誅章, 語在〈元后傳〉. 至元始中, 王莽爲安漢公, 誅不附己者, 樂昌侯安見被以罪, 自殺, 國除.

| 註釋 | ◦歐血薨 – 피를 토하고 죽다. 嘔血과 같음. ◦駙馬都尉 – 종실이나 외척이 담당하던 秩 二千石의 고관. ◦中常侍 – 加官의 칭호. 황제의 측근으로 侍衛(시위) 담당. ◦給事宿衛 – 內朝의 관직 ◦王章 – 76권, 〈趙尹韓張兩王傳〉에 입전. ◦封事 – 상서한 내용의 누설을 막기 위하여 특정한 자루에 넣어 봉한 뒤에 올리는 상소.

王商이 승상에서 면직되고 3일 뒤에 병이 나 피를 토하고 죽었는데, 시호는 戾侯(여후)이었다. 왕상의 자제와 친속으로 駙馬都尉, 侍中, 中常侍, 諸曹의 大夫나 郎吏가 된 자는 모두 보직에서 내쫓겨 給事中이나 宿衛로 남아 있는 자도 없었다. 有司가 왕상의 죄가 처결되지 않았어도 식읍을 삭제해야 한다고 주청하였다. 성제는 조서를 내려 왕상의 장자인 王安이 작위를 계승케 하여 樂昌侯가 되었고 뒷날 長樂宮 衛尉와 光祿勳이 되었다.

왕상이 죽은 뒤에도 해마다 일식과 지진이 일어났는데, 直言을 하는 신하 京兆尹 王章(왕장)은 封事를 올려 의견을 피력했는데 王商은 충직하고 죄가 없다고 변호하며, 王鳳이 專權하며 주상을 가로막고 있다고 말했다. 왕봉은 결국 법으로 왕장을 죽였는데, 이는 〈元后傳〉에 있다. 平帝 元始 연간에 왕망이 安漢公이 되면서 자기편이 되지 않는 자를 죽였는데 樂昌侯 王安은 죄를 덮어쓰게 되자 자살했고 봉국은 폐지되었다.

82-2. 史丹

原文

史丹字君仲, 魯國人也, 徙杜陵. 祖父恭有女弟, 武帝時爲衛太子良娣, 産悼皇考. 皇考者, 孝宣帝父也. 宣帝微時依倚史氏. 語在〈史良娣傳〉. 及宣帝卽尊位, 恭已死, 三子, 高,曾,玄. 曾,玄皆以外屬舊恩封, 曾爲將陵侯,玄平臺侯. 高侍中, 貴幸, 以發擧反者大司馬霍禹功封樂陵侯. 宣帝疾病, 拜高爲大司馬,車騎將軍,領尙書事. 帝崩, 太子襲尊號, 是爲孝元帝. 高輔政五年, 乞骸骨, 賜安車駟馬,黃金, 罷就第. 薨, 謚曰安侯.

| 註釋 | ○史丹(? - 前 13) - 선제 祖母의 친정 조카의 아들. 宣帝 진외가의 族屬. ○衛太子良娣 - 衛太子는 무제의 태자 劉據. 衛子夫 소생. 63권, 〈武五子傳〉에 입전. 良娣(양제)는 太子 腰妾(잉첩)의 호칭. 妃, 良娣, 孺子의 三等級이 있었다. ○悼皇考 - 宣帝 생부의 시호. ○〈史良娣傳〉 - 97권, 〈外戚傳〉(上). ○大司馬霍禹 - 霍光의 아들. 68권, 〈霍光金日磾傳〉 참고.

〔國譯〕

史丹의 字는 君仲으로, 魯國 사람인데 杜陵縣으로 이사하였다. 祖父인 史恭의 여동생은 武帝 때 衛太子의 良娣(양제)로 悼皇考(도황고)를 출산했다. 皇考는 孝宣帝의 부친이다. 宣帝가 평민일 때는 史氏 집안에 의지해 자랐는데, 이는 〈史良娣傳〉에 있다.

선제가 尊位에 오를 때 史恭은 이미 죽었지만 세 아들 史高, 史曾, 史玄이 있었다. 史曾과 史玄은 모두 외척의 舊恩으로 封을 받아 史曾은 將陵侯, 史玄은 平臺侯가 되었다. 史高는 侍中으로 신임을 받았고, 大司馬 霍禹(곽우)의 배반을 고발한 공적으로 樂陵侯가 되었다. 선제가 병이 들었을 때 史高를 大司馬, 車騎將軍, 領尙書事로 임명하였다. 선제가 죽자 太子가 尊號를 세습하니, 이가 孝元帝이다. 史高가 정사를 5년간 보필하고 사직하자 말 4마리가 끄는 安車와 黃金을 하사하고 집에서 쉬도록 하였다. 史高가 죽자, 시호는 安侯라 하였다.

原文

自元帝爲太子時, 丹以父高任爲中庶子, 侍從十餘年. 元帝卽位, 爲駙馬都尉侍中, 出常驂乘, 甚有寵. 上以丹舊臣, 皇考外屬, 親信之, 詔丹護太子家. 是時, 傳昭儀子定陶共王有材藝, 子母俱愛幸, 而太子頗有酒色之失, 母王皇后無寵.

│ 註釋 │ ○中庶子 - 太子中庶子. 太子少傅의 속관. 태자의 시종관. 질록 6백석. ○王皇后 - 成帝의 生母 王政君(왕망의 姑母).

〖 國譯 〗

元帝가 太子였을 때부터 史丹은 부친 史高의 보증과 천거로 太子中庶子가 되어 10여 년간 태자를 시종하였다. 元帝가 즉위하고서는 부마도위 겸 시중으로 외출 시에는 늘 驂乘(참승)케 하며 신임이 매우 두터웠다. 원제는 史丹을 舊臣이며 皇考의 外屬이라 親信하면서 사단에게 太子家를 호위하라고 조서를 내렸다. 이때 원제 傳(부) 昭儀의 아들 定陶共王(劉康)은 재주가 뛰어나 모자가 함께 총애를 받았지만 태자는 자주 주색에 빠졌기에 모친 王皇后도 총애를 받지 못했다.

建昭之間, 元帝被疾, 不親政事, 留好音樂. 或置鼙鼓殿
下, 天子自臨軒檻上, 隤銅丸以擿鼓, 聲中嚴鼓之節. 後宮
及左右習知音者莫能爲, 而定陶王亦能之, 上數稱其材. 丹
進曰, "凡所謂材者, 敏而好學, 溫故知新, 皇太子是也. 若
乃器人於絲竹鼓鼙之間, 則是陳惠,李微高於匡衡, 可相國
也." 於是上嘿然而唉. 其後, 中山哀王薨, 太子前吊. 哀王
者, 帝之少弟, 與太子遊學相長大. 上望見太子, 感念哀王,
悲不能自止. 太子既至前, 不哀. 上大恨曰, "安有人不慈仁
而可奉宗廟爲民父母者乎!" 上以責謂丹. 丹免冠謝上曰,
"臣誠見陛下哀痛中山王, 至以感損. 向者太子當進見, 臣竊
戒屬毋涕泣, 感傷陛下. 罪乃在臣, 當死." 上以爲然, 意乃
解. 丹之輔相, 皆此類也.

| 註釋 | ○建昭之間 – 建昭之後가 되어야 함. 建昭는 원제의 연호. 前 38
– 34년. ○留好音樂 – 愛好音樂. ○鼙鼓(비고) – 군대에서 쓰는 작은 북.
○器人 – 인재를 선별하다. ○陳惠,李微高於匡衡 – 陳惠, 李微(이미)는 당시
궁중 樂師. 匡衡(광형)은 당시의 승상. ○唉 – 笑의 古字. ○感念哀王 – 感
念은 생각하다. 思念.

[國譯]

建昭 이후로 元帝는 병을 앓아 친히 정사를 돌보지 않고 음악을
좋아하였다. 어떤 사람이 작은 북을 전각 아래에 놓아두고 원제가

난간에서 구리 구슬을 굴려 북을 맞추게 되면 작은 북 안의 장치에서 장엄한 소리가 연주되었다. 後宮이나 측근 중 소리를 잘 아는 사람도 그를 따라 하지 못했으나 定陶王이 그것에 맞춰 연주하자 원제는 자주 그 재능을 칭찬하였다. 이에 史丹이 나와 말했다.

"소위 모든 재능이란 것은 머리가 민첩하고 배우기를 좋아하며 溫故하여 知新하는 것이니, 바로 황태자가 그러합니다. 만약 악기나 북의 소리 맞추는 것으로 인재를 채용한다면 바로 陳惠(진혜)나 李微(이미)가 匡衡(광형)보다 유능하니 그들이 相國이 되어야 할 것입니다."

이에 원제는 말없이 웃기만 하였다. 그 뒤에 中山哀王이 죽었을 때 태자가 나아가 弔喪하였다. 哀王은 원제의 막냇동생으로 태자와 함께 배우며 자랐다. 원제가 태자를 보면서 애왕이 생각나서 슬픔을 참지 못하였다. 그러나 태자는 조상하면서 애통해 하지 않았다. 이에 원제는 크게 원망하면서 "사람이 자애롭지 않다면 어찌 종묘를 받들고 백성의 부모가 될 수 있겠는가!"라고 책망하듯 史丹에게 말했다. 이에 史丹은 관을 벗고 원제에게 사죄하며 말했다.

"臣은 폐하께서 옥체를 손상할 정도로 심히 中山王을 애통해 하시는 줄을 잘 알고 있습니다. 앞서 태자가 문상하기 전에 태자에게 눈물을 흘리며 곡을 해서 폐하를 슬프게 하지 말라고 소신이 당부하였습니다. 죄는 저에게 있으니 죽어 마땅합니다."

원제도 그렇게 생각하며 마음을 풀었다. 史丹의 보필은 대개 이런 식이었다.

竟寧元年, 上寢疾, 傅昭儀及定陶王常在左右, 而皇后, 太子希得進見. 上疾稍侵, 意忽忽不平, 數問尙書以景帝時立膠東王故事. 是時, 太子長舅陽平侯王鳳爲衛尉, 侍中, 與皇后, 太子皆憂, 不知所出. 丹以親密臣得侍視疾, 候上間獨寢時, 丹直入臥內, 頓首伏靑蒲上, 涕泣言曰, "皇太子以適長立, 積十餘年, 名號繫於百姓, 天下莫不歸心臣子. 見定陶王雅素愛幸, 今者道路流言, 爲國生意, 以爲太子有動搖之議. 審若此, 公卿以下必以死爭, 不奉詔. 臣願先賜死以示群臣!" 天子素仁, 不忍見丹涕泣, 言又切至, 上意大感, 喟然太息曰, "吾日困劣, 而太子, 兩王幼少, 意中戀戀, 亦何不念乎! 然無有此議. 且皇后謹愼, 先帝又愛太子, 吾豈可違指! 駙馬都尉安所受此語?" 丹卽卻, 頓首曰, "愚臣妄聞, 罪當死!" 上因納, 謂丹曰, "吾病浸加, 恐不能自還. 善輔道太子, 毋違我意!" 丹噓唏而起. 太子由是遂爲嗣矣.

| 註釋 | ○竟寧元年 – 前 33년. 원제가 붕어한 해. ○膠東王(교동왕) – 劉徹. 武帝. ○衛尉(위위) – 미앙궁의 경호 책임자, 궁문 수호, 출입자 단속. 未央衛尉라고도 함. ○雅素 – 平素. ○爲國生意 – 生意는 생각을 하다. ○丹卽卻 – 卻은 뒤로 조금 물러나다. 退也. ○噓唏(허희) – 噓 울 허. 불다. 唏 슬퍼할 희.

〔國譯〕

竟寧(경녕) 元年에 원제가 병석에 누웠는데 傅昭儀와 定陶王(劉康)은 늘 곁에 있었지만 황후와 태자는 가끔 들어가 알현하였다. 원제의 병환이 점차 심해지면서 크게 실의한 듯 불안해하면서 尙書에게 景帝 때 (태자를 폐하고, 仲子인) 膠東王(교동왕)을 책립한 옛 일을 자주 물었다. 이때 太子의 큰 외삼촌인 陽平侯 王鳳은 衛尉며 侍中이었는데 王皇后와 太子가 모두 걱정만 하고 어찌할 바를 몰랐다. 史丹은 황제의 측근 신하이기에 자주 문안할 수 있었는데 원제가 혼자 있는 시간을 기다렸다가 바로 침실로 들어가 푸른 자리(靑蒲)에 엎드려 머리를 조아리고 눈물을 흘리며 말했다.

"適長子인 皇太子를 책립한 지 10여 년에 백성에게 名號가 알려져 천하 모두가 신하가 되려는 생각을 아니하는 자가 없습니다. 定陶王이 평소에 사랑과 신임을 받는 것을 보고서는 지금 길 가는 사람들은 나라에 태자의 자리가 동요하고 있다는 생각을 하고 있습니다. 이를 깊이 생각해보면, 공경 이하 모두가 죽음으로 간쟁을 하며 명을 따르지 않을 것입니다. 臣은 먼저 죽어 여러 신하에게 제 뜻을 보여주겠습니다!"

원제는 평소 인자한 분이기에 史丹이 눈물을 흘리며 또 그 뜻이 간절한 것을 보고 크게 감동하여 탄식하며 말했다.

"내가 요즈음 몸이 안 좋으나 태자와 두 왕이 아직은 너무 어려 마음을 놓을 수 없지만 이를 어찌 생각을 아니 하겠는가! 그러나 태자를 바꿀 생각은 없도다. 또 皇后가 謹愼하고 先帝(宣帝)께서도 태자를 많이 귀여워하셨는데, 내가 어찌 선친의 뜻을 어길 수 있겠는가! 駙馬都尉는 어디서 그런 말을 들었는가?"

史丹은 뒤로 물러나며 머리를 조아리며 말했다. "愚臣이 소문을 함부로 말씀드렸으니 죽어 마땅합니다!" 원제는 이어서 史丹에게 말했다. "내 병이 점점 위독하여 낫지 못할 것이로다. 태자를 잘 이끌어 나의 뜻을 버리지 말지어다."

史丹은 크게 슬퍼하며 일어섰다. 태자는 이로써 후사가 되었다.

原文

元帝竟崩, 成帝初卽位, 擢丹爲長樂衛尉, 遷右將軍, 賜爵關內侯, 食邑三百戶, 給事中, 後徙左將軍, 光祿大夫. 鴻嘉元年, 上遂下詔曰, "夫褒有德, 賞元功, 古今通義也. 左將軍丹往時導朕以忠正, 秉義醇壹, 舊德茂焉. 其封丹爲武陽侯, 國東海郯之武彊聚, 戶千一百."

| 註釋 | ○鴻嘉元年 – 成帝의 연호. 前 20년. ○賞元功 – 首功을 시상하다. ○國東海郯之武彊聚 – 國은 건국하다. 동사로 쓰였다. 東海郡의 치소는 郯縣(담현, 今 山東省 臨沂市 관할의 郯城縣). 聚(취)는 居邑.

〔國譯〕

元帝가 붕어하고 成帝가 즉위하면서 史丹를 발탁하여 長樂衛尉에 임명하고, 右將軍으로 승진시켜 관내후의 작위에 식읍 3백 호를 하사하고 급사중을 加官하였고 나중에는 左將軍, 光祿大夫에 임명하였다. 鴻嘉(홍가) 원년에 성제는 마침내 조서를 내렸다.

"유덕자를 포상하고 큰 공을 세운 자를 시상하는 것은 고금의 通

義이로다. 左將軍 史丹은 지난 날 忠正으로 짐을 輔導하였으며 두텁고도 한결같은 대의를 실천하였으며 베푼 공적이 아주 많았도다. 史丹을 武陽侯로 봉하고 건국은 東海郡 郯縣(담현)의 武彊聚(무강취)의 1,100호로 정한다.”

丹爲人足知, 愷弟愛人, 貌若儻蕩不備, 然心甚謹密, 故尤得信於上. 丹兄嗣父爵爲侯, 讓不受分. 丹盡得父財, 身又食大國邑, 重以舊恩, 數見襃賞, 賞賜累千金, 僮奴以百數, 後房妻妾數十人, 內奢淫, 好飮酒, 極滋味聲色之樂. 爲將軍前後十六年, 永始中病乞骸骨, 上賜策曰, “左將軍寢病不衰, 願歸治疾, 朕愍以官職之事久留將軍, 使躬不瘳. 使光祿勳賜將軍黃金五十斤, 安車駟馬, 其上將軍印綬. 宜專精神, 務近醫藥, 以輔不衰.”

| 註釋 | ○愷弟 – 慈愛和樂하다. ○儻蕩不備 – 儻蕩(당탕)은 제멋대로 행동하다. 不備는 제대로 갖추지 못하다. ○永始 – 前 16 – 13년. ○使躬不瘳 – 몸이 낫지 않을 것이다. 躬은 신체. 瘳 병이 나을 추.

〖國譯〗

史丹은 사람이 똑똑하면서도 온화하고 남을 아꼈는데 외모로는 제멋대로 행동하며 차분하지 못할 것 같지만 심사가 매우 조심하고

용의주도하여 주상의 큰 신임을 받았다. 사단의 형이 부친 작위를 계승하면서 자신 몫의 재산을 양보하였다. 사단은 부친의 재산을 다 물려받았고 자신도 식읍이 큰 나라였고 舊恩이 두터워 여러 번 포상을 받아 상으로 수천 金을 받았으며 노비가 수백 명이었고 안채에 처첩 수십 명을 거느리며 가내 사치도 지나쳤으며 음주를 좋아하였고 아주 좋은 음식과 미색의 쾌락을 다 누렸다. 장군으로 전후 16년에 永始 연간에 병으로 사직하였는데 성제가 策書를 내려 말했다.

"좌장군의 건강이 안 좋아 귀가하여 병을 치료하겠다는데 짐이 직무가 걱정되어 장군을 오래 만류한다면 몸이 낫지 않을 것이로다. 光祿勳을 시켜 장군에게 황금 50근과 安車駟馬를 하사케 하고 상장군의 인수를 반납토록 하라. 마음을 가다듬어 치료에 전념하며 쇠약하지 않토록 보신하기 바란다."

原文

　丹歸第數月薨, 諡曰頃侯. 有子男女二十人, 九男皆以丹任並爲侍中, 諸曹, 親近在左右. 史氏凡四人侯, 至卿, 大夫, 二千石者十餘人, 皆訖王莽乃絶, 唯將陵侯曾無子, 絶於身云.

| 註釋 | ○凡四人侯 - 凡은 합계. ○皆訖王莽 - 訖은 이를 흘. 이르다.

〔國譯〕

　史丹은 집으로 은퇴한 지 몇 달 만에 죽었는데, 시호는 頃侯이었다. 아들과 딸이 20명이나 되었는데 아들 9명은 모두 사단의 보중으로 侍中과 諸曹의 가관을 받고 황제의 측근이 되었다. 史氏로 4인의 제후가 나왔고 卿과 大夫, 二千石에 이른 자가 10여 명이었는데 모두 왕망 때에 와서 단절되었는데 將陵侯 史曾은 無子하여 당대에 단절되었다.

82-3. 傅喜

原文

傅喜字稚游, 河內溫人也, 哀帝祖母定陶傅太后從父弟. 少好學問, 有志行. 哀帝立爲太子, 成帝選喜爲太子庶子. 哀帝初卽位, 以喜爲衛尉, 遷右將軍. 是時, 王莽爲大司馬, 乞骸骨, 避帝外家. 上旣聽莽退, 衆庶歸望於喜. 喜從弟孔鄕侯晏親與喜等, 而女爲皇后. 又帝舅陽安侯丁明, 皆親以外屬封. 喜執謙稱疾. 傅太后始與政事, 喜數諫之, 由是傅太后不欲令喜輔政. 上於是用左將軍師丹代王莽爲大司馬, 賜喜黃金百斤, 上將軍印綬, 以光祿大夫養病.

| 註釋 | ○河內溫 - 河內는 郡名. 치소는 懷縣(今 河南省 焦作市 武陟縣). 溫縣은 今 河南省 焦作市 溫縣. ○定陶傅太后從父弟 - 從父子가 되어야 함.

97권, 〈外戚傳(下)〉에 의하며 부태후의 부친은 4형제인데 從父 孟의 아들이 傳喜이다. ○衆庶歸望於喜 − 衆庶는 衆人. ○皆親以外屬封 − 親은 新의 誤字라는 註에 따른다. ○用左將軍師丹 − 用은 以. 師丹은 86권, 〈何武王嘉師丹傳〉에 입전.

〖國譯〗

傳喜(부희)의 字는 稚游(치유)로, 河內郡 溫縣 사람인데 哀帝 조모인 定陶 傳太后 從父의 아들이다. 부희는 젊어 학문을 좋아했고 志行이 훌륭했다. 애제가 태자로 정해졌을 때 成帝는 부희를 골라 太子庶子로 삼았다. 애제는 즉위하면서 부희를 衛尉에 임명했는데 나중에 右將軍으로 승진하였다. 이때 왕망은 대사마였는데 사직하여 애제의 외가를 피하려 하였다. 애제가 왕망의 은퇴를 허락하자 많은 사람들의 기대가 부희에게 쏠렸다. 부희의 사촌 孔鄕侯 傳晏(부안)은 부희 등과 가까웠는데 그 딸이 애제의 황후가 되었다. 또 애제의 외삼촌인 陽安侯 丁明은 외척으로 새로이 제후가 되었다. 부희는 겸양하며 병을 핑계 대었다. 부태후가 정사에 간여하자 부희는 여러 번 충간하였고 이 때문에 부태후는 부희가 정사를 보필하지 못하게 하였다. 애제는 이에 좌장군 師丹(사단)을 왕망의 후임으로 대사마에 임명하면서 부희에게 황금 1백 근과 상장군 인수를 하사하며 光祿大夫의 신분으로 養病케 하였다.

原文

大司空何武, 尙書令唐林皆上書言, "喜行義修潔, 忠誠憂國, 內輔之臣也. 今以寢病, 一旦遣歸, 衆庶失望, 皆曰傅氏賢子, 以論議不合於定陶太后故退, 百寮莫不爲國恨之. 忠臣, 社稷之衞, 魯以季友治亂, 楚以子玉輕重, 魏以無忌折衝, 項以范增存亡. 故楚跨有南土, 帶甲百萬, 鄰國不以爲難, 子玉爲將, 則文公側席而坐, 及其死也, 君臣相慶. 百萬之衆, 不如一賢, 故秦行千金以間廉頗, 漢散萬金以疏亞父. 喜立於朝, 陛下之光輝, 傅氏之廢興也."上亦自重之. 明年正月, 乃徙師丹爲大司空, 而拜喜爲大司馬, 封高武侯.

| 註釋 | ○大司空何武 - 성제 때(전 8년), 어사대부를 大司空으로 개칭. 何武는 86권, 〈何武王嘉師丹傳〉에 입전. ○百寮 - 百僚. ○魯以季友治亂 - 춘추시대의 魯. 季友는 魯의 귀족. ○以子玉輕重 - 子玉은 楚國의 대신. 輕重은 일의 완급을 달리하다. ○魏以無忌折衝 - 信陵君 魏無忌, 折衝(절충)은 적을 이겨내다. ○項以范增存亡 - 項羽는 亞父 范增(범증)에 따라 存亡이 엇갈렸다. ○廉頗(염파) - 전국시대 趙의 장군.

〔國譯〕

大司空인 何武와 尙書令인 唐林이 모두 상서하여 말했다.

"傅喜(부희)는 대의를 따르고 수신하며 충성으로 나라를 지켜 內朝를 보필할 신하입니다. 지금 병이 들었다 하여 일단 귀향하게 한다면 많은 사람들이 실망하여 賢者 傅氏는 정도태후와 의견이 맞지 않아 물러났다고 말할 것이며 모든 관리들이 유감으로 생각하지 않는 사람이 없을 것입니다. 충신은 사직을 지켜주는 사람이니 춘추시대 魯에는 季友가 있어 治亂했고, 楚에는 子玉이 있어 나라의 권위

가 달랐으며, 魏는 魏無忌(위무기)가 있어 승리를 거두었으며, 項羽
는 范增(범증)에 따라 존망이 달랐습니다. 그리하여 楚는 남쪽 땅을
차지하고 백만 대군이 있어 이웃나라들이 어려워했으니 子玉이 장
수로 있을 때 晉 文公은 자리를 한쪽으로 피해 앉았다가 그가 죽자
君臣이 함께 좋아했습니다. 백만의 군사가 현인 한 사람만 못하기에
秦에서는 천금을 써가며 (趙의) 廉頗(염파) 장군을 이간케 하였고 漢
에서도 만금을 뿌려 亞父를 항우와 떼어놓았습니다. 부희가 조정이
있으면 폐하의 광채가 되며 傅氏의 흥폐도 같을 것입니다."

애제도 부희를 존중하였다. 다음 해 정월, 곧 師丹을 大司空에 임
명하고 부희를 大司馬로 삼고 高武侯로 봉했다.

丁,傅驕奢, 皆嫉喜之恭儉. 又傅太后欲求稱尊號, 與成帝
母齊尊, 喜與丞相孔光, 大司空師丹共執正議. 傅太后大怒,
上不得已, 先免師丹以感動喜, 喜終不順. 後數月, 遂策免
喜曰, "君輔政出入三年, 未有昭然匡朕不逮, 而本朝大臣遂
其奸心, 咎由君焉. 其上大司馬印綬, 就第." 傅太后又自詔
丞相, 御史曰, "高武侯喜無功而封, 內懷不忠, 附下罔上,
與故大司空丹同心背畔, 放命圮族, 虧損德化, 罪惡雖在赦
前, 不宜奉朝請, 其遣就國." 後又欲奪喜侯, 上亦不聽.

│註釋│ ○丁,傅驕奢 – 丁은 哀帝의 外家. ○以感動喜 – 感은 진동케 하

다. 마음을 움직이려 하다. ○就第 – 집으로 돌아가다. 귀향하다. ○放命圮
族 – 敎令을 放棄하고 일족을 버리다. 圮는 무너질 비. 圯(흙으로 만든 교량
이)는 다른 글자. ○不宜奉朝請 – 朝請은 제후가 봄가을로 입조하는 것.

〖國譯〗

丁氏와 傅氏들은 교만 사치하여 모두가 부희의 恭儉을 질투하였
다. 그리고 傅太后는 成帝의 母后와 같은 존호를 받고자 했지만 이
에 부희와 승상 孔光, 大司空인 師丹은 함께 正論을 견지하였다. 傅
太后가 대노하자 애제는 부득이 먼저 師丹을 파면하여 부희를 겁주
려했으나 부희는 끝까지 따르지 않았다. 몇 달 뒤 결국 부희를 파직
하며 말했다.

"君은 輔政하기 3년에 朕(짐)이 미치지 못하는 일을 챙겨주지도
못하여 本朝의 대신조차 결국 奸心를 가지니 그 허물은 君에게 있도
다. 大司馬의 印綬를 올리고 귀향하기 바란다." 부태후도 승상에게
어사를 보내 조서를 내렸다. "高武侯 傅喜는 공적도 없이 제후가 되
어 불충한 마음을 가지고 아랫사람과 어울려 윗사람을 기만하였고
전임 大司空 師丹과 함께 한마음이 되어 배반하며 敎命을 따르지 않
고 일족을 흔들었고 덕화를 훼손케 하였으니 그 죄악이 비록 사면받
기 전이라지만 封侯로 부적합하니 봉국으로 돌아가기 바란다."

그 뒤에 부희의 작위를 박탈하려 하였으나 애제는 따르지 않았다.

原文

喜在國三歲餘, 哀帝崩, 平帝卽位, 王莽用事, 免傅氏官爵

歸故郡, 晏將妻子徙合浦. 莽白太后下詔曰, "高武侯喜姿性
端慤, 論議忠直. 雖與故定陶太后有屬, 終不順指從邪, 介
然守節, 以故斥逐就國. 傳不云乎? '歲寒然後知松伯之後
凋也.' 其還喜長安, 以故高安侯莫府賜喜, 位特進, 奉朝請."
喜雖外見褒賞, 孤立憂懼, 後復遣就國, 以壽終. 莽賜諡曰
貞侯. 子嗣, 莽敗乃絶.

|註釋| ○合浦 - 郡, 縣名. 今 廣西壯族自治區 北海市 관할의 合浦縣. 廣
東省과 경계. ○端慤 - 慤 삼갈 각. 돈독하다. ○歲寒然後知松伯之後凋也
- 孔子의 말.《論語 子罕(자한)》 ○高安侯莫府賜喜 - 고안후는 애제의 총애
를 받던 董賢. 동현은 大司馬衛將軍이었다. 莫府는 幕府. 출정했을 때의 관
아를 의미하지만 장안의 거처도 막부라고 칭했다. 부희의 직위는 대사마였
다. ○位特進 - 特進은 大臣을 우대하는 호칭. '以功德特進見'의 의미. 列
侯 중 특별히 우대할 자에게 수여. 조정에서 三公 다음 반열에 선다. ○奉朝
請 - 朝는 제후가 봄에 입조하는 것. 請은 제후가 가을에 천자를 알현하는
것.

〖國譯〗

　부희는 3년 넘게 봉국에 있었는데, 애제가 죽고 평제가 즉위하면
서 왕망이 권력을 쥐고서 부씨 일족의 관직과 작위를 빼앗아 옛 郡
으로 보냈으며 傅晏(부안)을 처자와 함께 合浦로 이주시켰다.

　왕망은 太后에게 말해 조서를 내렸다. "高武侯 傅喜(부희)는 본성
이 단아하고 성실하며 의논은 언제나 충직하였다. 비록 정도태후의
일족이었지만 끝까지 사악한 뜻에는 순종하지 않고 굳게 지조를 지

켰기에 봉국으로 내쫓겼었다. 경전에서도 말하지 않았는가? '날이 추워진 뒤에야 松柏이 조락하지 않음을 알 수 있다.' 부희를 장안으로 돌아오게 하고 옛 高安侯의 저택을 부희에게 하사하고 특진의 지위로 입조케 하라."

부희가 비록 외견상으로는 포상을 받았지만 고립되어 두려웠기에 나중에 다시 봉국으로 돌아가 천수를 누렸다. 왕망이 시호를 내려 貞侯라 하였다. 아들이 계승했으나 왕망이 패망하면서 단절되었다.

原文

贊曰, 自宣,元,成,哀外戚興者, 許,史,三王,丁,傅之家, 皆重侯累將, 窮貴極富, 見其位矣, 未見其人也. 陽平之王多有材能, 好事慕名, 其勢尤盛, 曠貴最久. 然至於莽, 亦以覆國. 王商有剛毅節, 廢黜以憂死, 非其罪也. 史丹父子相繼, 高以重厚, 位至三公. 丹之輔道副主, 掩惡揚美, 傅會善意, 雖宿儒達士無以加焉. 及其歷房闥, 入臥內, 推至誠, 犯顔色, 動寤萬乘, 轉移大謀, 卒成太子, 安母后之位. '無言不讎', 終獲忠貞之報. 傅喜守節不傾, 亦蒙後凋之賞. 哀,平際會, 禍福速哉!

┃註釋┃ ○許,史,三王,丁,傅之家 – 許氏(宣帝의 황후의 친정)과 史氏(선제의 조모 史良娣의 친정). 三王은 邛城의 왕씨, 곧 宣帝 왕황후의 일족으로 王

駿, 王章 등. 陽平의 王氏는 원제의 황후 王政君의 친정으로 王鳳, 王崇, 王
譚, 王商, 王立, 王根, 王莽 등을 지칭. 涿郡의 王氏는 史皇孫 王夫人의 친정
으로 王武, 王無故 등이 선제의 외삼촌으로 제후에 봉했다. 丁氏는 애제의
황후의 친정. 傅氏는 애제 祖母의 친정. ○見其位矣 ~ - 고위직은 많았지만
훌륭한 사람이 없다는 뜻. ○曠貴最久 - 陽平의 王氏 일문에서는 十侯에 五
大司馬의 호사와 번영을 누렸다고 한다. ○副主 - 太子. ○傅會善意 - 善
意를 따르다. 傅는 附. ○及其歷房闥 - 궁중의 방. 闥 문 달. 궁중의 건물 내
의 복도. ○無言不讎 -《詩經 大雅 抑》에 나오는 말. '無言不讎 無德不報.'
讎는 報答. ○後凋之賞 - 지조를 지킨 보상.

〖國譯〗

반고의 論贊 : 宣帝로부터 元帝, 成帝, 哀帝에 이르도록 外戚으로
흥성한 자는 許氏, 史氏, 王氏 三家, 丁氏, 傅氏의 家門으로 여러 명
의 열후와 많은 장군을 배출하며 큰 부귀를 누렸는데 높은 자리에
오른 사람은 있지만 뛰어난 인재는 없었다. 陽平의 王氏들은 재능이
많고 유능한 士人으로 명성을 추구하여 그 세력이 왕성했으며 많은
사람이 오래 영화를 누렸다. 그러나 왕망에 이르러 나라를 뒤엎었
다.

王商은 강직한 절의를 지켰으나 폐출되어 번민으로 죽었으나 그
의 잘못은 아니었다. 史丹(사단) 父子는 대를 이어 중후한 인격으로
삼공의 자리에 올랐다. 史丹은 태자를 輔導(보도)하면서 단점을 덮
고 장점을 드러내고 善意를 알렸으니 어느 누구보다도 뛰어난 인재
였다. 결국은 궁중의 여러 방을 지나 황제의 침소에 들어가 지성으
로 바른 말을 하여 천자의 마음을 움직이고 큰 뜻을 바꾸게 하여 태
자의 지위를 보존하고 母后의 지위를 안정시켰다. '말하지 않으면

보답도 없다.' 고 하였지만 결국은 忠貞의 보답을 받았다. 傅喜(부희)는 절조를 지켜 기울지 않았기에 나중에 지조를 지킨 보상을 받았다. 애제와 평제 때 화복의 변화는 참으로 빨랐다!

83 薛宣朱博傳
〔설선,주박전〕

83-1. 薛宣

原文

薛宣字贛君, 東海郯人也. 少爲廷尉書佐, 都船獄吏. 後以大司農斗食屬察廉, 補不其丞. 琅邪太守趙貢行縣, 見宣, 甚說其能. 從宣歷行屬縣, 還至府, 令妻子與相見, 戒曰, "贛君至丞相, 我兩子亦中丞相史." 察宣廉, 遷樂浪都尉丞. 幽州刺史擧茂材, 爲宛句令. 大將軍王鳳聞其能, 薦宣爲長安令, 治果有名, 以明習文法詔補御史中丞.

| 註釋 | ○薛宣(설선) - 張禹의 후임으로 승상 역임(前 20 - 15년).   ○東

海郯人 − 東海는 군명. 치소는 郯縣(담현, 今 山東省 臨沂市 관할의 郯城縣).
○書佐 − 문서를 취급하는 관리. ○都船獄吏 − 都船令의 屬吏. 도선령은 中
尉(執金吾)의 속관. 治水官이라는 註도 있다. 도선령 관할의 詔獄(조옥)이 있
어 都船詔獄이라고도 불렀다. ○大司農斗食屬察廉 − 大司農은 질록 중이천
석, 租稅, 錢糧, 鹽鐵 및 국가 재정담당. 斗食은 관리 질록 중 최저 등급. 연봉
이 百石이 안 된다. 월봉 11斛(곡), 일당 1斗2升. ○補不其丞 − 不其는 낭야
군에 속한 縣名. 今 山東省 靑島市 일대. ○行縣 − 縣을 순시하다. ○丞相史
− 승상의 속관. 질록 4백석. ○樂浪都尉丞 − 樂浪은 武帝 때(前 108) 설치한
四郡의 하나. 치소는 朝鮮縣(今 平壤市 大同江 남안). 都尉丞은 都尉의 副官.
도위는 태수보다 하위직, 질록은 比二千石. 郡의 군사와 치안 담당. ○幽州
刺史 − 무제 때 설치한 13자사부의 하나. 幽州(유주)는 今 北京. 涿鹿郡, 樂浪
郡 등 10개 郡國의 지방관 치적을 감독하고 평가. ○擧茂材 − 西漢에서는
秀才라 했는데 東漢에서 光武帝 劉秀의 秀를 피휘하여 茂材라 호칭. 인재 추
천 영역의 하나. ○宛句令 − 宛句(宛朐, 완구)는 현명. 今 山東省 菏澤市 관
할의 曹縣. ○御史中丞 − 어사대부의 보좌관. 궁중의 典籍 秘書管理, 13부
刺史 監督, 郡國行政 監察. 侍御史를 지휘.

〔國譯〕

　薛宣(설선)의 字는 贛君(장군)으로 동해군 郯縣(담현) 사람이다. 젊
어서 廷尉의 書佐와 都船令의 獄吏이었다. 뒤에 大司農의 斗食 屬吏
중에서 청렴하다 하여 不其縣(불기현)의 縣丞이 되었다. 琅邪(낭야)
太守인 趙貢(조공)이 현을 순시하다가 설선을 만나본 뒤 그 능력을
크게 칭찬하였다. 설선을 데리고 속현의 순시를 마친 다음에 군의
관사로 돌아와 처자와도 상견하고 훈계하였다. "贛君(장군)은 丞相
까지 올라갈 사람이나 나의 두 아들은 丞相史가 적당할 것이다."

설선은 청렴으로 천거되어 樂浪都尉丞으로 승진하였다. 幽州刺史가 茂材로 천거하여 宛句(완구) 현령이 되었다. 대장군 王鳳은 그의 능력을 알고 설선을 장안현령에 임명하였는데 치적이 예상대로 우수했고 법률에도 밝아 조서를 내려 御史中丞에 임명되었다.

原文

是時, 成帝初卽位, 宣爲中丞, 執法殿中, 外總部刺史, 上疏曰,

「陛下至德仁厚, 哀閔元元, 躬有日仄之勞, 而亡佚豫之樂, 允執聖道, 刑罰惟中, 然而嘉氣尙凝, 陰陽不和, 是臣下未稱, 而聖化獨有不洽者也. 臣竊伏思其一端, 殆吏多苛政, 政敎煩碎, 大率咎在部刺史, 或不循守條職, 擧錯各以其意, 多與郡縣事, 至開私門, 聽讒佞, 以求吏民過失, 譴呵及細微, 責義不量力. 郡縣相迫促, 亦內相刻, 流至衆庶. 是故鄕黨闕於嘉賓之歡, 九族忘其親親之恩, 飮食周急之厚彌衰, 送往勞來之禮不行. 夫人道不通, 則陰陽否鬲, 和氣不興, 未必不由此也. 《詩》云, '民之失德, 乾餱以愆.' 鄙語曰, '苛政不親, 煩苦傷恩.' 方刺史奏事時, 宜明申敕, 使昭然知本朝之要務. 臣愚不知治道, 唯明主察焉.」

上嘉納之.

| 註釋 | ○成帝初卽位 － 재위 前 32 － 前 7년. ○哀閔元元 － 閔은 憫. 元

元은 백성. ◦日仄之勞, 亡佚豫之樂 - 해가 기울도록 바쁘게 일하다. 기쁘고 즐거워할 겨를도 없다. 佚은 逸. 《書經 周書 亡逸》의 인용. ◦允執聖道 - 允은 진실로. 확실하게. ◦嘉氣尙凝 - 凝(엉길 응)은 불통하다. 막히다. ◦或不循守條職 - 13부 刺史의 업무수칙으로 6조의 규정이 있었는데 그 주요 골자는 강한 호족의 농민에 대한 착취, 감시. 지방관의 법규준수, 지방관 형벌의 공정성 유지, 지방관의 인사 공정성 등 주로 지방관의 비리를 감찰하거나 예방이 목적이었다. ◦譴呵及細微 - 譴呵(견가)는 문책하다. 꾸짖다. ◦陰陽否隔 - 否隔(부격, 비격)은 막혀 통하지 않음. 否는 막힐 비. 隔은 隔(사이가 벌어질 격). ◦《詩》云 - 《詩經 小雅 伐木》. ◦乾餱以愆(건후이건) - 乾餱는 乾糧. 愆은 허물 건. 백성이 예를 모르는 것은 생활이 각박하기 때문이라는 뜻.

〔國譯〕

이때, 成帝가 막 즉위했는데, 설선은 어사중승으로 御殿에서 법을 집행하며 지방 자사부를 총괄하였는데 이에 상소하였다.

「폐하께서는 至德仁厚하시고 백성을 긍휼히 여기시며 해가 기울도록 몸소 애쓰시고 즐길 겨를도 없이 聖道를 지키시며 형벌도 正中하시지만 瑞氣(서기)가 아직도 막혀있고 음양이 조화롭지 못한 것은 신하들이 그 임무를 다하지 못하여 聖化가 아직은 골고루 미치지 못하기 때문입니다. 臣이 그 일단을 생각해 보면, 아마 관리들의 가혹한 통치와 번잡한 정교 때문이며 대개 그 허물은 각 부의 자사에 있는데, 자사가 업무 원칙을 따르지 않거나 각자 임의대로 조치를 취하고 군현 업무에 대한 간섭이 많고 참언이나 아첨의 말을 믿거나 백성들의 과실만을 문책하며 아주 미세한 잘못까지 심하게 견책하거나 능력을 생각하지 않고 책임을 지우기 때문일 것입니다. 각 郡縣에서도 백성에게 독촉하거나 각박하게 처리하니 그 폐해는 백성에 이르게 됩니다. 이 때문에 鄕黨에서는 손님을 맞이하는 즐거움도 없으며 九族이 親親의 은택을 잊어버리고 음식이나 위급을 도와주는 情도 점차 없어지고 있으며 가는 사람을 전송하거나 찾아온 사람을 위로하는 의례도 행해지지 않습니다. 人道가 不通한다면 곧 음양의 소통이 막히고 和氣도 일어나 못하는 것이 모두 여기에 원인이 있을 것입니다. 《詩經》에서도 '백성의 失德은 마른 양식 때문이네.'라고 하였으며, 속언에서도 '가혹한 정치에 서로 멀어지고 고생하느라 은혜도 모른다.'라고 하였습니다. 이제 자사들이 업무 실적을 보고할 때 이를 분명하게 밝히고 독려하여 자사로 하여금 本朝의 정무 요점을 잘 알도록 해야 합니다. 臣은 어리석어 治道를 잘 모르오니 明主께서 살펴주십시오.」

성제는 그 상소를 기꺼이 받아들였다.

原文

宣數言政事便宜, 擧奏部刺史郡國二千石, 所貶退稱進, 白黑分明, 繇是知名. 出爲臨淮太守, 政教大行. 會陳留郡有大賊廢亂, 上徙宣爲陳留太守, 盜賊禁止, 吏民敬其威信. 入守左馮翊, 滿歲稱職爲眞.

│註釋│ ○二千石 ─ 郡의 태수나 侯國의 治民을 담당하는 相은 질록이 2천석으로 동급이었다. 2천석은 보통 태수를 지칭한다. 漢代의 관리 녹봉은 곡식의 石(120斤)으로 정해졌지만 녹봉은 곡식으로 받지 않고 錢으로 받았다. 中이천석(월 180斛, 年 2,160석)은 매월 4만전을 받았다고 한다. 참고로 眞

이천석은 월 150곡에 年 1,800석, 이천석은 월 120곡에 연 1,140석, 比이천석은 월 100곡에 연 1,200석이었다. ○繇是知名－繇是는 由是. ○臨淮－郡名. 치소는 徐縣(今 江蘇省 宿遷市 관할의 泗洪縣). ○陳留－郡名. 치소는 陳留縣(今 河南省 開封市 동남). ○入守左馮翊－入은 중앙 조정에 들어온다는 뜻. 守는 임시. 직무대리. 1년간의 직무대리로 과오가 없으면 정식으로 임명 되었다. 左馮翊(좌풍익)은 三輔(京兆尹, 右扶風, 左馮翊)의 하나.

〖國譯〗

　설선은 정치 개선을 여러 번 건의했는데 13부 자사나 군국 태수의 업무에 관하여 폄직이나 승진 평가를 정확히 할 것을 거론하여 이름이 알려졌다. 설선은 臨淮太守로 政敎 실적이 좋았다. 그때 陳留郡에 도적떼 폐해가 심각하자 성제는 설선을 진류태수로 보냈고, 도적이 사라지자 백성들은 그 권위를 공경하였다. 조정에 들어와 좌풍익 대리가 되었는데 만기를 채워 정식이 되었다.

原文 ▌

　始高陵令楊湛, 櫟陽令謝游皆貪猾不遜, 持郡短長, 前二千石數案不能竟. 及宣視事, 詣府謁, 宣設酒飯與相對, 接待甚備. 已而陰求其罪臧, 具得所受取. 宣察湛有改節敬宣之效, 乃手自牒書, 條其奸臧, 封與湛曰, "吏民條言君如牒, 或議以爲疑於主守盜. 馮翊敬重令, 又念十金法重, 不忍相暴章. 故密以手書相曉, 欲君自圖進退, 可復伸眉於後. 卽無其事, 復封還記, 得爲君分明之." 湛自知罪臧皆應記, 而宣辭語溫潤, 無傷害意. 湛卽時解印綬付吏, 爲記謝宣, 終無怨言. 而櫟陽令游自以大儒有名, 輕宣. 宣獨移書顯責之曰, "告櫟陽令, 吏民言令治行煩苛, 適罰作使千人以上, 賊取錢財數十萬, 給爲非法, 賣買聽任富吏, 賈數不可知. 證驗以明白, 欲遣吏考案, 恐負擧者, 恥辱儒士, 故使掾平鐫令. 孔子曰, '陳力就列, 不能者止.' 令詳思之, 方調守." 游得檄, 亦解印綬去.

| 註釋 | ○高陵－縣名. 今 陝西省 西安市 高陵縣. ○櫟陽－縣名. 今 陝西省 西安市 臨潼區. 秦始皇의 兵馬俑坑이 있다. ○數案不能竟－案은 조사하다. 竟은 定罪하다. ○主守盜－監守를 하다가 도적질을 하다. 관리가 官錢을 업무상 유용하거나 착복하는 것. ○十金法重－漢의 법률에 관리 착복 금액이 十金 이상이면 엄히 처벌하였다. ○伸眉於後－伸眉는 찡그린 눈썹을 펴다. 이후 지금 모습 그대로 만날 수 있다는 뜻. ○顯責之－顯은 공개하다. ○適罰作使－適罰은 謫罰. 죄를 씌워 벌을 주고 노역을 시키다. ○賊取錢財－賦取錢財가 되어야 文理가 합당함. ○給爲非法－불법으로 지급하다. ○賈數－賈는 價. ○恐負擧者－혹시 천거한 사람도 문책을 받는다는 뜻. 謝游는 유학자로 천거되었을 것이다. ○故使掾平鐫令－掾(도울 연)은 관리의 직책. 실무부서의 책임자. 掾 아래 史와 屬吏가 있다 平은 인명. 鐫(새길 전)은 일러주다. ○'陳力就列, 不能者止.'－《論語 季氏》에 있는 말. 列은 次. 순차적으로 배치하다. ○方調守－사람을 골라 현령 직무대리로 임명하다. ○游得檄－檄은 긴급 문서.

〔國譯〕

　그전에 高陵 현령 陽湛(양담)과 櫟陽(역양) 현령 謝游(사유)는 모두 탐욕, 교활, 불손하였지만 郡長(좌풍익)의 장단점을 알고 있어 여러 번 前任의 이천석도 조사하거나 죄를 물을 수가 없었다. 설선이 업무를 시작하면서 官府에 와서 배알하자 설선은 술을 준비하여 같이 마시며 잘 대접하였다. 그리고서는 몰래 그의 죄상을 조사하고 증거를 다 확보하였다. 설선은 양담이 자신의 행실을 바꾸고 상관을 공경할 뜻이 있음을 알고 직접 문서로 그 죄악을 조목별로 열거하고 밀봉하여 직접 건네면서 말했다. "여기 적힌 그대로 백성이 조목조목 말한 것인데 혹 착복한 것에 의문이 있다면 말하라. 좌풍익은 현령을 어렵게 생각하지만 또 十金 이상이면 법에 따라 처벌해야 하나 차마 그렇게 하기는 어렵도다. 그래서 남모르게 작성하여 직접 넘겨주니 현령이 스스로 진퇴를 결정하면 이후 좋은 얼굴로 볼 수 있을 것이다. 만약 그런 일이 없다면 이 문건을 돌려보내되 현령이 분명히 처리하기 바란다."

　양담은 자신의 죄가 사실대로 모두 적혀 있고 설선의 말이 부드럽고 처벌할 뜻이 없음을 알았다. 양담은 즉시 인수를 풀어 관리에게 보내고 글을 올려 설선에게 사례하고 끝내 아무 말도 없었다.

　그리고 역양 현령 謝游(사유)는 자신이 유명한 大儒라고 자부하면서 설선을 경시했다. 설선은 특별히 문서를 보내 사유를 공개적으로 문책하였다.

　"역양 현령에게 告하노니 吏民들은 현령의 행정이 번잡하고 죄를 만들어 사역을 시킨 자가 1천여 명이었으며 賦稅로 거둬 착취한 돈이 수십 만이고 불법으로 지출하였으며 부자 관리에게 매매를 일임하였는데 그 값을 다 계산할 수도 없다. 이런 증거들이 명백하기에 관리를 보내 조사를 시키면 천거한 사람에게 연좌되어 유학자로서 치욕이 될 것이기에 屬掾인 平(평)을 보내 현령에게 통보하노라. 공자께서도 '능력에 따라 직무를 부여하되 무능한 자는 물러나게 한다.'고 하였으니, 현령은 잘 생각할 것이며 직무대리를 선임하여 업무를 담당케 할 예정이다."

謝游는 문서를 받고 바로 인수를 풀어놓고 떠났다.

原文

又頻陽縣北當上郡, 西河, 爲數郡湊, 多盜賊. 其令平陵薛恭本縣孝者, 功次稍遷, 未嘗治民, 職不辦. 而粟邑縣小, 辟在山中, 民謹樸易治. 令鉅鹿尹賞久郡用事吏, 爲樓煩長, 擧茂材, 遷在粟. 宣即以令奏賞與恭換縣. 二人視事數月, 而兩縣皆治. 宣因移書勞勉之日, "昔孟公綽優於趙魏而不宜滕薛, 故或以德顯, 或以功擧, '君子之道, 焉可憮也!' 屬縣各有賢君, 馮翊垂拱蒙成. 願勉所職, 卒功業."

| 註釋 | ○頻陽縣(빈양현) - 今 陝西省 渭南市 관할의 富平縣. ○上郡, 西河 - 上郡의 治所는 膚施縣(今 陝西省 최북단 楡林市 동남). 西河는 郡名. 치소는 平定縣(今 陝西省 楡林市 관할의 府谷縣). ○爲數郡湊 - 湊 모일 주. 군 경계선이 만나는 곳. ○平陵 - 昭帝의 능. 현명. ○功次 - 승진의 순서. 연공서열. ○粟邑(속읍) - 현명. 今 陝西省 渭南市 관할 白水縣. ○鉅鹿 - 군명, 현명. 今 河北省 邢台市 관할의 鉅鹿縣. ○尹賞 - 90권, 〈酷吏傳〉에 입

전. ○爲樓煩長 - 현명. 今 山西省 忻州市 관할의 寧武縣. 인구 1만호 이하
의 현은 縣長이라 호칭. ○孟公綽(맹공작) - 춘추시대 魯國의 대부. 淸心寡
慾이라 孔子도 그를 존경했다. 子曰, "孟公綽爲趙魏老則優, 不可以爲滕薛大
夫."《論語 憲問》. ○滕(등),薛(설) - 나라 이름. ○君子之道, 焉可憮也 -《論
語 子張》. '焉可誣也'로 된 판본도 있다.

[國譯]

　또 頻陽縣(빈양현)의 북쪽은 上郡, 西河郡 등 몇 개 군의 접경 지역
으로 도적이 많았다. 그곳 현령은 평릉현 출신 薛恭(설공)으로 본래
효행으로 천거되어 연공으로 승진하였는데 治民의 경험이 없어 직
무를 잘 수행하지 못했다. 그리고 粟邑縣(속읍현)은 작고 산중에 치
우쳐 있어 백성들은 성실 소박하여 다스리기가 쉬웠다. 그 현령인
거록현 출신 尹賞(윤상)은 군에서 일을 했던 관리로 일찍이 樓煩(누
번) 縣長을 지내고 茂材로 천거되어 속읍현에 재직하고 있었다. 설
선은 즉시 문서를 내려 윤상과 설공의 현을 맞교환시켰다. 두 사람
이 업무를 본 지 몇 달에 두 현이 잘 다스려졌다. 설선은 곧 서신을
보내 위로하고 격려하였다.

　"옛날 孟公綽(맹공작)은 趙와 魏의 큰 읍에서 유능했으나 滕(등)과
薛(설)에서는 적합하지 못했다 하였는데 그러기에 어떤 사람은 德으
로 이름이 있고, 어떤 이는 공적이 많은 것이니 '君子의 道는 무엇을
지어내랴!'라고 하지 않았던가. 좌풍익의 속현에 각각 유능한 관리
가 있으니 좌풍익은 팔짱을 끼고 있어도 성공할 것이요. 맡은 일에
힘써 공적을 이루기 바라노라."

宣得郡中吏民罪名, 輒召告其縣長吏, 使自行罰. 曉曰, "府所以不自發擧者, 不欲代縣治, 奪賢令長名也." 長吏莫不喜懼, 免冠謝宣歸恩受戒者.

宣爲吏賞罰明, 用法平而必行, 所居皆有條敎可紀, 多仁恕愛利. 池陽令擧廉吏獄掾王立, 府未及召, 聞立受囚家錢. 宣責讓縣, 縣案驗獄掾, 乃其妻獨受繫者錢萬六千, 受之再宿, 獄掾實不知. 掾慚恐自殺. 宣聞之, 移書池陽曰, "縣所擧廉吏獄掾王立, 家私受賕, 而立不知, 殺身以自明, 立誠廉士, 甚可閔惜! 其以府決曹掾書立之柩, 以顯其魂. 府掾史素與立相知者, 皆予送葬."

| 註釋 | ○其縣長吏 - 그 현의 최고 관리, 곧 현령이나 縣長. ○多仁恕愛利 - 仁慈, 容恕(용서), 仁愛, 便利. ○池陽 - 현명. 今 陝西省 咸陽市 관할의 涇陽縣. ○受之再宿 - 돈을 받고 2일이 되다. ○家私受賕 - 家人이 몰래 뇌물을 받다. 賕 뇌물 구. ○掾史(연사) - 掾 도울 연. 屬官의 통칭. 승상부 같은 중앙부서나 郡國 관아의 업무 부서 책임자(課長이나 係長).

〔國譯〕

설선이 군내 백성의 죄명을 알게 되면 바로 그 縣令이나 縣長을 불러 알려주고 자체적으로 징벌하게 하였다. 그리고 "군에서 직접 적발한 자가 아니라서 현령 대신 처벌하여 현령이나 현장의 훌륭한 명성을 뺏고 싶지 않다."고 말했다. 그러면 기뻐하지 않는 현령이 없었으며 면관하고 설선에게 사죄하면서 징벌 받을 자에게 은택을 베풀었다.

설선은 관리에 대한 상벌이 분명하고 공평하게 법을 적용하였으며 또 포상도 정확하였는데 근무지 백성에 대한 인자와 용서, 애정과 편리 제공 등을 항목별로 써 놓게 하였다. 池陽 현령이 청렴한 獄掾 王立(왕립)을 천거하였는데 좌풍익부에서 불러 보기 전에 왕립이 죄수로부터 돈을 받았다는 소식이 들어왔다. 설선은 현령을 문책했고 현령은 옥연을 조사하였더니 왕립의 처가 몰래 간힌 사람으로부터 1만 6천전을 받았는데 받은 것이 2일 전이라서 옥연은 실제로 모르고 있었다. 옥연은 부끄럽고 두려워 자살하였다. 설선이 이를 알고서 지양 현령에게 문서를 보내 말했다.

"縣에서 천거한 청렴한 옥연 王立의 아내가 몰래 뇌물을 받았고 왕립은 이를 모르고 있다가 자살하여 청렴을 스스로 분명히 하였다. 王立은 참으로 청렴한 사람이며, 이는 심히 안타까운 일이로다! '府決曹掾王立之柩'라고 써서 그 혼령을 위로하도록 하라. 그리고 府의 관리들 중에 평소에 王立과 알고 지낸 자들은 모두 장례에 참례하기 바란다."

原文

及日至休吏, 賊曹掾張扶獨不肯休, 坐曹治事. 宣出敎曰, "蓋禮貫和, 人道尙通. 日至, 吏以令休, 所繇來久. 曹雖有公職事, 家亦望私恩意. 掾宜從衆, 歸對妻子, 設酒肴, 請鄰里, 壹唉相樂, 斯亦可矣!" 扶慚愧. 官屬善之.

| 註釋 | ○日至休吏 − 동지와 하지의 관리 휴가. ○酒餚 − 술과 안주. 餚
안주 효. 반찬. ○壹唉 − 一笑. 唉는 笑의 古字. ○慚愧 − 慚은 부끄러울 참.
愧 부끄러워할 괴.

〖 國譯 〗

　　동지와 하지의 관리 휴가 날에 賊曹掾(적조연)인 張扶(장부)는 혼
자서만 쉬지 않고 부서의 일을 처리하였다. 설선이 불러서 일러 말
했다.

　　"대개 禮란 어울리는 관습이며 人道는 소통을 중히 여긴다. 동지
나 하지에 관리를 쉬게 하는 것은 그 유래가 오래되었다. 부서 업무
가 공적인 일이지만 가족 역시 사적인 은의를 바라고 있을 것이다.
당신도 마땅히 다른 사람처럼 쉬면서 처자와 함께 술과 안주를 준비
하고 이웃이라도 불러 한바탕 웃으면서 즐기는 것도 좋은 일이다!"

　　장부는 부끄러웠고 관속들은 설선을 칭송했다.

原文

　　宣爲人好威儀, 進止雍容, 甚可觀也. 性密靜有思, 思省
吏職, 求其便安. 下至財用筆研, 皆爲設方略, 利用而省費.
吏民稱之, 郡中淸靜. 遷爲少府, 共張職辦.

| 註釋 | ○進止雍容 − 雍容은 온화하면서도 조용함.　○筆研 − 붓과 벼

루, 筆硯(필연). 硏은 갈다. 벼루 연.   ㅇ少府－九卿의 하나. 황실의 비용과
물자, 생활용품의 제조와 공급, 황제의 재물 관리 등을 담당.   ㅇ共張職辦(공
장직판)－共은 供. 張은 帳, 곧 각종의 커튼. 職은 담당 직무. 辦 힘쓸 판. 성
공적으로 처리하다.

[[國譯]]

　설선은 사람됨이 위엄 있는 차림을 좋아하면서도 행동거지가 온
화, 조용하여 칭송을 들었다. 본성은 침착하고 생각이 깊었으며 업
무를 간략히 순리대로 처리하였다. 심지어 씀씀이에 붓과 벼루조차
계획을 세워 절약하며 비용을 줄였다. 백성들이 칭송했고 관내는 청
정하였다. 少府로 승진했고 비품 관리 등 업무처리에 차질이 없었
다.

[原文]

　月餘, 御史大夫于永卒, 谷永上疏曰,
「帝王之德莫大於知人, 知人則百僚任職, 天工不曠. 故皐
陶曰,‘知人則哲, 能官人.’御史大夫內承本朝之風化, 外佐
丞相統理天下, 任重職大, 非庸材所能堪. 今當選於群卿,
以充其缺. 得其人則萬姓欣喜, 百僚說服, 不得其人則大職
墮斁, 王功不興. 虞帝之明, 在茲壹擧, 可不致詳! 竊見少府
宣, 材茂行潔, 達於從政, 前爲御史中丞, 執憲毄下, 不吐剛
茹柔, 擧錯時當, 出守臨淮, 陳留, 二郡稱治. 爲左馮翊, 崇

敎養善, 威德並行, 衆職修理, 奸軌絶息, 辭訟者歷年不至丞相府, 赦後餘盜賊什分<u>三輔</u>之一. 功效卓爾, 自<u>左內史</u>初置以來未嘗有也. <u>孔子</u>曰, '如有所譽, 其有所試.' <u>宣</u>考績功課, 簡在兩府, 不敢過稱以奸欺誣之辜. 臣聞賢材莫大於治人, <u>宣</u>已有效. 其法律任廷尉有餘, 經術文雅足以謀王體, 斷國論, 身兼數器, 有'退食自公'之節. <u>宣</u>無私黨遊說之助, 臣恐陛下忽於〈羔羊〉之詩, 舍公實之臣, 任華虛之譽, 是用越職, 陳<u>宣</u>行能, 唯陛下留神考察.」

　上然之, 遂以<u>宣</u>爲御史大夫.

│註釋│ ○谷永 － 85권, 〈谷永杜鄴傳〉에 입전. ○天工不曠 － 天工은 天子의 통치. 工은 官. 不曠은 헛되지 않다. 曠은 空虛. ○皐陶(고요) － 舜임금의 刑官. ○知人則哲, 能官人 － 哲은 智.《書經 虞書 皐陶謨》. ○墮斁(타역) － 황폐하고 실패하다. 墮 무너질 타. 斁 싫어할 역. ○執憲轂下 － 轂은 바퀴 곡. 천자의 輦車. 천자의 앞. ○不吐剛茹柔 － ~ 강한 것을 뱉지 않고 부드러운 것을 먹지 않는다. 시세에 따라 처신이 바뀌지 않는다는 뜻. 보통 사람은 달면 삼키고 쓰면 뱉지만 仲山甫란 사람은 달다고 삼키지 않고 쓰다고 뱉지 않는다는 '維仲山甫 柔亦不茹 剛亦不吐.'를 인용했다.《詩經 大雅 烝民》의 句. ○什分三輔之一 － 三輔(경조윤, 우부풍, 좌풍익)의 도적이 이전의 10분의 1이다. 10분의 9가 없어졌다는 뜻. ○左內史 － 左馮翊(좌풍익). 內史는 본래 수도와 그 주변의 행정을 담당하는 관리였다. 무제 太初 원년(전 108)부터 右內史의 장안지역은 京兆尹, 좌내사는 左馮翊(좌풍익)으로 개칭하면서 右扶風을 합쳐 三輔라 통칭했다. ○如有所譽, 其有所試 － 칭송을 듣는다면 (일을) 맡겨보아야 한다. 子曰, "吾之於人也, 誰毁誰譽? 如有所譽者, 其有所試矣.

~"《論語 衛靈公》. ○身兼數器 - 여기서 器는 직무. 器量. ○'退食自公'之節 - '(의젓하고 의젓하니) 반찬 가짓수 줄여 公道를 따르다.' (委蛇委蛇) 退食自公'《詩經 召南 羔羊》의 인용. ○是用越職 - 用은 以. 越職은 越權.

〔國譯〕

한 달 뒤에 어사대부 于永(우영)이 죽자 谷永(곡영)이 상소하였다.

「帝王의 德으로 知人보다 더 중요한 것은 없으니 知人하면 모든 신하들이 직무를 제대로 수행하게 되어 천자의 통치가 헛되지 않습니다. 그래서 皐陶(고요)가 말하기를 '知人하면 지혜로워 임무를 수행할 수 있다.'고 하였습니다. 어사대부는 안으로는 온 나라의 교화를 담당하고 밖으로는 승상의 천하 통솔을 도와주기에 그 책임과 직무가 매우 중대하여 보통 능력으로는 감당할 수 없습니다. 지금 모든 관료 중에서 선임하여 빈자리를 채워야 합니다. 적임자를 얻는다면 백성이 환희하고 모든 신료들이 기꺼이 복종하지만, 적임자를 얻지 못하면 大任이 황폐하고 실패하여 제왕의 공업을 이룰 수 없습니다. 舜의 명철한 지혜로 적임자에게 맡기니 대업을 어찌 못 이루겠습니까! 少府의 薛宣(설선)은 재능이 우수하고 청렴하며 업무에 밝으며 전에 어사중승으로 폐하 앞에서 법을 집행하면서 강약에 따라 처신을 달리하지 않았고 모든 조치가 시류에 합당하였으며 臨淮郡, 陳留郡의 태수로 나가서는 2군을 잘 다스려 칭송을 들었습니다. 左馮翊(좌풍익)이 되어서는 교화와 권선을 장려하고 위엄과 덕행을 함께 베풀면서 직무를 잘 수행하자 간악한 자들이 사라졌으며 2년 동안에 소송하려고 승상부를 찾아온 사람이 없었으며 남은 도적들에게 관용을 베풀어 三輔 지역의 도적은 이전의 10분의 1에 불과하였습니다. 그간의 탁월한 공적은 좌풍익을 설치 이후 이런 사례가 없었습니다. 孔子께서도 '청송을 들었다면 맡겨보아야 한다.'고 하였습니다. 설선의 공적 평가는 어사부와 승상부에 있으니 감히 거짓되게 과대평가의 죄를 범할 수 없습니다. 臣이 알기로, 治人에 賢材를 얻는 것보다 더 중요한 것이 없음을 설선은 이미 증명하였습니다. 그의 법률 지식으로 충분히 廷尉의 직무를 수행할 수 있고, 經術과 文雅는 王道를 구현할 수 있으며, 중요한 국론을 결단하였고 그간 여러 직무를 수행하면서 官府의 비용을 절감하려는 노력을 하였습니다. 설선은 私黨을 만들고 遊說를 이용하여 이익을 얻지도 않았기에 臣은 폐하께서 〈羔羊〉의 詩의 뜻을 잊고서 국가의 참된 인재를 버려두고 겉만 화려한 인재에게 맡길까 걱정한다면 이는 월권이겠지만 설선의 능력을 진술하오니 폐하께서 살펴주시기 바랍니다.」

성제도 옳은 말이라 생각하여 마침내 설선을 어사대부에 임명하였다.

原文

數月, 代張禹爲丞相, 封高陽侯, 食邑千戶. 宣除趙貢兩子爲史. 貢者, 趙廣漢之兄子也, 爲吏亦有能名. 宣爲相, 府辭訟例不滿萬錢不爲移書, 後皆遵用薛侯故事. 然官屬譏其煩碎無大體, 不稱賢也. 時天子好儒雅, 宣經術又淺, 上亦輕焉.

○張禹 - 81권, 〈匡張孔馬傳〉에 입전. ○封高陽侯 - 설선은 鴻
嘉 원년(前 20) 1월에 어사대부가 되었다가 그해 4월에 승상이 되었다. ○趙
廣漢(? - 前 65) - 청렴하고 유능한 京兆尹. 76권, 〈趙尹韓張兩王傳〉에 입전.
○宣經術又淺 - 설선은 본래 유학자로부터 경학을 전수받지 않았었다.

[國譯]

　　몇 달 뒤 張禹의 후임으로 丞相에 임명되어 高陽侯에 봉해졌고
식읍은 1천 호였다. 설선은 趙貢(조공)의 두 아들을 丞相史에 임명하
였다. 조공은 趙廣漢의 형의 아들인데 유능한 관리라는 칭송을 들었
다. 설선은 재임하며 1만전이 안 되는 송사의 문건은 승상부로 상신
치 못하게 하였는데 이후 모두가 이 전례를 따랐다. 그러나 지방 관
속들은 자잘하고 업무 기강이 없다며 칭송하지 않았다. 그 무렵 천
자 또한 문아한 유학을 좋아하였는데 설선은 경학이 깊지 않아 성제
는 설선을 경시하였다.

原文

　　久之, 廣漢郡盜賊群起, 丞相,御史遣掾史逐捕不能克. 上
乃拜河東都尉趙護爲廣漢太守, 以軍法從事. 數月, 斬其渠
帥鄭躬, 降者數千人, 乃平. 會邛成太后崩, 喪事倉卒, 吏賦
斂以趨辦. 其後上聞之, 以過丞相,御史, 遂册免宣曰, "君爲
丞相, 出入六年, 忠孝之行, 率先百僚, 朕無聞焉. 朕旣不明,
變異數見, 歲比不登, 倉廩空虛, 百姓饑饉, 流離道路, 疾疫

死者以萬數, 人至相食, 盜賊並興, 群職曠廢, 是朕之不德而
股肱不良也. 乃者廣漢群盜橫恣, 殘賊吏民, 朕惻然傷之,
數以問君, 君對輒不如其實. 西州隔絶, 幾不爲郡. 三輔賦
斂無度, 酷吏並緣爲姦, 侵擾百姓, 詔君案驗, 復無欲得事實
之意. 九卿以下, 咸承風指, 同時陷於謾欺之辜, 咎繇君焉!
有司法君領職解嫚, 開謾欺之路, 傷薄風化, 無以帥示四方.
不忍致君於理, 其上丞相, 高陽侯印綬, 罷歸."

| 註釋 | ○廣漢郡盜賊群起 — 廣漢은 군명. 치소는 雒縣(낙현, 今 四川省 成
都市 동북부의 金堂縣). 도적떼가 일어난 것은 鴻嘉 3년(前 18)이었고 이듬해
평정되었다. ○渠帥(거수) — 우두머리. ○邛成太后 — 宣帝의 王皇后. 세 번
째 황후. 無子하고 후덕하여 어린 태자(元帝)를 양육했지만 선제의 총애는
없었다. ○倉卒 — 매우 급함. 허둥대다. ○酷吏並緣爲姦 — 酷吏와 그 추종
자가 부정을 하다. 並緣은 서로 얽히다. ○謾欺(만기) — 欺瞞(기만)하다. 謾
은 속일 만. ○法君領職解嫚 — 법은 탄핵하다. 解嫚은 懈慢(해만). 게을리 하
다.

〖國譯〗

얼마 후에, 廣漢郡에 도적떼가 일어났는데 승상과 어사대부는 관
리를 보내 체포하려 했으나 제압할 수 없었다. 성제는 이에 河東郡
都尉인 趙護(조호)를 廣漢太守로 발령했고 군법으로 처리하게 하였
다. 몇 달 뒤에 그 우두머리 鄭躬(정궁)을 참수하자 수천 명이 투항하
며 곧 평정되었다.

그 무렵 邛成(공성) 太后가 죽었는데 갑자기 닥친 喪事여서 부세

를 징수하여 일을 처리하였다. 그 후에 성제가 이를 알고 승상과 어사의 잘못이라 하여 책서를 내려 승상을 면직시키며 말했다.

"君이 승상으로 6년간 근무하면서 忠孝의 행실과 백관에 솔선한다는 말을 짐이 들은 바가 없다. 朕이 총명하지 못하여 재해가 자주 일어나고 해마다 흉년이 들었고 나라 창고가 비었으며 백성은 굶주리고 길에 유랑하며 질병으로 죽는 자가 수만이라 사람이 서로 잡아먹는다 하고 도적이 떼로 일어나도 관리들이 제대로 직무를 수행하지 못하는데, 이 모두가 짐이 부덕하고 측근 신하의 능력이 없기 때문일 것이다. 지난번에 廣漢郡에서 群盜가 날뛰며 백성을 잔인하게 해쳤는데 짐은 백성이 다치는 것을 측은히 여겨 승상에게 자주 물었지만 승상은 그때마다 실정을 모르고 있었다. 서쪽 영역의 교통이 끊겨 거의 郡이 망할 지경이었다. 三輔의 부세 징수가 무도하자 酷吏(혹리)들이 서로 얽혀 부정을 저지르며 백성을 크게 해치고 있어 승상에게 명해 조사하게 하였지만 그 실정조차 파악하지 못했었다. 九卿 이하 모두가 교화의 지시를 받았지만 동시에 윗사람을 속이는 죄를 저지르니 그 허물은 승상에 있도다! 有司는 승상이 본연의 임무에 게으르고 기만하는 풍조를 열었으며 교화를 저해하고 천하에 솔선하는 바가 없다고 탄핵하였다. 승상을 차마 의법 조치할 수 없나니 승상과 高陽侯의 印綬(인수)를 반환하고서 사임하고 떠나기 바란다."

原文

初, 宣爲丞相, 而翟方進爲司直. 宣知方進名儒, 有宰相器, 深結厚焉. 後方進竟代爲丞相, 思宣舊恩, 宣免後二歲, 薦宣明習文法, 練國制度, 前所坐過薄, 可復進用. 上徵宣 復爵高陽侯, 加寵特進, 位次師安昌侯, 給事中, 視尙書事. 宣復尊重. 任政數年, 後坐善定陵侯淳于長罷就第.

| 註釋 | ○翟方進(적방진) － 84권, 〈翟方進傳〉에 입전. ○司直 － 승상사 직. 승상부 속관. 승상의 감찰 권한을 보좌. ○練國制度 － 練은 숙련. 잘 알 다. ○給事中 － 가관의 칭호. 황제의 최 측근으로 매일 알현하고 자문에 응 대. 尙書의 업무를 분담하는 中朝의 요직. 名儒나 황제의 인척이 이 가관을 받았다. ○尙書 － 掌書(장서)라고도 한다. 황제에게 올라가는 보고 문서를 취급하는 요직. 漢에서는 무제 때 황제권을 강화하려는 목적으로 설치. 점차 권한이 강대해졌다. ○淳于長 － 93권, 〈佞幸傳〉에 입전.

〖 國譯 〗

그전에 설선이 승상으로 있으면서 翟方進(적방진)을 승상사직으 로 임명하였다. 설선은 적방진이 名儒로 재상의 그릇임을 알아보고 아주 후대하였다. 뒷날 적방진은 마침내 승상이 되었는데 설선의 舊 恩을 생각하여 설선이 면직된 2년 뒤에 설선이 여러 법에 능통하고 국가의 제도를 잘 알고 있으며 이전에 작은 과오로 면직되었기에 다 시 등용해야 한다고 추천하였다. 성제는 설선의 高陽侯 작위를 회복 시키고 特進에 임명하여 그 자리가 安昌侯(張禹) 다음이었고 給事 中에 尙書의 업무를 감독케 하였다. 설선은 다시 존중을 받았다. 몇 년간 정사에 참여했으나 定陵侯 淳于長과 친교했다고 파직되어 은 퇴하였다.

初, 宣有兩弟, 明,修, 明至南陽太守, 修歷郡守,京兆尹,少府, 善交接, 得州里之稱. 後母常從修居官. 宣爲丞相時, 修爲臨菑令, 宣迎後母, 修不遣. 後母病死, 修去官持服. 宣謂修三年服少能行之者, 兄弟相駁不可, 修遂竟服, 繇是兄弟不和.

| 註釋 | ○南陽太守 – 남양군 치소는 宛縣(완현, 今 河南省 南陽市). ○京兆尹 – 장안의 행정 책임자. 경조윤은 三輔의 하나. 朝政에 참여하기에 중앙의 관리로 분류. ○臨菑令 – 임치는 현명. 今 山東省 菑博市(치박시). ○相駁 – 서로 다투다. 駁 어긋날 박, 얼룩말 박.

〖 國譯 〗

그전에, 설선에게 薛明(설명)과 薛修(설수) 두 동생이 있었는데 설명은 南陽태수를 지냈고, 설수는 군수와 경조윤, 少府 등을 역임하였는데 교제를 잘해 마을에서 칭송이 많았다. 後母는 늘 설수의 관직을 따라 다녔다. 설선이 승상을 지낼 때 설수는 임치현령이었는데, 설선이 후모를 모시려 하자 설수는 보내주지 않았다. 후모가 병사하자 설수는 사임하고 복상하였다. 설선은 3년을 복상하는 사람이 거의 없다면서 형제가 서로 불가하다고 논쟁을 하였는데 설수는 결국 복상을 마쳤고 이 때문에 형제가 불화하였다.

原文

久之, 哀帝初卽位, 博士<u>申咸</u>給事中, 亦<u>東海</u>人也, 毁<u>宣</u>不供養行喪服, 薄於骨肉, 前以不忠孝免, 不宜復列封侯在朝省. <u>宣</u>子<u>況</u>爲右曹侍郞, 數聞其語, 賕客<u>楊明</u>, 欲令創<u>咸</u>面目, 使不居位. 會司隸缺, <u>況</u>恐<u>咸</u>爲之, 遂令<u>明</u>遮斫<u>咸</u>宮門外, 斷鼻脣, 身八創.

| 註釋 | ○右曹侍郞 – 右曹는 加官. 군국기무를 취급하고 尙書의 업무도 수행할 수 있었다. 左曹와 마찬가지. 秩 二千石. 侍郞은 광록훈의 속관, 궁중 수비와 황제 시종. ○賕客 – 자객을 매수하다. 賕 뇌물 구. ○使不居位 – 漢代에 얼굴에 상처가 있으면 관리가 될 수 없었다. ○遮斫(차작) – 기다렸다가 공격하다. 遮 막을 차. 기다리다. 斫 벨 작. 때리다.

〖 國譯 〗

얼마 후, 애제가 즉위하였고, 博士 申咸(신함)은 給事中이며 같은 東海郡 출신이었는데 설선이 복상하면서 공양을 하지 않았고 형제 간에 각박하며 이전에도 불충불효하면 면관했기에 封侯로 조정에 근무할 수 없다고 헐뜯었다. 설선의 아들 薛況(설황)은 右曹侍郞이 었는데 여러 번 헐뜯는 말을 듣자, 楊明(양명)이란 자객을 사서 신함의 얼굴에 상처를 입혀 관직에서 쫓아내려고 했다. 마침 사예교위 자리에 결원이 나자 신함이 임명될까 걱정하여 양명을 시켜 궁궐 문 밖에서 신함을 기다렸다가 공격하여 코와 입술을 자르고 몸에 8군 데 상처를 입혔다.

事下有司, 御史中丞衆等奏,"況朝臣, 父故宰相, 再封列侯, 不相敕丞化, 而骨肉相疑, 疑咸受修言以謗毀宣. 咸所言皆宣行跡, 衆人所共見, 公家所宜聞. 況知咸給事中, 恐爲司隸擧奏宣, 而公令明等迫切宮闕, 要遮創戮近臣於大道人衆中, 欲以隔塞聰明, 杜絶論議之端. 桀黠無所畏忌, 萬衆讙嘩, 流聞四方, 不與凡民忿怒爭鬭者同. 臣聞敬近臣, 爲近主也. 禮, 下公門, 式路馬, 君畜産且猶敬之. 《春秋》之義, 意惡功遂, 不免於誅, 上浸之源不可長也. 況首爲惡, 明手傷, 功意俱惡, 皆大不敬. 明當以重論, 及況皆棄市."

廷尉直以爲,"律曰'鬭以刃傷人, 完爲城旦, 其賊加罪一等, 與謀者同罪.' 詔書無以詆欺成罪. 傳曰, '遇人不以義而見疻者, 與痏人之罪鈞, 惡不直也.' 咸厚善修, 而數稱宣惡, 流聞不誼, 不可謂直. 況以故傷咸, 計謀已定, 後聞置司隸, 因前謀而趣明, 非以恐咸爲司隸故造謀也. 本爭私變, 雖於掖門外傷咸道中, 與凡民爭鬭無異. 殺人者死, 傷人者刑, 古今之通道, 三代所不易也. 孔子曰, '必也正名.' 名不正, 則至於刑罰不中, 刑罰不中, 而民無所錯手足. 今以況爲首惡, 明手傷爲大不敬, 公私無差. 《春秋》之義, 原心定罪. 原況以父見謗發忿怒, 無它大惡. 加詆欺, 輯小過成大辟, 陷死刑, 違明詔, 恐非法意, 不可施行. 聖王不以怒增刑. 明當以賊傷人不直, 況與謀者皆爵減完爲城旦."

上以問公卿議臣. 丞相孔光, 大司空師丹以中丞議是, 自
將軍以下至博士, 議郎皆是廷尉. 況竟減罪一等, 徙敦煌.
宣坐免爲庶人, 歸故郡, 卒於家.

| 註釋 | ○不相敕丞化 - 相은 돕다. 敕은 경계하며 타이르다. 戒飭(계칙)
과 同. 丞은 承과 通. ○桀黠無所畏忌 - 桀黠(걸힐)은 桀 교활할 걸. 黠 약을
할(힐). ○萬衆讙嘩 - 讙嘩(훤화)는 시끄러움. 떠들썩함. 喧譁(훤화)와 同.
○意惡功遂 - 心意가 邪惡하여 일을 저지르다. ○廷尉直 - 애제 初의 정위
는 梁相(양상, 字는 子夏)이었으니 直은 相이나 夏의 착오라는 註가 있다. 또
龐眞(방진)의 眞字의 착오라는 註도 있다. ○完爲城旦 - 신체는 그대로 유
지하며 城에서 노역을 하다. 完은 묵형이나 두발을 자르는 肉刑이 없다는
뜻. 城旦(성단)은 노역형으로 일반 백성의 경우 형기는 4년이었다. ○其賊加
罪一等 - 賊은 상해를 입히다. ○以詆欺成罪 - 詆欺(저기)는 험담을 하다.
詆 꾸짖을 저. 毀譽(훼예). ○遇人不以義而見疻者 - 다른 사람에게 옳지 않
은 행위로 멍을 들게 한 자. 疻는 멍 지. 피부가 터지거나 상처가 없는 경우.
○與痏人之罪鈞 - 痏는 멍 유. 피부가 터지거나 상처가 있는 상해. 鈞은 고를
균. 같다. ○趣明(촉명) - 趣은 재촉할 촉(促과 동). 뜻 취, 달릴 취. ○必也
正名~ - 子路曰, "衛君待子而爲政, 子將奚先?" 子曰, "必也正名乎!"《論語
子路》. ○爵減 - 爵은 관작. 관작을 삭감하는 징벌.

〔 國譯 〕
　사안이 담당자에게 이첩되었는데 御史中丞인 衆(중) 등이 상주하
였다.
　"薛況(설황)은 朝臣으로 부친이 재상을 역임하고 다시 열후에 봉
해진 분인데도 조심하며 바른 생활을 하지 못하고 골육이 서로 시기

하면서 申咸(신함)이 薛修(설수)의 말에 따라 薛宣(설선)을 비난한다고 의심하였습니다. 신함이 말한 것은 모두가 설선의 행적이며 많은 사람이 보았고 대중이 다 알고 있는 것이었습니다. 설황은 신함이 給事中으로 근무하는 사실을 알면서 사예교위가 되면 설선을 고발할 것이 두려워서 공공연히 楊明(양명)을 시켜 궁궐에서 비짝 숨어 기다리다가 폐하의 近臣을 큰 길에서 사람들이 보는데도 길을 막고 칼로 찔러 폐하의 聰明을 막고 논의의 발단을 없애려 하였습니다. 교활하거니와 아무 거리낌도 없다고 많은 사람들이 떠들며 이야기하고 사방에 소문이 퍼졌으니, 이는 보통 사람들의 싸움과는 같지 않습니다. 臣이 알기로, 近臣을 공경하는 것은 주군과 가깝기 때문입니다. 禮에 관청 문 앞을 지나며 下馬하거나 천자나 제후의 말을 길에서 만났을 때 軾(식)을 잡아 예를 표하는 것은 주군이 기르는 짐승이기에 공경하는 것입니다. 《春秋》의 의리로도 사악한 뜻으로 저지른 사건은 주살을 면할 수 없다 한 것은 윗사람에게 대드는 행위의 근원을 키우려 하지 않는 뜻입니다. 설황은 악행의 우두머리이고 양명은 칼로 상처를 입혔으니 행위와 의도가 둘 다 사악하니 모두 大不敬 죄에 해당합니다. 양명은 응당 중형에 처하거니와 설황도 함께 기시형에 처해야 합니다."

이에 廷尉의 直(직)이 말했다. "법에 칼로 남에게 상처를 입힌 자는 肉刑 없이 노역형에 처하는데 상해를 입힌 자는 죄 1등급을 더하고 함께 모의한 자도 같이 처벌한다고 하였습니다. 詔書에는 험담했다고 죄가 되지 않는다고 하였습니다. 법에 '옳지 않은 일로 다른 사람에게 멍을 들게 한 자를 상처가 터지도록 때린 사람과 같은 죄로 처벌한다.'고 한 것은 정직하지 않은 행위를 중오한 것입니다.

신함은 설수와 아주 친하면서 설선이 잘못했다고 자주 말하였으며 나쁘게 소문을 퍼트린 것은 정직한 짓이라 할 수 없습니다. 설황은 이 때문에 신함을 해치려 했는데 모사가 이루어진 다음에 신함이 사예교위가 될 수 있다는 말을 들었기에 그전 모의한 대로 양명을 재촉한 것이지 신함이 사예교위가 되어 설선을 고발할 것이 두려워 모의를 한 것이 아닙니다. 본래 다툼은 私感에 의한 것이니 비록 궁궐문 밖 도로에서 신함이 상처를 입었지만 보통 백성의 싸움과 다르지 않습니다. 살인한 자는 죽이고 다치게 한 자는 형벌에 처하는 것은 고금이 마찬가지이며 三代 이후 바뀌지 않았습니다. 孔子도 '반드시 명분을 바로 잡아야 한다.'고 하였습니다. 명분이 바르지 않으면 형벌이 바르지 않고, 형벌이 바르지 않으면 백성이 수족을 둘 데가 없습니다. 이번에 설황이 범죄의 원흉이고 양명은 하수인으로 大不敬罪라고 하지만 公私 간에 다르지 않습니다. 《春秋》의 대의는 본래의 뜻으로 죄를 판정합니다. 본래 설황은 부친이 비방을 당하는 것을 보고 분노한 것이지 다른 악행은 없었습니다. 헐뜯었다는 비행을 보태고 작은 잘못을 큰 죄로 만들어 사형에 처하는 것은 명철한 詔書의 뜻에 어긋나며 法意가 아닐 것이니 그렇게 처형할 수 없습니다. 聖王께서는 분노한다 하여 형벌을 중하게 하지 않습니다. 양명은 정직하지 않게 사람에게 상해를 입혔으며 설황은 주모자이니 작위를 삭감하여 변방의 성에 보내 노역에 처해야 합니다."

성제는 이를 다시 공경에게 묻고 신하에게 의논하게 하였다. 승상 孔光, 대사공 師丹은 어사중승의 주장이 옳다고 했으나 장군 이하 박사와 의랑에 이르기까지 모든 사람은 정위의 주장이 옳다고 생각하였다. 설황은 결국 죄에 1등급을 감하여 敦煌郡(돈황군)으로 이

주되었고 설선은 죄에 연루되어 면관되어 서인으로 옛 고향 군으로
돌아갔다가 집에서 죽었다.

原文

宣子惠亦至二千石. 始惠爲彭城令, 宣從臨淮遷至陳留,
過其縣, 橋樑,郵亭不修. 宣心知惠不能, 留彭城數日, 案行
舍中, 處置什器, 觀視園菜, 終不問惠以吏事. 惠自知治縣
不稱宣意, 遣門下掾送宣至陳留, 令掾進見, 自從其所問宣
不敎戒惠吏職之意. 宣笑曰, "吏道以法令爲師, 可問而知.
及能與不能, 自有資材, 何可學也?"衆人傳稱, 以宣言爲然.

| 註釋 | ○彭城令 - 팽성현령. 彭城은 今 江蘇省 徐州市. ○陳留 - 군명.
치소는 陳留縣, 今 河南省 開封市. ○案行舍中 - 案은 멈추다(停止). ○郵
亭 - 郵(역참 우)는 문서 발송이나 관리 출장의 편의를 제공하는 시설. 驛站.
郵驛.

[國譯]

설선의 아들 薛惠(설혜) 역시 태수를 역임했다. 그전에 설혜가 彭
城(팽성) 현령일 때 설선은 임회군수에서 陳留태수로 전임했는데 팽
성현을 지나면서 교량이나 郵驛을 돌보지 않은 것을 보았다. 설선은
아들 설혜가 무능하다 생각하면서 팽성에 며칠 멈춰 관사에 쉬면서
가구를 옮겨놓고 채소밭을 돌보면서도 끝내 설혜에게 직무에 관해
묻지 않았다. 설혜는 자신의 치적이 부친의 마음에 들지 않는 것이

라 생각하고 자신의 掾吏(연리)를 설선을 모시고 陳留郡에 따라가게 한 뒤에 연리가 설선을 찾아뵙고 그 자신이 설선에게 물어보듯 설혜에게 업무 수행에 대하여 주의를 주지 않은 까닭을 묻게 하였다. 그러자 설선이 웃으며 말했다. "吏道는 법령을 스승처럼 여기면서 물어보면 알 수 있는 것이다. 그러나 유능한가? 무능한가는 그 바탕에 있는 것이니, 묻는다 하여 무엇을 배우겠는가?"

여러 사람들은 그 이야기를 하면서 설선의 말이 맞는다고 하였다.

原文

初, 宣復封爲侯時, 妻死, 而敬武長公主寡居, 上令宣尙焉. 及宣免歸故郡, 公主留京師. 後宣卒, 主上書願還宣葬延陵, 奏可. 況私從敦煌歸長安, 會赦, 因留與主私亂. 哀帝外家丁, 傅貴, 主附事之, 而疏王氏. 元始中, 莽自尊爲安漢公, 主又出言非莽. 而況與呂寬相善, 及寬事覺時, 莽幷治況, 發揚其罪, 使使者以太皇太后詔賜主藥. 主怒曰, "劉氏孤弱, 王氏擅朝, 排擠宗室, 且嫂何與取妹披抉其閨門而殺之?" 使者迫守主, 遂飮藥死. 況梟首於市. 白太后云主暴病薨. 太后欲臨其喪, 莽固爭, 乃止.

| 註釋 | ○敬武長公主 – 宣帝의 딸. 원제의 여동생. 생모 미상. 薛宣(설선)과의 결혼은 공주의 3번째 결혼이었다. ○延陵 – 成帝의 능. ○因留與主

私亂 – 정확하게 언제라는 기록이 없다. 공주가 후처이며 계모로서 아들과 난행을 했다는 것이 연령적으로 또 사회 통념상 있을 수 없는 일이라는 註가 있다. 왕망이 왕씨들을 미워한 공주를 죽이면서 난행했다는 기록을 추가했을 것이라는 설명이 있다. ○元始中 – 평제의 연호. 시원 후 1 – 5년. ○呂寬(여관, ? – 서기 3년) – 왕망 아들 王宇(왕우)의 손위 처남. 아들 왕우가 왕망의 전권에 반대하자 왕망은 아들을 자살하도록 강요하였다. 이때 여관 일가는 남쪽 合浦로 강제 이주되었다. ○太皇太后 – 원제의 황후. 王政君. 성제의 모친. 왕망의 고모.

〔國譯〕

　전에 설선이 다시 책봉되어 열후가 되었을 때 아내가 죽었는데 (선제의 딸인) 敬武長公主도 과부였기에 성제가 설선에게 공주와 결혼하게 하였다. 그 뒤 설선이 면직되어 고향에 돌아갈 때 경무공주는 장안에 남아 있었다. 뒤에 설선이 죽자 공주는 설선을 성제의 능인 延陵(연릉)에 장례하겠다고 상서하여 허락을 받았다. 설황은 敦煌에서 長安으로 돌아왔고 마침 사면을 받았는데 장안에 머물면서 공주와 亂行을 하였다. 哀帝의 외척인 丁氏와 傅氏일족이 높은 자리를 차지하자 공주는 이들 편이 되면서 왕씨와는 소원하였다. 元始 연간에 왕망이 자신을 높여 安漢公이 되자 공주는 왕망을 비난하였다. 설황과 呂寬(여관)은 서로 친했는데 여관의 사건이 발각되면서 왕망은 설황도 함께 조사하면서 그 죄상을 폭로하였고 사자를 보내 太皇太后가 조서와 함께 공주에게 사약을 내리게 하였다. 이에 공주가 화를 내며 말했다.

　"劉氏는 형세가 외롭고 약하여 왕씨가 조정을 마음대로 하면서 종실을 배제하고 있는데 또 어찌 올케(태황태후)가 시누이(敬武長公

主)의 시댁 일을 조사하여 죽일 수가 있는가?"

왕망의 사자가 공주를 핍박하며 지키자 공주는 약을 마시고 죽었다. 설황의 수급은 거리에 효수되었다. 왕망은 太后에게 공주가 갑자기 병으로 죽었다고 말했다. 태황태후가 상가에 조문하려 했는데 왕망이 강하게 말리자 그만 두었다.

83-2. 朱博

原文

朱博字子元, 杜陵人也. 家貧, 少時給事縣爲亭長, 好客少年, 捕搏敢行. 稍遷爲功曹, 伉俠好交, 隨從士大夫, 不避風雨. 是時, 前將軍望之子蕭育, 御史大夫萬年子陳咸以公卿子著材知名, 博皆友之矣. 時, 諸陵縣屬太常, 博以太常掾察廉, 補安陵丞. 後去官入京兆, 歷曹史列掾. 出爲督郵書掾, 所部職辦, 郡中稱之.

| 註釋 | ○朱博(주박. ? - 前 5년) - 유능한 지방관으로 승상까지 올랐으나 죄를 짓고 자살. ○杜陵 - 宣帝의 능. 陵縣 이름. 今 陝西省 西安市 長安縣 서북. ○好客少年 - 젊은 사람을 빈객으로 사귀기를 좋아하다. ○捕搏敢行 - 捕搏(포박)을 과감하게 했다. 신분을 고려하여 봐주지 않았다는 뜻. ○功

曹 − 군현의 관리인 功曹史. 군현의 인사를 담당. ㅇ仇俠好交 − 仇俠(항협)
은 협객과 친하다. ㅇ望之子蕭育 − 78권, 〈蕭望之傳〉에 함께 立傳. ㅇ萬年
子陳咸 − 66권, 〈公孫劉田王楊蔡陳鄭傳〉에 함께 입전. ㅇ陵縣屬太常 − 皇
陵을 만들면서 그 주변에 富豪를 이주시키고 縣을 설치하는데, 이를 陵縣이
라 하였다. 太常은 九卿의 首席으로 종묘 제사를 담당. 문화 교육 관련 업무
및 박사 선발과 관리도 태상의 권한이었다. ㅇ補安陵丞 − 副安陵縣令. 안릉
현은 今 陝西省 咸陽市 서북. ㅇ京兆 − 地名이면서 행정부서의 명칭. 京兆
尹. ㅇ督郵書掾(독우서연) − 간칭 督郵. 태수를 대신하여 각 현을 순시, 조세
징수 독촉, 도적 체포, 죄수 점검 등을 주로 담당.

〖國譯〗
　　朱博(주박)의 字는 子元으로 杜陵縣(두릉현) 사람이다. 집이 가난
하여 현에서 일하다가 亭長이 되었는데 젊은 사람과 즐겨 사귀면서
범법자를 과감하게 체포하였다. 점차 올라가 縣의 功曹가 되었는데
협객들과 잘 교제하였고 사대부를 섬길 일이 있으면 풍우를 가리지
않았다. 이때 前將軍 蕭望之의 아들 蕭育(소육)과 어사대부 陳萬年
의 아들 陳咸(진함)은 공경의 아들로 재주가 뛰어나 이름이 났었는
데 주박은 모두 친우로 사귀었다. 그때 모든 陵縣은 太常에 소속되
었는데 주박은 太常의 掾吏(연리)로서 청렴하다고 천거되어 安陵縣
현승이 되었다. 그 뒤 관직을 버리고 京兆에 들어와 曹史로 여러 부
서를 거쳤다. 경조윤의 督郵(독우)로 출장을 다니면서 맡은 일을 잘
처리하여 경조에서 칭송을 들었다.

而陳咸爲御史中丞, 坐漏洩省中語下獄. 博去吏, 間步至
廷尉中, 候伺咸事. 咸掠治困篤, 博詐得爲醫入獄, 得見咸,
具知其所坐罪. 博出獄, 又變姓名, 爲咸驗治數百, 卒免咸
死罪. 咸得論出, 而博以此顯名, 爲郡功曹.

| 註釋 | ◦間步至廷尉中 - 間은 은밀히. ◦掠治困篤 - 拷問을 당하며 맞
아 고생을 하다.

〔國譯〕

그런데 陳咸(진함)이 어사중승으로 궁중 업무를 누설한 죄에 걸려
하옥되었다. 주박은 관직을 버리고 廷尉의 관아에 은밀히 들어가 진
함의 사안을 훔쳐보았다. 진함이 고문을 당하며 고생을 하자 주박은
醫員인 척 옥에 들어가 진함을 만나보고 연루된 죄상을 파악하였다.
주박은 옥에서 나와 이름을 바꾸고 돌아다니며 진함을 위해 여러가
지 재심 자료를 만들어 마침내 진함이 사형을 면하게 만들었다. 결
국 진함이 판결을 받아 나왔는데 이 때문에 주박은 이름을 얻었고
郡의 功曹가 되었다.

原文

久之, 成帝卽位, 大將軍王鳳秉政, 奏請陳咸爲長史. 咸
薦蕭育, 朱博除莫府屬, 鳳甚奇之, 擧博櫟陽令, 徙雲陽, 平陵

二縣, 以高弟入爲長安令. 京師治理, 遷冀州刺史.

| 註釋 | ○成帝卽位 - 前 32년. ○長史 - 고관의 참모 겸 고문. 승상, 태위, 어사대부, 대장군, 車騎장군, 전,후,좌,우장군은 소속 관원 중 유능한 자를 골라 長史로 임명. 秩 一千石. ○莫府屬 - 幕府 屬官. ○櫟陽令 - 櫟陽(역양)은 현명. 今 陝西省 渭南市 관할의 富平縣. ○高弟 - 高第. 높은 순위. 우수한 치적. ○冀州刺史 - 冀州는 今 河北省 남부 일원에 해당. 13刺史部의 하나. 刺史는 매년 8월에 관할 군현을 시찰 지방관원과 호족을 감찰하고 연말에 어사대부의 속관인 御史中丞에게 그 내용을 보고. 秩 6백석, 郡守의 秩 比二千石보다 훨씬 낮음. 州는 무제 때 처음 설치. 監察하는 지역 구분이지 행정단위가 아니었다.

〖 國譯 〗

　얼마 후에, 成帝가 즉위하고 대장군 王鳳(왕봉)이 정권을 잡았는데 陳咸을 대장군의 長史로 주청하였다. 진함은 소육과 주박을 천거하여 막부의 속관에 임명하였는데 왕봉은 이들을 매우 신임하였고 주박을 천거하여 역양현령으로 임명했다가 운양과 평릉 2현으로 전근케 하였는데 주박은 치적이 우수하여 중앙에 들어와 長安令이 되었다. 京師를 잘 다스리자 冀州刺史로 승진하였다.

原文

　博本武吏, 不更文法, 及爲刺史行部, 吏民數百人遮道自言, 官寺盡滿. 從事白請且留此縣錄見諸自言者, 事畢乃發,

欲以觀試博. 博心知之, 告外趣駕. 旣白駕辦, 博出就車見
自言者, 使從事明勅告吏民, "欲言縣丞尉者, 刺史不察黃
綬, 各自詣郡. 欲言二千石墨綬長吏者, 使者行部還, 詣治
所. 其民爲吏所冤, 及言盜賊辭訟事, 各使屬其部從事." 博
駐車決遣, 四五百人皆罷去, 如神. 吏民大驚, 不意博應事
變乃至於此. 後博徐問, 果老從事敎民聚會. 博殺此吏, 州
郡畏博威嚴. 徙爲幷州刺史, 護漕都尉, 遷琅邪太守.

| 註釋 | ○不更文法 — 更은 경험하다. 경력을 쌓다. 文法은 法文. ○從事
— 자사의 속관. 질록 1백석. ○不察黃綬 — 질록이 比二百石 이상 五百石 이
하의 관리는 銅印에 황색 인수를 찼는데 縣承(副縣令)이나 縣尉(현의 군사 치
안 담당자)가 여기에 해당되었다. ○墨綬長吏者 — 질록이 比6백석에서 1천
석 이하의 관리는 銅印에 검은색의 인수를 찼다. ○治所 — 자사의 치소. 기
주자사의 치소는 高邑縣이었다. ○幷州刺史 — 13자사부의 하나 지금의 山
西省과 내몽고 일부 지역을 관할했다. ○護漕都尉(호조도위) — 조운을 감독
하는 도위. 관동의 곡식을 경사로 운반. 1년에 대략 5, 6백만석 정도를 조운
하였다. ○琅邪太守 — 치소는 東武縣(今 山東省 諸城市).

〔國譯〕

朱博(주박)은 본래 武吏로서 법문을 경험하지 않았는데, 자사가
되어 순찰을 하는데 吏民 수백 명이 길을 막고 할 말이 있다며 관가
에 가득 모여 있었다. 從事는 이 현에서 백성들이 말을 다 들어본 다
음에 출발하는 것이 좋겠다고 말하면서 주박의 능력을 시험해 보려
고 하였다. 주박은 마음속으로 그것을 알아채고 출장을 나갈 준비를

재촉하였다. 출장 나갈 거마가 준비된 것을 보고 주박은 수레에 올라가 건의하겠다는 백성을 만나본 뒤에, 종사를 시켜 백성들에게 알리게 하였다.

"縣丞이나 縣尉에게 할 말이 있는 자는 자사가 현승이나 현위를 감독하지 않으니 각자 군으로 가라. 이천석이나 검은 인수를 찬 높은 관리에게 할 말이 있는 자들은 使者가 각 군을 돌고 돌아오면 자사의 치소에 나오도록 하라. 보통 관리에게 억울한 일이 있거나 도적이나 송사가 있는 자는 각 부의 從史에게 가도록 하라."

주박이 수레들을 내 보내자 4, 5백 명의 백성이 모두 귀신처럼 떠나가 버렸다. 관리나 백성 모두가 크게 놀라며 주박이 이처럼 빨리 사태에 대응할 줄을 생각하지 못했다. 뒤에 주박이 천천히 조사를 해보았더니 예상대로 늙은 從事가 백성들을 선동하여 모이게 했다는 것을 알았다. 주박이 그 종사를 처단하자 주군에서는 주박의 위엄을 두려워하였다. 주박은 幷州(병주) 자사와 護漕(호조) 도위가 되었다가 琅邪(낭야)태수로 승진하였다.

原文

齊郡舒緩養名, 博新涖事, 右曹掾史皆移病臥. 博問其故, 對言, "惶恐! 故事二千石新到, 輒遣吏存問致意, 乃敢起就職." 博奮髥抵几曰, "觀齊兒欲以此爲俗邪!" 乃召見諸曹史書佐及縣大吏, 選視其可用者, 出敎置之. 皆斥罷諸病吏, 白巾走出府門. 郡中大驚. 頃之, 門下掾贛遂耆老大儒, 敎

授數百人, 拜起舒遲. 博出敎主簿, "贛老生不習吏禮, 主簿
且敎拜起, 閑習乃止." 又敕功曹, "官屬多襃衣大袑, 不中節
度, 自今掾史衣皆令去地三寸." 博尤不愛諸生, 所至郡輒罷
去議曹, 曰, "豈可復置謀曹邪!" 文學儒吏時有奏記稱說云
云, 博見謂曰, "如太守漢吏, 奉三尺律令以從事耳, 亡奈生
所言聖人道何也! 且持此道歸, 堯,舜君出, 爲陳說之." 其折
逆人如此. 視事數年, 大改其俗, 掾史禮節如楚,趙吏.

| 註釋 | ○齊郡舒緩養名 - 齊人은 행동이 느리고 잘난 체하며 자신의 명
성을 높이려는 버릇이 있다는 뜻. ○右曹 - 上曹. ○移病臥 - 病暇(병가)를
내고 출근하지 않다. ○惶恐 - 황공하옵니다. 관리들의 답변 말투. ○乃敢
起就職 - 그래야만 병석에서 일어나 출근하다. ○抵几(저궤) - 抵 칠 저. 几
안석 궤. ○出敎置之 - 敎는 지시문서. 置之는 병가를 낸 관리의 직무를 다
른 자로 안배하다. ○襃衣大袑(포의대소) - 襃衣는 넓고 큰 옷. 大袑(바지 소)
는 통이 넓은 下衣. ○耆老大儒 - 耆老는 60세가 넘은 노인. ○主簿 - 문서
담당 관리. ○掾史(연사) - 掾 도울 연. 屬官의 통칭. 승상부 같은 중앙부서
나 郡國 관아의 업무 부서 책임자(課長이나 係長).

〔國譯〕

齊의 군현 관리들은 천천히 움직이고 잘난 체하는 습속이 있는데
주박이 처음 (낭야태수로) 부임하자 右曹의 掾史(연사)들이 모두 병
가를 내고 있었다. 주박이 그 까닭을 물었더니 "황공하옵니다! 전례
가 태수가 처음 부임하여 위문을 뜻을 전해야만 출근해 업무를 봅니
다." 주박이 화가 나 수염을 문지르고 안궤를 치며 말했다. "齊 땅

어린 것들이 이리 저속한 줄을 이제야 보는구나!"

　주박은 곧 모든 曹史와 書佐, 그리고 縣의 수석 관리들을 불러 그
중에 쓸만한 자를 골라 문서를 꾸며 업무를 다시 조정하여 병가를
낸 관리를 모두 배제하고 평민의 두건을 쓰고 청사를 떠나가게 하였
다. 그러자 군내가 크게 놀랐다. 일마 후에 門下의 掾史(연사)인 贛遂
(공수)라는 늙은 유생이 수백 명을 교육하는데 태수를 알현하고 천
천히 일어섰다. 그러자 주박은 主簿에게 지시하였다. "贛(공) 선생
께서는 吏禮를 잘 모르는데 주부가 절하고 일어서는 것을 가르쳐서
꾸물대는 버릇을 고쳐주도록 하라." 그리고 다시 功曹에게 지시하
였다. "官屬이 모두가 넓고 큰 옷과 바지를 입는데 예도에 맞지 않
으니 오늘 이후로 관리들은 땅에서 3치 정도 올라오게 입도록 하
라."

　주박은 유생을 더욱 좋아하지 않고 군내에 가는 곳마다 관리들
의 회의가 끝나면 말했다. "왜 참모 관리를 다시 두어야 하는가!" 文
學이나 유생들이 수시로 옛 학술을 평계 대며 글을 올렸으나 주박은
그들에게 말했다. "태수는 漢 조정의 관리로 三尺의 律令만을 받들
고 일을 할 뿐이니 무슨 유생이 함부로 성인의 도가 어떻다고 말하
는가! 그런 도가 있으면 堯舜 같은 주군이 나타나면 찾아가도록 하
라!"

　주박이 남의 뜻을 꺾는 것이 대개 이런 식이었다. 태수로 몇 년 근
무하며 그곳 습속을 모조리 바꿔 속관의 예절이 楚나 趙와 같았다.

博治郡, 常令屬縣各用其豪桀以爲大吏, 文武從宜. 縣有劇賊及它非常, 博輒移書以詭責之. 其盡力有效, 必加厚賞, 懷詐不稱, 誅罰輒行. 以是豪强慹服. 姑幕縣有群輩八人報仇廷中, 皆不得. 長吏自繫書言府, 賊曹掾史自白請至姑幕. 事留不出. 功曹諸掾卽皆自白, 復不出. 於是府丞詣閣, 博乃見丞掾曰, "以爲縣自有長吏, 府未嘗與也, 丞掾謂府當與之邪?" 閣下書佐入, 博口占檄文曰, "府告姑幕令丞, 言賊發不得, 有書. 檄到, 令丞就職, 游徼王卿力有餘, 如律令!" 王卿得敕惶怖, 親屬失色, 晝夜馳騖, 十餘日間捕得五人. 博復移書曰, "王卿憂公甚效! 檄到, 齎伐閱詣府. 部掾以下亦可用, 漸盡其餘矣." 其操持下, 皆此類也.

| 註釋 | ○文武從宜 - 文武에 따라 적의하게 채용하다. ○劇賊 - 劇은 巨大. 강력. ○以詭責之 - 詭責은 호되게 책망하다. 詭는 책망할 궤, 속일 궤. ○懷詐不稱 - 거짓으로 꾸며대고 직무를 감당하지 못하다. 稱은 副應하다. ○豪强慹服 - 豪强은 强豪. 慹 두려워할 집. ○姑幕 - 현명. 今 山東省 濰坊市 관할의 諸城市 북쪽. ○長吏自繫書言府 - 長吏는 현령 또는 현승. 府는 琅邪郡府. ○口占檄文 - 긴급문서를 구두로 불러주다. ○有書 - 보고가 있었다. ○游徼(유요) - 관직명. 순찰과 도적 체포 담당. 徼 구할 요. 순찰하다. ○晝夜馳騖 - 馳騖(치무)는 분주히 돌아다니며 일하다. ○齎伐閱詣府 - 齎는 갖고 오다. 문서로 보내다. 伐閱(벌열)은 쌓은 공적. 공로. 伐은 공적. 閱은 經歷也. ○部掾(부연) - 같은 부서의 관리. ○漸盡其餘矣 - 漸盡은 점차 모두 잡다. 其餘는 나머지 범인.

주박은 군을 다스리면서 늘 속현에서 그곳 호걸을 大吏로 채용하고 문무에 따라 적임자를 임용케 하였다. 현에 강한 도적떼나 기타 비상한 일이 있으면 주박은 곧 문서를 보내 엄하게 책망하였다. 이에 따라 최선을 다하여 실적이 있으면 후한 상을 내렸고 거짓말이나 하면서 부응하지 못하면 엄한 벌을 바로 시행하였다. 이 때문에 强豪들은 두려워하며 복종하였다. 姑幕縣(고막현)에서 한 패거리 8명이 현청에 난입하여 원수를 죽였는데 하나도 체포하지 못했다. 고막현령이 직접 문서로 군에 보고하였고 군의 賊曹掾史가 고막현에 출장을 가겠다고 하였다. 그러나 이를 유보시키며 출장 보내지 않았다. 그러자 功曹의 여러 掾史들이 모두 스스로 자원하였으나 역시 보내지 않았다. 이에 郡丞이 태수를 찾아오자 주박이 군승을 만나보고 말했다. "고막현에 현령이 있으니 郡에서는 관여할 일이 아니라 생각했는데 군승은 군에서 관여해야 한다고 생각하는가?" 그리고 전각 아래 書佐를 불러서 구두로 지시를 내렸다.

"태수가 고막현령과 현승에게 고하나니 賊徒(적도)를 체포하지 못했다는 보고를 받았노라. 이 긴급문서가 가는 대로 현령이 처리하겠지만 游檄(유요)인 王卿(왕경)은 전력을 다하되 율령대로 처리하라!" 왕경을 지시문서를 받고 두려웠고 그 무리들은 안색이 바뀌었는데 주야로 분주히 돌아다니며 10여 일에 5명을 체포하였다. 주박은 다시 문서를 보내 말했다.

"왕경의 나라 걱정이 참으로 대단하도다! 이 문서를 받는 대로 그간의 공적을 기록하여 군부에 제출하기 바란다. 같은 부서 인원도 마찬가지이며 나머지 모두 체포토록 힘써주기 바란다."

주박의 아랫사람 다루기가 대개 이와 같았다.

以高弟入守左馮翊, 滿歲爲眞. 其治左馮翊, 文理聰明殊
不及薛宣, 而多武譎, 網絡張設, 少愛利, 敢誅殺. 然亦縱舍,
時有大貸, 下吏以此爲盡力.

| 註釋 | ○高弟 – 高第. 치적이 우수하다. ○守左馮翊, 滿歲爲眞 – 守는
직무대리. 滿歲는 1년, 眞은 정식. ○武譎 – 武道와 譎詭(휼궤). ○網絡張設
– 網絡은 연락망. 정보원. ○時有大貸 – 大貸은 관용을 베풀다. 貸는 관대
히 처리하다. 빌릴 대.

〖國譯〗

치적이 우수하여, 중앙에 들어와 左馮翊(좌풍익) 직무대리가 되었
다가 기간을 채워 정식이 되었다. 그가 좌풍익을 다스릴 때 文理와
지식은 薛宣(설선)에 미치지 못하였지만 위엄과 계략이 많았고 연락
망을 잘 두었으며 이득을 탐하지 않았지만 엄하게 처벌하였다. 그러
면서 풀어주거나 때로는 통 크게 관용을 베풀었기에 아래 관리들은
최선을 다했다.

原文

長陵大姓尙方禁少時嘗盜人妻, 見斫, 創著其頰. 府功曹

受賂, 白除禁調守尉. 博聞知, 以它事召見, 視其面, 果有瘢.
博辟左右問禁, "是何等創也?" 禁自知情得, 叩頭服狀. 博
笑曰, "丈夫固時有是. 馮翊欲灑卿恥, 扙拭用禁, 能自效
不?" 禁且喜且懼, 對曰, "必死!" 博因敕禁, "毋得洩語, 有
便宜, 輒記言." 因親信之以爲耳目. 禁晨夜發起部中盜賊
及它伏奸, 有功效. 博擢禁連守縣令. 久之, 召見功曹, 閉閤
數責以禁等事, 與筆札使自記, "積受取一錢以上, 無得有所
匿. 欺謾半言, 斷頭矣!" 功曹惶怖, 具自疏奸臧, 大小不敢
隱. 博知其對以實, 乃令就席, 受敕自改而已. 投刀使削所
記, 遣出就職. 功曹後常戰慄, 不敢蹉跌, 博遂成就之.

| 註釋 | ○見斫, 創著其頰 - 見은 당하다. 피동의 뜻. 斫 벨 작. 創은 創傷
(창상). 著는 着과 同. 頰은 뺨 협. ○功曹 - 군현의 관리인 功曹史. 군현의
인사를 담당. ○調守尉 - 調는 뽑을 조. 발탁하다. 守는 임시의. 試職. 尉는
縣尉. ○有瘢 - 瘢은 흉터 반. ○辟 - 물리다. 내보내다(退也). ○扙拭用禁
- 시험 삼아 그대를 등용하려 하다. 禁은 卿이어야 한다. 扙 닦을 문. 문지르
다. ○以爲耳目 - 耳目은 정보원. 앞잡이. ○投刀使削所記 - 이때는 아직
종이가 발명되기 전이라서 木簡(목간)에 글을 썼다. 관리들은 붓과 함께 언
제나 칼을 가지고 다니며 잘못 쓴 글을 깎아내었다. 그래서 刀筆吏라 하였
다. ○蹉跌(차질) - 실수. 失足 ○博遂成就之 - 成就는 昇進하다.

〖國譯〗
　　長陵縣의 大姓인 尙方禁(상방금)은 젊어 남의 아내를 겁탈하다가
칼침을 맞아 뺨에 흉터가 남았다. 태수부의 功曹가 뇌물을 받고 상

방금을 임시 縣尉로 뽑아 임명하겠다고 상신하였다. 주박이 소문을 들었기에 다른 일로 불러 만나 그 얼굴을 보니 과연 흉터가 있었다. 주박이 좌우를 내보내고 상방금에게 물었다. "그게 무슨 상처인가?" 상방금은 상황을 눈치 채고 머리를 조아리고 사실을 자백했다.

주박은 웃으면서 물었다. "장부가 그럴 수도 있지. 나 좌풍익이 그대의 치욕을 씻어주려고 자네를 등용하려는데 열심히 할 수 있겠는가?" 상방금은 기쁘면서도 두려워하며 말했다. "죽도록 열심히 하겠습니다." 그러자 주박은 상방금에게 주의를 주며 말했다. "이런 말을 남에게 하지 말고 좋은 일이 있으면 기록하기 바라네." 그러면서 신임을 보이면서 심복으로 대우하였다. 상방금은 아침저녁으로 관내의 도적 및 다른 잡범들을 잡아들이는 공을 세웠다. 주박은 상방금을 발탁하여 임시 현령으로 임명하였다. 얼마 뒤 功曹를 불러 문을 닫고 상방금 등의 일을 조목조목 문책하며 스스로 "일전 이상이라도 받은 것이 있으면 숨기지 않겠습니다. 단 한마디라도 거짓말을 하면은 목을 잘라도 좋습니다."라고 각서를 쓰게 하였다. 功曹는 두려워 떨며 그동안의 부정을 크고 작은 것 하나 숨기지 않고 다 말하였다. 주박은 그것이 사실이라 인정하고 자리에 가서 반성하라고 하였다. 그리고 칼을 주고 쓴 글을 지우게 하고 나가 일을 보라고 하였다. 공조는 이후 언제나 두려워 떨며 감히 실수를 저지르지 못했고 주박은 승진할 수 있었다.

原文

遷爲大司農. 歲餘, 坐小法, 左遷犍爲太守. 先是, 南蠻若兒數爲寇盜, 博厚結其昆弟, 使爲反間, 襲殺之, 郡中淸.

| 註釋 | ○犍爲太守 – 무제 때 설치된 군. 치소는 鼈縣(폐현, 今 貴州省 遵義市), 나중에는 今 四川省 宜賓市로 이동. ○若兒 – 남만족의 족장 이름. ○使爲反間 – 反間은 이간시키다. 간첩.

〖國譯〗

주박은 大司農으로 승진했다. 일 년 뒤에 조그만 위법으로 犍爲(건위)태수로 좌천되었다. 이보다 앞서 南蠻의 족장 若兒(약아)가 자주 도적질을 하자 주박은 그 형제와 후한 친교를 맺고 반간계를 쓰고 습격하여 죽이니 군내가 조용했다.

原文

徙爲山陽太守, 病免官. 復徵爲光祿大夫, 遷廷尉, 職典決疑, 當言獻平天下獄. 博恐爲官屬所誣, 視事, 召見正監典法掾史, 謂曰, "廷尉本起於武吏, 不通法律, 幸有衆賢, 亦何憂! 然廷尉治郡斷獄以來且二十年, 亦獨耳剽日久, 三尺律令, 人事出其中. 掾史試與正監共撰前世決事吏議難知者數十事, 持以問廷尉, 得爲諸君覆意之." 正監以爲博苟強, 意未必能然, 卽共條白焉. 博皆召掾史, 並坐而問, 爲平處其輕重, 十中八九. 官屬咸服博之疏略, 材過人也. 每遷徙易官, 所到輒出奇譎如此, 以明示下爲不可欺者.

| 註釋 | ◦山陽太守 – 군명. 치소는 昌邑縣(今 山東省 菏澤市 관할의 鉅野
縣). ◦光祿大夫 – 郞中令의 속관, 황제의 고급 참모, 秩 比二千石. ◦獻平
天下獄 – 獻平은 심판하고 결정하다. ◦耳剽日久 – 귀로 들은 것이 오래다.
耳剽(이표)는 耳聽. ◦覆意(복의) – 마음으로 결단하다. ◦苟强 – 강력하다.
실제로 강하다.

〖國譯〗

　주박은 자리를 옮겨 山陽太守가 되었다가 병으로 사임하였다. 다
시 부름을 받아 光祿大夫가 되었다가 廷尉(정위)로 승진하였다. 정
위는 의문을 판결하는 직분이라서 천하의 옥사를 심판해야만 했다.
주박은 아래 속관들에게 속임수를 당할까 걱정하여 업무를 시작하
면서 正監과 법을 집행하는 掾史들을 불러 만나 말했다.

　"나는(廷尉) 본래 武吏로 입신하여 법률을 잘 알지 못하지만 다행
히 여러분들이 있으니 내가 무슨 걱정이 있겠는가! 그렇지만 나도
郡을 다스리며 옥사를 결단하기 20여 년이니 귀로 얻어들은 지가
오래되었으며 3尺의 율령에 인사가 다 들어 있는 것이요. 掾史는 시
험 삼아 正監과 함께 이전 판결에서 논의되었지만 확실한 결단이 어
려웠던 사안 수십 가지를 기록하여 나에게 가져온다면 여러분과 함
께 의논을 할 생각이요."

　正監은 주박이 사실 많이 알고 있지만 그렇지 않은 척한다고 생
각하며 조목조목 아뢰었다. 주박은 掾史를 불러 나란히 앉아 의견을
물었고 그 경중에 따라 판결을 내렸는데 십중팔구가 일치하였다. 속
관들은 모두 주박의 소탈하면서도 남보다 뛰어난 재능에 탄복하였
다. 주박은 매번 승진하여 자리를 옮겨가는 곳마다 奇計와 譎計(휼

계)를 써서 아랫사람이 속일 수 없는 사람임을 분명히 보여주었다.

原文

　久之, 遷後將軍, 與紅陽侯立相善. 立有罪就國, 有司奏
立黨友, 博坐免. 後歲餘, 哀帝卽位, 以博名臣, 召見, 起家
復爲光祿大夫, 遷爲京兆尹, 數月超爲大司空.

| 註釋 |　○紅陽侯立 − 王立. 98권, 〈元后傳〉에 附傳.　○大司空 − 성제 말
년(전 8년)에 어사대부를 대사공으로 개칭.

〖 國譯 〗

　얼마 뒤에, 後將軍으로 승진하였는데 紅陽侯 王立(왕립)과 친하였
다. 왕립이 죄를 지어 봉국으로 돌아갔는데 有司가 왕립의 黨人을
상주하자 주박은 면직되었다. 그 일 년 뒤에 애제가 즉위하자 주박
은 名臣으로 알현하였고 집에 머물다가 다시 光祿大夫에 임명되었
으며 경조윤으로 승진한 다음에 몇 달 뒤에 단계를 넘어 大司空이
되었다.

原文

　初, 漢興襲秦官, 置丞相,御史大夫,太尉. 至武帝罷太尉,
始置大司馬以冠將軍之號, 非有印綬官屬也. 及成帝時, 何

武爲九卿, 建言, "古者民樸事約, 國之輔佐必得賢聖, 然猶則天三光, 備三公官, 各有分職. 今末俗之弊, 政事煩多, 宰相之材不能及古, 而丞相獨兼三公之事, 所以久廢而不治也. 宜建三公官, 定卿大夫之任, 分職授政, 以考功效." 其後上以問師安昌侯張禹, 禹以爲然. 時曲陽侯王根爲大司馬票騎將軍, 而何武爲御史大夫. 於是上賜曲陽侯根大司馬印綬, 置官屬, 罷票騎將軍官, 以御史大夫何武爲大司空, 封列侯, 皆增奉如丞相, 以備三公官焉. 議者多以爲古今異制, 漢自天下之號下至佐史皆不同於古, 而獨改三公, 職事難分明, 無益於治亂. 是時, 御史府吏舍百餘區井水皆竭, 又其府中列柏樹, 常有野烏數千棲宿其上, 晨去暮來, 號曰'朝夕烏', 烏去不來者數月, 長老異之. 後二歲餘, 朱博爲大司空, 奏言, "帝王之道不必相襲, 各由時務. 高皇帝以聖德受命, 建立鴻業, 置御史大夫, 位次丞相, 典正法度, 以職相參, 總領百官, 上下相監臨, 歷載二百年, 天下安寧. 今更爲大司空, 與丞相同位, 未獲嘉祐. 故事, 選郡國守相高第爲中二千石, 選中二千石爲御史大夫, 任職者爲丞相, 位次有序, 所以尊聖德, 重國相也. 今中二千石未更御史大夫而爲丞相, 權輕, 非所以重國政也. 臣愚以爲大司空官可罷, 復置御史大夫, 遵奉舊制. 臣願盡力, 以御史大夫爲百僚率."

　哀帝從之, 乃更拜博爲御史大夫. 會大司馬喜免, 以陽安侯丁明爲大司馬衞將軍, 置官屬, 大司馬冠號如故事. 後四歲, 哀帝遂改丞相爲大司徒, 復置大司空, 大司馬焉.

| 註釋 | ○太尉 - 무관 최고의 지위. ○何武 - 86권, 〈何武王嘉師丹傳〉
에 입전. ○爲大司馬衛將軍, 置官屬 - 置官屬은 '罷官屬'이 되어야 앞뒤 文
理가 맞는다.

〖國譯〗

그전에 漢이 건국되고 秦의 관제를 답습하여 丞相과 御史大夫와
太尉를 두었다. 무제 때에 太尉를 혁파하고 大司馬를 처음 설치하여
장군의 최고 호칭으로 사용했으나 인수를 지닌 속관을 거느리지는
않았다. 成帝 때 何武(하무)가 九卿의 반열에서 건의하였다.

"예전에 백성은 순박하고 국사는 간략하였으며, 나라의 주요 보
좌관으로 언제나 賢聖을 얻을 수 있었습니다만 하늘의 三光을 본 떠
三公의 관직을 설치하고 업무를 분장하였습니다. 이제 풍속이 순박
하지 않고 정사도 번잡하며 재상의 자질도 예전과 같지 않으며 승상
이 홀로 삼공의 업무를 총괄할 수도 없는데 이런 폐단은 오래 지속
되었으나 고치지 않았습니다. 이제 三公이 각자 관속을 거느리게 하
면서 경과 대부의 임무를 개정하고 직분에 따라 정사를 맡기면 보다
효과적일 것입니다."

그 뒤에 성제가 이를 스승 安昌侯 張禹(장우)에게 물었고 장우는
옳은 말이라고 대답하였다. 그때 曲陽侯 王根(왕근)이 大司馬 票騎
將軍이었고 何武(하무)가 어사대부였다. 이에 성제는 곡양후 왕근
에게 대사마의 인수를 하사하고 속관을 거느리게 하고 票騎將軍의
관직을 없애고 어사대부 하무를 大司空에 임명하고 列侯에 봉하였

으며 두 직책 모두 질록을 추가하여 승상과 같게 하면서 三公의 관서가 갖추어졌다.

그러나 많은 사람들은 고금의 제도가 같고 다름에 대하여 漢이 천하를 호령하면서 하위 佐史에 이르기까지 옛날과 다르거늘 三公만을 바꾼다 하여도 업무를 명확히 가르기 어려워 治亂에 도움이 되지 않을 것이라 생각하였다. 이 무렵에 御史府 관리 숙소의 백여 개소 우물이 모두 마르고 또 그 府中에 줄지어 있는 측백나무에 언제나 들 까마귀 수천 마리가 잠을 자면서 아침에 나갔다가 저녁에 들어오곤 하여 '朝夕烏'라고 불렀는데 까마귀들이 떠나가서 돌아오지 않는 것이 여러 달이라서 장로들이 이상하게 여겼었다.

그 2년 뒤 쯤, 주박이 大司空이 되자 상주하였다.

"帝王의 道는 꼭 답습할 것은 아니며 각각 시무에 따라야 할 것입니다. 高皇帝께서 聖德으로 천명을 받으시고 대업을 이루시며 어사대부를 설치하고 승상 다음 지위에서 법도를 바르게 세우고 직분을 통해 승상에 협조하여 백관을 통솔하며 상하가 서로 감찰을 하며 2백여 년을 지내왔고 천하는 평안하였습니다. 지금 개정하여 大司空이라 하면서 승상과 같은 반열이나 상서로운 조짐이 없습니다. 전례로는 郡國의 太守나 相에서 평정이 우수한 자를 中二千石에 선임하였고 중이천석 중에서 골라 어사대부에 임명하였고 어사대부 직분을 잘 수행하면 승상이 되었기에 직위에 순서가 있기에 聖德을 높이며 국상을 받들었습니다. 지금은 中二千石에서 어사대부를 거치지 않았어도 승상이 될 수 있지만 그 권한이 경미하여 국정을 중시하는 것이라 할 수 없습니다. 臣의 어리석은 생각이지만 大司空의 관직을 혁파하고 다시 어사대부를 두어 옛 제도를 준수하여야 합니다. 신은 온 힘을 다하여 어사대부로서 백관의 모범이 되고자 합니다."

哀帝는 건의에 따라 주박에게 다시 어사대부를 제수하였다. 그때
大司馬 傅喜(부희)를 면관하고 陽安侯 丁明(정명)을 大司馬 衛將軍으
로 삼고 속관을 혁파하니 대사마의 冠號는 예전과 같게 되었다. 그
4년 뒤에 애제는 승상을 大司徒(대사도)로 고치면서 다시 大司空과
大司馬를 두었다.

原文

初, 何武爲大司空, 又與丞相方進共奏言, "古選諸侯賢者
以爲州伯,《書》曰, '咨十有二牧', 所以廣聰明, 燭幽隱也.
今部刺史居牧伯之位, 秉一州之統, 選第大吏, 所薦位高至
九卿, 所惡立退, 任重職大.《春秋》之義, 用貴治賤, 不以卑
臨尊. 刺史位下大夫, 而臨二千石, 輕重不相準, 失位次之
序. 臣請罷刺史, 更置州牧, 以應古制." 奏可.

及博奏復御史大夫官, 又奏言, "漢家至德溥大, 宇內萬
里, 立置郡縣. 部刺史奉使典州, 督察郡國, 吏民安寧. 故事,
居部九歲舉爲守相, 其有異材功效著者輒登擢, 秩卑而賞
厚, 咸勸功樂進. 前丞相方進奏罷刺史, 更置州牧, 秩眞二
千石, 位次九卿. 九卿缺, 以高第補, 其中材則苟自守而已,
恐功效陵夷, 奸軌不禁. 臣請罷州牧, 置刺史如故." 奏可.

| **註釋** | ◦州伯 - 州의 행정책임자. ◦《書》曰 -《書經 虞書 舜典》. ◦咨

十有二牧 - 咨는 의론하다. 물을 자. ㅇ部刺史居牧伯之位 - 牧伯之位는 지방관의 지위. 전국 13부의 자사는 질 6백석으로 태수의 절반이나 2천석 태수의 치적을 평가하는 권한을 갖고 있었다. ㅇ溥大 - 廣大. 溥는 넓을 부. ㅇ功效陵夷 - 陵夷(능이)는 점차 없어지다.

〔國譯〕

전에 何武(하무)는 大司空이 된 뒤에 또 丞相 翟方進(적방진)과 함께 상주하였다.

"예전에 諸侯 중에서 賢者를 골라 州伯으로 삼았으니, 《書經》에서 말한 '12목에 대하여 의논하기를' 라고 한 것은 (지방관을 두어) 총명을 더욱 넓히고 숨겨진 곳을 밝게 하려는 뜻이었습니다. 지금 (13개) 部의 자사는 지방관의 지위이나 한 개 州를 통솔하기에 고관에서 선발하지만 천거되는 자리는 九卿의 반열까지 올라가지만 임명을 꺼리고 그만두려 하는 이유는 임무는 막중하고 지역은 광대하기 때문입니다. 《春秋》의 대의에 貴로 賤을 다스리지만, 비천한 자가 존귀한 자 위에 있을 수는 없습니다. 자사의 지위는 下大夫이나 二千石 위에 군림하기에 그 경중이 서로 맞지 않으며 位次의 질서가 없습니다. 신은 이에 다시 각 州에 牧(목)을 설치하여(보내어) 古制에 상응해야 한다고 생각합니다."

상주한 일은 可하다고 하였다.

주박이 다시 어사대부의 관직을 두자고 상주하고서 이어 또 상주하였다.

"漢 황실의 大德은 넓고 크기에 만 리 영역에 군현을 설치하였습니다. 部의 刺史는 폐하의 사명을 받아 州를 분담하여 郡國과 吏民

의 안녕을 감독하고 있습니다. 전례에 따르면, 각 부서에 9년을 근무해야 천거를 받아 군국의 태수나 相이 되나 (자사는) 특별한 재능에 공적이 뛰어나면 발탁 등용이 되니 질록은 낮더라도 상이 후하기에 공을 세우라고 서로 권면하였습니다. 前 승상 적방진이 자사를 혁파하고 주와 목을 설치하되 질록은 眞二千石이며 지위는 九卿의 다음이라고 하였습니다. 九卿이 결원이면 치적이 우수한 자를 보임하겠지만 그 보통 재능이라면 그저 자리나 지키려 할 것이니 아마 주목을 설치하는 효과가 없어질 것이며 부정을 막을 수가 없을 것입니다. 臣은 각 州의 牧의 설치를 그만두고 전처럼 자사를 둘 것을 청원합니다."

상주한 것은 可하다고 하였다.

博爲人廉儉, 不好酒色游宴. 自微賤至富貴, 食不重味, 案上不過三桮, 夜寢早起, 妻希見其面. 有一女, 無男. 然好樂士大夫, 爲郡守九卿, 賓客滿門, 欲仕宦者薦擧之, 欲報仇怨者解劍以帶之. 其趨事待士如是, 博以此自立, 然終用敗.

| 註釋 | ○不過三桮 - 석 잔 이상 마시지 않다. 桮(술잔 배)는 杯. ○然終用敗 - 用은 以. 사람을 잘 대하는 것.

〖國譯〗

주박은 사람이 청렴하고 주색이나 놀이를 좋아하지도 않았다. 미천할 때부터 부귀한 자리까지 식사에 두 가지 고기가 없었고 밥상에서 술 석 잔 이상을 마시지 않았다. 저녁에 일찍 자리에 들고 아침 일찍 일어나기에 아내도 그 얼굴을 보기 힘들었다. 딸 하나에 아들은 없었다. 그러나 사대부들과 함께 즐겼기에 군수나 九卿에 오른 사람이나 빈객이 언제나 가득했고 벼슬하려는 자는 천거를 해 주었고 원수를 갚고자 하는 자라도 칼을 풀어 놓았다. 그가 상황에 따라 이처럼 사람을 잘 상대했기에 주박은 혼자 성공할 수 있었지만 결국 이 때문에 죽어야만 했다.

原文

初, 哀帝祖母定陶太后欲求稱尊號, 太后從弟高武侯傅喜爲大司馬, 與丞相孔光, 大司空師丹共持正議. 孔鄉侯傅晏亦太后從弟, 諂諛欲順指, 會博新徵用爲京兆尹, 與交結, 謀成尊號, 以廣孝道. 由是師丹先免, 博代爲大司空, 數燕見奏封事, 言, "丞相光志在自守, 不能憂國, 大司馬喜至尊至親, 阿黨大臣, 無益政治." 上遂罷喜遣就國, 免光爲庶人, 以博代光爲丞相, 封陽鄉侯, 食邑二千戶. 博上書讓曰, "故事封丞相不滿千戶, 而獨臣過制, 誠慚懼, 願還千戶." 上許焉. 傅太后怨傅喜不已, 使孔鄉侯晏風丞相, 令奏免喜侯. 博受詔, 與御史大夫趙玄議, 玄言, "事已前決, 得無不宜?" 博曰, "已許孔鄉侯有指. 匹夫相要, 尚相得死, 何況至尊? 博唯有死耳!" 玄卽許可. 博惡獨斥奏喜, 以故大司空氾鄉侯何武前亦坐過免就國, 事與喜相似, 卽並奏, "喜,武前在位, 皆無益於治, 雖已退免, 爵土之封非所當得也. 請皆免爲庶人."

上知傅太后素常怨喜, 疑博,玄承指, 卽召玄詣尙書問狀. 玄辭服, 有詔左將軍彭宣與中朝者雜問. 宣等劾奏, "博宰相, 玄上卿, 晏以外親封位特進, 股肱大臣, 上所信任, 不思竭誠奉公, 務廣恩化, 爲百寮先, 皆知喜,武前已蒙恩詔決, 事更三赦, 博執左道, 虧損上恩, 以結信貴戚, 背君鄕臣, 傾亂政治, 奸人之雄, 附下罔上, 爲臣不忠不道. 玄知博所言非法, 枉義附從, 大不敬, 晏與博議免喜, 失禮不敬. 臣請詔謁者召博,玄,晏詣廷尉詔獄."

| 註釋 | ○定陶傅太后(부태후) - 元帝의 傅昭儀로 定陶共王의 생모인 傅太后(부태후). 애제의 祖母. ○傅喜 - 82권, 〈王商史丹傅喜傳〉에 입전. ○孔光 - 81권, 〈匡張孔馬傳〉에 입전. 師丹은 86권, 〈何武王嘉師丹傳〉에 입전. ○燕見奏封事 - 燕見은 황제가 退朝한 뒤에 사적으로 알현하는 것. 封事는 밀봉한 上書. ○左道 - 邪道.

〔國譯〕

그전에, 哀帝의 조모인 定陶國 傅太后(부태후)가 尊號를 받으려 했는데 太后의 종제인 高武侯 傅喜(부희)는 대사마로 승상인 孔光, 대사공인 師丹과 함께 정론을 견지하였다. 그러나 孔鄕侯 傅晏(부안) 역시 태후의 사촌 동생으로 아첨하며 태후의 뜻에 따르려 하였는데 이때 주박이 새로 경조윤에 임용되자 공향후는 주박과 친교를 맺으면서 부태후가 존호를 받게 하여 애제가 효도를 실천하게 하려고 하였다. 이러면서 師丹이 먼저 면관되고 주박이 大司空(어사대부)이 되었는데 자주 애제를 한가한 시간에 알현하면서 封事를 올려 말했다.

"丞相인 孔光의 뜻은 자리나 지키려 하고 나라를 걱정하지 않으며 大司馬 傅喜(부희)는 至尊의 至親이면서 대신들을 끌어들여 당파를 지으니 정치에 무익합니다."

애제는 마침내 부희를 면직시켜 封國으로 보냈고 공광을 서인으로 만들고 주박을 공광대신 승상에 임명하여 陽鄕侯에 봉하고 식읍은 2천 호로 하였다. 그러자 주박이 상서를 올려 사양하였다. "전례에 승상의 식읍은 1천 호가 되지 않았는데 오직 臣만 전례를 넘었기에 참으로 부끄럽고 두려워 1천 호를 반환하고자 합니다." 이에 애제는 승낙하였다.

부태후는 부희가 관직만 면관된 것을 원망하며 공향후 부안을 시켜 승상 주박에게 눈치를 주어 부희의 제후 작위까지 박탈하도록 상주하게 하였다. 주박은 부태후의 뜻을 전달받고 부희의 작위 박탈에 대하여 어사대부인 趙玄(조현)과 의논하였는데, 조현이 말했다. "사안은 이미 끝났는데 틀렸다고 할 수 있겠습니까?" 이에 주박이 말했다. "이미 孔鄕侯(부안)가 뜻을 따랐소이다. 필부에게 약속을 했더라도 죽음으로 따라야 하는데 하물며 지존하신 태후의 약속인데! 이 주박은 죽을 수밖에 없소이다!" 이에 조현도 좋다고 하였다.

주박은 부희 한 사람만을 배척할 수가 없어서 전에 大司空이었던 氾鄕侯(범향후) 何武(하무)도 죄를 지어 면관하고 봉국으로 돌아갔는데 사건이 부희와 유사하다 생각하여 함께 거론하며 말했다. "부희와 하무는 전에 재직할 때 두 사람 다 정치에 아무 도움이 되지 않아 면관하였지만 작위와 식읍을 소유하는 것은 옳지 않습니다. 두 사람 다 작위를 거두어 서인으로 만들어야 합니다."

애제는 부태후가 평소에 부희에 대하여 원한이 있는 것을 알고 있었기에 주박과 조현이 태후의 지시를 받았을 것이라 의심하여 상서를 조현에게 보내 사실을 묻게 하였다. 조현이 사실대로 자복하자 조서를 내려 좌장군 彭宣(팽선)과 中朝의 신하가 합동으로 조사하라고 지시하였다. 이에 팽선 등이 주박을 탄핵 상주하였다.

"주박은 재상이고 조현은 上卿이며 부안은 外親으로 그 지위가 특진이니, 모두가 股肱(고굉) 대신으로 황상의 신임을 받고 있으면서 지성으로 국가에 충성하고 성은과 교화를 널리 펴고 백관에 솔선할 생각을 하지 않고 세 사람이 부희와 하무의 일은 이미 성은에 따라 결정된 일이며 3번이나 사면되었는데도 주박은 左道(사도)를 고집하며 폐하의 성은을 훼손하고 외척과 신의를 지킨다며 君臣의 의리를 저버리고 정치를 혼란에 빠트리면서 간사한 무리의 우두머리가 되어 아랫사람과 함께 윗사람을 속이려 하였으니 신하로서 不忠이며 不道입니다. 조현과 주박은 건의한 내용이 불법이라는 것을 알면서도 대의를 굽혀 아부하는 큰 불경죄를 범하였으며 부안과 주박이 부희의 작위 박탈을 주장한 것은 예에 어긋나고 不敬입니다. 臣은 폐하께서 조서로 알자를 시켜 주박과 조현과 부안을 데려다가 정위에 옥에 가두기를 주청합니다."

制曰, "將軍, 中二千石, 二千石, 諸大夫, 博士, 議郞議." 右
將軍蟜望等四十四人以爲, "如宣等言, 可許." 諫大夫龔勝
等十四人以爲, "《春秋》之義, 奸以事君, 常刑不舍. 魯大夫
叔孫僑如欲顓公室, 譖其族兄季孫行父於晉, 晉執囚行父以
亂魯國, 《春秋》重而書之. 今晏放命圮族, 干亂朝政, 要大
臣以罔上, 本造計謀, 職爲亂階, 宜與博, 玄同罪, 罪皆不
道." 上減玄死罪三等, 削晏戶四分之一, 假謁者節召丞相詣
廷尉詔獄. 博自殺, 國除.

初, 博以御史爲丞相, 封陽鄕侯, 玄以少府爲御史大夫, 並
拜於前殿, 廷登受策, 有音如鐘聲. 語在〈五行志〉.

| 註釋 | ○制曰 − 制度 운영에 관한 황제의 명령. 制書. 황제의 命을 制,
令을 詔(조)라 한다. ○議郞 − 광록훈의 속관, 宿衛는 하지 않고 황제의 고
문에 응대하며 정사 의논에 참여하는 황제의 근신. 질록은 比6百石. ○龔勝
(공승) − 72권, 〈王貢兩龔鮑傳〉에 입전. ○魯大夫叔孫僑如 − 魯의 대부 叔
孫宣伯. 이 사건은 《春秋 成公》 16년 조에 기록되어 있다. ○族兄季孫行父
− 季孫行父와 叔孫宣伯과 같은 형제 항렬인 것은 부안과 부은이 형제 항렬
인 것과 같다. ○放命圮族 − 放命은 敎令을 放棄하다. 圮族은 一族을 버리
다. 圮는 무너질 비. 坒(흙으로 만든 교량 이)는 다른 글자. ○要大臣以罔上 −
강요하다. 要挾(요협). ○職爲亂階 − 職은 主의 뜻. 禍亂이 이로부터 시작되
었다는 뜻. 《詩經 小雅 巧言》의 구절.

制書는 "장군과 중이천석 및 이천석의 여러 대부와 박사 및 議郞
이 함께 의논하라."고 하였다. 우장군 蟜望(교망) 등 44인이 말했다.
"팽선의 의견과 같이 허락하십시오."

또 諫大夫 龔勝(공승) 등 14인이 말했다.

"《春秋》 대의에도 간사하게 주군을 섬긴다 하여 일반 형벌을 그
만 두지는 않았습니다. 魯의 대부인 叔孫僑如(숙손교여)는 魯 公室을
멋대로 하려고 그 族兄인 季孫行父를 晉나라에 참소하였고 晉에서
는 숙손행보를 잡아 가두어 魯나라를 혼란에 빠트렸는데《春秋》에
서는 이 사건을 중시하여 기록하였습니다. 지금 傅晏은 폐하 명을
따르지 않아 일족을 망하게 하면서 조정의 정사를 어지럽게 만들었
으며 대신에게 협박을 가해 황상을 속이려 하였으며 본 계획을 주도
하여 혼란을 일으켰으니 주박 조현과 같은 죄이며 모두 무도한 죄에
해당합니다."

애제는 조현을 사형에서 3등급을 감형하였고 부안은 식읍 4백 호
를 삭감하였으며 지절을 가진 알자를 보내 승상 주박을 소환하여 정
위의 조옥으로 데려가게 하였다. 이에 주박은 자살하였고 나라는 없
어졌다.

그전에 주박이 어사대부에서 승상에 임명되어 陽鄕侯로 封을 받
을 때, 조현은 少府에서 어사대부가 되었는데, 함께 대전에 나가 절
을 하고 조정의 계단에 올라 책서를 받으려 할 때 어디선가 종이 울
리는 소리가 났는데, 이는 〈五行志〉에 실려 있다.

贊曰, 薛宣,朱博皆起佐史, 歷位以登宰相. 宣所在而治,
爲世吏師, 及居大位, 以苛察失名, 器誠有極也. 博馳騁進
取, 不思道德, 已亡可言, 又見孝成之世委任大臣, 假借用
權. 世主已更, 好惡異前, 復附丁,傅稱順孔鄕. 事發見詰, 遂
陷誣罔, 辭窮情得, 仰藥飮鳩. 孔子曰, "久矣哉, 由之行詐
也!" 博亦然哉!

| 註釋 | ○佐史 – 하급 관리에 대한 통칭. ○器誠有極也 – 器는 器量. 極
은 일정한 한도. '君子不器'라는 말도 있다. ○已亡可言 – 칭찬할 말이 없
다. 칭송할 수 없다. ○假借用權 – 用은 以. ○事發見詰, 遂陷誣罔 – 見詰은
詰難(힐난)을 받다. 誣罔(무망)은 속임수. 결국 傅晏에게 당한 것임. ○久矣
哉, 由之行詐也 – 由는 子路. 子疾病, 子路使門人爲臣. 病間, 曰, "久矣哉, 由
之行詐也! 無臣而爲有臣. 吾誰欺? 欺天乎!" ~《論語 子罕(자한)》.

〖 國譯 〗

班固의 論贊 : 薛宣(설선)과 朱博(주박)은 모두 佐史(좌사)에서 起身
하여 여러 관직을 거쳐 재상에 올랐다. 설선은 임지를 잘 다스려 모
든 지방관의 스승이라 할 수 있으며 고관에 올랐으나 가혹한 사찰로
명성을 잃었으니 기량의 한계라 할 수 있다. 주박은 열심히 노력하
고 진취적이었지만 도덕을 생각하지 않았으니 칭송할 수 없고 또 成
帝의 위임을 받은 대신으로 이를 이용하여 권좌에 올랐다. 황제가
바뀌었다고 好惡(호오)를 전과 달리하여 다시 丁氏와 傅氏에 붙었고
孔鄕侯(傅晏)에 뜻을 순응하였다. 일이 발각되고 힐책을 당하였으

며 결국 꾐에 넘어갔으며 할 말은 없고 죄만 남았기에 독약을 마셔야만 했다. 공자가 "오래되었구나. 자로가 나를 속인 것이!"라고 한 말은 주박에게도 같을 것이다!

84 翟方進傳
〔적방진전〕

84-1. 翟方進

原文

翟方進 字子威, 汝南上蔡人也. 家世微賤, 至方進父翟公, 好學, 爲郡文學. 方進年十二三, 失父孤學, 給事太守府爲小史, 號遲頓不及事, 數爲掾史所詈辱. 方進自傷, 乃從汝南蔡父相問己能所宜. 蔡父大奇其形貌, 謂曰, "小史有封侯骨, 當以經術進, 努力爲諸生學問." 方進旣厭爲小史, 聞蔡父言, 心喜, 因病歸家, 辭其後母, 欲西至京師受經. 母憐其幼, 隨之長安, 織屨以給. 方進讀經博士, 受《春秋》. 積十餘年, 經學明習, 徒衆日廣, 諸儒稱之. 以射策甲科爲郎. 二三歲, 擧明經, 遷議郎.

| 註釋 | ○翟方進(적방진, ?－前 7년)－成帝 때 승상 역임. 나중에 사약을 받고 자살. 적방진 죽은 한 달여 뒤에 성제도 갑자기 죽었다. 왕망이 칭제하자 적방진의 아들 翟義가 기병하여 왕망에 대항하였다. ○汝南上蔡－汝南은 군명. 치소는 上蔡縣(상채현, 今 河南省 駐馬店市 관할의 上蔡縣). 李斯(이사)의 故鄉. ○失父孤學－孤學을 棄學으로 풀이한 주석도 있다. ○小史－官府 小吏. ○號遲頓~－遲頓(지둔, 굼벵이란 뜻)이라 불리다. 遲頓은 영리하지 못하고 행동도 굼뜸. ○汝南蔡父－蔡父는 蔡氏 성을 가진 남자. 父는 甫의 뜻으로 남자에 대한 미칭. ○以射策甲科－射策은 인재 선발 방법. 천거받은 사람을 모아 미리 준비된 문제를 뽑아 그 주제에 관한 책문으로 선발하였다.

〖 國譯 〗

　　翟方進의 字는 子威(자위)로, 汝南郡 上蔡縣(상채현) 사람이다. 가세가 미천하였으나 적방진의 부친 翟公(적공)은 好學하여 郡의 文學이었다. 적방진은 12, 3세에 아버지가 죽자 학문을 그만두고 太守府의 小史로 일을 했으나 遲頓(지둔)하며 일도 못한다고 늘 掾史(연사)한테 욕을 먹었다. 적방진은 기분이 나빠 汝南의 蔡父(채보)를 찾아가 자신이 무엇을 하면 좋은가를 물었다. 채보는 그 외모에 크게 놀라면서 말했다.

　　"그대는 제후에 봉해질 골상이니 당연히 경학을 배워 진출해야 하니 유생이 될 학문에 노력하오."

　　적방진은 이미 小史의 일에 싫증을 느꼈기에 병을 핑계로 집에 돌아와 後母를 떠나 서쪽으로 京師에 가서 경학을 공부하겠다고 하였다. 후모는 어린 적방진이 안쓰러워 장안에 따라와 신발을 만들어 학자를 대었다. 적방진은 박사로부터 경전 중에서도《春秋》를 전수받았다. 10여 년간 학문을 하여 경학에 밝아 따르는 무리는 날로 늘어났으며 여러 유생의 칭송을 들었다. 적방진은 射策에서 甲科로 뽑혀 낭관이 되었다. 2, 3년 뒤에 明經으로 천거되어 議郞으로 승진하였다.

原文

是時, 宿儒有淸河胡常, 與方進同經. 常爲先進, 名譽出方進下, 心害其能, 論議不右方進. 方進知之, 候伺常大都授時, 遣門下諸生至常所問大義疑難, 因記其說. 如是者久之, 常知方進之宗讓己, 內不自得, 其後居士大夫之間未嘗不稱述方進, 遂相親友.

| 註釋 | ○宿儒 - 학문이 깊고 명망이 높은 유생. ○淸河 - 郡國名. 치소는 淸陽縣(今 河北省 邢台市 淸河縣, 山東省 접경 지역). ○常爲先進 -《春秋穀梁傳》을 같이 전공하였으나(同經), 胡常은 스승의 3代 제자였고 方進은 4대 제자였다는 주석이 있다. ○不右 - 헐뜯다. ○伺常大都授時 - 候伺(후사)는 엿보다. 大는 衍字. 都授는 同學을 모아 놓고 특강을 하다. ○內不自得 - 마음이 불안하다.

〖國譯〗

이 무렵 명망 높은 유생으로 淸河郡의 胡常(호상)이 있었는데 적방진과 같은 《春秋》를 전공하였다. 호상이 선배였으나 명성은 적방진만 못하였기에 마음으로 이를 싫어하여 토론에서도 적방진을 존중하지 않았다. 적방진도 이를 알아 호상이 많은 사람과 토론을 할 때를 기다려 제자를 보내 질문을 하여 그가 대답을 잘하지 못하는 부분을 알아오게 하여 그 부분을 토론하였다. 오랫동안 이렇게 하자 호상도 적방진이 자신을 존중하는 줄을 알았고 마음속으로 불안해하다가 이후로는 사대부들과 같이 있는 곳에서 적방진을 늘 칭찬하였고 마침내 벗이 되었다.

原文

河平中, 方進轉爲博士. 數年, 遷朔方刺史, 居官不煩苛, 所察應條輒擧, 甚有威名. 再三奏事, 遷爲丞相司直. 從上甘泉, 行馳道中, 司隸校尉陳慶劾奏方進, 沒入車馬. 旣至甘泉宮, 會殿中, 慶與廷尉范延壽語, 時慶有章劾, 自道, "行事以贖論, 今尙書持我事來, 當於此決. 前我爲尙書時, 嘗有所奏事, 忽忘之, 留月餘." 方進於是擧劾慶曰, "案慶奉使刺擧大臣, 故爲尙書, 知機事周密一統, 明主躬親不解. 慶有罪未伏誅, 無恐懼心, 豫自設不坐之比. 又暴揚尙書事, 言遲疾無所在, 虧損聖德之聰明, 奉詔不謹, 皆不敬, 臣謹以劾." 慶坐免官.

| 註釋 | ○河平 – 성제의 연호. 前 28 – 25년. ○朔方刺史 – 13 자사부의

하나. 北地郡 등 5군을 감찰. 그 관할 지역은 今 寧夏回族自治區와 陝西省의 북부 황하 유역. 자사의 질록은 6백석. ㅇ所察應條輒擧 – 자사가 감찰하는 6가지 영역이 정해져 있었다. 應條는 조목에 맞춰 應伸하다. ㅇ丞相司直 – 하급 관리의 불법을 감찰하는 승상의 업무를 보조하는 직책. 질록 比二千石. ㅇ馳道(치도) – 황제 수레만 다닐 수 있는 도로. ㅇ廷尉 – 최고 사법 집행 담당자. 九卿의 하나. 秩 中二千石. ㅇ章劾 – 탄핵. ㅇ行事以贖論 – 行事는 지나간 일. 以贖論은 贖錢을 내는 것으로 판결나다. ㅇ尙書 – 少府의 속관, 황제에게 상주되는 문서 담당관, 권한이 점차 강해지는 추세였다.

[[國譯]]

성제 河平 연간에 적방진은 박사로 전임하였다. 몇 년 뒤 朔方(삭방) 자사가 되었는데 직무가 번잡하거나 힘들지 않았고 보고 규정대로 보고만 하면 되었으나 자못 위명을 떨쳤다. 2, 3번 연말에 업무보고를 마친 뒤 丞相司直이 되었다. 황상을 따라 감천궁에 갔는데 馳道(치도)로 달렸다고 사예교위인 陳慶(진경)이 적방진을 탄핵하며 車馬를 압수했다. 감천궁에 이르러 大殿 앞에 모여 있으면서 진경과 정위인 范延壽(범연수)가 대화 중에 자신이 탄핵받은 진행 중인 일을 가지고 말했다.

"지난 일은 속전 내는 것으로 판결납니다만 지금 尙書가 나에 대한 문건을 갖고 있는데 그대로 판결이 나야 될 것입니다. 전에 제가 상서 일을 할 때, 상주할 문건을 잠깐 잊고서 한 달 이상 보류시킨 일도 있었습니다."

이에 적방진은 이를 가지고 진경을 탄핵하였다.

"지금 진경은 직분을 수행하면서 대신을 고발하고 있습니다만 예전에 상서를 했기에 기밀업무는 철저히 취급해야 주상께서 사실을 파악할 수 있다는 것을 알고 있습니다. 진경은 죄를 짓고도 자수하지 않고 두려움도 없이 속전을 내는 전례를 만들었습니다. 또 상서를 지냈던 일을 말하면서 일의 완급을 생각하지 않아 폐하의 총명을 훼손케 하였으며 詔命을 엄히 행하지 않았으니, 이 모두가 불경죄이기에 臣은 삼가 이를 고발합니다.”

진경은 이와 관련하여 면직되었다.

原文

會北地浩商爲義渠長所捕, 亡, 長取其母, 與猳豬連繫都亭下. 商兄弟會賓客, 自稱司隸掾, 長安縣尉, 殺義渠長妻子六人, 亡. 丞相, 御史請遣掾史與司隸校尉, 部刺史並力逐捕, 察無狀者, 奏可. 司隸校尉涓勳奏言, “《春秋》之義, 王人微者序乎諸侯之上, 尊王命也. 臣幸得奉使, 以督察公卿以下爲職, 今丞相宣請遣掾史, 以宰士督察天子奉使命大夫, 甚悖逆順之理. 宣本不師受經術, 因事以立奸威, 案浩商所犯, 一家之禍耳, 而宣欲專權作威, 乃害於國, 不可之大者. 願下中朝特進列侯, 將軍以下, 正國法度.” 議者以爲, 丞相掾不宜移書皆趣司隸. 會浩商捕得伏誅, 家屬徙合浦.

┃註釋┃ ○北地浩商 - 北地는 군명. 치소는 馬嶺縣(今 甘肅省 동부의 慶陽市 서북). 浩商은 인명. ○義渠長 - 義渠(의거)는 현명. 今 甘肅省 慶陽市 관할의 寧縣. 인구 1만 호가 안 되는 현에는 중앙에서 임명하는 縣長이 행정 책

임자였다. ○與豭豬連繫都亭下 - 豭豬(가저)는 수퇘지. 豭 수퇘지 가. 豬 돼
지 저. 都亭은 군현의 외곽 지역에 있는 亭舍. 亭은 기본 행정단위로 10리마
다 1정을 설치하고 亭長을 두어 치안 유지나 소송 대리의 임무를 부여했다.
○無狀者 - 죄질이 아주 나빠 이루 다 말할 수 없는 자. ○丞相宣 - 薛宣(설
선). 83권, 〈薛宣朱博傳〉에 입전. ○宰士 - 승상의 속관, 掾史(연사). ○奉使
命大夫 - 司隸校尉를 지칭. ○下中朝 - 中朝의 의논에 부치다. 승상을 탄핵
한다는 의미. 승상의 외조의 수장이다. 이에 대하여 황제 측근의 참모는 內
朝(中朝)이다. ○合浦 - 군명, 현명. 今 廣西壯族自治區 北海市 관할의 合浦
縣.

〔國譯〕

　그때, 北地郡의 浩商(호상)이란 사람이 義渠(의거) 縣長에게 체포
되었으나 도망을 쳤는데 현장은 그 어미를 잡아다가 수퇘지와 함께
都亭에 묶어두었다. 호상의 형제들은 친구들을 모아 司隸掾(사예연)
이나 長安 縣尉(현위)를 사칭하고서 의거 현장의 처자 6명을 죽이고
도주하였다. 승상과 어사대부는 掾史와 司隸校尉를 파견하여 部의
刺史와 함께 힘을 합쳐 악질 범죄자를 체포하겠다고 주청하였고 가
하다는 승낙을 받았다. 그러자 司隸校尉인 涓勳(연훈)이 상주하였
다.

　"《春秋》의 大義에 王이 미약하더라도 서열에서 제후보다 상위인
것은 왕명을 존중하기 때문입니다. 臣이 폐하의 사명을 받아 公卿
이하 관리에 대한 督察을 임무로 하는데, 지금 승상 薛宣(설선)은 승
상의 속관을 파견하겠다고 주청하였는데 승상의 속관이 천자의 명
을 받아 직무를 수행하는 대부(사예교위)를 독찰하는 것은 순리를 크
게 거역하는 것입니다. 승상 설선은 본래 사부로부터 경학을 전수받

지 못했으며 사안마다 간사한 위엄을 세우려 하는데 浩商(호상)이
저지른 범행은 백성 一家의 재앙인데 설선은 이를 통해 권위를 세우
려 하니, 이는 곧 나라에 해가 되며 절대로 해서는 안 될 일입니다.
승상을 특진이나 열후 장군들의 논의에 부쳐 나라의 법도를 바로 잡
아주기를 주청합니다.”

이를 논의한 사람들은 승상의 속관이 문서를 보내 사예교위를 독
촉한 것은 옳지 않다고 말했다. 마침 호상이 잡혀 처형되었고 그 가
속은 남쪽 合浦(합포) 군으로 이주시켰다.

原文

故事, 司隷校尉位在司直下, 初除, 謁兩府, 其有所會, 居
中二千石前, 與司直並迎丞相,御史. 初, 方進新視事, 而涓
勳亦初拜爲司隷, 不肯謁丞相, 御史大夫, 後朝會相見, 禮節
又倨. 方進陰察之, 勳私過光祿勳辛慶忌, 又出逢帝舅成都
侯商道路, 下車立, 乃過, 乃就車. 於是方進舉奏其狀, 因曰,
“臣聞國家之興, 尊尊而敬長, 爵位上下之禮, 王道綱紀.
《春秋》之義, 尊上公謂之宰, 海內無不統焉. 丞相進見聖主,
御坐爲起, 在輿爲下. 群臣宜皆承順聖化, 以視四方. 勳吏
二千石, 幸得奉使, 不遵禮儀, 輕謾宰相, 賤易上卿, 而又詘
節失度, 邪諂無常, 色厲內荏. 墮國體, 亂朝廷之序, 不宜處
位. 臣請下丞相免勳.”

| 註釋 | ○謁兩府 - 승상부와 어사부에 배알하다. ○禮節又倨 - 倨는 傲慢(오만)하다. ○私過光祿勳辛慶忌 - 私過는 사적으로 방문하다. 光祿勳은 궁궐 문호를 수비를 전담하는 최고 지휘관. 거느린 속관이 아주 많아 중요한 요직의 하나였다. 辛慶忌(신경기)는 69권, 〈趙充國辛慶忌傳〉에 입전. ○成都侯商 - 王商. 82권, 〈王商史丹傳喜傳〉에 입전. ○御坐爲起, 在輿爲下 - 승상이 황제를 뵈러 들어오면 알자가 '폐하께서 승상을 위해 자리에서 일어나셨습니다.' 라고 말하고 자리에 앉는다. 황제가 수레를 타고 가다가 승상을 만나면 수레가 잠깐 멈추며 알자가 내려 '황제께서 승상을 위해 수레에서 내리셨습니다.' 라고 크게 외치고 수레에 올라탄다. 황제가 직접 수레에서 내려서는 것은 아니다. ○色厲內荏(색려내임) - 표정은 엄숙하지만 마음으로는 두려워하다. 荏은 부드러울 임. 나약하다.

〖國譯〗

　전례에 의하면, 사예교위의 지위는 승상사직의 속관인데 처음에 제수될 때 승상부와 어사부를 배알하고 모임이 있으면 中二千石의 앞에 서서 승상사직과 함께 승상과 어사대부를 모셨다. 전에 적방진이 처음 업무를 시작할 때 涓勳(연훈)도 처음 사예교위가 되었는데 승상과 어사대부를 배알하려 하지 않았고 조회에서 서로 만나도 예의가 아주 거만하였다. 적방진이 연훈을 가만히 살펴보았는데 연훈은 사적으로 광록훈 辛慶忌(신경기)를 예방하였고, 또 외출하다가 성제의 외숙인 成都侯 王商을 도로에서 만나자 수레에서 내려서서 지나가기를 기다렸다가 수레에 올랐다(이는 過恭임). 이에 적방진은 그 행위를 들어 탄핵하면서 말했다.

　"臣이 알기로, 國家가 건국되고 尊位에 있는 분을 존중하며 어른을 공경하는 것은 작위의 상하에 따른 예의이며 王道의 기강입니다.

《春秋》의 대의로도 上公을 재상이라 하며 존중하는 것은 천하를 다 통솔하기 때문입니다. 丞相이 聖主를 進見할 때 주상이 어좌에서 일어서고 수레를 타고 가다가도 승상을 만나면 잠시 내려섭니다. 모든 신하라면 성주의 교화를 이어 받아 사방에 보여주어야 합니다. 연훈은 이천석 관리로 요행히 사예교위가 되었는데 예의를 지키지 않고 재상을 업신여기고 上卿을 경시하며 도가 넘게 절조를 굽혀가며 늘 간사하고 아첨하나 표정은 엄숙하지만 속으로는 겁먹은 행실이었습니다. 이처럼 國體를 손상시키고 조정의 질서를 어지럽혔기에 관직에 있을 수 없습니다. 臣은 승상에게 연훈을 면직시키라고 분부하시기를 주청합니다."

時, 太中大夫平當給事中奏言, "方進國之司直, 不自敕正以先群下, 前親犯令行馳道中, 司隸慶平心擧劾, 方進不自責悔而內挾私恨, 伺記慶之從容語言, 以詆欺成罪. 後丞相宣以一不道賊, 請遣掾督趣司隸校尉, 司隸校尉勳自奏暴於朝廷, 今方進復擧奏勳. 議者以爲方進不以道德輔正丞相, 苟阿助大臣, 欲必勝立威, 宜抑絶其原. 勳素行公直, 奸人所惡, 可少寬假, 使遂其功名." 上以方進所擧應科, 不得用逆詐廢正法, 遂貶勳爲昌陵令. 方進旬歲間免兩司隸, 朝廷由是憚之. 丞相宣甚器重焉, 常誡掾史, "謹事司直, 翟君必在相位, 不久."

| 註釋 | ○太中大夫平當給事中 – 太中大夫는 郎中令(光祿勳)의 속관. 정사에 대한 의론을 담당. 平當은 인명. 71권, 〈雋疏于薛平彭傳〉에 입전. 給事中은 가관의 칭호. 황제 최측근으로 매일 입조하여 알현, 尚書 업무를 분담. 中朝의 요직. 名儒나 황제 親任을 받는 자에게 이 가관을 수여. ○以詆欺成罪 – 헐뜯고 비난하여 죄인으로 만들다. 詆 꾸짖을 저. 비난하다. ○不道賊 – 무고한 一家 3인을 죽인 죄를 不道라고 한다. 살인범. 여기서는 北地郡의 浩商을 지칭. ○宜抑絶其原 – 상대방을 탄핵하여 승리하려는 기풍을 막아야한다. ○寬假(관가) – 느긋하게 쉬다. 여유가 있다. 寬暇 同. ○昌陵令 – 현명. 今 陝西省 西安市 臨潼區. ○旬歲 – 만 일 년. 旬은 두루. 차다(滿)의 뜻.

〖 國譯 〗

그 무렵, 太中大夫인 平當(평당)이 給事中으로서 상주하였다.

"방진은 나라의 司直으로 자신을 신칙하며 여러 신하에 솔선하지도 않고 지난번에는 치도를 달리는 죄를 저질렀으며 사예교위인 陳慶(진경)이 공평한 마음으로 탄핵했는데도 방진은 자책하며 뉘우치지도 않고 사적인 원한을 품고서 진경이 조용히 하는 말을 엿들었다가 헐뜯어 죄를 만들었습니다. 뒤에는 승상 薛宣(설선)이 北地郡의 부도한 살인범을 잡으려고 屬掾(속연)을 보내 사예교위를 감독케 하겠다고 하자 사예교위인 涓勳(연훈)이 조정에서 이의를 제기하자 방진은 이번에는 연훈을 탄핵하였습니다. 많은 사람들이 방진은 도덕으로 승상을 보좌하려 하지 않고 상황에 따라 아부로 승상을 도우며 기어코 이겨 권위를 세우려 하니 그 근원을 막지 않을 수가 없다고 하였습니다. 연훈의 평소 행실은 공정하고도 곧아 아첨꾼에게 미움을 받지만 조금이라도 여유가 있다면 공명을 이룰 수 있을 것입니다."

그러나 성제는 적방진의 탄핵이 법도에 맞고 거짓으로 正法을 어기지 않았다고 생각하여 결국엔 연훈을 昌陵 현령으로 좌천시켰다. 적방진이 일 년 동안에 두 사람의 사예교위를 면관케 하자 조정에서는 적방진을 꺼렸다. 승상 설선은 적방진의 능력을 높이 평가하여 늘 속관들에게 "司直(사직, 적방진)처럼 조심하며 일해야 하니 적방진은 머지않아 틀림없이 승상이 될 것이다."라고 훈계하였다.

原文

　　是時, 起昌陵, 營作陵邑, 貴戚近臣子弟賓客多辜榷爲奸利者, 方進部掾史覆案, 發大奸贓數千萬. 上以爲任公卿, 欲試以治民, 徙方進爲京兆尹, 搏擊豪强, 京師畏之. 時, 胡常爲靑州刺史, 聞之, 與方進書曰, "竊聞政令甚明, 爲京兆能, 則恐有所不宜." 方進心知所謂, 其後少弛威嚴.

| 註釋 | ○起昌陵 － 昌陵(成帝의 능) 공사를 시작하다. 창릉은 지대가 낮아 많은 공사비를 투입했는데도 결국은 공사를 포기하고 다른 곳에 능을 마련하였다. 陵邑은 황릉 주변의 거주지. 보통 현을 설치하고 그런 현을 陵縣이라 하였다. ○辜榷(고각) － 專賣하다. 壟斷(농단)하다. 辜는 허물 고. 막다(障也). 榷 도거리 각. 專賣하다. ○胡常 － 淸河郡 출신, 명망 높은 유생. ○靑州刺史 － 濟南郡 등 6군과 菑川國 등 3국을 감찰.

〖國譯〗

　　이 무렵 昌陵 공사를 시작하였고 陵邑을 만들면서 貴戚과 근신의 자제나 빈객이 농단하며 사악한 이득을 취하려는 자가 많았는데 적방진은 掾史(연사)들을 거느리고 문서를 상세히 검토하여 부정하게 이득을 취한 수천만전을 적발하였다. 성제는 적방진을 공경에 등용하기 전에 治民 능력을 알아보려고 적방진을 경조윤으로 전근시켰는데 적방진은 강한 호족을 마구 잡아넣자 장안 사람들이 두려워하였다. 그때 적방진의 友人인 胡常(호상)은 青州刺史였는데 소문을 듣고 적방진에게 서신을 보내 말했다.

"듣자하니, 政令이 매우 밝고 경조윤으로 유능하다 하니 혹시나 적절하지 않을 수도 있어 걱정입니다." 적방진은 호상의 뜻을 알고 헤아려 이후로는 엄격한 집행을 조금 완화하였다.

原文

居官三歲, 永始二年遷御史大夫. 數月, 會丞相薛宣坐廣漢盜賊群起及太皇太后喪時三輔吏並徵發爲奸, 免爲庶人. 方進亦坐爲京兆尹時奉喪事煩擾百姓, 左遷執金吾. 二十餘日, 丞相官缺, 群臣多擧方進, 上亦器其能, 遂擢方進爲丞相, 封高陵侯, 食邑千戶.

身旣富貴, 而後母尙在, 方進內行修飾, 供養甚篤. 及後母終, 旣葬三十六日, 除服起視事, 以爲身備漢相, 不敢逾國家之制. 爲相公潔, 請托不行郡國. 持法刻深, 擧奏牧守九卿, 峻文深詆, 中傷者尤多. 如陳咸,朱博,蕭育,逢信,孫閎之屬, 皆京師世家, 以材能少歷牧守列卿, 知名當世, 而方進特立後起, 十餘年間至宰相, 據法以彈<u>咸</u>等, 皆罷退之.

| 註釋 | ○永始二年 – 성제의 연호. 前 14년. ○太皇太后喪時 – 宣帝의 王皇后, 원제를 전적으로 양육했었다. ○執金吾(집금오, 中尉) – 궁궐 수비와 京師의 치안 책임자. 秩 二千石. ○內行修飾 – 일상 기거에서의 근엄하고 단정함. ○旣葬三十六日 – 文帝은 상례의 간소화를 실천하여 大功 服喪은 15일, 小功은 14일, 總麻(시마) 복상은 7일 합계 36일간 복상토록 하였다. 여기서는 상례를 국가의 원칙대로 모두 지켰다는 뜻. ○峻文深詆(준문심저) – 엄격한 법 적용과 철저한 문책. 峻 높은 준. 엄격하다. 文은 법문. 詆 꾸짖을 저. 문책. 추궁. 毀也.

〖 國譯 〗

적방진은 승상사직으로 근무 3년 만인 (成帝) 永始 2년에 어사대부로 승진하였다. 몇 달 뒤, 마침 승상 薛宣(설선)이 廣漢郡의 도적떼 발생과 태황태후의 喪事에 三輔 지역의 관리들이 물자를 징발하면서 부정을 저지른 것에 연관되어 관직을 면하고 서인이 되었다. 적방진도 경조윤 재직 시에 상사를 도우면서 민폐를 끼쳤다 하여 집금오로 좌천되었다. 20여 일 뒤 승상의 자리에 비자 많은 신하들이 적방진을 천거하였고 성제도 그의 능력을 알고 있었기에 적방진을 발탁하여 승상에 임명하면서 高陵侯(고릉후)에 봉하였는데 식읍은 1천호였다.

적방진이 부귀해진 뒤에도 後母가 생존했는데 적방진은 가정에서 바른 행실에 공양이 매우 돈독하였다. 나중에 후모가 죽자 후 36일 뒤에 탈상하고 출근하여 업무를 처리하면서 漢의 승상으로서 국가의 법제를 어기려 하지 않았다. 승상으로 공평 청렴하였고 郡國에 대하여 청탁이 없었다. 법 준수가 적용이 매우 엄격하였으며 태수나 九卿을 탄핵하면서 준엄한 법 해석과 엄한 추궁으로 다치는 자가 특히 많았다. 陳咸(진함), 朱博(주박), 蕭育(소육), 逢信(봉신), 孫閎(손굉) 같은 사람들은 모두 京師의 世家이면서 재능이 있어 젊어 지방관과 여러 공경을 역임하여 그 당시 명성이 있었으나 적방진 홀로 우뚝 자립한 지 10여 년에 승상에 올라 법에 의거하여 진함 등을 탄핵하자 모두 파직되었다.

原文

初, 咸最先進, 自元帝初爲御史中丞顯名朝廷矣. 成帝初卽位, 擢爲部刺史, 歷楚國, 北海, 東郡太守. 陽朔中, 京兆尹王章譏切大臣, 而薦琅邪太守馮野王可代大將軍王鳳輔政, 東郡太守陳咸可御史大夫. 是時, 方進甫從博士爲刺史云. 後方進爲京兆尹, 咸從南陽太守入爲少府, 與方進厚善. 先是, 逢信已從高第郡守歷京兆, 太僕爲衛尉矣, 官簿皆在方進之右. 及御史大夫缺, 三人皆名卿, 俱在選中, 而方進得之. 會丞相宣有事與方進相連, 上使五二千石雜問丞相, 御史, 咸詰責方進, 冀得其處, 方進心恨. 初, 大將軍鳳奏除陳湯爲中郞, 與從事. 鳳薨後, 從弟車騎將軍音代鳳輔政, 亦厚湯. 逢信, 陳咸皆與湯善, 湯數稱之於鳳, 音所. 久之, 音薨, 鳳弟成都侯商復爲大司馬衛將軍, 輔政. 商素憎陳湯, 白其罪過, 下有司案驗, 遂免湯, 徙敦煌. 時, 方進新爲丞相, 陳咸內懼不安, 乃令小冠杜子夏往觀其意, 微自解說. 子夏旣過方進, 揣知其指, 不敢發言. 居無何, 方進奏咸與逢信, "邪枉貪汚, 營私多欲. 皆知陳湯奸佞傾覆, 利口不軌, 而親交賂遺, 以求薦擧. 後爲少府, 數饋遺湯. 信, 咸幸得備九卿, 不思盡忠正身, 內自知行辟亡功效, 而官媚邪臣, 欲以徼幸, 苟得亡恥. 孔子曰, '鄙夫可與事君也與哉!' 咸, 信之謂也. 過惡暴見, 不宜處位, 臣請免以示天下." 奏可.

| 註釋 | ○御史中丞 — 어사대부의 보좌관. 궁중의 典籍 秘書 管理, 13부 刺史를 감독, 郡國의 행정을 감찰. 侍御史를 지휘. ○楚國 — 侯國이기에 태수가 아니라 內史가 행정책임자이다. ○譏切(기절) — 통렬히 비난하다. ○馮野王(풍야왕) — 馮奉世의 아들. 79권, 〈馮奉世傳〉에 父子 合傳. ○甫從博士 — 甫는 겨우, 始也. 副詞로 쓰였다. ○逢信 — 字는 少子. 太僕과 衛尉 등을 역임. ○官簿皆在方進之右 — 官簿는 관직 경력. 부는 閱歷. 右는 상위. ○使五二千石雜問 — 5명의 二千石 관리가 합동 조사하다(雜問). ○冀得其處 — 冀는 바랄 기. 후보에 올라온 그 자체를 비난했다는 뜻. ○陳湯 — 70권, 〈傅常鄭甘陳段傳〉에 입전. ○小冠杜子夏 — 杜周의 손자 杜欽(두흠). 子夏는 그의 字. 60권, 〈杜周傳〉에 입전. 小冠은 두흠이 낮은 관을 쓰고 다녔기에 얻은 별칭. ○孔子曰, '鄙夫~ — 子曰, "鄙夫可與事君也與哉? 其未得之也, 患得之. 旣得之, 患失之. 苟患失之, 無所不至矣." 《論語 陽貨》.

[國譯]

처음에는 陳咸(진함)이 가장 앞서 나갔는데 元帝 즉위 초에 어사중승이 되어 조정에 이름을 날렸다. 성제가 즉위하면서 部의 자사로 발탁되었고 楚國의 內史와 北海郡과 東郡의 태수를 역임하였다. 성제 陽朔(양삭) 연간에(前 24-21) 경조윤 王章이 대신들을 비난하면서 琅邪(낭야)태수 馮野王(풍야왕)을 대장군 王鳳의 후임으로 정사를 보필케 하고 東郡태수 陳咸(진함)을 어사대부로 삼아야 한다고 천거하였다. 이때 적방진은 겨우 博士에서 자사가 되었다. 뒷날 적방진이 경조윤이 되었을 때 진함은 남양 태수에서 중앙으로 들어와 소부가 되었는데 적방진과 친했다. 이보다 앞서 逢信(봉신)은 치적이 우수한 태수로 경조윤을 거쳐 태복과 위위를 역임하였으니 관직 경력이 모두 적방진보다 나았다. 어사대부가 결원이 되자 3인이 모두 名卿으로 후보에 들었으나 적방진이 차지하였다.

그때 승상 설선은 업무상 적방진과 연결이 되어 있었는데 성제가 승상과 어사대부에 대해서는 5명의 2천석에게 합동으로 조사하게 하였고, 진함은 적방진이 그 자리를 바라는 것을 비난하였는데 이에 적방진은 한을 품었다.

전에 대장군 王鳳이 상주하여 陳湯(진탕)을 中郞으로 임명하여 함께 일했었다. 왕봉이 죽은 뒤에 그 사촌동생인 거기장군 王音이 왕봉의 후임으로 정사를 보필하면서 역시 진탕을 우대하였다. 봉신과 진함은 모두 진탕과 친했기에 진탕은 왕봉과 왕음에게 이들을 자주 칭찬했었다. 그러나 얼마 뒤 왕음이 죽자 왕봉의 동생인 成都侯 王商이 다시 大司馬 衛將軍이 되어 정사를 보필하였다. 왕상은 평소에 진탕을 미워하였기에 진탕의 죄과를 상주하여 담당 관리에게 넘겨 심문한 뒤에 진탕을 면관시키면서 敦煌郡(돈황군)으로 방출시켰다. 이때 적방진은 막 승상이 되었고 진함은 내심으로 두렵고 불안하여

곧 小冠 杜子夏(杜欽, 두흠)를 시켜 찾아가 그 뜻을 알아보고 변명을
하라고 부탁했다. 두흠이 적방진을 방문하고서는 스스로 그 심중을
눈치 채고 말을 감히 꺼낼 수가 없었다. 얼마 뒤에 적방진은 진함과
봉신에 대하여 상주하였다.

"진함과 봉신은 간사하고 탐욕하며 사리를 챙기고 욕심이 많습니
다. 이들은 진탕이 간사하며 말을 번복하고 입만 살아 부정을 자행
한 줄을 다 알면서도 친교를 맺고 뇌물을 보내 천거를 받았습니다.
그리하여 그 뒤에 少府가 된 뒤에는 여러 번 진탕에게 뇌물을 보냈
습니다. 봉신과 진함이 요행히 九卿의 반열에 올랐지만 충성을 다하
거나 바르게 처신할 생각을 하지 않고 구차히 차지하고 부끄러움도
없었습니다. 孔子의 '야비한 사람과 같은 주군을 섬길 수 있겠는
가!'라는 말은 진함과 봉신을 두고 한 말일 것입니다. 지난날의 죄
악이 뚜렷하여 관직에 있을 수 없기에 臣은 이들을 면관시켜 천하에
널리 알리기를 주청합니다."

上奏는 可하다고 하였다.

原文

後二歲餘, 詔擧方正直言之士, 紅陽侯立擧咸對策, 拜爲
光祿大夫給事中. 方進復奏, "咸前爲九卿, 坐爲貪邪免, 自
知罪惡暴陳, 依托紅陽侯立徼幸, 有司莫敢擧奏. 冒濁苟容,
不顧恥辱, 不當蒙方正擧, 備內朝臣." 並劾紅陽侯立選擧故
不以實. 有詔免咸, 勿劾立.

○冒濁苟容 - 탐욕스럽고 남의 비위나 맞추다.

그 뒤 2년여에 조서를 내려 方正直言의 인재를 천거하라고 하자, 紅陽侯 王立은 진함을 對策으로 천거하여 光祿大夫 給事中에 임명하였다. 이에 적방진이 다시 상주하였다.

"진함은 전에 九卿에 올랐지만 탐욕과 부정으로 면관되었고 죄악이 다 드러난 것을 자신이 알고 있으면서 홍양후 王立에게 요행을 기대하였기에 有司라도 감히 탄핵을 하지 못했습니다. 진함은 탐욕에 비굴하며 치욕도 모르는 사람이라 품행방정으로 천거를 받아 朝臣이 될 수 없습니다."

아울러 홍양후 왕립을 부실한 천거를 했다고 탄핵하였다. 조서로 진함은 면직되었고 왕립은 불문에 붙였다.

原文

後數年, 皇太后姊子侍中衛尉定陵侯淳于長有罪, 上以太后故, 免官勿治罪. 有司奏請遣長就國, 長以金錢與立, 立上封事爲長求留曰, "陛下旣托文以皇太后故, 誠不可更有它計." 後長陰事發, 遂下獄. 方進劾立, "懷奸邪, 亂朝政, 欲傾誤要主上, 狡猾不道, 請下獄." 上曰, "紅陽侯, 朕之舅, 不忍致法, 遣就國." 於是方進復奏立黨友曰, "立素行積爲不善, 衆人所共知. 邪臣自結, 附托爲黨, 庶幾立與政事, 欲

獲其利. 今立斥還就國, 所交結尤著者, 不宜備大臣, 爲郡
守. 案後將軍朱博, 鉅鹿太守孫閎, 故光祿大夫陳咸與立交
通厚善, 相與爲腹心, 有背公死黨之信, 欲相攀援, 死而後
已, 皆內有不仁之性, 而外有俊材, 過絶人倫, 勇猛果敢, 處
事不疑, 所居皆尙殘賊酷虐, 苛刻慘毒以立威, 而無纖介愛
利之風. 天下所共知, 愚者猶惑. 孔子曰, '人而不仁如禮何!
人而不仁如樂何!' 言不仁之人, 亡所施用, 不仁而多材, 國
之患也. 此三人皆內懷奸猾, 國之所患, 而深相與結, 信於
貴戚奸臣, 此國家大憂, 大臣所宜沒身而爭也. 昔季孫行父
有言曰, '見有善於君者愛之, 若孝子之養父母也, 見不善者
誅之, 若鷹鸇之逐鳥爵也.' 翅翼雖傷, 不避也. 貴戚强黨之
黨誠難犯, 犯之, 衆敵並怨, 善惡相冒. 臣幸得備宰相, 不敢
不盡死. 請免博, 閎, 咸歸故郡, 以銷奸雄之黨, 絶群邪之
望." 奏可. 咸旣廢錮, 復徙故郡, 以憂死.

| 註釋 | ○定陵侯 淳于長 - 淳于(순우)는 복성. 元帝 王皇后 언니의 아들.
성제가 총애하는 趙飛燕(조비연)을 황후로 책립하는데 힘써 정릉후가 되었
다. 처음에는 폐후된 成帝 許皇后의 여동생과 私通하여 면직되었다가 綏和
원년(전 8년)에 대역죄로 처형되었다. 93권, 〈佞幸傳〉에 입전. ○朕之舅 -
짐의 외삼촌. 成帝 모후 王太后(王政君)의 친정 동생이었다. ○庶幾~ - 庶
幾는 바라다. 與는 간여하다. ○後將軍 朱博 - 大將軍, 驃騎將軍, 車騎將軍,
衛將軍의 하위 장군직으로 前, 後, 左, 右將軍을 두었다. 전시에는 이들 본연
의 임무로 군사를 거느리지만 평상시에는 타직을 겸했는데 장군 직함에 諸

吏, 散騎, 給事中의 加官이 보내어져 內朝의 일원으로 황제의 자문에 응대하였다. 朱博은 83권, 〈薛宣朱博傳〉에 입전. ㅇ鉅鹿太守 - 郡名, 縣名. 치소는 鉅鹿縣, 今 河北省 邢台市 관할의 鉅鹿縣. ㅇ死黨之信 - 朋黨을 위해 죽을 수도 있다는 신의. ㅇ人而不仁如禮何 - 《論語 八佾(팔일)》. ㅇ沒身而爭也 - 沒은 다하다. 죽다. 爭은 諍也. 바른 도리로 따지다. ㅇ季孫行父 - 季孫行甫. 魯의 季文子. ㅇ見有善於君者愛之~ - 《春秋左氏傳 文公》18년 條의 글. ㅇ鷹鸇(응전) - 새매. 鸇은 새매 전. ㅇ翅翼(시익) - 날개. ㅇ廢錮 - 파직되고 다시 임용될 길도 막히다.

〔國譯〕

　몇 년 뒤, 皇太后 언니의 아들인 侍中 衛尉인 定陵侯 淳于長이 죄를 지었으나 성제는 태후 때문에 면관만 시키고 처벌하지는 않았다. 有司가 순우장을 封國으로 축출해야 한다고 상주하자 순우장은 王立에게 뇌물을 건넸고, 왕립은 순우장이 장안에 살 수 있도록 封事를 올리며 "폐하께서는 이미 황태후 때문이라고 조서에서 말했기에 다른 조치를 취할 수 없습니다."라고 말했다. 뒤에 순우장의 음모가 발각되어 결국 하옥되었다. 이에 적방진이 왕립을 탄핵하였다.

　"王立은 간사한 뜻으로 조정의 정사를 혼란케 하고 주상을 잘못 판단케 하였고 교활 무도하니 하옥을 주청합니다."

　그러자 성제는 "홍양후는 짐의 외삼촌이라 차마 법대로 할 수 없어 봉국으로 보내겠다."고 하였다. 이에 적방진이 다시 왕립의 당파 사람을 탄핵하였다.

　"왕립이 평소에 악한 짓을 많이 하여 많은 사람이 다 알고 있습니다. 간신들이 스스로 모이고 의지하며 당파를 만들어 왕립과 함께 정사에 간여하면서 이득을 얻으려 하였습니다. 이제 왕립을 봉국으로 물러나게 하였으니, 그와 교제가 특별히 두터운 자들도 대신이나 태수의 자리에 있을 수 없습니다. 이를 살펴본다면 후장군 朱博(주박), 거록태수 孫閎(손굉), 전 광록대부인 陳咸(진함)은 왕립과 가깝게 교제하면서 서로 그 심복이 되어 공익을 배척하고 붕당을 위해 죽을 수도 있다는 신의로 서로를 이끌어 주었으니 이들은 죽어야만 없어질 것입니다. 이들은 모두 내심으로 不仁之性을 품고 밖으로는 보통 이상의 재능으로 인륜을 무시하며 용맹 과감하였고 일을 처리함에 머뭇거리지도 않았으며, 담당 직무에서 잔인하고 준엄을 숭상하면서 각박하고 참혹한 조치로 권위를 세웠으며 작은 仁愛로 백성을 이롭게 하지도 않습니다. 이는 천하 사람이 다 알지만 어리석은 자는 현혹되기도 합니다. 공자가 '사람으로 인자하지 않다면 禮가 무슨 소용이겠는가! 사람으로 인자하지 않다면 樂인들 무슨 소용이겠는가!' 라 하였으니, 不仁者는 쓸데가 없으며 불인하며 재주가 많다면 나라의 우환이 될 것입니다. 이 세 사람의 속마음이 교활하니 나라의 걱정거리이며 서로 깊이 함께 얽혀 貴戚(귀척)이나 간신의 신임을 얻고 있으니, 이는 국가의 큰 우환일 것이기에 대신이라면 죽을 각오로 이를 諫諍해야 합니다. 옛날 季孫行父는 '선량한 자를 주군이 아껴주는 것은 효자가 부모를 봉양하는 것과 같이 하고, 악한 자를 주살하는 것은 새매가 참새를 쫓아내는 것과 같이 하라.' 고 말했습니다. 이는 날개가 손상되더라도 피할 수 없는 일입니다. 貴戚이나 세력이 강한 붕당은 사실 꺾기 어렵지만 그것을 꺾고 많은 적의 원한을 사면서 선악이 서로 대결하는 것입니다. 臣이 재상의 자리에 있기 때문에 감히 죽음을 무릅쓰지 않을 수 없습니다. 주박과 손굉을 면관시키고 진함을 고향으로 방축하여 간웅의 붕당을 없애어 나머지 사악한 자들의 기대를 잘라버려야 합니다."

　상주한 것은 可하다고 하였다. 진함은 이미 관직에서 쫓겨나고 벼슬길도 막혔는데 다시 고향으로 돌아가야 했기에 울분으로 죽었다.

原文

　方進知能有餘, 兼通文法吏事, 以儒雅緣飭法律, 號爲通明相, 天子甚器重之, 奏事亡不當意, 內求人主微指以固其位. 初, 定陵侯淳于長雖外戚, 然以能謀議爲九卿, 新用事, 方進獨與長交, 稱薦之. 及長坐大逆誅, 諸所厚善皆坐長免, 上以方進大臣, 又素重之, 爲隱諱. 方進內慚, 上疏謝罪乞骸骨. 上報曰, "定陵侯長已伏其辜, 君雖交通, 傳不云乎? '朝過夕改, 君子與之,' 君何疑焉? 其專心一意毋怠, 近醫藥以自持." 方進乃起視事, 條奏長所厚善京兆尹孫寶, 右扶風蕭育, 刺史二千石以上免二十餘人, 其見任如此.

│註釋│ ○知能 - 智識과 능력. ○緣飭(연직) - 緣飾(연식)으로 된 판본도 있다. 꾸미다. ○隱諱(은휘) - 숨기고 말을 하려 하지 않다. ○君子與之 - 與는 허락하다. 贊成하다. ○孫寶(손보) - 77권, 〈蓋諸葛劉鄭孫毋將何傳〉에 입전.

〔國譯〕
　적방진의 지식과 능력은 뛰어났고 법문과 행정업무에 두루 통했고 유가사상으로 법률을 해석하여 '모든 일에 밝은 승상'이라 불렸으며 천자도 그 기량을 매우 존중하여 상주한 업무가 천자 뜻에 들지 않는 것이 없었으며 적방진도 천자의 속뜻을 살펴 자신의 지위를 확고히 하였다.

전에 정릉후 순우장이 외척이지만 유능하여 九卿의 반열에 올라 새로 권력을 쥐려 할 때 적방진은 그와 오래 교제했기에 칭송하며 밀어주었다. 순우장이 대역죄에 해당되어 주살당하고 그간 순우장과 교제했던 사람들이 연좌되어 면직되었지만 成帝는 적방진이 대신이며 또 평소에 존중했기 때문에 숨겨 덮어주려고 하였다. 적방진은 마음으로 부끄러워 상소하여 사죄하며 면직을 요청하였다. 이에 성제가 대답하였다.

"정릉후 순우장은 이미 그 죄를 자백했으며 君이 비록 교제했다지만 경전에서도 말하지 않았던가? '아침의 잘못을 저녁에 고친다면 군자가 받아준다.' 君은 무엇을 걱정하는가? 오직 한 마음으로 열심히 노력하며 의약을 복용하며 건강에 유념토록 하라."

이에 적방진은 출근하여 업무를 처리하면서 순우장과 평소에 가까웠던 경조윤 孫寶(손보), 우부풍 蕭育(소육), 그밖에 자사, 태수 등 20여 명을 면직시켰는데 그 일처리가 이러했었다.

原文

方進雖受《穀梁》, 然好《左氏傳》, 天文星曆, 其《左氏》則國師劉歆, 星曆則長安令田終術師也. 厚李尋, 以爲議曹. 爲相九歲, 綏和二年春熒惑守心, 尋奏記言, "應變之權, 君

侯所自明. 往者數白, 三光垂象, 變動見端, 山川水泉, 反理
視患, 民人訛謠, 斥事感名. 三者旣效, 可爲寒心. 今提揚眉,
矢貫中, 狼奮角, 弓且張, 金歷庫, 土逆度, 輔湛沒, 火守舍,
萬歲之期, 近愼朝暮. 上無惻怛濟世之功, 下無推讓避賢之
效, 欲當大位, 爲具臣以全身, 難矣! 大責日加, 安得但保斥
逐之戮? 闔府三百餘人, 唯君侯擇其中, 與盡節轉凶."

| 註釋 | ○國師劉歆 – 國師 劉歆(유흠, 前 50 – 서기 23)은 劉向(前 77 – 前
6)의 아들. 漢의 종친의 후손이기에 36권, 〈楚元王傳〉에 父子 모두 입전. 國
師는 王莽의 新나라에서 받은 직책. 三公보다 상위 직분이었다. 적방진의 생
존 시기(? – 前 7년)에는 이런 호칭이 없었다. ○田終術 – 적방진에게 星曆
을 배웠다. 뒷날 왕망에게 적극 아부했다. ○李尋(이심) – 75권, 〈眭兩夏侯
京翼李傳〉에 입전. 議曹는 승상부 소속 부서의 하나. 부서의 기획담당 파트
라 할 수 있다. 議曹의 책임자는 議曹掾(의조연)이고 副 책임자가 議曹史이
다. ○綏和(수화) 二年 – 성제가 죽은 해. 前 7년. ○熒惑守心 – 熒惑星(형혹
성)이 心宿(심수)에 합쳐지다. 熒惑(형혹)은 火星의 별명. 형혹성이 나타나면
兵禍가 있다고 하였다. 守는 별이 다른 별의 자리에 가는 것(居其宿曰 守).
心은 28宿(수)의 하나. 熒惑이 守心하면 王者에게 재해가 있다고 믿었다.
○三光垂象 – 三光은 日, 月, 星. 垂象은 조짐이 나타나다. ○山川水泉 – 水
泉은 泉水. ○訛謠(와요) – 訛言이나 風謠. 元帝 때 '井水溢 滅灶煙 ~'하는
동요가 있었는데 성제 때 北宮의 우물이 넘쳤다고 한다. 성제 때 '燕燕尾涎
涎 ~' 하는 동요가 있었는데 燕燕은 趙飛燕을 뜻한다고 하였다. 이는 〈五行
志〉에 실려 있다. ○斥事感名 – 斥事는 어떤 사태를 지적하다. 感名은 이름
을 풀이한 것이다. ○今提揚眉 – 攝提星(섭제성, 天王의 帝廷을 상징)이 빛살
의 끝(芒角)을 드러내다. ○矢貫中 – 枉矢星(왕시성, 流星의 이름)이 貫中(弧

의 한 가운데)에 나타나다.   ○狼奮角 - 狼星에 망각이 나타나다. 이는 도적 떼가 일어날 조짐이라고 해석하였다.   ○弓且張 - 天弓의 九星이 밝지 않고. 張은 不明. 이는 병란이 일어날 형상이라고 했다.   ○金歷庫 - 金星(太白星)이 武庫의 二十星을 지나다. 이 역시 병란의 조짐이라고 해석했다.   ○土逆度 - 土星이 역행하다.   ○輔湛沒 - 輔星(北斗 중 제4星의 곁에 있는 별, 大臣을 상징하는 별)이 보이지 않다. 湛沒은 沈沒. 이는 적방진이 장차 죽을 징조로 해석하였다.   ○火守舍 - 火星(熒惑星)이 心宿에 합쳐지다. 熒惑守心과 같음.   ○萬歲之期 - 죽을 때. 성제의 죽음을 의미.   ○近愼朝暮 - 아침저녁으로 근신하다. 곧 닥칠 것이다.   ○惻怛濟世(측달제세) - 백성을 불쌍히 여기며 구제하다. 惻怛은 惻隱(측은)과 같음.   ○具臣 - 자리나 차지한 신하. 備位充數之臣.   ○閤府(합부) - 승상부.

〔國譯〕

　적방진이 비록 《穀梁傳》을 전수받았지만 《左氏傳》과 天文과 星曆도 좋아하였는데 그중 《左氏傳》은 國師 劉歆(유흠)이, 星曆에 관한 지식은 長安令 田終術이 스승이었다. 적방진은 李尋(이심)을 후대하여 議曹에 근무하게 하였다. 승상 9년째인 綏和(수화) 2년 봄에 熒惑星(형혹성)이 心宿(심수)에 합쳐졌는데 이심은 이에 관한 글을 올려 말했다.

　"變異에 따른 조치에 대해서 君侯(승상)께서도 잘 아실 것입니다. 지난번에도 여러 차례 말했지만 三光이 징조를 보여 변이의 단서를 암시하거나 山川의 변동이나 逆理 현상은 환란의 암시이며 백성의 와언이나 노래는 어떤 일을 지칭하거나 이름을 풀이한 것입니다. 지금 위에 말한 3가지 현상이 나타났으니 크게 걱정해야 할 일입니다. 곧 攝提星(섭제성)의 芒角(망각)이 나타나고 枉矢星(왕시성)이 貫中에 보였으며, 狼星(낭성)에 芒角(망각)이 나타나고, 天弓의 九星이 빛을 잃으면서 金星(太白星)이 武庫의 二十星을 지나갔으며, 土星이 역행하고 輔星이 사라졌으며 火星이 心宿(심수)에 합쳐졌으니, 이는 죽을 때가 되었다는 뜻으로 가까운 시기에 닥칠 것입니다. 위로는 백성을 불쌍히 여기며 구제한 공적도 없고 아래로는 현인에게 자리를 양보하는 노력도 없으면서 大位를 차지하고 있었으니 자리나 차지한 신하로 온전한 몸으로 마치기는 어려울 것입니다. 곧 큰 책망이 있을 것이니 쫓겨나는 처벌을 어찌 막을 수 있겠습니까? 승상부의 3백여 관리 중에서 오직 승상만이 그 적임자를 고르고 충성을 다하여 흉사를 막아야 할 것입니다."

原文

方進憂之, 不知所出. 會郎賁麗善爲星, 言大臣宜當之. 上乃召見方進. 還歸, 未及引決, 上遂賜册曰, "皇帝問丞相, 君孔子之慮, 孟賁之勇, 朕嘉與君同心一意, 庶幾有成. 惟君登位, 於今十年, 災害並臻, 民被飢餓, 加以疾疫溺死, 關門牡開, 失國守備, 盜賊黨輩. 吏民殘賊, 毆殺良民, 斷獄歲歲多前. 上書言事, 交錯道路, 懷奸朋黨, 相爲隱蔽, 皆亡忠慮, 群下凶凶, 更相嫉妒, 其咎安在? 觀君之治, 無慾輔朕富民便安元元之念. 間者郡國穀雖頗熟, 百姓不足者尙衆, 前去城郭, 未能盡還, 夙夜未嘗忘焉. 朕惟往時之用, 與今一也, 百僚用度各有數. 君有量多少, 一聽群下言, 用度不足,奏請一切增賦, 稅城郭塿及園田, 過更, 算馬牛羊, 增益鹽鐵, 變更無常. 朕旣不明, 隨奏許可, 後議者以爲不便, 制詔下君, 君云賣酒醪. 後請止, 未盡月復奏議令賣酒醪. 朕誠怪君, 何持容容之計, 無忠固意, 將何以輔朕帥道群下? 而欲久蒙顯尊之位, 豈不難哉! 傳曰, '高而不危, 所以長守貴也.' 欲退君位, 尙未忍. 君其執念詳計, 塞絶奸原, 憂國如家, 務便百姓以輔朕. 朕旣已改, 君其自思, 强食愼職. 使尙書令賜君上尊酒十石, 養牛一, 君審外焉."

| 註釋 | ○賁麗 - 賁(비)는 姓. 麗는 名. 賁은 클 분. 성씨 비. ○君孔子之慮 - 君은 승상 적방진을 지칭. ○孟賁之勇 - 맹분과 같은 용기. 맹분은 전국시대의 勇士. ○便安元元之念 - 元元은 백성. ○前去城郭 - 전에 살던 성곽을 버리다. ○往時之用 - 往時의 財用. 궁궐의 財政. ○城郭塿 - 성곽의 공터. 마을의 공터. 塿 빈 터 연. (城郭旁地). ○過更 - 요역의 대가를 돈으로 납부하고 官에서는 인력을 고용하여 충당하는 일. ○算馬牛羊 - 算은 算賦, 곧 人丁에 따른 세금. 人丁稅에 가축의 다소를 반영하다. ○賣酒醪 - 酒醪는 술. 醪 막걸리 료. ○容容之計 - 수시로 바뀌는 정책. 사람에 따라 오르내리다. ○高而不危 - 고위에 오를수록 교만하지 않아야 실패가 없다는 뜻. 《孝經 諸侯章》의 글.

[國譯]

적방진은 (熒惑星이 心宿에 합쳐진 것을) 걱정하며 어찌할 줄을 몰랐다. 이때 賁麗(비려)라는 낭관은 별을 잘 본다면서 이는 大臣 때문이라고 말했다. 성제는 곧 적방진을 불렀다. 적방진이 돌아와 진퇴를 결정하기도 전에 성제가 詔册을 내려 말했다.

"황제가 승상에게 묻나니, 君은 孔子와 같은 사려와 맹분과 같은 용기를 가졌으니 짐은 기꺼이 君과 한마음 한뜻으로 성취하기를 기대했었다. 생각해보면 君이 승상에 오른 지 지금껏 10년에 재해가 한꺼번에 닥치고 백성들은 굶주리고 질병에 걸려 죽어갔으며, 관문이 무너지고 후국을 잃었으며, 적을 막아야 했고 도적들이 떼를 지어 일어났도다. 吏民과 잔인한 도적이 양민을 몰아 죽였으며 범죄자는 해마다 늘었다. 상서하여 호소하려는 자가 길에 널렸으며 간사한 붕당들은 서로 감춰주며 충성을 생각하는 자 하나 없어 백성 민심이 흉흉하고 서로 질투하니 그 죄는 누구에게 있는가? 君이 치국하는 것을 보면 백성을 부유하게 만들고 편안히 살게 하려는 짐의 뜻을 보필할 생각이 없는 것 같았다. 요즈음 郡國에서 풍년이 들었다 하지만 굶는 백성은 오히려 늘었으며 예전에 살던 곳을 떠나간 유랑민들은 아직도 돌아오지도 못한다니 짐은 이를 한시도 잊은 적이 없도다. 짐이 생각하건대, 지난날의 씀씀이나 지금은 마찬가지인데 신하들의 씀씀이는 각각 다른 것 같도다. 君도 얼마간은 헤아리고 있겠지만 여러 신하들의 말을 들어보면 用度가 부족하다면서 부세를 수시로 늘려야 한다고 주청하거나 성곽의 공지나 토지에 대하여 과세하고 요역을 사서 충당하거나 가축을 세어 부과하고 鹽鐵(염철)에 대한 세금을 늘리는 등 그 변경이 무상하였다. 짐이 내용을 잘 몰라 상주하는 대로 결재는 했지만 사후에 많은 사람들이 불편하다고 하여 君에게 명령하였더니 君은 술의 전매를 건의하였었다. 나중에는 중지하자 주청하였고 한 달이 채 안되어서 다시 술의 전매를 의논하겠다고 상주하였다. 짐이 정말로 이해하기 어려운 것은 왜 수시로 계획을 변경해야 하며 충실하고 굳은 의지가 없으니 장차 무엇으로 짐을 도와 만 백성을 이끌겠는가? 승상은 높은 자리를 오랫동안 누리고 싶겠지만 그것이 어찌 어렵지 않겠는가! 경전에서도 '높지만 교만하지 않아야 부귀를 오래 보존할 수 있다.' 라고 말하였다. 君을 자리에서 물러나게 하고 싶으나 차마 그렇게 할 수 없도다. 君은 상세한 계획을 잘 생각하여 사악의 근원을 막고 나라를 집안일처럼 걱정하며 백성을 잘 살게 하여 짐을 보필하는데 힘써야 할 것이다. 짐은 이미 바꾸고자 하였으나 君은 깊이 생각하고 건강을 지키며 직무에 충실하기 바라노라. 상서령을 시켜 君에게 上尊酒 十石과 양육한 소 한 마리를 하사하니 君은 그 밖의 일도 살피기 바라노라."

原文

方進卽日自殺. 上祕之, 遣九卿册贈以丞相, 高陵侯印綬, 賜乘輿祕器, 少府供張, 柱檻皆衣素. 天子親臨吊者數至, 禮賜異於它相故事. 諡曰恭侯. 長子宣嗣.

| 註釋 | ○方進卽日自殺 - 적방진은 綏和 2년 2월에 자결했고, 3월에는 성제가 갑자기 붕어했다. ○上祕之 - 그 죽음을 알 수 없는 일이라 여기다. 위에 있는 賁麗(비려)가 말한 '大臣宜當之'가 그대로 맞았다면서 죽음으로 다른 재앙을 막으려 했다고 생각하였고 그래서 하사품이 특히 많았을 것이다. 秘는 祕의 俗字. ○祕器 - 棺槨(관곽).

　적방진은 당일에 자살하였다. 성제는 신비한 일이라 생각하면서
九卿을 보내 승상과 高陵侯의 인수를 보내고 장례용 수레와 필요한
기물을 하사했으며 少府에서는 휘장을 제공했고 기둥과 난간을 흰
천으로 감쌌다. 天子가 친히 왕림하여 수차 조문하였고 하사품이 다
른 승상의 전례와 달랐다. 시호는 恭侯라 하였고, 장자 翟宣(적선)이
계승했다.

84-2. 翟義

原文

　宣字少伯, 亦明經篤行, 君子人也. 及方進在, 爲關都尉,
南郡太守.

　少子曰義. 義字文仲, 少以父任爲郎, 稍遷諸曹, 年二十
出爲南陽都尉. 宛令劉立與曲陽侯爲婚, 又素著名州郡, 輕
義年少. 義行太守事, 行縣至宛, 丞相史在傳舍. 立持酒餚
謁丞相史, 對飮未訖, 會義亦往, 外吏白都尉方至, 立語言身
若. 須臾義至, 內謁徑入, 立乃走下. 義旣還, 大怒, 陽以他
事召立至, 以主守盜十金, 賊殺不辜, 部掾夏恢等收縛立, 傳

送鄧獄. 恢亦以宛大縣, 恐見簒奪, 白義可因隨後行縣送鄧.
義曰, "欲令都尉自送, 則如勿收邪?" 載環宛市乃送, 吏民
不敢動, 威震南陽.

| 註釋 | ○南郡太守 - 南郡의 소는 郢縣(영현, 今 湖北省 江陵市 부근). ○以
父任爲郎 - 任은 保擧, 擔保의 뜻. 漢代 任子令에 의하면 二千石 이상의 관
리가 3년 이상을 근무하면 아들이나 형제 중 하나를 낭관에 천거할 수 있었
다. ○都尉 - 郡의 군사 및 치안 책임자. 질 比二千石. ○宛縣(완현) - 南陽
郡의 치소. 今 河南省 서남부의 南陽市. 제갈량이 살았던 臥龍崗(와룡강)이
있는 곳.

〖 國譯 〗

  (적방진의 長子) 翟宣(적선)의 字는 少伯으로 적방진처럼 경학에
밝고 행실이 돈독한 군자 같은 사람이었다. 적방진이 살았을 때 관
문 도위와 南郡太守를 역임하였다.

  막내아들은 翟義(적의)이다. 적의의 자는 文仲(문중)으로 젊어 부
친의 보증으로 낭관이 되어 차츰 여러 부서를 거쳐 20세에 남양군
도위가 되었다. 宛縣(완현) 현령인 劉立(유립)은 曲陽侯 王根(왕근)과
혼인하였고 또 평소에 주군에 이름이 났었는데 적의가 어리다고 무
시하였다. 적의가 태수의 명을 받아 여러 현을 순시하며 완현에 왔
는데 丞相史가 마침 傳舍에 와 있었다. 유립은 술과 안주로 승상사
를 대접하였는데 자리를 끝내기 전에 마침 적의가 현 관내에 들어가
자 외곽에 있던 현리가 도위가 통과하였다고 알렸지만 유립은 태연
하게 그대로 계속하였다. 얼마 있다가 적의가 현청에 도착하자 (유

립은) 지름길로 들어와 아래에 섰다. 적의는 이미 도착했었기에 화를 내면서 짐짓 다른 일인 것처럼 유립을 불러 세운 뒤에 공금을 十金 이상 횡령하였고 무고한 백성을 죽였다고 문책하며 소속 掾吏(연리)인 夏恢(하회) 등으로 하여금 유립을 체포하여 鄧縣(등현)의 옥으로 압송하게 하였다. 하회는 완현이 큰 현이라 현령을 뺏길 수도 있다고 생각하여 적의에게 각 현을 순시하는 것처럼 등현으로 함께 데려가는 것이 어떠냐고 물었다. 이에 적의가 말했다. "군 도위와 함께 간다면 체포하지 않은 것 같지 않겠는가?" 이에 유립을 가둬 완현의 거리를 돌게 한 뒤에 압송하니 완현의 吏民이 감히 움직일 수 없었고 적의의 위세는 남양군에 진동했다.

原文

立家輕騎馳從武關入語曲陽侯, 曲陽侯白成帝, 帝以問丞相. 方進遣吏敕義出宛令. 宛令已出, 吏還白狀. 方進曰, "小兒未知爲吏也, 其意以爲入獄當輒死矣."

後義坐法免, 起家而爲弘農太守, 遷河內太守, 靑州牧. 所居著名, 有父風烈. 徙爲東郡太守.

| 註釋 | ○武關 - 今 陝西省 商洛市 丹鳳縣 武關河 북쪽에 있는 관문. 函谷關, 蕭關, 大散關과 함께 '秦의 四塞'라 불렸다. 前 206년 劉邦은 이곳을 거쳐 關中에 들어가 秦을 멸망시켰다. ○弘農 - 군명. 치소는 弘農縣(今 河南省 三門峽市 관할의 靈寶市 동북). ○河內 - 군명. 치소는 懷縣(今 河南省 焦作市 관할의 武陟縣). ○靑州牧 - 靑州의 牧(前 刺史)은 濟南郡 등 6군 외 菑

川國 등 3국을 감찰. ○風烈 – 풍채와 업적.

[國譯]

劉立(유립)의 집에서는 빠른 말을 보내 武關을 거쳐 曲陽侯 王根에게 알렸고 곡양후가 成帝에게 아뢰자 성제는 승상에게 물었다. 승상 적방진은 관리를 보내 적의에게 宛(완)의 현령을 석방하라고 타일렀다. 완현의 현령이 풀려난 뒤에 관리가 돌아와 상황을 말했다. 이에 적방진이 말했다. "어린 아들이 吏道를 잘 알지는 못했겠지만 (유립을 옥에 가둔 것은) 일단 옥에 들어가면 죽은 것과 같다는 것을 일러주려 한 것이다."

뒤에 적의는 법을 어겨 면직되었다가 다시 등용되어 弘農太守를 역임하고 河內太守와 靑州자사가 되었다. 임지에서 이름을 날렸으니 부친의 유풍이 남아 있었다. 다시 동군 태수로 옮겼다.

原文

數歲, 平帝崩, 王莽居攝, 義心惡之, 乃謂姊子上蔡陳豐曰, "新都侯攝天子位, 號令天下, 故擇宗室幼稚者以爲孺子, 依托周公輔成王之義, 且以觀望, 必代漢家, 其漸可見. 方今宗室衰弱, 外無强蕃, 天下傾首服從, 莫能亢扞國難. 吾幸得備宰相子, 身守大郡, 父子受漢厚恩, 義當爲國討賊, 以安社稷. 欲擧兵西誅不當攝者, 選宗室子孫輔而立之. 設令時命不成, 死國埋名, 猶可以不慙於先帝. 今欲發之, 乃肯從我乎?"豐年十八, 勇壯, 許諾.

| 註釋 | ○平帝崩 － 서기 5년. 왕망이 독살했다는 설이 유력하다. ○王莽居攝 － 王莽이 攝位에 오르다. 孺子 嬰(영)이 너무 어려 왕망은 명목상 제위를 대신한다고 하였다. ○上蔡陳豐 － 上蔡縣(今 河南省 駐馬店市 관할의 上蔡縣)의 陳豐. ○扞 － 막다. 抗扞(항한). ○埋名(매명) － 죽어 명성을 얻다. ○乃肯從我乎 － 乃는 너(你, 汝).

〖 國譯 〗

몇 년 지나 平帝가 붕어하자 王莽(왕망)이 섭위했는데 翟義(적의)는 이를 마음속으로 증오하며 누나의 아들인 상채현의 陳豐(진풍)에게 말했다.

"新都侯(왕망)가 천자 자리를 섭위하며 천하를 호령하려고 고의로 종실의 어린아이를 골라 孺子라 하며 周公이 成王을 보필한 뜻에 의탁하고서 관망하다가 기어이 漢의 황실을 대신하려는 그 속셈을 알 수 있다. 지금 종실은 쇠약하고 밖으로 강력한 제후도 없어 천하가 점점 머리를 숙이며 복종하니 이 국난을 막을만한 자가 없다. 나는 다행히도 재상의 아들로 큰 군의 태수이며 부자가 漢室의 후한 은택을 입었으니 의리상 응당 나라를 위해 賊臣을 토벌하고 사직을 안정시켜야 한다. 지금 거병하여 서쪽으로 들어가 부당하게 섭위에 오른 자를 주살하고 漢室의 자손을 골라 보필하고 옹립할 것이다. 설령 이 시대의 명을 이루지 못할 지라도 나라를 위해 죽었다는 이름을 얻는다면 오히려 先帝에게도 부끄럽지 않을 것이다. 지금 거병하려 하는데 너는 나를 따르겠는가?"

그때 진풍은 나이가 18세에 용감하고 힘이 장사였는데 허락하였다.

義遂與東郡都尉劉宇, 嚴鄕侯劉信, 信弟武平侯劉璜結
謀. 及東郡王孫慶素有勇略, 以明兵法, 徵在京師, 義乃詐
移書以重罪傳逮慶. 於是以九月都試日斬觀令, 因勒其車騎
材官士, 募郡中勇敢, 部署將帥. 嚴鄕侯信者, 東平王雲子
也. 雲誅死, 信兄開明嗣爲王, 薨, 無子, 而信子匡復立爲王,
故義擧兵幷東平, 立信爲天子. 義自號大司馬柱天大將軍,
以東平王傅蘇隆爲丞相, 中尉皇丹爲御史大夫, 移檄郡國,
言莽鴆殺孝平皇帝, 矯攝尊號, 今天子已立, 共行天罰. 郡
國皆震, 比至山陽, 衆十餘萬.

| 註釋 | ○都試日斬觀令 - 都試日은 講武하는 날. 열병을 하고 장졸의 무
예를 시험하여 등용하였다. 觀令은 東郡 觀縣의 현령. ○材官 - 材力(재력,
힘)이 좋은 병사. 강궁을 쏠 수 있는 사졸. ○東平王雲子也 - 東平國은 宣帝
甘露 二年(前 52년)에 皇子 劉宇를 봉한 나라. 치소는 無鹽縣(今 山東省 泰安
市 관할의 東平縣). 東平王 劉雲은 80권, 〈宣元六王傳〉 참고. ○山陽郡 - 치
소는 昌邑縣(今 山東省 菏澤市 관할의 鉅野縣).

〖國譯〗
적의는 마침내 동군도위인 劉宇(유우), 엄향후 劉信(유신), 유신의

동생인 무평후 劉璜(유황)과 모의하였다. 그리고 東郡의 王孫慶(왕손경)은 평소 용기와 지략이 있고 병법에 밝은 사람으로 부름을 받아 장안에 있었는데 적의는 거짓 문서를 보내 왕손경을 옥에 가두게 하였다. 그리고서는 9월 都試日에 觀縣의 縣令을 참수하고 그 車騎와 材官의 사졸을 편성하고 군내의 용감한 자를 모집하여 부대로 개편하여 통솔하였다. 엄향후 劉信은 東平王 劉雲(유운)의 아들이다. 유운이 처형되고 유신의 형 劉開明(유개명)이 뒤를 이어 왕이 되었다가 죽었으나 아들이 없어 유신의 아들 劉匡復(유광복)을 왕으로 세웠었는데 의병이 일어나면서 동평국을 합하게 되자 유신을 천자로 내세웠다. 유의는 大司馬 柱天大將軍이라 스스로 칭하고 동평왕의 사부 蘇隆(소륭)을 승상으로, 中尉인 皐丹(고단)을 御史大夫로 정한 뒤에 격문을 군국에 보내어 왕망이 孝平皇帝를 독살하고 거짓으로 존호를 섭위한다면서 이제 새로운 천자를 옹립하였으니 함께 천벌을 실행하자고 주장하였다. 모든 군국이 동요하였고 함께 山陽郡에 이르렀을 때 군사는 10여만 명이었다.

原文

莽聞之, 大懼, 乃拜其黨親輕車將軍成武侯孫建爲奮武將軍, 光祿勳成都侯王邑爲虎牙將軍, 明義侯王駿爲强弩將軍, 春王城門校尉王況爲震威將軍, 宗伯忠孝侯劉宏爲奮衝將軍, 中少府建威侯王昌爲中堅將軍, 中郎將震羌侯竇兄爲奮威將軍, 凡七人, 自擇除關西人爲校尉軍吏, 將關東甲卒,

發奔命以擊義焉. 復以太僕武讓爲積弩將軍屯函谷關, 將作
大匠蒙鄕侯逯並爲橫壄將軍屯武關, 義和紅休侯劉歆爲揚
武將軍屯宛, 太保後丞丞陽侯甄邯爲大將軍屯霸上, 常鄕侯
王惲爲車騎將軍屯平樂館, 騎都尉王晏爲建威將軍屯城北,
城門校尉趙恢爲城門將軍, 皆勒兵自備.

| 註釋 | ○黨親 - 黨人과 親族. ○明義侯 王駿(왕준) - 72권,〈王貢兩龔
鮑傳〉에 附傳. ○春王城門校尉 - 春王은 장안성 동북 성문 이름. 宣平門을
왕망이 개명하였다. ○宗伯 - 황실 친족에 관한 업무를 담당하는 宗正의 개
칭. 九卿의 하나. ○中少府 - 長樂宮의 소부. ○奔命(분명) - 각 郡國의 비
상 예비군. ○將作大匠 - 궁궐 종묘의 건축과 수리, 능침의 토목공사나 축
성을 관장하는 직책. 질록 2천석, 공로가 있으면 中二千石. ○義和(희화) -
왕망 집권 후 大司農을 개칭한 관직명. ○霸上(패상) - 西安市 동쪽 霸水(패
수)의 북쪽. ○平樂館 - 平樂觀. 당시 장안성의 서쪽.

〖國譯〗

　　왕망이 이를 듣고서는 크게 두려워하며 그의 무리와 일족으로 輕
車將軍 성무후 孫建(손건)을 분무장군에, 광록훈 성도후 王邑(왕읍)
을 호아장군에, 명의후 王駿(왕준)을 강노장군에, 春王 성문 교위인
王況(왕황)을 진위장군에, 宗伯인 충효후 劉宏(유굉)을 분충장군에,
中少府인 건위후 王昌(왕창)을 중견장군에, 중랑장 진강후 竇兄(두
형)을 분위장군에 임명하여 모두 7인은 관서 사람을 교위나 군리에
골라 임명하고서 관동의 갑졸을 거느리고 각 군현의 비상 예비군인
奔命(분명)을 동원하여 翟義(적의)를 토벌하게 하였다. 또 태복인 武

讓(무양)을 적노장군에 임명하여 函谷關(함곡관)에 주둔케 하였고 將作大匠(장작대장)인인 몽향후 逯並(녹병)을 橫壄(횡야, 壄는 野)장군이라 하여 武關(무관)에, 義和(희화, 大司農)인 홍휴후 劉歆(휴흠)을 揚武將軍이라 하여 宛縣(완현)에, 太保後丞(대보후승)인 丞陽侯(증양후, 丞音은 증) 甄邯(견한)을 大將軍으로 삼아 霸上(패상)에, 상향후 王惲(왕운)을 車騎將軍으로 삼아 平樂館(평락관)에 기도위인 王晏(왕안)을 建威將軍으로 삼아 장안 城北에 주둔하게 하였으며 성문교위인 趙恢(조회)를 城門將軍이라 하여 각각 군사를 거느리고 대비하게 하였다.

原文

  莽日抱孺子謂群臣而稱曰, "昔成王幼, 周公攝政, 而管, 蔡挾祿父以畔, 今翟義亦挾劉信而作亂. 自古大聖猶懼此, 況臣莽之斗筲!" 群臣皆曰, "不遭此變, 不章聖德." 莽於是依〈周書〉作〈大誥〉, 曰,

| 註釋 | ○抱孺子 - 2살 갓난아기를 품에 안다. 孺子(유자)는 젖먹이. 前1年 哀帝가 죽자 왕망의 고모인 太皇太后 王政君이 傳國의 玉璽를 쥐고 9살 平帝를 즉위케 하자 왕망은 다시 大司馬가 되어 군권을 장악하였다. 뒤에 왕망의 딸은 평제의 皇后가 되었다. 왕망은 元始 4年(서기 4년) 九錫을 하사받아 나라의 최고 원로가 되었다. 서기 5년, 平帝를 독살한 뒤 겨우 2살의 孺子 嬰(유자 영)을 皇太子로 정해 놓고 太皇太后 王氏의 명에 따라 假皇帝(攝皇帝)로 정권을 오로지 하다가 初始 원년(8년)에 유자 嬰(영)의 선양을 받아

칭제하며 국호를 新이라 하였다. ㅇ謂群臣而稱 - '會群臣而稱'이어야 文理가 자연스러움. ㅇ挾祿父以畔 - 祿父와 함께 배반하였다. 祿父(녹보)는 殷紂王의 아들. 畔은 叛. ㅇ臣莽之斗筲 - 斗筲(두소)는 작은 容器. 식견이 부족함. 斗는 十升. 筲 대나무 그릇 소. 1斗2升을 담을 수 있는 대바구니. ㅇ作〈大誥〉-《書經 周書》의 〈大誥(대고)〉는 반란을 토벌해야 한다는 成王의 말을 기록하였다.

[國譯]

　왕망은 날마다 孺子(유자)를 안고서 群臣을 모아놓고 말했다.

　"옛날 成王이 어려 周公이 攝政(섭정)하자 管叔과 蔡叔이 祿父(녹보)를 끼고 배반하였는데 지금은 翟義(적의)가 劉信(유신)을 끼고 난을 일으켰다. 자고로 大聖도 그를 걱정했으니 하물며 신하인 나같이 식견이 부족한 사람이야!"

　그러자 群臣이 모두 말했다. "이런 변고가 아니면 聖德이 널리 드러나지 못할 것입니다."

　이에 왕망은 〈周書〉에 의탁하여 〈大誥(대고)〉를 지었다.

原文

「惟居攝二年十月甲子, 攝皇帝若曰, 大誥道諸侯王,三公, 列侯于汝卿,大夫,元士御事. 不吊, 天降喪於趙,傅,丁,董. 洪惟我幼沖孺子, 當承繼嗣無疆大曆服事, 予未遭其明哲能道民於安, 況其能往知天命! 熙! 我念孺子, 若涉淵水, 予惟往求朕所濟度, 奔走以傅近奉承高皇帝所受命, 予豈敢自比於前人乎! 天降威明, 用寧帝室, 遺我居攝寶龜. 太皇太后以丹石之符, 乃紹天明意, 詔予卽命居攝踐祚, 如<u>周公</u>故事.」

| 註釋 | ○惟－발어사. 居攝은 孺子 嬰의 연호. ○居攝二年－서기 7년. 攝皇帝는 왕망 자신. 若曰의 若은 此也.《書經》의 '王若曰~'을 차용. ○大誥道諸侯王~－大道로 告於~. 于는 連詞, 與와 同. 御事는 主事. ○天降喪於趙,傅,丁,董－趙飛燕(成帝의 황후), 傅太后(哀帝의 조모), 丁太后(哀帝의 모후), 董賢(동현)은 애제의 寵臣. ○洪惟我幼沖孺子－洪은 大也. 惟는 생각하다. 幼沖(유충)은 나이가 어리다. 沖은 稚也. ○當承繼嗣無疆大歷服事－無疆은 끝이 없는(無邊). 歷은 역법. 여기서는 통치. 服事는 執政하다. ○予未遭其明哲能道民於安－予는 나(我), 왕망 자칭. 遭는 만나다(遇也). 道는 이끌다(導也). ○熙－아! 감탄사. ○遺我居攝寶龜－遺은 보내주다. 寶龜(보귀)는 길흉화복을 점치는 거북. 寶位. ○太皇太后以丹石之符－太皇太后는 원제의 황후. 王政君. ○乃紹天明意－紹는 이어받다.

〖國譯〗

「惟(유), 居攝(거섭) 2년 10월 갑자일에 攝皇帝가 이에 말하나니, 大道로 三公과 列侯, 그리고 너희 卿大夫와 元士 및 主事에게 고한다. 하늘은 슬퍼하지 않고 趙皇后와 傅太后, 丁太后, 董賢(동현)에게 죽음을 내렸도다. 하늘은 나의 어린 孺子(유자)를 많이 생각하여 응당 후사로 萬代 不絶의 대통을 이어가게 하였으나, 나는 명철한 자가 백성을 편안하게 이끌 수 있는 때를 만나지 못하였는데 하물며 천명이 가는 곳을 어찌 알 수 있겠는가? 아! 孺子가 물을 건너갈 수 있도록 내가 가서 건네주어야 할 것이니 분주히 곁에 나아가서 천명을 받은 高皇帝를 받들어 모시듯 해야 하니, 내가 어찌 감히 前人(周

公)에 비할 수 있겠는가! 하늘은 明威를 내려 황실을 편안케 하려고 내가 보위에 나가 섭정을 하도록 하셨기에 태황태후께서는 나에게 丹石의 부절을 내리시어 하늘의 밝은 뜻을 이어서 周公이 했던 전례에 따라 나에게 섭위에 나가 제위의 일을 맡으라고 하였다.」

原文

「反虜故東郡太守翟義擅興師動衆, 曰'有大難於西土, 西土人亦不靖.'於是動嚴鄕侯信, 誕敢犯祖亂宗之序. 天降威遺我寶龜, 固知我國有呰災, 使民不安, 是天反覆右我漢國也. 粵其聞日, 宗室之俟有四百人, 民獻儀九萬夫, 予敬以終於此謀繼嗣圖功. 我有大事, 休, 予卜幷吉, 故我出大將告郡太守,諸侯相,令,長曰, "予得吉卜, 予惟以汝於伐東郡嚴鄕遣播臣." 尒國君或者無不反曰, "難大, 民亦不靜, 亦惟在帝官諸侯宗室, 於小子族父, 敬不可徵." 帝不違卜, 故予爲沖人長思厥難曰, "烏虖! 義,信所犯, 誠動鰥寡, 哀哉!"予遭天役遺, 大解難於予身, 以爲孺子, 不身自卹.」

| 註釋 | ○西土－長安, 關中. ○誕敢~－誕은 大也. ○呰災(자재)－災變. 呰 헐뜯을 자. 訾와 同. ○粵其聞日－粵은 발어사. 말 내킬 월. ○宗室之俟－俟는 기다릴 사. 떼 지을 사. ○民獻儀九萬夫－獻은 衍字. ○我有大事－大事는 戎事. ○尒國君－爾國君. 尒는 너 이. 爾와 同. 不靜은 不安. ○烏虖－嗚呼(오호). ○不身自卹－내 몸을 아끼지 않다. 卹은 가엾이 여길

휼. 恤과 同.

〖 國譯 〗

「반역도인 東郡太守 翟義(적의)는 멋대로 군사를 일으키고 백성을 동원하면서 '關中 땅에 크게 불행한 일이 있고 관중 백성도 편안하지 않다.' 고 말하였다. 그리고서는 엄향후 劉信(유신)을 충동질하였고 대담하게도 祖宗의 질서를 범하고 어지럽히려 하고 있다. 하늘은 위엄을 보여 나를 보위에 보내어 나의 漢에 재난이 발생하여 백성을 불안에 떨게 한 것은 하늘이 나에게 우리 漢 조정을 안정시키려는 뜻이다. 그래서 반란을 알게 된 날에 나를 기다린 4백여 명의 종실과 백성들은 나에게 9만 명의 현자들을 보내주면서 나에게 끝까지 이들과 함께 후사를 안정시키는 일을 완수하라 하였도다. 나의 이번 거병에 대하여, 아름답도다! 점을 쳐서 길조를 얻었도다. 그래서 나는 대장을 보내 郡의 太守와 제후국의 相, 현령과 縣長에게 "나는 좋은 점괘를 받았으니, 나는 너희들과 함께 東郡의 嚴鄕侯와 도망쳐 흩어진 신하를 정벌할 것이로다."라고 말하게 하였다. 너희 國君중에 혹 배반하지 않으면서 "큰 환란이 일어났고 백성 또한 불안해하며 지금 관직에 있는 종실이나 劉信도 역시 孺子에게 族父가 되기에 예를 갖춰야지 징벌할 수 없다."고 말할 수 있을 것이다. 그러나 제왕은 길한 괘를 얻었으니 천명을 어기지 않을 것이다. 그래서 나는 孺子를 위하여 환란에 대하여 많이 생각하고 말하노라. 오호라! 적의와 유신의 배반으로 無妻無夫한 백성이 해를 당하니 애달프도다! 나는 하늘이 漢室을 도우라고 보낸 사람이니 몸소 이 환난을 극복하고 孺子을 위하여 내 몸을 아끼지 않을 지어라.」

「予義彼國君泉陵侯上書曰, "成王幼弱, 周公踐天子位以
治天下, 六年, 朝諸侯於明堂, 制禮樂, 班度量, 而天下大服.
太皇太后承順天心, 成居攝之義. 皇太子爲孝平皇帝子, 年
在襁褓, 宜且爲子, 知爲人子道, 令皇太后得加慈母恩. 畜
養成就, 加元服, 然後復子明辟."」

| 註釋 | ○泉陵侯 – 劉眞定의 아들인 劉慶. 衆陵侯라고도 한다. 平帝 때
왕망에게 적극 아부하여 왕망에게 섭위할 것을 건의했다. ○班度量 – 도량
형을 반포하다. ○皇太子 – 孺子. ○加元服 – 冠禮를 치르다. ○復子明辟
– 辟은 君.

〔國譯〕

「나의 大義는 제후인 저 泉陵侯가 上書하여 말하였도다.

"(周) 成王이 幼弱하여 周公이 天子의 자리에 나아가 천하를 다스
리기 6년에 明堂에서 제후의 조회를 받고 예악을 제정하였으며 도
량형을 반포하자 천하가 모두 복종하였습니다. 太皇太后는 天心에
순응하여 居攝의 대의를 이루게 해야 합니다. 皇太子를 孝平皇帝의
아들로 삼고 나이가 아직 어리지만 아들로서의 도리를 알게 해야 하
며 황태후께서 자애로운 모친의 은정을 베풀어 주어야 합니다. 그리
하여 잘 자라 성인이 되면 관례를 치른 연후에 (攝政이) 군주의 대업
을 돌려주겠다는 것을 밝혀야 합니다."」

「熙! 爲我孺子之故, 予惟趙,傅,丁,董之亂, 遏絶繼嗣, 變剝適,庶, 危亂漢朝, 以成三阨, 隊極厥命. 嗚呼! 害其可不旅力同心戒之哉! 予不敢僭上帝命. 天休於安帝室, 興我漢國, 惟卜用克綏受茲命. 今天其相民,況亦惟卜用!」

| 註釋 | ○遏絶繼嗣 - 遏 막을 알. ○變剝適,庶 - 剝은 해악을 끼치다. 剝 벗길 박. 適은 嫡, 嫡子. ○三阨 - 阨은 阨(좁을 애, 막힐 액)과 同. 후사를 3번이나 끊어지게 했다. ○隊極厥命 - 隊는 떨어질 추. 墜와 通. 군대 대. 極은 다하다. 盡也. 厥은 代詞. 其와 同. ○害其可不旅力~ - 害는 어찌 할. 何也. 旅力은 衆力. 여러 사람의 힘. ○予不敢僭 - 僭은 不信. ○綏受茲命 - 綏受 (수수)는 받게 하다. 綏는 편안할 수. 晏然. 茲命은 天命.

〖國譯〗

「아! 내가 孺子의 연고를 생각해 보면 趙皇后, 傅太后, 丁太后, 董賢의 亂政이 후사를 끊어지게 하였고 적자와 서자 모두에게 해악을 끼쳤으며, 漢朝를 위기로 몰아 3번이나 후사가 끊기게 하였고 命運이 다하도록 추락시켰다고 나는 생각하노라. 아! 어찌하여 여럿이 힘을 합쳐 한마음으로 이를 징계하지 않을 수 있겠는가! 나는 감히 上帝의 명을 믿지 않을 수 없도다. 上天은 漢室을 편안케 하고 부흥하게 하려고 점괘를 내려 편안히 천명을 받게 하였다. 지금 天道는 백성을 돕고 있으며 더군다나 점괘도 길조가 아닌가!」

「太皇太后肇有元城沙鹿之右, 陰精女主聖明之祥, 配元生成, 以興我天下之符, 遂獲西王母之應, 神靈之徵, 以祐我帝室, 以安我大宗, 以紹我後嗣, 以繼我漢功. 厥害適統不宗元緒者, 辟不違親, 辠不避戚. 夫豈不愛? 亦唯帝室. 是以廣立王侯, 並建曾玄, 俾屏我京師, 綏撫宇內. 博徵儒生, 講道於廷, 論序乖繆, 制禮作樂, 同律度量, 混壹風俗, 正天地之位, 昭郊宗之禮, 定五時廟祧. 咸秩亡文, 建靈台, 立明堂, 設辟雍, 張太學, 尊中宗, 高宗之號. 昔我高宗崇德建武, 克綏西域, 以受白虎威勝之瑞, 天地判合, 乾,坤序德. 太皇太后臨政, 有龜,龍,麟,鳳之應, 五德嘉符, 相因而備.〈河圖〉,〈洛書〉遠自崑崙, 出於重壄(野). 古讖著言, 肆今享實. 此乃皇天上帝所以安我帝室, 俾我成就洪烈也. 烏虖! 天明威輔漢始而大大矣. 爾有惟舊人泉陵侯之言, 爾不克遠省, 爾豈知太皇太后若此勤哉!」

| 註釋 | ○太皇太后肇－肇(시초 조)는 시작. 비롯하다. ○元城沙鹿之右－元城은 縣名, 沙鹿은 지명. 춘추시대에 沙麓(사록)의 땅이 무너졌는데 이는 나중에 걸출한 女主의 출현을 예고한 것으로 풀이했다. 右는 祐, 곧 신령의 도움. ○陰精女主聖明之祥－태황태후의 모친이 회임할 때 달(月)이 품안으로 들어오는 꿈을 꾸었다고 한다. ○厥害適統不宗元緒者－元緒는 大業. ○辟不違親, 辠不避戚－辟은 法. 辠는 죄. ○論序乖繆－(경전의) 착오를 바로 잡았다. 乖繆(괴류)는 틀리다. 맞지 아니하다. ○郊宗之禮－郊祀(교

사)와 종묘 제사의 예법. ○定五時廟祧 - 五時(오치)는 고대 제왕이 五帝를 제사했던 곳. 廟祧(묘조)는 가까운 조상을 모시는 종묘와 먼 조상을 모시는 사당. 祧(조묘 조) 먼 윗대 조상을 合祀한 廟堂. ○咸秩亡文 - 亡文은 文籍에는 있으나 그간 행해지지 않는 제사. ○建靈台, 立明堂 - 靈臺는 천문을 관찰하는 곳. 明堂은 정교를 행하는 正殿. ○設辟雍, 張太學 - 辟雍(벽옹)은 본래 周의 대학. 후에는 제왕이 예악을 행하고 교화를 행하는 건물. ○尊中宗, 高宗之號 - 中宗은 宣帝의 묘호. 高宗은 원제의 묘호. ○克綏西域 - 원제 때 흉노의 郅支(질지)單于를 죽이고 서역의 흉노를 포용하였다. 克綏(극수)는 적을 억제하고 안정시키다. ○以受白虎威勝之瑞 - 원제 때 서역에서 白虎를 바치는 자가 있었다고 하였지만〈元帝紀〉에는 기록이 없다. ○乾, 坤序德 - 乾坤은 하늘과 땅. ○〈河圖〉,〈洛書〉遠自崑崙, 出於重壄 -〈河圖〉와〈洛書〉는 伏羲(복희) 시대에 황하(河出圖)에서, 禹의 치수 때 洛水(洛出書)에서 나왔는데, 이를 근거로 주역 팔괘와 洪範 九疇(구주)가 지어졌다. 중국인은 황하의 기원을 곤륜산으로 생각했다. 壄는 野의 古字. ○古讖著言, 肆今享實 - 讖(참서 참)은 미래를 예언하는 문자나 그림. 肆는 이제, 그러므로. ○洪烈 - 洪業, 大業. ○大大矣 - 더욱 강대해지다. ○爾有惟舊人泉陵侯之言 - 爾는 爾曹, 너희들. 舊人은 노인.

〔國譯〕

「태황태후(王政君)의 시초는 먼 옛날 元城縣의 沙鹿에서 신령의 도움을 받았고 陰氣의 정화로서 女主의 聖明의 吉祥이 있었으며, 원제의 황후로 성제를 출산하셨고 천하의 길조로 나를 흥륭케 하였으며, 마침내 西王母의 감응과 신령의 길조를 받고 나를 도와 漢室과 대종을 안정케 하셨으며 후사를 잇게 하여 漢室을 존속케 하는 功業을 이루셨도다. 나라의 적통을 해치고 漢의 大業을 받들지 않는다면 비록 친척일지라도 죄에 대한 법의 처단을 피할 수 없을 것이다. 그런 사람이라도 어찌 지켜주지 않겠는가? 그러나 漢室을 위해서라면 어쩔 수 없도다. 이로써 제후를 널리 책립하고 먼 후손까지도 제후에 봉하여 나의 京師를 지켜주었고 천하를 위무할 것이로다. 널리 유생을 불러 조정에서 도를 강론케 하였으며, 경전의 착오를 바로잡고 制禮하고 作樂하였으며, 도량형을 통일하고 풍속을 같게 하였으며, 天地之神의 서열을 바로 정하고 郊祀(교사)와 종묘제사의 예법을 확립하였으며, 五時(오치)와 廟祧(묘조)의 예법을 확정하였고 文籍에만 남아 있던 제사를 다시 복원하였으며, 靈臺를 건립하고 明堂을 세웠으며, 辟雍(벽옹)을 세웠고 太學을 확장하였으며 中宗과 高宗의 묘호를 올렸다. 전에 우리 高宗은 숭덕하고 무위를 떨쳐 西域을 편안케 하였으며 白虎를 바치는 자 있어 먼 이역까지 威武를 떨쳤다. 원제와 王황후의 결합은 천지가 서로 짝하는 것과 같다. 太皇太后가 정사에 임하자 큰 거북, 용, 기린, 봉황이 출현하는 길조가 나타났으며 五行의 덕에 부응하는 아름다운 조짐이 서로 이어 나타났다. 〈河圖〉와 〈洛書〉의 기원은 멀리 崑崙山(곤륜산)에서 시작되어 넓은 들에서 나타났다. 옛날 참서에 기록된 일이 지금 실제로 출현하고 있다. 이는 황천의 상제가 우리의 漢室을 안정시키려 하기 때문이며 나로 하여금 대업을 성취하도록 돕고 있는 것이다. 오호라! 明天의 큰 도움이 있어 漢室은 이제 더욱 강대해질 것이로다. 너희들이 노인인 泉陵侯의 말을 생각하여야 하나 너희들은 먼 上古의 일을 생각하지 못하니 너희들이 태황태후가 이처럼 애쓰는 줄을 어찌 알겠는가!」

「天毖勞我成功所, 予不敢不極卒安皇帝之所圖事. 肆予告我諸侯王公,列侯,卿,大夫,元士御事, 天輔誠辭, 天其累我以民, 予害敢不於祖宗安人圖功所終? 天亦惟勞我民, 若有疾, 予害敢不於祖宗所受休輔? 予聞孝子善繼人之意, 忠臣善成人之事. 予思若考作室, 厥子堂而構之, 厥父菑, 厥子播而穫之. 予害敢不於身撫祖宗之所受大命? 若祖宗乃有效湯,武伐厥子, 民長其勸弗救. 烏虖肆哉! 諸侯王公,列侯,卿,大夫, 元士御事, 其勉助國道明! 亦惟宗室之俊, 民之表儀, 迪知上帝命. 況今天降定於漢國, 惟大艱人翟義,劉信大逆, 欲相伐於厥室, 豈亦知命之不易乎? 予永念曰天惟喪翟義,劉信, 若嗇夫, 予害敢不終予畮? 天亦惟休於祖宗, 予害其極卜, 害敢不於從? 率寧人有旨疆土, 況今卜幷吉! 故予大以爾東征, 命不僭差, 卜陳惟若此.」

| 註釋 | ○天毖勞我成功所 − 毖 삼갈 비. 근신하다. ○天輔誠辭 − 誠辭는 至誠之辭. ○天其累我以民 − 累는 맡기다(托也). ○厥父菑 − 菑 묵정밭 치. 밭을 일구다. 개간하다. ○伐厥子 − 여기서는 반란을 일으킨 유신을 토벌한다는 뜻. ○烏虖肆哉 − 肆(사)는 힘쓰다. ○其勉助國道明 − 道는 導也. ○迪知上帝命 − 迪는 道를 따르다. 나아갈 적. ○豈亦知命之不易乎 − 易은 바뀌다(改變). ○嗇夫(색부) − 農夫, 嗇(아낄 색)은 穡(거둘 색, 농사)과 同. ○予害敢不終予畮 − 害은 어찌 할(何也). 畮(이랑 무)는 畝와 同. ○害敢不於從 − 점을 쳐서 얻은 결과를 안 따를 수 없다는 뜻. ○率寧人有旨疆土 −

率은 따르다. 寧人은 백성을 잘 살게 하다. 旨疆土는 강역을 살기 좋게 하다. ○況今卜并吉－좋은 점괘를 얻었으니 강하게 토벌하겠다는 뜻. ○命不僭差－天命을 아니 믿을 수 없다. ○卜陳惟若此－卜은 조짐(兆). 陳은 진술하다.

〖國譯〗

「上天은 신중하시어 대업을 나에게 맡겨 마치도록 하였으니, 나는 최선을 다하여 漢室이 하고자 하는 일을 모두 마치지 않을 수 없도다. 그래서 나는 제후 왕공과 열후와 卿과 大夫, 그리고 元士와 主事들에게 고하나니, 정성스런 말로 上天을 보필하였고 상천은 백성을 나에게 맡기는 것이니, 내가 어찌 祖宗에 대하여 백성을 편안케 하려는 뜻을 다하지 않을 수 있겠는가? 상천도 내가 백성을 위하여 애를 쓴다 생각하니 내가 아프다 하여도 내가 어찌 조종의 뜻대로 하늘을 잘 보필하지 않을 수 있겠는가? 내가 알기로, 효자는 남의 뜻도 잘 알아 행하고 충신은 남의 일도 잘 성취시켜준다고 하였다. 나의 생각으로 아버지가 집을 지으려 한다면 그 아들도 같이 집을 지어야 하고, 아버지가 밭을 일군다면 아들도 씨를 부리고 수확을 해야 한다. 그러하니 내가 어찌 감히 조종이 받은 천명에 대하여 나 자신이 순응하지 않을 수 있겠는가? 만약 祖宗이 湯王과 武王처럼 지금 반역한 후손을 토벌한다면 백성들은 나를 도우며 반역자를 돕지는 않을 것이다. 아! 힘을 쓸지어다! 제후왕공과 열후와 경과 대부, 그리고 元士와 主事들은 나라를 밝게 이끌도록 힘써 도울지어다. 또한 종실과 백성의 준걸들은 道를 따라 上帝의 천명을 알지어니, 하물며 지금 천명이 漢室에 있는데 크게 어렵게 하는 翟義(적의)

와 劉信(유신)은 대역하며 漢室을 정벌하려 하지만 천명은 바뀌지 않는다는 것을 어찌 알 수 있겠는가? 나의 생각으로 말하나니, 하늘은 적의와 유신을 버릴 것이니 농부처럼 내가 어찌 풀을 뽑아버리지 않고 농사를 짓겠는가? 상천 또한 조종의 대업을 좋아하나니 내가 어찌 정성으로 점을 쳐보고 어찌 그 결과를 따르지 않겠는가. 백성을 잘 살게 하며 아름다운 강토로 만드는 조종의 대업을 따르는데, 하물며 지금 좋은 점괘를 얻었는데 아니 따르겠는가? 그래서 나는 크게 너희들과 함께 동쪽을 정벌할 것이니, 天命을 확실히 믿고 따르기에 점을 친 결과를 이에 말하노라.」

原文

乃遣大夫桓譚等班行諭告當反位孺子之意. 還, 封譚爲明告里附城.

諸將東破陳留菑, 與義會戰, 破之, 斬劉璜首. 莽大喜, 復下詔曰,

「太皇太后遭家不造, 國統三絶, 絶輒復續, 恩莫厚焉, 信莫立焉. 孝平皇帝短命蚤崩, 幼嗣孺沖, 詔予居攝. 予承明詔, 奉社稷之任, 持大宗之重, 養六尺之托, 受天下之寄, 戰戰兢兢, 不敢安息. 伏念太皇太后惟經藝分析, 王道離散, 漢家制作之業獨未成就, 故博徵儒士, 大興典制, 備物致用, 立功成器, 以爲天下利. 王道粲然, 基業旣著, 千載之廢, 百世之遺, 於今乃成, 道德庶幾於唐,虞, 功烈比齊於殷,周. 今

翟義,劉信等謀反大逆, 流言惑衆, 欲以簒位, 賊害我孺子, 罪深於管,蔡, 惡甚於禽獸. 信父故東平王雲, 不孝不謹, 親毒殺其父思王, 名曰鉅鼠, 後雲竟坐大逆誅死. 義父故丞相方進, 險詖陰賊, 兄宣靜言令色, 外巧內嫉, 所殺鄉邑汝南者數十人. 今積惡二家, 迷惑相得, 此時命當殄, 天所滅也. 義始發兵, 上書言宇,信等與東平相輔謀反, 執捕械繫, 欲以威民, 先自相被以反逆大惡, 轉相捕械, 此其破殄之明證也. 已捕斬斷信二子穀鄉侯章,德廣侯鮪, 義母練,兄宣, 親屬二十四人皆磔暴於長安都市四通之衢. 當其斬時, 觀者重疊, 天氣和淸, 可謂當矣. 命遣大將軍共行皇天之罰, 討誨內之讎, 功效著焉, 予甚嘉之.《司馬法》不云乎? '賞不逾時.' 欲民速睹爲善之利也. 今先封車騎都尉孫賢等五十五人皆爲列侯, 戶邑之數別下. 遣使者持黃金印, 赤韍綬, 朱輪車, 卽軍中拜授.」因大赦天下.

| 註釋 | ○爲明告里附城 − 明告는 출사하여 외지에 널리 알리다. 里는 마을. 居할 리. 附城은 關內侯를 왕망이 개칭한 것. ○破陳留菑 − 破는 至의 誤字. 陳留는 군명. 치소는 陳留縣(今 河南省 開封市 陳留縣). 菑(치)는 현명. 今 河南省 商丘市 民權縣. ○遭家不造 − 가문의 불행. 不造는 불행. 미흡하다. ○國統三絶 − 成帝, 哀帝, 平帝가 모두 후사가 없었다. ○幼嗣孺沖 − 幼嗣는 어린 후계자. 孺沖(유충)은 젖먹이. 너무 어리다. ○惟經藝分析 − 惟는 思也. 經藝는 經學. 分析은 여러 갈래로 나누어 분산되다. ○制作之業 − 制作은 撰述(찬술)하다. ○功烈比齊於殷,周 − 功烈은 공업. 치적. 比齊는 대등하다.

○名曰鉅鼠 - 별명을 '큰 쥐'라 하였다. 鉅는 巨. ○後雲竟坐大逆誅死 - 劉
雲(유운, 시호는 煬王(양왕))은 병중의 哀帝를 저주하였기에 폐위되어 방릉현
으로 이주케 되자 자살하였다. 이는 80권, 〈宣元六王傳〉에 있다. ○險詖陰賊
- 險詖(험피)는 마음이 삐뚤고 사특하다. 陰賊(음적)은 마음속에 나쁜 뜻을
품고 남을 해치다. ○靜言令色 - 巧言令色. ○外巧內嫉 - 겉으로는 선량하
나 내심은 몹시 모질다. ○汝南 - 군명. 치소는 上蔡縣(상채현, 今 河南省 駐
馬店市 관할의 上蔡縣). ○東平國相輔 - 앞에 서술에서는 東平國의 相인 蘇
隆(소륭)이라고 했었다. ○磔 - 책형, 사지를 찢어 죽이는 형벌. 衢는 네거
리 구. 대로. ○韍緤(불역) - 韍 인끈 불. 앞가리개 불(조복을 입을 때 착용하
는 무릎 덮개용 천). 緤 인끈 역(將帥用).

[國譯]

이어 大夫 桓譚(환담) 등을 보내어 孺子를 옹립한 뜻을 널리 알리
고 돌아오도록 하였다. 그들이 돌아오자 환담 등을 관중에 살 수 있
도록 관내후에 봉했다.

여러 장수들은 동쪽으로 陳留郡 菑縣(치현)에 도착하여 적의와 맞
부딪쳐 싸워 격파하고 劉璜(유황, 劉信의 동생)을 참수하였다. 왕망은
크게 기뻐하며 다시 조서를 내려 말했다.

「太皇太后께서 皇家의 불행을 당하여 國統이 3번이나 단절되었
지만 그때마다 잇게 하였으니 그 은택이 이보다 더 두터울 수 없고
信義를 확실히 하였도다. 孝平皇帝가 단명하여 일찍 붕어하시자 어
린 후사가 젖먹이라서 나에게 居攝(거섭)을 명하셨다. 나는 明詔를
받고 사직을 보존할 임무를 봉행하고 大宗의 중책을 띠고 어린 후사
를 양육하며 천하를 다스릴 책임을 받아 전전긍긍하며 잠시도 쉴 수
없었다. 생각해 보면, 太皇太后께서는 경전의 학문이 나뉘어 갈라지

고 王道가 이산하고 漢家의 편찬 사업이 성공하지 못하는 것을 걱정하시어 널리 儒士를 초빙하여 편찬사업을 크게 일으키셨고, 器物을 이용케 하고 공을 들여 기물을 만들어 천하를 이롭게 하셨도다. 이에 王道가 찬연히 빛나고 왕업의 기반을 다졌으며, 천 년이나 이루지 못했고 百世에 걸쳐 버려졌던 일을 이제 성취하니 도덕이 거의 요순시대에 가까웠고 그 공적은 殷과 周와 나란하게 되었다. 지금 翟義(적의)와 劉信(유신) 등이 모반하고 대역하며 유언비어로 민중을 현혹케 하고 나의 孺子를 해치려 하니 그 죄악은 管叔과 蔡叔보다 더 심하고 금수처럼 사악하도다. 유신의 父는 예전 東平王 劉雲(유운)으로 불효하고 근신하지도 않았으며, 직접 그 부친 思王을 독살하여 별명이 '큰 쥐' 였는데 뒤에 결국은 대역죄를 짓고 주살되었다. 적의의 부친인 옛 승상 적방진은 마음이 삐뚤고 음밀하게 남을 해쳤으며, 적의의 형 翟宣(적선)은 말수는 적지만 아부를 잘하였고 겉으로는 선량하나 내심은 모진 사람이라서 고향 汝南에서 수십 명을 죽게 하였다. 지금 두 가문에서 악행을 하고 백성을 현혹케 하니 이 시기에 필히 없애야 하거니 하늘에 의해 죽게 될 것이다. 적의가 처음에 거병하면서 상서하여 劉宇(유우, 동군도위), 劉信(유신, 엄향후) 및 東平國의 相인 輔(보)와 모반하면서 사람을 잡아매는 기계를 보여 백성에게 겁을 주려 했는데 이제 반역의 대악을 저질러 백성보다 먼저 체포되어 기계에 묶여 매었으니, 이는 하늘이 멸망시킨다는 확실한 증거일 것이다. 이미 유신의 두 아들 穀鄕侯(곡향후) 劉章과 德廣侯 劉鮪(유유, 다랑어 유)와 유의의 어미 練(간)과 兄인 劉宣(유선) 등 친족 24명을 모두 잡아서 長安의 큰 저잣거리에서 磔刑(책형)에 처하였도다. 그들이 처형될 때 구경꾼이 첩첩이 모였고 天氣는 화청하였으니 합당한 처형일 것이다. 대장군을 보내 皇天의 형벌을 삼가 대행케 하여 해내의 원수들에게 교훈을 주게 하였으니 효과가 뚜렷하여 나는 매우 가상하게 생각하노라. 《司馬法》에도 말하지 않았는가? '賞은 때를 넘기지 않아야 한다.' 그러니 백성들로 하여금 속히 보게 하는 것이 이로울 것이라. 이제 車騎都尉 孫賢(손현) 등 55명을 먼저 열후로 봉하되 식읍 숫자는 별도로 아래에 있다. 사자를 보내어 황금 봉인과 붉은 인끈과 바퀴를 붉게 칠한 수레를 보내니 軍中에서 拜受하기 바란다.」

그러면서 천하에 대사령을 내렸다.

原文

於是吏士精銳遂功圍義於圉城, 破之, 義與劉信棄軍庸亡. 至固始界中捕得義, 屍磔陳都市. 卒不得信.

| 註釋 | ○圉城 – 圉縣(어현, 今 河南省 開封市 관할 杞縣 서남)의 城. ○棄軍庸亡 – 군사를 버리고 농부처럼 도망하다. 庸은 雇傭人. ○固始 – 현명. 今 河南省 周口市 太康縣.

〖 國譯 〗

이에 군사의 정예병이 마침내 적의를 圉縣(어현)의 성에 포위하여 격파하니 적의와 유신은 군사를 버리고 농부처럼 도망하였다. 固始縣의 경계에서 적의를 체포하여 시신을 찢어 큰 거리에 늘어놓았다. 그러나 劉信은 끝내 잡지 못했다.

初, 三輔聞翟義起, 自茂陵以西至汧二十三縣盜賊並發,
趙明, 霍鴻等自稱將軍, 攻燒官寺, 殺右輔都尉及斄令, 劫略
吏民, 衆十餘萬, 火見未央宮前殿. 莽晝夜抱孺子禱宗廟.
復拜衛尉王級爲虎賁將軍, 大鴻臚望鄕侯閻遷爲折衝將軍,
與甄邯, 王晏西擊趙明等. 正月, 虎牙將軍王邑等自關東還,
便引兵西. 强弩將軍王駿以無功免, 揚武將軍劉歆歸故官.
復以邑弟侍中王奇爲揚武將軍, 城門將軍趙恢爲强弩將軍,
中郎將李棽爲厭難將軍, 復將兵西. 二月, 明等殄滅, 諸縣
悉平, 還師振旅. 莽乃置酒白虎殿, 勞饗將帥, 大封拜. 先是,
益州蠻夷及金城塞外羌反畔, 時州郡擊破之. 莽乃幷並錄,
以小大爲差, 封侯, 伯, 子, 男凡三百九十五人, 曰 '皆以奮怒,
東指西擊, 羌寇蠻盜, 反虜逆賊, 不得旋踵, 應時殄滅, 天下
咸服' 之功封云. 莽於是自謂大得天人之助, 至其年十二月,
遂卽眞矣.

| 註釋 | ○三輔(삼보) − 京兆尹, 右扶風, 左馮翊. ○茂陵 − 武帝의 능. 漢
의 황릉 중 최대 규모. 縣名. 今 陝西省 咸陽市 관할의 興平縣. ○汧(견) − 현
명. 今 陝西省 隴縣. ○官寺 − 관청 건물. ○斄令(태령) − 斄縣(태현, 今 陝西
省 咸陽市 관할의 武功縣 동남.) 현령. ○金城 − 甘肅省 蘭州市, 靑海省 西寧市
일대가 관할 구역. 치소는 允吾縣(今 甘肅省 臨夏回族自治州 관할의 永靖縣 서
북). ○卽眞 − 칭제하다.

〖國譯〗

그전에, 三輔(삼보)에서 적의가 기병했다는 소식이 알려지자 무릉현 서쪽으로 汧縣(견현)까지 23개 현에서 도적떼가 한꺼번에 일어났고 趙明(조명), 霍鴻(곽홍)들은 장군이라 자칭하며 관청을 공격하여 불사르고 우부풍의 도위와 鬱縣(태현) 현령을 죽이고 백성을 겁탈하였는데 무리가 10여 만명이었고 放火한 불은 미앙궁 궁전에서도 보였다. 왕망은 주야로 孺子를 품에 안고 종묘에서 기도하였다. 다시 衛尉인 王級(왕급)을 호분장군에, 大鴻臚(대홍려)인 望鄕侯 閻遷(염천)을 절충장군에 봉하여 甄邯(견한), 王晏(왕안)과 함께 서쪽으로 나가 조명 등을 토벌케 하였다. 正月에 虎牙將軍 王邑(왕읍) 등은 관동에서 돌아오면서 바로 군사를 이끌고 서쪽으로 향했다. 강노장군 王駿(왕준)은 공적이 없어 면직했고 양무장군 劉歆(유흠)은 옛 관직으로 돌아갔다. 다시 왕망 고향의 아우인 王奇(왕기)를 揚武將軍으로, 城門將軍인 趙恢(조회)를 強弩將軍에 임명하였으며, 中郎將인 李棽(이림)을 厭難(염남) 장군으로 삼아 다시 군사를 거느리고 서쪽으로 진격케 하였다. 2월에 조명 등을 모두 섬멸하였고 여러 현이 평정되자 군사를 돌려 개선하였다. 왕망은 곧 白虎殿에 잔치를 벌려 장수들을 크게 위로하고 많은 사람을 제후로 봉하였다. 이보다 앞서 益州의 이민족과 金城郡 새외의 강족이 반란을 일으켰는데 그곳 州郡에서 격파하였다. 왕망은 이들 모두의 공적을 등록하여 대소에 따라 侯, 伯, 子, 男爵에 총 395명을 봉하면서 '나라를 위해 분발하여 동서를 원정하였으며 이민족 도적이나 반역자들로 하여금 뒤를 잇지 못하도록 때맞추어 토벌하여 천하를 모두 편안하게 만든 공로'가 있어 봉한다고 하였다. 왕망은 이에 天人의 도움을 크게 받았다고 스스로 말하면서 그 해 12월에 칭제하였다.

原文

初, 義所收宛令劉立聞義擧兵, 上書願備軍吏爲國討賊,
內報私怨. 莽擢立爲陳留太守, 封明德侯. 始, 義兄宣居長
安, 先義未發, 家數有恠, 夜聞哭聲, 聽之不知所在. 宣教授
諸生滿堂, 有狗從外入, 嚙其中庭群雁數十, 比驚救之, 已皆
斷頭. 狗走出門, 求不知處. 宣大惡之, 謂後母曰, "東郡太
守文仲素俶儻, 今數有惡恠, 恐有妄爲而大禍至也. 大夫人
可歸, 爲棄去宣家者以避害." 母不肯去, 後數月敗.

| 註釋 | ○嚙其中庭群雁數十 – 嚙는 깨물 교. 물어 죽이다. 雁은 거위
(鵝). ○俶儻(척당) – 뜻이 크고 재능이 많음. 호탕하다. 俶 기개 있을 척. 비
로소 숙. 儻 빼어날 당.

[國譯]

그전에 翟義(적의)에게 갇혔던 宛縣(완현) 현령인 劉立(유립)은 적
의가 거병한 것을 알고 군비를 갖춰 나라를 위해 반적을 토벌하겠다
고 상서하면서 내심으로는 개인적 원한을 갚으려 했다. 왕망은 유립
을 발탁하여 陳留(진류)태수에 임명했고 明德侯에 봉했다.

그전에, 적의의 형 翟宣(적선)은 장안에 살았는데 적의가 거병하
기 전, 집안에 괴이한 일이 자주 있었으니 밤중에 곡성이 들리는데

어디서 나는 소리인지 알 수 없었다. 적선이 대청에 가득 찬 유생들을 교수할 때 밖에서 개가 들어와 뜰의 거위 수십 마리를 물었는데 모두가 놀라 쫓아버렸지만 거위는 모두 머리가 잘려 있었다. 개는 문밖으로 나갔는데 간 곳을 알 수 없었다. 적선이 크게 꺼리면서 後母에게 말했다.

"東郡太守인 文仲(문중, 翟義의 字)은 평소에 호탕하여 함부로 일을 저질러 큰 화가 닥칠 것입니다. 어머님께서 친정으로 돌아가 우리를 떠났다고 하면 화를 피할 수 있습니다."

그러나 후모는 떠나려 하지 않았고 그 몇 달 뒤에 죽음을 당했다.

原文

莽盡壞義第宅, 汙池之. 發父方進及先祖塚在汝南者, 燒其棺柩, 夷滅三族, 誅及種嗣, 至皆同坑, 以棘五毒並葬之. 而下詔曰, "蓋聞古者伐不敬, 取其鱷鯢築武軍, 封以爲大戮, 於是乎有京觀以懲淫慝. 乃者反虜劉信,翟義悖逆作亂於東, 而芒竹群盜趙明,霍鴻造逆西土, 遣武將征討, 咸伏其辜. 惟信,義等始發自濮陽, 結奸無鹽, 殄滅於圉. 趙明依阻槐里環堤, 霍鴻負倚盩厔芒竹, 咸用破碎, 亡有餘類. 其取反虜逆賊之鱷鯢, 聚之通路之旁, 濮陽,無鹽,圉,槐里,盩厔凡五所, 各方六丈, 高六尺, 築爲武軍, 封以爲大戮, 薦樹之棘. 建表木, 高丈六尺. 書曰 '反虜逆賊鱷鯢', 在所長吏常以秋循行, 勿令壞敗, 以懲淫慝焉."

| **註釋** | ○汙池之 − 연못으로 만들다. 汙는 고여 있는 물, 더러울 오(汚와 同). 池 못 지. ○誅及種嗣 − 種嗣(종사)는 후손. 漢의 법률에 三族은 일반적으로 부와 모의 친족, 그리고 처족을 말한다. 처벌은 그 손자까지만 하게 되었다. ○以棘五毒並葬之 − 棘은 가시가 있는 나무, 五毒은 5종의 해로운 생물, 곧 蝎子(갈자, 도마뱀), 蛇(뱀), 蜈蚣(오공, 지네), 壁虎(도마뱀 종류, 守宮), 蟾蜍(섬서, 두꺼비). ○鯢鯢築武軍 − 鯢鯢(경예)는 흉포한 적군. 흉악한 자. 鯢은 고래 경(鯨과 同). 鯢는 고래 예. 築武軍은 무공을 후손에게 자랑할 단을 만들다. ○有京觀以懲淫慝 − 京觀(경관)은 적군의 시신을 모아 쌓고 그 위에 흙을 덮어 단을 만든 뒤에 팻말을 세운 것. 京은 높은 언덕. 觀은 모양, 상태. 앞의 武軍과 동일한 것이라는 註도 있다. 懲 징계하다. 혼을 내다. 淫慝(음특)은 음험하고 간악하다. 慝 사특할 특. 邪惡(사악). ○盩厔芒竹 − 盩厔(주질)은 縣名, 今 陝西省 西安市 관할의 周至縣. 盩 칠 주. 厔 막을 질. 芒竹(망죽)은 지명. ○薦樹之棘 − 가시나무로 둘러치다. 薦은 삥 둘러치다.(栫 울타리 천의 借字). ○槐里 − 현명. 今 陝西省 咸陽市 관할의 興平市.

〖 國譯 〗

왕망은 翟義(적의)의 집을 허물어 버리고 집터를 연못으로 만들었다. 汝南郡에 있는 적의의 부친 적방진과 그 선조 무덤을 발굴해 관을 불사르고 삼족을 멸하여 한 구덩이에 넣고 가시나무와 5가지 毒物을 함께 묻었다. 그리고 조서를 내려 말했다.

"우리가 알기로, 옛날에 불경한 자를 토벌하고 그 흉포한 자를 죽여 무공을 자랑하는 기단을 쌓았으며 모조리 다 죽여 한 곳에 묻고서 京觀(경관)이라 하여 사악한 자를 경계하였다. 이번에 반역한 劉信(유신)과 翟義(적의)는 關東에서 반역하며 난동을 부렸고, 芒竹(망죽)의 群盜인 趙明(조명)과 霍鴻(곽홍)은 서쪽에서 반역하였는데 무장을 보내 토벌하여 모두 죗값을 받게 하였다. 유신과 적의는 濮陽縣(복양현)에서 시작하여 無鹽縣(무염현)에서 간악한 자들을 결집한 뒤 圉縣(어현)에서 섬멸되었다. 조명은 槐里縣(괴리현)의 긴 제방에서 시작했고 霍鴻은 주질현의 芒竹에 근거를 두었지만 이제 남은 무리가 없다. 이에 그 반역한 賊徒의 흉악자를 쓸어 모아 그들이 지나간 길이었던 복양, 무염, 어현, 괴리현, 주질현의 5개소에 각각 사방 6丈(장)에 높이 6척의 단을 쌓아 武軍을 만들고 죽은 시신을 쌓아 올리고 가시나무를 둘러치도록 하라. 높이 1丈 6尺의 表木을 세워라. 그리고 '반역한 역적무리' 라고 써놓고 그 소재의 지방관이나 관리가 가을에 순찰하면서 무너지지 않게 하라.”

原文

初, 汝南舊有鴻隙大陂, 郡以爲饒, 成帝時, 關東數水, 陂溢爲害. 方進爲相, 與御史大夫孔光共遣掾行事, 以爲決去陂水, 其地肥美, 省堤防費而無水憂, 遂奏罷之. 及翟氏滅, 鄕里歸惡, 言方進請陂下良田不得而奏罷陂云. 王莽時常枯旱, 郡中追怨方進, 童謠曰, “壞陂誰? 翟子威. 飯我豆食羹芋魁. 反乎覆, 陂當復. 誰云者? 兩黃鵠.”

| 註釋 | ㅇ鴻隙大陂 – 홍극이라는 큰 저수지. 今 河南省 駐馬店市 관할의 汝陽縣과 息縣에 있는 저수지. 陂는 못 피. 저수지(池塘). 비탈 파. ㅇ飯我豆食羹芋魁 – 豆食은 땅이 메말라 콩을 심는다는 뜻. 芋魁(우괴)는 토란 뿌리. ㅇ兩黃鵠 – 鵠 고니 곡. 사람이 아닌 새라 하여 神意를 가탁하였다.

그전, 汝南郡에 옛날부터 鴻隙(홍격)이라는 큰 저수지가 있었는데 여남군은 이 저수지 덕을 보았으나 成帝 때 관동에 수해가 자주 발생하면서 저수지가 넘쳐 피해가 발생했다. 적방진이 승상으로 있으면서 어사대부 孔光(공광)과 함께 관리를 파견하여 시찰한 뒤 저수지를 터 물을 빼버리면 비옥한 땅이 생기고 제방 관리 비용도 절약되고 수해 걱정도 없을 것이라 하여 상주한 뒤에 저수지를 없애 버렸다. 적씨 일가가 멸족된 뒤에 향리에서는 적방진에게 허물을 돌려 '적방진이 저수지 아래의 良田을 차지하려다가 안 되자 저수지를 헐어버렸다.'고 말했다. 왕망 때 가뭄이 자주 들자, 사람들은 또 적방진을 원망하여 동요로 '저수지 허문 사람이 누구이게? 翟子威(적자위, 적방진)라네. 콩밥에 토란국을 먹었네. 다시 둑을 쌓으면 저수지가 생기리. 누가 그러던가? 두 마리 누런 고니라네.'라고 하였다.

司徒掾班彪曰, "丞相方進以孤童攜老母, 羈旅入京師, 身爲儒宗, 致位宰相, 盛矣. 當莽之起, 蓋乘天威, 雖有賁,育, 奚益於敵? 義不量力, 懷忠憤發, 以隕其宗, 悲夫!"

| 註釋 | ○司徒掾班彪 – 司徒의 속관 班彪(반표). 班固, 班超, 班昭의 아버지. 《史記後傳》65편을 저술. 班固 《漢書》의 기초 마련. ○羈旅入京師 – 羈旅(기려)는 타향살이를 하다. 羈旅와 同. ○雖有賁,育 – 孟賁(맹분)과 夏育(하육), 모두 고대(周)의 勇士.

司徒掾(사도연)인 班彪(반표)가 말했다.

"승상 翟方進(적방진)은 어린 나이에 노모와 함께 京師에서 타관살이를 하였지만 유생의 종사로 재상에 올라 번창하였다. 왕망이 굴기하며 天威를 이용하였으니, 비록 孟賁(맹분)이나 夏育같이 힘이 있은들 어찌 대적할 수 있겠는가? 翟義(적의)는 자신의 역량을 헤아리지 못하고 충성심에서 분기하여 일족을 몰락케 하였으니 슬픈 뿐이다!"

85 谷永杜鄴傳
〔곡영,두업전〕

85-1. 谷永

原文

谷永字子雲, 長安人也. 父吉, 爲衛司馬, 使送郅支單于侍子, 爲郅支所殺, 語在〈陳湯傳〉. 永少爲長安小史, 後博學經書. 建昭中, 御史大夫繁延壽聞其有茂材, 除補屬, 擧爲太常丞, 數上疏言得失.

| 註釋 | ○谷永(곡영, ?−前 8)−成帝 때 여러 관직 역임. ○侍子−郅支(질지)선우가 아들을 漢에 入侍하게 하였는데 元帝 때 그 아들을 돌려 보내 달라고 하자 漢에서는 논쟁을 거쳐 谷吉이 侍子를 데리고 질지선우에게 갔다가 피살당했다. ○〈陳湯傳〉−70권,〈傅常鄭甘陳段傳〉. ○建昭−元帝의

연호. 前 38 – 34년. ○繁延壽(포연수) – 建昭 3년(前 36)에 어사대부가 되었다. 繁은 성씨일 때 독음이 포이다. ○茂才 – 秀才. 孝廉(효렴)과 함께 인재 천거의 주요한 영역. ○太常丞 – 종묘 제사를 담당하는 太常의 속관. 질록 比一千石.

〔國譯〕

谷永의 字는 子雲으로 長安縣 사람이다. 부친 谷吉은 衛尉(위위)의 司馬로 흉노 郅支單于(질지선우)의 侍子를 데리고 사자로 갔다가 질지에게 피살되었는데, 이는 〈陳湯傳〉에 실려 있다. 곡영은 젊어 長安縣의 小史가 되었다가 나중에 經書를 널리 공부했다. 元帝 建昭 연간에 어사대부인 繁延壽(포연수)는 곡영의 재능을 알아 속관을 제수했다가 천거하여 太常丞이 되게 하였는데 곡영은 정치의 득실에 관하여 자주 상서하였다.

原文

建始三年冬, 日食, 地震同日俱發, 詔舉方正直言極諫之士, 太常陽城侯劉慶忌舉永待詔公車. 對曰,

「陛下秉至聖之純德, 懼天地之戒異, 飭身修政, 納問公卿, 又下明詔, 帥舉直言, 燕見紬繹, 以求咎愆, 使臣等得造明朝, 承聖問. 臣材朽學淺, 不通政事. 竊聞明王卽位, 正五事, 建大中, 以承天心, 則庶徵序於下, 日月理於上. 如人君淫溺後宮, 般樂游田, 五事失於躬, 大中之道不立, 則咎徵降

而六極至. 凡災異之發, 各象過失, 以類告人. 乃十二月朔
戊申, 日食婺女之分, 地震蕭牆之內, 二者同日俱發, 以丁寧
陛下, 厥咎不遠, 宜厚求諸身. 意豈陛下志在閨門, 未恤政
事, 不慎舉錯, 婁失中與? 內寵大盛, 女不遵道, 嫉妬專上,
妨繼嗣與? 古之王者廢五事之中, 失夫婦之紀, 妻妾得意,
謁行於內, 勢行於外, 至覆傾國家, 或亂陰陽. 昔<u>褒姒</u>用國,
<u>宗周</u>以喪, <u>閻妻</u>驕扇, 日以不臧. 此其效也. 經曰, '皇極, 皇
建其有極.' 傳曰, '皇之不極, 是謂不建, 時則有日月亂行.'」

| 註釋 | ○建始三年 – 成帝의 연호. 前 29년. ○待詔公車 – 待詔는 詔命
을 대기한다는 뜻. 公車는 公車司馬의 약칭. 衛尉의 속관. 궁중 사마문을 경
비하면서 황제의 부름을 받아 대기하거나 상서하려는 吏民을 접대하는 직
책. 공거사마에 보내어 거기에서 상서하게 했다는 뜻. ○帥舉(솔거) – 모두
를 천거하다. ○燕見紬繹 – 燕見은 신하를 불러 만나다. 紬繹(주역)은 실마
리를 뽑아내다. 의견을 개진하다. 紬 명주실 주. 繹 풀어낼 역. ○得造明朝
– 造는 이르다(到). ○五事 – 五事는 용모(貌), 언행(言), 보고(視), 듣고
(聽), 생각하기(思). ○建大中 – 大中은 中正의 道(皇極), 황제의 大道. ○六
極 – 6가지 흉사 곧 短命, 질병, 근심, 빈천, 악행, 허약. ○婺女之分 – 婺女
는 女宿(여수, 28宿의 하나). 分은 분야. 위치. ○蕭牆(소장) – 궁궐의 담장.
○丁寧 – 신신당부하다. ○意豈~ – 意는 생각하건대, 아마도. 副詞로 쓰였
다. ○婁失中與? – 婁는 屢 자주. 與는 의문어기사. 歟와 同. ○謁行於內 –
謁行은 청탁하다. ○勢行於外 – 권력을 마음대로 하다. ○褒姒(포사) – 西
周 말 褒人(포인)들이 幽王에게 바친 미인. 나중에 왕비가 되었다. ○閻妻驕
扇 – 閻妻(염처)는 周 厲王(여왕)의 왕후. 驕扇은 교만하게 행세하다. ○日以

不臧 – 일식. 臧은 善也. ○經曰 –《書經 周書 洪範》의 글. 皇極은 政事의 바른 원칙. 皇은 大也. 極은 中也.

〖 國譯 〗

建始 3년, 겨울에 일식과 지진이 한 날에 함께 일어나자 조서를 내려 方正, 直言, 極諫을 할 인재를 천거하라고 하자 太常인 陽城侯 劉慶忌(유경기)는 곡영을 待詔公車(대조공거)에 천거하였다. 이에 곡영이 상서하였다.

「폐하께서는 至聖의 純德을 갖추시고서 천지의 큰 이변을 두려워하시고 행실을 조심하시면서 정사에 임하시어 公卿에게 물으셨으며, 또 명철하신 조서를 내려 직언을 할 사람을 천거하라 하셨고 의견을 개진할 신하를 만나보시며 스스로의 잘못을 찾으시고 臣 등을 조정에 불러 하문하셨습니다. 臣은 재주도 볼 것이 없고 학문도 천박하며 정사도 잘 모릅니다. 신이 들기로, 폐하께서 즉위하시고 다섯 가지 행실을 바로 하시고 中正의 대도를 확립하시어 天心에 순응하시니 여러 길상이 땅에서 나타나고 日月이 하늘에서 순행하였습니다. 만일 人君이 후궁이나 뱃놀이나 사냥에 탐닉하게 되면 다섯 가지 행실이 바르지 않고 大中의 道도 확립되지 않으며 허물을 징벌하는 징조나 6가지 흉사가 나타나게 됩니다. 모든 재해의 시작은 각각 그 과실에 따라 형태를 달리하여 인간에게 나타납니다. 이번 12월 초하루 戊申일의 日食은 婺女(무녀) 星의 分野에서 일어났고 지진은 궁궐에서 있었는데, 두 가지 재해가 같은 날에 발생했기에 폐하께서는 정녕 허물이 멀지 않다 하시며 폐하 자신을 돌아보아야 할 것입니다. 이는 아마도 폐하의 뜻이 여색에 있고 정사를 돌보지 않고 행실을 조심하지 않아 정도를 자주 잃었기 때문이 아니겠습니까? 후궁에 대한 총애가 도를 넘어 후궁이 규방의 도를 따르지 않고 위로 질투를 하거나 후사를 방해하는 것이 아니겠습니까? 고대에 王者가 5가지 행실이 바르지 않거나 부부의 기강을 잃거나 처첩이 득의하여 內房에서 청탁을 하거나 권력을 행사한다면 나라가 망하거나 음양이 어지러웠습니다. 옛날에 褒姒(포사)가 권력을 잡자 西周가 망하기에 이르렀고 閻妻(염처)가 방자해지자 일식이 있었습니다. 이는 그러한 증거입니다. 그래서 경전에서는 '皇極이니 크게 中正을 세운다.'라고 하였습니다. 그 설명에 '원칙이 바르지 않으면 이는 이루어질 수 없으니 때에 따라서는 일월이 멋대로 운행한다.'고 하였습니다.」

原文

「陛下踐至尊之祚爲天下主, 奉帝王之職以統群生, 方內之治亂, 在陛下所執. 誠留意於正身, 勉强於力行, 損燕私之閒以勞天下, 放去淫溺之樂, 罷歸倡優之笑, 絶卻不享之義, 愼節游田之虞. 起居有常, 循禮而動, 躬親政事, 致行無倦, 安服若性. 經曰, '繼自今嗣王, 其毋淫於酒, 毋逸於游田, 惟正之共.' 未有身治正而臣下邪者也.」

| 註釋 | ○至尊之祚 – 祚(복 조)는 천자의 자리(位). ○方內之治亂 – 方內는 四方之內. ○損燕私之閒 – 損은 減하다. 줄이다. 閒은 閑也. ○不享之

義 - 하늘이 흠향하지 않는 제사 의식. 義는 儀와 通. 미신행위를 폐지하라는 뜻. ○游田之虞 - 田獵(전렵, 사냥)의 즐거움. 虞는 娛(즐길 오). ○經曰 - 《書經 周書 無逸》의 일부 변형.

[[國譯]]

「폐하께서는 至尊의 자리에 올라 천하의 주군이 되셨고 제왕의 직분을 수행하시며 모든 생명을 거느리시니 천하사방의 治亂(치란)이 폐하의 손에 달려 있습니다. 진정으로 正身에 유념하시고 힘써 실천하셔야 하며 사적 여유를 즐기시지 않고 천하를 걱정하여야 하며, 淫溺(음닉)의 쾌락을 버리고 광대의 웃음도 멀리하시며 하늘이 돕지 않는 祭儀는 폐지하시고 사냥의 즐거움도 절제하셔야 합니다. 起居에 절도가 있어야 하고 예법에 맞도록 행동하시며 친히 정사를 집행하시고 실천을 게을리하시지 말며 즐겨 행하시되 천성처럼 되어야 합니다. 《書經》에서도 '지금부터 뒤를 잇는 왕은 술에 탐닉하지 말고 사냥에 빠지지 말며 만민을 바르게 할지어다.' 라고 하였습니다. 주군의 행실이 바르다면 사악한 신하가 있을 수 없습니다.」

原文

「夫妻之際, 王事綱紀, 安危之機, 聖王所致愼也. 昔舜飭正二女, 以崇至德, 楚莊忍絶丹姬, 以成伯功, 幽王惑於褒姒, 周德降亡, 魯桓脅於齊女, 社稷以傾. 誠修後宮之政, 明尊卑之序, 貴者不得嫉妬專寵, 以絶驕嫚之端, 抑褒, 閻之亂, 賤者咸得秩進, 各得厥職, 以廣繼嗣之統, 息〈白華〉之怨,

後宮親屬, 饒之以財, 勿與政事, 以遠皇父之類, 損妻黨之
權, 未有閨門治而天下亂者也.」

| 註釋 | ○昔舜飭正二女 – 堯는 두 딸을 舜의 妻로 주었는데 舜이 가정을
잘 다스리는 것을 보고 천하를 다스리게 하였다. ○楚莊忍絶丹姬 – 楚의 莊
王은 春秋五霸의 한 사람. 丹姬는 夏姬. 伯功(패공)은 霸業(패업). 伯은 많이
백. 우두머리 패. ○魯桓脅於齊女 – 魯 桓公의 부인 齊姜(제강)은 齊의 친정
오빠와 불륜을 저질렀는데 나중에 魯 桓公은 齊君에게 피살당했다. ○以廣
繼嗣之統 – 후계 대상자도 많아야 되며 그 법통도 세워야 한다는 뜻. ○息
〈白華〉之怨 – 현재의 《詩經》에 없는 시. 幽王이 포사에게 빠져 申后를 폐출
하자 나라 사람들이 이 시를 지어 풍자했다는 주석이 있다. ○以遠皇父之類
– 皇父(황보)는 周의 大夫. 厲王이 호색하자 황보 같은 총신이 국정을 마음
대로 하였다.

〖國譯〗
　「夫婦는 王政의 기강이며 안위의 契機(계기)라서 聖王도 신중하
셨습니다. 예전에 舜(순)은 堯(요)의 두 딸을 바르게 대하면서 至德을
실천하셨으며, 楚 莊王은 丹姬(단희)를 버렸기에 패업을 이루었으며,
幽王(유왕)은 褒姒(포사)에게 현혹되었기에 周의 왕업이 망했으며,
魯 桓公(환공)은 齊女에게 협박을 당해 사직이 기울었습니다. 사실
후궁을 잘 다스린다는 것은 尊卑의 차례를 밝히는 것이며 貴者일지
라도 질투하거나 총애를 독점할 수 없게 하며 교만해질 수 있는 단
초를 없애어 褒姒(포사)나 厲王의 閻妻(염처)와 같은 亂行을 억제하
고 賤者(천자)일지라도 함께 질서를 따르고 각자 맡은 직분을 다하
게 하여 후사의 법통을 넓히고 〈白華〉의 원망을 잠재워야 합니다.

후궁의 친속에게는 재물을 넉넉히 주어 정사에 관여 못하게 하고 周의 皇父(황보)같은 寵臣(총신)을 멀리하며 妻黨의 권세를 약화시켜야 하니 閨門(규문)을 잘 다스렸는데도 천하가 혼란한 경우는 없었습니다.」

原文

「治遠自近始, 習善在左右. 昔龍笇納言, 而帝命惟允, 四輔旣備, 成王靡有過事. 誠敕正左右齊栗之臣, 戴金貂之飾, 執常伯之職者, 皆使學先王之道, 知君臣之義, 濟濟謹孚, 無敖戲驕恣之地, 則左右肅艾, 群僚仰法, 化流四方. 經曰, '亦惟先正克左右.' 未有左右正而百官枉者也.」

| 註釋 | ○昔龍笇納言, 而帝命惟允 − 龍(용)은 舜의 신하 이름. 笇은 管과 同. 納言은 왕명출납 담당자. 允은 성실하다. 《書經 虞書 舜傳》의 인용임. ○四輔旣備 − 四輔는 왕을 주위에서 보필하는 近臣. 左輔, 右弼, 前疑, 後丞. 《書經 周書 洛告》 참고. ○正左右齊栗之臣 − 正左는 황제의 측근, 곧 尙書. 齊栗(제율)은 삼가고 두려워 걱정하는 모양. ○戴金貂之飾 − 戴는 머리에 쓰다. 관에 꽂다. 金貂之飾은 황금색 담비 꼬리 장식. ○執常伯之職者 − 常伯은 侍中. ○濟濟謹孚 − 濟濟는 엄숙한 모양. 謹孚(근부)는 조심하며 성실한 모양. 孚(미쁠 부)는 참되고 믿음성이 있는 모양. ○無敖戲驕恣之地 − 오만하거나 방자한 마음 바탕이 없게 하다. ○左右肅艾 − 肅艾(숙예)는 엄숙하게 다스리다. 艾(거둘 예, 쑥 애)는 다스리다. ○經曰, '亦惟~ −《書經 周書 君牙》의 인용. ○百官枉者 − 枉者는 부정한 자. 枉은 曲也.

「먼 곳을 다스리려면 가까운 곳에서 시작해야 하고 선행의 시작은 日常에 있습니다. 옛날 舜의 신하 龍(용)에게 納言(납언)을 담당하게 하였는데 帝命을 성실하게 따랐으며, 周의 四輔가 갖추어지자 成王은 잘못이 없었습니다. 사실, 측근에서 엄숙하게 일할 신하와 금색 담비꼬리로 장식한 관을 쓰고 시중으로 계속 일할 자들을 바로 다스리려면 이들로 하여금 先王之道를 배워 君臣之義를 알게 하여 엄숙, 근신, 성실하면서 오만, 교만, 방자한 마음 바탕을 없게 해야만 측근이 엄히 다스려지고 모든 신하가 법을 따르게 되어 교화가 사방에서 이루어질 것입니다. 그래서 경전에서도 '이 또한 선왕이 측근을 잘 다스렸기 때문'이라 하였습니다. 측근을 잘 다스리는데도 신하가 법을 어기지는 않았습니다.」

原文

「治天下者尊賢考功則治, 簡賢違功則亂. 誠審思治人之術, 歡樂得賢之福, 論材選士, 必試於職, 明度量以程能, 考功實以定德, 無用比周之虛譽, 毋聽浸潤之譖訴, 則抱功修職之吏無蔽傷之憂, 比周邪僞之徒不得卽工, 小人日銷, 俊艾日隆. 經曰, '三載考績, 三考黜陟幽明.' 又曰, '九德咸事, 俊艾在官.' 未有功賞得於前衆賢佈於官而不治者也.」

| 註釋 | ○簡賢違功則亂 - 簡은 무시하다. 輕慢. ○比周之虛譽 - 比周는

두루 친함. 주관 없이 여러 사람의 비위를 두루 잘 맞춘다는 부정적 의미임. ○不得卽工 – 卽工은 관직을 얻다. ○經曰, '三載~ –《書經 虞書 舜典》의 인용. ○黜陟幽明 – 무능력자를 물리치고 지혜로운 자를 발탁하다. 黜 물리칠 출. 陟 오를 척. 올리다. ○九德咸事~ – 九德은 寬而栗, 柔而立~ 등 9가지의 덕행.《書經 虞書 皐陶謨(고요모)》의 인용.

〔國譯〕

「천하를 다스리는 자가 현인을 존중하고 공적을 인정하면 나라가 안정되지만, 현인을 무시하고 공적을 인정하지 않으면 어지러워집니다. 성심으로 治人之術을 깊이 생각하여 현인을 얻는 복을 누리려면 인재를 평가하고 고를 때에 필히 직분에 알맞은가를 생각하며 역량의 유무를 잘 헤아리고 능력과 함께 덕행을 평가하여서, 두루 잘한다는 헛된 명성만 누리는 사람을 등용하지 않고, 알게 모르게 참소하는 사람의 말을 듣지 않는다면 공을 세웠거나 일을 잘하는 관리가 무시당하는 걱정이 없을 것이며, 두루 영합하는 위선자가 자리를 차지하지 못하게 되고, 소인은 날마다 위축되고 俊才는 날로 융성할 것입니다. 그래서 경전에서도 '3년에 걸쳐 업적을 평가하고, 3번 심사하여 무능력자를 물리치고 유공자를 발탁한다.'고 했으며, 또 '九德을 갖춘 자가 업무를 맡고 준재가 관직에 있다.'고 하였습니다. 공을 세워 상을 받은 인재를 널리 등용하고서도 나라가 어지러운 경우는 없었습니다.」

「堯遭洪水之災, 天下分絶爲十二州, 制遠之道微而無乖畔之難者, 德厚恩深, 無怨於下也. 秦居平土, 一夫大呼而海內崩析者, 刑罰深酷, 吏行殘賊也. 夫違天害德, 爲上取怨於下, 莫甚乎殘賊之吏. 誠放退殘賊酷暴之吏錮廢勿用, 益選溫良上德之士以親萬勝, 平刑釋冤以理民命. 務省繇役, 毋奪民時, 薄收賦稅, 毋殫民財, 使天下黎元咸安家樂業, 不苦逾時之役, 不患苛暴之政, 不疾酷烈之吏, 雖有唐堯之大災, 民無離上之心. 經曰, ‘懷保小人, 惠於鰥寡.’ 未有德厚吏良而民畔者也.」

| 註釋 | ○爲十二州 – 9주를 12주(冀, 燕, 豫, 靑, 徐, 荊, 揚, 雍, 梁, 幽, 并, 營州)로 재편. ○一夫大呼 – 陳勝의 擧兵. ○崩析 – 붕괴하고 이산하다. ○殫 – 다할 탄. 盡也. ○黎元 – 백성. ○懷保小人, ~ – 懷는 按撫하다. 保는 양육하다. 안정케 하다. 《書經 周書 無逸》의 인용.

〔國譯〕

「堯(요)는 홍수 재해 후에 천하를 12주로 개편하였고 먼 지방에 대한 견제가 미약했는데도 이반하려는 자가 없었으니, 이는 덕과 은택이 두터워 아랫사람의 원망이 없었기 때문입니다. 秦은 평야지대를 차지하고서도 一夫가 大呼하자 海內가 붕괴하였는데, 이는 형벌이 매우 가혹했고 관리들이 잔인한 악행을 저질렀기 때문입니다. 대개 하늘의 뜻을 어기고 덕을 해치며 윗자리에서 아래의 원성을 사는 까닭은 잔인한 관리보다 더한 것이 없습니다. 진심으로 잔인 포악한 관리를 방출하고 등용하지 않으며, 온순 선량하고 덕을 숭상하는 관리들을 많이 선발하여 백성을 다스리게 하면서 공정한 형벌로 백성의 원한을 풀어주고 백성의 생명을 다스려야 합니다. 힘써 요역을 줄이고 백성의 농사철을 빼앗지 않으며, 부세를 가볍게 하고 백성의 재물을 탕진하지 않으며, 천하의 백성으로 하여금 안락한 가정에서 생업을 즐기게 하고, 기일을 초과한 부역으로 고생시키지 않으며, 가혹 포악한 정치를 걱정하지 않게 하고, 혹리가 설치지 않게 한다면 堯와 같은 큰 재해를 당하더라도 백성이 윗사람을 배반하지 않을 것입니다. 그래서 경전에서도 '약한 백성을 품어 지켜주고 홀아비나 과부도 보살핀다.' 고 하였습니다. 후한 덕을 베푸는 착한 관리가 있는데도 백성이 배반한 적은 있지 않았습니다.」

原文

「臣聞災異, 皇天所以譴告人君過失, 猶嚴父之明誡. 畏懼敬改, 則禍銷福降, 忽然簡易, 則咎罰不除. 經曰, '饗用五福, 畏用六極.' 傳曰, '六沴作見, 若不共禦, 六罰旣侵, 六極其下.' 今三年之間, 災異鋒起, 小大畢具, 所行不享上帝, 上帝不豫, 炳然甚著. 不求之身, 無所改正, 疏擧廣謀, 又不用其言, 是循不享之跡, 無謝過之實也, 天責愈深. 此五者, 王事之綱紀. 南面之急務, 唯陛下留神.」

| 註釋 | ○經曰, '饗用五福, ~ - 饗은 받다. 누리다. 五福은 壽, 富, 康寧,
攸好德, 考終命. 六極은 6가지 凶事. 곧 短命, 질병, 근심, 빈천, 악행, 허약.
《書經 周書 洪範》의 인용. ○六沴作見 - 六沴(육려)는 여섯 가지 惡氣. 沴는
해칠 여(려). ○若不共禦 - 共은 恭. 禦는 대비하다. ○炳然甚著 - 炳然은
명백한 모양.

〖國譯〗

　「臣이 알기로, 災異는 皇天이 人君의 과실에 대한 경고로 엄부의
훈계와 같은 것입니다. 그런 훈계를 두려워하고 공경하며 고친다면
재앙을 없애주고 복을 내릴 것이나 무시하고 아무렇지도 않게 생각
한다면 허물과 징벌은 없어지지 않을 것입니다. 그래서 《書經》에서
도 '五福을 누리고 六極을 두려워한다.' 고 하였으며, 경전에서도 '6
가지 악기가 나타났는데도 삼가고 대비하지 않으면 6가지 징벌이
내리고 그 다음에 6가지 흉사가 있다.' 고 하였습니다. 이번 3년 동
안에 재이가 연달았고 크고 작은 것이 함께 한 것은 上帝가 받아들
이지 않는 것이며 상제의 마음에 들지 않은 것이 확실합니다. 몸으
로 간구하지도 않고 잘못을 고치지도 않으며, 멀리 또 널리 인재를
구하지도 않고 충언을 받아들이지도 않으며, 하늘이 받아들이지도
않는 일을 답습하고 진정으로 사과하지도 않는다면 하늘의 책망은
더욱 클 것입니다. 이상의 다섯 가지는 왕도의 기강입니다. 南面하
신 폐하에게 중요한 일이오니 폐하께서 유념해 주십시오.」

對奏, 天子異焉, 特召見永.

其夏, 皆令諸方正對策, 語在〈杜欽傳〉. 永對畢, 因曰,
"臣前幸得條對災異之效, 禍亂所極, 言關於聖聰. 書陳於
前, 陛下委棄不納, 而更使方正對策, 背可懼之大異, 問不急
之常論. 廢承天之至言, 角無用之虛文, 欲末殺災異, 滿讕
誣天, 是故皇天勃然發怒, 甲己之間暴風三溱, 拔樹折木, 此
天至明不可欺之效也." 上特復問永, 永對曰, "日食地震,
皇后, 貴妾專寵所致." 語在〈五行志〉.

| 註釋 | ○〈杜欽傳〉－60권, 〈杜周傳〉에 부전. ○角無用之虛文－角은
고찰하다. ○欲末殺災異－末殺은 소멸케 하다. ○滿讕誣天－滿讕(만란)은
속이다. 欺罔(기망). 誣天(무천)은 하늘 뜻을 얕보다. 誣(무고할 무)는 깔보다.
업신여기다. ○甲己之間暴風三溱－甲에서 己까지 6일. 溱은 이를 진(至
也). 臻과 同. 일어나다. 여기서는 폭풍이 불다.

【 國譯 】

상주한 글에 대하여 천자는 특이하다 여기며 특별히 곡영을 불러
만났다.

그해 여름 모든 賢良方正한 인재에게 대책을 물었는데, 이는〈杜
欽傳〉에 실려 있다. 이때 곡영도 대책을 올려 말했다.

"臣은 이에 앞서 재이에 대한 대책과 禍亂에 대하여 조목별로 상
서하면서 聖聰에 대해서도 말씀드렸습니다. 앞의 상서에서 말씀드

린 것을 폐하께서는 버려두고 채택하지 않으셨고, 다시 인재들에게 대책을 올리라 하셨는데, 이는 무서운 재이를 잊으시고 급하지도 않은 평상시의 대책을 물으신 것이었습니다. 하늘 뜻을 받들게 하는 긴요한 충간이 아닌 무용한 虛文을 숙고하여 재이가 소멸하기를 바라신다면 이는 하늘을 속이고 경시하려는 뜻이기에 皇天이 갑자기 대노하여 지난 甲日에서 己日까지 엿새 동안 폭풍이 세 번이나 크게 불어 나무를 뽑고 부러트렸는데 이는 하늘은 아주 명철하여 속일 수 없다는 증거일 것입니다."

이에 성제는 곡영에게 다시 물었고, 곡영이 대답하였다. "일식과 지진은 皇后나 후궁들이 총애를 다투기 때문입니다." 이는 〈五行志〉에 실려 있다.

原文

是時, 上初卽位, 謙讓委政元舅大將軍王鳳, 議者多歸咎焉. 永知鳳方見柄用, 陰欲自托, 乃復曰,

「方今四夷賓服, 皆爲臣妾, 北無薰粥冒頓之患, 南無趙佗, 呂嘉之難, 三垂晏然, 靡有兵革之警. 諸侯大者乃食數縣, 漢吏制其權柄, 不得有爲, 亡吳, 楚, 燕, 梁之勢. 百官盤互, 親疏相錯, 骨肉大臣有申伯之忠, 洞洞屬屬, 小心畏忌, 無重合, 安陽, 博陸之亂. 三者無毛髮之辜, 不可歸咎諸舅. 此欲以政事過差丞相父子, 中尙書宦官, 檻塞大異, 皆瞽說欺天者也. 竊恐陛下舍昭昭之白過, 忽天地之明戒, 聽晻昧

之瞽說, 歸咎乎無辜, 倚異乎政事, 重失天心, 不可之大者
也.」

| 註釋 | ○賓服 – 조공하며 복종하다. ○薰粥冒頓 – 薰粥(훈육)은 흉노
족의 옛 이름. 冒頓(묵독, 묵돌. 묵특, ? – 前 174) – 흉노 최고 통치자인 單于
(선우)의 이름. 冒頓은(mò dú 墨毒)이라는 音讀에 의거 우리말은 '묵독'으로
표기한다. 漢 고조를 白登山에서 포위하여 곤경에 빠트렸던 인물. ○趙佗,
呂嘉 – 趙佗(조타)는 南越(남월)의 왕 이름. 呂嘉(여가)는 남월 王建의 승상.
95권, 〈西南夷兩粤朝鮮傳〉 참고. ○吳,楚,燕,梁 – 吳楚七國의 亂과 昭帝 때
반기를 들었던 燕과 梁 孝王을 지칭. ○百官盤互 – 盤互(반호)는 바탕이 서
로 이어졌고 뒤섞이다. ○有申伯之忠 – 西周 宣王의 외숙인 申伯. 谷永은
王鳳을 申伯의 忠誠으로 비유하며 왕봉에 대한 자신의 아부하려는 의사를
표출하였다. ○洞洞屬屬(동동촉촉) – 성실하고 근신하는 모양. 洞洞은 성실
한 모양. 屬屬은 순수하고 한결같은 모양. ○無重合,安陽,博陸之亂 – 重合
侯는 莽通(망통), 安陽侯는 上官桀, 博陸侯는 霍光의 아들 霍禹(곽우). ○不
可歸咎諸舅 – 그들은 실제로 반역을 저질렀다. 왕봉이 황제의 외숙이라 하
여 앞에 3인과 같은 이유로 탓할 수 없다는 뜻. ○此欲以政事過 – 此는 당연
히 '及'이어야 한다는 註에 따른다. ○檻塞大異 – 檻塞(함색)은 담 같은 것
으로 둘러싸서 막다. 둘러맞추다. 발뺌하다. 얼버무리다. ○皆瞽說 – 瞽說
(고설)은 장님이 하는 이야기. ○舍昭昭之白過 – 舍는 버려두다. 문제 삼지
않다. 白過는 명백한 과실. ○重失天心 – 重은 여러 번. 거듭.

〖 國譯 〗

　이때, 성제 즉위 초라서 겸양으로 큰 외숙인 대장군 王鳳(왕봉)에
게 정사를 위임하였는데 論者들은 왕봉의 잘못을 언급하였다. 곡영

은 왕봉의 권력 장악을 보고 은밀히 의탁하려고 이에 상서하였다.

「지금 四夷는 조공하며 모두 신하가 되었으니, 북쪽으로는 薰粥族(훈육족. 흉노) 冒頓(묵독)의 우환이 없고, 남쪽으로는 趙佗(조타)와 呂嘉(여가)의 환난이 없이 세 모퉁이가 안정되었으며 전쟁이 일어날 만한 경고도 없습니다. 지금 큰 제후는 몇 개 현에 걸쳐 식읍이 있지만 漢의 조정에서는 권한을 쥐고 있어 제후는 뜻대로 할 수 없기에 吳, 楚, 燕, 梁과 같은 제후 세력은 일어나지 못할 것입니다. 百官이 서로 연결되었고 親疏(친소)가 서로 뒤섞여 있으며 골육 대신에 申伯(신백)과 같이 충성심에 성실 근신하고 조심하며 두려워하는 분이 있으니 앞으로는 重合侯, 安陽侯, 博陸侯와 같은 반역도 없을 것입니다. 위 세 사람에게 조그만 잘못도 없었고 외척에게 허물이 있었던 것은 아니었습니다. 이는 정사의 허물을 丞相 父子나 中尙書의 宦官에게 돌려 어물쩍 넘어가려는 뜻으로 사실과 크게 다른 것이며 모두가 장님 같은 이야기로 하늘을 속이려는 것입니다. 나의 생각으로는 아마도 폐하께서 또렷하게 명백한 과실을 버려두는 것은 하늘과 땅의 분명한 훈계를 소홀히 하는 것이며 우매한 장님의 주장만을 들어 무고한 신하에게 허물을 돌리는 것으로 정사에도 어긋나고 천심을 여러 번 상실하는 것으로 크게 잘못되었다고 생각합니다.」

原文

「陛下卽位, 委任遵舊, 未有過政. 元年正月, 白氣較然起乎東方, 至其四月, 黃濁四塞, 覆冒京師, 申以大水, 著以震蝕. 各有占應, 相爲表裏, 百官庶事無所歸倚, 陛下獨不怪與? 白氣起東方, 賤人將興之表也, 黃濁冒京師, 王道微絶之應也. 夫賤人當起而京師道微, 二者已醜. 陛下誠深察愚臣之言, 致懼天地之異, 長思宗廟之計. 改往反過, 抗湛溺之意, 解偏駁之愛, 奮乾剛之威, 平天覆之施, 使列妾得人人更進, 猶尙未足也, 急復益納宜子婦人, 毋擇好醜, 毋避嘗字, 毋論年齒. 推法言之, 陛下得繼嗣於微賤之間, 乃反爲福. 得繼嗣而已, 毋非有賤也. 後宮女吏使令有直意者, 廣求於微賤之間, 以遇天所開右, 慰釋皇太后之憂愊, 解謝上帝之譴怒, 則繼嗣蕃滋, 災異訖息. 陛下則不深察愚臣之言, 忽於天地之戒, 咎根不除, 水雨之災, 山石之異, 將發不久, 發則災異已極, 天變成形, 臣雖欲捐身關策, 不及事已.」

│註釋│ ∘元年正月 – 河平 원년(前 28). ∘黃濁四塞 – 황사 현상이 아주 심했던 것으로 추정할 수 있다. ∘申以大水 – 申은 다시. 또. ∘著以震蝕 – 著는 첨부하다. 덧붙여. 이어서. ∘二者已醜 – 已는 너무나. 甚也. 醜는 흉하다. 사악하다. ∘抗湛溺之意 – 抗은 抵御하다. 막아내다. 湛溺은 沈溺(침닉). ∘解偏駁之愛 – 駁 섞일 박. 반박하다. 치우치다. 駁(얼룩말 박)과 同. ∘宜子婦人 – 출산할 수 있는 부인. ∘毋避嘗字 – 字는 생육하다. 출산했었다고 회피하지 않다. 왕봉은 첩의 동생을 성제의 후궁으로 들여보냈는데 출산 경험이 있다고 후보에서 제외시키지 말라는 뜻. ∘得繼嗣於微賤之間 – 선제가 미천한 생활을 하다 즉위하였으며 폐하는 그 후손(손자)이라는 뜻. ∘毋非有賤 – 생모의 귀천은 논할 것이 아니라는 뜻. ∘直意 – 마음에 들다. 稱心. ∘天所開右 – 右는 佑(도울 우). ∘捐身關策 – 몸을 던져 계책을 말하

다. 죽기를 각오하고 상서하다. 關策은 대책을 말하다. ㅇ不及事已 - 죽기로 각오한 상서라는 뜻. 일을 저질렀으니 이것이 끝이다. 已는 종결어기사.

[國譯]

「폐하께서 즉위하시고 전례에 따라 政事를 위임하셨으니 정사에 잘못은 없었습니다. 河平 원년 정월에, 白氣가 분명하게 동방에서 일어났고, 4월에는 온 주위가 누렇게 혼탁해져서 京師 지역을 덮었으며 다시 홍수가 있었고 지진과 일식도 나타났습니다. 이 모두가 예고된 징표로 서로 하나의 표리가 되는 것이니 百官은 모든 일에 의지할 데가 없어졌는데 폐하께서 홀로 괴이하지 않았겠습니까? 白氣가 동방에서 일어났다는 것은 장차 賤人이 일어난다는 징표이며, 누렇게 혼탁한 기운이 경사를 덮은 것은 왕도가 미약하여 끊어질 수 있다는 응신일 것입니다. 대개 賤人이 흥기하게 된다면 중앙인 京師의 기운은 미약해질 것이니 이 두 가지는 사실 너무 흉한 징조입니다. 폐하께서는 진심으로 저의 말을 깊이 살피시어 천지의 이변을 두려워하시고 종묘의 보존을 생각하셔야 합니다. 지난날 과오를 고쳐 탐닉하려는 뜻을 막아 한쪽만 편애하려는 생각을 버리고 강건한 위엄을 내보이시며 천자의 총애를 널리 베푸시어 여러 후궁들이 모두 함께 나아간다 하여도 그래도 부족할 것이오며, 서둘러 출산할 수 있는 후궁을 맞이하면서 미모의 여인만을 고르지 마시고 출산했다고 제외시키지 말 것이며 나이를 논하지 말아야 합니다. 이치를 따져 말하자면, 宣帝께서 미천하게 생활을 하신 뒤에 즉위하였으니 그것이 오히려 폐하의 복이 되었습니다. 후사만 얻으면 되는 것이지 생모에게 귀천은 있지 않습니다. 후궁의 여인이라도 폐하의 마음에 맞는다면 미천한 소생이라도 널리 구하고 하늘이 보우를 받아 황태후의 근심을 위로해 드리며 上帝의 견책과 노여움을 풀게 되면 후사가 많이 출생할 것이고 災異도 사라질 것입니다. 폐하께서 저의 말을 깊이 살펴주지 않으시고 천지의 훈계를 소홀히 하신다면 허물의 근본은 없어지지 않을 것이며, 수해나 山石의 이변이 머지않아 또 일어날 것이며, 다시 발생한다면 재해가 아주 심각하여 하늘의 형상이 달라질 수도 있을 것이라 생각되어 臣은 이 몸을 버릴지라도 대책을 말씀드렸으니 이제는 어쩔 수 없는 일입니다.」

原文

「疏賤之臣, 至敢直陳天意, 斥譏帷幄之私, 欲間離貴后盛妾, 自知忤心逆耳, 必不免於湯鑊之誅. 此天保右漢家, 使臣敢直言也. 三上封事, 然後得召, 待詔一旬, 然後得見. 夫由疏賤納至忠, 甚苦, 由至尊聞天意, 甚難. 語不可露, 願具書所言, 因待中奏陛下, 以示腹心大臣. 腹心大臣以爲非天意, 臣當伏妄言之誅, 卽以爲誠天意也, 奈何忘國家大本, 背天意而從欲! 唯陛下省察熟念, 厚爲宗廟計.」

| 註釋 | ○斥譏帷幄之私 - 斥譏는 꾸짖어 물리치다. 帷幄(유악)은 휘장과 막. 작전을 짜는 곳. 황제의 최측근. ○忤心逆耳 - 忤 거스를 오. 逆 거스를 역. ○湯鑊之誅(탕확지주) - 湯鑊은 솥에 넣고 삶다. 烹刑(팽형). 혹형의 한 가지. 湯 물을 끓이다. 鑊 가마솥 확. ○保右 - 保佑. ○封事 - 밀봉한 상서.

「관계가 소원하고 낮은 신하라도 폐하께 나아가 직접 말할 수 있도록 측근 신하에 대한 편애를 물리치고 한창 총애를 받는 후궁을 이간시키려 한다면 폐하의 뜻에 거슬러 혹형으로 죽음을 면치 못할 것이라는 것을 알게 해야 합니다. 이렇게 되면 하늘도 漢室을 보우할 것이기에 臣이 감히 직언을 올립니다. 封事를 3번 올린 다음에 조서를 받았고 받고서 열흘 뒤에야 알현하였습니다. 관계가 소원하고 낮은 신하가 충언을 올리는 것이 매우 힘들고 지존하신 폐하의 뜻을 듣는 것도 매우 어렵습니다. 封事의 뜻이 알려져서는 안 되지만, 할 말을 다 올리더라도 待中을 통해 폐하께 상주되기에 심복 대신은 알게 됩니다. 심복 대신이 폐하의 뜻이 아니라고 생각하면 臣은 망언을 상주했다 하여 법에 걸리게 되는데 진정 폐하의 뜻이라면 어찌 국가의 대본을 망각하여 천의를 버리고 사욕을 따르겠습니까! 폐하께서 성찰 숙고하시어 종묘를 안정시킬 방책을 마련하시기 바랍니다.」

時, 對者數十人, 永與杜欽爲上第焉. 上皆以其書示後宮. 後上嘗賜許皇后書, 采永言以責之, 語在〈外戚傳〉.

| 註釋 | ○許皇后 - 宣帝 許皇后의 친정 사람. 한때 성제의 총애를 받았지만 趙飛燕이 들어오면서 폐위되었다.

그때 대책을 올린 자가 수십 명이었는데 谷永(곡영)과 杜欽(두흠)
이 상급으로 뽑혔다. 성제는 그 글들을 후궁들에게 보여 주었다. 뒤
에 성제는 許皇后에게 下書하면서 곡영의 말을 인용하여 許황후를
질책하였는데, 이는 〈外戚傳〉에 있다.

原文

永旣陰爲大將軍鳳說矣, 能實最高, 由是擢爲光祿大夫.
永奏書謝鳳曰, "永斗筲之材, 質薄學朽, 無一日之雅, 左右
之介, 將軍說其狂言, 擢之皁衣之吏, 廁之爭臣之末, 不聽浸
潤之譖, 不食膚受之訴. 雖齊桓,晉文用士篤密, 察父哀兄覆
育子弟, 誠無以加! 昔豫子呑炭壞形以奉見異, 齊客隕首公
門以報恩施, 知氏,孟嘗猶有死士, 何況將軍之門!"
鳳遂厚之.

| 註釋 | ○光祿大夫 - 황제의 고급 참모. 낭중령의 속관. 秩 比二千石.
○斗筲之材 - 斗筲(두소)는 작은 容器. 식견이 부족함. 斗는 十升. 筲 대나무
그릇 소. 1斗2升을 담을 수 있는 대바구니. ○無一日之雅 - 雅는 素也. 본바
탕. 宿交할 만한 사람이 아니다. ○左右之介 - 介는 紹也. 소개하여 승진시
키다. ○皁衣之吏 - 皁衣는 검은색 옷. 秦관리의 복색. 皁衣之吏는 하급관리
란 의미로 통용. ○廁之爭臣之末 - 廁은 꽂아두다(插置也). 爭臣은 靜臣(쟁
신), 간쟁을 담당하는 신하. ○不食膚受之訴 - 참언을 받아들이지 않다. 食
은 받아들이다. 膚受之訴(부수지소)는 참언. 참소. ○察父哀兄覆育子弟 - 察

父는 현명한 부친. 惡兄은 哲兄. 惡은 알다. 지혜롭다. 哲과 同. 覆育(복육)은
양육하다. ○豫子 - 춘추 말년의 晉人 豫讓(예양). 智伯(지백)은 예양을 인
정하고 대우해 주었다. 지백이 趙襄子에게 멸망하자 지백을 위해 복수하기
로 결심한 뒤 몇 번 실패하자 숯을 먹어 목소리를 바꾸고 옻칠을 해 얼굴을
바꾼 뒤 조양자를 죽이려 했으나 끝내 실패하였다. 여기서 곡영은 자신도 예
양처럼 죽을 때까지 충성을 다하겠다는 뜻을 피력했다. ○見異 - 특별한 인
정을 받다. 피동의 뜻. 나를 인정해 준 은혜. ○齊客隕首公門以報恩施 - 齊
客은 齊 맹상군의 식객. 齊 맹상군이 제왕에게 축출 당하자 맹상군의 은혜를
입었던 식객이 왕궁 앞에 가서 자결하여 맹상군의 무죄를 입증했다. 隕首(운
수)는 목숨을 버리다.

[國譯]

　谷永(곡영)은 은밀히 대장군 왕봉에게 대책 내용을 말했기에 최고
로 뽑힐 수 있었고 이 때문에 발탁되어 광록대부가 되었다. 곡영은
왕봉에게 글을 올려 말했다.

　"永(영)은 보잘 것 없는 재능에 바탕도 거칠고 학문도 뒤졌기에
오래 교제할 수도 없으며 남에게 소개할 수준도 못되지만 장군께서
제 헛된 말을 좋아하시어 저를 관리로 발탁하시어 간쟁하는 신하의
줄에 세워주셨으며, 장군께서는 은근히 스며드는 참언에 따르지도
또 참소를 받아들이지도 않으셨습니다. 齊 桓公이나 晉 文公이 인재
를 잘 등용했더라도, 또 현명하고 똑똑한 父兄이 子弟를 양육하더라
도 정말로 이보다 더 낫지는 않을 것입니다. 옛날에 豫子(예양)가
숯을 먹고 얼굴을 바꿔 은혜에 보답하려 했으며 齊 맹상군의 식객은
公門에 가서 자결하여 평소의 은혜를 보답하였는데 知氏(지백)과
孟嘗君(맹상군)에게도 죽음을 바치는 義士가 있거늘 하물며 장군의

문하에서 어찌 없겠습니까!"

왕봉은 이후 곡영을 후대하였다.

原文

數年, 出爲安定太守. 時, 上諸舅皆修經書, 任政事. 平阿
侯譚年次當繼大將軍鳳輔政, 尤與永善. 陽朔中, 鳳薨. 鳳
病困, 薦從弟御史大夫音以自代. 上從之, 以音爲大司馬車
騎將軍, 領尙書事, 而平阿侯譚位特進, 領城門兵. 永聞之,
與譚書曰, "君侯躬周,召之德, 執管,晏之操, 敬賢下士, 樂
善不倦, 宜在上將久矣, 以大將軍在, 故抑鬱於家, 不得舒
憤. 今大將軍不幸蚤薨, 絫親疏, 序材能, 宜在君侯. 拜吏之
日, 京師士大夫悵然失望. 此皆永等愚劣, 不能褒揚萬一.
屬聞以特進領城門兵, 是則車騎將軍秉政雍容於內, 而至戚
賢舅執管籥於外也. 愚竊不爲君侯喜. 宜深辭職, 自陳淺薄
不足以固城門之守, 收太伯之讓, 保謙謙之路, 闔門高枕, 爲
知者首. 願君侯與博覽者參之, 小子爲君侯安此." 譚得其
書大感, 遂辭讓不受領城門職. 由是譚,音相與不平.

| 註釋 | ○安定太守 - 安定郡, 치소는 高平縣(今 寧夏回族自治區 남부의 固
原市). ○陽朔中 - 成帝의 3번째 연호. 前 24 - 21년. ○管,晏之操 - 춘추시
대 齊의 管仲과 晏嬰(안영).《史記 管晏列傳》참고. ○絫親疏 - 親疏(친소)
간의 친족을 모두 모으다. 絫는 累의 古字. ○屬聞 - 屬은 근래. 최근에. ○秉

政雍容於內 - 秉政은 권력을 쥐다. 雍容은 온화하고 조용하다. ○執管籥～
－管籥(관약)은 열쇠. 籥은 열쇠, 管鑰(관약)과 同. ○收太伯之讓 - 周 太王
의 長子. 太伯은 泰伯과 同. 막냇동생 季歷에게 양위하려고 아래 동생과 함
께 당시에는 야만의 땅인 江南으로 피신하여 뒷날 吳를 건국하였다. ○小子
爲君侯～ - 小子는 자신에 대한 겸칭.

〔國譯〕

　몇 년 뒤, 곡영은 安定太守로 전출되었다. 이때 성제의 여러 외숙
들이 경서를 학습한 뒤 정사를 담당하였다. 平阿侯 王譚(왕담)은 나
이로도 응당 대장군 왕봉을 이어 정사를 보필해야 했는데 특히 곡영
과 친했다. 陽朔(양삭) 연간에 왕봉이 죽었다. 왕봉은 병이 위독하자
사촌 동생인 어사대부 王音(왕음)을 자신의 후임으로 천거하였다.
성제는 그 말에 따라 왕음을 大司馬車騎將軍에 領尙書事로 임명하
였고 평아후 왕담을 特進에 올려 城門 수비 병력을 지휘케 하였다.
곡영은 이를 알고 왕담에게 서신을 보내 말했다.

　"君侯께서는 周公(旦)과 召公(奭)의 덕행을 실천하시며 管仲(관
중)과 晏嬰(안영)의 지조로 아랫사람도 현인으로 존중하며 善行을 꾸
준히 베푸시면서 上將으로 오래 근무하셨지만 대장군이 있어 가정
에서 눌러 지내어 재능을 발휘할 수도 없으셨습니다. 지금 대장군께
서 불행히 일찍 죽었지만 친소 간 모두를 생각하더라도 또 재능으로
도 당연히 군후의 차례였습니다. 그러나 발령이 나는 날에 京師의
사대부들이 슬퍼하며 실망하였습니다. 이는 저 같은 모자란 사람일
지라도 그 만에 하나도 말할 수 없는 것이었습니다. 근래 들은 바로
는 特進으로 城門의 병력을 통솔하신다니, 곧 車騎將軍은 내부에서

조용히 실권을 장악하고 가깝고 현명한 외숙은 밖에서 출입문 열쇠를 쥐고 있는 것입니다. 제 생각으로도 군후께서는 기쁘지 않을 것입니다. 깊이 생각하시어 사직하되 식견이 천박하여 성문의 수비로 부족하다는 뜻을 말하시면서 太伯(吳 泰伯)의 辭讓之心으로 겸양의 길을 견지하시며 대문을 닫고 편히 지내시며 알 만한 사람들의 우두머리가 되어야 할 것입니다. 군후께서는 식견 있는 다른 사람과 함께 참고하시기 바라오며 저는 군후 덕분에 편안하옵니다.”

왕담은 그 편지에 크게 감동하였고 결국 사양하며 성문 관리직을 사양하였다. 이로부터 왕담과 왕음은 사이가 안 좋았다.

原文

永遠爲郡吏, 恐爲音所危, 病滿三月免. 音奏請永補營軍司馬, 永數謝罪自陳, 得轉爲長史.

音用從舅越親輔政, 威權損於鳳時, 永復說音曰, “將軍履上將之位, 食豪腴之都, 任周,召之職, 擁天下之樞, 可謂富貴之極, 人臣無二, 天下之責四面至矣, 將何以居之? 宜夙夜孶孶, 執伊尹之强德, 以守職匡上, 誅惡不避親愛, 舉善不避仇讎, 以章至公, 立信四方. 篤行三者, 乃可以長堪重任, 久享盛寵. 太白出西方六十日, 法當參天, 今已過期, 尙在桑楡之間, 質弱而行遲, 形小而光微. 熒惑角怒明大, 逆行守尾. 其逆, 常也, 守尾, 變也. 意豈將軍忘湛漸之義, 委曲從順, 所執不强, 不廣用士, 尙有好惡之忌, 蕩蕩之德未純,

方與將相大臣乖離之萌也? 何故始襲司馬之號, 俄而金火
並有此變? 上天至明, 不虛見異, 唯將軍畏之愼之, 深思其
故, 改求其路, 以享天意."

　音猶不平, 薦永爲護菀使者.

| 註釋 | ◦營軍司馬 − 司馬는 衛尉, 中尉, 대장군, 장군, 校尉의 속관.
◦長史 − 승상, 태위, 어사대부, 장군의 참모. 질록 1천석. ◦豪腴之都(호유
지도) − 크고 기름진 땅. 腴 아랫배 살 찔 유. ◦夙夜孶孶(숙야자자) − 夙夜는
아침저녁, 孶孶는 孜孜(자자). 부지런한 모양. ◦伊尹(이윤) − 商 湯王의 현
신. ◦法當參天, 今已過期 − '응당 하늘의 3분의 1에 있어야 하나 이미 기한
이 지났다. 이는 그 운행이 지연되고 있는 것이다.' 라는 주석이 있다. ◦尙
在桑楡之間 − 아직도 중천에 있다. 정상으로 뜨면 눈높이 있어야 하나 뽕나
무나 느릅나무 위에 보인다는 것은 금성의 운행이 늦어진다는 뜻. 《史記 天
官書》의 주석(註釋, 集解)에 '行遲而下也, 正出, 擧目平正, 出桑楡上者餘二千
里' 라는 설명이 있다. ◦形小而光微 − 금성은 방위로는 서방, 오행으로는
金, 인간사로는 전쟁과 誅殺(주살)을 뜻한다. 一國의 군사를 주관하는 大司
馬, 곧 王音의 지위가 過하다고 생각하여 지나치게 겸양하며 역할이 미약하
다는 뜻이다. 좀 더 과감하게 권한을 행사하라는 의미로 谷永이 王音에게 아
부하는 뜻으로 해석할 수 있다. ◦熒惑角怒明大 − 熒惑은 火星. 角은 芒角
(망각). ◦尾 − 尾星(미성). 28宿(수)의 하나. ◦湛漸之義 − 湛漸(침점)은 滯
溺(체닉). 적극적으로 나가지 못하다. 꾸물대다. ◦蕩蕩之德 − 蕩蕩(탕탕)은
平坦寬廣(평탄관광)한 모양. ◦護菀使者 − 서북 변방 여러 郡의 목장을 관리
하는 직책. 菀(동산 완)은 牧苑, 목마장. 苑(동산 원)과 同.

곡영은 먼 지방관으로 전출되자 王音에게 밀리는 것이 두려워 병가 3월을 채우고 퇴직하였다. 왕음은 곡영을 천거하여 營軍 司馬로 임명하자, 곡영은 여러 번 용서를 빌었고 신임을 얻어 長史가 되었다.

왕음은 外從叔으로 등용되어 성제의 친 외숙을 제치고 정사를 보필하였지만 그 권위는 王鳳 때만 못하였다. 이에 곡영은 다시 왕음을 설득하며 말했다.

"장군께서는 上將의 지위에 올라 넓고 기름진 땅을 식읍으로 받고 周公과 召公의 직분을 맡아 천하의 핵심 권력을 가졌으니 부귀의 극점에서 신하로서는 둘도 없는 자리라 할 수 있으며 천하를 책임지고 있으니 앞으로 더 무엇을 바랄 수 있겠습니까? 아침저녁으로 부지런히 伊尹(이윤)과 같은 큰 덕으로 직분을 수행하면서 주상을 바로 보필하며 악을 벌하는데 가까운 자를 제외하지 말고 善者를 천거하면서 원수라고 빼놓지 않아 지극히 공정했기에 천하의 신뢰를 얻으셨습니다. 이렇듯 3가지를 독실하게 지켰으니 중책을 오래 맡으면서 폐하의 큰 신뢰를 받으실 것입니다. 太白星(金星)이 서방에 뜬 것이 60일에 응당 하늘의 3분지 1에 보여야 하나 이미 기일(公轉週期)이 지났지만 아직도 중천에서 보이는 것은 바탕이 약하고 운행이 지연되는 것이며 또 형체가 작아 보이고 빛이 미약합니다. 熒惑星(형혹성, 火星)은 芒角(망각)이 크고 밝으며 역행하여 尾星(미성)에 합쳐졌습니다. 형혹성의 역행은 늘 있는 것이나 尾星에 합쳐진 것은 변고입니다. 이는 장군께서 소극적이라서 굽히고 순종하여 주장이 강하지 못하며 널리 인재를 등용하지도 못하고 아직도 다른 사람의

好惡(호오)를 피하려는 뜻이며, 평탄광대한 뜻을 실천하지도 않아 다른 將相과 乖離(괴리)가 싹트고 있다는 뜻이 아니겠습니까? 왜 처음부터 대사마의 자리를 받으시고도 멈칫거려 금성이나 화성에 모두 이런 변고가 일어나게 하십니까? 上天이 아주 밝다면 헛된 일이나 이변이 일어나지 않으니 장군께서 두려운 듯 신중하시지만 그 까닭을 깊이 생각하시어 앞길을 고쳐 天意에 맞춰 나가시기 바랍니다."

왕음은 곡영을 여전히 안 좋아했지만 그래도 곡영을 천거하여 여러 목장을 관리하는 護菀使者(호완사자)에 임명하였다.

原文

音薨, 成都侯商代爲大司馬衛將軍, 永乃遷爲涼州刺史. 奏事京師訖, 當之部, 時有黑龍見東萊, 上使尙書問永, 受所欲言. 永對曰,

| 註釋 | ○王商 – 王鳳의 동생. 성제의 외숙. ○涼州刺史 – 安定, 酒泉, 敦煌郡 등 서북 8군을 감찰. ○奏事京師訖 – 자사는 8월부터 각 군을 순행하며 죄수의 기록을 검토하고 치적을 평가하여 연말에 경사에 돌아와 보고한다. ○東萊 – 군명. 치소는 掖縣(액현, 今 山東省 煙台市 관할의 萊州市. 山東半島의 북쪽 해안도시). ○受所欲言 – (谷永이) 하고자 하는 말을 듣겠다.

〖 國譯 〗

왕음이 죽고 成都侯 王商이 후임으로 大司馬 衛將軍이 되었고,

곡영은 곧 涼州(양주) 자사가 되었다. 경사에서 보고를 마치고 자사
부로 돌아가야 하는데 이때(永始 2년, 前 15) 동래군에서 흑룡이 출현
하였다. 성제는 상서를 곡영에게 보내 하고자 하는 말을 듣겠다고
하였다. 이에 곡영이 상서하였다.

原文

「臣聞王天下有國家者, 患在上有危亡之事, 而危亡之言
不得上聞, 如使危亡之言輒上聞, 則商,周不易姓而迭興, 三
正不變改而更用. 夏,商之將亡也, 行道之人皆知之, 晏然自
以若天有日莫能危, 是故惡日廣而不自知, 大命傾而不寤.
《易》曰, '危者有其安者也, 亡者保其存者也.' 陛下誠垂寬
明之聽, 無忌諱之誅, 使芻蕘之臣得盡所聞於前, 不懼於後
患, 直言之路開, 則四方衆賢不遠千里, 輻湊陳忠, 群臣之上
願, 社稷之長福也.」

│註釋│ ○如使危亡之言 – 如는 만일. 危亡之言은 存亡에 관련한 忠言.
○三正不變改而更用 – 三代의 정삭은 계속 바뀌었다. 夏는 음력 정월 1일을
새해의 시작으로(建寅), 殷은 12월을 새해의 시작으로(建丑), 또 周는 음력
11월을 歲首로 하였다(建子). ○晏然 – 마음이 편안함. ○《易》曰 –《易經
繫辭 下》. 安必思危하고 存不忘亡하라는 뜻. ○芻蕘之臣 – 芻(꼴 추)는 풀을
베다. 蕘(풋나무 요)는 나무를 하다. ○輻湊(복주, 폭주) – 사방에서 모여들
다.

「臣이 알기로는, 천하의 왕으로 나라를 가진 자는 위에서 존망에
관계되는 일이나 또 그런 말을 듣지 못하는 것을 걱정한다고 하였으
니, 만일 존망에 관계되는 말을 직접 위에 말할 수 있었다면 商이나
周의 國姓이 바뀌면서 교체되지 않았을 것이며 三代의 正朔이 바뀌
지 않고 이어 사용되었을 것입니다. 夏(하)와 商(상)이 망하려 할 때
길을 가는 사람들은 다 알고 있었지만 그 왕은 편안해 하며 하늘에
해가 떠 있는 것처럼 위기에 처하지 않을 것이라 생각하였기에 악행
이 날마다 쌓이는데도 깨닫지 못했고 천명이 기울어지는 것도 알지
못했습니다. 그래서《易經》에서도 '위태롭다고 생각하는 자는 나라
를 안전하게 하고, 망할 것이라고 걱정하는 자는 나라를 보존하려는
자이다.' 라고 하였습니다. 폐하께서는 성심으로 너그러이 밝게 청
취하시며 싫어한다고 죽이지 않는다면 농부와 같은 신하일지라도
폐하께 하고 싶은 말을 다 하면서 후환을 걱정하지 않아 직언할 수
있는 언로가 열릴 것이며 그렇게 되면 천하의 많은 현자들이 불원천
리하고 충심을 바치려 모여들 것이니, 이는 모든 신하가 폐하께 원
하는 것이며 사직의 큰 복이 될 것입니다.」

「漢家行夏正, 夏正色黑, 黑龍, 同姓之象也. 龍陽德, 由
小之大, 故爲王者瑞應. 未知同姓有見本朝無繼嗣之慶, 多
危殆之隙, 欲因擾亂擧兵而起者邪? 將動心冀爲後者, 殘賊

不仁, 若廣陵,昌邑之類? 臣愚不能處也. 元年九月黑龍見,
其晦, 日有食之. 今年二月己未夜星隕, 乙酉, 日有食之. 六
月之間, 大異四發, 二而同月, 三代之末, 春秋之亂, 未嘗有
也. 臣聞三代所以隕社稷喪宗廟者, 皆由婦人與群惡沈湎於
酒. 《書》曰, ‘乃用婦人之言, 自絶於天.’ ‘四方之逋逃多罪,
是宗是長, 是信是使.’ 《詩》云, ‘燎之方陽, 寧或滅之? 赫赫
宗周, 襃姒滅之!’ 《易》曰, ‘濡其首, 有孚失是.’ 秦所以二世
十六年而亡者, 養生泰奢, 奉終泰厚也. 二者陛下兼而有之,
臣請略陳其效.」

| 註釋 | ○漢家行夏正 － 夏는 建寅하여 정월을 歲首로 하였고 漢도 그러
하였다. ○同姓之象也 － 漢은 火德으로 王天下하여 赤色을 숭상하는데, 왜
黑龍이 同姓인가? 라는 주석도 있다. ○若廣陵,昌邑之類? － 廣陵王 劉胥(유
서), 昌邑王 劉賀(유하). 63권, 〈武五子傳〉에 입전. ○不能處也 － 處는 결단.
단정하다. ○元年九月 － 永始 원년은 前 16년. ○其晦 － 그 그믐날. 末日.
○沈湎於酒 － 주색에 빠져 헤어나지 못하다. 湎은 빠질 면. ○《書》曰 － 《書
經 周書 泰誓》의 글이라는 주혜가 있으나 현재 《書經》에는 이 구절이 없다.
○婦人之言 － 婦人은 紂王(주왕)의 妲己(달기). ○《詩》云 － 《詩經 小雅 正
月》. 燎는 횃불 요. ○《易》曰 － 《易經 未濟卦》의 上九 爻辭(효사). 濡(젖을
유)는 술에 취하다. 孚(미쁠 부)는 신용. ○二世十六年 － 二世(시황제와 2세
황제)에 15년(전 221 － 207년).

〖國譯〗

　「漢은 夏(하)와 같이 정월을 歲首(세수)로 하였고, 夏는 흑색을 正

으로 하였으니 흑룡은 同姓의 형상입니다. 龍의 陽德은 작은데서 크게 되는 것이니, 이는 王者의 상서로운 조짐이라 할 수 있습니다. 그러나 同姓의 어떤 자가 나타나 本朝에 후사를 이어갈 慶事도 없고 위기 상황이 겹치는 것을 이용하여 요란하게 군사를 일으켜 세력을 펴려는 뜻이 있는가는 잘 모르겠습니다. 또 인심을 흔들어 후사가 되기를 바라는 자가 잔인하고 어질지 않거나 廣陵王이나 昌邑王 같은 사람인가는 臣이 우매하며 단정할 수 없습니다. 永始 원년 9월에 흑룡이 출현하였고 그믐에는 일식이 있었습니다. 금년 2월, 기미일 밤에 운석이 떨어졌고 을유일에 일식이 있었습니다. 여섯 달 사이에 큰 이변이 4번 일어났고 2가지가 같은 달에 있었으니 三代의 말기나 춘추 혼란시대에도 없었던 일입니다. 臣이 알기로, 삼대에 사직과 종묘를 잃은 자는 모두 여인이나 술에 탐닉하여 생긴 여러 악행 때문이었습니다. 그래서 《書經》에도 '부인의 말을 따르면서 스스로 하늘을 단절했다.' '사방에서 도망 온 죄인들을 받아들이고 이들을 우두머리로 받아들이고 이들을 믿었다.' 고 하였습니다. 《詩經》에서는 '불이 활활 타는데 누가 끄겠는가? 혁혁하게 빛나는 宗周는 포사가 없애버렸네!' 라고 하였습니다. 《易經》에서도 '술에 머리를 적시니 신용을 잃으리라.' 라고 하였습니다. 秦이 2세에 16년 만에 망한 것은 살아서 너무 사치했고 죽은 사람을 너무 후하고 받들었기 때문입니다. 지금 폐하는 두 가지를(여자와 사치) 다 겸하셨으니 신은 그 결과에 대하여 간략히 말씀드리겠습니다.」

「《易》曰, '在中饋, 無攸遂.' 言婦人不得與事也. 《詩》曰, '懿厥悊婦, 爲梟爲鴟.' '匪降自天, 生自婦人.' 建始,河平 之際, 許,班之貴, 頃動前朝, 熏灼四方, 賞賜無量, 空虛內 臧, 女寵至極, 不可上矣, 今之後起, 天所不饗, 什倍於前. 廢先帝法度, 聽用其言, 官秩不當, 縱釋王誅, 驕其親屬, 假 之威權, 從橫亂政, 刺擧之吏, 莫敢奉憲. 又以掖庭獄大爲 亂阱, 榜棰瘱於炮格, 絶滅人命. 主爲趙,李報德復怨, 反除 白罪, 建治正吏, 多繫無辜, 掠立迫恐, 至爲人起責, 分利受 謝. 生入死出者, 不可勝數. 是以日食再旣, 以昭其辜.」

| 註釋 | ○《易》曰 − 《易經 家人卦》의 六二 爻辭. 饋는 饙(먹일 궤)와 동. 遂는 꼭 하겠다는 일. 주장. 여인은 가내에서 음식 일을 주관하고 집안 일을 자기 主張대로 할 수 없다는 뜻. ○《詩》曰 − 《詩經 大雅 瞻卬》. 懿(아름다울 의)는 美也. 悊은 哲, 智也. 梟(올빼미 효)와 鴟(솔개 치)는 모두 惡鳥. ○建始, 河平 − 성제의 연호. 前 32−29년. 前 29−25년. ○許,班之貴 − 許皇后와 班 婕妤(반첩여)에 대한 총애. 班婕妤는 班固의 왕고모이다. ○熏灼(훈작) − 권 세가 대단함. 薰灼. ○不可上矣 − 上은 加也. ○今之後起 − 今之는 지금의 皇后 趙飛燕과 李夫人(衛婕妤, 本名 李平, 처음에는 班婕妤의 侍女로 입궁). 後 起는 비천한 가문에서 입궁하다. ○縱釋王誅 − 縱釋은 풀어주다. 王誅는 王 法에 의한 誅殺. ○以掖庭獄大爲亂阱 − 掖庭(액정)은 후궁의 거처. 獄은 후 궁 거처의 골방에 만든 獄. 阱(함정 정)은 獄. ○榜棰瘱於炮格 − 榜棰(방추) 는 매질하다. 瘱은 아플 참. 참혹하다. 炮格(포격)은 炮烙(포락). 紂王은 달기 와 함께 기름질을 한 구리 기둥 위를 죄수가 걸어가다가 숯불 위로 떨어져

참혹하게 죽는 것을 보고 즐겼다. 이를 포락의 형이라고 했다. ○建治正吏
- 建은 逮의 誤字. 공정한 관리가 체포하여 다스릴 죄. ○掠立迫恐(약립박
공) - 掠은 지독할 매질. 立은 죄를 인정하게 하다. ○至爲人起責 - 起責는
起債(기채, 빚을 놓다).

[國譯]

「《易經》에서도 '집안 사람은 음식을 장만하나 주장을 세울 수 없
다.'고 하였으니, 이는 부인이 參預(참예)할 일이 없다는 뜻입니다.
《詩經》에서는 '아름다운 저 여인은 올빼미나 솔개 같은 짓을 하네.'
'(혼란이) 하늘에서 내려온 것이 아니라 여인 때문에 일어나네.'라
고 하였습니다. 建始(건시)와 河平(하평) 연간에 허황후와 班婕妤(반
첩여) 집안의 고귀함은 이전 어느 때보다 더하여 사방에 권세를 떨쳤
고 賞賜를 헤아릴 수가 없었으며 국고가 텅 비었는데도 끝없는 총애
는 더할 것이 없었습니다. 지금은 비천한 집안에서 들어와 날 때부
터 받은 것이 없다고 전보다 10배는 더 주었습니다. 先帝의 法度를
폐하고 그 여인들의 말을 믿고 부당한 관직을 부여하고 왕법에 주살
될 사람도 사면해 주었기에 그 친족의 교만과 그 권세의 횡포는 종
횡으로 정사를 어지럽혔고 그것을 적발한 관리는 법을 집행할 수도
없었습니다. 또 액정의 옥에는 죄수가 가득했고 매질은 포락의 형벌
만큼 참혹하여 사람을 죽게 하였습니다. 이는 趙 황후와 李 부인이
은덕을 갚으려는 뜻에서 또는 원한을 보복하려 한 짓이며, 명백한
죄도 없애거나 가벼운 잘못을 정식으로 다스리게 하거나 무고한 여
러 사람을 잡아다가 무섭게 매질하여 죄를 뒤집어 씌웠으며 남에게
고리채를 놓고서 이자까지도 사례로 받아냈습니다. 살아 들어가서

는 죽어 나오는 자를 이루 다 셀 수가 없었습니다. 이 때문에 일식이
또 일어나서 그 죄를 밝히려 한 것입니다.」

「王者必先自絶, 然後天絶之. 陛下棄萬乘之至貴, 樂家人
之賤事, 厭高美之尊號, 好匹夫之卑字, 崇聚僄輕無義小人
以爲私客, 數離深宮之固, 挺身晨夜, 與群小相隨, 烏集雜
會, 飮醉吏民之家, 亂服共坐, 流面媟嫚, 溷殽無別, 閔免遁
樂, 晝夜在路. 典門戶奉宿衛之臣執干戈而守空宮, 公卿百
僚不知陛下所在, 積數年矣.」

| 註釋 | ○家人之賤事 – 家人은 보통 백성. 賤事는 노비나 재물을 비축하
는 일. ○卑字 – 천한 이름자. 成帝는 微服(미복)으로 夜行하면서 보통 백성
들의 천한 이름을 사용하였다. ○僄輕無義小人 – 僄輕(표경)은 가볍고 빠르
다. 건달 같은 시중잡배. 僄는 경박하다. 때로는 嫖와 通. ○流面媟嫚 – 流面
은 放縱하다. 媟嫚(설만)은 경박하다. 깔보고 업신여기다. ○溷殽無別 – 溷
殽(혼효)는 뒤섞이다. 混淆(혼효)와 同. ○閔免遁樂 – 쉬지 않고 놀아대다.
閔免은 黽勉(민면)과 同. 쉬지 않다. 그치지 않다. 遁樂(둔락)은 숨어서 즐기
다. 遁(숨을 둔)은 流遁也.

〔國譯〕

「王者는 틀림없이 먼저 스스로 끊은 다음에 하늘도 단절합니다.
폐하께서는 萬乘의 높은 자리를 버리시고 평민의 천한 재물을 좋아

하였으며 고상한 尊號를 마다하고 필부의 천한 이름을 사용하였으며, 가볍고 의리도 모르는 소인들을 끌어 모아 귀빈처럼 대접하거나 안전한 깊은 궁궐을 자주 빠져나가 새벽까지 여러 소인들과 모여 놀면서 백성의 집에서 술을 마시고 취하며 아무렇게나 입고 똑같은 자리에서 방탕하게 놀았으며 아무 구별도 없이 뒤섞이고 숨어 즐기기를 그치지 않으면서 주야로 길거리에서 지냈습니다. 궁궐 문호를 관리하거나 숙위하는 신하들은 창과 방패를 들고 빈 궁궐을 지켰고 公卿百僚들은 폐하께서 어디에 있는지 모르고 몇 년을 지냈습니다.」

原文

「王者以民爲基, 民以財爲本, 財竭則下畔, 下畔則下亡. 是以明王愛養基本, 不敢窮極, 使民如承大祭. 今陛下輕奪民財, 不愛民力, 聽邪臣之計, 去高敞初陵, 捐十年功緖, 改作昌陵. 反天地之性, 因下爲高, 積土爲山, 發徒起邑, 並治宮館, 大興繇役, 重增賦斂, 徵發如雨, 役百乾溪, 費疑驪山, 靡敝天下, 五年不成而後反故. 又廣盱營表, 發人塚墓, 斷截骸骨, 暴揚屍柩, 百姓財竭力盡, 愁恨感天, 災異屢降, 饑饉仍臻. 流散冗食, 餧死於道, 以百萬數. 公家無一年之畜, 百姓無旬日之儲, 上下俱匱, 無以相救. 《詩》云, '殷監不遠, 在夏后之世.' 願陛下追觀夏, 商, 周, 秦所以失之, 以鏡考己行. 有不合者, 臣當伏妄言之誅.」

| 註釋 | ○下畔 – 畔(두둑 반)은 叛과 同. ○如承大祭 – 늘 두렵고 조심하다. ○捐十年功緒 – 捐은 버릴 연. 功緒(공서)는 工事. 功績. ○改作昌陵 – 황제는 재위 중에 자신의 능을 축조하였는데, 성제는 최초의 능 건축을 짓다가 옮겨 昌陵 공사를 다시 시작하였다. 창릉은 今 陝西省 臨潼縣 동쪽. 성제 鴻嘉 원년(前 20)에 시작하여 永始 원년(前 16)에 중지하였다. 成帝는 죽은 뒤로 최초에 공사했던 延陵에 묻혔는데, 연릉은 今 陝西省 咸陽市 周陵鄕 嚴家溝村에 있고, 陵園은 동서 382m에 남북 400m이고 정상부의 높이는 31m이다. ○大興繇役 – 繇役(요역)은 傜役(요역). 백성의 노동력 징발. ○徵發如雨 – 如雨는 많다. ○役百乾溪 – 乾溪는 楚 靈王의 능. 위치는 今 安徽省 북쪽의 亳州市(박주시). ○費疑驪山 – 疑는 비슷하다. 擬와 通. 驪山은 진시황의 능이 있는 산. 今 陝西省 西安市 臨潼區. ○廣旴營表 – 廣旴(광우)는 廣大. 營表는 表土(敷地(부지))를 만들다. ○流散冗食 – 유민들이 아무데서나 먹다. 冗食(용식)은 유랑하며 먹다. 冗은 冘, 쓸데없을 용. 유랑하다. ○餒死於道 – 餒死(뇌사)는 餓死(아사). 餒 주릴 뇌(餧와 同). 먹일 위. ○上下俱匱 – 匱는 匱乏(궤핍). 재물이 바닥나다. ○《詩》云 – 《詩經 大雅 湯》. ○殷監不遠 – 監은 鑑. 夏后는 夏의 王.

〖國譯〗

「王者는 백성을 기초로 하고, 백성은 재산을 기본으로 삼기에 재산이 다하면 백성들은 배반하고, 백성들이 배반하면 기초는 무너지게 됩니다. 이 때문에 명철한 王者는 기본을 아끼고 살리면서 궁핍하게 만들 수 없기에 백성을 큰 제사를 모시듯 합니다. 지금 폐하께서는 백성의 재물을 쉽게 빼앗고 백성의 노력을 아끼지도 않으며 邪臣의 말을 듣고 고지대의 트인 최초의 능을 버리고 10년의 노력을 허비하면서 昌陵을 다시 시작했습니다. (창릉은) 天地의 본성에 反

하는 곳으로 지대가 낮아 높여야 했고 흙을 쌓아 산을 만들고 죄수들을 동원하여 주거지를 만들고 아울러 여러 宮館을 지어야 해서 요역을 크게 징발하고 부세를 늘려야만 했는데 수많은 백성을 동원하니 그 노역이 乾溪(건해, 楚 靈王의 능)의 백 배가 되었고, 그 비용은 (始皇帝의) 驪山(여산) 능과 비슷하여 천하를 피폐하게 만들었으나 5년에도 완성하지 못하고 결국은 이전의 능으로 정해야만 했습니다. 또 광대한 부지를 조성할 때 백성의 묘를 발굴하고 해골을 부러트리고 시신과 관을 파헤쳐야만 했으니, 백성은 재산과 노동력을 다 징발당하고도 원한이 하늘까지 사무쳐 재해가 자주 일어났고 기근이 계속 이어졌습니다. 흩어진 백성들이 유랑하다가 길에서 백만이 넘게 아사하였습니다. 나라에는 1년 치 비축이 없고 백성에게는 열흘 치 저축이 없으니 상하가 모두 굶주려 구원할 수도 없었습니다. 《詩》에서 말한 '殷의 거울은 멀지 않으니 夏(하) 제왕의 시대에 있네.'라고 하였습니다. 폐하께서는 夏, 商, 周, 秦의 멸망한 까닭을 잘 살피시어 자신을 행실의 거울로 삼으셔야 합니다. 그리하여 합당하지 않은 것이 있다면 臣은 응당 망언을 한 죄로 죽어야 합니다.」

原文

「漢興九世, 百九十餘載, 繼體之主七, 皆承天順道, 遵先祖法度, 或以中興, 或以治安. 至於陛下, 獨違道縱欲, 輕身妄行, 當盛壯之隆, 無繼嗣之福, 有危亡之憂, 積失君道, 不合天意, 亦已多矣. 爲人後嗣, 守人功業, 如此, 豈不負哉!

方今社稷宗廟禍福安危之機在於陛下, 陛下誠肯發明聖之德, 昭然遠寤, 畏此上天之威怒, 深懼危亡之徵兆, 蕩滌邪辟之惡志, 厲精致政, 專心反道. 絶群小之私客, 免不正之詔除, 悉罷北宮私奴車馬婿出之具. 克己復禮, 毋貳微行出飲之過, 以防迫切之禍. 深惟日食再旣之意, 抑損椒房玉堂之盛寵, 毋聽後宮之請謁, 除掖庭之亂獄, 出炮格之陷阱. 誅戮邪佞之臣及左右執左道以事上者, 以塞天下之望. 且寢初陵之作, 止諸繕治宮室, 闕更減賦, 盡休力役, 存卹振捄困乏之人以弭遠方. 厲崇忠直, 放退殘賊, 無使素餐之吏久屍厚祿. 以次貫行, 固執無違, 夙夜孳孳, 屢省無怠, 舊愆畢改, 新德旣章. 纖介之邪不復載心, 則赫赫大異庶幾可銷, 天命去就庶幾可復, 社稷宗廟庶幾可保. 唯陛下留神反覆, 熟省臣言. 臣幸得備邊部之吏, 不知本朝失得, 瞽言觸忌諱, 罪當萬死.」

| 註釋 | ○繼體之主七 – 繼體는 제위를 이어받다. 惠帝, 昭帝는 아들이 이어받지 못했다. ○蕩滌邪辟~ – 蕩滌(탕척)은 깨끗이 씻다. 邪辟(사벽)은 도리에 어긋나고 편벽됨. ○婿出之具 – 놀이 도구. 婿는 게으를 타(惰와 通). ○椒房玉堂 – 椒房(초방)은 온기를 배양한다고 후추를 벽에 바른 방. 황후의 거처. 玉堂은 총애하는 후궁의 거처. ○闕更減賦 – 更은 순번에 의해 교대로 노동력을 동원하는 것. ○存卹振捄 – 存恤(존휼)하고 구제하다. 卹 가엾게 여길 휼. 恤과 동. 捄는 救. ○以弭~ – 弭(활 고자매 미)는 安也.

「漢은 건국 이후 9世 190여 년 동안 제왕의 자리를 계승한 것이 7
번이었는데, 모두 천도에 순응하고 선조의 법도를 이어서 혹은 중흥
을 이루었고, 혹은 치세를 이룩하였습니다. 폐하에 이르러서는 홀로
법도를 어기고 욕망을 좇으며 가벼운 처신과 방종으로 한창 왕성한
장년에도 뒤를 이을 후사가 없어 망할지도 모른다는 위기감 속에서
제왕의 道를 벗어난 일도 많고 天意에 불합한 일도 또한 많았습니
다. 先人의 후사로 先祖의 공덕을 지켜나가야 하는데, 이를 어찌 져
버릴 수 있겠습니까? 지금 종묘사직의 화복과 안위의 전기가 폐하
에게 있는데, 폐하께서는 진정으로 성덕을 밝게 펴시고 밝고도 크게
깨우치시어 재이 같은 上天의 위엄과 분노를 걱정하시고 멸망의 징
조를 크게 두려하시며, 사악하고 편벽된 나쁜 뜻을 깨끗이 씻어버리
시고 지성으로 정사를 돌보시며 전심전력하여 정도로 돌아오셔야
합니다. 잡다한 소인들과 단절하고 부정한 명령에 의한 사면을 그만
하시며 北宮에 있는 私奴의 거마와 놀이도구를 모두 없애야만 합니
다. 극기복례하시고 미행으로 궁 밖에서 음주하는 과오를 다시 범하
지 않아야 불의의 재앙을 막을 수 있습니다. 일식이 두 번이나 발생
하는 뜻을 깊이 생각하시어 황후나 후궁에 대한 지나친 총애를 자제
하시고 후궁의 부탁을 거절하시며 掖庭(액정)의 지나친 옥사를 금지
시키시고 炮烙(포락)의 형벌을 없애야 합니다. 간사하고 아첨하는
신하나 정도가 아닌 사도로 윗사람을 섬기는 측근들을 誅戮(주륙)하
여 천하의 여망에 부응하셔야 합니다. 또 처음에 공사를 했던 능침
에 여러 궁실을 짓는 공사를 중단하시어 백성의 요역과 부세를 줄여
주고 노동력을 쉬게 하면서 곤핍한 백성을 구휼하고 구제하며 먼 곳

을 편안하게 해야 합니다. 충직한 신하를 장려하고 높이며 잔인한 관리를 축출하며 하는 일 없이 먹고 노는 관리나 후한 녹봉을 축내는 관리를 없애야 합니다. 이상의 일을 순차적으로 시행하여 위반하지 않고 밤낮으로 부지런히 실천하시며 반성하고 태만하지 않으시면 구악은 틀림없이 고쳐질 것이며 새로운 덕행은 더욱 빛날 것입니다. 사소한 邪心(사심)이 다시는 마음을 현혹하지 않을 것이니, 곧 분명히 큰 재이는 사라질 것이며 떠나려던 천명도 다시 회복될 것이고 사직과 종묘도 거의 보존할 수 있을 것입니다. 폐하께서 정신을 차려 반복하시며 저의 건의를 거듭 생각해 주시기 바랍니다. 臣은 다행히 변방 자사부의 관리로 조정 정치의 득실도 잘 모르기에 소경과 같은 말이 폐하의 忌諱(기휘)를 건드렸다면 그 죄는 만 번 죽어 마땅할 것입니다.」

原文

成帝性寬而好文辭, 又久無繼嗣, 數爲微行, 多近幸小臣. 趙,李從微賤專寵, 皆皇太后與諸舅夙夜所常憂. 至親難數言, 故推永等使因天變而切諫, 勸上納用之. 永自知有內應, 展意無所依違, 每言事輒見答禮. 至上此對, 上大怒. 衛將軍商密擿永令發去. 上使侍御史收永, 敕過交道厩者勿追, 御史不及永, 還, 上意亦解, 自悔. 明年, 徵永爲太中大夫, 遷光祿大夫給事中.

| 註釋 | ㅇ密擿(밀적) − 은밀하게 보내다. ㅇ侍御使 − 어사대부의 속관. 관리 비리를 감찰. 질록 6백석. ㅇ交道廐(교도구) − 장안성에서 60리 정도 떨어진 곳에 있던 목마장.

〖 國譯 〗

成帝는 성품이 너그럽고 文辭를 좋아하였지만 오랫동안 후사가 없는데다가 자주 미행을 나가 천한 사람과 많이 가까이 하였다. 趙皇后나 李夫人은 미천한 출신이었지만 총애를 독차지하였는데 황태후와 여러 외숙들 모두가 밤낮으로 걱정하였다. 가까운 외척이라도 자주 말하기가 어려워 谷永(곡영)을 통해 천재지변을 통해 간절히 간언을 올리게 하였고 성제에게는 받아들이도록 권하였다. 곡영도 內應이 있다는 것을 알기에 그 뜻을 피력하더라도 도리에 어긋나지 않아 매번 상서할 때마다 답례를 받았었다. 그러나 이번 대책에 대해서는 성제가 대노하였다. 衛將軍 王商은 몰래 곡영을 임지로 가게 하였다. 성제는 시어사를 시켜 곡영을 체포하라 하면서 交道廐 (교도구)를 지났으면 쫓지 말라고 하였는데 시어사는 곡영을 따라잡지 못하고 돌아오자 성제도 노여움을 풀고 후회하였다. 다음 해 곡영을 불러 太中大夫에 임명하였다가 光祿大夫給事中으로 승진시켰다.

原文 |

元延元年, 爲北地太守. 時, 災異尤數, 永當之官, 上使衛尉淳于長受永所欲言. 永對曰,

「臣永幸得以愚朽之材爲太中大夫, 備拾遺之臣, 從朝者之後, 進不能盡思納忠輔宣聖德, 退無被堅執銳討不義之功, 猥蒙厚恩, 仍遷至北地太過. 絶命隕首, 身膏野草, 不足以報塞萬分. 陛下聖德寬仁, 不遺易忘之臣, 垂周文之聽, 下及芻蕘之愚, 有詔使衛尉受臣永所欲言. 臣聞事君之義, 有言責者盡其忠, 有官守者修其職. 臣永幸得免於言責之辜, 有官守之任, 當畢力邊職, 養綏百姓而已, 不宜復關得失之辭. 忠臣之於上, 志在過厚, 是故遠不違君, 死不忘國. 昔史魚旣沒, 餘忠未訖, 委柩後寢, 以屍達誠, 汲黯身外思內, 發憤舒憂, 遺言李息. 經曰, '雖爾身在外, 乃心無不在王室.' 臣永幸得給事中出入三年, 雖執干戈守邊垂, 思慕之心常存於省闥, 是以敢越郡吏之職, 陳累年之憂.」

| 註釋 | ○元延元年 − 성제의 연호. 前 12 − 9년. ○北地 − 군명. 치소는 馬嶺縣(今 甘肅省 동부의 慶陽市 서북). ○衛尉 淳于長 − 衛尉는 황제가 거주하는 미앙궁 경비와 관리의 총책임자. 列卿의 한 사람. 淳于는 복성. 元帝 王皇后 언니의 아들. 성제가 총애하는 趙飛燕을 황후로 책립하는데 힘써 定陵侯가 되었다. 綏和 원년(전 8년)에 대역죄로 처형되었다. 93권, 〈佞幸傳〉에 입전. ○備拾遺之臣 − 備는 숫자나 채웠다는 겸손의 뜻이다. 拾遺(습유)는 결점이나 과실을 보완하다. ○身膏野草 − 몸으로 초야를 적시다. 죽다. 膏(기름질 고). 적시다. ○易忘之臣 − 미천하기에 쉽게 잊을 수 있는 신하. ○養綏 − (백성을) 養育하고 按撫하다. 綏 편안할 수. ○史魚 − 춘추시대 衛의 대부. 衛 靈公에게 蘧伯玉(거백옥)을 등용하라고 충언을 했지만 들어주지 않자 죽으면서 아들에게 자신의 관을 內室에서 正室로 옮기지 말고 靈公이 조

문하면 사유를 말하라고 유언하여 결국은 관철시켰다. 이를 屍諫(시간, 尸諫)
이라고 한다. ㅇ汲黯(급암) - 무제의 신하. 外職에 있으면서 후임 李息(이식)
에게 張湯(장탕)의 詐忠을 고발하게 하였다. 50권, 〈張馮汲鄭傳〉에 입전.
ㅇ'雖爾身在外 ~ - 《書經 周書 康王之誥》의 구절. ㅇ省闥(성달) - 궁중. 闥
은 궁중 작은 문 달.

〖 國譯 〗

　元延(원연) 원년에 北地郡 태수가 되었다. 그때 재이가 더욱 자주
일어났는데, 谷永(곡영)은 재해에 밝은 관리라 하여 성제는 衛尉 淳
于長을 보내 곡영이 할 말을 받아오게 하였다. 이에 곡영이 상서하
였다.

　「臣 永(영)은 요행히 우매한 재능에도 太中大夫가 되었고 정사를
논의하는 신하로 조정에서 관리의 뒤나 따라다녔고, 입조해서는 충
성을 다해 聖德을 보완하지 못하고 물러나서는 주장을 견지하며, 不
義의 功過에 대해 성토하지도 못하면서 외람되게 후한 은덕을 입어
바로 北地郡 태수로 승진하였으니 너무 과분합니다. 제가 목숨을 다
바치고 또 죽는다 하여도 은덕의 1만분의 일도 갚지 못할 것입니다.
폐하께서는 聖德에 寬仁하시고 미천한 신하라도 버리시지 않으시
며 周 文王처럼 들어주시는 은덕을 어리석은 백성에게도 베푸시어
저 같은 사람에게도 衛尉(위위)를 보내어 하고 싶은 말을 받아오게
하셨습니다.

　臣이 알기로, 事君하는 大義는 진언을 할 사람은 그 충성을 다하
고 관직에 있는 자는 그 직분을 다 해야 합니다. 臣 永(영)은 다행히
도 진언을 올려야 하는 책임을 벗어 지방관의 직분을 맡았기에 마땅

히 전력하여 직무를 수행하면서 백성을 편히 살게 하면 되지만 정사의 득실을 논하는 것은 옳지 않다고 생각합니다. 충신은 위로 올라갈수록 관후한 은덕을 입기에 멀리 있어도 주군의 기대에 어긋날 수 없고 죽을지라도 나라를 잊을 수가 없습니다. 옛날에 史魚는 죽고서도 다하지 못한 충성이 있어 靈柩(영구)를 나중에 옮기게 하여 屍身으로도 충성을 다하였으며, 汲黯(급암)은 몸은 외직에 있으면서도 조정을 생각하여 發憤하고 걱정하며 후임 李息에게 유언을 하였습니다. 경전에서도 '너의 몸이 밖에 있더라도 너의 마음은 왕실을 떠나지 않게 하라.'고 하였습니다. 臣 永(영)이 다행히도 給事中으로 3년을 근무하였기에 지금은 비록 변경에서 방패와 창을 쥐고 있지만 사모하는 마음은 늘 폐하께 있기에 감히 태수의 직분을 넘어 몇 년간의 생각을 진술하고자 합니다.」

原文

「臣聞天生蒸民, 不能相治, 爲立王者以統理之, 方制海內非爲天子, 列土封疆非爲諸侯, 皆以爲民也. 垂三統, 列三正, 去無道, 開有德, 不私一姓, 明天下乃天下之天下, 非一人之天下也. 王者躬行道德, 承順天地, 博愛仁恕, 恩及行葦, 籍稅取民不過常法, 宮室車服不逾制度. 事節財足, 黎庶和睦, 則卦氣理效, 五徵時序, 百姓壽考, 庶屮蕃滋, 符瑞並降, 以昭保右. 失道妄行, 逆天暴物, 窮奢極欲, 湛湎荒淫, 婦言是從, 誅逐仁賢, 離逖骨肉, 群小用事, 峻刑重賦, 百姓

愁怨, 則卦氣悖亂, 咎徵著郵, 上天震怒, 災異屢降. 日月薄
食, 五星失行, 山崩川潰, 水泉踊出, 妖孽並見, 茀星耀光,
饑饉荐臻, 百姓短折, 萬物夭傷. 終不改寤, 惡洽變備, 不復
譴告, 更命有德. 《詩》云, ‘乃眷西顧, 此惟予宅.’」

| 註釋 | ○蒸民(증민) – 衆民. ○方制 – 널리 통제하다. 方은 廣博. ○恩
及行葦 – 은택이 길의 초목에까지 미치다. 行은 도로. 葦는 갈대 위. 牛羊도
갈대를 함부로 짓밟지 않는다는 뜻. ○卦氣理效 – 卦氣는 易의 卦를 風雨寒
暑 등 기후에 따라 배분한 것을 말한다. 75권, 〈眭兩夏侯京翼李傳〉의 京房
(경방)에 관한 기록 참고. ○五徵時序 – 五徵(오징)은 洪範九疇(홍범구주) 중
8번째 庶徵(서징)의 5가지 기후 현상으로 雨, 暘(양, 맑음), 燠(욱, 더위), 寒,
風. 時序는 절기에 맞다. ○庶屮蕃滋 – 屮는 草의 古字. 蕃滋(번자)는 무성해
지고 불어나다. ○湛湎荒淫 – 湛湎(침면)은 깊이 빠짐. ○離逖(이적) – 멀리
떨어지다. 逖 멀 적. ○咎徵著郵(구징착우) – 著는 도착하다. 郵는 지나가다.
통과하다. ○妖孽(요얼) – 妖는 요괴한 사물, 이상한 초목. 孽(서자 얼)은 이
상하거나 변형된 벌레나 짐승. ○茀星耀光 – 茀星(불성)은 孛星(패성). 살별.
혜성. 耀는 빛날 요. ○饑饉荐臻(기근천진) – 饑饉(기근)은 굶주리다. 흉년.
荐臻(천진)은 거듭 닥치다. 荐은 거듭할 천. ○《詩》云 – 《詩經 大雅 皇矣》.
眷 돌아볼 권. 予는 與, 함께. 宅은 居. 천명이 殷에서 서쪽의 周로 옮겨갔다
는 뜻.

〖 國譯 〗

「臣이 알기로, 하늘이 백성을 내었지만 서로 다스릴 수가 없어 王
者를 세워서 다스리게 하였는데 해내를 통제하여 다스리는 것은 천
자를 위해서가 아니며, 땅을 나눠 제후를 봉한 것은 제후를 위해서

가 아니라 모두 백성을 위한 것입니다. 夏, 殷, 周의 三統을 확립하고, 天, 地, 人의 三正道를 세워 무도한 자를 제거하고 유덕자에게 길을 열어주며 하나의 姓氏만 사사롭게 돌보지 않는 것은 천하가 만민을 위한 천하이지 한 사람의 천하가 아니기 때문입니다. 王者는 도덕을 몸소 실천하고 천지에 순응하며 박애하고 인자하여 그 은택을 초목까지 베풀고 백성에게 과세하더라도 常法을 벗어나지 않으며 궁궐과 車馬와 복식도 법도를 지켜야 합니다. 그러면 일은 줄어들고 재용은 넉넉하며 모두가 화목하고 기후에 잘 적응할 수 있으며 5가지 기후도 때에 잘 맞아 백성들은 장수하고 모든 초목도 무성하며 좋은 길조도 나타나고 하늘이 크게 도와줄 것입니다. 失道하고 妄行하거나, 逆天하고 만물을 해치거나, 사치하며 방자하거나, 황음에 탐닉하고 여자의 말만 듣고 어진 사람을 죽이고 방축하거나, 골육을 이간하고 소인이 권력을 잡게 하며, 가혹한 형벌이나 무거운 과세 등으로 백성의 원성을 산다면 기후도 때를 못 맞추고 각종 재앙이 나타나며 상천이 진노하면서 여러 재앙이 나타날 것입니다. 일식과 월식이 일어나고 五星의 운행이 달라지며, 산천이 붕괴하거나 지하수가 터져 나오며, 요상한 초목이나 짐승이 나타나고 혜성이 나타나거나 기근이 거듭 닥쳐서 백성은 요절하고 만물도 일찍 죽거나 시들게 됩니다. 그래도 끝까지 고치고 깨우치지 않는다면 악이 차고 넘쳐서 다시는 아무 경고도 없이 유덕자에게 천명이 바뀌게 됩니다. 그래서 《詩經》에서도 '이에 서쪽을 돌아보시고는 거기에 함께 머무시네.'라고 하였습니다.」

　「夫去惡奪弱, 遷命賢聖, 天地之常經, 百王之所同也. 加以功德有厚薄, 期質有修短, 時世有中季, 天道有盛衰. 陛下承八世之功業, 當陽數之標季, 涉三七之節紀, 遭〈無妄〉之卦運, 直百六之災阨. 三難異科, 雜焉同會. 建始元年以來二十載間, 群災大異, 交錯鋒起, 多於《春秋》所書, 八世著記. 久不塞除, 重以今年正月己亥朔日有食之, 三朝之會, 四月丁酉四方衆星白晝流隕, 七月辛未彗星橫天. 乘三難之際會, 畜衆多之災異, 因之以饑饉, 接之以不贍. 彗星, 極異也, 土精所生, 流隕之應出於饑變之後, 兵亂作矣, 厥期不久, 隆德積善, 懼不克濟. 內則爲深宮後庭將有驕臣悍妾醉酒狂悖卒起之敗, 北宮苑囿街巷之中臣妾之家幽閒之處徵舒, 崔杼之亂, 外則爲諸夏下土將有樊並, 蘇令, 陳勝, 項梁奮臂之禍. 內亂朝暮, 日戒諸夏, 舉兵以火角爲期. 安危之分界, 宗廟之至憂, 臣永所以破膽寒心, 豫言之累年. 下有其萌, 然後變見於上, 可不致愼!」

▌註釋▌ ○期質有修短 - 期質은 수명. 修短은 長短. ○承八世之功業 - 八世는 高祖, 惠帝, 文帝, 景帝, 武帝, 昭帝, 宣帝, 元帝. ○陽數之標季 - 陽數는 홀수(奇數)의 끝. 곧 九. ○涉三七之節紀 - 3×7= 21. 곧 210년에 액수를 앞에 두고 있다. ○遭〈無妄〉之卦運 - 遭는 조우하다. 만나다. 〈無妄〉은 64괘의 하나. 天雷無忘. 위에는 ☰(天), 아래는 ☳(雷)가 합쳐진 卦로 죽음의 형상, 죽음을 앞두었기에 항상 마음을 곧게 가져야 한다는 뜻. ○直百六

之災阨 — 역법에서 말하는 새로 入元하는 106년간의 액운을 만나다. 災阨(재액)은 액운. ○三難異科 — 三難은 三七之紀, 无妄의 卦, 百六之災의 3가지 액운. 異科는 내용을 달리하다. ○建始元年 — 성제 첫 번째 연호. 전 32년. ○今年正月 — 元延 2년 전 12년. ○三朝 — 年, 月, 日 三者의 시작. ○畜衆多 ~ — 畜은 蓄也. ○流隕(유운) — 流星. ○徵舒,崔杼之亂 — 夏徵舒(하징서)는 陳國에서 주군을 죽이고 나라를 차지했다. 崔杼(최저)는 齊의 대부로 주군을 시해하였다. ○諸夏 — 제후가 분봉된 땅. 중국. ○樊並,蘇令,陳勝,項梁 — 樊並(번병)과 蘇令(소령)은 성제 永始 3년(前 14)에 반역했고, 陳勝과 項梁은 秦에 반기를 들었다. ○奮臂之禍 — 奮臂(분비)는 힘을 내 용기를 북돋다. ○內亂朝暮 — 朝暮는 아침이나 저녁. 곧 일어날 수 있다. ○以火角爲期 — 형혹성의 芒角으로 기일을 정하다.

[國譯]

「약자를 약탈하는 악인을 제거하고 성현에게 천명이 옮겨가는 것은 천지의 바른 법도이며 모든 王者에게 똑같습니다. 거기에다가 功德의 많고 적음에 따라 수명 장단에 차이가 있고, 시기적으로도 한창과 끝물이 있고, 天道에도 성쇠가 있는 것입니다. 폐하께서는 八世의 업적을 계승하셨고 陽數의 가장 나중인 九代로 三七의 節紀(210년)를 건너야 하고 〈無妄(무망)〉 괘의 운을 만났으며, 106년의 액운에 당면하였습니다. 三難이 내용은 다르지만 한꺼번에 모였습니다. 建始 원년 이래 20년간 많은 재해와 큰 이변이 교대로 일어났는데 《春秋》에 기록된 것이나 고조 이래 8세간에 일어난 것보다 많았습니다. 오랫동안 재해를 해결하지 못했는데 거듭해서 금년 정월 기해 초하루, 三朝가 시작하는 날에 일식이 있었고, 4월 정유일에는 사방의 많은 별들이 낮 시간에 떨어졌으며, 7월 신미일에는 彗星(혜성)이 하늘을 가로 질렀습니다. 이런 三難이 중첩된 시기에 여러 가지 재이가 많이 닥치다 보니 이 때문에 기근이 이어지고 연이어 궁핍해지게 됩니다. 혜성은 큰 재해로 土精에서 나오는 것이며, 流隕(유운)의 현상은 기근 뒤에 나타나며, 병란의 시작이 멀지 않은 것으로 생각되기에 덕을 베풀고 선행을 쌓는다 하여도 이겨내지 못할까 두려운 것입니다. 안으로는 깊은 후궁 안에서 교만한 신하나 사나운 첩실이 술에 취하거나 패륜행위로 갑작스런 패망이 일어날 수도 있으며 北宮의 동산이나 좁은 골목에서 또는 臣妾의 집 깊숙한 곳에서 徵舒(징서)나 崔杼(최저)같은 난이 일어날 수 있으며, 외적으로는 중국 땅의 하급 사대부 중에서라도 樊並(번병)과 蘇令(소령), 그리고 陳勝과 項梁(항량)처럼 무력 반란이 일어날 수도 있습니다. 내란의 재앙이 곧 닥칠 수 있다면 날마다 제후국의 기병을 경계하여야 하고 火星의 芒角(망각)이 있는 날에 거병할 수도 있을 것입니다. 安危의 경계에서 종묘의 존속 여부는 제가 가장 두려워하며 걱정하는 것으로 여러 해 전부터 예언했었습니다. 아래에서 그런 싹이 있은 뒤에 위에 나타나는 것이니 극히 신중하지 않을 수 없습니다!」

原文

「禍起細微, 姦生所易. 願陛下正君臣之義, 無復與群小媟黷燕飮, 中黃門後庭素驕慢不謹嘗以醉酒失臣禮者, 悉出勿留. 勤三綱之嚴, 修後宮之政, 抑遠驕妒之寵, 崇近婉順之行, 加惠失志之人, 懷柔怨恨之心. 保至尊之重, 秉帝王之威, 朝覲法出而後駕, 陳兵淸道而後行, 無復輕身獨出, 飮食臣妾之家. 三者旣除, 內亂之路塞矣.」

| 註釋 | ○姦生所易 － 易(이)는 경시하다. ○媟黷燕飮(설독연음) － 媟黷(설독)은 막되게 놀다. 남녀 사이가 문란하다. 媟 깔볼 설. 黷 더럽힐 독. 燕飮(연음)은 편안하게 마시다. ○中黃門後庭 － 中黃門은 환관. 後庭은 후궁. ○勤三綱之嚴 － 三綱은 君臣, 父子, 夫婦의 체통을 엄히 따지다. ○婉順之行 － 婉順(완순)은 유순하다. ○朝覲法出而後駕 － 朝覲(조근)은 신하가 황제를 알현함. 法出而後駕는 法駕而後出이 되어야 함. 法駕는 황제의 수레. 법가를 준비시킨 뒤에 법가를 타고 외출하다. 황제가 미복으로 답치기 하거나 몰래 외출하지 말라는 뜻. ○三者旣除 － 三者는 微行(미행), 縱飮(종음), 好色.

〖國譯〗

「禍는 미세한 일에서 일어나고, 거짓은 소홀한 일에서 생깁니다. 폐하께서는 군신의 대의를 바로 잡으시고 다시는 미천한 무리들과 어울려 놀거나 음주하지 마시고 환관이나 후궁 중에서 평소에 교만하여 근신하지 않거나 술에 취해 신하의 예를 다하지 못한 자는 모두 내보내시기 바랍니다. 三綱을 엄격히 강조하시고 후궁을 거느리면서 총애를 질투하는 자를 눌러 멀리하시고 온순한 행실을 장려하고 가깝게 하시며, 뜻을 잃은 사람에게도 은혜를 베풀어 주시며 원망하는 마음을 가진 사람도 회유하셔야 합니다. 지존의 정중한 체통과 제왕의 권위를 지키시며, 朝覲(조근)하고 法駕를 준비하여 타시고, 병기를 지닌 군사가 길을 치운 다음에 행차하시며, 다시는 단신

으로 외출하지 말고 臣妾의 집에서 술을 마시지 마십시오. 이런 세
가지가 다 없어진다면 내란이 일어날 길도 막힐 것입니다.」

原文

「諸夏擧兵, 萌在民饑饉而吏不卹, 興於百姓困而賦斂重,
發於下怨離而上不知. 《易》曰, '屯其膏, 小貞吉, 大貞凶.'
傳曰, '饑而不損茲謂泰, 厥災水, 厥咎亡.' 〈䛦辭〉曰, '關
動牡飛, 關爲無道, 臣爲非, 厥咎亂臣謀篡.' 王者遭衰難之
世, 有饑饉之災, 不損用而大自潤, 故凶, 百姓困貧無以共
求, 愁悲怨恨, 故水, 城關守國之固, 固將去焉, 故牡飛. 往
年郡國二十一傷於水災, 禾黍不入. 今年蠶麥咸惡. 百川沸
騰, 江河溢決, 大水氾濫郡國五十有餘. 比年喪稼, 時過無
宿麥. 百姓失業流散, 群輩守關. 大異較炳如彼, 水災浩浩,
黎庶窮困如此, 宜損常稅小自潤之時, 而有司奏請加賦, 甚
繆經義, 逆於民心, 布怨趨禍之道也. 牡飛之狀, 殆爲此發.
古者穀不登虧膳, 災屢至損服, 凶年不塈塗, 明王之制也.
《詩》云, '凡民有喪, 扶服救之.' 《論語》曰, '百姓不足, 君孰
予足?' 臣願陛下勿許加賦之奏, 益減大官,導官,中御府,均
官,掌畜,廩犧用度, 止尙方,織室,京師郡國工服官發輸造作,
以助大司農. 流恩廣施, 振贍困乏, 開關梁, 內流民, 恣所欲
之, 以救其急. 立春, 遣使者循行風俗, 宣佈聖德, 存卹孤寡,

問民所苦, 勞二千石, 敕勸耕桑, 毋奪農時, 以慰綏元元之
心, 防塞大奸之隙, 諸夏之亂, 庶幾可息.」

│註釋│ ○《易》曰 -《易經 屯卦》. 屯은 괘 이름. 재물의 비축을 뜻함. 膏
는 재물. 貞은 점을 쳐서 물어보다. ○〈沜辭(요사)〉 -《易經》으로 점치는 말.
지금 통용되는 《易經》의 正文은 아니다. 그 당시에 유통하던 책일 것이다.
○關動牝飛 - 관문이 흔들리고 빗장이 날아다니다. 牝 수컷 모. 관문의 빗장
(門). ○比年喪稼 - 연속해서 농사를 잃다. 稼는 농사. 耕作. ○時過無宿麥
- 時過는 농사 때를 놓치다. 無宿麥은 보리 수확이 없다. 보리는 가을에 뿌
려 다음 해 초여름에 수확하기에 宿麥(숙맥)이라고 부른다. ○守關 - 관문
아래 모이다.(안으로 들어가려 하다.) ○穀不登虧膳 - 不登은 익지 않다. 흉
년이 들다. 虧膳(휴선)은 반찬을 줄이다. 다음 구의 損服은 옷의 가짓수를 줄
이다. ○不墍塗 - 맥질을 하지 않다. 종이 도배가 나오기 전에 농가에서는
더러워진 벽에 흙물을 칠하여 벽을 깨끗하게 하였는데, 이를 맥질이라고 했
다. 墍 맥질할 기. 塗 바를 도. ○《詩》云 -《詩經 邶 谷風》. 扶服救之는 '匍匐
救之'. ○《論語》曰 -《論語 顔淵》. ○大官 - 太官. 少府의 속관, 궁중 음식,
황제의 식사 담당관. 책임자는 太官令. 導官은 궁중의 식량 공급 담당, 책임
자는 導官令. 中御府(중어부)는 궁궐의 금전이나 의복 도검류 등 생필품 담
당관. 均官은 황제 전용의 능원 수목과 공사를 담당. 掌畜은 조류와 애완용
동물이나 제사용 희생물 공급 담당. 廩犧(늠희)는 제사용 희생물을 사육하는
관리. ○尙方 - 황실에서 필요한 각종 물품이나 비품을 제조하는 곳. 織室
(직실)은 황실용 비단 옷감 제조하는 곳. 工服官은 工官과 服官. 工官은 少府
소속으로 蜀郡, 廣漢郡 등 전국 곳곳에서 각종 병기나 기물을 생산하였다.
服官은 齊의 臨菑(임치), 陳留郡 등에서 각종 옷감을 생산 공급하였다.

〔國譯〕

「諸夏의 땅에서 무력 봉기가 일어난다면 백성이 굶주리는데 나라에서 구휼하지 않기 때문에 일어나거나, 백성은 곤궁한데도 부세 징수가 지나치면 일어나고, 백성이 원한으로 흩어지는데 위에서 몰라준다면 터질 것입니다. 《易經》에서도 '재물을 쌓아두었으니 작은 일을 점친다면 길하나 큰일을 묻는다면 흉하다.'고 하였습니다. 그 풀이에서도 '굶주리는데 음식을 줄이지 않는다면 사치이며 앞으로 수재가 닥칠 것이고 또 망할 것이다.'라고 하였습니다. 〈訊辭(요사)〉에서도 '관문의 빗장이 날아다니니 임금은 무도하고 신하는 나쁜 짓을 하니 그런 허물로 난신은 찬탈을 꾸민다.'고 하였습니다. 王者가 혼란한 세태를 만나거나 기근의 재앙이 닥쳤는데도 비용을 줄이지 않고 혼자만 크게 윤택하다면 흉한 것이며, 백성들은 빈곤하여 구원도 없어 근심하고 원한을 품었으며 수해를 당하게 되고, 성이나 관문은 나라를 지키는 것인데 이것이 없어질 수 있기에 빗장이 날아다닌다고 한 것입니다. 작년 21개 郡國에서 수해를 입었지만 곡식을 보내주지 못했습니다. 금년에도 누에와 보리농사가 모두 나빴습니다. 거기다가 온 강물이 넘쳤고 長江과 河水도 넘치고 터져서 홍수가 50여 군국에 범람하였습니다. 2년 연속 농사를 못 지었고, 농사철을 놓쳐 보리를 수확하지도 못했습니다. 백성은 생업을 잃고 유랑했으며 유랑민은 관문으로 모여들었습니다. 큰 이변은 이처럼 명확하고 홍수는 끝없이 넓고 백성들의 곤궁이 이와 같다면 의당 보통 때의 조세보다 당연히 줄여주어야 하는데 담당 관리가 부세를 늘리겠다고 주청한다면 경전의 뜻에도 심히 맞지 않거니와 민심을 거스른 것이라서 원한을 널리 심어 화를 자초하는 길로 달려가는 것입니다. 관문 빗장이 날아다니는 상태는 거의 이런 때 일어나게 됩니다. 예전에 흉년이 들면 반찬 가짓수를 줄였고 거듭 재해가 닥치면 옷의 종류도 줄였으며 흉년에는 맥질도 하지 않는 것이 明王의 제도였습니다. 《詩經》에서도 '이웃에 큰 일이 나면 힘을 모아 도와주네.'라고 하였으며, 《論語》에서도 '백성이 부족하거늘 주군은 누구와 여유를 누리겠는가?'라고 하였습니다. 臣은 폐하께서 부세를 늘리겠다는 주청을 불허하시기 바라오며 大官, 導官, 中御府, 均官, 掌畜, 廩犧(늠희)의 지출을 더 줄이시고 尙方과 織室, 京師와 郡國의 工官과 服官 등에 수송과 생산을 중지시켜 大司農을 도와주시기 바랍니다. 폐하의 은택을 더 널리 베푸시고 궁핍한 백성을 진휼하시고 관문을 열고 유민을 받아들이고 가려는 곳으로 가게 하시되 기본적 긴급을 구원하셔야 합니다. 立春이 되면 사자를 보내 풍속을 순찰하게 하시고 성덕을 널리 알리시고 고아나 과부를 구휼하시며 백성들이 가장 힘들어하시는 것을 묻고 태수를 독려하여 칙명으로 농사와 누에치기를 권장토록 하고 농사철을 빼앗지 않게 하시면서 백성들의 마음을 위로하고 편하게 해준다면 큰 변고가 일어날 수 있는 틈새를 막을 수 있어 중국이 혼란을 거의 잠재울 수 있을 것입니다.」

原文

「臣聞上主可與爲善而不可與爲惡, 下主可與爲惡而不可與爲善. 陛下天然之性, 疏通聰敏, 上主之姿也. 少省愚臣之言, 感寤三難, 深畏大異, 定心爲善, 捐忘邪志. 毋貳舊愆,

厲精緻政, 至誠應天, 則積異塞於上, 禍亂伏於下, 何憂患之
有? 竊恐陛下公志未專, 私好頗存, 尙愛群小, 不肯爲耳!」
　　對奏, 天子甚感其言.

| 註釋 |　○毋貳舊愆 – 毋貳 두 번 하지 말라. 愆은 허물 건. 잘못.

〔國譯〕
　「臣이 알기로는, 上主는 善行을 함께 하나 악행을 할 수 없고 下
主는 악행을 함께 할 수 있으나 선을 행할 수 없다고 하였습니다. 폐
하의 천성은 잘 소통하시고 聰明英敏하시기에 上主의 자질입니다.
三難이 겹쳤음을 깨닫고 대이변을 깊이 걱정하시며 마음을 잡아 선
을 행하셔야 합니다. 邪志를 버리시며 옛 허물을 되풀이 마시고 정
신을 가다듬어 정치에 마음을 쓰시며 지성으로 하늘 뜻에 부응하신
다면 하늘에서는 쌓였던 이변을 막아주고 아래에서는 화란을 잠재
울 것이니 무슨 걱정이 있겠습니까? 삼가 폐하께서 公道에 집중하
지 못하시고 私情으로 여러 소인을 아직도 좋아하여 이를 행하지 않
을까 걱정입니다!」
　대책이 상주되자 성제는 그 말에 크게 감동하였다.

原文
　永於經書, 泛爲疏達, 與杜欽,杜鄴略等, 不能洽浹如劉向
父子及揚雄也. 其於天官, 《京氏易》最密, 故善言災異, 前

後所上四十餘事, 略相反覆, 專攻上身與後宮而已. 黨於王氏, 上亦知之, 不甚親信也.

| 註釋 |　○杜欽(두흠) – 60권, 〈杜周傳〉에 부전.　○治浹 – 두루 미치다. 널리 통하다. 廣博하다. 治 윤택하게 할 흡. 浹 두루 미칠 협.　○揚雄(양웅) – 87권, 〈揚雄傳〉 上, 下에 입전.　○《京氏易》 – 京房이 해석한 《周易》 주역. ○專攻上身~ – '專政上身~'이 되어야 문맥이 잘 통한다. 政은 正(바로잡다)의 뜻.

〖國譯〗

　谷永(곡영)은 경서의 대략에 통하여 杜欽(두흠)과 杜鄴(두업)과 거의 대등하였으나 劉向과 劉歆(유흠) 父子나 揚雄(양웅)처럼 넓고 깊게 알지는 못했다. 천문에 대해서는 《京氏易》을 가장 좋아하였기에 재이에 대한 언급을 잘했으며 전후 40여 차례에 상서를 하였으나 대략 비슷하게 반복했으며 전적으로 성제의 행실이나 후궁에 대해 언급했었다. 또 곡영이 王氏의 黨人인 것을 성제도 알고 있었기에 깊이 신임하지는 않았다.

原文

　永所居任職, 爲北地太守歲餘, 衛將軍商薨, 曲陽侯根爲票騎將軍, 薦永, 徵入爲大司農. 歲餘, 永病, 三月, 有司奏請免. 故事, 公卿病, 輒賜告, 至永獨卽時免. 數月, 卒於家. 本名並, 以尉氏樊並反, 更名永云.

| 註釋 | ○大司農 − 九卿의 하나. 국가 재정 징세 총괄. 秩 中二千石. 곡영이 대사농이 된 것은 元延 4년(前 9)이었다. ○以尉氏樊並反 − 尉氏(위지)는 縣名. 今 河南省 開封市 관할의 尉氏縣. 樊並(번병, ? − 前 14)은 人名. 古文을 배운 학자라고 하지만 성제 永始 3년(전 14)에 농민 13명을 인솔하고 陳留太守를 죽이고 장군이라 자칭하였다.

〖國譯〗

　곡영은 관직에서 치적이 좋았는데 北地太守로 근무하기 1년여에 衛將軍 王商이 죽고 曲陽侯 王根이 票騎將軍이 되자 곡영을 천거하여 중앙으로 불러와 大司農에 임명하였다. 1년여에 곡영이 병이 들자 3월에 담당자가 면직을 주청하였다. 전례에 따르면, 공경이 병가를 신청하면 휴가를 주었지만 곡영은 즉시 면직되었다. 몇 달 뒤 집에서 죽었다. 본명은 谷並이었는데 尉氏縣(위지현)에서 樊並(번병)이 반역하자 永으로 개명했다고 한다.

85-2. 杜鄴

原文

　杜鄴字子夏, 本魏郡繁陽人也. 祖父及父積功勞皆至郡守, 武帝時徙茂陵. 鄴少孤, 其母張敞女. 鄴壯, 從敞子吉學問, 得其家書. 以孝廉以郎.

| 註釋 | ○魏郡繁陽 - 魏郡. 치소는 鄴縣(今 河北省 邯鄲市 관할의 臨漳縣).
繁陽(번양)은 현명. 今 河南省 安陽市 관할의 內黃縣. ○張敞 - 76권, 〈趙尹
韓張兩王傳〉에 입전.

〖國譯〗

杜鄴(두업)의 字는 子夏로, 본래 魏郡 繁陽縣 사람이다. 祖父 및
부친은 연공으로 모두 군수를 지냈고 무제 때 무릉현으로 이주하였
다. 두업은 어려 부친을 여의었는데 모친은 張敞(장창)의 딸이었다.
두업이 장성하자 장창의 아들 張吉을 따라 학문을 했고 그 家書를
공부하여 효렴으로 천거되어 낭관이 되었다.

原文

與車騎將軍王音善. 平阿侯譚不受城門職, 後薨, 上閔悔
之, 乃復令譚弟成都侯商位特進, 領城門兵, 得擧吏如將軍
府. 鄴見音前與平阿有隙, 卽說音曰,

"鄴聞人情, 恩深者其養謹, 愛至者其求詳. 夫戚而不見
殊, 孰能無怨? 此〈棠棣〉,〈角弓〉之詩所以作也. 昔秦伯有
千乘之國, 而不能容其母弟,《春秋》亦書而譏焉. 周,召則不
然, 忠以相輔, 義以相匡, 同己之親, 等己之尊, 不以聖德獨
兼國寵, 又不爲長專受榮任, 分職於陝, 並爲弼疑. 故內無

感恨之隙, 外無侵侮之羞, 俱享天祐, 兩荷高名者, 蓋以此也. 竊見成都侯以特進領城門兵, 復有詔得舉吏如五府, 此明詔所欲寵也. 將軍宜承順聖意, 加異往時, 每事凡議, 必與及之, 指爲誠發, 出於將軍, 則孰敢不說諭? 昔文侯寤大雁之獻而父子益親. 陳平共一飯之饌而將相加歡, 所接雖在楹階俎豆之間, 其於爲國折衝厭難, 豈不遠哉! 竊慕倉唐,陸子之義, 所白奧內, 唯深察焉."

音甚嘉其言, 由是與成都侯商親密, 二人皆重鄭. 後以病去郎. 商爲大司馬衛將軍, 除鄭主簿, 以爲腹心, 舉侍御史. 哀帝卽位,遷爲涼州刺史. 鄭居職寬舒, 少威嚴, 數年以病免.

| 註釋 | ○夫戚而~ - 戚은 近也. 見은 被也. 殊는 異也. ○〈棠棣〉,〈角弓〉 -〈棠棣(당체)〉와〈角弓〉. 모두《詩經 小雅》의 편명.〈당체〉는 형제간의 우애를 노래했고,〈角弓〉은 幽王 형제가 서로 원망하는 것을 읊었다. ○亦書而譏焉 - 秦伯은 秦 桓公의 아들로 즉위한 景公. 母弟는 公子 鍼(침). 景公이 두려워 晉에 망명했고, 이는《春秋》魯 昭公 원년에 기록되었다. ○分職於陝, 並爲弼疑 - 陝은 전국시대 陝陌(섬맥), 漢의 陝縣. 그곳을 기준으로 동서를 나누어 맡았다. 弼疑(필의)는 左輔, 前疑, 後丞과 함께 四輔(사보)라 하였다. ○五府 - 丞相, 御史大夫, 車騎將軍, 左右 將軍府. ○寤大雁之獻 - 衛文侯는 장자를 폐하고 차자를 태자로 정했고 문후와 장자는 삼 년이나 왕래하지 않았다. 그러나 장자의 신하가 전처럼 신하의 예로 기러기를 바치자 깨우친 바 있어 장자를 다시 태자로 삼고 이후 父子有親했다. ○共一飯之饌而將相加歡 - 승상 陳平은 육가의 건의를 받아들여 5백금으로 장군(周勃)을 위해 음식을 보내 축수하여 장상이 친밀한 관계를 유지하였다. 40권,〈張陳

王周傳〉참고. ○雖在楹階俎豆之間 – 楹階(영계)는 기둥과 계단. 곧 堂上. 俎豆(조두)는 종묘의 祭器, 잔치 음식을 담는 禮器. ○豈不遠哉 – 遠은 深遠하다. ○倉唐,陸子 – 倉唐은 衛 文侯와 아들의 친화를 위해 큰 오리를 예물로 갖고 갔었다. 陸子는 陸賈. 43권,〈酈陸朱劉叔孫傳〉에 입전. ○所白奧內 – 奧內(오내)는 속마음. 奧 아랫목 오. 따뜻할 욱. 군에 설치된 관직. 문서 전적 및 일반 업무 담당.

〔 國譯 〕

두업은 거기장군 王音(왕음)과 친했다. 평아후 王譚(왕담)이 성문 병력을 지휘하는 職分(特進)을 받지 않고 있다가 죽자, 성제는 불쌍하게 여기고 후회하면서 바로 왕담의 동생인 成都侯 王商을 特進으로 올려 성문 병력을 지휘하게 하고 將軍府와 같이 관리를 천거하여 거느리게 하였다. 두업은 왕음이 전에 왕담과 틈이 났던 것을 보았기에 즉시 왕음을 설득하였다.

"제가 알기로, 인정상 은혜를 많이 받았으면 그 봉양이 신중하고 애정을 많이 받았으면 그 얻으려는 것이 많다고 합니다. 가깝다고 하지만 서로 다른 것이 없다면 원망하지 않는 사람이 누구이겠습니까? 이 때문에〈棠棣(당체)〉와〈角弓〉의 詩도 지어졌을 것입니다. 예전에 秦伯(진백)은 千乘의 나라를 갖고 있었지만 그 친동생을 포용하지 못했는데, 이를《春秋》에서도 기록하고 비난하였습니다. 周公과 召公은 그렇지 않았으니 진심으로 서로 도우며 바른 길로 서로를 보완하면서 자신과 같은 형제로 똑같이 존중하였고 성덕이 있다 하여 혼자서만 왕의 신임을 독점하려 하지 않았고, 또 오랫동안 혼자서만 영광된 자리를 차지하지 않았고 陝縣(섬현)을 중심으로 동서로 나누어 맡으면서 함께 成王을 보필하는 신하가 되었습니다. 그러하였기에 안으로 감정의 틈이 없었고 밖으로부터 무시당하는 수모를 받지 않았으며 하늘의 보우를 누리며 높은 명성을 유지한 것은 모두 이 때문이었습니다. 제가 볼 때 成都侯가 특진의 직분을 받고 다시 조서에 의거 다른 5부와 같이 속관을 천거하는 것은 신임을 얻으려는 뜻이 명백합니다. 장군께서는 응당 聖意를 따르면서 지난날과 달리 매사를 같이 협의하며 함께 진심으로 대하기를 장군이 먼저 시작한다면 감히 누가 기뻐 말하지 않겠습니까? 옛날에 衛 文侯는 아들이 바치는 큰 기러기를 보고 깨달아 부자가 더욱 가까워졌습니다. 승상 陳平(진평)은 한 끼 식사로 장군(周勃)과 함께 즐겼는데 이러한 접촉이 堂上과 禮器에 의한 것이라지만 나라를 위한 것이며 방어와 반란 행위를 예방하는 것이라면 어찌 심원하지 않겠습니까? 삼가 倉唐(창당)과 陸賈(육가)의 뜻을 이어 진심으로 말씀드리오니 깊이 생각해 보시기 바랍니다."

왕음은 그 건의가 아주 옳다고 생각하였고 이후로 성도후 왕상과 친밀하게 지냈는데 두 사람 모두 두업을 존중하였다. 두업은 뒷날 병으로 낭관직을 사임했다. 왕상이 大司馬 衛將軍이 되자 두업을 主簿(주부)에 임명하고 심복으로 생각했고 시어사에 천거하였다. 애제가 즉위한 뒤 두업은 涼州刺史가 되었다. 두업은 재직하며 너그럽고 온화하여 위엄을 부리지 않았는데 몇 년 뒤 병으로 죽었다.

原文

是時, 帝祖母定陶傳太后稱皇太太后, 帝母丁姬稱帝太后, 而皇后卽傅太后從弟子也. 傅氏侯者三人, 丁氏侯者二人. 又封傅太后同母弟子鄭業爲陽信侯. 傅太后尤與政專權. 元壽元年正月朔, 上以皇后父孔鄉侯傅晏爲大司馬衛將軍, 而帝舅陽安侯丁明爲大司馬票騎將軍. 臨拜, 日食, 詔擧方正直言. 扶陽侯韋育擧鄴方正, 鄴對曰,

| 註釋 | ○尤與政專權 － 尤 더욱 우. 與는 간여하다. ○元壽元年 － 애제의 연호. 前 2년.

〔 國譯 〕

이때 애제의 조모 定陶 傅太后(부태후)는 皇太太后라 호칭했고, 애제 모친 丁姬는 帝太后라 했고, 皇后는 바로 傅太后 사촌 동생의 딸이었다. 傅氏로 제후가 된 자가 3인이었고, 丁氏로 제후가 된 사람이 2인이었다. 또 부태후의 同母 동생의 아들 鄭業(정업)을 陽信侯로 봉했다. 부태후는 더욱 정치에 간여하며 권력을 휘둘렀다. 元壽 원년 정월 초하루에 애제는 부황후의 부친인 孔鄉侯 傅晏을 大司馬 衛將軍에 임명하고 애제의 외삼촌인 陽安侯 丁明을 대사마 票騎將軍에 임명하였다. 임명하는 그날에 일식이 있자 조서를 내려 방정하고 직언하는 인재를 추천케 하였다. 扶陽侯 韋育(위육)이 杜鄴(두업)을 방정한 인재로 천거하자 두업이 대책을 올렸다.

「臣聞禽息憂國, 碎首不恨, 卞和獻寶, 刖足願之. 臣幸得奉直言之詔, 無二者之危, 敢不極陳! 臣聞陽尊陰卑, 卑者隨尊, 尊者兼卑, 天之道也. 是以男雖賤, 各爲其家陽, 女雖貴, 猶爲其國陰. 故禮明三從之義, 雖有文母之德, 必繫於子. 《春秋》不書紀侯之母, 陰義殺也. 昔鄭伯隨姜氏之欲, 終有叔段簒國之禍. 周襄王內迫惠后之難, 而遭居鄭之危. 漢興, 呂太后權私親屬, 又以外孫爲孝惠后, 是時繼嗣不明, 凡事多晻, 晝昏冬雷之變, 不可勝載. 竊見陛下行不偏之政, 每事約儉, 非禮不動, 誠欲正身與天下更始也. 然嘉瑞未應, 而日食, 地震, 民訛言行籌, 傳相驚恐. 案《春秋》災異, 以指象爲言語, 故在於得一類而達之也. 日食, 明陽爲陰所臨, 〈坤卦〉乘〈離〉, 〈明夷〉之象也. 〈坤〉以法地, 爲土爲母, 以安靜爲德. 震, 大陰之效也. 占像甚明, 臣敢不直言其事!」

| 註釋 | ○禽息憂國 – 춘추시대 禽息(금식)은 秦의 大夫. 百里奚(백리해)를 穆公에게 천거하였으나 목공이 따르지 않자 목종의 외출을 기다렸다가 수레에 머리를 부딪치며 등용할 것을 간청하였다. 목공은 백리해를 등용하여 秦은 잘 다스려졌다. ○卞和獻寶 – 춘추시대 卞和(변화)는 楚人. 楚의 厲王, 武王에게 璞(박, 다듬지 않은 玉돌)을 바쳤으나 옥이 아니라 하여 刖刑(월형)을 받았다. 나중에 그 璞에서 얻은 옥이 和氏璧(화씨벽)이다. 나중에 이 화씨벽에서 完璧(완벽)이라는 成語가 나왔고, 또 그 뒤에 秦의 國璽가 되어 傳國之寶가 되었다. ○三從之義 – 부녀자의 在家從父, 旣嫁從夫, 夫死從子 해

야 하는 道義. ㅇ文母之德 – 周 文王의 妃인 太姒(태사). ㅇ紀侯之母 – 춘추시대 紀國의 國君. 姜姓. 强國 齊에 합병되었다. ㅇ鄭伯隨姜氏之欲 – 鄭伯은 춘추시대 鄭의 庄公, 姜氏는 그 장공의 모친. ㅇ叔段簒國之禍 – 叔段은 鄭 장공의 동생. 모친 姜氏가 편을 들어주었으나 나중에 簒國(찬국)하려 했으나 장공에게 진압 당했다. 이는《左傳 隱公》원년의 기사이다. ㅇ而遭居鄭之危 – 周 襄王(양왕)은 모친 惠后의 뜻에 따라 동생을 봉했으나 동생의 夷狄의 군사를 동원하여 양왕을 공격했고 양왕은 鄭으로 망명해야만 했다. 이는《左傳 僖公》24년의 기사이다. ㅇ〈明夷(명이)〉 – 64괘의 하나. 上卦는 땅을 상징하는 坤卦(곤괘 ☷)이고, 下卦는 불을 상징하는 離卦(이괘 ☲)로 보통 '地火明夷'라고 부른다. 여기서 夷는 상처라는 뜻, 즉 광명이 상처를 입었으니 暗黑의 象이다.

〔國譯〕

「臣이 알기로는, 秦의 禽息(금식)은 나라를 위하여 머리가 부서져도 걱정하지 않았고, 卞和(변화)는 寶玉 때문에 발이 잘리는 형벌을 받으면서도 바치고자 하였습니다. 臣은 다행히도 직언을 올리라는 조서를 받았기에 금식이나 변화 같은 위험이 없으니 감히 끝까지 피력하지 않을 수 있겠습니까! 臣이 알기로, 陽은 존귀하고 陰은 비천하기에 비천한 자는 존귀한 자를 따르고, 존귀한 자는 비천한 자를 아우르는 것이 바로 하늘의 도입니다. 이 때문에 남자가 비천하더라도 가정에서 陽이 되는 것이며, 여자가 고귀하더라도 나라에서는 陰이 되는 것입니다. 그래서 禮에서는 三從의 道를 밝히었으며, 비록 文王 妃와 같은 婦德을 갖추었어도 필히 아들을 따라야 합니다.《春秋》에도 紀侯(기후)의 모친이라 기록하지 않은 것은 陰이기에 상쇄한 것이었습니다. 예전에 鄭伯(정백, 庄公)은 모친 姜氏의 뜻에 따랐지만 결국 동생인 叔段(숙단)이 나라를 뺏으려는 화를 당했습니다. 周 襄王(양왕)은 안으로 모친 惠后의 뜻에 따랐지만 나중에 鄭으로 망명해야만 했습니다. 漢이 건국되고 呂太后는 마음대로 친정 식구를 챙겨주었으며 외손녀를 효혜제의 황후로 삼았으니, 이때는 후사도 분명하지 않았고 모든 일이 암담하였기에 낮에도 어둡고 겨울에 천둥이 치는 등 이변을 다 기록할 수가 없었습니다. 제가 볼 때 폐하께서는 공평한 정사를 펴시며 매사에 검소 절약하시고 예가 아니면 행하지 않으시며 몸가짐을 바로 하면서 성심으로 기풍을 진작시키려 하십니다. 그러나 좋은 징조는 아직 나타나지 않고 일식과 지진이 일어나고 백성들은 요언을 믿고 점을 치며 서로에게 말하면서 두려워하고 있습니다. 《春秋》의 災異 기록을 보면 어떤 상징을 써서 말하기에 한 가지를 깨달으면 다른 것을 알 수 있습니다. 日食은 밝은 陽에 陰이 들어와 앉은 것이 확실하며, 이는 〈坤 ☷〉괘가 〈離 ☲〉괘 위에 있으니, 이는 〈明夷〉의 괘상입니다. 〈坤〉은 땅을 본뜬 것이고 땅은 어머니가 되어 안정을 그 덕으로 합니다. 천둥(震 ☳)은 大陰의 작용입니다. 占像이 이처럼 확실하니 臣은 이 일에 대하여 직언을 올리지 않을 수 없습니다!」

原文

「昔曾子問從令之義, 孔子曰, ‘是何言與!’善閔子騫守禮不苟, 從親所行, 無非理者, 故無可間也. 前大司馬新都侯莽退伏弟家, 以詔策決, 復遣就國. 高昌侯宏去蕃自絶, 猶受封土. 制書侍中駙馬都尉遷不忠巧佞, 免歸故郡, 間未旬月, 則有詔還, 大臣奏正其罰, 卒不得遣, 而反兼官奉使, 顯寵過故. 及陽信侯業, 皆緣私君國, 非功義所止. 諸外家昆弟無賢不肖, 並侍帷幄, 布在列位, 或典兵衛, 或將軍屯, 寵意並於一家, 積貴之勢, 世所稀見所稀聞也. 至乃並置大司馬將軍之官. 皇甫雖盛, 三桓雖隆, 魯爲作三軍, 無以甚此. 當拜之日, 晻然日食. 不在前後, 臨事而發者, 明陛下謙遜無專, 承指非一, 所言輒聽, 所欲輒隨, 有罪惡者不坐辜罰, 無功能者畢受官爵, 流漸積猥, 正尤在是, 欲令昭昭以覺聖朝. 昔詩人所刺, 《春秋》所譏, 指象如此, 殆不在它. 由後視前, 忿邑非之, 逮身所行, 不自鏡見, 則以爲可, 計之過者. 疏賤獨偏見, 疑內亦有此類. 天變不空, 保右世主如此之至, 奈何不應!」

| 註釋 | ○問從令之義 – 曾子가 공자에게 "敢問子從父之令 可謂孝乎?" 라고 물었다. 《孝經 諫諍章》참고. ○閔子騫守禮不苟 – 閔子騫(민자건)은 孔門十哲의 한 사람. ○退伏弟家 – 弟家는 第家, 곧 저택. 弟(第)는 저택. '동생의 집'이란 뜻이 아니다. ○高昌侯宏 – 董宏(동굉). ○非功義所止 – 功은 公과 通. 有功하여 제후가 된 것이 아니다. ○皇甫雖盛 – 皇甫는 西周 幽王 때 褒姒(포사)의 친족. ○忿邑非之 – 분노하며 슬퍼하다. ○疑內亦有此類 – 외척에 대한 총애로 傅遷이나 鄭業 등이 제후가 되는 사례.

〔國譯〕

「예전에 曾子가 명령에 따라야 하는 뜻을 물었을 때 공자는 '그것이 무슨 말인가!'라고 말했습니다. 공자는 閔子騫(민자건)이 자연스럽게 예를 따르는 것을 칭찬하였는데 부친을 따르는 것은 당연하여 비난받을 것이 없습니다. 前에 大司馬인 신도후 왕망은 은퇴하여 집에 있다가 조서를 받고 자신의 봉국으로 갔습니다. 高昌侯 董宏(동굉)은 봉지에 가서는 스스로 왕래하지 않으니 봉토를 받은 것과 같았습니다. 制書에 의거 侍中駙馬都尉인 傅遷(부천)은 불충하고 간사하여 면직되어 故郡으로 갔어도 한 달이 못 되어 조서로 불러들이자 대신들은 그의 처벌을 바로 해야 한다고 상주하여 끝내 돌아올 수 없었으나 오히려 겸직하고 자사로 나갔으니 이는 신임이 전보다 더 좋아진 것이었습니다. 陽信侯 鄭業(정업)은 사적인 인연으로 봉국을 받았으며 公的인 大義가 없습니다. 모든 외척 집안의 형제가 현명하든 무능하던 간에 폐하를 시중든다면서 조정에 자리를 차지하였고, 군사 호위를 담당하거나 혹은 장군이 되어 주둔하면서 한 집안이 모두 총애를 받고 있으니 그런 고위의 권세는 여태껏 본 적도 들은 적도 없었습니다. 결국은 대사마를 두 사람이나 두기에 이르렀습니다. 周에서 皇甫氏가 아무리 강성했어도 또 魯의 三桓氏(삼환씨)가 융성하여 魯의 三軍을 나누어 가졌다 하더라도 이처럼 심하지는 않았습니다. 이들을 제후에 임명하는 날에 일식으로 날이 어두워졌습니다. 일식이 그 전후에 일어나지 아니하고 임명하던 그날에 일어난 것은 폐하께서 겸손하고 마음대로 하지 않는다 하더라도 뜻을 받들 곳이 하나가 아니며, 말마다 다 따라야 하고, 원하는 대로 다 해주어야 하며, 죄를 지은 자를 처벌하지도 않고, 공적도 없는 자가 관작을 차지하면서 그 폐단이 쌓여 큰 허물이 여기에 있다는 것을 밝혀서 나라의 우환이 바로 이것이라고 폐하를 분명하게 깨우치려는 뜻일 것입니다. 예전에 詩人이 풍자하고 《春秋》에서 비판한 것이 바로 여기에 있지 다른 곳에 있지 않습니다. 지금의 이 현상으로 예전 일을 보고 분노하며 슬퍼하면서도 자신이 행하는 짓은 눈앞에 보이지 않으면 괜찮다고 한다면 그것은 잘못입니다. 소원하고 낮은 자리에서 잘못 본 것이 아니라 아무 공적도 없는 외척을 제후에 봉하는 일들이 다 이와 같은 것입니다. 하늘의 변이가 헛된 것은 아니며, 폐하에 대한 하늘의 도움이 이처럼 지극하니 어찌 그 뜻에 따르지 않겠습니까!」

原文

「臣聞野雞著怪, 高宗深動, 大風暴過, 成王怛然. 願陛下加致精誠, 思承始初, 事稽諸古, 以厭下心, 則黎庶群生無不說喜, 上帝百神收還威怒, 禎祥福祿何嫌不報!」

│ 註釋 │ ○野雞著怪 – 제사할 때 꿩이 鼎耳에 올라앉았던 일.

〔國譯〕

「臣이 알기로는, 들꿩의 괴이한 짓에 殷 高宗은 깊이 반성하며 덕을 베풀었고, 큰 폭풍이 모질게 불자 周 成王은 크게 걱정하였습니다. 폐하께서는 더욱 정성을 다하여 처음의 결심 그대로, 또 옛일을 상고하며 낮은 마음으로 채우신다면 기뻐하지 않는 백성이 없을 것이며 上帝나 百神도 분노를 거둬들이어 좋은 일과 복록이 있을 것이니, 이를 어찌 의심하며 따르지 않겠습니까!」

原文

鄴未拜, 病卒. 鄴言民訛言行籌, 及谷永言王者買私田, 彗星隕石牡飛之占, 語在〈五行志〉. 初, 鄴從張吉學, 吉子竦又幼孤, 從鄴學問, 亦著於世, 尤長小學. 鄴子林, 淸靜好古, 亦有雅材, 建武中歷位列卿, 至大司空. 其正文字過於鄴, 竦, 故世言小學者由杜公.

| 註釋 | ○小學 – 文字學. 주례에 8세에 小學에 들어가 문자를 익힌다는 말에서 유래된 명칭이다. ○鄴子林 –《後漢書》列傳 17권, 〈杜林傳〉 참고. ○建武 – 後漢 光武帝 연호.

〖 國譯 〗

두업은 새 관직을 받기 전에 병으로 죽었다. 두업은 백성들이 訛言(와언)을 가지고 점을 친다고 하였고 谷永(곡영)이 王者들이 私田을 사들인다고 한 말, 그리고 혜성과 운석, 관문 빗장이 날아다닌다는 占은 〈五行志〉에 실려 있다.

그전에 두업은 張吉로부터 배웠는데 장길의 아들 張竦(장송)은 어려 부모를 잃었기에 두업에게서 배워 세상에 알려졌는데 장송은 小學에 뛰어났다. 두업의 아들 杜林(두림)은 청정하며 好古하여 雅趣(아취)가 있었고 東漢 建武(건무) 연간에 여러 卿職을 지내고 大司

쏲에 승진하였다. 그의 정통 문자학은 두업이나 장송을 넘어섰기에 세상 사람들은 소학은 杜林에서부터 시작되었다고 말했다.

原文

賛曰, 孝成之世, 委政外家, 諸舅持權, 重於丁,傅在孝哀
時. 故杜鄴敢譏丁,傅, 而欽,永不敢言王氏, 其勢然也. 及欽
欲挹損鳳權, 而鄴附會音,商. 永陳三七之戒, 斯爲忠焉, 至
其引申伯以阿鳳, 隙平阿於車騎, 指金,火以求合, 可謂諒不
足而談有餘者. 孔子稱 '友多聞', 三人近之矣.

註釋

○隙平阿於車騎 – 王譚과 王音의 틈이 벌어진 일. 곡영은 왕담에게 特進으로 성문 호위직을 맡지 말라고 건의했다. ○友多聞 – "孔子曰, 益者三友, 損者三友. 友直, 友諒, 友多聞, 益矣. ~"《論語 季氏》. 孔子의 益者三友 중 班固는 多聞만 말하고 直과 諒(이해심)을 언급하지 않았다. '直'과 '諒'이 없는 '多聞'은? 弦外之音의 그 뜻은 정말 심원하다!

國譯

班固의 論贊 : 성제 때에는 정사를 외척에 위임하였기에 여러 외숙들이 권력을 장악했고, 丁氏와 傅氏는 애제 때 권력이 강했었다. 杜鄴(두업)은 정씨와 부씨를 비판하였으나 杜欽(두흠)이나 谷永(곡영)은 감히 왕씨를 비판하지 못했는데 이는 형세가 그럴 수밖에 없었다. 두흠이 王鳳의 권력을 억제하려 했으나 두업은 王音과 王商에게 아부하였다. 곡영이 三七의 액운을 조심해야 한다는 말은 충성심이라 할 수 있지만 申伯(신백)의 말을 인용하여 왕봉에게 아부하였고 平阿侯(王譚)과 車騎將軍 王音의 간극은 金과 火의 합치를 구한 것이지만 이해심은 부족했고 담론은 여유가 있었다고 말할 수 있다. 공자는 '友가 多聞하면 이롭다.' 고 하였으니, 3인이 이와 비슷하다고 할 수 있다.

저자 약력

陶硯 진기환 陳起煥

　서울 대동세무고등학교 교장을 역임하였고 개인 문집으로 《陶硯集》 출간.

　주요 저서로는 중국 고전소설 《儒林外史》 국내 최초 번역, 《史記講讀》, 《史記 人物評》, 《中國의 土俗神과 그 神話》, 《中國의 신선이야기》, 《上洞八仙傳》, 《三國志 故事成語 辭典》, 《三國志 故事名言 三百選》, 《三國志의 지혜》, 《三國志 人物評論》, 《精選 三國演義 原文 註解》, 《中國人의 俗談》, 《水滸傳 評說》, 《金甁梅 評說》, 《논술로 읽는 論語》, 《十八 史略 中(下)・下(上)・下(下)》, 《唐詩三百首 上・中・下》 共譯, 《唐詩逸話》, 《唐詩絕句》, 《王維》, 《漢書 (一)・(二)・(三)・(四)・(五)・(六)권》 외

E-mail : jin47dd@hanmail.net

原文 註釋 國譯

漢書(七)
한 서

초판 인쇄　2017년 6월 20일
초판 발행　2017년 6월 30일

역　주 | 진기환
발행자 | 김동구
디자인 | 이명숙・양철민
발행처 | 명문당(1923. 10. 1 창립)
주　소 | 서울시 종로구 윤보선길 61(안국동)
　　　　우체국 010579-01-000682
전　화 | 02)733-3039, 734-4798(영), 733-4748(편)
팩　스 | 02)734-9209
Homepage | www.myungmundang.net
E-mail | mmdbook1@hanmail.net
등　록 | 1977. 11. 19. 제1~148호

ISBN 979-11-88020-17-1 (04910)
ISBN 979-11-85704-78-4 (세트)
30,000원